연세대학교
학생운동사

연세대학교 학생운동사

2022년 11월 3일 1판 1쇄

지은이 연세대학교 학생운동사 편찬위원회
펴낸곳 연세대학교 출판문화원
주소 서울특별시 서대문구 연세로 50
등록 1955년 10월 13일(제9-60호)
전화 02) 2123-3378~80
팩스 02) 2123-8673
전자우편 ysup@yonsei.ac.kr
홈페이지 http://press.yonsei.ac.kr
인쇄 네오프린텍(주)

ISBN 978-89-6850-678-9 (93990)

값 40,000원

화보

1-1

초기 연세와 YMCA 그리고 3·1운동은 밀접한 연관을 맺고 있었다. 1916년 당시 조선기독대학(Chosen Christian College)의 교직원들과 김원벽의 모습이 확인된다.

1-2

3·1운동에 가담한 연세인들. 세브란스의전의 송춘근, 연희전문학교의 정성봉, 이병주, 김원벽이 서대문형무소에 수감되었을 당시 수형기록카드

2-1

해방 직후인 1945년 9월 10일 세브란스연합의학전문학교에 연합국 깃발과 환영 문구가 걸려있다. 태극기의 좌우로 미국, 중화민국, 영국, 소련 국기가 걸려있는 점이 주목된다.

2-2

1950년대 후반 연세대는 의대 및 학생자치조직을 필두로 전국 각지의 무의촌으로 순회진료반을 파견했다. 이는 제약회사 및 한미재단(American Korean Foundation) 등의 원조를 통해 전개되었다.

3-1

1960년 4월 19일 정오 무렵 연세대 학생들은 3·15부정선거에 대한 규탄과 민주주의에 대한 염원을 가지고 백양로 밖으로 나왔다. 아현동 고개를 넘어가는 연세 대오의 선두에 '학도여 깨여라'라는 문구가 돋보인다.

3-2

1975년 4월 유신정권에서 구속되었던 연세대 학생, 교수들을 학교 당국이 복직·복교시키려하자 정부의 탄압이 이어졌다. 4월 한 달간 시위가 캠퍼스를 달구었으나, 5월 박정희 정부는 긴급조치 9호를 발동하여 학생자치를 말살하고자 했다.

4-1

1980년 5월 무악대동제와 이를 막아선 전경들의 모습. 1980년 '서울의 봄' 당시 총학생회는 무악대동제에서 민주주의에 대한 전망과 열의를 쏟아내었다. 그러나 신군부는 5·17내란을 획책하고 비상계엄을 전국으로 확대했다.

4-2

1987년 6월 9일 호헌철폐와 민주개헌을 위한 시위 도중 이한열이 최루탄에 맞아 쓰러졌고, 한 달여간 혼수상태 끝에 7월 5일 유명을 달리하고 말았다. 9일 그의 장례는 민주국민장으로 거행되어 캠퍼스, 신촌, 시청광장을 거쳐 광주 5·18묘역까지 이어졌다.

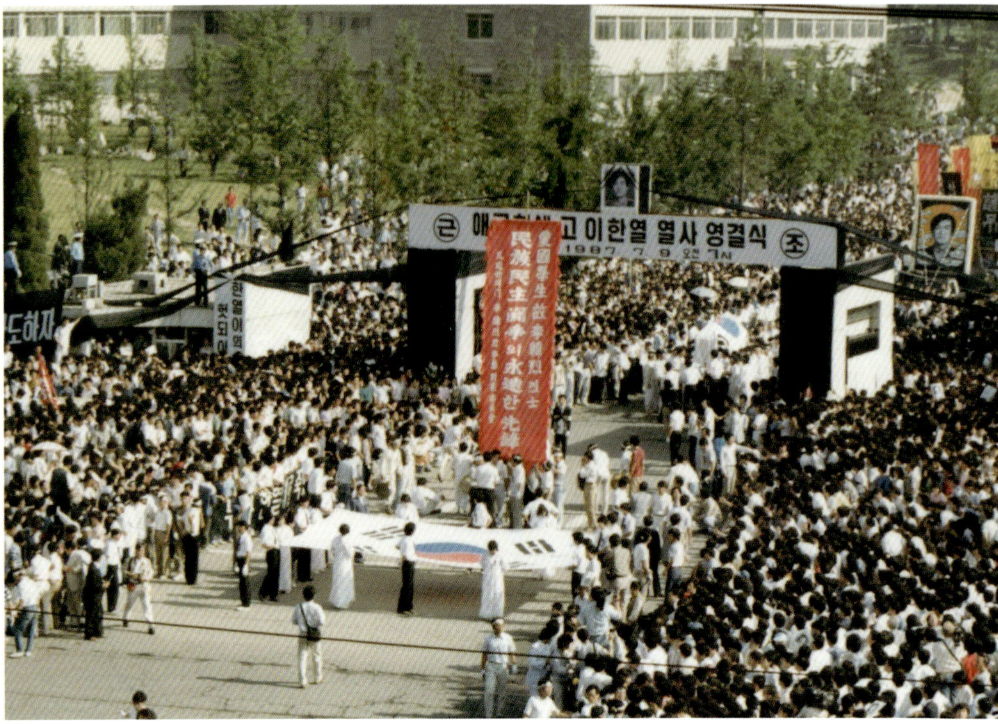

4-3

2015년 한열동산에 이한열 기념비가 새롭게 제막되었다. 1987은 6월 민주항쟁이 일어난 해, 69와 75는 열사가 최루탄을 맞고 쓰러지고 세상을 떠난 날, 79는 장례식이 거행된 날, 22는 그의 나이 22세를 의미한다.

5-1

1995년 2월 15일 학생들의 반핵 퍼포먼스. 1990년대부터 학생운동의 변화와 함께 학생운동이 제기하는 의제들도 다원화되기 시작했다.

5-2

1996년 3월 29일 학원자주화 시위에서 경찰의 폭력진압으로 노수석이 사망했다. 장례는 4월 10일 학생장으로 치러졌다. 신촌부터 종묘 그리고 광주 5·18묘역에 이르기까지 수많은 학생·시민이 참석해 애도를 표했다.

5-3

‘연세정신과 인권’ 강의는 2020학년도 입학생부터 필수이수과목으로 지정될 예정이었다. 그러나 젠더 문제에 대한 반동성애단체들의 반발로 선택교양으로 재지정되었다. 이에 대해 다양한 학생단체들의 공동주최로 학내집회가 개최되었다.

간 행 사

오늘날 대한민국은 세계에서 주목받는 나라로 발돋움하고 있습니다. 이는 참으로 많은 분의 열정과 희생 덕분이겠습니다만, 특히 교육의 본산인 대학의 역할이 크다고 하겠습니다. 국권을 빼앗긴 식민지하의 억압 속에서도, 분단과 전쟁의 비극 속에서도, 대학은 학문을 연마하며 미래의 인재를 양성하는 본연의 길을 묵묵히 걸어왔습니다. 1885년 개교 이래 기독교 정신을 바탕에 두고 진리와 자유의 길을 걸어온 연세대학교는 근현대 한국 대학사의 살아있는 증인입니다.

연세대학교는 한국 근현대사의 격랑을 뚫고 민족의 자주독립과 민주화, 산업화, 정보화의 물결에 앞장 서 왔습니다. 연세는 세계적 차원에서는 인류의 평화와 발전에 기여하고, 민족적 차원에서는 수많은 젊은이들이 꿈을 꾸고 미래를 열어가는 든든한 터전이 되어왔습니다. 특히 연세의 학생들은 3·1운동으로부터 4·19혁명, 6월 민주항쟁에 이르기까지 평소 학업에 열중하면서도 민족과 사회가 위기에 처하면 분연히 일어나 역사의 물줄기를 바로 세우기 위해 헌신했습니다.

윤동주 시인은 「서시」에서 "죽는 날까지 하늘을 우러러 한 점 부끄럼이 없기를" 소망하며 자신에게 주어진 길을 걷고자 다짐했습니다. 그 길은 곧 맹자가 꿈꾸었던 "우러러 보아 하늘에 부끄럽지 않고 굽어 보아 사람들에게 부끄럽지 않은" 군자의 길이었습니다. 그리고 그 길은 언더우드 선교사가 "새 한국, 완전히 해방된 나라, 정치적, 지적, 영적으로 실정과 무지와 미신의 속박에서 완전히 해방된 나라"를 염원하며 이 땅에 펼쳤던 사랑과 섬김의 길이었습니다.

윤동주의 삶은 차가운 후쿠오카의 형무소 감방에서 멈추었지만, 그가 남긴 주옥같은 시는 아직도 우리의 마음 속에 남아있습니다. 어찌 윤동주뿐이겠습니까? 연세를 거친 수

많은 청년들이 더 나은 세상을 위해 꿈을 펼치고, 좌절하고, 다시 일어서왔습니다. 동아리 '만화사랑' 회원이었던 젊은 청년 이한열은 1987년 6월, '6·10대회 출정을 위한 범연세인 총궐기 대회'에 참여했다가 최루탄으로 목숨을 잃었습니다. 윤동주의 죽음이 헛되지 않고 민족의 자주독립으로 이어졌듯, 이한열의 희생은 6월 민주항쟁의 기폭제가 되어 6·29선언을 이끌어내며 한국의 민주화로 열매를 맺었습니다.

연세인의 저항은 미움이 아닌 사랑의 실천이었기에, 끝내 억압하던 이들의 굳은 마음도 녹여내며 화해와 용서의 길을 열 수 있었습니다. 비록 오늘날 한국사회에 많은 갈등과 충돌이 있지만, 사랑과 섬김, 진리와 자유의 정신을 추구해온 연세의 역사가 있기에, 이 나라와 민족은 다시금 서로 화합하며 평화와 인권, 자유의 정신이 넘치는 새로운 미래로 나아갈 수 있으리라 믿습니다.

이제 연세대학교는 3년여의 작업 끝에 130여 년에 걸친 연세의 학생운동사를 하나의 정사로서 출간하게 되었습니다. 편찬위원회를 이끈 김은경 교학부총장과 편찬위원님들, 그리고 책을 집필하는 과정에서 각고의 노력을 다해준 김성보 국학연구원 원장을 비롯한 집필위원님들에게 감사의 뜻을 표합니다. 그리고 귀한 자료를 제공해주고 많은 조언을 해주면서 이 책이 나올 수 있게 큰 도움을 준 연세민주동문회에도 고마운 마음을 전합니다.

이 책을 통해 항일민족운동에서 민주화운동에 이르기까지 연세의 학생들이 이룩한 귀한 성취가 온전히 전승되기를 바라며, 무엇보다 그 안에 담긴 사랑의 정신이 널리 확산되어 한국과 세계의 새로운 미래에 든든한 초석이 되기를 기원합니다.

2022년 10월

연세대학교 총장 서승환

책을 펴내며

연세대학교는 1885년 창립 이래 기독교 정신에 입각하여 한국의 민족운동과 근대화, 민주화에 크나큰 기여를 해왔으며, 21세기 통일 한국의 미래를 개척하는 대장정의 길을 걸어가고 있습니다. 그 과정에서 연세 가족의 일원인 학생들은 한편으로는 학업을 연마하며 다른 한편으로는 학생운동을 통해 한국사회의 변혁을 추동하는 주요한 동력이 되어왔습니다. 세브란스와 연희는 일제하 최대의 민족운동인 3·1운동을 비롯하여 6·10만세운동과 광주학생운동에 앞장서며 민족정신의 메카로 성장하였고, 일제 말기 수난의 형극에서도 기독교 정신과 민족정신을 수호하기 위해 고난의 길을 걸었습니다. 연세는 해방과 더불어 찾아온 분단과 좌우대립, 전쟁의 소용돌이에 휘말리는 아픔을 겪기도 했지만, 전후 한국사회의 재건과 근대화, 반독재 민주화를 위한 십자가의 길을 멈추지 않았습니다. 그런 점에서 연세대학교의 학생운동사는 단지 연세 자체만의 역사가 아니라 근현대 한국사회 전체의 소중한 역사이지 않을 수 없습니다.

이러한 중요성에 비추어 볼 때, 연세대학교가 아직 학생운동사를 일목요연하게 정리할 기회를 한 번도 가지지 못하였다는 점은 아쉽기 그지없었습니다. 1985년도에 출간한 『연세대학교백년사』에 학생운동사 일부가 수록되기는 했지만 그 내용은 지극히 소략한 편입니다. 그 이후 1987년 6·10민주항쟁의 역사 등 연세의 귀중한 발자취는 아예 정사로서 기록될 기회를 얻지도 못했습니다. 이에 연세대학교는 창립 이래 137년간의 학생운동사를 연세대학교의 정사로서 체계적으로 정리하는 편찬사업을 추진하였습니다.

2019년 3월 발족한 연세대학교학생운동사 편찬위원회는 그해 6월에 첫 회의를 열었습니다. 이때 편찬위원장은 홍종화 교학부총장이 맡았으며, 김동노, 김성보, 신형기, 여인석, 장영석이 편찬위원으로 참여하였습니다. 이후 2020년 3월부터 김은경 교학부총장이 편찬위원장직을 맡고 신형기를 대신하여 이기훈이 편찬위원으로 수고하였습니다. 편찬위원회는 책 집필의 기본 방향을 세우고 원고를 감수하는 역할을 담당하였습니다. 아울러 그 산하에 국학연구원 중심으로 집필위원회를 두어 방대한 자료를 수집, 정리, 집필하는 과정을 거쳤습니다. 집필위원으로는 김아람, 김영수, 김지훈, 이기훈, 이세영, 장미현, 정다혜, 한성훈 등 8명이 수고해주었습니다.

편찬위원회는 집필위원들과 함께 이 책이 학술적인 객관성과 실증성을 갖출 수 있도록 다양한 노력을 기울였습니다. 우선 연세대학교 박물관을 비롯한 여러 기관의 1차 자료들을 면밀히 조사하고 검토하였습니다. 아울러 2020년 11월에는 「연세 학생운동과 한국의 민주화」라는 주제로, 2021년 6월에는 「1980년대 이후 연세 학생운동의 길 – 민주화, 그 너머」라는 제목으로 학술회의를 개최하였습니다.

책 출간 과정에서 연세민주동문회는 많은 도움을 주었습니다. 오래전부터 학생운동사 편찬사업의 필요성을 역설해온 민주동문회는 편찬 과정에도 꾸준히 조언과 성원을 마다하지 않았습니다. 민주동문회의 사료조사위원회는 학생운동 참가자들의 구술채록 자료를 제공해주었습니다. 그리고 연세대학교 출판문화원은 이 책에 품위를 더해주었습니다. 그 외에도 이 책이 나오는 데에 참으로 많은 분이 관심을 가져주고 격려해주었습니다. 이 자리를 빌어 감사의 뜻을 표합니다.

2022년 10월

연세대학교 교학부총장 겸 연세대학교학생운동사 편찬위원장 김은경

서문 민족과 함께한 연세 학생운동

연세는 근현대 한국사의 격랑 속에서 언제나 민족과 고락을 함께해왔다. 한말에는 신문화를 수용하며 근대화를 위해 힘을 기울였고, 일제강점기에는 기독교 정신 아래 학문을 연마하고 민족정신을 창신하며 자주독립의 미래를 준비했다. 해방 후에는 정부수립과 산업화, 민주화에 이바지하며 오늘의 한국을 이루는 데 빛과 소금의 역할을 담당해왔다.

한국의 역사가 오직 찬란한 영광의 역사가 아니듯, 연세도 온갖 수난 속에 때로는 좌절하고 후퇴하는 모습을 보이기도 했다. 일제 말기에는 총독부에 의해 재단이사회가 해체되고 학생들이 강제노동에 동원되는 아픔을 겪었다. 해방 이후에는 좌우 이념 대립과 전쟁의 소용돌이를 피하지 못했으며, 그 뒤에는 여러 정권에 걸쳐 독재의 압박에 신음하였다.

연세는 그 모든 역경을 결국에는 견뎌내며 학문의 본산이자 진리의 터전인 대학 본연의 모습을 거듭 회복하였다. 이는 재단과 교수진의 노력에 더해, 진리와 정의라는 대의를 위해서는 몸을 아끼지 않았던 학생들이 분투한 결과였다. 학생들은 평소에는 학문을 습득하고 벗을 사귀며 사회에 기여할 인재가 되기 위한 일상을 보냈지만, 시대가 그 이상을 요구할 때에는 직접 불의에 맞서 일어서기를 주저하지 않았다. 비록 그 행동이 학생의 본분을 일탈한 모습으로 비추어지기도 했지만, 투쟁을 불사한 학생들의 행동은 역사를 한 걸음 더 진전하게 하는 강한 동력이었다.

3·1운동을 비롯하여 물산장려운동을 선도한 자작회 활동, 일제하 전문학교 학생들의 연합조직인 조선학생회, 그리고 3·1운동 이후 최대의 민족운동인 6·10만세운동 등 항일민족운동의 중심에는 연희와 세브란스 학생들이 있었다. 이들의 활동은 해방 이후 전재민 구호 활동과 신탁통치 반대 학생운동, 전시하 학생자치와 봉사 활동으로 이어졌

다. 그리고 연세의 학생들은 4·19혁명과 한일협정 비준 반대운동, 유신독재 반대운동, 1980~90년대 민주화와 사회변혁운동, 그리고 1990년대 후반 이후 변화하는 사회에 발맞춘 여성주의운동 등 현대 한국의 격류 속에서 시대의 소임을 다하였다. 운동의 형태는 이처럼 다채롭게 변했지만, 그 내면에는 연세 동산에서 펼친 기독교 정신과 인간애가 항상 함께 하였다. 연세를 비롯한 이 땅의 학생운동사는 식민지, 분단, 전쟁, 독재 속에서도 자주독립과 민주화, 산업화를 이루어낸 근현대 한국사의 거대한 동력의 하나였다.

이 책은 광혜원 설립으로 연세의 역사가 시작된 1885년 이래 21세기 오늘날까지 한 세기 반에 걸쳐 전개되어온 연세의 학생운동사를 시간순으로 정리한 역사서이다. 역사 서술이 온전히 객관적일 수는 없겠지만, 집필진은 최대한 실사구시의 자세로 사실을 가감없이 기록하고 그 사실을 살피면서 오늘날 성찰의 자료가 될 수 있기를 기대하며 서술하였다.

현대 한국 학생운동사 연구는 주로 학생 일반보다는 학생운동가들의 조직적 저항 활동에 주목하였으며, 연구 대상 시기도 학생운동이 두드러졌던 1960년대부터 1980년대 중반에 집중되어 있다. 그에 비해 이 책은 한말 이래 현재까지 한국사의 거시적인 흐름 속에서 학생운동의 변화를 살펴보고, 국가권력과 학교 당국, 학생 3자의 관계에도 주목하면서 학생운동사를 학생의 사회사와 문화사 연구로 확장하였다.

편찬위원들과 집필위원들은 책을 준비하면서 과연 '학생운동'이란 무엇인가 하는 점을 계속 스스로 반문하였다. 학생운동의 '학생'이 사회운동에 전적으로 투신해온 종종 '운동권'이라고 불린 일부 학생들만을 가리킨다면 그것은 연세인 모두의 학생운동사가 될 수 없을 터이다. 그 '운동'이 동맹휴학과 시위 등 집단적, 물리적 행동 위주의 활동만을 포괄한다면, 이 또한 학생 본연의 위치를 지키면서도 사회에 기여하고 동참해온 다양한 활동들을 주변화해버릴 우려가 있겠다.

이 책은 항일민족운동과 반독재 민주화운동 등 적극적이고 집체적인 저항 형태를 띤 변혁운동 외에도 학생자치활동과 계몽·봉사 활동 등 민족과 사회를 위해 실천적으로 헌신한 모든 다양한 형태의 학생활동을 학생운동사에 포괄하고자 노력하였다. 이념서클과 조직적 활동을 다루더라도 그 활동이 대학생의 일상문화 및 학원 자율성의 맥락에서 어떤 의미가 있었는지에 유의하였다. 아울러 표면에 드러난 학생운동가들 외에도 그들과 함께 공감, 소통하며 시대를 함께 고민해온 일반 학생들과 학교 당국, 그리고 학교 바깥의 권력과 사회 전체를 시야에 넣어 한국근현대사의 일부로서 학생운동사를 검토하고 서술하고자 하였다. 투쟁사 위주로 기술하는 좁은 의미의 학생운동사가 아니라, 학생들이 일상속에서 사회와 교감하며 펼친 다양한 실천 활동들도 포괄하는 넓은 의미의 학생운동사를 기록하는 것이 이 책 집필진의 기본 목표였음을 밝혀둔다.

단순한 제도적 민주화를 넘어서서 가정, 학교, 직장, 정부와 의회 등 모든 공간의 일상속에서 실질적인 민주주의를 구현해내는 것이 시대적 소명이 된 오늘날, 학생운동사가 단지 과거를 찬미하기 위해서가 아니라 오늘의 문제를 성찰하고 대안을 찾기 위한 기록이 되기 위해서는 그러한 인식의 확대가 절실한 터이다.

이 책은 크게 다섯 부로 구성된다. 제1부에서는 세브란스와 연희의 항일 학생운동을 살펴본다. 먼저 한말·일제하 두 전문학교의 설립 과정과 교육 내용, 학생들의 상황을 검토하여 초기 학생운동의 배경을 알아본다. 세브란스와 연희 학생들은 3.1운동과 자작회, 조선학생대회와 조선학생회 조직 등 1920년 전후의 항일민족운동에서 일찌감치 두드러진 활동을 하였다. 1920년대에 연희는 조선학생과학연구회와 6.10만세운동에서 주도적인 역할을 하였으며, 광주학생운동에도 전교생이 결집하여 식민지배에 저항하였다. 1930년대에도 경제연구회 등 다양한 형태의 활동이 있었으며, 일제 말기에 학생들은 가혹한 탄압 속에서도 민족문화 연구나 의료 봉사 활동을 지속하며 자주 독립의 미래를 준비하였다.

제2부는 해방 이후부터 1950년대까지 학생운동을 다룬다. 해방 이후 분단과 좌우대립 속에 과연 연희와 세브란스 학생들은 어떤 길을 걸어갔을까? 다른 대학들과 마찬가지로 연희와 세브란스 역시 초기에는 학내 좌우대립이 심각하다가 신탁통치 반대운동 등을 계기로 점차 우익 학생들이 주도권을 잡고 대한민국 정부수립에 기여하게 된다. 특기할 점은 단순히 운동이 분단 고착화의 흐름으로 귀결되는 것이 아니라, 남북통일을 위한 노력도 병행되었다는 점이다.

해방 직후 전재민 구호 활동에 나서는 등 사회봉사에도 열의를 보였던 학생들은 전쟁이 터지자 임시 수도 부산에서 학생자치활동과 의료 봉사 등을 이어가며 기독교적 실천의 자세를 잃지 않았다. 또한 이승만정권의 권위주의적 억압 하에서도 학생들은 다양한 형태로 민주주의의 정신을 지키며 반독재 민주화운동의 에너지를 축적하고 있었다.

제3부에서는 1960~70년대 연세의 학생운동을 살펴본다. 연세는 이 시기에 적극적인 반독재 민주화운동에 나서게 되는데, 집필진은 그 기반이 1950년대 중후반에 만들어지고 있었음에 주목하였다. 대학생 수가 급증하는 가운데 1957년에 통합 연세가 출범하게 되고, 학내 자치단체들의 활동이 활발해지고 있었다. 그 배경 위에서 4.19혁명에 적극 참여한 연세 학생들은 총학생회를 조직하는 등 학생운동의 토대를 굳건히 해갔다. 그리고 한일협정 비준 반대운동 등 민족주의가 고조되면서 학생운동이 확대되었다. 한국문제연구회 등 여러 서클과 단체에서 학술 활동, 농촌 봉사활동, 무의촌 봉사활동, 탈춤 등 문화활동 등을 펼쳤으며 이를 통해 학생들의 사회 참여와 비판 의식이 고양되었다. 비록 유신독재 아래 이념서클이 해체되는 등 학생운동이 억압되었지만 반유신운동과 학내 민주화운동은 중단되지 않고 지속되었다.

제4부에서는 1980년대에 한국에서 민주주의가 실현되는 과정에서 연세의 학생운동이 어떤 기여를 하고 스스로 어떤 변화를 겪게 되는지 검토한다. 신군부가 등장하고 광주 5.18을 겪으면서 학생들은 치열한 비합법 운동을 전개했다. 사회민주화의 요구가 학내 민주화 요구로 이어지면서 1984년에 총학생회가 부활하였다. 이 때는 각 대학에서 강한 이념 지향성을 지닌 서클들이 많아지고 전문적인 운동가들이 양성된 시기이다. 연세도 이 점에서 예외는 아니었지만, 개방적인 학생회와 학회활동을 통해 일반 학생들이 학생운동에 널리 공감을 표하고 다양한 형태로 동참하는 학생운동의 대중화가 이루어진 점이 주목된다. 1987년의 6월 항쟁과 뒤이은 민주주의 이행과정에서 연세 학생운동은 민주화의 중심에 서게 된다. 그렇지만 반독재민주화운동이 순탄하게 진행된 것은 결코 아니다. 정부는 1987년 민주화 이전에 대학을 감시하고 학사행정을 일일이 통제했으며, 그로 인해 대학과 학생 사회에 큰 상처를 남겼다.

제5부에 다루는 대상은 제도적 민주주의 실현 이후 오늘날에 이르는 학생운동의 위기와 변화의 시기이다. 1987년 민주화는 한편으로는 전국대학생대표자협의회 결성 등 학생운동이 '강철같은 대오'를 표방하며 겉으로 강한 면모를 보일 수 있는 환경을 조성했지만, 다른 한편으로는 일반 학생들의 관심과 참여가 줄어들게 만들었다. '민주화' 요구

만으로는 학생들의 공감을 불러일으킬 수 없는 시대가 온 것이다. 1990년대의 과도기를 거치며 기존의 학생운동은 급속히 그 힘을 상실했다. 2000년대에 들어서면서 학생운동은 새로운 목소리를 본격적으로 내기 시작했다. 총여학생회를 중심으로 한 여성주의 운동은 그 변화의 바람을 잘 보여주었다.

한말·일제하 이래 지속되었던 자주독립과 반독재 민주화를 위한 긴 여정은 '1987년 민주화'로 본격화된 민주주의 이행을 통해 그 일단락을 지었다. 그 여정의 중심에 있던 학생운동은 자신의 소임을 다하고 서서히 역사의 중심 현장에서 물러서고 있다. 다만 그 정신을 보존하면서 새로운 시대에 맞는 새로운 길을 걷고자하는 학생들은 조용하지만 치열한 또 다른 모색을 하고 있다. 20세기 말에 이념의 시대가 종언을 고했다고 하지만, 21세기에 들어 민주주의는 병색이 완연하며 극단적 세계화와 신냉전의 혼돈 속에 난민, 생태 환경 문제 등 전지구적인 위기가 심화되고 있다. 새 술은 새 부대에 담아야 한다고 했듯이, 새로운 문제는 새로운 주체에 의해, 새로운 방식으로 해결의 길이 열릴 것이다. 다만 역사가 증명해왔듯 학생들은 그들이 주역이건 조연의 역할이건 미래의 인재가 되기 위한 자기 노력과 함께 사회를 보다 나은 방향으로 바꾸어가는 빛과 소금의 역할을 묵묵히 짊어질 것이다.

이제 연세학생운동사를 한 권의 책으로 펴내며, 이 책이 연세와 한국, 그리고 세계의 미래를 개척하는 새로운 여정에서 작은 나침반이 되기를 기대한다.

연세대학교 국학연구원장 김 성 보

목 차

개관

1885년 제중원이 설립되고 다음해 제중원의학당이 의학 교육을 시작하였다. 이후 애비슨이 제중원에 부임하여 의학교육을 체계화하였으며 1913년 세브란스연합의학교가 설립되었다. 또 1915년 조선기독대학이 창립되어 1917년 사립연희전문학교로 인가를 받았다. 세브란스와 연희전문의 학생들은 기독교와 민주주의 정신에 입각한 교육을 받으면서 민족적 위기의 시대에 사회적 책임을 다하기 위해 끊임없이 노력했다.

3·1운동에 있어서 세브란스와 연희전문 학생들은 두드러진 활약을 펼쳤다. 연희와 세브란스 재학생들은 YMCA를 중심으로 3·1운동 학생단에 참여했다. 세브란스의 배동석, 김문진, 김성구 등은 독립선언서의 배포에 참여하여 3월 1일의 전국적 시위의 성공을 이끌어냈으며, 김원벽, 이병주, 정석해 등 연희전문 학생들은 3월 1일과 5일의 대규모 학생 시위를 주도했다. 세브란스와 연희전문 학생들이 3월 1일과 5일의 시위에 참여하였던 것은 물론이고, 교직원과 간호부들도 열성적으로 운동에 참여했다. 또 일부 재학생들은 지방의 시위를 조직하거나 상하이 대한민국 임시정부에 가담하여 민족운동을 전개했다. 3·1운동 이후 결성된 조선학생대회와 조선학생회 등 학생 조직에서도 세브란스와 연희전문 학생들은 적극적으로 참여하여 계몽운동을 벌여 나갔다.

1920년대 연희전문 학생 사이에도 사회주의가 확산되었다. 이들은 조선학생과학연구회를 주도하였고, 1926년 6·10 만세 운동을 일으켰다. 많은 연희전문 학생들이 시위 현장에서 체포되었으며 경찰이 교수들을 호출하여 경고를 할 정도로 깊이 개입되어 있었다. 연희전문 학생들은 1929년 광주학생운동에도 전교생이 결집하여 검거 학생 석방 등을 요구하는 결의문을 채택하고 동맹휴학을 전개하며 식민지배에 저항하는 투쟁에 참여했다.

1930년대 들어서도 경제연구회 등 연희전문의 학생들이 다양한 형태로 식민지배에 대한 저항을 계속했으나, 일제의 탄압이 갈수록 강화되었다. 1938년 상과 교수와 재학생, 졸업생 다수가 연루된 경제연구회 사건이 대표적이다. 이후 공개적이고 조직적인 학생운동은 거의 불가능해졌지만, 민족문화의 연구나 의료 봉사 활동 등을 통해 지식인의 사회적 책임을 다하고 민족의 미래를 준비하려는 시도는 계속되었다.

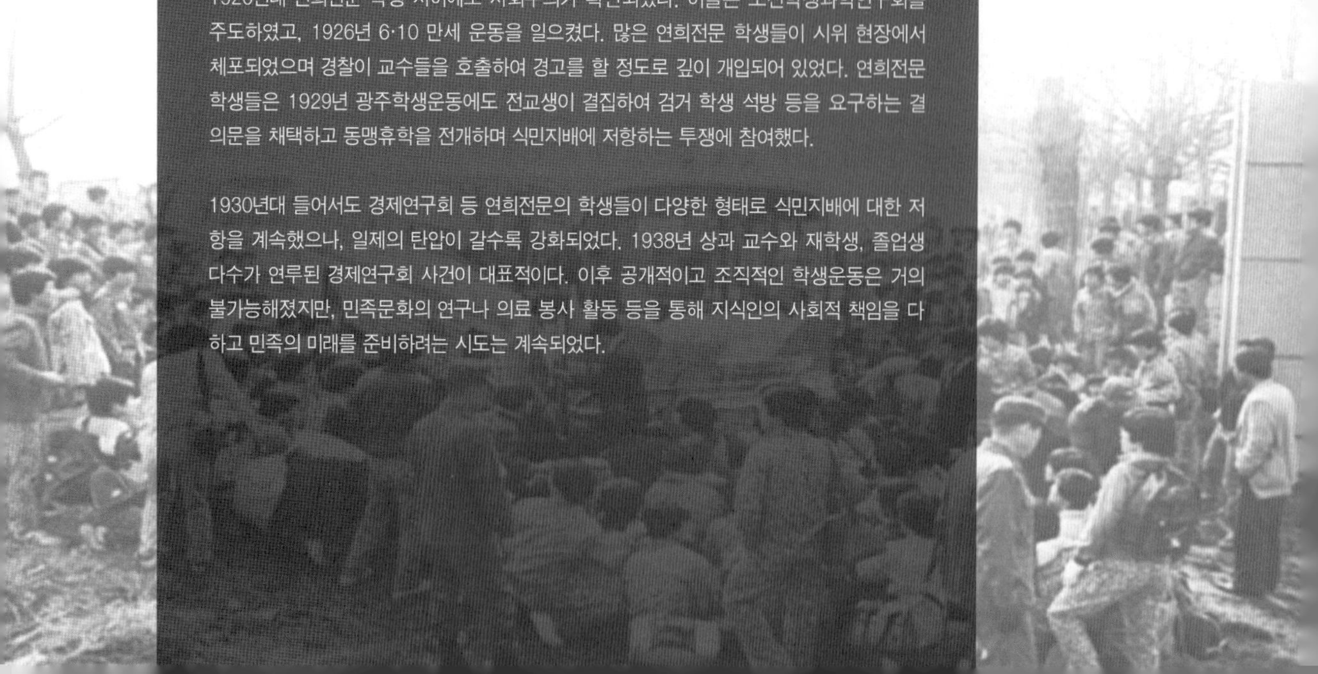

1부

세브란스·연희의 항일 학생운동

1장 세브란스·연희전문의 설립과 학생 활동

1. 제중원, 세브란스의 초기 의학 교육과 학생들

제중원 개원과 제중원 의학당

1885년 한국 최초의 근대서양식 병원인 제중원이 한성에 들어섰다. 1884년 우정국 개국연에서 자상을 당한 민영익을 의료선교사인 알렌(Horace N. Allen)이 치료하고 보살폈던 것이 병원 설립의 단초를 마련했다. 알렌은 이 사건을 계기로 근대 조선에 선교를 합법화하고, 의료활동을 위한 공간을 확보하고자 하면서 「병원건설안」을 제안했고, 조선정부의 신뢰와 전폭적인 지지하에 4월 10일 병원을 공식 개원했다. 개원 당시 고종은 '은혜를 널리 베푸는 집'이라는 광혜원(廣惠院)이라는 명칭을 하사했으나, 4월 27일부터는 '사람을 구하는 집', 즉 제중원(濟衆院)이라는 이름으로 명칭이 변경되었다.

알렌은 제중원 설립 초기부터 의학교를 염두에 두고 있었다. 그러나 개원 초기 일손이 달린 데다 수술을 도와줄 인력이 필요했기 때문에 학생들은 진료 활동을 도와주는 조수로서의 역할도 담당해야 했다. 그러다가 개원 1년 후에 헤론(John W. Heron)과 언더우드(Horace G. Underwood)가 제중원 업무에 참여하면서 의학교육을 본격적으로 시작할 수 있었다. 의학교는 고종의 명령으로 제중원에 인접한 가옥을 매입하여 세워졌고, 사람들은 이를 제중원의학당(School of Medicine 혹은 Hospital School)이라고 불렀다. 제중원의학당은 1886년 3월 29일 개교했다(최재건, 2016).

제중원의학당은 조선 정부가 학생 모집과 재정지원을 담당하고, 의료선교사가 학칙 제정과 학교 운영을 주도하는 형태로 운영되었다. 제중원의학당의 의학교육은 알렌, 헤론, 언더우드 등이 주도했던 제1기(1886-1893), 에비슨(Oliver R. Avison) 내한 이후 의학교육이 재개된 제2기(1893-1900), 에비슨의 미국 방문 이후 의학교육을 본격화한 제3기(1900-1908)로 나눌 수 있다.

제1기에 해당하는 시기는 알렌, 헤론, 언더우드, 헐버트, 기퍼트 등의 선교사들이 의학교육을 주도했다. 1886년 3월 시험과 수련기간을 거친 12명을 정규과정에 입학시켰다. 3~5년 정도의 교육과정을 수료한 후 주사의 직책을 가진 정부 관리나 군의관으로 등용할 계획이었다(박형우, 2010). 그러나 의료선교사들이 진료업무와 다른 선교 활동에 집중하느라 의학교육에 충분한 시간을 할애하지 못한데다, 의학교육에 열심이던 알렌이 1887년 9월 제중원을 떠난데 이어 1890년 헤론이 사망하면서 초기의 의학교육은 사실상 중단되었다. 이에 학생들도 떠나면서 졸업생은 배출되지 못했다.

1893년 11월 에비슨이 제중원에 부임하면서 제중원을 개편했는데, 이 시기가 제2기에 해당한다. 1894년 9월 에비슨은 조선정부와 담판을 지었고, 제중원의 운영권은 조선정부에서 미 선교부로 이관되었다. 이전과 달리 학생 선발에서 조선 정부의 지원을 받을 수 없는 어려움 속에서도 에비슨은 한글로 된 의학교과서를 제작하는 것으로 의학교육의 효과를 극대화하고자 하였으며 교수진도 개편하여 전문적인 교육을 실시하고자 했다(박형우, 2010; 신규환, 2017).

제3기는 세브란스병원이 남대문밖 복숭아골로 이전하면서 새로운 교사를 마련한 시기(1904)로, 에비슨이 안식년을 끝내고 돌아와 본격적으로 의학교육을 실시한 시기이다. 그는 의학교육 재개를 위해 1900년 9월부터 의학교 정규반을 운영하였고, 8년 동안 의학교육을 실시하기로 교육과정을 정비했다. 또 정부로부터 공인된 자격을 받을 수 있도록 노력하여, 1908년부터 졸업생들이 의술개업인허장을 수여받게 되었다. 이에 1908년 6월 3일, 의학교 학생 중 숙련도가 높은 의학생 7명 김필순, 김희영, 박서양, 신창희, 주현측, 홍석후, 홍종은이 세브란스병원의학교 제1회 졸업생이 되었다.

이후 연합의학교 설립의 필요성이 제기되자, 각 교파 선교부에서 세브란스병원의학교에 매년 일정 기간 파견 선교사를 보내기로 하여 병원 운영과 의학교육에 힘을 보탰다. 1913년 6월에는 새 의학교 건물의 완공과 함께 본격적으로 각 선교부가 연합한 형태의 의학교가 운영되기 시작했다. 교명도 세브란스연합의학교로 개칭되었고, 전문분야별로 각 교파에서 권위있는 교수진이 구성되었다.

제중원의학교의 재출발과 의학교육

제중원의 초기 인력이 제중원을 떠나거나 사망하면서 1890년경의 제중원은 거의 명맥만 유지되는 상태였다. 그러던 중 1893년 11월 에비슨이 제중원에 부임하면서 제중원을 개편했는데, 이 시기가 제2기에 해당한다. 그가 직면한 과제는 조선정부와의 불편한 관계를 청산하는 것이었다. 1894년 9월 에비슨은 조선정부와 담판을 지었고, 제중원의 운영권은 조선정부에서 미 선교부로 이관되었다. 또 하나의 과제는 의학생을 선발하는 일이었다. 이전과 달리 학생 선발에서 조선 정부의 지원을 받을 수 없었고, 의학생들에게 특권을 부여할 수도 없는 상황에서 교육과정을 견뎌내는 학생은 많지 않았을 것이다. 그러한 어려움 속에서도 에비슨은 한글로 된 의학교과서를 제작하는 것으로 의학교육의 효과를 극대화하고자 하였다. 그는 헨리 그레이(Henry Gray)의 해부학 교과서를 한글로 번역하여 학생들이 더 수월하게 의학지식을 받아들일 수 있도록 했다. 또한 교수진을 개편하는 작업을 진행하여, 에비슨은 해부학, 현미경학, 피부병학을 담당했고, 빈턴(Charles C. Vinton)은 화학과 약물학, 파이팅(Georgiana E. Whiting)은 생리학과 영어, 제이콥슨(Anna P. Jacobson)은 붕대법과 마사지 등을 담당하도록 했다(박형우, 2010; 신규환, 2017).

제3기는 세브란스병원이 남대문밖 복숭아골로 이전하면서 새로운 교사를 마련한 시기(1904)로, 에비슨이 안식년을 끝내고 돌아와 본격적으로 의학교육을 실시한 시기이다. 그는 의학교육 재개를 위해 1900년 9월부터 의학교 정규반을 운영하였고, 8년 동안 의학교육을 실시하기로 교육과정을 정비했다. 학생에게 학비 등 관련 비용은 전액 지급하되, 중도 퇴학시에는 모든 경비를 배상토록 했다. 아울러 1905년에는 의학교과서를 출판하여 의학교육의 활성화에 힘을 보탰다. 그러나 제중원의학교에서 이루어지는 의학교육을 학생들의 미래에 대한 불안감을 없애면서 본격적으로 시행하기 위해서는 교육당국과의 협의 하에 정식 학제로 인정받는 것이 중요했다. 이에 그는 1906년부터 정부로부터 공인된 자격을 받을 수 있도록 노력하였으며, 1908년 5월 말에 의학교육을 주관하는 내부로부터 의술개업인허장을 부여하겠다는 연락을 받았다. 이에 1908년 6월 3일, 의학교 학생 중 숙련도가 높은 의학생 7명 김필순, 김희영, 박서양, 신창희, 주현측, 홍석후, 홍종은은 세브란스병원의학교 제1회 졸업생이 되었다.

이후 각 교파 선교부는 한정된 자원으로 의학교육을 활성화시키기 위하여 연합의학교 설립의 필요성을 제기했고, 세브란스병원의학교에 매년 일정기간 파견 선교사를 보내기로 하여 병원 운영과 의학교육에 힘을 보탰다. 각 교파에서는 1912년부터 세브란스에 선교사를 파견하기 시작했고, 1913년 6월에는 새 의학교 건물의 완공과 함께 본격적으로 각 선교부가 연합한 형태의 의학교가 운영되기 시작했다. 교명도 세브란스연합의학교로 개칭되었다. 이에 밀즈(병리학), 반버스커크(생리학), 러들로(외과), 바우만(안과), 커렐(산부인과), 맥라렌(소아과) 등 각 교파에서 파견한 전문분야별 권위있는 교수진이 구성될 수 있었다.

2. 연희전문학교의 설립과 학생층의 성격

연희전문학교의 설립과 초기 교육

언더우드를 비롯한 기독교 선교사들은 기독교 정신에 토대를 두고 있지만, 신자가 아닌 사람들까지 포함하는 보편적인 대학 교육을 실현하기 위해, 서울에 기독교 대학을 설립하고자 했다. 특히 1910년 일제가 식민 통치를 본격화하고 한국인들의 고등교육 기회를 크게 제한하자, 서울에 조선총독부의 관제 학교와 다른 기독교계 고등교육 기관을 설립해야 한다는 목소리가 더욱 커졌다. 평양의 기독교 대학을 강화해야 한다는 반대도 있었지만, 감리교와 장로교 선교사들은 1910년 이후 서울에 기독교 대학 설립을 본격적으로 추진했다. 대학 설립을 주도한 언더우드(H. G Underwood)는 1912년 형(J. T. Underwood)에게서 거액의 지원금을 받아왔다. 1914년 3월 연합 기독교 대학 임시 관리

이사회가 열렸고 언더우드를 이사장으로, 베커를 서기로 선출했다. 개교를 위한 실무를 준비하면서 1914년 4월 감리교계는 서울 정동 배재학교에 임시대학 예과를, 장로교계는 경신학교에 임시 대학부를 설치했다. 1915년 3월 배재학교 임시대학 예과와 경신학교 대학부를 통합하기로 하고 관리이사회를 소집하여 학장 언더우드와 교직원을 선정했다. 1915년 4월 12일 조선기독대학(Chosen Christian College)이 창립됐다.

1915년 개교 당시 학생은 61명이었고, 조선중앙기독교청년회관 건물의 방 8개를 임대해 사용했으며 청년회 체육관 일부를 기숙사로 사용했다. 대학은 조선총독부와 협의 끝에 현재 신촌 부지를 확정하고 캠퍼스 조성에 착수했다. 1918년 봄 고양군 연희면 신촌리에 치원관을 완공하여 이전했다. 1920년 스팀슨관, 1924년 언더우드관과 아펜젤러관이 완성되었으며, 치원관은 기숙사가 되었다. 스팀슨관이 본관으로 사무실, 교장실, 학감실, 강당, 교수회실, 신학실, 교원실, 회계실, 서무실 등이 있었고, 현재 대학 본관인 언더우드관(학관)에 강의실과 문과 및 상과 교수 사무실, 도서관, 음악실, 학생회와 YMCA 등이 있었다. 아펜젤러관(이학관)에 물리, 화학, 생물학 실험실, 물리 및 화학 교실, 표본실, 천칭실, 화학약품실, 교원실이 있었다(이상윤, 2012, 27쪽).

평양에 있던 숭실대학이 소규모 종파 대학으로서 본격적인 신학교육을 준비하는 예비학교로서의 종교적 성격이 강했던 반면, 조선기독대학은 개방적인 '자유교양대학'을 지향했다. 자유교양대학은 종교교육뿐 아니라 교양 및 실용 지식을 가르치는 것을 중시했다. 기독교 종합대학으로 발전하는 것을 목표로 삼았던 것이다.

1915년 개교 당시 조선기독대학은 예과 2년, 본과 4년의 종합대학으로서 성서 교육을 포함하는 기독교 대학의 교과과정을 갖춘 지원서를 조선총독부에 제출했다. 조선총독부는 종교교육과 대학 과정 인가를 거부했고, 교섭 끝에 1917년 4월 전문학교로서 사립 연희전문학교가 정식으로 인가받았다. 연희전문은 종합대학으로 인가받지는 못했지만, 학칙 제1조에 문학, 신학, 농학, 상업학, 수학 및 물리학, 응용화학에 관한 전문 교육을 표방하여 교육 내용에서 대학을 표방했다.

이 무렵 연희전문은 선교사들이 직접 교육을 담당했으며, 학생들은 일상생활에서도 선교사의 영향을 많이 받았다. 설립 당시 학장은 언더우드였으며 밀러, 언더우드 2세, 베커, 빌링스, 루퍼스 등 선교사들과 백상규, 이노익, 신흥우 등 한국인이 교수가 되었다.

일본인 교수도 있었으나 목사들이 많았고, 기독교 학교에서 교육했던 사람들이 많았다.

일제 경찰은 연희전문에 대한 감시를 소홀히 하지 않았다. 1918년 11월 20일 자 경찰 보고에 의하면 연희전문의 베커(Arthur L. Becker)와 빌링스(Bliss W. Billings) 두 선교사가 학생들에게 자주 1차 세계대전에서 미국의 역할과 태도를 자주 이야기했고, 그 영향을 받은 학생 가운데는 "미국 대통령이 정의 인도를 표방하고 약소국에 동정을 보냈으니 조선의 장래는 밝을 것"이라고 말하는 사람도 나타났다고 한다(강덕상, 1967, 68쪽).

베커와 빌링스 두 사람은 모두 감리교단 소속으로 기독교 교육이 종교교육만을 중시해서는 안 된다고 생각했다. 베커는 물리와 화학 등 자연과학을 공부한 인물로 그의 선교사역 대부분은 교육사업과 관계가 깊었다. 특히 그는 자연과학이 성경과 모순되지 않는다고 믿었으므로 과학을 잘 가르치는 것이 자신 본연의 사명이자 선교라고 생각했고, 조선 청년에게 논리력과 통찰력을 발휘하게 하는 과학 정신을 기르게 해야 한다고 생각했다(안종철, 2011; 정운형 2017) 빌링스 선교사는 문과 교수이며 1917년 당시 연희전문 부교장이었다. 그는 자주 미국의 예를 들어 민주주의의 정신을 고취했으며, 학생들에게 2.8 독립선언의 소식을 전하기도 했다. 3·1운동이 시작하자 일본 경찰은 외국인 선교사들에 대한 감시를 강화했다. 4월 12일 자 고등경찰 보고에 의하면 빌링스 등 선교사들은 거실에 태극기를 걸어두고 조선인들의 운동에 대해 지지를 표시하고 일본인들과 접촉을 회피하기도 했다고 한다(이기훈, 2019).

초기의 학생들과 기독교 청년회(YMCA)

연희전문은 1919년 3·1운동 전야에도 아직 작은 학교였다. 재학생 수는 94명, 1회 졸업생은 22명에 불과했다(김성보, 2016, 16쪽). 학생들은 대부분 독실한 기독교도였다. 아버지가 목사나 장로인 기독교 집안 출신이 대부분이었고, 학생 본인이 교회 전도사인 경우도있었다. 많은 학생들이 선교사나 교회의 직접적인 재정 지원을 받고 있었고, 입학 보증인이 선교사 교수인 경우도 많았다(이기훈, 2019B; 박종린, 2019).

서구 문명의 정신인 기독교를 받아들인 학생들은 새로운 세대의 청년답게 신사상이나 세계의 사조 변화에 특별히 민감했다. 이들은 대부분 대한제국 말기 애국계몽운동이 한창일 때 기독교 계열의 사립학교에 다녔다. 이 무렵 고양되었던 애국과 독립의 정신이 여전히 남아있는데다, 마침 유럽에서 들려오는 세계 대전, 혁명, 민족자결주의의 소식은 연희전문 학생들을 크게 자극했다. 총독부 당국이 보기에 불온하기 짝이 없는 이런 신사상이야말로 3·1운동 시기에 연희전문 학생들을 투쟁의 선두에 서게 하는 강력한 힘이었다.

1910년대 말 조선총독부 경무총감부 제1과는 경성에 대한 사찰 결과를 「경성민정휘보(京城民情彙報)」라는 문건으로 작성하여 보고했다. 1918년 11월 30일자 경성민정휘보에는 실린 「시국과 조선인의 언동」이라는 정보 보고에는 당시 경성의 젊은이들 사이에서 돌아다니는 신조어 하나가 포함되어 있다. 「新布哇」, 즉 '新 하와이'라는 곳이 있다는 것이다. '新하와이'는 다름 아닌 "경성 시외 고양군 연희면 창천리"의 "예수교 부속 연희전문학교"를 가리키는 말이다(이기훈, 2019A).

연희전문이 하와이로 불린 것은, 이국적 정취 때문이 아니라 마치 당시의 하와이 같은 맹렬한 "배일(排日)"의 기풍 때문이었다. 1910년대 중반 미주 지역 한인 동포의 연합 조직인 대한인국민회의 하와이 지부는 하와이 주정부가 어느 정도 자치를 묵인해 주는 가운데, 박용만의 주도 하에 대조선 국민군단을 만들고 일본에 대한 무장 항쟁을 목표로 군사훈련을 실시할 정도로 공공연한 항일 활동을 벌였다. 1918년 당시 연희전문학교 학생들 사이의 항일 분위기가 마치 1910년대 중반 하와이 같다고 해서, 다들 연희전문을 '新하와이'라고 불렀다는 것이다.

일제 경찰은 연희전문학교 학생 가운데 특히 김원벽과 노준탁에 대해 주목했다. 김원벽(1894~1928)과 노준탁은 연희전문학교 문과 1기이며 연희전문 YMCA를 주도한 인물들이다(박종린, 2018; 김성보, 2016). 연희전문학교에는 아직 학생회가 없던 터라 YMCA가 그 역할을 했다. 1915년 10월 창립된 연희전문 YMCA는 종교부, 지육부, 운동부, 사교부, 서무부를 두었고, 매년 초에 임원을 개선하였다. 종교부는 기독교 강연, 교육, 전도, 지육부는 사회 문제 강연과 토론회, 음악회를, 운동부는 체육행사를 주관했다. 또 교내 행사만 아니라 서울과 조선 YMCA 활동에서도 두각을 나타냈다. 김원벽과 노준탁은 YMCA를 통해 연희전문학교의 학생 활동을 주도했으며, 특히 김원벽은 교외 활동에도 적극적으로 참여하여 연희전문의 학생 대표로서 인정받았다.

황해도 출신의 김원벽은 경신학교를 졸업하고 조선기독교대학에 진학했는데, 1917년 연희전문학교로 교명이 변경되면서 무시험으로 입학하여 다니고 있었다. 키가 크고 다른 사람들을 이끄는 재주가 있었으며 특히 연설을 아주 잘했던 김원벽은 연희전문의 초대 YMCA 회장으로 활약했고, 조선중앙기독교청년회에서도 열심히 활동하여 다른 학교 학생들에게서도 신망을 얻고 있었다(박종린, 2019).

연희전문 학생들은 1차 세계 대전의 종전을 전후한 국제 정세에 매우 민감하게 반응했다. 일본 경찰의 정보 보고에 따르면 김원벽과 노준탁은 전쟁의 결과 "제국주의가 완전히 패배하고 전 세계가 민주주의에 의해 지배"받게 되었으며 "미국의 윌슨 대통령도 (한국의 독립 문제에) 다대한 동정을 표시"했고 "다가올 강화회의에서 대통령이 주장하는 정의, 인도주의의 입장에서 조선을 위하여 진력할 것"이니, "우리가 자유, 평등한 공화정치를 구가할 날도 멀지 않았다"고 주장했다고 한다.

이들은 민족자결주의의 적용을 일본 제국주의 지배를 끝내는 것은 물론이고 새로운 나라에 "자유 평등한 공화정치"를 구현하는 것으로 이해했다. 이들은 자유와 평등의 공화국을 지향했고, 민주주의가 독립된 국가의 기본적 정치원리가 되어야 한다고 생각했다. 정의와 인도도 결국 공화정치를 통해 최종적으로 달성될 수 있기 때문이다.

1918년 말 연희전문학교는 목표로 삼아야 할 국가의 이상에 대해서는 비교적 자유롭게 이야기할 수 있는 공간이었다. 특히 연희전문학교의 YMCA는 학생들이 자치적으로 여러 가지 문제를 토의하는 장으로서 민족자결과 공화주의의 새로운 사상을 확산시켰을 뿐 아니라, 향후 3·1운동을 이끌어 가는 실질적인 지도부의 구실을 했다.

2장 3·1운동과 세브란스·연희

1. 3·1운동의 선두에 나선 연희

운동의 준비와 3월 1일과 5일 만세 시위

1918년 후반 조선의 학생들 사이에서는 제1차 세계대전 이후의 세계적 정세 변화 속에서 민족 독립을 위한 적극적인 행동을 추진하고자 하는 움직임이 활발해지고 있었다. 3·1운동을 주도한 학생독립운동 세력이 처음 모인 것은 1919년 1월 27일이었다. 회합을 처음 조직한 사람은 연희전문학교 기숙사 사감을 역임했고 이후 민족 대표 33인의 한 사람으로 참가하는 박희도였다. 그는 이 당시 조선중앙기독교청년회(YMCA)의 간사로 서울의 청년 학생들에게 영향력이 컸다. 흔히 대관원 모임이라고 하는 이 자리에는 경성의학전문학교 한위건과 김형기, 연희전문학교 김원벽, 보성법률상업학교 강기덕, 경성전수학교 유자영·이공후, 경성공업전문학교 주종의, 그리고 보성법률상업학교를 졸업하고 대종교회에 근무하던 주익, 연희전문학교를 중퇴하고 배화여학교 교사로 재직 중이던 윤화정 등 청년 학생 10명이 모였고, 이들이 학생 3·1운동을 주도하게 되었다(장규식, 2002).

김원벽은 1918년 하반기부터 벌써 세계정세의 변화를 예의 주시하면서 독립에 관한 희망을 키우고 있었지만, 막상 운동을 실제 결행하는 단계에서는 신중한 입장이었다고 한다. 그러나 1919년 2월 초 독립운동을 즉각 실행할 결심을 굳히고 학생지도부 구성을 주도했다.

3·1운동 이후 수감 중인 김원벽

출전: 일제감시대상인물카드(국사편찬위원회 한국사데이터베이스)

각 전문학교 대표로 구성된 학생지도부는 선언서의 작성, 고등보통학교 학생들의 조직화 등을 독자적으로 추진하다 1919년 2월 25일 종교계와 함께 시위 운동을 단행하기로 했다. 2월 26일과 28일, 연속해서 학생지도부는 회동하며 만세운동을 준비했다. 2월 28일 모임에서 학생지도부는 3월 1일의 1차 시위와 5일의 2차 시위를 성공적으로 이끌기 위해 선언서의 준비와 배포, 중등학교 학생들의 동원과 비폭력 시위 원칙 고수 등을 결정했다.

2월 28일에는 김원벽 외에도 연희전문의 학생들이 본격적으로 시위 준비에 함께 참여하기 시작했다. 연희전문 YMCA의 당시 회장이던 이병주와 정석해, 이묘묵 등 간부진이 학생 시위를 조직하고 이끄는 데 큰 역할을 했다.

29살의 만학도로 2학년에 재학 중이던 이병주는 베커 교수가 시무하던 은평면 역촌리 고은예배당의 현직 전도사였다. 그는 2월 28일 노준탁에게서 3월 1일 만세 시위가 있다는 이야기를 듣고 운동을 위해 기숙사에서 나와 이필주 목사의 집으로 이사했다고 했다. 이필주 목사는 33인의 한 사람이며 정동교회 사택은 3·1운동 주도자들이 모여 33인의 대표를 확정하는 등 중요한 결정을 한 장소였다(박찬승, 2019). 2월 28일 3·1운동 학생지도부가 중등학교 대표들에게 독립선언서 배포 장소와 시간을 정해준 곳도 이필주 목사의 집이었다.

3·1운동 이후 수감 중인 이병주
출전: 일제감시대상인물카드(국사편찬위원회 한국사데이터베이스)

김원벽과 당시 연전 YMCA 간부진들은 적어도 2월 28일 이전에 3월 1일 시위계획을 알았으며, 일부 학생들도 3월 1일 이전에 소식을 들었던 듯하다. 김원벽이 연희전문학교의 모든 학생들에게 3월 1일 오후 2시 탑골공원에서 만세 시위계획을 공개적으로 알린 것은 그날 오전이었다. 오전 일찍부터 김원벽은 학교에서 만나는 사람마다 시위 계획을 알리고 참여를 호소했다. 오전 11시 30분 40여 명이 학생이 참가한 가운데 연희전문 YMCA 월례회가 열렸다. 이 자리에서 학생들은 회원 전원이 체포될 때까지 운동을 계속할 것을 결의했다. 회의 참여자 외에도 연희전문 재학생 대부분이 이날 오후 만세 시위에 참여했던 것으로 보인다(이기훈, 2019A ; 박종린, 2019).

3학년으로 YMCA 사교부장이었던 정석해는 동료들과 3월 1일 오후 탑골공원 주변으로 갔다. 예정된 시각에 시위가 시작하지 않아 태화관까지 다녀왔는데, 이미 일본 경찰에 의해 주변이 완전히 봉쇄되어 있었다고 한다. 다시 탑골공원으로 돌아오자 정재용이 선언서를 거의 다 낭독하고 있었고 곧 만세 시위가 시작되었다고 한다.

농과 1학년들의 사례를 보자. 연전 농과 1학년 학생들은 학교 부속 농장 건물에서 숙식을 같이하며 공부했던 것 같다. 윤기성, 김희견, 윤내진, 송기주가 부속 농장에서 생활하던 학생인데, 이들은 3월 1일 바로 탑골공원에는 가지 않고 이치시마 교수에게 보조금을 받으러 갔다고 했으나 곧 이치시마의 집을 나와 3시 30분 프랑스 영사관 근처에서 만세 시위 대열에 합류했다. 이들 중 윤내진은 일찍 3월 1일의 시위 혐의로 구속되었다. 1일 체포를 모면했던 농과 1학년 학생 중에서도 농장에서 숙식하던 학생들은 이후 일제 경찰이 학교를 압수 수색하는 과정에서 모두 연행되었다. 윤내진 외에도 농과 1학년인 서광진을 포함하여 김술근, 정성봉, 안신영, 정성룡, 최평집, 김상덕 등의 연희전문 학생들이 3월 1일 시위에 참여한 혐의로 구속되었다.

3월 1일의 만세 시위 이후 연희전문 학생들은 다시 학교에 집결한 듯하다. 일본 경찰의 정보 보고에 의하면 이날 밤 11시경에 연희전문학교 부근에 학생 다수가 모였다가 해산했다고 한다. 모임에서 어떤 논의를 했는지 정확히 알 수는 없지만, 향후 만세운동의 결의를 다지기 위한 모임이었을 가능성이 크다.

연희전문 학생들은 바로 3월 5일의 시위를 준비했다. 경성 시내 학교들이 실질적인 동맹휴학 상태에 들어간 상태에서 연희전문 학생들은 YMCA를 중심으로 YMCA 회장 이병주는 3월 2일부터 4일까지 교회 교인들에게 민족자결주의에 의해 조선이 독립될 것이라며 운동 참여를 설득했다. 이병주는 3월 4일까지 서울 시내 여러 곳에서 사람들에게 독립사상을 불어넣었으며, 다른 학생들도 마찬가지였을 것이다.

정석해가 만든 독립선언서와 우편으로 보낸 봉투

정석해의 편지는 독립기념관 제3전시관에 전시되었으며 국가지정기록물 12호다. 민간기록물 중 국가적으로 영구히 보존할 가치가 있는 기록물을 국가지정기록물로 지정한다. 현재 12호까지 지정되었으며 제헌헌법초고가 1호이며 독립기념관 소장 독립선언서류가 12호다. 편지는 3면으로 되어 있으며, 익명으로 작성되었다. 봉투에 수신인 서대문 우체국 소인과 3월 3일이라는 날짜, 유봉영의 주소와 성명이 적혀 있다.

일부 학생들은 독립선언서를 등사하며 시위를 준비했다. 3월 2일 정석해와 계병호, 이경화, 박승렬은 학교의 등사판과 종이를 챙겨 정석해의 하숙집에서 독립선언서를 등사했다. 이날 밤 10시 전문학교 대표들과 중등학교 대표자들이 함께 모여 5일의 시위를 준비했는데, 정석해는 이 모임에 참석하러 가면서 선언서 한 부를 고향인 철산의 지인 유봉영에게 우편으로 보냈다. 익명으로 발송한 선언서 뒷면에는 정석해가 직접 서울의 시위 소식, 파리강화회의에서 조선 대표단 활동을 전하면서 철산에서도 궐기를 촉구하는 내용의 글을 썼다(이기훈, 2019B).

3월 4일 낮에는 학교에 모여 다음날 시위의 구체적인 방법을 논의했다. 이날 밤 배재고보 기숙사에서 전문학교와 중등학교 대표들이 모여 최종적으로 시위계획을 점검했는데, 이 자리에서 정석해와 동료들이 등사한 선언서도 분배되었다(장규식, 2002).

3월 5일 오전 9시 남대문 역 앞에 수많은 학생이 모였다. 조선총독부 경무총감부는 이날 모인 학생의 수를 4~5천 명, 조선군 사령부는 약 1만 명으로 추산하였다(박찬승, 2019). 당시 전문학교라고 해 봐야 학교당 학생 수가 100명 내외에 불과했고, 경성 시내 남자고등보통학교 학생이 1,092명, 여자고등보통학교 학생이 267명 정도였으니 시내의 학생 거의 전부가 다 모였다고 해도 과언이 아니었다.

이날의 시위는 김원벽이 보성전문의 강기덕과 함께 진두지휘했다. '조선 독립'이라고 쓴 큰 깃발을 단 인력거 위에 서서 나타난 그는, 3월 1일에 이은 제2차 시위를 선포하고 만세를 불렀다. 열광적인 만세 시위가 시작되었다. 선두에서 김원벽과 강기덕이 이끄는 가운데 군중이 만세를 외쳐 부르며 남대문으로 나아갔고, 대열 가운데 많은 붉은 천이 뿌려졌고 시위대 일부는 이를 흔들며 분위기를 고조시켰다. 3월 1일 시위나 3일의 고종 국장에 참여하고 귀향하려 남대문역에 왔던 사람들과 연도의 시민들까지 합류하여 군중은 더 늘어났다. 남대문에서 김원벽 등 선두의 지휘부가 검거되었으나 시위대는 경찰 저지선을 뚫고 일대는 종로 보신각 방면으로, 다른 일대는 대한문 앞으로 나아가 시위를 계속했다. 3월 5일의 시위에서 김원벽, 서광진, 최평집, 윤기성, 김상덕 등이 구속되었다(박찬승, 2019).

3월 5일 이후에도 연전 학생들은 다양한 방식으로 운동을 계속했다. 5일 시위가 끝나자 이병주는 "수만의 남녀 학생이 조선독립만세를 부르고 독립기를 세우고 행진하였을 때 다수의 경찰관이 칼을 빼들고 많은 남녀 학생들에게 중상을 입혔다"는 내용의 문건「

조선국민학생단 발동(朝鮮國民學生團發動)」, 「비법행동(非法行動)이 아니냐」 등 유인문을 작성하고, 연전 YMCA 서기 이묘묵과 함께 등사하여 3월 6일 서울 시내에서 배포했다(이기훈, 2019A).

연희전문 학생 가운데 유기준, 정석해, 이묘묵 등은 일제 경찰에 체포되기 전에 상하이 등으로 떠났고 노준탁 등 일제 경찰이 사전에 파악하고 있던 학생 활동 주도자 중 일부도 4월까지 체포되지 않았다. 그러자 일제는 1919년 4월 14일 연희전문학교에 대한 압수수색을 실시했다. 이때 송기주(농과 1), 임용필(수물 3), 노준탁(문과 3), 김희견(농과 1) 등도 연행되었고, 김희견은 구속되었다.구속된 학생들은 일본 경찰에게서 가혹한 고문을 당하면서도 동료들을 보호하려 애썼다. 김원벽은 이병주가 만세 시위를 함께 지휘한 것이 아니냐는 심문에 알고는 있지만 운동과 관련하여 아무 것도 아는 것이 없고 간부도 아니라고 하며 보호하려 했다(이기훈, 2019A).

아예 고향에 내려가 시위를 준비하는 학생들도 있었다. 1회 졸업생인 최순탁(상과)는 고향 함흥에서 만세 시위를 주도했다. 그는 함흥의 기독교 계통 학교인 영생학교 학생들과 만세 시위를 준비하고 있었다. 그러나 3월 2일 먼저 만세 시위가 일어나면서 3월 3일 학생 다수가 체포되었다. 이때 체포를 면한 최순탁은 등사기로 「독립신문」을 제작하여 함흥 일대에 배포하는 등 활동을 벌이다 체포되었다. 5일 시위에서 체포, 구속되었던 김상덕은 출옥한 이후 1919년 8월 대한독립애국단에 가입해 활약했다(3·1운동 데이터베이스; 장석흥, 1987).

시위에 참여한 이후 바로 상하이로 떠나 임시정부에 합류한 학생도 있었다. 유기준은 연희전문 문과 1회 졸업생이지만, 실제로는 3·1운동에 참가한 이후 바로 상하이로 떠나 대한민국 임시정부에 참여했다. 유기준은 1919년 9월 평남특파원으로 다시 국내에 잠입하여 활동하다 평양에서 체포되었으나 탈출하여 상하이로 귀환했으며, 1922년 1월 이후 안창호가 이끈 흥사단 원동지부에 가입하여 활동했다. 정석해 또한 만주로 떠나 독립군을 위한 무기 구입과 국내 전달, 운동가들의 국내 잠입과 국내 인사의 망명 안내 등에 종사했다(이기훈, 2019B).

연희전문의 학생만이 아니라 직원도 시위를 주도했다. 경신학교를 졸업하고 연희전문에서 서기로 근무하던 이신규는 만세운동을 지방으로 확산시켜야 한다는 신념을 가지고 있었다. 서울에 거주하던 그는 1919년 3월 24일 아침 양평군 갈산면 양근리 장을 찾아갔다. 이신규는 장에 모인 군중들에게 조선 민족이 이 기회에 일본 제국의 굴레를 벗어나야 한다는 내용의 연설을 하고 만세를 부르며 준비한 독립선언서와 대한독립회 명의의 격문 수십 장을 뿌렸다. 1,000여 명의 군중이 여기에 호응했다. 태극기를 앞세우고 조선독립만세를 부르는 군중이 마을을 휩쓸었다. 헌병들이 겨우 이신규를 체포하자 격분한 군중은 헌병분견소 앞으로 몰려가 그를 석방하라고 요구했다. 또 다른 한 무리의 군중이 군청, 면사무소 등에 몰려들었고 면장에게 만세 부르기를 강요하기도 했다(「이신규 등 7명 판결문 大正8年刑上第914號」) 이렇게 폭력 사태가 일어난 탓인지 이신규는 특히 가혹한 고문을 당한 듯하다. 이신규는 징역 2년을 선고받았는데 수감 중에 이미 정신병 증상을 보이기 시작했다. 만기 석방된 그는 끝내 병을 이기지 못하고 1926년 11월 24일 세상을 떠났다(이기훈, 2019A).

연희전문의 3·1운동 참여자들

연희전문의 학생과 조선인 직원 대부분이 만세 시위에 참여했을 것이지만, 모두 다 확인할 수는 없다. 여기에서는 일제에 의해 수감 되었거나 준비 과정에서 주도적인 역할을 한 구성원들의 활동 내용을 정리해 보고자 한다.

3·1운동 당시 연희전문 학생들의 활동을 구속자와 독립운동 서훈자를 중심으로 정리하면 다음과 같다.

<표 1> 연희전문학교 학생 3·1운동 참여자

성명	한자	학년 직책	시위 참여	이후 활동	형량	서훈	출전
강우석	姜佑錫	문과3		9월 진주 광림학교 교사 혈성단 조직 옥고 신간회 참여		애족장 (1995)	不穩團體 檢擧의 件密 第102號 其571/高警 第31797號
김상덕	金相德	문과1	3월 1일, 5일 참여	5일 체포 8월 석방 이후 대한독립애국단 참여	징역6월 집유 3년		신봉조 등 73명 판결문
김술근	金述根	수물3	3월1일체포	조선노동총동맹 준비위원 구속 옥사	징역6월	애족장 (1990)	정성봉등5명판 결문大正8 年刑上 第568號

성명	한자	학년 직책	시위 참여	이후 활동	형량	서훈	출전
김원벽	金元璧	문과3	3월 5일 남대문역 학생 시위 주도. 현장 체포	연전 조수 재직, 1928년 사망	징역2년	독립장 (1962)	김원벽 심문조서, 손병희 등 48명 판결문
김한영	金漢泳	문과3	3월1일 만세 시위 체포		징역6월 집유 3년		김한영 신문조서
김희견	金希見	농과1	4월14일 압수 수색 당시 연행		1919.8.4 면소방면		金希見 심문조서
노준탁	盧俊鐸	문과3 YMCA 전회장	연행 후 석방	엡윗청년회, 연전 직원			왜정시대 인물사료
서광진	徐洸璡	농과1	3월5일 시위 체포		1919.8.4. 면소 방면		서광진신문조서
안신영	安信永	문과	3월 1일 시위 참여 구속		징역6월		정성봉등5명판결문大正8年刑上第568號
윤기성	尹基誠	농과1	3월1일, 5일 시위참여 구속		징역6월 집유3년		尹基誠 신문조서
윤내진	尹來鎭	농과1	3월 1일 시위 참여 구속		징역6월		정성봉등5명판결문大正8年刑上第568號
이병주	李秉周	문과2 YMCA 회장	시위 참여 독려, 선언서 등사, 문건 제작 배포	상하이 망명 임시정부 참여	징역 1년6월	애족장 (1990)	이병주 심문조서 등
이묘묵	李卯默	문과1	「독립신문」 및 이병주 작성 격문 등사 배포	상하이 망명 이후 미국 유학			이병주심문조서 (검사조서)
정석해	鄭錫海	문과3	선언서 등사 배포, 3월 1일, 5일 시위	만주로 이동 독립 운동 단체 참여. 이후 유럽행			
정성봉	鄭聖鳳		3월 1일 시위 구속		징역8월		정성봉등 5명 판결문 大正8年刑上第568號
정성룡	鄭聖龍		3월 1일 시위구속		징역6월		정성봉등5명판결문 大正8年刑上第568號
최순탁	崔淳鐸	상과3	함흥에서 「독립신문」 등사 배포		징역 1년 6개월		강봉우 등6명 판결문 大正8年刑上第 900 901 902 903號
최평집	崔平楫	상과2	3월 5일 구속	최유구(崔裕久)	징역6월 집유3년		최흥종등32명판결문 CJA0000401
하태흥	河泰興	상과1	3월1일 구속		징역6월 집유3년		하태흥심문조서
유기준	劉基俊	문과3		상하이 망명 대한민국임시정부 연통제 평남특파원수양동우회		애족장 (1990)	독립유공자 공훈록

출전: 이기훈, 「연희전문학교의 3·1운동」, 『연세의사학』 22-1, 2019

3·1운동에 참여하여 현장이나 학교에서 구속된 학생들은 현재까지 조사된 바로는 15명이다. 김상덕, 김술근, 김원벽, 김한영, 김희견, 서광진, 안신영, 윤기성, 윤내진, 이병주, 정성봉, 정성룡, 최순탁, 최평집, 하태흥 등이며, 함흥에서 구속된 최순탁을 제외한 대부분은 서울에서 3월 1일 또는 5일의 시위와 관련하여 구속되었다. 또 유기준, 이묘묵, 정석해 등은 3·1운동 이후 망명하여 구속을 피하고 상하이 대한민국 임시정부에 참여하거나 국외 독립운동에 참여했다.

위 표의 인물들은 사료에 행적이 명확히 드러난 사례들만 정리한 것으로 실제 참여자는 훨씬 더 많다. 예를 들어 정석해의 회고에 따르면 계병호, 이명화, 박승렬 등의 친구들과 3월 1일과 5일의 시위를 준비하고 참여했지만, 계병호 등은 일제 경찰에 체포되지 않았으므로 사료에 등장하지 않는다. 그러나 1919년 3·1운동 직후 연희전문학교는 학생 대부분이 체포되거나 체포를 피하여 고향이나 만주, 상하이 등으로 떠나 학교가 문을 닫다시피 했다. 남은 학생은 19명에 불과했고, 1919년 1회 졸업생이 22명이 배출될 예정이었으나 졸업식도 제대로 치르지 못했다(연세대학교, 1985A).

3월 5일 남대문역 앞 사위를 주도했던 김원벽은 징역 2년의 옥고를 치렀으며 석방된 이후 연희전문학교와 신생활사 등에서 근무했으나 1928년에 요절했다(박종린, 2018). 많은 학생이 3·1운동 이후 국내외 민족운동에 참여했다. 이병주와 유기준은 상하이로 망명하여 임시정부에 참여했다. 정석해와 이묘묵은 역시 상하이로 망명한 이후 미국과 유럽으로 유학을 떠났다. 강우석은 혈성단에 참여했고, 김상권은 대한독립애국단에 참여했다. 김술근은 노동운동에 투신하여 조선노동총연맹 준비위원 등을 맡아 활동하다 옥사했다. 이렇게 족적을 뚜렷이 남기지 않은 학생들도 지역 사회에서 민족운동의 일원으로 활발한 활동을 벌였다. 3·1운동은 연희전문 학생들의 삶에서 '민족'의 가치와 의미를 지울 수 없게 한 사건이었다. 구체적으로 이들이 민족과 민족운동을 어떻게 파악했는지 살펴보자.

3·1운동 참여자들의 사상

21세기에야 민족주의나 민족자결은 구태의연한 이념이지만, 1910년대 말 민족자결주의는 그야말로 새로운 이념이자 지식이었다. 제1차 세계대전이라는 전례 없는 경험을 통해 인류는 문명과 진보가 일방적으로 진행되지 않으며, 새로운 방식으로 세계를 재구성할 필요를 느꼈다. '민족자결'이란 원칙은 원래 제안의 의도와는 별개로, 지구 곳곳에서 세계 재구성의 원리로 받아들여졌다.

청년 학생들은 제1차 세계대전과 전쟁 중 유럽의 혁명, 그리고 전쟁의 종결과 민족자결주의의 대두를 세계적 격변의 과정으로 이해했다. 이 격변에 식민지 조선도 영향을 받지 않을 수 없었다. 학생들에게 아일랜드, 폴란드, 이집트에서 민족혁명은 머나먼 다른 세계의 일이 아니라 우리 민족에게 직결된 긴밀하고 절박한 현실적 움직임이었다.

연희전문 3·1운동의 주역 중 한 사람인 이병주의 주장에 귀를 기울일 필요가 있다. 그는 "파리강화회의에서 민족자결주의에 의하여 윌슨씨가 정의·인도를 주창하고 전에는 무력주의의 국가도 앞으로는 정의·인도에 의하여 동양의 평화 내지 세계의 평화를 보호하게" 될 것이라고 보았다. 이런 정세 하에서"국민의 자주권·정의와 인도를 주장"하여 독립만세를 소리 높여 외치는 것은 "천부의 양심에서 자발적으로 솟아나는" 행동이며자신은 앞으로도 "극력 정의·인도를 고창할 작정"이라는 확고한 결심을 밝혔다(「독립운동 관련 판결문」). 이처럼 3·1운동에 참여한 연희전문 학생들은 조선의 독립과 자신들의 항거에 대한 신념을 가졌다. 이들은 조선의 독립을 희망하느냐는 일본 관헌의 질문에 단호히 희망하고 있으며 앞으로도 계속 독립운동에 참가할 것이라고 밝혔다.

3·1운동은 여기에 참여한 학생들의 생각에 조선인의 자의식을 확고히 하는 것이기도 했다. 1923년 연전 문과를 졸업한 안신영은 음악과 체육 교육계에 큰 영향을 미쳤으며 공주 영명학교, 평양정의여자고등보통학교 교사로 재직했다. 음악 교사로 있으면서 한글 노래집을 만들어 학생들에게 가르쳤는데, 불온한 노래를 만들었다는 혐의로 1938년 구속되어 옥고를 치렀다. 그는 연전 재학 중 3·1운동에 참여했다 구속되었는데, 이때 상고심 재판부에 제출한 상고 이유는 이들이 민족을 확고한 정치적 주체로 인식하고 있음을 잘 보여준다. 안신영은 "내가 조선인이 아니라고 하면 만세를 부를 이유가 없"지만, 조선인인 이상 마땅히 독립 만세를 불러야 하며 이를 처벌하는 것은 옳지 않다는 것이다. 그는 일본인들이 나쁜 통치를 한 것도 문제지만, 그렇지 않더라도 한국인들이 독립을 선언하는 것은 당연하다고 했다. 그것은 "정의 인도를 주창하고 동양의 평화를 주로

하여 인간의 직무를 이행하려고 하는 것"이니, 다른 나라의 통치 아래에 있는 것은 마치 노예로 사는 것과 같다. 노예가 인격을 얻기 위해서는 주인으로부터 풀려나 해방되지 않으면 안 되며, "자유를 얻기 시작하면서 인간의 가치를 가질 수 있는 것"이고 "우리 조선국도 한 나라가 되려면 독립하지 않고서는 도저히 불가능하므로 이때를 맞아 조선인으로서 자국을 독립시키는 일은 (조선인의) 본분"일 따름이라고 했다. 안신영은 "조선인이 조선을 독립시키지 않으면 누가 이것을 할 수 있겠는가? 나는 양심의 명령에 따라 실행한 것이니 죄가 아니"라고 주장했다(국가기록원 독립운동 관련 판결문 DB 참조).

3·1운동에 참여한 연희전문 학생들은 민족자결이 일제 지배로부터의 이탈에서 끝나는 것이 아니라 자유, 민주의 원리에 의한 공화국 건설로 자연스럽게 이어진다고 생각했다. 연전 재학생 정성룡도 3월 1일의 시위를 "조선의 뜻있는 사람들이 자유 독립을 선언하고 만세를 주창"한 것이라고 했다. 독립과 자유는 함께 구현될 수 있으니, 민족이 모든 사회적 문제 해결을 위한 주체가 되어야 한다는 사고방식의 실마리를 볼 수 있다. 독립을 제국에서 단순한 이탈이 아니라, 자유와 평등의 새로운 공화국과 사회제도를 수립하는 과정으로 인식하기 시작했던 것이다.

2. 3·1운동의 전국 확산에 기여한 세브란스

세브란스의전의 학생 YMCA와 이갑성

세브란스의 초기 졸업생은 해외로 망명하여 항일 운동을 펼치며 조국의 독립을 염원할 수밖에 없었다. 하지만 1919년의 3·1만세운동은 국내에서 세브란스의 재학생과 교직원, 간호사 등 세브란스의 구성원 모두가 직접 참여하여 독립운동을 몸소 실천하는 계기를 마련해주었다.

세브란스연합의학전문학교(이하 세브란스의전) 학생들은 대표적인 학생조직인 YMCA를 중심으로 만세운동에 참여할 수 있었다. 학생 YMCA는 기본적으로 전도를 목적으로 하는 종교단체였지만, 교육과 체육 등 사회계몽활동이 결합하였고, 전국적인 조직망까지 갖추고 있어서 독립운동 등 정치운동으로 발전하는 것도 가능했다. 세브란스의전 학생들은 대부분 YMCA 소속하에 있었기 때문에 YMCA를 통해 학생들이 조직적인 운동을 전개하는 것이 가능했다. 또한 서북학생친목회(김원벽, 한위건, 김형기)와 교남학생친목회(배동석, 윤자영) 등도 학생들을 연결하는 중요한 연결고리였다.

이러한 학생단체의 임원들과의 친분으로 학생단체를 소집하고 동원한 데에는 이갑성의 역할이 컸다. 세브란스 제약주임이자 3·1운동을 주도한 민족대표 33인 중 가장 어린 이갑성은 세브란스의전 YMCA 임원진(이용설, 김문진)들과 친밀한 교분을 나누고 있었기 때문에 독립운동의 거사를 준비하는 과정에서 학생단체를 독립운동에 참여시킬 수 있었다. 1919년 2월 12일, 이갑성은 세브란스의전의 김문진, 이용설, 배동석, 연희전문학교의 김원벽, 경성의전의 한위건, 김형기, 경성전수학교의 윤자영을 세브란스병원 내 자신의 사택에 초청하여 국내 독립운동 계획을 암시했다. 그리고 2월 21일과 23일에는 이갑성과 함태영의 사택에서 장로교 및 감리교 양 교단의 지도자 연석회의가 개최되었는데, 지근거리에서 독립운동 거사에 관한 논의가 이루어지고 있었다는 사실은 이갑성과 학생 YMCA를 통해 학생들에게 바로 전달될 수 있었다.

이갑성은 민족대표 33중 한 명으로 기독교 청년 학생에 대한 조직과 활동을 담당했으며, 3·1운동 시기 세브란스 독립운동의 구심점 역할을 수행했다. 그가 3·1운동에서 담당한 역할은 독립운동에 참여할 삼남 지방의 기독교계 대표와 교섭하는 일과 독립선언서를 배포하는 일이었다. 2월 25~26일, 이갑성은 세브란스의전 학생이자 현 세브란스의전 YMCA 회장 김문진을 대구에, 배동석을 마산에, 김병수를 군산과 전주에 각각 파견했다(신규환, 2018) 또한 3·1운동 당일 배포할 독립선언서를 세브란스의전 학생인 김성국, 김문진이 운반하도록 하였다(김영수, 2019). 이처럼 세브란스의전 학생YMCA는 3·1운동에서 학생단의 주요 조직 기반으로 만세시위의 조직적 전개와 확산에 중요한 역할을 담당했고, 세브란스병원의 제약주임이자 세브란스의전을 중퇴한 민족대표 이갑성-전임 YMCA회장 이용설-현 YMCA 회장 김문진, 그리고 배동석으로 이어지는 인적 연결고리를 통해 조직적으로 독립운동에 개입할 수 있었다.

독립만세운동 참여와 운동 모의의 근거지

서울에서 3·1운동에 참여한 세브란스의전 재학생은 모두 12명이다. 그들은 김문진, 김병수, 김봉렬, 김성국, 김찬두, 박주풍, 배동석, 서영완, 송춘근, 이굉상, 이용설, 최동 등이다. 앞서 살펴본 것과 같이 그들은 YMCA라는 연결고리로 3·1운동에 참여하게 되었지만, 각 인물별로 살펴보면 또 다른 연결고리들이 확인된다. 여기에서는 출신지와 경성에서의 인적 네트워크가 중요한 키워드이다.

먼저 학생단 대표자 중의 한 명이었던 이용설은 평북 회천 출신으로 1915년 세브란스의전에 입학하여 만세시위 당시에는 4학년이었다. 그는 학생주도의 독립운동 준비에 참여하며 학생들을 만세운동에 동원하는 역할을 맡았다. 그리고 3월 하순부터 4월 상순까지 『조선독립신문』의 발간에 관여하여 독립운동의 기운을 전파하는 역할을 담당하였는데, 체포된 이력은 없다.

김문진은 또 다른 학생단 대표자로 대구 경북 출신이었다. 대구에서 기독교계 학교인 계성학교를 졸업하고 1916년 세브란스의전에 진학했다. 만세 시위 준비 단계부터 학생들을 연계하는 중요한 역할을 담당하며 운동 확산에 이바지한 인물로, 이갑성과 상당히 긴밀한 관계가 있던 인물이다. 이는 둘의 고향이 모두 경북 대구라는 점과 김문진이 세브란스의전에 입학할 당시 정보증인(正保證人)으로 이갑성을 세웠다는 점을 통해서 확인할 수 있다(김영수, 2019). 게다가 김문진이 학생단 대표이고, 세브란스의전 YMCA 회장을 역임하고 있었기 때문에 학생들에게 만세운동에 관한 연락을 담당했던 것으로 보인다. 3·1운동에 참여한 다른 세브란스의전 학생들이 김문진을 통해 2월 28일 혹은 시위 당일인 3월 1일에 3·1운동 소식을 접했다고 진술하고 있기 때문이다(김영수, 2019; 연세대학교 의과대학 의사학과, 2019).

이처럼 3·1운동 거사를 치를 때 김문진은 이갑성과 세브란스의전 학생들을 연결하는 중요한 연결고리 역할을 했음에도 불구하고, 그 이후의 행적은 명확하지 않다. 그의 신문조서와 판결문이 존재하지 않아 다른 인물들의 기록을 통해서만 그의 행적을 확인할 수 있기 때문이다. 유일하게 보안법 위반이라는 죄목의 형사사건부가 있기는 하다. 그러나 1921년 경북지역 의술개업면허장을 취득한 후로는 대구에서 병원을 개업하여 의업에 종사한 사실만이 남아있어 3·1운동 이후 독립운동에 참여했는지는 확인하기 어렵다.

김문진과의 인연으로 독립운동에 참여하게 된 인물은 세브란스의전 학생 이괭상, 박주풍, 김찬두, 김봉렬 등이다. 이괭상은 경남 창원 출신으로 2월 28일 김문진과 하숙집에서 점심을 같이 먹으며 3·1운동 계획을 논의하였고, 3월 1일 김문진으로부터 독립선언서를 마산의 임학찬에 전달해줄 것을 부탁받아 전달해주는 역할을 담당했다. 이괭상은 학생들이 주도한 만세 시위에는 참여하지 않았지만, 같은 해 4월 출판법 및 보안법 위반 혐의로 하숙집에서 체포되었다. 그는 경성지방법원에서 징역 8개월(미결구류일수 120일)을 선고받았으나, 복심법원에서 증거불충분으로 무죄판결을 받았다.

박주풍은 함북 명천 출신으로, 경신학교 특별과를 졸업한 후 세브란스의전에 입학하여 1919년 4학년에 재학하고 있었다. 그는 3·1운동 계획에 대해서 2월 말경에 풍문으로 들었고, 실제로는 이용설, 김문진 등을 통해 계획을 접했다. 이러한 기운을 접하고, 3·1운동 참여를 독려하는 강기덕의 권유에도 응했던 것으로 보아 독립운동에 참여하고자 하는 의지가 강했던 것으로 보인다. 그는 3월 1일 파고다 공원으로 나가 군중들과 만세를 불렀고, 3월 5일에도 남대문 앞에서의 시위에 동참했다.

김찬두는 평남 대동 출신으로, 배재고보를 졸업하고 연희전문학교 1학년을 다니다가 세브란스의전에 진학했다. 1919년 1학년 급장을 맡고 있었기 때문에 당시 학생 YMCA 회장인 김문진과 알고 지내면서 계획을 접했을 것이다. 그는 가두시위에 적극적으로 참여했는데, 3월 1일 오후 3시경 종로 1정목에서 대한독립만세를 외치는 군중들과 합류하여 우미관 앞까지 행진했다가 체포되었다. 그는 출판법 및 보안법 위반으로 같은 해 8월 30일 경성지방법원의 공판에 넘겨졌고, 같은 해 11월 6일 경성지방법원에서 징역 6개월에 3년간 집행유예(미결구류일수 90일 산입)를 선고받았다.

김봉렬은 평남 진남포 출생으로, 세브란스의전 입학 전에는 연희전문학교에 다녔던 것으로 알려져 있다. 김찬두와 나이와 학년이 같았고, 연희전문학교에 다녔다는 공통점으로 입학 전부터 친분이 있었을 것으로 보인다. 3월 1일 김문진으로부터 파고다 공원에서 독립선언이 있음을 전해 듣고, 그 길로 공원으로 가서 독립선언서 낭독을 듣고 만세를 부르며 대한문과 미국영사관 방향으로 행진했다가 돌아왔다고 한다. 또한 3월 5일에는 남대문 부근으로 나가 참여하여 대한문 앞까지 행진하다가 체포되었다. 보안법 및 출판법 위반으로 징역 6개월에 3년 집행유예(미결구류일수 90일 산입)를 선고받았다.

이갑성과의 인연으로 만세운동에 참여한 인물이 있는데, 김성국, 배동석, 김병수가 그들이다. 김성국과 배동석은 다른 학교에서 교육을 수료하고 뒤늦게 세브란스의전에 입학하여 이갑성과 나이 차이가 크지 않았고, 같은 학교 동기이기도 했다. 또한 세브란스의전에 진학하기 전에도 독립운동에 가담한 적이 있는 인물들이다.

김성국은 경신학교를 거쳐 세브란스의전에 입학했는데, 경신학교 재학 중에 한일병합 결사반대운동에 가담하여 1년간 옥고를 치른 뒤 1916년 세브란스의전에 입학했다. 3·1운동을 준비하는 과정에서 이갑성과의 친분으로 비밀연락원으로 활동했는데, 원산으로 가서 목사 정춘수를 만나 독립운동 청원서에 첨부할 서명을 받아 돌아오는 역할을 담당했다. 거사 전날인 2월 28일에는 조선독립선언서를 받아 승동예배당으로 가서 강기덕에게 전달했고, 3월 1일 당일에는 오후 4~5시경 남대문 밖에서 만세운동에 참여하여 독립만세를 외치며 화천정(和泉町, 이즈미초)까지 행진했다. 보안법과 출판법 위반 혐의로 징역 1년(미결구류일수 120일 산입)을 선고받았으나, 1920년 2월 경성복심법원에서는 죄목에 대한 충분한 증빙이 어렵다는 이유로 무죄를 선고했다.

배동석은 1919년 당시 세브란스의전 2학년에 재학 중이었다. 그는 대구 계성학교 재학시절 배일혐의로 3개월간 옥고를 치렀고, 계성학교를 퇴학한 후에 서울의 경신학교에 입학하여 1910년 이갑성과 같은 해에 경신학교를 졸업했다. 그의 항일 운동은 목포에서 교직 생활을 하던 중에도 지속되어, 배일혐의로 체포된 이력이 있다. 또한 만주로 가서 김좌진과 함께 항일운동을 벌이는 등 독립운동에 대한 강한 열정과 신념을 가진 인물로 평가할 수 있다. 그는 세브란스의전에 진학한 후에는 그의 출신 지역 친목회인 교남학생친목회 회장으로 활동하며 영남지역 학생들과 친분을 유지하고, 지도적인 역할을 담당했다. 그는 3·1운동을 주도하던 학생단의 주요 인물로는 거론되지 않지만, 교남학생친목회 회원인 윤자영과는 다른 사람을 통해 언급될 정도로 친밀한 관계였다. 이갑성에게 윤자영을 소개해준 사람도 배동석이라는 점으로 미루어볼 때 배동석은 학생단의 배후세력에 존재했던 인물로 파악된다. 그는 이갑성의 부탁으로 2월 25일 마산지역 만세운동을 규합하기 위해 마산에 다녀오기도 했고, 3월 1일에는 파고다 공원의 만세운동에 참여하여 종로경찰서 앞까지 행진했다. 3월 5일 학생들이 주도한 제2차 만세시위에서도 남대문 정거장 앞에서 군중들과 함께 만세를 외쳤다. 지방의 만세운동에도 참여하고, 2번의 가두행진에 참여하였으나, 체포당하지는 않았다. 이후 그는 고향인 김해로 내려가 김해 만세운동 전개에 공헌하고 시위하던 중 체포당해 징역 1년형을 선고받았다.

그리고 김병수는 전북 김제 출신으로, 옥구군의 영명학교를 졸업하고 은사 박연세의 추천으로 세브란스의전에 입학했다. 그는 일본 유학생들이 주도했던 2.8 독립선언 이후 2월 중순부터 3·1운동 계획에 관한 내용을 알고 있었던 것으로 보인다. 이에 2월 25일 이갑성이 군산으로 영명학교 은사 박연세를 만나 운동계획을 전달하고, 독립청원서에 서명받아 오는 역할을 담당했다. 그는 또다시 독립선언서 100장을 받아 군산으로 내려가 전달하는 역할을 담당했다. 이처럼 이갑성과 박연세의 연락책 역할을 담당하여 3월 1일의 서울의 만세운동에는 참여하지 못했으나, 3월 5일 남대문 정거장 앞에서 열린 시위에는 참여하였다. 직후 그는 다시 군산으로 내려가 3·5 만세 시위를 주도하였고, 4월 4일에 이리 시장에서 있었던 만세 시위에 참여하는 등 서울뿐만 아니라 지방의 만세운동에서 주도적인 역할을 했다. 만세 시위에 참여한 후 얼마 지나지 않아 경찰에 체포되었고, 경성복심법원에서 보안법 위반 혐의로 징역 8개월을 선고받았다.

위에서 언급한 학생들은 이용설, 김문진 등 학생 YMCA 회장 및 만세운동을 주도한 이갑성 등과의 연결고리를 중심으로 3·1운동에 참여한 인물이다. 만세운동을 주도한 인물들과는 직접적인 연관관계가 보이지는 않는 학생들도 존재한다. 서영완, 송춘근, 최동이다. 서영완은 부산 출신으로, 중앙학교를 졸업하고 세브란스의전에 입학했다. 그는 경성부 통동(通洞)에 살고 있었는데, 3월 1일 학교에서 돌아오는 길에 오후 2시에 탑골공원에서 거행되는 독립선언에 참여한다는 이야기를 듣고 여기에 참여하고자 탑골공원으로 갔다고 전해진다. 그는 군중들과 함께 독립 만세를 부르며 대한문을 지나 미국영사관까지 갔다가 돌아왔고, 3월 5일에 다시 만세 시위에 참여하여 종로 근처까지 갔다가 이화학당 여학생과 위험을 피해 함께 돌아가던 중에 체포되었다. 그의 신문조서에서 다른 학생들과의 연결고리가 뚜렷하게 보이지 않는 것으로 보아, 만세 시위에 대한 정보도 당일 알았을 가능성이 크고, 무계획적으로 참여한 것으로 보인다. 출판법 및 보안법 위반으로 같은 해 8월 30일 경성지방법원 공판에 넘겨졌고, 11월 6일 경성지방법원에서 징역 6개월(미결구류일수 90일)을 선고받았다.

송춘근은 경기도 양주 출신으로, 1919년 당시 3학년으로 김원벽과 강기덕의 연락을 받고 학생 동원 책임을 맡은 인물이다. 그는 3월 1일 만세운동에 참여했고, 세브란스의 전 교수인 스코필드 교수를 도와 일제의 한국인 학살 만행을 담은 사진을 언론사에 전달하는 역할을 맡았다. 그는 『독립신문』, 『국민신문』 등을 춘천지역에 배포하여 임시정부의 활동상과 독립운동의 실상을 전달하는 업무를 맡았고, 춘천지역의 독립운동을 도모하다가 체포되어 징역 1년 6개월형을 선고받았다.

최동은 일본에서 교육받고 가족을 따라 미국으로 건너가 캘리포니아주립대학에 입학했는데, 에비슨 교장을 만나 감동받고 1917년 세브란스의전에 입학했다. 3월 1일 탑골공원에서 군중들과 함께 만세를 부르며 행진하다가 체포되어 징역 7개월형을 선고받았다.

이외에도 1919년 당시 세브란스의전 재학생은 아니었으나 서울의 3·1운동에 참여했던 인물도 있다. 그는 안상철(1929년 졸업)로, 함남 함흥 출신으로 함흥에서 영생학교를 졸업하고, 1918년 경성공업전문학교 건축과에 입학했다. 그는 같은 하숙집의 학생 박동진에게 3월 5일 남대문역 앞에서 학생들의 만세 시위가 있을 것이라는 이야기를 듣고 참여했다가 바로 체포되었다. 그가 사전에 다른 학생들과 연락했는지에 대한 여부는 분명치 않지만, 신문 과정에서 조선의 독립을 열망했고, 그것을 위해 실천했고 앞으로도 계속 독립운동을 할 것이라고 진술한 것으로 보아 독립운동에 대한 의지가 강했던 인물로 평가할 수 있다(국사편찬위원회, 1994; 연세대학교 의과대학 의사학과, 2019).

<표 2> 3·1운동에 참여한 세브란스의학전문학교의 재학생 명단(가나다순)

이름	학년 및 나이	출신지	주소지	판결 내용
김문진 金文軫	세브란스의전 3학년, 24세	경북 대구	경성부 화천정 126 오한영의 집	
김봉렬 金鳳烈	세브란스의전 1학년, 22세	평양	위와 같음	징역 6개월 집행유예 3년 (미결 90일)
김성국 金成國	세브란스의전 3학년, 29세	부산	위와 같음	무죄
김찬두 金瓚斗	세브란스의전 1학년, 22세	평남 대동	위와 같음	징역 6개월 집행유예 3년 (미결 90일)
배동석 裵東奭	세브란스의전 2학년, 29세	경남 김해	위와 같음	징역 1년(미결 120일)

이름	학년 및 나이	출신지	주소지	판결 내용
이굉상 李宏祥	세브란스의전 1학년, 27세	경남 창원	위와 같음	무죄
김병수 金炳洙	세브란스의전3학년, 22세	전북 김제	경성부 죽첨정 하숙	징역 8월(미결 180일)
박주풍 朴周豊	세브란스의전 4학년, 27세	함북 명천	경성부 수송동 16 최광훈 집	징역 6개월 집행유예 3년 (미결 90일)
서영완 徐永琬	세브란스의전 1학년, 21세	부산	경성부 통동 60	징역 6개월(미결 90일)
이용설 李容卨	세브란스의전 4학년, 24세	평북 희천	경성부 견지정 119-1	
최동 崔棟	세브란스의전2학년, 24세	전남 목포	경성부 의주통 1정목 137	징역 7개월 집행유예 3년 (미결 120일)
송춘근 宋春根 宋鳳海	세브란스의전 3학년, 28세	경기 양주	경성부 앵정정 2-55	징역 1년 6개월

3·1운동에 참여한 세브란스의전 학생들의 학년과 나이는 다양했고, 의학교육을 위해 타지역에서 서울로 올라온 경우가 많았다. 이는 그들이 세브란스의전 주위에 모여 살 수 있는 환경을 마련하였고, 실제로 그들의 거주지는 죽첨정(竹添町, 현 서대문구 충정로), 의주통(義州通, 현 중구 의주로), 견지정(堅志町, 현 종로구 견지동), 화천정(和泉町, 현 중구 순화동), 앵정정(櫻井町, 현 중구 회동, 인현동 일대) 등 세브란스의전에서 멀지 않은 곳에 모여 있었다.

이러한 조건은 그들이 하숙집에 모여 자연스럽게 독립운동에 관한 이야기를 나누고 모의가 가능한 환경을 만들어주었다. 특히 3·1운동에 참여한 세브란스의전의 12명의 학생 중 6명이 '화천정 126번지의 오한영의 집'에 거주했다는 사실이 이를 방증해 주고 있다. 그들은 김문진, 김봉렬, 김성국, 김찬두, 배동석, 이굉상으로, 신문조사서를 통해 그들이 하숙집에서 독립운동의 열기를 공유하고, 사전에 운동을 모의했을 가능성을 확인할 수 있다. 그리고 이 하숙집에 세브란스의전 학생 YMCA회장과 교남학생친목회 회장, 이갑성과의 친분이 있던 김성국, 1학년 급장 김찬두 등 학내에서 중요한 역할을 맡고 있던 인물들이 모여 살았다는 점, 일부러 주소를 다르게 말했던 김찬두와 김봉렬 역시 이곳에 거주했다는 점 등을 통해 세브란스의전을 중심으로 하는 3·1운동 참여 모의가 이곳에서 진행되었을 것으로 추정해 볼 수 있다.

세브란스 3·1운동의 특징

위에서 언급된 학생들은 3·1운동에서 그 행적이 밝혀진 인물들만 모은 것이다. 체포되지 않거나 혐의를 확인할 수 없는 더 많은 세브란스의전 학생들이 서울에서 혹은 지방에서 3·1운동에 참여하였을 것이다. 특히 세브란스의전 학생들은 서울 출신보다는 지방 출신이 많고, 기독교 교파연합으로 운영되던 학교였기 때문에 다양한 지역 출신의 학생들이 모여 있었다. 이러한 특징은 그들이 서울과 각 지방의 주요 인물을 연결하는 한편 독립선언서를 각지에 배포하는 데에 주효했다. 또한 그들은 독립선언서만 배포한 것이 아니라 3·1운동의 움직임을 파악하고 고향에서 직접 독립만세운동을 주도하고 참여하면서 독립운동의 물결을 타 지역에 전파한 인물이기도 하다. 대표적으로는 김병수와 배동석을 꼽을 수 있다.

김병수는 고향인 전북 군산에서 이른 시기에 독립운동이 일어나는 데에 크게 기여한 인물이다. 그의 모교인 영명학교와 은사 박연세와의 연계로 서울의 독립만세시위의 계획을 전하며 군산에서도 만세시위를 전개할 것을 권유했고, 이는 군산 만세운동의 도화선으로 작용했다. 이에 3월 5일 군산에서 만세운동이 일어났는데, 이는 한강 이남 최초의 독립만세운동이었다.

그리고 배동석은 고향인 경남 김해와 함안, 마산 등지의 독립운동을 이끈 인물로 평가받는다. 그는 처가가 있는 함안에서 경남 최초의 만세 시위가 일어날 수 있도록 계획했으며, 이 시위를 계기로 경남 다른 지역에도 만세 시위가 퍼져 나가게 되었다. 또한 마산의 만세 시위에도 관여하고 있었는데, 그는 마산에 거주하던 고향친구이자 창신학교 교사 임학찬과 상남장로교회 장로 이상소와 접촉하고 독립선언서를 전달해주어 마산 만세시위의 시동을 걸었다. 이는 이후 3월 21일 학생주도로 일어난 제1차 마산만세시위의 밑거름이 되었다. 고향인 김해에서도 독립선언서를 읽고 태극기를 흔들며 만세 시위를 주도했다.

이처럼 1919년의 세브란스의전 학생의 독립만세운동은 출신지역, 교육기관, 개인적인 인맥 등을 통해 서울뿐만 아니라 지방에서도 동시다발적으로 만세 시위가 일어날 수 있는 환경을 조성했다는 특징을 갖는다. 그들이 참여한 만세시위는 또 다른 만세 시위의 도화선이 되었다. 이러한 과정은 3·1만세운동에서 발로 뛰며 각지를 누빈 학생들의 역할이 상당히 중요했음을 잘 보여준다.

세브란스의 경우에는 여기에 더하여 또 한 가지 특징을 보여주는데, 그것은 교직원과 간호부의 참여이다. 교직원 중에는 의료선교사이자 세브란스의전 교수인 샤록스(Alfred M. Sharrocks)와 스코필드(Frank W. Schofield), 그리고 직원 이갑성, 함태영, 정태영, 이일선 등이 참여했다. 간호부 중에는 세브란스의전 부속 간호부양성소의 학생이었던 정종명과 세브란스병원 간호부 이정숙, 노순경, 박덕혜, 이도신, 김효순, 박온신, 윤진수, 이성완, 이아주, 장윤희, 체계복 등이 참여했다. 이외에도 동 간호부양성소 출신인 탁명숙도 시위에 나섰다. 교직원은 3·1운동을 알리는 역할에 주력했고, 간호부는 세브란스병원에 실려 온 환자들의 간호를 하는 한편, 붕대를 들고 만세 시위대 속에 섞여 필요할 시에 간단한 치료와 간호를 하려고 준비하면서 만세 시위에 참여했다.

이처럼 세브란스는 학생, 교직원, 간호부 등 세브란스의 구성원 전체가 직군에 상관없이 만세시위에 참여했다. 관립이었던 경성의학전문학교와 비교해보면 그 차이는 더욱 극명하게 나타난다. 3·1운동에 참여했다가 체포된 학생을 살펴보면, 경성의학전문학교(이하 경성의전) 학생이 30여 명으로 가장 많았고, 세브란스의전은 10여 명으로 집계된다. 경성의전의 재학생 197명(체포 학생비율 15.2%)이고, 세브란스의전 재학생 59명(체포 학생비율 16.9%)이라는 점을 고려하면, 3·1운동에 참여하여 체포된 학생들의 비율에서는 양자간 큰 차이를 보이지 않는다. 그러나 만세시위에 가담한 각 기관의 교직원, 간호부까지 포함하면 그 차이는 역력히 드러난다. 관립인 조선총독부의원 및 경성의전의 교직원이나 간호부들이 독립운동에 참여한 사실은 확인되지 않기 때문이다. 이는 관립기관에서 조선인 학생들 사이에서 민족차별에 대한 불만과 이에 항거하는 문화가 형성되어 있던 데에 반해, 일본인 위주로 구성된 일본인 교직원이나 간호부가 독립운동에 참여하지 않았던 것에 기인하는 바가 클 것이다. 반면 세브란스는 선교 기관이라는 이름 아래에 기독교 정신과 온정적인 공동체의 특징상 교직원, 간호부, 학생, 외국인 선교사까지도 민족의 미래가 걸린 독립운동에 조직적으로 참여하는 문화가 형성되어 있던 것이다.

3장 1920년대 학생활동과 6·10 만세운동

1. 항일 학생운동의 중심에 선 연희

조선학생대회와 조선학생회

3·1운동 직후 서울 시내 중등학교와 전문학교 학생들이 연합 조직을 결성하여 당시 활발히 전개되던 계몽적 민족주의 운동에 동참하려고 했다. 1920년 5월 서울 시내 고등보통학교와 전문학교 학생들이 정동교회에서 '조선학생대회'를 결성했다. 조선학생대회는 연희전문과 세브란스 의전 등 기독교 학교 학생 YMCA가 주축이 되어 출범했다. 연희전문 YMCA 회장이었던 김윤경이 조선학생대회 회장을 맡았고, 세브란스 의전 YMCA 간부였던 김성국이 창립총회에서 사회를 맡았다. 조선학생대회는 덕육부, 지육부, 체육부, 사교부를 두고 교육 언론계 인사들을 고문과 비슷한 역할을 하는 찬성원으로 추대했다. 연희전문학교 YMCA 회원이자 3·1운동으로 구속되었던 정성봉이 조선학생대회 지육부장을 맡았다. 중등학교와 전문학교가 함께 구성했던 조선학생대회는 종로 YMCA회고한이나 승동교회, 수표교 교회 등에서 토론회와 강연회를 진행했다(장규식, 2009).

일제 학무 당국은 조선학생대회를 해산시키기 위해 일선 학교를 압박하여 1922년 7월 서울 시내 7개 중등학교 교장회의에서 고등보통학교 등 중등학교 학생들이 조선학생대회 입회를 금지했다. 중등학교 학생들이 공개적으로 학생 연합 조직에 참여하는 것이 어렵게 되자 전문학교 학생들이 주축이 되어 '조선학생회'를 결성했다. 조선학생회는 1922년 11월 전문학교 학생 대표들이 모여 발기총회를 개최하고 활동을 시작하였으며, 1923년 2월 9일 창립총회를 열었다. 조선학생회는 9개 전문학교 학생들이 참여했으며 1) 조선 학생의 단결을 도모하고 당국의 학생문제 해결을 기함, 2) 학생 상호 간의 선도나 친목을 기함을 강령으로 내걸었다. 상무집행위원 6명과 중앙집행위원장을 두었으며 학교별로 중앙집행위원을 3명씩 선정하였다. 조선학생회도 문화계몽 운동에 주력하여 학술대회, 웅변대회 및 지방순회 강연과 체육대회 등을 개최하였다.

한편 1922년 12월 연희전문학교 학생 염태진과 박태화가 주축이 되어 '자작회'를 창설했다. 자작회는 민족 경제의 자립을 위해 "조선인은 조선인이 만든 물건을 쓰자", "조선인의 일용품은 조선인이 만들자"고 주장했다. 자작회의 창립은 물산장려운동의 본격적인 시작을 알리는 서막이었다. 염태진 등이 연전 학생이 발기인으로 만든 조직이지만, 학생운동의 차원을 넘어선 계몽적 민족주의 운동으로 확대되었다고 보아야 할 것이다.

연희전문학교 학생회를 창립하다

연희전문학교는 창립 초기부터 YMCA가 조직되어 3·1운동 직후까지 학생자치 기구의 역할을 했으나 모든 학생이 의무적으로 가입하는 자치단체는 아니었다. 또 연희전문은 비기독교인들의 입학을 허용하였으므로 이들을 포함하는 학생회가 필요했다. 1923년 2월 4일 연전 학생 전원이 강당에 모여 "본교 학생의 통일자치를 위하여 덕지체(德智體) 삼육을 완전히 수양함으로써 본교의 발전을 도모"하는 것을 목적으로 하는 학생회 발족을 결의했다. 연전 학생회는 연희전문의 본과 및 별과 모든 학생으로 조직하도록 했으며, 대의기구인 의사회를 두고 사업 실행부서로 총무부, 자치부, 지육부, 사교부, 체육부, 음악부 등 6개의 부서를 두었다. 발족 당시 연전 학생회는 연희 YMCA와 협력 관계를 형성했다. 이전에 기독교 학생회가 발간하던 교지 『연희』도 학생회가 그대로 인수하여 1923년부터 3호를 발간했고, 1924년까지 학생 음악회, 체육회 등 일상적 활동도 그대로 유지했다.

1924~25년경 연희전문학교 재학생 가운데 사회주의적 성향을 지닌 학생들이 점차

늘어나면서 연전 학생회도 활동을 강화하고 사회와 민족 문제에 대해 참여하기 시작했다. 우선 1925년 조직 방식을 변경, 집행위원들로 구성된 집행위원회를 새로 구성하고 서무부, 덕육부, 지육부, 사교부, 체육부, 음악부 등 6개의 부서를 두어 학생회의 실행력을 강화했다. 특히 덕육부는 문맹타파와 농촌운동에 주력하기 시작했으며 지육부는 교지 『연희』 외에도 주보를 발간했다. 『연희』 4호는 기사가 문제가 되어 발매금지를 당하기도 했다(홍성표, 2019).

1926년도에는 연희전문 학생회 구성원 다수가 조선학생과학연구회와 6·10 만세운동에 참여하여 해산되었고, 다음 해인 1927년 학생회를 재건했다.

연전 학생회는 창천리 야학을 경영하는 한편, 여름방학 동안 순회강연을 추진하고 만주에 있는 동포들에게 의연금을 보내는 등 다각적인 활동을 전개했다. 그러나 1929년 6월~9월까지 상과 학생들의 동맹휴학 사태를 맞아 거의 활동하지 못했고, 1930년 1~2월 광주학생운동까지 겪었다.

조선학생과학연구회와 6·10 만세운동

1920년대 중반 사회주의의 영향력이 강해지는 가운데 1925년 9월 27일 조선학생과학연구회가 조직되었다. 원래 '학생사회과학연구회'라는 이름으로 조직을 창설하려고 했으나, 일제 당국의 허가를 받을 수 없을 것 같아 '과학연구회'라는 명칭을 택했다고 한다. '사회과학'을 연구를 표방한 데서 나타나듯이 조선학생과학연구회는 사회주의적 성향의 학생들이 주도했다. 이 사회주의 계열 학생들은 조선공산당과 고려공산청년회의 지도를 받고 있었다. 그러나 조선학생과학연구회는 진보적 민족주의 성향의 학생들도 많이 참여했으므로 조선공산당의 산하 단체라기보다는 학생계의 민족연합전선의 성격을 가지는 단체였다(장석흥, 1994).

조선학생과학연구회는 발기 총회에서 집행위원 대표 아래 서무, 사업, 도서, 조사, 연구의 5개 부서를 두었고 과학사상의 보급, 풍기문란 교정, 연애지상주의 타파, 사치하는 자 제재 등을 결의했다. 11월 3일 창립총회를 개최하여 1) 사회과학의 보급, 2) 학생의 사상 통일과 상호 단결, 인간 본위 교육의 실시, 조선 학생 당면 문제의 해결 등을 강령으로 제시했다. 이후 지방 조직 확대, 강연회와 강좌를 개최하며 창립 당시 70~80명에 불과했던 회원이 1926년에는 500여 명으로 늘어났다.

조선학생과학연구회는 연희전문학교 학생들이 주도하고 있었다. 발기 총회 집행위원 대표였던 정달헌, 1926년 1월 임시총회에서 전무위원으로 선출된 조두원, 임시상무위원 권오상, 전무위원 박하균, 연구부 집행위원 백한진, 홍명식을 비롯하여, 후기 집행위원장을 맡아 6·10 만세운동을 실제로 주도했던 이병립 등이 모두 연희전문학교 학생들이었다.

창립 집행위원이었던 정달헌, 조두원, 권오상 등은 1926년 5월 6·10 만세운동을 준비하던 중에 러시아로 망명을 떠났다. 실제 6·10 만세운동을 준비한 주역은 이병립, 이석훈, 박하균, 한일청 등이었다. 1926년 4월 26일 순종이 승하하고 6월 10일이 인산일로 결정되었다. 민족주의와 사회주의를 불문하고 항일 운동 세력들은 순종 장례를 계기로 대규모 항쟁을 시도했고, 조선공산당, 천도교 구파 등이 연대하여 만세 시위를 준비했다. 조선학생과학연구회 회장 이병립은 고려공산청년회 책임비서였던 권오설을 통해 6월 10일 대규모 만세 시위 계획을 전달받았다. 학생들에게는 인산 당일 가두에서 만세를 먼저 부르고 격문을 살포하는 역할이었으니 3·1운동 당시와 비슷했다.

조선학생과학연구회는 5월 20일 서울 시내 학교 대표들을 모아 6월 10일 만세 시위를 벌일 것을 결의하고 투쟁과 자금 조달 방법을 협의했다. 박하균은 자금 조달을, 이병립과 이병호는 학생 동원을 책임졌다. 이 과정에서 흔히 통동계라고 하는 중동학교 학생 중심의 조직과 연대하여 함께 시위를 준비했다. 이병립, 박하균 등은 6월 5일 태극기 200장과 "독립만세"라고 쓴 깃발 30개를 만들었다. 또 6월 6일부터 10일까지 이병립 작성한 격문 수만장을 연희전문 학생 이석훈의 하숙집에서 제작하여 각 학교 학생들에게 배포하여 시위를 준비했다. 6월 6일 권오설 등 조선공산당과 천도교 구파의 주도 세력이 체포되었지만, 학생들은 서울에서 만세운동을 독자적으로 결행했다(장석흥, 1994).

6월 10일 일제 경찰이 삼엄하게 경계하고 있는 중에도 오전 8시부터 오후 2시까지 500~600명의 학생이 여덟 곳에서 만세 시위를 벌여 201명의 학생이 현장에서 체포되었는데, 이 중 43명이 연전 학생이었다. 일제는 이후에도 형사대를 급파하여 연희전문학교 학생들의 하숙촌을 수색했다. 결국 이병립, 박하균 등 11명이 기소되었고, 32명이 기소유예 및 불기소 처분을 받았다. 249명의 재학생 가운데 43명이 체포되었으니 큰 타격이었다. 유억겸, 정인보 교수는 경찰에게 불려가 경고받았으며, 1926년 11월 학교 당국은 학생회를 해산시켜 다음 해에 재건해야 했다(홍성표, 2019).

1920년대 연희전문의 동맹휴학

일제하에서 학생들이 학교나 식민지 교육 당국과 싸울 때 가장 많이 동원한 것은 동맹휴학이었다. 흔히 '맹휴'라고 불린 동맹휴학은 학생들이 학생 교육과 관련하여 요구사항을 내걸고 관철될 때까지 등교를 거부하는 것이었다. 동맹휴학은 단순히 출석을 거부하는 것이 아니라, 학생들이 모여 뜻을 모아 결의하고 오랫동안 그 의지를 꺾지 않아야 하는 어려운 투쟁이었다. 또 동맹휴학은 학생들이 식민지 교육 정책에 대한 근본적인 투쟁일 경우도 있었지만, 학교의 교육 방침을 둘러싸고도 발생했다.

1920년대 초반 연전의 동맹휴학은 학교 교육과정에 대한 불만 때문에 발생한 것이 많았다. 1920년 5월 30일 연희전문학교 학생들은 전문학교 수준에 맞는 교과과정 개편, 교수 증원과 질적 향상, 기숙사 확장 등을 요구하는 건의서를 제출했다. 요구가 수용되지 않으면 동맹휴학도 불사하겠다는 것이었다. 그중에서도 일본어 과목이나 일본사, 그리고 중등학교 수준의 일부 과목들이 교과과정에 들어 있는 것에 대한 불만이 컸다. 그러나 이런 교과목들은 조선총독부가 제정한 조선교육령 상의 전문학교 교과과정에 의한 것이었으므로 학교 측에서도 개정하고자 하고 있었으며, 기숙사 또한 학교 교사를 신축하면서 치원관을 기숙사로 활용할 예정이었으므로 학생들은 맹휴 계획을 철회했다.

1920년의 맹휴에서 내세운 요구조건은 학교 측도 공감하는 바가 많았다. 그러나 1920년대 중반으로 접어들면서 교육 방침에 대한 대립이 드러나기 시작했다. 1923년 5월 상과 학생들이 신시철 선생의 교수 자격 부족을 이유로 배척을 결의하고 동맹휴학을 단행하여 학교 측이 학생 32명에게 일주일 정학 처분을 내렸다. 1926년 5월 29일 문과 2학년 학생들이 학생대회를 열고 교수와 강사의 자격이 불충분하다고 비판하면서 특히 신학과 로즈(H. A. Rhodes) 교수의 성경 강좌가 과학적이지 않고 민족적 편견을 가지고 한국인을 무시하고 학생들의 질문에 대답하지 않는다고 주장하며 배척을 결의했다.

사회주의의 영향이 강해지면서 성경 강좌에 대한 불만이 더 커졌다. 1929년 1학기에 상과 2학년 학생 김동운이 성경 시간에 불온한 태도를 보였다는 이유로 퇴학당했다. 또 상과 2학년 학생 37명이 학교의 허가 없이 야유회를 다녀오자 학교 당국은 이들 전원에게 한 학기 근신 처분을 내렸다. 상과 2학년 학생들은 김동운 및 2학년 학생들에 대한 학교의 처벌이 가혹하다며 탄원서를 제출하고 등교를 거부했다. 학교는 학생들의 탄원을 받아들이지 않았으며, 오히려 학생이 학교에 사과하고 등교하겠다는 의사를 밝히지 않으면 전원 퇴학으로 처리하겠다고 통보했다.

이렇게 되자 상과 전 학년 125명이 동맹휴학에 들어갔다. 학생들은 학생처벌 철회와 학생들의 품행을 기록하는 카드 철폐 등 학생처우 개선, 상과 학과장 이순탁과 성경 담당 로즈 교수 배척, 성경 교육 개선 등의 요구를 내걸었다. 학교가 실제 상과 학생들의 퇴학 절차에 들어가자 문과 학생들과 수물과 학생들 또한 회의를 열고 처벌 취소를 요구하는 진정을 제출했다.

학교 당국은 성경 교육에 대한 학생들의 불만을 학교의 정체성에 대한 도전으로 받아들였다. 에비슨 교장이 직접 동맹휴학 학생들의 복교 불허 방침을 천명했고, 상과 학과장 이순탁 교수를 학생 활동을 억압하는 학교 당국의 전제적 교육의 대표라고 지목했다. 사회주의적 성향의 이순탁이 학생들에게 배척되었지만, 미국 유학파 조병옥은 학생들의 퇴학에 반대하여 이순탁은 사회 일각에서 비판받기도 했다.

학교는 6월 10일 상과 학생들에게 퇴학 명령을 내리면서 휴교에 들어갔으며, 학생들은 전교생 대회를 개최하고 전교생 명의의 진정서를 제출하였다. 동창회가 나서서 세 번이나 무조건 등교를 진정했으나, 학교 측은 수용하지 않았고, 결국 100명 가까운 학생이 제적당했다. 신간회 경성지회, 조선학생과학연구회에서도 이 문제에 개입하려 했으나 학생들의 복교는 이루어지지 않았다. 사회주의 사상과 학문 연구는 인정하지만, 사회주의 학생운동은 인정하지 않으며 학교의 교칙을 위반하는 행동도 허용하지 않겠다는 것이 연희전문의 일관된 방침이었다.

2. 세브란스의 학생운동은 졸업 이후에도 이어지고

세브란스의전 학생 YMCA의 사회운동

1920년대는 3·1운동의 전개로 독립을 향한 열망이 분출하고, 대한민국 임시정부의 수립으로 독립을 향한 외교적 노력이 수반된 시기였다. 3·1운동을 계기로 재학 중에 독립운동에 투신한 세브란스의전 학생들도 있었지만, 또 한편으로는 세브란스의전 학생 YMCA 회원들을 중심으로 신문화운동, 농촌사업을 전개하면서 자강운동을 펼쳐 나아갔다. 1920년대 전반은 당시 캐치프레이즈이자 화두였던 '세계개조'와 '신문화'를 기본으로 하는 신문화운동을 적극적으로 펼쳤고, 그 과정에서 전국 학생을 대표하는 조선학생대회가 결성되었다(장규식, 2016, 175쪽). 이 조직은 1920년 5월에 결성되었고, 조선학생들의 덕육, 지육, 체육 발달을 도모하면서 학생계의 분산된 사상을 통일·선도하는 목적으로 출범하였다. 조선학생대회 초대회장은 당시 연희전문학교 학생 YMCA 회장이었던 김윤경이었고, 창립총회의 사회자는 세브란스의전의 김성국이었다. 조선학생대회는 종로YMCA회관, 승동 예배당, 수표교 예배당 등에서 강연회와 토론회를 개최하였는데, 이와 같은 활동을 보더라도 이 조직의 중심에는 학생 YMCA가 자리 잡고 있었고, 그 중심에는 세브란스의전과 연희전문학교가 있었다는 것을 확인할 수 있다.

조선학생대회의 활동은 일반인을 대상으로 하는 종교강연, 일반강연, 토론회, 운동회 등이 주된 내용이었다. 이는 기존의 종교활동에서 벗어나 사회운동으로 그 영역을 확대하였음을 보여주는 것이었다. 특히 신사조, 신문화를 내걸고 전개된 조선학생대회 순회강연은 대성황을 이루었고 학생 YMCA를 중심으로 하는 사회개조운동은 순조롭게 진행되었다. 특히 세브란스의전의 김찬두는 전국을 누비며 순회 강연에 참여했는데, 상당히 인기가 있었던 듯하다. 강연의 내용은 정치적인 성향을 띠지 않는 사회적·문화적 실력양성에 관련된 내용에 한정되어 있었지만, 일제 당국은 강연 내용을 감시했고 문제가 된다고 판단하는 경우 발언을 저지하기도 하였다. 이는 조선학생대회의 활동이 표면적으로 내세운 문화적인 측면에 그 중심을 둔 것이아니라 문화적인 실력양성을 통한 독립운동을 표방한 것을 보여준다고 하겠다.

상하이 임시정부에서의 활동

1920년대의 학생운동의 큰 축은 임시정부에서의 활약이다. 임시정부 설립 초기에 활약했던 한인 의사는 10여 명인데, 그중에 세브란스 출신이 6명(주현측, 신창희, 곽병규, 정영준, 김창세, 신현창)을 차지한다(신규환, 2018, 56-57) 이들은 병원을 개업하거나, 다른 형태로 의업에 종사하면서 임시정부 요원, 임시정부 직속 대한적십자회 상의원 및 부속 간호부양성소 교수, 임시의정원 의원 등으로 활약한 공통점이 있다. 이는 의사 출신 독립운동가들이 임시정부와 임시의정원이라는 조직과 연계된 모습을 보여준다.

이것이 가능했던 이유를 다음의 몇 가지로 정리할 수 있다. 먼저 의사라는 신분을 활용하여 경제적으로 독립하고, 자연스럽게 다양한 사람들과 접촉하면서 지금 모금이나 정보수집이 가능했다는 점이다. 그리고 임시정부의 요인들과 인적 유대관계를 형성하고 있었다는 점을 꼽을 수 있다. 그들은 안창호가 설립한 흥사단을 중심으로 결집해 있었는데, 이는 안창호가 임시정부의 초대 내무총장을 지냈고, 내무총장은 위생행정을 총괄하던 위치에 있었기 때문에 의사 출신 인사들과의 교류가 많았기 때문이다. 또한 안창호는 대한적십자회 창립에도 적극적으로 관여했는데, 세브란스의전 졸업생인 김창세는 안창호를 자문하는 역할을 맡았다. 이외에도 안창호는 제1회 졸업생인 김필순과 망명 전부터 의형제를 맺은 사이였다. 그리고 신한청년당의 활동도 꼽을 수 있다. 신한청년당은 1918년 여운형, 장덕수, 서병호, 김구 등이 조직한 최초 해외망명정당으로, 여운형은 임시정부 초기에 기독교계와 교류하는 역할을 맡았고, 여운형과 김구는 대한인거류민단과 시사책진회 회원으로 활약하고 있었다. 정영준과 신현창은 모두 대한인거류민단 의사회 의원이자 시사책진회 회원이었고, 신창희는 김구의 동서로 신한청년당에 가입했던 것이다. 주현측도 신한청년단 일원이었다. 또한 흥사단과 신한청년당의 연결고리로는 대한적십자회를 꼽을 수 있는데, 각각의 그룹의 리더가 대한적십자회에서 활동하고 있었다. 대한적십자회는 부속간호원양성소 설립 등의 의료활동을 펼치고 있었기 때문에 의사 출신들이 네트워크를 형성하고, 그들의 장점을 충분히 발휘하면서 독립운동에 참여할 수 있는 좋은 환경을 제공해 주었다.

대한적십자회는 임시정부가 주도하여 1919년 7월에 창설한 조직이다. 임시정부가 국제적으로 공인받지 못한 조직이었기 때문에 대한적십자회 창설로 임시정부에 관한 관심과 인지도를 높이는 방식을 꾀하고자 했다. 대한적십자회는 콜레라 예방접종을 하며 상하이 내에서 활약하였고, 독립전쟁과 유사시에 대비하기 위하여 의료인력 확보하는 데에도 힘썼다. 이를 위해 대한적십자회는 적십자간호원양성소를 개소하였는데, 그 교수진에 세브란스의전 졸업생 곽병규, 정영준, 김창세가 포함되어 있다. 다만 적십자간호원양성소에서의 그들의 활동은 오래 지속되지는 않았다. 제1기생만을 배출한 후에 정영준과 곽병규는 만주와 시베리아로 복귀했고, 김창세는 미국유학을 위해 상하이를 떠났기 때문이다. 이는 학생 선발이 어렵고, 재정적 지원이 뒷받침되지 못했기 때문으로 보인다(신규환, 2018, 62-63).

이들의 활동은 비단 대한적십자회의 활동에만 국한되지 않았다. 김창세는 프랑스조계 공동국(公董局) 위생과에 근무하며 상하이 공중위생에 관여하는 한편, 자택에서 서호폐병요양원 상하이 진료소(西湖肺病療養院 上海診所)를 개소하여 환자를 돌보았다. 그리고 정영준은 상하이에 고려의원을, 주현측과 신창희는 프랑스조계에 삼일의원을, 신현창은 해춘의원을 개업하여 지역 의료에 참여했다.

국내에서의 참여

1919년 임시정부가 수립되기는 했지만, 상하이를 근거지로 하여 독립운동을 추진했기 때문에 물리적인 거리를 좁히기 위하여 국내에는 행정망과 연락망인 연통제와 교통국이 설치되었다. 또한 임시정부는 국내의 대규모 시위를 계획하고 실천하기 위해 대한민족대동단(이하 대동단), 철원애국단(이하 애국단), 대한독립청년단 등과의 비밀결사와의 연대를 추진했다.

1920년대의 세브란스 학생 독립운동은 개별적인 움직임보다는 국내에 조직되어 있던 단체에 가입하여 임시정부의 활동을 지지하는 형태로 전개되었다. 대표적인 인물로는 윤종석을 꼽을 수 있다. 윤종석은 1919년 3·1만세운동 당시 화천정 오한영의 집에서 하숙했던 인물 중의 한 명이다. 3·1운동에는 가담하지 않은 것으로 보이나, 1920년 임시정부와 협력 관계에 있던 대동단이 제2차 시위, 즉 동시다발적인 선언서 배포와 만세 시위를 중심으로 전개하고자 한 제2의 3·1운동을 준비하는 과정에서 중요한 역할을 담당했다. 그러나 제2차 시위는 시작 전부터 일본 경찰의 대대적인 단속으로 인해 시위 당일인 1920년 10월 31일 아침 윤종석을 비롯한 대동단 간부가 서울에서 체포되면서 시위는 전개되지 못했고, 몇몇 지역에서 전개되는 산발적인 시위와 임시정부 내무부 명의의 포고문 1호와 2호를 배포하는 정도에서 마무리되었다. 이 사건으로 윤종석은 징역형을 선고받았다.

세브란스의전 학생들은 6·10 만세운동에 직접 참여하지는 않았으나, 제2의 6·10만세운동을 꾀하는 학생들이 있다는 밀고로 배재고등보통학교 5학년생인 문창모가 검거되어 무기정학을 처분받았다. 이 당시에는 세브란스의전의 학생은 아니었으나, 이듬해인 1927년 배재고보를 졸업하고 세브란스의전에 진학했다.

아울러 해외에서 활동하다가 1920년대 중반 국내로 돌아와 신간회의 각 지부에서 활동한 졸업생도 있다. 1920년대 자치론 진영의 등장으로 국내 항일운동 세력이 크게 민족주의 계열과 사회주의 계열로 나누어지게 되었는데, 이들이 결집하여 조직한 단체가 신간회이다. 민족단일당 민족협동전선이라는 표어 아래 조선민족운동의 대표단체로 발족했고, 민족적·정치적·경제적 예속의 탈피, 언론·집회·결사·출판의 자유 쟁취, 청소년 및 여성운동, 형평운동 지원, 파벌주의·족보주의 배격, 동양척식주식회사 반대, 근검절약운동 전개 등을 활동 목표로 삼아 전국에 지회와 분회를 조직하여 세력을 확장했다.

민족대표 33인 가운데 한 명이자, 3·1운동 때에 세브란스의전 학생들이 독립운동에 참여할 수 있도록 연결고리 역할을 한 이갑성이 신간회의 발기인으로 참여했고, 세브란스의전 졸업생 가운데 상하이에서 귀국한 신현창이 신간회 전주지회에서, 서간도 신흥무관학교에서 활동하다가 체포되었던 안사영이 신간회 원주지회에서, 하얼빈에서 활동하다가 귀국하여 강원도 강릉에서 의료를 수행하던 이원재가 강릉지회에서, 러시아 블라디보스토크에서 활동하다 돌아온 곽병규는 사리원지회에서 설립과 운영에 가담하는 등 중추적인 역할을 담당했다. 1910년대 일제의 탄압을 피해 해외로 망명하여 독립운동에 가담했던 세브란스의전 졸업생은 1920년대에 조선으로 돌아와 항일독립운동의 중추적인 기관의 중앙과 각 지부에서 중심적인 위치를 차지하고 독립운동을 지속했음을 알 수 있다.

4장 1920년대 말~40년대 일제의 탄압과 학생운동

1. 광주학생운동과 연희의 1930년대 학생운동

1929년의 동맹 휴교 사건은 8월 100명 가까운 퇴교자를 내며 마무리되었으나, 1929년 11월 광주학생운동이 일어난 이후 다시 쟁점이 되었다. 광주에서 일어난 학생들의 저항운동은 식민지 교육을 거부하고 민족 해방을 요구하는 민족운동으로 전국의 학생운동으로 확대되었다. 1929년 12월 초 서울과 지방 각지에서 중등학교 학생들이 동맹 휴교와 시위를 벌였고, 1930년 1월에도 남녀 학생 연합이 대규모의 2차 시위를 계획했다.

1929년 여름 동맹휴학과 대규모 퇴학 사태로 타격을 받았지만, 연희전문학교 학생들도 학생들의 시위와 맹휴에 합류했다. 서울 시내 전문학교 학생들이 1월 27일 연합 맹휴를 계획했으나 대부분 실행에 옮기지 못했는데, 연전 학생들만 1월 27일 오후 1시 30분 200명이 대강당에 모여 "검거된 학생의 전원 석방"과 6월 연전 동맹휴교와 관련한 "퇴학 정학 처분자"의 복교를 요구하는 결의문을 채택하고 맹휴를 전개했다(김성민, 2013).

광주학생운동으로 연전의 교수들도 구속되었다. 신간회 본부는 안국동 네거리에서 광주 학생 운동 진상 규명 민중대회를 주최하려고 하다 간부진이 대거 구속되는 사태를 맞았다. 이때 신간회 간부로 참여하고 있던 상과의 조병옥 교수와 문과 이관용 강사가 이 사건과 관련하여 구속되어 옥고를 치렀다.

광주학생운동과 신간회

1920년대 말 전국 각급 학교에는 사회주의 계열의 비밀 독서회 조직이 확대되고 있었다. 광주 지역에는 광주고보, 광주농업학교, 광주사범학교, 광주여자고등보통학교에서 독서회가 조직되었고, 이들을 연계하는 조직도 구성되었다. 1929년 10월 30일 나주역에서 통학하던 한국인 학생과 일본인 학생 사이에 일어난 다툼은 11월 3일 광주 시내에서 대규모 충돌로 확대되었다. 광주의 독서회 회원들은 이를 반제국주의 시위로 이끌었고, 사회단체 간부들과 연대하여 11월 12일 더 큰 규모로 광주 시내에서 2차 투쟁을 벌였다. 광주의 학생 시위는 전국에 큰 반향을 불러 일으켰다.청년단체와 신간회를 통해 전국적 확산이 시도되었고, 12월 5일 서울의 경성제2고보를 시작으로 각 학교가 연이어 반제 시위를 일으켰으며 12월 9일에는 연합시위가 전개되었고 이후 1930년 초까지 전국에서 320개 학교와 수만명의 학생이 궐기에 참여했다. 전국에서 퇴학처분을 받은 학생이 533명, 권고퇴학자 49명, 무기정학 2,330명, 강제전학 198명, 자진퇴학 352멸이었고, 구속자는 광주에서만 180여명에 달했다.

당시 허헌이 집행위원장을 맡고 있던 신간회는 광주학생운동의 진상을 규명하고 이를 확대하는 데 적극적이었다. 광주학생사건보고 대연설회, 학생의거 보고회 등을 시도했으나 일제 경찰이 금지하여 열리지 못했고, 12월 10일 민중대회 개최를 추진하였다. 일제 경찰은 민중대회 개최 6시간 전 허헌 집행위원장 신간회 간부들을 체포하였고, 당시 경성지회장 조병옥, 중앙집행위원이던 이관용도 이때 구속되었다.

1930년 연희전문학교 학생회가 활동을 재개했다. 학생회는 연극연구부를 설치하여 연극 공연을 열었고, 야학과 빈민 구제사업, 극예술 강연회, 수업료 인하 결의 등 활동을 전개했다. 1930년 11월 8일에는 경신학교 강당에서 연전학생회 창립 7주년 기념식을 열었는데, 조선학생회와 조선학생과학연구회가 축전을 보내고 조선일보 사장 안재홍, 협성신학교 교사 홍애시덕이 축사를 발표했다(홍성찬, 2005). 1932년 1월 학생 공산주의운동 단체화했다는 이유로 해산되었다. 실제로 학생회가 사회주의 활동을 전개했다고 볼 수는 없으나, 1930년대 초까지 연전의 학생운동은 사회주의의 영향을 많이 받았다. 상과 학생들의 경제연구회는 사회과학에 관한 독서회, 강연회, 토론회를 개최했고, 교지 『연희』에도 마르크스주의의 영향을 받은 글들이 많이 실렸다. 발생인도 학생으로 교체했고, 교수들의 글 대신 학생들의 글이 주로 실렸다.

경제연구회는 연희전문학교 상과 내 학생 연구 단체였다. 1926년 문과의 철학연구회, 상과의 경제연구회, 수물과에 수리연구회가 결성되었는데, 경제연구회는 '경제이론 및 실제 문제의 토론 연구와 회원 간 친목도모'를 목적으로 했다. 백남운, 이순탁 등 상과 교수들의 적극적인 후원 하에 『경제연구』를 발행했다. 1930년대 연전 상과 교수들은 백남운, 이순탁, 노동규 등을 중심으로 좌파적 입장에서 일제 관학에 대항하여 조선의 식민지 자본주의적 현실을 비판했고, 학생들도 그 영향을 받았다. 1931년 경제연구회는 연구회 목적에 경제이론과 실제 문제의 '실천'을 추가했고, "현대 학생의 과학적 연구"를 목표로 삼았다. 경제연구회의 강연회와 연구발표회는 사회주의적 성향을 물씬 풍겼고, 회원 이동수, 이정업은 1933년 경성트로이카 그룹의 이재유와 접촉하기도 했다.

그러나 1936년 '조선불온문서취체령', '조선사상범보호관찰령' 등이 시행되고 이재유 그룹이 체포되는 등 중일전쟁 직전 일제의 사상통제가 강화되면서 경제연구회도 학술 활동을 중지할 수밖에 없었다. 경제연구회가 휴지 상태에 들어갔지만 1938년 3월 일제 경찰은 연전 상과 졸업생 이용, 조은상 및 백남운, 노동규, 이순탁 등 교수들을 연행했다. 일제는 경제연구회가 연희전문 학생회를 계승하여 좌익 학생들이 운영한 학생 공산주의 단체라고 규정하고 그 배후에 '적색 교수'들이 있다고 했다. 1938년 12월까지 10개월간의 수사 기간에 상과 교수 전원과 부교장 유억겸까지 연행했다. 또 졸업생과 재학생 60여 명을 체포했다. 일제는 이순탁, 백남운, 노동규를 기소하고 학생들은 기소유예 또는 무혐의 처리했으며, 1940년에 세 교수는 징역 2년 집행유예 4년을 선고받았다. 일제의 교육 통제가 강화되는 속에서 좌파적이거나 민족주의적인 학풍은 유지할 수 없었고 학생들의 조직적인 학생운동도 불가능한 상황에 놓이게 되었다. 민족문화와 민족운동에 각별한 관심을 가지고 입학했던 윤동주와 송몽규도 연희전문 재학 중에는 『문우』지를 발간하며 동화정책에 간접적으로 저항할 수밖에 없었다.

미국과 일본이 개전하자 학교의 상황은 더욱 악화되었다. 미국 선교사들은 학교를 떠났고 1941년 2월 원한경이 교장직을 사임했다. 윤치호가 잠시 교장을 맡았지만, 1942년 8월 17일 연희전문학교는 조선총독부 고시로 적산에 편입되었다. 다카하시, 나카지마 등 조선총독부 교학관, 가라시마 경성제대 교수 등 일본인 관료들이 교장을 맡았다. 학교의 자율성은 완전히 사라졌고, 이전의 학풍을 유지하기도 어려웠다. 가라시마가 교장으로 재직하던 1943년 10월부터는 학생들을 강제로 학도지원병에 지원시켰다. 마침내 1944년 4월 학교 이름마저 경성공업경영전문학교로 바꾸고 신입생을 선발하기에 이르렀다.

2. 압제 속에서도 빛난 세브란스 학생들의 사회 공헌

1930-40년대 학생운동은 전시체제로 인해 성격이 변해갔다. 1935년부터 모든 중등학교에 일본인 현역 장교가 배치되어 교련을 시작했고, 학생들의 농촌계몽운동도 1935년부터 전면 금지되었다. 새로운 조선총독부 총독 미나미 지로(南次郞)가 취임하면서 교명을 변경하고 조선어 수업도 점차 폐지되면서 황국신민화 교육이 시작되었다. 이에 따라 1930년대 전반기에 사회주의 성격을 띠던 학생운동은 점차 민족주의적인 성격이 강화된 형태로 등장하였다.

다만 1930년대 후반에는 이전과 같이 큰 동력을 가진 학생운동은 거의 일어나지 않았고, 전반적으로 침체되는 양상을 보였다. 일본제국은 1937년 중일전쟁을 시작으로 전선을 확대해 나아가면서 조선 사회 전체를 전쟁 수행에 필요한 물자와 인력을 공급하는 보급기지로 활용하였다. 이에 수반되는 경제적, 사회적 통제의 강제로 인해 공개적인 항일운동은 잦아들고 말았다. 이에 따라 1941년 태평양전쟁 발발 이후 일본의 학원 통제는 더욱 강화되었고, 전시체제로의 전환을 꾀했다. 그 결과 세브란스의전은 1942년 총독부의 압력으로 인해 아사히(旭)의학전문학교로 개칭할 수밖에 없었고, 기존의 수업연한도 4년에서 3년 6개월로 축소하고, 학생들에게 군사교련, 신사참배와 창씨개명을 강요했다.

이러한 상황 속에서 동맹휴학, 수업 거부 등 기존의 학생운동은 위축되었고, 학생들은 징병의 대상이 되었다. 조선총독부는 1938년 육군특별지원병제도를 실시하여 조선인의 입대를 장려했고, 1943년에는 학도지원병제를 강행하여 세브란스의전을 비롯한 전문학교의 학생들에게 현역 지원을 강제했다. 일부 세브란스의전 학생들은 군의관으로 징병 되어 전선에 배치되었다(연세대학교 의과대학 의사학과, 2019).

공개적인 저항운동과 학생운동이 위축되고, 징병으로 인해 학생들이 저항의 목소리를 제대로 내지 못하는 가운데에서도 소규모 비밀결사의 형태를 띤 학생운동은 지속되었다. 또한 이때의 학생운동은 계획단계에만 머무르고 실행에는 옮기지는 못하는 경우가 많았지만, 무장투쟁을 염두에 두고 무장대를 조직하기도 했다. 이 시기 대표적인 학생운동조직으로는 동광회, BKC단, 다혁당, 독서회, 태극단, 무등회, 흑백당, 조선독립당, 화랑회 등이 있었고, 그 중 흑백당에는 세브란스의전 학생이 참여하고 있었다.

흑백당은 1939년 경복중학교 3학년 학생들의 소모임에서 출발하여 1942년 창설된 단체이다. 창설 당시 조직원으로는 경복중학교, 보성전문학교, 경성광산전문학교, 명륜전문학교 학생과 함께 세브란스의전의 남상갑이 핵심 구성원으로 참여했다. 흑백당이 표방한 활동은 친일파 처단, 일제 고관 거주지역 방화, 조선인 학병 대상의 격문 살포 등이었는데, 남상갑은 흑백당의 자금책 역할과 거사 때 배포할 민족의 각성 및 학병 거부를 촉구하는 전단 문구 작성에도 관여했다. 그러나 1943년 10월 거사를 준비하는 중에 조직의 실체가 드러나게 되면서 당원들은 국내 활동을 중지하고 만주로 건너가서 집결하였다. 남상갑은 국내에 머물다가 체포되었고, 치안유지법 위반으로 징역형을 받았다. 이 사건으로 그는 1944년 세브란스의전에서 제적당했으나, 해방 후 1946년 복학하여 1950년 6월 졸업했다.

『세브란스교우회보』를 통해 사회공헌

『세브란스교우회보』(이하 교우회보)는 1920년대 세브란스연합의학전문학교 교우회에서 발간한 정기간행물이다. 현재 창간호는 남아있지 않으나, 남아있는 호수와 발간주기(연 2~3회)를 살펴보면 1924년경에 발간한 것으로 추정해볼 수 있다. 현존하는 자료로는 1936년 제25호까지 발행된 것을 확인할 수 있다. 발행인은 부츠(J. L. Boots), 마틴(S. H. Martin) 등 세브란스의전 외국인 교수였고, 편집인은 이수원, 최동, 백태성 등 세브란스의전 학생들이 맡았다.

교우회보는 교지와 의학 학술지의 성격을 동시에 가지고 있는 발간물이었다. 교우(校友)와 소식란, 잡보 등을 통해 졸업한 동창생들의 활동과 재학생의 활동 모두를 아우르며 세브란스 학생사회의 현황과 동향을 전달하는 역할을 했다. 1920년대에 발간되었지만, 1930년대까지 꾸준히 발행되어 세브란스의전 학생들의 활동을 확인할 수 있다.

내용 구성을 살펴보면 발간 초기부터 1930년까지는 강론단(講論壇), 학총(學叢) 등을 통하여 졸업생과 재학생의 의학 연구를 다루고, 졸업생들의 신앙, 의학, 위생사업 등에 관한 고견을 듣는 항목이 마련되어 있었다. 그러나 점차 의학 연구 결과를 공유하는 내용은 감소하고, 동창회, 교우회, 학위논문 통과, 교내 스포츠대회, 교장 이임 및 취임 등 학내 및 졸업생 등의 중요한 소식을 전달하는 소식지의 역할로 성격이 변해간 것을 확인할 수 있다.

학문적인 연구성과 발표의 비중은 줄어들었지만, 그들의 연구와 사상은 다양한 형태로 변형되어 교우회보에 실렸다. 이는 그들의 의학지식과 술기를 사회에 환원하는 형태로 등장했다. 그 일례로, 당시의 사회운동과 연계되어 진행된 통속의학강연회에 관한 기록을 들 수 있다. 당시 동아일보사 학예부는 조선의 주요 의학전문학교와 더불어 계몽운동 중 하나로 통속의학강연회를 기획했다. 해당 기획의 목표는 민중의 실생활에 도움이 되는 의학지식을 널리 보급하는 것이었다. 통속의학강연회는 매년 2회의 연중행사로 1930년에 시작되어 1936년까지 진행되었던 것으로 보이며, 세브란스의전은 학내 학생 YMCA의 주최로 세브란스의전 한국인 교수가 강연자가 되었다. 강연회에서는 의학상식을 비롯하여 부인병, 영아 양육에 필요한 지식, 성병 및 결핵치료, 인체의 생리, 민간요법 등에 관한 주제를 다루었다. 강연회는 1920년대 이후 대중들의 건강에 대한 높아진 관심에 호응하면서 당대 사회적으로 문제가 되는 주제를 짚어내는 계몽적인 내용으로 구성되어 있었다. 통속의학강연회에서 다루어진 내용은 강연회에 참여했던 재학생이 정리하여 교우회보에 실었는데, 이는 학생조직을 주체가 되어 사회적인 영향력을 행사했음을 보여주는 대목이다.

일반 대중을 대상으로 한 활동뿐만 아니라 보다 전문적인 의학 연구에 관한 논의도 진행했다. 이것은 동창의학강연회로, 세브란스의전의 교수 및 졸업생들이 그들의 연구성과를 발표하는 모임이었다. 이는 통속의학강연회와는 달리 전문적인 지식을 나누는 배움의 장이었다고 할 수 있다.

또한 지방에 재해가 발생했을 때 세브란스의전 학생들은 재해 발생지역으로 내려가 의료봉사를 진행하기도 했다. 이 역시 동아일보사의 계몽활동의 일환이었던 것으로 보인다. 1934년 삼남지방에 재해가 발생하여 동아일보사에서 각 지역에 구호반을 특파하였는데, 세브란스의전 학생들이 순회진료에 참여했다. 1934년의 활동을 통해 살펴보면, 그들은 나주, 영산포, 목포 등지에서 수일간 1,300명이 넘는 이재민을 진료하고 치료를 담당했다.

개관

1945년 8월 일제의 식민통치로부터 한반도는 해방되었다. 지난 30여 년간 빼앗긴 개인과 민족의 자유를 찾고 새로운 교육을 가다듬는 것이 시급했다. 이 때 학생들은 새로운 국가 건설의 주체 역할을 자임했다. 젊음의 혈기에서 분출하는 열정 그리고 국권피탈과 일제시기를 거치며 각성한 의식이 학생들을 정치와 사회의 전면으로 이끌었다. 이러한 까닭에 해방 이후부터 1950년대 학생운동은 학교보다 거리에서 치열하게 전개되었다. 해방 이후의 역사적 흐름과 학생운동이 결코 수월하지 않았음은 오늘날 우리 모두가 알고 있다. 해방 이후부터 1950년대까지의 정치사회적 변인과 이에 얽혀 있는 학생운동의 관계 속에서 다음의 세 문제가 주요하다 볼 수 있다.

첫째는 분단과 통일 그리고 정부 수립 문제이다. 해방 직후 자체적인 민족국가 수립 의지에도 불구하고 남북한 지역에 주둔한 미군과 소련군의 외력이 크게 작용하였다. 결국 좌우간 그리고 남북간 갈등이 깊어진 채, 각자의 정부를 수립했다. 이러한 역사적 과정에서 학생은 정치 주체로서 활동했다. 그리고 남한의 학생운동은 당대 정치사적 맥락과 마찬가지로 점차 우경화하며 남한단독정부 지지의 정향으로 흐르고 있었다. 다만 여기서 특기할 점은 연세의 학생운동이 보여준 다양한 흐름들이다. 당대 시국이 분단 고착화와 반공주의로 일변화 할 때, 남북통일 노선을 지지했던 연세 학생운동의 한 맥락을 주목할 필요가 있다.

둘째는 한국전쟁과 생존의 문제이다. 1950년 6월은 개강 직후였다. 연세 구성원들이 전쟁에 대처할 시간은 너무나도 짧았고, 매순간의 선택이 생사와 직결되어 있었다. 특히 전시상황에서 남학생들은 군대에 가야만 했다. 선택 그리고 강제에 의해 남북한 어느 한 편에 서서 총을 잡아야 했던 학생들이 많았다. 연세에서 익힌 어학 혹은 의학 실력을 발휘하여 전시 상황 속에서도 타인을 돕는 학생들도 많았다. 한편 전시의 어려운 환경에도 불구하고 많은 학생들이 학업을 지속하였다. 임시수도 부산에서 학생들은 손수 천막을 치고 목재를 날라 교사를 지었으며, 그 공간에서 학업을 수행하고 학생자치활동을 이어나갔다.

셋째는 민주주의 추구의 문제이다. 연세 학생운동 흐름은 해방 이후부터 꾸준히 민주주의를 지향하고 있었다. 신탁통치 문제로 정국이 과열되고 학생운동이 과격화하는 흐름이나 한국전쟁 이후 반공주의와 이승만정권의 권위주의 독재체제가 공고화될 때에도 연세 학생운동은 민주주의를 구호로 내걸고 있었다. 특히 이승만 정부는 학생운동을 체제 내로 순치시키고 통제하기 위해 1949년 학도호국단을 조직하였다. 연세대학교에도 학도호국단이 조직되었다. 그런데 연세대학교 학도호국단의 운영이 결코 치밀했다고는 말할 수 없다. 한 편에는 이승만 정부와 학교 당국의 권위주의적 압력이 있었다. 다른 한편에는 학생들의 비동의, 저항 혹은 관제시위 현장에서 당국을 통제범위를 넘어 당혹케 할 정도의 광범한 학생운동의 에너지가 분출되고 있었다. 이러한 측면에서 이승만정권기 학생운동의 '동면' 속에서도 반독재와 민주주의의 정신이 움트고 있었음을 주목할 필요가 있다.

2부

분단과 전쟁 속의 연세 학생운동

1. 해방의 순간, 교정 울타리를 넘어 사회로 나아간 학생들

해방 직후의 교내외 상황과 연희대학교 학생운동의 국가 건설 참여

1945년 8월 15일 이래 한반도는 일제로부터 해방되었다. 해방 이후 한인들이 근대적 민족국가를 수립하는 과정은 험난했다. 내부의 좌우·남북 대립 그리고 미국과 소련의 정책이 큰 문제로 작용했다. 특히 북위 38도선을 경계로 북쪽은 소련이 남쪽은 미군이 분할 점령한 것은 민족국가 건설에 커다란 문제가 될 수밖에 없었다. 자본주의와 사회주의를 대표하는 미·소 양 진영의 갈등이 심화되는 냉전 국면에서 남북한 분단 구조가 고착되어갔다.

'해방'은 사전적 의미로 어떠한 구속이나 억압, 부담 따위로부터 벗어남을 의미한다. 해방공간에서 각계각층의 사람들은 지난 30여 년간 일제의 압박을 벗어나 각자의 빼앗긴 터전을 되찾고자 했다. 새로운 국가를 건설하고 정부를 수립하는 일이 시급했고, 각자의 직장, 각자의 학교를 되찾는 일이 중요했다. 국내에서 여운형, 안재홍 등이 '건국준비위원회'를 꾸려 치안을 확보하고 정부수립 준비했다. 1945년 9월 이후 미군이 진주하고 이후 대한민국임시정부 등 해외에 있던 독립운동가들이 귀국함에 따라 여러 정당이 조직되었다. 빼앗겼던 연희 교정을 되찾으려는 노력 역시 그러하였다. 연희의 교직원들은 미군정 학무당국과 교섭하여 학교를 되찾는 실무를 담당하였다.

해방 이후 학생들도 교정에 다시 모였다. 그렇지만 당장 강의가 열린 것은 아니었다. 아시아·태평양전쟁의 여파로 학교의 물자는 물론 학생들까지 학병으로 강제동원 당했고, 방학기간도 연장된 상황이었다. 교육관계자 및 미군정 학무국의 협의로 대학 및 전문학교 등의 재개교는 10월 1일로 전망되었다. 그렇지만 해방 직후의 정치적 상황과 각 학교의 사정이 여의치 않아, 대게의 학교들은 정상적으로 운영되지 못했다.

무엇보다도 '해방'이라는 말 자체에 함축된 바, 해방 정국에서 환희와 함께 찾아온 제 사회의 혼란상에서 학교의 정상적 운영은 어려웠다. 당시 정국은 새로운 국가를 전망하며 연일 집회가 이어지고 있었다. 여기에는 새로운 미래에 대한 기대와 열정이 투사되는 한편, 질서에 대한 부정과 비이성적 폭력 등이 혼재되어 있었다. 환희와 열정과 그리고 혼돈이 함께하는 해방 정국에서 학생들은 학교 자치의 주체인 동시에 새로운 사회를 건설하기 위한 주체를 자임하였다. 이러한 상황에서 학생들은 교정의 울타리를 넘어 정치와 사회의 전면으로 활동의 폭을 넓혀갔다.

해방 직후 유수의 학도·학병 단체들이 자생적으로 조직되었다. 이들은 각자의 터전에서 치안·자경·자치 등을 표방했다. 특히 학병 귀환자의 활약이 두드러졌다. 학병은 일제에 의해 강제동원된 학생들이었다. 1943년 10월 일제는 '조선인학도육군특별지원병제도'를 통해 조선인 학생들 중 법문계 학생의 병역 유예를 해제하고, 이들을 전쟁 일선으로 강제동원했었다. 해방 후 고국으로 돌아온 학병들은 해방 정국에서 존재감을 드러냈다. 학병 출신자들은 지난 아시아·태평양전쟁에서 강제동원을 경험한 동시에 역설적으로 군사규율과 조직화를 체득한 존재였다. 해방 이후 학생들이 사회운동 전면에 등장하는 가운데, 이들은 이른바 '학병'으로 스스로를 호명하며 일종의 세대론을 내세웠다. 이들은 자신을 전선으로 내몬 기성세대에 대한 비판의식과 함께 정치적 명분과 도덕성 담론을 스스로 만들어 나갔다. 이와 더불어 학병 출신 학생들은 군사경험을 토대로 자신들만의 강한 결속력과 조직력을 보이고 있었다. 이러한 학병 출신자들은 해방 정국에서 각 정파의 운동을 움직이는 강력한 동력원으로 활약하였다.

해방 직후 학병 출신들을 규합하는데 가장 발이 빨랐던 것은 좌익 계열이었다. 해방 이틀 후인 1945년 8월 17일 서울 교동국민학교에서 귀환장병대가 조직되었다. 이들은 후일 국군준비대로 개편되었다. 또한 8월 23일 보인상업학교에서 좌익 계열의 주도하에 조직된 학병동맹이 당시 가장 대표적인 학병단체였다. 이 학병동맹에 참여했던 학생 중 우익 계열의 학생들은 미군 진주에 대한 입장 차이로 9월 초순 분리하여 학병단이라는 단체를 조직하였다.

한편 해방 직후 여운형과 안재홍의 주도로 조선건국준비위원회(건준)가 조직되었다. 당시 건준은 좌우익을 통틀어 가장 광범한 정치세력을 이루었다. 건준의 여운형은 조선 총독부 정무총감 엔도 류사쿠(遠藤柳作)로부터 치안 유지의 권한을 위임 받았음을 내세우며, 각지각처에서 자생한 학병·무장 운동조직들을 규합하고 있었다.

1946년 4월 26일 학교 창립기념일에 노천극장에 모인 연희전문학교 학생들과 교수들
출전: Record Group 111: Records of the Office of the Chief Signal Officer, 1860-1985
(국사편찬위원회 전자사료관 사료건: AUS005_06_03V0000_234)

해방 이후 연희전문학교에도 자체적인 학생운동이 일어났다. 연전 학생들은 교내에 비치된 교련용 무기를 확보하려했다. 또한 연전 학생들은 학교의 운영에 참가하려했고, 건준 등 외부 운동세력과 연대하여 정치활동에 참여하려 했다. 해방 직후에는 연전과 마

찬가지로 서울 시내 대학, 전문학교, 중·고교 등에서 유사한 학생 조직이 등장했다. 이러한 학생 조직들은 대부분 교내의 자치 참여는 물론, 교외의 치안 활동과 사회 참여를 목표했다. 이윽고 각 급 학교 학생조직은 연합했다.

해방정국 연희대학교 학생운동과 조선학도대 활동

1945년 8월 25일 서울 시내 대학 및 전문학교가 모여 조선학도대를 결성했다. 각 급 학교의 학생조직이 한데 뭉쳐 조선학도대로 거듭나는 데는 해방 직후 건준이 제시한 국가 수립의 시급성이라는 문제의식에 대한 공감대가 형성되어 있었기 때문이다. 조선학도대 설립 당시의 조직 개황을 살펴보면 다음과 같다. 조선학도대 대장은 경성대 법문학부의 서임수였다. 연희전문학교에서는 상과 노석찬이 조선학도대의 간부로 참여하고 있었다. 이외에도 보성전문학교의 서태원, 경성법학전문학교의 김종일, 경성치과의학전문학교의 선우양국이 참여했다. 조선학도대의 총본부는 자본가 박흥식의 도움을 얻어 조선항공공업주식회사 건물에 두었다. 이는 종로 화신백화점 옆에 위치하였다. 또한 조선학도대는 학교별로 본부를 두었다. 연희전문학교는 명월관에, 경성대는 청계공립국민학교에 본부가 있었다. 조선학도대는 치안유지활동을 전개하기 위해 서울 시내 권역별로 활동하였다. 연희전문학교는 보성전문학교와 함께 동대문 권역을 담당했다. 종로 권역은 경성법학전문학교와 경성의학전문학교가, 성북과 청량리 일대는 경성치과의학전문학교가 맡았다.

연희전문학교의 조선학도대 학생들이 전개한 활동은 다음과 같았다. 우선 세브란스 연합의학전문학교 학생들과 함께 서울역 앞에서 활동했다. 해방 이후 서울역은 인산인해를 이루었다. 해방을 맞이하여 국내외 각처에서 귀환, 귀경, 이주하는 행렬이 서울역에 몰렸다. 연전 조선학도대 학생들은 서울역과 역전 남대문교회를 중심으로 치안확보와 질서유지는 물론 각종 봉사활동과 청소 등에 힘썼다. 특히 서울역 앞에 있던 세브란스병원에서 세의전 학생들은 구호와 진료를 전개했다.

조선학도대는 학교 안팎의 진정한 '자치' 실현을 위해 직접 거리로 나서기도 했다. 1945년 9월은 해방에 대한 기대가 곧 분단이라는 좌절로 전이되던 시점이었다. 9월 24일 오후 2시 연전을 비롯한 서울 시내 전문학교 및 중고교의 학생 4,000여 명이 시위를 벌였다. 이들은 '학생의 자치요구, 연구의 자유, 정권은 인민의 손으로'라는 구호를 앞세우고 시가행진을 벌였다. 시위에 참여한 학생은 각 학교별로 조직된 학도대를 통해 움직였다. 또한 이때부터 서울 소재의 학교라는 범주를 넘어 지방 각 급 학교에 자생하는 학도대와 연대가 시도되었다. 이러한 민족주의적 열망에 대한 미군정 당국 및 경찰 측은 당혹감을 감추지 못했다. 이내 당국은 학생들이 시위를 벌이는 것을 금지하였다.

한 가지 주목할 점은 이 시기 조선학도대의 정치적 지향과 성격이다. 해방 직후 정국에서 건준을 비롯한 각각의 정치단체는 새로운 민족국가 수립이라는 공통의 목표를 위해 정파적 이해관계를 초월하여 우선적으로 연대를 도모하였다. 조선학도대도 이러한 취지에서 조직된 것이었다. 다만 개별 학교 및 학생 간의 정치적 지향에 따라 입장 차이는 존재하였는데, 가령 건준에 대한 지지나 사회참여의 정도, 정치적 중립성 견지 등을 두고 견해가 갈렸다. 그렇지만 조선학도대 결성 당시까지만 하더라도, 시급한 정세와 공동 목표에 대한 공감 속에 좌우 갈등이 크게 드러나진 않았다. 각 급 학교의 학생조직이 한데 뭉쳐 조선학도대로 거듭나는 데는 해방 직후 건준이 제시한 국가 수립의 시급성이라는 문제의식에 대한 공감대가 형성되어 있었기 때문이다. 또한 조선학도대 결성에 건준에서 치안부장을 지낸 최용달이 일정한 영향력을 행사하였던 것으로 보인다.

조선학도대의 성북경찰서 무장해제 사건과 연희전문대학 학생들의 희생

해방 공간의 환희와 열정 속에 '혼란'은 필연적으로 발생한다. 해방 직후 한반도 각지 각처에서 생겨난 학생운동 조직들이 거의 공통적으로 '치안' 혹은 '질서'의 유지를 표방한 것은 이러한 사정에서 기인한다. 그리고 결국 이러한 학생운동 조직들은 일정한 집단으로써 조직력의 행사, 나아가 치안과 질서를 집행하고 관철시킬 무력적 필요성에 의해 무기를 확보하기 위해 노력했다. 또한 학생운동 조직들이 보인 무기에 관한 인식은 일제의 침탈에 무력했던 과거의 기억과 더불어 궁극적으로는 학병징집의 기억과도 맞닿아 있는 것이기도 하다.

해방으로 찾아온 일제 조선총독부 권력의 명목상 정지 상태와 더불어 각지에서는 일제의 주둔군과 경찰조직이 잔존하고 있었다. 이 중에서 학생과 민중의 주요 목표가 되었던 것은 경찰이었다. 경찰이 군대에 비해 상대적으로 무장상태가 약했던 탓도 있다. 그렇지만 지난 식민지기간 미시적인 생활 속에서 폭력적인 식민권력을 관철시켜왔던 것이 바로 경찰이었기 때문이다.

일제의 경찰 역시 해방으로 인해 행정의 공백 상태를 겪으며, 각 관할 경찰서마다 임의적으로 운용되고 있었다. 실제로 해방과 동시에 다수의 일본인 경찰들은 행동의 명분과 적극성을 잃어버린 채 숨거나, 치안권력의 일부를 학생조직과 민중들에게 이양하기도 했다. 그렇지만 일제의 경찰에 의해 여전히 질서유지를 명목으로 자의적인 폭력이 행사된 것 또한 사실이다. 1945년 8월 15일부터 9월 8일 미군정이 실시되기까지의 기간 동안 열린 집회현장 등지에서 다수의 민중과 학생들이 희생되었다. 조선학도대 대원들도 시내에서 치안유지활동을 벌이다가 일본인 경찰들과의 충돌을 빚고, 유치장에 억류당하거나 사망자를 내기도 했었다.

조선학도대는 결성 직후인 1945년 8월 29일 부민관에 모여 '조선학도 총궐기대회'를 열었다. 여기서 조선학도대는 '연합군에 무조건 항복한 일군경이 독립된 조선땅에서 아직도 무장해제를 않고 조선인을 위협, 살상하고 있으니 어찌 이런 만행을 그대로 방임할 수 있겠는가'라고 결의하였다. 즉 조선학도대는 자주적인 힘으로 일본 군경의 무장해제를 결의하였다. 일군경의 무장해제는 조선학도대가 목표한 치안과 질서의 유지를 위한 무기의 확보 측면에서도 꼭 필요한 작업이었다.

1945년 9월 7일 서울 종로 조선항공공업주식회사에 위치한 조선학도대 본부에서는 긴급간부회의가 열렸다. 조선학도대는 회의에서 일본경찰서의 접수와 무장해제가 논의되었다. 조선학도대는 경성의학전문학교 부근에 있는 무기창고에서 일본군 99식소총, 수류탄, 권총 등을 운반하여 조선학도대 각 분담지역에 공급하고, 9월 8일 오후 2시를 기해 일제히 서울 시내일본 경찰서를 접수하기로 계획하였다. 이를 위해서 화신 기업의 박흥식과 기타 독지가들이 경비로 5만 원과 광목 등을 찬조하였다.

하지만 조선학도대의 계획에 문제가 생겼다. 당시 '좌익'계열로 분류되며 가장 큰 세력을 자랑했던 학병동맹이 먼저 선수를 쳤다. 9월 8일 학병동맹 군사부장 박진동을 선두로 학병동맹은 종로경찰서를 평화적으로 접수하고 무기고와 유치장을 인계받는데 성공한 것이다. 학병동맹은 일본 경찰들을 집으로 돌려보내고 유치장의 치안사범들을 석방했다. 그리고 무기고에서 일본 경찰의 무기를 꺼내 무장하고 5~6명씩 한 조가 되어 관할 파출소를 접수했다.

이러한 상황은 조선학도대가 해방정국에서 학생운동의 헤게모니 장악과 무장경쟁에서 뒤처지는 것을 의미했다. 학병동맹의 발 빠른 움직임에 당황한 조선학도대는 더욱 강수를 두었다. 조선학도대는 종로경찰서보다 무기가 더 많은 성북경찰서의 접수를 계획하고, 지휘를 부탁할 장교 출신의 군 경험자를 물색했다. 이를 위해 조선학도대 연희전문학교 대표 안기창(상과 3)이 10 여명의 학생들을 이끌고 조선임시군사위원회를 찾아갔다. 조선임시군사위원회는 일본군에서 복무한 이응준을 주축으로 일본군, 만주군 출신이 모인 사설군사단체였다. 조선임시군사위원회는 '좌익' 견제라는 명분에 동의하고, 작전부차장 이치업이 나서서 조선학도대 연전중대를 지휘하게 되었다.

9월 9일 자정 조선학도대 연희전문학교 학도대원들이 이치업과 함께 성북경찰서에 도착했다. 당시 상황은 선우양국이 주도하는 경성치과의학전문학교의 조선학도대가 먼저 도착하여 경찰서를 포위한 상황이었다. 그러나 성북경찰서의 일본인 경찰들은 경찰서 뒤편 유도관에 모여 관할서와 무기고의 인계를 완강히 거부하고 있었다. 일본인 경찰은 조금만 더 버텨 미군에게 경찰서를 인계할 생각이었다.

성북경찰서에서 팽팽한 대치 상황이 깨진 것은 연희전문학교의 조선학도대가 도착한 이후였다. 일본군 장교출신 이치업은 군도를 빼어들고 돌격을 지시했다. 연희전문학교 조선학도대원들은 경찰서 내부로 돌격을 감행하였다. 경찰서 진입과정에서 조선임시군사군사위원회의 이해천이 권총으로 일본인 경찰관 한 명을 쏘았다. 이에 일본인 경찰이 대응사격을 난사했다. 달려나가던 연희전문학교 조선학도대 안기창(상과, 43)과 이이제(수물과, 45)가 현장에서 즉사했고, 다른 3명도 관통상을 입었다. 조선학도대로서는 더 이상 버틸 여력이 없어서 철수하게 되었다. 부상자들은 경기공립고등여학교에 위치한 조선임시군사위원회 의무대에 이송되어 치료를 받았다. 운동장 한구석에 천막을 치고 일본군 위생병 출신 수 명이 일을 거드는 수준이었기 때문에 요오드를 발라 응급조치하는 수준이 전부였다.

1945년 9월 12일 오전 10시 휘문중학교에서 연희전문학교 조선학도대원 안기창과 이이제의 학도대장이 엄수되었다. 자료의 부족으로 자세한 내용은 알기어려우나 조선인민공화국 측에서 영결식을 주도한 것으로 보인다. 학도대 대원들은 보복성 조치로 일본인 20여 명을 잡아다가 장례행렬 앞에 꿇어앉히고 조의를 표하게 강요하기도 했었다. 두 연희전문학교 학생의 유해는 본교 뒷동산에 안장하였다.

안기창과 이이제의 묘

출전: 연세대학교

建國의礎石

하늘도 無心하시다
날은 어둡고 비는 나리도다
이날!
百萬長安의 哀悼속에
建國의거룩한 礎石이된 두學徒의
마즈막 永訣의行列은 지나도다
英魂의 呼訴인듯
애닯흔 葬送의曲 고막에 어릴제
눈감고 섯는 우리들 가슴엔
한돌같은 슬픔이 창자를 찌르며
솟아 올으다.
三十六年만에 우리의 하늘을 다시 보는날
建國의基業이 바야흐로 이룩되라는 아츰
비록 나라를위한 거룩한犧牲이였으나
그것이 겨레를위한 英雄的最後였으나
애처럽게도 맺인봉우리 필새도업시
슬어지고 말었나니!
그대들의 압날은 多難한대신
보람있는 舞台가 손짓하였고
山같은 일감이 苦待하였다
오오! 그러나 가이없도다
運命의 부즐없는 作戱여!
꽃같은 天意를 깨닷지못하는
奸悪한 族屬의 妖妄은 우리들의
毒牙에 傷함을 입고 넘어젓나니
千秋의恨을 남기고 그대들은 가는것이니
百代의悲嘆을 머금고 우리들은 울어 [illegible]도다
오오! 두英魂이여
아무 後慮없이 還家에 드시라
우리들의 百年大計는 항상尊貴한
犧牲에서 基礎되는것이니
그대들의 生涯는 헛엇으나
남겨논 [illegible]績은 크도다

悪毒한日本官憲의손에犧牲당한學徒李二濟·安基昌
兩君의英魂에게삼가올님

李性杓

우리들의 生命은 언제나 鴻毛보다 가벼
웟으니
이것이 곳 우리祖上들의 嚴肅한 遺訓이
였고
또한 傳統있는 우리民族의 唯一한 자랑
이였도다
그대들의 勇敢한行動은 우리들의 歷史를
장식하였고
制限없이 뒤를이를 젊은志士들의 龜鑑이
되엿도다
우리들은 그대들을 위해 限없는 歡送의
를 가슴 앞으게 부르며
다만 한가지 約束할것과 그것을 履行
하고야 말것을 굳게굳게 맹서하노라
三十六年間 우리들의 아름다운江山을 더
럽인
우리들의 傳統있는 文化와自由를 아서가
人類의共通된道義와律法에서 어긋난
野蠻的인 族屬을 하로바삐
그대들의 뜻을받어 우리들은 断然히
이따에서 驅出시키고야 말것을!
그리고 遺憾없는 奮鬪을 하고야 말것
을!
오오! 거룩한 두英靈이여!
눈물은 머무고 怨恨은 기인것이니
우리들은 敬虔한 마음으로 合掌하야 冥
福을 비노라
朝鮮建國에 첫손으로 이바지한 그대들의
功勲은 永遠히 不滅이로다
우리先驅者들의 자랑찬한 芳名譜에서 그
대들을 찾지않드라도
우리들의 天孫와 더부러 讚頌하는 子孫
들의 口碑에 길이 울을지니!。

이성표(李性杓)가 쓴 이이제, 안기창 추모시『건국의 초석
- 악독한 일본관헌의 손에 당한 학도 이이제·안기창 양 군의 영혼에게 삼가올님』

출전:『대한독립신문』 1945년 11월 03일, 국립중앙도서관 소장

조선학도대의 성북경찰서 무장해제 사건과 연희전문학교 학생들의 희생은 큰 상처로 남았다. 장남이었던 안기창의 죽음이 가져온 충격으로 인해 그의 부친은 화병을 얻어 세상을 떠났다. 남동생도 충격을 받아 건강을 잃고 말았다. 1960년 4월 혁명 이후에 두 학생의 뜻을 기리는 비석을 세우기 위한 움직임이 시작되어, 1962년 5월 학교 뒷산 자락에 비석을 세웠다. 이승만 대통령에게 하야를 권고했다가 성균관대학교 교수직에서 파면 당했던 국문과 이가원 교수가 그 비문을 짓고 연세대학교 학생회에서 비석을 세웠다.

2. 반탁운동과 독립학생전선

신탁통치정국의 정치적 진영논리의 확대와 연희전문학교 학생들의 반탁운동

1945년 12월 연말 모스크바 3국 외상 회의는 한반도의 정국에 큰 파장을 이끌고 왔다. 모스크바 3국 외상 회의는 미국, 영국, 소련의 외무장관이 모여, 제2차 세계대전 이후 일본의 점령지에 대한 관리 문제 등을 논의하는 자리였다. 이 회의의 안건 중 하나로 한반도의 독립 문제가 다루어졌다. 회의에서 한반도 문제와 관련하여 합의된 사항은 미국과 소련의 공동위원회를 설치하고, 미국, 영국, 소련, 중국 등이 공동으로 관리하는 최대 5년간의 신탁통치를 실시할 수 있다는 것이었다. 다만 이 신탁통치 방안은 한반도 문제에 관한 어떠한 결정사항이 아닌, 미국과 소련 간에 합의가 연기된 수준에 불과한 것이었다. 미국과 소련 모두 신탁통치라는 형식에 동의한 채, 장차 한반도 지역에서 자국에게 우호적인 정부를 수립하기 위해 사태를 관망하는 중이었다.

일방적인 모스크바 3국 외상 회의의 결정은 한반도의 학생과 주민들에게 크나큰 충격으로 다가왔다. 3국 회의의 신탁통치 방안은 곧 한국 민족의 자주 독립에 대한 열망과 신념에 대한 거부로 받아들여졌다. 이른바 신탁통치에 대하여 민족주의 성향의 정파들은 즉각적인 반대 입장을 취했다. 그리고 1945년 연말 당시만 하더라도 조선공산당을 비롯한 좌익 세력 역시 입장을 정리하지 못한 채 신탁통치의 배격을 주장하고 있었다.

신탁통치 문제에 관해서 각 전문대학 및 대학의 학생조직들 역시 정치적 목소리를 규합하고 있었다. 1945년 12월 말 경 종로 한청빌딩에서 좌우익을 망라한 다양한 학생조직들이 회합하여 탁치정국에서 학생조직들의 대응방안을 모색하였다. 연희전문학교에서는 정경학부 이동원, 세브란스연합의학전문학교에서는 김순환이 참가하였다. 그리고 보성전문학교(현 고려대학교)에서는 우익 학생의 대표로 이철승이, 좌익 학생의 대표로 김연성이 참가했다. 이외에도 명륜전문학교(현 성균관대학교), 혜화전문학교(현 동국대학교), 이화여자전문학교(현 이화여자대학교), 숙명여자전문학교(현 숙명여자대학교), 중앙보육학교(현 중앙대학교) 등에서 좌·우익 학생대표가 각 10명씩 총 20명이 모였다. 그 결과 이듬해 1월 2일을 목표로 '반탁전국학생운동준비회'의 구성이 결의되었다.

그러나 1946년 1월 2일 반탁학생운동 대열에 있던 좌익 성향의 학생들이 모스크바 3국 외상 회의의 결정을 전면적으로 지지하는 노선으로 입장을 선회하였다. 이들은 1월 2일 예정되어 있던 '반탁전국학생운동준비회'의 연기와 신탁통치 방안에 대한 학생들의 입장을 재검토 할 것을 요구하였다. 이러한 행보는 다른 학생들에게 수용되지 못한 채, 학생조직들은 정치적 정향과 현실논리에 따라 분기하기 시작했다.

1945년 12월 말경 연희전문학교 학내 여론에도 모스크바 3국 외상 회담의 신탁통치 방안 소식이 파급을 주었다. 12월 30일 오전 11시 연희전문학교 강당에서 연전학생회 주최로 긴급학생회가 개최되었다. 이날 연전학생회가 전개한 결의문은 다음과 같다.

> 연전학생회에서는 신성한 자유를 확보하기 위하여 정치에 무관심할 수 없는 바로서 작금 정치선상에 거래하는 일체의 불순분자를 거세하고 민족통일전선을 강화시킴으로써의 신탁통치를 배척하기에 총궐기하여 전국학생운동을 전개할 것을 주장하고 좌와 같이 결의하였다.
>
> 一. 우리는 신탁통치를 절대 반대하고 완전한 독립을 주장한다
> 一. 우리는 신성한 학원의 자유를 확보하고 고유한 우리민족문화의 발전을 위하여 학계의 사대주의적 봉건사상을 배척한다
> 一. 우리는 전국학생운동을 전개한다

결의문에서 나타나는 바와 같이 연희전문학교의 학생들은 신탁통치 방안에 대한 반대와 완전한 독립을 표명하였다. 연전 학생들에게 신탁통치란 "사대주의적 봉건사상"으

로 이해되었다. 또한 연전학생회는 향후 전개될 전국적인 반탁 학생운동을 전망하며 전국적인 학생운동의 전개를 제시하였다. 이처럼 신탁통치 방안에 대한 연전의 학내 여론은 대체로 민족주의와 우익 성향에 가까운 것이었다. 하지만 한 가지 주목할 점이 있다. 연전학생회는 결의문에서 "민족통일전선을 강화"할 것이라고 밝혔다. 즉 이때까지만 하더라도 연희전문학교 학내에선 좌익 계열의 학생들도 반탁과 독립이라는 문제의식을 일정부분 공유하고 있었던 것으로 보인다.

하지만 이듬해 1월초 각처의 반탁학생운동에 참여했던 좌익 성향의 학생들이 입장을 전환했다. 이 무렵 연희전문학교 학생운동 내부에서도 좌익 학생들이 반탁 노선을 철회했다. 이에 연희전문학교 교장 백낙준은 우익 학생의 리더인 이동원을 불러 반탁운동에 나서줄 것을 부탁했다. 그리고 연희전문학교 우익 학생들은 운동부 학생들을 규합하여 무력으로 삼고 교내의 주도권을 확보하고자 하였다. 학생운동의 조직화와 헤게모니 싸움에서 운동부가 무력수단으로 동원되는 것은 당시 학생운동의 일반적인 양상이었다.

연희전문학교 학생들의 반탁학련 참여와 내부 주도권 갈등

1946년 1월 7일 서울운동장에서 학생 수 천명이 운집한 가운데 '반탁치학생대회'가 개최되었다. 대학 및 전문대학 16개교가 주도하는 가운데 남·여중학교 15개교가 참가했으며, 사회는 연희전문학교 학생 박대진이 보았다. 학생대회는 반탁 노선을 지지하는 학생운동의 대열에서 좌익 학생들이 이탈함에 따라, 우익 학생들이 주도하게 되었다. 특히 반탁 노선을 가장 강성으로 주장한 세력은 이철승을 위시한 보성전문학교의 우익 학생들이었다. 당시 정재계 인사들이 이철승을 후원하였기 때문에, 그의 영향력이 배가될 수 있었다. 이러한 위세를 입증하듯이, 이 날 대회에는 우익 정치인들도 다수 참가하였다. 반탁국민총동원위원회를 대표하여 백남훈, 독립촉성중앙청년총연맹을 대표하여 김창엽, 이승만의 비서실장 윤치영이 학생들에게 격려사를 보냈다.

이 날 대회와 함께 '반탁전국학생총연맹'(반탁학련)이 결성되었다. 반탁학련의 위원장으로는 상기한 이철승이, 부위원장에 연희전문학교의 이동원, 세브란스연합의학전문학교의 김덕순이 선출되었다. 또한 반탁학련 후생부장에 세브란스연합의학전문학교의 윤석우, 감찰부차장에 연희전문학교의 박갑득 등이 참여하였다. 반탁학련 연맹본부는 서울역 앞에 위치한 세브란스연합의학전문학교의 별관에 설치되었다. 반탁학련 간부진의 선출과 동시에 가두시위도 전개되었다.

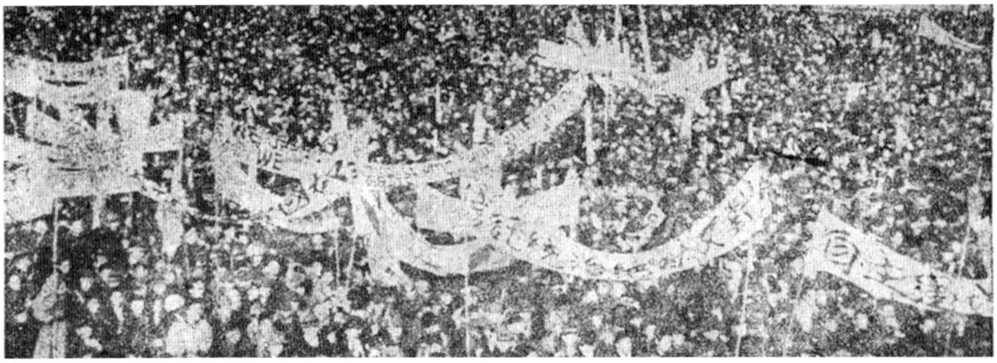

1946년 1월 반탁학련과 탁치반대국민대회 전경

출전: 「반탁에 시위의 분류」, 『조선일보』 1946년 1월 13일

반탁학련 학생들의 활동이 가장 극렬했던 순간은 '반탁학생 성토대회'였다. 1946년 1월 18일 오후 2시 정동예배당에 1천여 명의 남녀 학생들이 운집했다. 여기에는 전문학교 및 대학 학생을 비롯하여 중학생들과 청년들이 다수 참여하고 있었다. 특히 지난 16일에는 모스크바 3국 외상 회의에 따라 미소공위 예비회담이 개최되었다. 이와 더불어 조선공산당의 박헌영이 신탁통치 방안에 관해 뉴욕타임즈 기자 존스턴과 가진 기자회견이 국내에 '매국언동'으로 윤색보도되었다(정용욱, 2003, 171~176쪽). 이에 따라 반탁 여론이 더욱 거세지는 상황이었다.

'반탁학생 성토대회'는 반탁학련 위원장 이철승의 개회사로 시작되었다. 대회에 참여한 학생과 청년들은 신탁통치에 대한 반대와 공산당에 대한 비난을 발표했다. 이날 성토대회에서 가장 큰 호응을 얻은 연사는 연희전문학교의 김득신이었다. 김득신은 원래 평양 출신의 학생이었는데 1945년 연말 신의주반공학생사건으로 1개월간 수감되어 있다가 월남하여 연희전문학교에 입학한 것으로 알려져 있었다. 김득신은 월남 학생이라는 정체성을 활용하여 북한 지역에서 일어나는 소련군의 약탈 등 '실상'을 알리는 열변을 토했다. 김득신의 열변에 이어 월남 학생 임영애가 눈물로 연설을 이어나가자, 장내의 분기가 한층 고조되었다.

반탁학련의 성토대회로 고양된 학생과 군중들이 18일 오후 5시 30분경 정동예배당에서 쏟아져 나왔다. 이들은 정동에 위치한 소련영사관을 항의 차 방문했으나 직원들의 철수로 별다른 성과를 얻지 못했다. 이어서 시위대는 미군정 하지 사령관과 미국 영사관을 방문하여 결의문을 전달하기도 했다.

이윽고 반탁학련 학생지도부는 흥분한 군중을 이끌고 을지로에 위치한 조선인민보사를 습격하였다. 당시 조선인민보는 좌익 계열의 신문으로 조선인민공화국의 기관지를 자임하며, 진보적 민주주의를 표방하고 있었다. 그런데 탁치국면에서 신탁통치 방안을 찬성함에 따라 반탁학련의 표적이 된 것이었다. 반탁학련 시위대는 조선인민보사의 윤전기에 모래를 뿌리고 사무실 기물을 파괴했다. 이외에도 시위대는 조선노동조합전국평의회, 조선인민당, 서울시인민위원회의 건물들을 공격했다. 반탁학련 시위대의 우익 테러는 이를 제지코자 출동한 미군 헌병대에 의해 잠시 멈추었다.

18일 오후 7시경 반탁학련 학생들은 집회를 마무리하고 김구를 찾아 경교장으로 향했다. 김구에게 당일 학생운동과 충돌사건의 경위를 보고하기 위함이었다. 그런데 반탁학련 학생들이 경교장으로 이동하던 도중, 경성법원 앞에서 좌익 계열의 학병동맹으로 추정되는 학생들의 습격을 받았다. 수적 우위를 점했던 반탁학련 학생들은 이들의 습격을 겨우 뿌리칠 수 있었지만, 각종 무기가 동원된 까닭으로 부상자 20여 명이 발생했다. 이 중 세브란스연합의학전문학교 학생 함영훈은 총상을 입기도 하였다. 또한 피습 결과 반탁학련에 참여한 여학생 10여 명이 납치되었다는 소문도 있었다. 이날 반탁학련 학생들이 겪은 일련의 폭력 사건은 반탁운동이 시작된 이래 최초의 유혈사태로 기록되었다(한국반탁반공학생운동기념사업회, 1986, 137~148쪽; 건국청년운동협의회총본부, 1989, 333~336쪽).

1월 18일 반탁학련 사건은 결국 미군정 공권력의 편파적 조처로 마무리되었다. 수도경찰청장 장택상은 학병동맹이 반탁학련을 습격했다는 이유를 들어, 19일 경찰 50여명과 정치깡패 김두한의 별동대 130여명을 동원하여 삼청동의 학병동맹본부를 급습하였다. 이를 계기로 학병동맹은 사망자를 내고 결국 해산되었다. 이는 미군정의 묵인 하에 이루어졌다. 이 무렵부터 미군정과 경찰이 노골적으로 우익 테러를 비호하였다. 탁치정국에서 남한 내의 좌우익 갈등은 균열을 넘어 격렬한 폭력으로 비화되기 시작하였다. 결국 해방 직후 남한 지역에서 상대적으로 열세였던 우익 진영은 공권력의 비호를 받아 성장해나갔다.

1월 18일 발생한 반탁학련 사건은 연희전문학교의 입장에서 또 다른 피해를 유발했다. 1월 20일 무장경찰들이 세브란스연합의학전문학교 별관에 위치한 반탁학련 본부를 포위하고 41명을 연행해갔다. 좌우익 양측의 형평성을 맞추기 위해 장택상이 취한 형식적 조처였다. 그러나 문제는 반탁학련 내부에 싹트고 있었다. 반탁학련의 위원장이자 당시 정재계 요인들로부터 비호를 받던 보성전문학교의 이철승은 여학생들과 함께 곧 석방되었다. 하지만 다른 학생들은 그러지 못했다. 특히 반탁학련의 본부가 세브란스연합의학전문학교에 위치했던 만큼, 당일 검거된 반탁학련 관계자 중 대부분은 세브란스연합의학전문학교 학생들과 연희전문학교 학생들이었다. 반탁학련의 부위원장이자 연희전문학교의 우익 학생운동을 주도했던 이동원 그리고 세브란스연합의학전문학교의 양재모는 구금 한 달 만인 2월 20일에서야 석방되었다. 심지어 세브란스연합의학전문학교 1학년에 재학중이던 홍석기와 김성전은 군정재판까지 회부되어 실형을 언도받았었다(연세의대졸업생활동편찬위원회, 2016, 47~48쪽).

반탁학련 내에서는 위원장 이철승에 대한 불만이 점차 고조되었다. 반탁학련 인원의 체포 당시 이철승이 보성전문학교 출신의 자기 세력만을 챙기기에 급급했었던 문제가 컸다. 뿐만 아니라 극단적인 정치구호와 폭력행위를 서슴지 않는 이철승의 독선적 행보에 반탁학련 내부에 피로와 불만이 누적되고 있었다. 이러한 갈등의 연장선상에서 보성전문학교 이외의 전문학교 학생들이 위원장 이철승에 대한 불신임 투표를 가결시켰다. 하지만 이철승과 보성전문학교 학생세력이 이를 폭력으로 무마시키고 말았다(건국청년운동협의회총본부, 1989, 336쪽). 결국 이철승의 독선을 받아들일 수 없었던 우익 학생들은 반탁학련을 떠나게 되었다.

재경학생행동통일촉성회, 좌익 학생운동의 조직

1946년 1월 9일 재경학생행동통일촉성회(학통)이 결성되었다. 학통은 우익 학생운동의 대표인 반탁학련에 맞서, 좌익 학생들이 뭉친 조직이었다. 학통은 당시 경성대의 김홍태를 중심으로 보성전문학교, 연희전문학교, 혜화전문학교 등의 좌익 학생이 참여하였다. 학통의 회장은 명륜전문학교의 주석일이 맡았다. 이들은 신탁통치를 지지하는 편에 섰다.

1946년 11월 23일에는 학통 촉성회 명의로 다음과 같은 성명이 발표되었다.

1) 학원의 자치권 인정
2) 경찰의 일체간섭 중지
3) 학생 및 학원의 자유
4) 모스크바 삼상회의의 총체적지지
5) 미소공위의 속개

이후 학통은 남조선로동당을 위시하여 민주주의민족전선, 전국농민조합총연맹, 조선노동조합전국평의회, 조선민주청년동맹 등 좌익진영 단체와 보조를 같이 맞추며 활동했다. 이들의 주요 활동 의제는 미군정 당국의 박헌영 체포에 대한 취소 요구, 모스크바 삼상회의 지지, 학병동맹 공격 사건에 대한 규탄, 국립대학서울대학교안에 대한 반대 등이었다. 또한 미군의 여성 성폭행 문제, 전재민 구호 등 사회 전반의 문제에 학생들이 목소리를 내었다는 점도 주목해 볼 수 있다.

연희전문학교 우익 학생들의 독립학생전선 결성 및 반탁학련과 유혈충돌

반탁학련에서 보전 이철승의 독단이 지속되었다. 이에 따라 연희전문학교와 세브란스의학전문대학 학생들은 새로운 단체 창설을 모색하게 되었다. 연희전문학교의 안경득, 이동원, 세브란스연합의학전문학교 김덕순 등의 학생들은 반탁학련에서 탈퇴하였다. 그리고 1946년 5월 16일 종로 기독교청년회관에서 '독립학생전선'을 발족하였다. 독립학생전선은 한반도의 "완전 자주 독립 획득에 목표를 두고 탁치를 절대배격하는 한편 38선 철폐요구의 관철"을 목표로 하였다. 이들의 선언과 선서는 다음과 같았다.

<선언>

삼천만겨레가 다- 탁치를 반대함에도 불구하고 소수 반역자가 탁치를 지지함으로 원통하게도 민족분열을 결정적인 것으로 햇고 독립전선에 위기를 양성햇든 것이다. 드듸어 미소공위원회도 돌연적으로 결렬되엇다. 국토를 양단한 삼팔선 철폐는 거부되엿다.

어제도 오늘도 동포는 남북에서 삼팔선의 철폐를 불으짓고 잇는 것이다. 그리고 우리는 민족사선인 이 삼팔선 철폐를 당연히 요구할 권리가 잇는 것이다. 그뿐아니라 삼천만 겨레는 탁치를 반대하고 완전자주독립을 불으짓고잇는 것이다. 우리는 여하한 나라의 국토침범도 내정간섭도 밧지 않은 독립국가 건설주장할 권리가 있는 것이다.

우리는 단결함으로 독립을 전취하야 국제공적과 민족자결의 원칙 우에 우리 민족이 우리 민족에 의한 우리 민족을 위한 나라를 건설해야할 것이다. 민족자결의 국제공적이 없다할지라도 이것은 민족정신의 지상명령인 것이다. 민족의 몸이오, 힘이오, 이성인 학도는 다시 부르짓는다. 우리의 지향하는 목표는 오즉 하나 완전자주독립 박에 없다. 탁치는 절대반대한다. 삼팔선을 철폐하라.

<선서>

一. 우리는 조선에 몸이다. 조선을 위하야 살고 조선을 위하야 죽자.

一. 우리는 조선의 힘이다. 조선을 찾고 조선을 직히자.

一. 우리는 조선의 이성이다. 조선을 세우고 조선을 빗내자.

독립학생전선은 연희전문학교 및 세브란스연합의학전문학교 학생들이 주축으로 이루어졌다. 특히 독립학생전선은 반탁학련 활동 당시 보성전문학교 학생 이철승의 독단에 반감을 가지고 독자적으로 출범한 학생운동 단체였다. 이러한 까닭에 연희와 보성(고려) 간의 전통적인 라이벌 의식이 겹쳐 같은 우익 학생운동 집회는 물론이고 일상 교류 등에서 서로 무력충돌이 벌어지기도 했었다.

이러한 갈등은 1946년 8월 연희와 보성이 종합대학으로 승격한 이후에도 지속되었다. 일례로 1946년 10월 28일 연희대와 고려대 간의 정기전인 '연보전'에서 벌어진 시비가 독립학생전선과 반탁학련 사이의 무장 폭력사건으로 확대되기도 했었다. 당시 연보전 종목으로 축구와 농구 경기가 개최되었는데, 축구는 1:0으로 연희대가 승리를, 농구는 39:28로 고려대가 승리하였다. 그런데 정기전을 마치고 신촌의 한 식당에서 식사 중이던 연희대 운동선수들이 고려대 운동선수들에게 갑작스레 공격을 받고 부상당한 사건이 일어났다.

이 소식을 전해들은 연희대생들은 분개했고, 연희대 학생이 주축인 독립학생전선이 고려대 학생이 주축을 이룬 반탁학련 사무실을 공격하게 되었다. 당시 독립학생전선 사무실은 종로 기독교청년회관(YMCA) 건너편에 있었고, 반탁학련의 사무실은 안국동 로터리에 있었다. 독립학생전선의 공격으로 반탁학련 사무실이 있던 안국동 로터리에서 두 학교 학생간의 몸싸움이 시작되었다. 그런데 더욱 문제가 커진 것은 반탁학련 측에서 권총을 발사한 것이었다. 연희대 학생 홍영철, 박갑득이 총에 맞아 피투성이가 되었고, 독립학생전선 학생들은 도망치고 말았다. 홍영철은 가슴, 박갑득은 다리에 관통상을 입었지만, 간신히 목숨을 건질 수 있었다.

전국학생총연맹, 우익 학생운동의 결집

독립학생전선과 반탁전국학생연맹 등 우익 학생운동 진영 내부에서 갈등이 지속됐다. 우익 학생운동의 분열은 우익 정치인들의 걱정을 샀다. 탁치 문제로 좌우간의 분열이 격화된 정국에서 조직적인 학생운동은 좌우 진영 충돌의 전위를 담당했기 때문이다. 반탁을 표명한 김구 및 이승만 등 우익 정치인들은 우익 학생운동 단체의 중재를 요청하였고, 경성대학의 채문식이 연희대학과 고려대학을 오가며 노력했다.

1946년 7월 12일에는 독립학생전선을 비롯한 13개 학생단체와 연희전문학교(1946년 8월 종합대학교로 승격), 세브란스의전, 고려대학교 등 28개 학교대표 등 학생 138명이 서울 남산정에 모여 만장일치로 새로운 학생운동단체의 창설에 동의하였다. 그 결과 7월 30일 서울 중앙극장에서 학생운동의 '통일전선'을 표방하며 전국학생총연맹(전국학련)이 결성되었다. 결성식에는 이승만, 김성수, 정인보, 이극로 등의 정치인과 전국학생대표 2,000여 명이 참집하였고, 식순에 따라 학생대표들은 '신탁반대선언문'과 '연합국에 보내는 멧세지'를 낭독하였다. 이날 선정된 전국학련의 조직 및 간부는 다음과 같이 구성되어 있었다.

> **<의장단>**
> 대표의장: 이철승(고려대학교)
> 의장: 채문식(경성대학교), 박용만(유학생동맹)
>
> **<중앙집행의원>**
> 고려대학교 12명, 경성대학교 8명, 연희대학교 6명, 각 대학 3~4명, 중등학교대표 2명
> - 연희대학교 참가자: 이동원, 김득신, 장정덕, 안경득, 박세영, 박갑득
> - 세브란스의전 참가자: 최규직, 김재전, 김향

전국학련은 결성 이후 우익 진영을 대표하는 학생운동을 전개해 나갔으며, 기존 우익 학생운동 노선의 연장에서 활동했다. 미국과 소련의 탁치안에 반대하고 UN총회에 한반도의 즉시독립을 건의하는 것이었다. 전국학련은 각종 기념일에 웅변대회를 개최하여 중, 고등학생 및 대학생의 참여를 이끌어 내었다. 전국학련은 우익 정치인을 공개적으로 지지하며 이들에게 힘을 실어주었다. 전국학련은 1946년 연말에는 남한 단독정부 수립을 주장하는 이승만의 도미 외교를 지지하였다. 1947년 3월에는 대한민국임시정부의 봉대와 복종을 맹세하기도 했다.

또한 전국학련은 당대 학생들의 현안 문제에 관심을 가지고 정치, 사회운동을 벌였다. 1947년 초 전국학련은 대학생들의 현안이었던 경성대학 등의 국립대 통합방침인 '국립대학안'(국대안)을 지지하며 미군정의 편을 들어주었다. 국립대학 7개교 및 각 사립대학에 재학 중인 좌익 학생들은 국대안에 반대하며 동맹휴학을 결의하고 있었다. 이에 대해 전국학련 측은 국대안 강행 반대 맹휴에 대한 '맹휴반투'를 전개하였다. 1947년 2월 7일 당시 연희대의 전국학련 세력은 긴급학생대회를 가지고 1,200명 학생을 규합하여 맹휴반투를 선언하였다. 1947년 7월에는 전국학련 '계몽대'를 조직하여 각 도시를 순회하며 문맹퇴치, 영화상영, 강연, 조사 등의 활동을 펼쳐나갔다. 이 과정에서 전국학련 계몽

대는 지방 중고교 및 전문학교의 좌익 학생과 교사들과 무력 충돌을 일으키기도 했다.

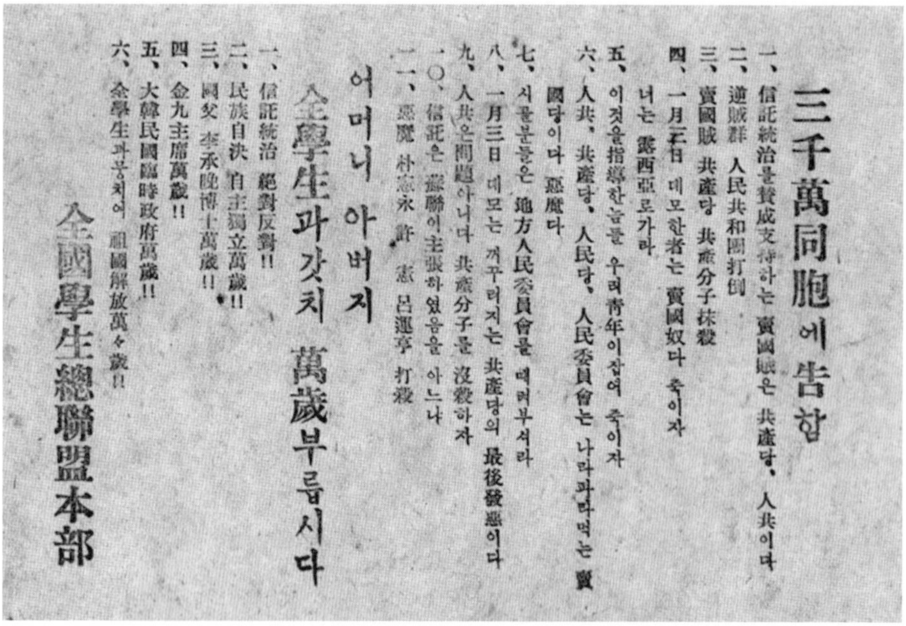
三千萬同胞에 告함

一、信託統治를 贊成支持하는 賣國賊은 共産당、人共이다
二、逆賊群 人民共和國打倒
三、賣國賊 共産당 共産分子抹殺
四、一月二日 데모한者는 賣國奴다 죽이자
너는 露西亞로가라
五、이것을指導한놈들 우리靑年이잡여 죽이자
六、人共、共産당、人民당、人民委員會는 나라파라먹는 賣國당이다 惡魔다
七、시골분들은 地方人民委員會를 때려부서라
八、一月三日 데모는 꺼꾸러지는 共産당의 最後發惡이다
九、人共은問題아니다 共産分子를 沒殺하자
一〇、信託은 蘇聯이主張하였음을 아느냐
一一、惡魔 朴憲永 許憲 呂運亨 打殺

어머니 아버지
全學生과갓치 萬歲부릅시다

一、信託統治 絶對反對!!
二、民族自決 自主獨立萬歲!!
三、國父 李承晚博士萬歲!!
四、金九主席萬歲!!
五、大韓民國臨時政府萬歲!!
六、全學生과뭉치여 祖國解放萬々歲!!

全國學生總聯盟本部

전국학생총연맹본부, 「삼천만동포에 고함」
출전: 국사편찬위원회 전자사료관 사료건 DSE010_00_00C0000_023

이처럼 전국학련은 활동은 그 운동과정에서 자연히 과격성을 드러내었고 좌익 학생운동과의 충돌이 잦았다. 학생운동에 대한 미군정의 탄압은 으레 좌익 학생단체를 향하였지만, 법망의 선을 넘는 전국학련의 과격행동 역시 견제 대상이었다. 전국학련 사무실은 미군정 헌병대와 방첩대(CIC, Counter Intelligence Corps)의 압수수색을 받기도 했고, 전국학련 학생들이 종로경찰서에 피검되는 일도 있었다. 이러한 공안 당국의 탄압에 대해 전국학련은 성명을 발표하며, 당국의 '비민주주의적' 탄압을 비판하며 '신성한' 태극기를 들어 민족주의적 애국심을 호소하였다.

다만 이러한 전국학련의 활동에서 연희전문학교가 두각을 드러낸 것으로 보이지는 않는다. 전국학련의 결성 자체는 고려대 중심의 반탁전국학생연맹(반탁학련)에서 분리되어 나온 연희대의 독립학생전선이 다시 결합한 형태였었다. 그렇지만 고려대의 이철승이 전국학련에서 영향력을 지속 행사하고 있었다. 위의 전국학련 주요 간부 구성에서 볼 수 있는 바, 고려대가 여전히 전국학련 조직을 장악하고 있었다. 전국학련 사무실도 반탁학련이 있던 안국동에 그대로 있었다. 이러한 상황에서 연희대 우익 학생들의 운동이 주도성을 가질 수는 없었고, 또한 이철승의 노선과는 어느 정도 거리를 두고 있었던 것으로 보인다.

전국학련은 해방 이후 탁치 국면에서 좌우익이 극단화되는 상황 속에 강력한 우익 반공주의 노선을 지향한 학생운동단체였다고 평가할 수 있다. 전국학련에는 연희대 학생들이 참여했지만, 전국학련은 기존 고려대 중심의 운동노선을 계승했기에 연희대 학생들이 주도적인 면모를 보이지는 않았다. 전국학련은 정부수립 이후인 1949년 12월 관변단체인 학도호국단에 포섭되며 해체되었다.

3. 남북분단과 단정수립의 격랑 속에 선 연희대

우익 민족주의 학생운동부터 조봉암의 진보당까지: 안경득의 활동

1946년 하반기부터 1948년 상반기까지의 시기는 탁치 국면 이후 좌우갈등 심화, 한반도의 분단과 남한 단독정부 수립이 가시화되던 시기였다. 당시의 극렬한 정국에서 우익 학생운동의 가장 큰 세력은 전국학련이었고 연희대학도 이에 참여하고 있었다. 그렇지만 연희대학 학생들의 학생운동은 전국학련의 노선과 또 다른 방향을 나타내기도 했었다. 해방 이후부터 남한 단독정부가 수립될 때까지 연희대학 학생운동에서 특기할 인물은 안경득이다. 안경득은 반탁학련, 독립학생전선, 전국학련 그리고 이북학련 등 전국 단위의 우익 학생운동 단체 창설에서 연희대의 대표이자 주요 학생간부로 활동한 인물이었다.

안경득은 함경남도 함흥 출신이었다. 당시 이북 출신 학생들은 북한 지역을 장악한 소련군의 민정 및 북조선임시인민위원회에 큰 반감을 가지고 월남한 이들이었다. 특히 신의주반공학생사건에 대한 학생들의 반감이 컸다. 이들은 월남이라는 자력서사를 바탕으로 자기정체성을 다져나가는 한편 이남 지역에서 반공의 '산 증인'을 자처하였다. 당연히 이들의 정치 지향은 우익 민주주의였다.

한 가지 주목되는 점은 안경득이 신학자 김교신의 제자였다는 점이다(안경득, 1977, 22~26쪽). 김교신은 일제시기 활동한 신학자로 조선 본위의 기독교를 위해 함석헌 등과 조선성서연구회를 조직하고 『성서조선』을 발행하였다. 김교신은 우치무라 간조(内三)의 사상적 영향을 받아 성서에 입각한 무교회주의를 주장하였으며 일제 파시즘에 저항한 인물이었다. 그리고 김교신의 임종을 지킨 이가 바로 안경득과 그의 부친이었던 의사 안상철이었다.

이러한 바탕을 가진 안경득의 학생운동 노선은 기본적으로 민족주의를 견지했다. 안경득은 1946년 5월 연희 학생들의 반탁학련 탈퇴와 독립학생전선 발족을 주도하며, 미국·소련에 의한 탁치를 반대하고 민족국가 수립을 주장했었다. 동년 7월 독립학생전선은 우익 학생운동 통일전선을 표방한 전국학련에 가담하였다. 그렇지만 이후 안경득의 주된 활동 노선은 달랐다.

안경득이 새로운 활동을 개시한 단체는 이북학생총연맹이었다. 이북학생총연맹(이북학련)은 이북 출신 학생단체인 한국학생연맹, 서북학련, 함남학련 등이 합한 단체로 1947년 8월 13일 영락교회에서 결성되었다. 이북학련의 짜임새는 다음과 같았다.

고　　문 : 이승만, 김구, 조만식
지도위원 : 이윤영, 김동명, 주기영
위 원 장 : 계훈제
부위원장 : 안경득, 정송모, 김인수

오늘날 대체로 이북학련은 서북청년회와 엮여 영락교회의 한경직 목사가 주도하여 만든 반공주의 극우 학생단체인 것으로 알려져 있다. 하지만 이북학련의 출범 당시 한경직의 이름은 찾을 수 없다. 위의 이북학련 간부 구성에서 나타나는 바, 이북학련의 주축이 되는 조만식, 이윤영, 김동명, 주기영 등은 이북 출신의 기독교 지식인으로 그 정치적 지향은 중도우익 성향의 민족주의라고 볼 수 있다. 이북에서 연금되어 있던 조만식은 제외한 3인은 월남하여 이북학련을 조직했다. 또한 위원장 계훈제는 이북학련에서 가장 중심적인 인물이었다. 그는 일제시기 독립운동과 군사정권시기 민주화운동에 앞장선 사회운동가였다. 그는 경성제대 재학 중 학병징집을 거부하여 강제징용을 당했고, 징용 중에도 독립운동을 벌였었다. 해방 이후에는 경성대학교 문리대 학생회장으로 활동하며 반탁운동, 국대안 반대, 남북협상 지지를 표방하였다. 계훈제는 함석헌과 교류하며 기독교의 영향을 받은 인물이었다.

그렇다면 이북학련은 어떠한 활동을 전개했는가? 기본적으로는 이북학련은 출신지로서 이북 그리고 자유를 찾아 월남했다는 자기정체성을 공고히 다지며 우익 민족주의 학생운동을 이어나갔다. 가령 1948년 11월에는 신의주학생사건 3주년 기념추도회 행사를 개최하여 정부와 우익 정치인들과의 관계를 강화하고, 남한의 학생운동에서 '50만' 월남 학생의 존재를 드러내고자 했다. 또한 정확한 활동내용은 알 수 없으나, 정부 수립 이전인 1947년 12월 9일 이북학련 학생들이 38선 경계선 지역에서 모종의 활동을 벌이기도 했다. 이 와중에 소련군과 이북 38선 경비대의 총격을 받아 이북학련 학생 4명이 희생되는 일도 있었다.

이북학련의 학생운동과 연대의식은 국내를 넘어 재일조선인들의 민족문제까지 확장된 점이 주목된다. 1946년 이래 맥아더의 연합군최고사령부(SCAP/GHQ) 군정과 일본정부는 일본에 거주 중인 조선인들의 생존권을 압박하였다. 이들은 재일조선인들의 등록, 거주증명 제도를 강요하였다. 또한 예금, 보험을 동결하고 재산세를 부과했다. 특히 1948년 4월 조선어 교과서가 금지되고 조선인학교를 폐쇄하는 조치가 취해져, 오사카와 고베 지역 조선인 8,000여 명이 대규모 집회를 벌였다. 이에 연합군최고사령부 군정 이래 최초로 비상사태가 선포되고 일본인 공산주의자와 조선인에 대한 탄압이 시작되었다.

이러한 일본의 상황에 대해 1946년 연말부터 남조선로동당, 신진당, 조선민족혁명당 등 좌우익을 막론한 이남의 정당들이 재일조선인의 생활권 보장을 위한 대책위원회를 설립해 의견을 표명해왔다. 1948년 4월 재일조선인의 교육에 대한 탄압이 가해지자 이북학련과 천도교학생회는 4월 28일 천도교강당에서 '일제폭학성토 학생궐기대회'를 개최하였다. 당일 집회는 도중에 경찰의 제지를 받자 학생 500여 명은 종로3가로 나와 '일제타도' 및 '총선거반대' 구호를 외치며 집회를 이어갔다. 이에 발맞추어 연희대 학생들은 그간 운영해온 '재일동포옹호대책위원회'를 '연희반일투쟁위원회'로 개칭하고, 4월 29일 교내에서 '반일제 궐기성토대회'를 개최하여 맥아더의 연합군최고사령부, 일본정부에 항의 성명을 내고 재일동포에게 연대를 다짐하는 성명을 발송하였다.

이북학련의 주된 운동 방향은 우익 정향의 민족주의 학생운동이었다. 당시는 탁치 국면으로 이남의 좌우 갈등이 심화되는 한편, 두 차례의 미소공위 결렬 이후 UN한국위원단이 내한하여 남한 단독의 총선거 실시 및 정부 수립이 가시화되던 시기였다. 이에 따라 이북학련은 국제 정세에 민감하게 반응하는 가운데 학생운동을 전개해 나갔다. 특히 UN한국위원단 내한에 대한 이북학련의 반응이 주목된다.

이북학련은 성명을 통해 "삼상회의를 비롯하야 미소공위 등의 무성의와 강자의 자비가 어덠타는 것을 뼈속까지 체득"되었음을 상기하며, "우리의 민족자결원칙을 무조건으로 보장"할 것과 "남북의 무장을 완전히 해제하야 투표에 참가할 인민의 자유을 절대확보하라"고 주장하였다. 그리고 "총선거에 의한 남북 통일자주 정부 수립에 만전을 기하라"고 강조하였다. 이러한 이북학련의 입장은 기본적으로는 UN의 국제적 영향력과 결정을 존중하는 가운데 이들이 한반도에 끼치는 막중한 책임을 강조하는 입장이었다. 또한 한민족의 정치적 자결권과 외세에 의한 분단에 반대하고 통일정부 수립의 중요성을 강조한 것으로 이해된다.

하지만 1948년 2월 UN은 소총회를 통해 남한지역의 5월 총선거를 결정함에 따라 남한 단독정부 수립이 가시화되었다. 이때부터 남한 우익 정계에서 단독정부와 통일정부 지향을 두고 입장이 갈리게 되었다. 전자의 경우가 이승만 측의 대세적 여론이었고 후자의 경우가 김구 측의 소수론이었다. 그리고 학생운동 지형에서 보자면 이북학련만이 통일정부를 지지하고 있는 형국이었다. UN소총회의 결정에 대해 이북학련은 강력히 반대하고, 완전독립과 통일정부가 수립될 때까지는 머리를 기르지 않겠다며 단원 2,800여명의 '총원 삭발투쟁'까지 감행했다. 이러한 이북학련의 행보는 동시기 이남 단독 총선거를 적극 지지한 우익 학생·청년운동 진영 대부분과는 다른 결정이었다. 당시 전국학련을 위시하여 서북청년회, 대동청년단, 대학독립촉성국민회청년단, 조선민족청년단 등 14개 단체가 연명으로 성명을 내고 UN의 결정과 총선거 실시를 적극 지지하고 있었다. 당시 허다한 우익 학생운동 중에 이북학련만이 "민족이 영원히 분열될 염려"를 하고 있었다.

이북학련은 분단에 반대하는 민족주의적 입장에서 남북협상을 지지했다. 1948년 4월 하순 평양에서는 김일성, 김두봉이 주도하고 이남의 김구, 김규식, 김원봉, 홍명희, 백남운 등이 참여하여 한반도 남북한 지역의 정당 및 사회단체 지도자들이 연석하여 정치 회담을 개최되었다. 남북협상 참석을 위하 김구의 방북을 두고 많은 반대가 있었다. 정계와 미군정 관계자는 물론이고 수많은 학생들이 김구가 거처하는 경교장에 찾아가 남북협상 참석을 반대하였다. 그렇지만 이북학련은 공식성명을 내고 “미소의 각축과 UN의 무능력으로 우리 한국 독립문제가 파산에 직면할 때 오직 남은 길은 민족자주원칙에 의한 자율인 해결”이며, “통일의욕에서 나온 남북회의라면 전폭적으로 지지하며 통일정부 수립의 달성을 기원”하며 김구의 방북을 전폭적으로 지지하였다. 이북학련에서도 사회단체 자격으로 8명이 방북하여 연석회의에 참여하였다.

그렇지만 남북협상은 큰 결실 없이 끝났고 이남에는 대한민국 정부가 수립되었다. 분단이 고착되는 상황 속에서도 이북학련은 민족자결의 원칙을 고수하는 가운데 “남북통일의 평화해결을 위하여 골육상잔을 피하려”했다. 또한 남북통일을 위한 유일한 해결책은 “국제제약을 전면적으로 배제”하고 “지(知), 부(富), 권(權)의 균등화”를 통해 “자주, 민족, 통일”의 실현하여 민족전체의 실력을 배양하는 것이라고 보았다. 그리고 안경득과 계훈제 등은 1년간 이북학련에서 활동하다 대학교를 졸업했다. 이후 이북학련의 후속은 위원장에 김인수, 부위원장에 김창남, 김한주 등이 보선되었다.

진보당사건 당시의 안경득

출전: 『동아일보』 1958년 2월 8일

안경득은 연희대학교를 졸업한 이후에 진보당에서 정치활동을 이어나가게 된다. 그는 진보당에서 서울시당간사장, 통일문제연구위원 등을 역임하며 과거 반탁운동의 경험을 토대로 '사회개량주의자'로 활동했다. 그러나 1958년 진보당은 이승만정권에 의해 국가보안법을 빌미로 탄압을 받았고, 조봉암은 사형을 당하였다. 진보당 간부였던 안경득은 1심에서 징역 12년을 선고받았으나 3심 끝에 1959년 2월 대법원 최종판결로 무죄를 받았다. 이른바 진보당사건 그리고 조봉암에 대한 이승만정권의 법살이 인정된 것은 2011년 1월이 되어서였다. 진보당 사건을 겪은 이후 안경득은 한국 정치계의 주류로 활동하지 못했다. 그렇지만 안경득 학생운동은 당시 우익 학생운동의 주류처럼 '극우'로 치닫거나 분단과 극우반공 정세에 영합하는 출세지향적인 '학도 엘리트주의'를 노정하지는 않은 것으로 평가할 수 있다.

남북협상에 참가하고 월북한 전영철

연희대학교에는 이북학련 이외에도 남북협상을 지지하는 학생들의 개별적 사례가 존재한다. 정부수립을 전후한 시기 연희대학교에서 우익 학생운동을 벌였던 이동원의 회고에 따르면, 전영철이라는 학생이 있었다. 전영철은 연희대학교 학생회와 축구선수로 활동했던 쾌활한 학생이었다.

1948년 3월 경 남북협상의 개최를 위한 물밑 작업이 한창일 무렵, 벽초 홍명희가 아들 홍기문을 통해 연희대학교에서 학생운동을 벌였던 이동원에게 남북협상 학생대표로 수행해줄 것을 요청해왔다. 홍명희는 소설 『임꺽정』으로 유명한 문학인이었으며, 그의 장남 홍기문은 국문학자로서 활동하며 조선왕조실록, 훈민정음, 한국 고대신화를 연구했었다. 홍기문은 일제시기 『조선일보』 학예부장으로 있었는데, 그가 쓴 글을 윤동주를 비롯한 연전학생들이 좋아했었다.

다만 이동원은 남북협상의 전망에 회의를 품고 있었기에 홍명희의 요청을 거절하려 했다. 이동원은 이 사실을 연희대 학생회에 털어 놓았는데, 전영철이 흥미를 느끼고 수행을 자처하였다. 당시 전영철은 '내가 가서 김일성을 한 방 갈겨버리겠다'라고 호언장담을 하였고, 이러한 전영철을 두고 이동원은 그가 '김일성을 썩 내켜하지 않는 순수한 민족주의자이자 우익'이라고 생각하였다. 이렇게 전영철은 38선을 넘어 이북 평양에서 열린 남북협상에 참가하였고 이남으로 돌아오지 않았다. 동시기 연희대학교 교수 백남운이 남북협상을 통해 월북하기도 했었다. 이후 전영철은 북한에서 조선인민군 장교가 되었고 한국전쟁에 참전한 것으로 알려져 있다.

장덕수 암살과 연희대학교 학생 최중하의 활동

1947년 12월 2일 오후 6시 50분경 장덕수가 서울시 동대문구 제기동에 있는 자택 청설장에서 괴한들의 총에 맞아 사망했다. 그는 일제시기 민족주의 독립운동가로서 교육·언론계에 종사하였으나 중일전쟁 이후에는 친일파로 변절하여 학병 강제동원 유세를 다녔다. 그리고 해방이후에는 한국민주당 창당의 일익을 담당하며 우익정치인으로 활동했다. 사실 해방 이후에는 좌우익 갈등이 가열되며 수많은 정치테러가 가해졌다. 특히 우익에 의한 백색테러가 횡횡했는데, 때로는 같은 우익 진영 안의 인사들이 그 대상이 되기도 했다. 가령 한국민주당의 수석총무였던 송진우가 백색테러로 사망했었다. 그리고 같은 당의 정치부장이었던 장덕수도 그러하였다. 그런데 이 장덕수 암살사건의 용의자 중에는 연희대학교 학생들이 세 명이나 끼어있었다. 어떻게 된 일일까.

우선 1947년 하반기의 복잡한 정세는 제2차 미소공위를 둘러싸고 전개되었다. 당시 남한 정국은 우익진영이 주도하고 있었지만, 이들은 통일된 의견을 내지 못하고 분열되어 있었다. 기본적으로는 반탁론의 연장에서 김구와 이승만이 대세였다. 그렇지만 이승만 측은 남한지역의 단독정부 수립을 주장하고 있었고 김구 측은 임시정부의 법통을 고수하고 있었다. 다른 한편으로는 우익 부르주아 정당인 한국민주당(한민당)이 있었다. 그런데 미소공위 참여에 대한 한민당 당내의 의견은 통일된 것이 아니었다. 한민당은 장덕수, 유진산 등을 중심으로 미소공위 참여를 모색하고 있었다. 장덕수의 생각은 한반도에서 미국과 소련 등 강대국의 영향을 배제할 수 없으며, 현실적으로 당시 한인들은 역량이 부족하다는 것이었다. 이에 따라 우선 미소공위에 참여한 뒤 한인들의 대의를 표명해야 한다는, 즉 미소공위에 대한 '찬성 후 반대' 입장이었다. 이는 한민당 내부의 탁치 참여에 대한 내부 분열을 다시금 가열시켰을 뿐만 아니라 김구 및 이승만 측의 반발을 가져왔다.

결국 한민당은 기존의 한민당과 신한국민당, 민주한독당 등 3당으로 분립되었다. 그리고 제2차 미소공위는 합의를 보지 못한 채 마무리되었고 한반도 문제는 UN에 이관되었다. 그 결과 1947년 11월 UN총회 결의안(제112호)에 따라 남북한 지역의 총선거 실시와 이의 실시에 앞서 1948년 1월 초 UN한국임시위원단 파견이 결정되었다. 그리고 이러한 복잡미묘한 시기에 한민당의 정치부장 장덕수가 암살당한 것이었다.

1947년 12월 2일 장덕수 암살사건 발생 직후 수도경찰청은 재빠르게 탐문수사에 돌입하여 3,000여 명의 경관을 동원하였다. 유엔한국임시위원단의 도착을 앞두고 벌어진 암살 사건에 대해 미군정 당국은 전례 없이 강도 높은 수사를 진행했다. 때문에 장덕수 암살사건은 '암살사건' 그 자체보다 '수사과정'이 더 큰 정치적 의미를 지녔다고 평가된다. 사건 발생 38시간여 만인 4일 오전, 피의자로 종로경찰서 경사 박광옥과 연희대 상과 3년생 배희범이 체포되었고 이들은 범행사실을 인정했다. 그리고 두 피의자가 몸담은 대한학생총연맹의 간부들이 검거되었다. 아래의 6명 중 김철을 제외한 5명이 검거되었다(도진순, 1997, 159쪽).

> 박광옥(22세), 종로경찰서 경사, 대학학생총연맹 전무
> 배희범(20세), 연희대 상과 3년, 대학학생총연맹 전무
> 최중하(19세), 연희대 문과 2년, 대학학생총연맹 위원장
> 박정덕(22세), 연희대 이과 3년, 대학학생총연맹 총무부장
> 조엽(21세), 서울대 문리대 2년, 대학학생총연맹 선전부장
> 김철, 성균관대 철정과 3년, 대학학생총연맹 조직부장

박광옥의 전세방에서 위의 6명의 사진이 발견되었다. 그런데 이 사진이 특이했다. 사진은 태극기를 배경으로 걸고 수류탄을 손에 쥔 임시정부 한인애국단 의사들의 선서 모습을 모방한 것이었다. 이들의 선서 내용은 "나는 조국 대한의 완전독립을 위하야 혁명단원으로서 내 생명을 바치기로 서약함. 민국 29년 8월 26일. 대한혁명단 ○○○"라는 식이었다. 이들이 가입한 대한학생총연맹은 1947년 6월 최중하를 중심으로 만들어진 조직이었으며, 오로지 김구와 임시정부를 위해 활동하는 것을 강령으로 삼고 있었다. 그리고 이들을 중심으로 '민족반역자'인 장덕수, 안재홍, 배은희 등을 숙청을 위한 대한혁명

단이 조직되었다.

그리고 1947년 12월 4일부터 다음 해 1월 16일까지 김석황, 조상항, 신일준, 손정수, 김중목 등 피의자들이 추가로 구속되었다. 이들은 김구의 조직인 국민의회 소속이었다. 경찰은 장덕수 암살의 배후로 김구를 의심하고 있었던 것이다. 위의 명단 인원 중 미체포자 김철을 제외한 10명은 경찰에서 미군 CID로 이첩되어 조사를 받은 뒤, 1948년 2월 20일 기소되어 미군정의 군사재판을 받게 되었다.

장덕수 암살사건 피의자는 어떠한 사람들이었을까. 장덕수에게 카빈총을 발사한 주범 박광옥은 경찰이었다. 그는 해방 이후 모친과 함께 만주에서 귀국했다. 모친은 한국민주당의 당수인 김성수 집에서 식모로 일했다. 1946년 9월 박광옥은 김성수의 추천을 받아 경찰관이 되었다. 박광옥은 충청남도에서 근무하다가 암살사건 발생 몇 달 전 수도청 관하 종로경찰서로 전근했다. 사건 당시 그는 종로경찰서 무기고에서 카빈총을 지급받고 반환하지 않은 상태였다. 배희범은 연희대학교 상과 3학년생이었다. 배희범은 함경남도 고원군에서 출생했다. 그의 부친은 교사였는데 해방 이후 가산을 몰수당했고 배희범은 월남하였다. 그는 연희대학교 학생이었지만 등록금 미납과 출석 문제로 사건 발생 한 달 전에는 제적 처분을 받은 것으로 알려졌다.

또 다른 연희대 학생들도 장덕수 암살사건에 관여하고 있었다. 연희대학교 이과 3년생인 박정덕은 학교에서 학생연맹 총무과장을 맡았다. 박정덕은 위의 인물들과 함께 대학학생총연맹에서 활동했었는데, 요인 살인을 반대하여 조직을 탈퇴하고자 했었다. 사건 직후 그는 가정교사를 하던 집에서 붙잡혔다.

장덕수 암살사건에 관여한 연희대생 중 핵심적인 인물은 문과 2년생 최중하다. 최중하는 1926년(호적상 1928년) 4월 강원도 원주 출생이다. 그가 태어난 지 한 달 이레 만에 부친이 사망하여 모친 홍씨가 2남 2녀를 키웠다. 최중하는 보통학교 1학년 재학 당시 경성으로 이주하였다. 모친은 종로 낙원동에서 경원여관을 운영하며 생계를 책임졌다. 경원여관은 당시 독립운동가들이 이용하기도 했고, 해방 이후에는 원주 출신이나 조선민족청년단 학생들이 숙박하기도 했다. 다만 당시 최중하는 서울 교동보통학교 생활에 적응하지 못하고 원주로 귀향해서 사촌형의 집에서 생활하며 원주보통학교를 졸업했다. 그의 사촌형이 바로 최규하였다. 해방 이후 최중하는 연희전문학교를 다녔는데, 반탁전국학생연맹(반탁학련)에서 활동했다. 1946년 1월 최중하는 연희전문학교의 박갑득과 함께 반탁학련의 '대북반탁공작대'로 지원하였다. 이 공작대의 목표는 이북의 주요 인사들에게 반탁 지지 서명을 받아오는 것이었다. 그는 1946년 1월 중순 38선을 넘었다. 최중하는 조만식을 만나긴 했지만 서명을 받지는 못하였고, 평남 임시인민위원회 간부들 몇 명에게 반탁 지지 서명을 받아 돌아오는데 성공했다.

1947년 8월 최중하는 모친이 운영하는 경원여관에서 학생들과 회합을 가졌다. 최중하와 동료들은 장덕수, 안재홍, 배은희가 김구-이승만 우익진영의 협동을 방해하고 미소공위에 찬동한다는 이유로 '민족반역자'로 규정한 뒤 이들의 숙청을 결의하였다. 이후 최중하를 중심으로 대한혁명단이 조직되었다. 장덕수 암살사건 직후 박광옥과 배희범이 체포되었고, 최중하도 동료들과 함께 체포되었다. 이후 미군정 검찰의 조사과정에서 최중하를 중심으로 한 대한혁명단의 계획이 밝혀졌다. 그리고 이들 학생운동의 배후에는 김구가 있다고 의심되었다. 김구의 정치조직인 국민의회에서 비서부장인 신일준, 동원부장인 김석황이 최중하에게 암살을 교사한 점이 인정되었다. 그리고 김구는 미군정 군사재판에 소환되어 장덕수 암살 교사에 관한 지령과 묵시가 있었는지 추궁 받았다. 그렇지만 그의 연루 혐의를 입증할 수는 없었다.

1948년 4월 1일 미군정 군사법원은 장덕수 암살사건의 피고인들에게 다음과 같은 판결을 지었다. 연희대생 배희범과 최중하 그리고 김석황, 신일준 등 8명은 사형을 선고받았다. 연희대생 박정덕과 조엽 2명은 살인모의로 10년을 선고 받았다. 그리고 22일 미군정 사령관 하지의 명령으로 박광옥과 배희범의 사형만 승인하되 재심까지 보류하는 것으로 하였고, 나머지 인원은 일정 정도 감형하였다. 그리고 장덕수 암살사건에 김구가 정말로 관여를 하였는지 아니면, 미군정이 김구를 연루시키려 한 것인지는 끝내 밝혀지지 않았다.

장덕수 암살사건의 범인들은 주범인 박광옥과 배희범을 제외하고는 모두 출옥하였다. 박광옥과 배희범은 한국전쟁 당시 대전형무소에 복역하고 있었는데 사망한 것으로 알려졌다. 연희대학생 최중하, 박정덕과 그 외의 인물들도 한국전쟁을 전후하여 사면이나 형집행정지를 받고 출옥했다.

한일관계의 막후 최서면

연희대 학생 최중하의 이채로운 행적은 출소 이후에도 이어졌다. 그는 1949년 2월 만성 중이염과 위장병 등 신병을 이유로 형집행정지 처분을 받아 출옥했었다. 그는 복역 중 '열심히 공부하라(書勉)'는 뜻의 최서면으로 개명했다. 최서면이라는 이름은 부통령 이시영이 직접 지어준 것이라고 전한다. 출소 이후 최서면은 가톨릭에 입교하였으며 한국전쟁 당시에는 고아원을 운영하기도 했다. 그런데 1957년 정부는 최서면이 '사면'을 주장하며 잔여 형을 회피하는 것으로 판단하고 그의 형집행정지를 취소하고 그를 다시 체포하려 했다. 이에 최서면은 노기남 주교의 도움으로 일본으로 밀항하였다. 최서면은 일본에서 일본의 가톨릭계 인사들과 초대 문부성대신을 지내고 당시 최고재판소장을 역임하고 있던 다나카 고타로(田中耕太郎)의 신원보증을 통해 일본에 특별체류허가를 받을 수 있었다고 회고하였다.

1957년 수배 당시의 최서면

출전: 『조선일보』, 1957년 7월 11일

노년의 최서면

출전: 동북아역사재단

1960년대 '재일교포 최서면'은 한일 간을 오고가며 양국의 정경계 네트워크 형성에 일익을 담당했다. 그는 1960년 일본 우익의 아시아주의와도 연관 있는 아세아대학에서 교수를 지내기도 했다. 또 한일수교 이후에는 두 나라를 오고갔는데, 이때는 강원도개발협력공사 사장을 역임하며 고향인 강원도에서 사업을 했었다. 그러던 중 최서면은 1967년 8월 1일 김포공항 입국 당시 거액의 일본, 스위스 외환 소지가 적발되어 관세법과 외환관리법 위반으로 구속되어 한국 검찰의 조사를 받던 도중 그가 장덕수 암살 공범으로 수배 중인 '최중하' 임이 밝혀졌다. 최서면은 이후 구속되어 수사를 받았고, 장덕수 암살 건에 대해서는 서울고법을 통해 최종적으로 사면이 인정되었고, 외환법 위반 건에 대해서는 서울형사지법으로부터 '조국건설에 참여할 기회를 준다'는 명분으로 선고유예를 받았다.

이후 최서면은 제2대 주한일본대사(1968~1972)를 지낸 가나야마 마사히데(金山政英) 그리고 박정희 대통령과 밀접한 관계를 맺고, 막후에서 한일 간의 정경계를 연결시켜주는 역할을 맡았다.

해협을 건너다닌 최서면의 다양한 활동 중 표면에 드러나 있고 또한 오늘날까지 많은 이들의 존경을 받는 것은 한일관계사 자료수집 활동이다. 도일 이후 그는 일본 국회도서관 및 외무성 외교사료관을 드나들며 한국 관계 자료들을 모았다. 1969년 최서면은 동경한국연구원을 설립하여 한일관계사 자료 수집에 진력하였다. 그가 길어 올린 대표적인 자료로는 안중근 의사의 옥중자서전인 『안응칠역사』와 그의 유묵, 이봉창 의사의 최고재판소기록, 김옥균 관련 기록, 조선시대 제작된 동양 최고(最古)의 지도인 혼일강리역대국도지도, 광개토대왕비 탁본 등이 있다. 그는 1988년 한국으로 귀국할 때까지 모은 한일관계사료 20만 점을 국립외교원, 외교부, 연세대에 기증하였다. 또한 『일본 외무성 외교사료관 소장 한국관계사료 목록 1875~1945』(국사편찬위원회, 2003)를 내는데도 그의 역할이 컸다. 2010년에는 독도 고지도 수집 공로를 인정받아 국민훈장 모란장을 받았다.

그의 활동 중에서도 역사적으로 가장 뜻 깊은 것은 임진왜란 당시 함경북도민의 승리를 기록한 북관대첩비를 제자리에 복원시키는 데 일조한 것이다. 북관대첩비는 러일전쟁 당시 일본이 약탈해갔는데, 1978년 최서면이 야스쿠니신사에 방치되어 있던 북관대첩비를 발견하고 민관을 오가며 반환운동을 벌였다. 이에 대한 일본 정부의 입장은 원소재지인 북한과의 합의가 있을 시에 반환이 가능하다는 것이었다. 마침내 2005년 3월 한국의 한일불교복지협회, 북한의 조선불교도연맹 간의 비 반환에 관한 합의서가 체결 되었고, 같은 해 6월 한일정상회담을 통해 북관대첩비의 반환이 합의되었다. 2005년 10월 환수된 북관대첩비는 한국 문화재청과 국립문화재연구소에서 복원처리를 거쳐, 2006년 3월 북한으로 이관되고 국보로 등록되어 함경북도 김책시에 제자리를 찾게 되었다.

연희대학교를 떠난 지 56년만인 2003년, 최중하는 최서면이 되어 명예졸업장을 받았다. 물론 한일외교의 '괴물'로 불렸던 그였기에 일찍이 연세대가 일본과 연결되는데도 큰 역할을 하였었다. 최서면은 1970년 연세대학교가 게이오대학과 결연을 맺는데 다리를 놓았다. 1977년에는 기시 노부스케 일본 전 총리가 연세대학교에서 정치학 명예박사 학위를 받는데 관여했다. 최서면은 근현대 한국의 민족주의와 일본의 아시아주의가 미묘하게 교차하는 지점에서 활동한 인물이었다. 그는 2020년 향년 92세로 사망했다.

원한경 박사 부인 와그너 여사 피살 사건과 교내 민주학생연맹 검거

1949년 3월 17일에는 연희대학교 구성원 모두에게 크나 큰 상처가 된 비극적 사건이 일어났다. 해방 이후부터 정부 수립에 이르는 과정에서 이분법적 이념 투쟁과 학생운동의 폭력화 격랑 속에서 원한경 박사의 부인 에델 반 와그너 언더우드(Ethel Van Wagoner Underwood) 여사가 총격을 당해 사망했다.

와그너 여사는 1888년 미국 미시간주 출생으로 앨비언대학(Albion College)에서 수학하였다. 와그너 여사는 1913년에 선교사로 한국에 와서 활동하던 중 1916년에 원한경(Horace Horton Underwood) 박사와 결혼하여 연희의 육영사업에 일조하여왔다. 또한 그녀는 한국의 교육사업과 고아구제 사업 등에 앞장서 왔으며, 언제나 한국의 입장에서 설교하는 것을 원칙으로 하였다. 해방 이후 연희대학에서는 영어를 강의하고 있었다. 와그너 여사 피살 사건의 전말은 다음과 같다.

1949년 3월 17일 목요일 오후 2시 원한경 박사의 자택에서는 연희대학교 교수 부인 20여 명이 모여 간친회를 열고 있었다. 마침 간친회 자리에서는 프랑스 파리에서 개최된 UN총회를 방문하고 돌아온 모윤숙의 강연이 진행중이었다. 강연이 시작한 지 20여 분 쯤 지난, 오후 2시 30분 경 복면 괴한들이 원 박사의 자택에 침입했다. 한 명은 자택의 앞문으로 다른 한 명은 뒷문으로 들어왔다. 앞문으로 들어온 괴한은 권총을 쥔 채 간친회가 열린 응접실로 진입하던 중 와그너 여사의 제지를 받게 되었다. 이 때 뒷문으로 들어온 괴한이 와그너 여사를 향해 카빈소총을 난사했다. 총알 두 발은 창문을 뚫고 나갔고 한 발이 와그너 여사의 우측 복부에 치명상을 입혔다. 범인은 총격 직후 현장에서 도망쳤다. 마침 교수위원회 회의 중이던 교수들이 전화를 받고 황급히 달려왔고, 와그너 여사는 급히 차에 실려 세브란스병원으로 향했다. 그렇지만 와그너 부인은 이송 중에 사망하고 말았다. 향년 60세였다.

와그너 여사의 피습은 해방 이후 정치적 혼란 속에 미국인에게 가해진 최초의 총격 사건이었다. 범인은 사건 직후 도주했지만 서대문경찰서에 의해 사건 이후 6일 만에 검거되었고 4월 2일 내무부에서 범인과 사건의 전모가 발표되었다. 그 배후로는 좌익 학생운동 그룹 민주학생연맹과 그 전위조직인 남로당서울시학생블럭자위대가 지목되었다.

이들은 학원 내에서 남조선로동당(남로당) 노선에 반대하는 교수들과 학생들을 반동분자로 규정하고 이들을 숙청하는 것을 목표로 하고 있었다. 당시 주범으로 민주학생연맹 김석준과 자위대 배경환,경문수 등 총 9명이 검거되었다. 사건 발생 3일 전 남로당이 민주학생연맹과 자위대에 내린 지령은 1) UN위원단 정치연락원인 동시에 악질반동인 모윤숙을 숙청함. 2) 학도호국단 분쇄를 위한 투쟁을 전개함. 3) 중등학교에 배속된 장교 숙청함 등의 3개 건으로 알려져 있다. 자위대 부사령이었던 배경환은 대원 3명과 함께 무기를 가지고 3월 17일에 원한경 사택에 침입하였다. 이들은 강연 중이던 모윤숙을 저격하려했지만 응접실에서 이를 제지하던 와그너 여사를 향해 카빈소총을 발사했다. 이들은 체포 이후 조사과정에서 목표대상이 아닌 외국인, 더욱이 교육에 헌신한 와그너 여사를 살해한 것은 남로당의 노선에 배치되는 탈선이었다고 자기비판을 했다고 전해진다. 원한경 박사는 범인들의 선처를 희망하였으나 사형과 무기 등이 구형되었다. 이후 범인들은 한국전쟁 중 도주하였다고 알려졌다.

와그너 여사의 영결식은 3월 22일 화요일에 거행되었다. 오전 10시 원한경 박사의 사택에서 학생 12명의 운구가 새문안예배당으로 향했다. 정부 각 부처 요인, 교육가, 친우 등 1,500여 명이 와그너 여사의 마지막을 함께하였다. 와그너 여사는 오후 3시 30분 양화도 외국인묘지에 묻혔다. 4월 11일 월요일 오전 10시에는 교직원과 학생이 참석한 가운데 와그너 여사의 교내추도식이 노천극장에서 거행되었다. 학생대표 김동길(영어영문학, 46)의 추도사가 있었고, 원한경 박사가 답사를 표하였다. 남편 원한경 박사는 부인 사망 이후 건강이 급격히 악화되어 한국과 미국을 오가다가, 한국전쟁 중인 1951년 2월 부산 동래에서 눈을 감았다.

와그너 여사의 피살 사건은 해방 이후와 정부 수립에 이르는 시기의 이념 대립 심화 및 학생운동의 격화 속에서 일어난 비극적인 사건이었다. 한국현대사의 흐름에서 조망해 보자면, 1948년 8월 정부 수립 이후 한국 사회의 이념 갈등 속에서 반공주의가 점차 강화되어 나갔다. 특히 1948년 10월 여수·순천 10·19사건(여순사건) 이후 한국 사회 전반에는 좌익 숙청이 본격화 되었는데, 이 과정에서 좌우익 간의 물리적 충돌과 보복이 더욱 치열해져 나갔다. 당시의 교육 현장 역시 마찬가지였다. 1948년 연말부터 사찰계 형사들에 의해 중고등학교 및 대학 내의 좌익운동인 민주학생연맹과 그 세포조직에 대한 대대적인 색출이 이어졌다. 1948년 12월 한 달 동안 서울 시내 각급 학교 10여개에서 200여 명에 달하는 인원이 피검되었다. 이듬해인 1949년 2월까지는 학생 및 교원 근 100여명이 추가로 피검되었다. 즉 이러한 대학 내 세포조직의 붕괴 상황에 직면하여 민주학생연맹은 우익의 대표 인사인 모윤숙에 대한 테러를 감행하려 했으나 불행히도 와그너 여사가 희생당하고 만 것이다.

좌익 학생운동 단체인 민주학생연맹에 대한 공안 당국의 탄압과 이에 대한 반발은 와그너 여사 피살 사건 이후에도 연희대학에 여파를 끼쳤다. 사건 직후인 1949년 3월 27일에는 연희대학교 강사 중 일부가 남로당 프락치 혐의로 체포·기소되기도 했다. 4월 6일에는 학생과장 정석해 교수와 총장대리 김윤경 교수 앞으로 익명의 투서가 전달되기도 하였다. 투서는 와그너 여사의 다음 표적으로 두 교수에 대한 살인을 예고하는 협박장이었다. 다행히도 이는 협박에 그치고 말았다. 1949년 5월 26일에도 민주학생연맹 세포로 연희대학교 학생 2명이 경찰에 잡혀가기도 했다. 같은 해 6월 중반에는 경찰에 의해 연희대 내의 민주학생연맹 재조직 활동에 대한 조사가 진행되었다. 6월 13일부터 15일까지 연희대학교 교수, 강사, 교직원 수 명이 민주학생연맹 세포라는 혐의를 받고 연행되었다.

민주학생연맹은 1949년 10월 19일 정부 조치에 따라 남로당 등 좌익 정당 및 단체들과 함께 등록이 취소되었다. 이후 각급 학교에 학도호국단이 설립되며 학생운동은 반공주의적, 극우적 관제 동원만이 허용되었고, 자치의 열린 공간은 점차 탄압받게 되었다. 이 과정 속에서 좌익 학생운동은 더욱 폭력화, 지하화의 길로 들어서게 되었다.

연희대학교 학도호국단 관제동원의 실제와 균열

1949년 이승만 정부는 학도호국단을 조직했다. 학도호국단의 목적은 1) 학내에 잔존한 좌익 학생운동 세력을 제거하고, 2) 학생과 교직원에게 반공사상과 국가민족주의를 주입하고, 3) 학생들을 관제 정치에 동원하는 것 등으로 정리할 수 있다. 이러한 목적 실현 위해 초대 문교부 장관 안호상의 주도하에 전국적이고 일원적인 학도호국단 조직이 만들어졌다. 1949년 1월 23일 문교부는 「학도호국단조직요령」을 공포하여 중등학교는 같은 해 2월 중에, 대학은 3, 4월 중에 학도호국단의 결성을 완료하였으며, 4월 22일 중앙학도호국단이 결성되었다. 동년 9월 28일 대통령령 제186호로 「대한민국학도호국단 규정」이 공포되어 학생호국단의 설립이 법제화되었다.

학도호국단을 통해 이승만 정권은 학내의 좌익 학생운동은 물론 학생 전체를 통제하고자 했다. 특히 1946년 1월 탁치정국 이래 각 대학의 우익 학생운동을 결집해 온 전국학생총연맹(전국학련) 마저 해체당하고 학도호국단에 강제로 통합되었다. 이는 학도호국단이라는 관변 학생조직에 의해 대학생의 학생운동과 학내 자치라는 최소한의 주도성마저 부정당한 것이었다. 학도호국단의 등장으로 학생운동은 적어도 1950년대 중반까지 민족주의적 열의나 운동의 역동성, 정국에 대한 비판적 기능을 상실 당한 채 기능적으로 국가의 관제 동원에 의존하게 되었다.

학도호국단의 조직체계는 다음과 같았다. 중앙학도호국단의 총재는 대통령, 단장은 문교부장관, 부단장은 문교부 차관, 서울시 및 각 도의 단장은 시장 및 도지사 또는 교육감이, 각급 학교 학도호국단 단장은 학교의 총장, 학장, 교장이 맡았다. 또 학생은 학도부장 혹은 대대장에 임명되었다. 그리고 중앙학도호국단 내의 지도위원회가 학도호국단 전체의 운영에 관한 주요사항을 심의하였고, 중앙학도호국단의 사무국은 문교부에서 관장하였다. 이외에 서울특별시와 각 도 단위 그리고 대학교에는 사무국이 있었지만, 이하의 시·군 단위나 각 학교의 학도호국단에는 사무국도 없이 일방적으로 명령을 하달 받는 체계였다. 이와 같이 대통령-문교부-학교로 구성되는 학도호국단의 조직은 전형적인 하향식 관변조직이라 평가할 수 있다. 1949년 현재 중·고등학교 및 대학교 학도호국단은 1,146개교에 설치되었으며 단원 수는 350,850명에 달했다. 그리고 이 중 대학교 학도호국단의 규모는 42개교에 28,000명이 동원되고 있었다(연정은, 2004, 201~215쪽).

전국적으로 학도호국단을 조직하는 정부의 방침과 보조를 맞추어 연희대학교도 학도호국단을 창설했다. 연희대학교의 학도호국단 창설 준비는 1949년 3월부터 시작되었다. 3월 29일 연희대학교는 문교부로부터 공문을 접수했는데, 그 내용은 각 대학의 학도호국단 창설에 앞서 학생간부들을 양성하라는 것이었다. 당시 각 대학에서 학도호국단의 창설을 위해 선발한 학생간부들은 대체로 우익 학생운동의 중심이었던 반탁전국학생연맹(반탁학련)과 전국학생총연맹(전국학련) 출신자들이었다. 이에 따라 연희대학교에서는 3월 31일 정치외교학과 장순덕, 박갑득, 홍영철 등 학생 10명을 태릉의 육군사관학교로 입교시켜 10일간 훈련을 받게 했다.

1949년 4월 14일 목요일 연희대학교 학도호국단이 조직되었다. 당일 오전 11시 총장 백낙준과 문교부차관 박용만 등이 참석한 가운데 조직식이 개최되었다. 연희대학교 학도호국단의 첫 조직은 다음과 같았다. 정부의 구성 방침에 따라 연희대 학도호국단의 단장은 백낙준 총장이 맡게 되었다. 학도대장(대대장)은 육군사관학교에서 열흘간 훈련을 마치고 돌아온 장순덕이 담당했다. 또한 학도대장 대리는 홍영철, 감찰부장은 박갑득이 맡았다. 박갑득은 함경도에서 월남한 학생이었다. 그는 해방 직후인 1945년 10월부터 대한혁신청년회에서 학생부장으로 활동하며 우익 학생운동을 펼쳤다. 그는 반탁학련 시절에는 최중하와 함께 대북반탁공작대로 지원하여 함경도에서 반탁 학생운동을 벌이기도 했었다. 또한 박갑득은 일제시기부터 아마추어 권투선수로 활동했는데, 해방 이후에는 연희대학교 권투부와 아마추어 학생권투연맹의 상무이사로 활동하기도 했다. 홍영철 역시 분단 정국에서 유수의 우익 학생운동에서 간부로 활동한 인물이었다. 특히 홍영철은 연희대학교를 중퇴한 이후에는 전업 조직폭력배로 활동하며 소공파라는 폭력단의 두목이 되었다. 그는 이승만 정부 시기에 관제데모, 정치파동, 군납비리 등을 벌이며 정치깡패로 암약했다.

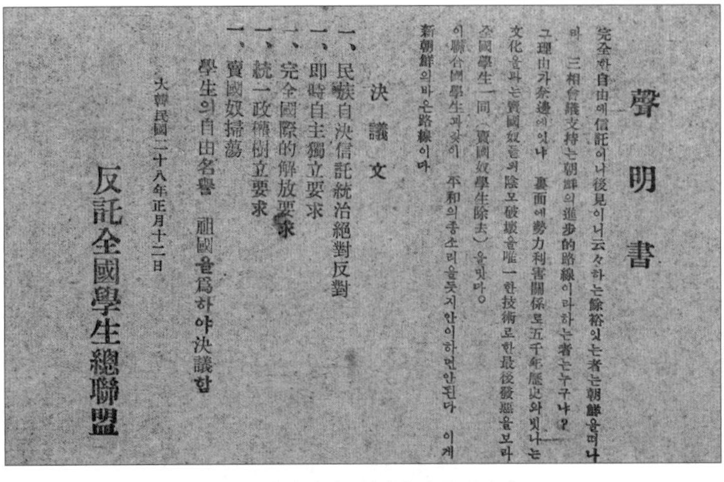
聲明書

完全한自由에信託이나後見이니云々하는餘裕잇는者는朝鮮을떠나라 三相會議支持하는朝鮮의進步的路線이라하는者는누구냐? 그理由가奈邊에잇냐 裏面에勢力利害關係로五千年歷史와빗나는文化을파는賣國奴들의除모破壞을唯一한技術로한最後發惡을보라 全國學生一同（賣國奴學生除去）을빗다。이聯合國學生과갓이 平和의종소리을듯지안이하면안된다 이게新朝鮮의바른路線이다

決議文

一、民族自決信託統治絕對反對
一、即時自主獨立要求
一、完全國際的解放要求
一、統一政權樹立要求
一、賣國奴掃蕩

學生의自由名譽 祖國을爲하야決議함

大韓民國二十八年正月十二日

反託全國學生總聯盟

1946년 반탁전국학생총연맹 성명서

출전: 국사편찬위원회 전자사료관

연희대학교 학도호국단은 조직 직후 연일 훈련을 거듭했다. 1949년 4월 16일 토요일부터 학도호국단 훈련이 시작되었다. 19일 화요일부터 21일 목요일까지는 학교 오후 강의마저 휴강한 채 학도호국단 훈련이 이어졌다. 장순덕, 박갑득, 홍영철 등 육군사관학교에서 훈련을 받고 온 학도호국단 학생간부들이 일반 학생들을 훈련시켰다. 또 음대의 박태준 교수가 학생들의 노래를 연습시켰다. 이러한 훈련들은 모두 4월 22일에 열리는 중앙학도호국단의 창설 행사를 위한 것이었다.

1949년 4월 22일 서울운동장에서 중앙학도호국단의 결성식이 개최되었다. 연희대 학생들은 오전 8시 50분 경 종로 5가 효제국민학교 앞에 미리 집합하였다가 오전 10시에 서울운동장에 입장하였다. 결성식 행사는 11시에 시작하기로 되어 있었다. 행사에는 4만여 명에 달하는 학도호국단 학생들과 이범석 국무총리, 신성모 국방부장관, 안호상 문교부장관, 국회의장 신익희, 미국대사 대리 헨더슨 등이 내빈으로 참석했다. 내빈들의 축사에 이어 학도대표로 서울대학교 문리대학의 남상진이 “우리는 화랑도의 기백과 숭고한 3·1정신을 계승 발휘하여 반민족적 행동과 반국가적 상을 철저히 부셔, 국토통일과 조국방위에 결사헌신 하겠다”라는 선서를 낭독하였다. 결성식은 오전 12시 40분 경 폐회하였고, 이어서 학도호국단의 서울 시내 시가행진이 이어졌다. 시가행진의 코스는 서울운동장-동대문-종로-안국동-중앙청-황토마루기념비각(세종로 고종칭경기념비)까지였다. 그리고 시가행진이 끝난 오후 3시부터는 서울중학교 강당에서 음악회와 강연이 예정되어 있었다.

그런데 시가행진을 앞두고 대학 간의 다툼이 일었다. 문교부는 사전에 서울대학교, 고려대학교, 연희대학교 순서로 시가행진 대열을 정해 놓았다. 하지만 고려대학교 학생들이 서울대학교 학생보다 먼저 앞서 달려 나가서 맨 앞 열을 선점해버렸다. 고려대와 서울대 간에 20여 분간 실랑이가 벌어졌고, 결국 서울대는 시가행진에 나가지 않았다. 학도호국단의 결성식 당일부터 일어난 촌극이었다.

학도호국단은 결성 이후 이승만 정부의 관제데모에 자주 동원되었다. 학도호국단의 군사훈련과 관제데모 동원은 학교 강의일정에 차질을 주었고, 토요일에도 지속되어 피로감을 가중시켰다. 이러한 행태는 연희대학교 교직원들의 불만을 사는 것은 물론이고, 학도호국단 학생간부들의 반발을 일으킬 정도였다.

일례로 1949년 6월 10일에는 '미군철병반대 및 6·10만세운동기념 학도호국단 비상궐기대회'라는 관제데모가 있었다. 당시 미군정은 대한민국 정부 수립과 국군 창설 이후 1949년 6월까지 소수의 군사고문단만을 남긴 채 철수하고 있었는데, 이승만 정부는 이들을 붙잡고 미국과 군사동맹을 맺고자 하였다. 이러한 까닭에 1926년 일어났던 학생들의 6·10만세운동 기념을 빌미로 이승만 정권은 관제데모를 열고 학생들을 동원하고자 했다. 그런데 당시 학도호국단의 집회 참석은 명분상 각 학교 학도호국대의 자발적 결의로 참가하는 것이었다. 그렇지만 실상은 문교부의 중앙학도호국단장(문교부 장관) 명의로 각 학교에 공문이 와서 학생동원을 독려하는 형편이었다. 6월 9일 연희대학교 교무위원회에서는 "학생을 정치 운동에 끌어 넣는 잘못된 일이여서 학교 당국으로서는 학교를 밖의 힘으로 움즉이게 하는 좋지 못한 일이여서 부당하다고 보았으나 학생 대 학교 당국의 이간이 될까 염려하여 허락하기로 하였다."로 방침을 정했다. 그런데 학도호국단 대대장인 장순덕이 내일(6월 10일) 집회에 학생 500명을 동원할 수 없다고 사면을 제출했다. 그는 학도호국단 학생간부 회의에서도 "단장(총장) 승낙 없이 할 수 없다"라고 학생들이 집회 참석에 부정적이었음을 전했다. 그렇지만 장순덕의 주장은 받아들여지지 않았다. 연희대학교 학생들의 불만에도 불구하고 문교부의 강행에 따라 관제데모 참석은 강행되었다. 6월 10일 금요일 연희대학교의 강의 역시 휴강하고 말았다.

2장 해방 이후 세브란스의 재편과 학생 활동

1. 해방 이후 세브란스의 복구와 재편

학사일정의 정상화와 예과 설치

1942년 세브란스는 일제의 강압에 의해 아사히의학전문학교로 강제 개명을 당했지만 의학교육의 명맥을 이어 나아갔다. 그리고 해방이 되어 다시 세브란스의학전문학교라는 이름을 되찾았다. 해방 당시 한국의 모든 학교는 8월 5일부터 문을 닫고 있던 상태였다. 미 군정청 학무국은 재개교 이전에 교육관계자의 자격을 심사하고 기독교 계통의 학교, 대학의 재개 및 설립에 관한 조사를 진행했다. 이러한 절차를 거쳐 세브란스의전은 모든 전문학교 중에서 가장 빠른 9월 28일에 개교하였다(박형우, 2021, 27쪽). 교장으로는 최동(崔棟) 교수가 선임되었고, 9월 29일에 개교식을 시행하고 10월 1일에는 개학하여 교육을 시작했다.

해방 이후 세브란스의전이 당면한 과제는 일제시기 전쟁으로 혼란해진 학사의 재편이었다. 1940년대의 세브란스의전은 4년제 전문학교였는데, 태평양전쟁이 발발한 시기에는 의료인을 확보하기 위하여 학사일정을 6개월 앞당겨 졸업생을 조기에 배출하는 형태를 띠었다. 1940년 4월 입학생부터 3년 반 만에 졸업하기 시작하였고, 1941년 4월 입학생도 1944년 9월에 배출했다. 다만 이러한 변칙적인 운영은 해방을 맞이하고 정상화되었다. 1943년 4월 입학생부터는 4년의 교육을 받고 졸업하게 되어 1947년 6월에 졸업했다. 1946년에 9월 학기로 변경되면서 오히려 그들은 4년을 초과하여 졸업하게 되었다.

1946년은 한국의 의학교육에 있어서 획기적인 변화가 있던 해이다. 그것은 바로 의예과 설치였다. 의예과 설치는 한국의 의학교육이 복선형에서 단선형으로 바뀐 중요한 사건이다. 이전의 의학교육은 예과 2년, 본과 4년의 6년 과정으로 운영되던 경성제국대학 의학부와 4년 과정의 의학전문학교로 이원화되어 있었다. 이것은 의학교육에서 위계적 서열화가 진행되고 있다는 것을 단적으로 보여주는 것이었는데, 2년의 예과과정이 설치된다는 것은 이러한 서열화를 타파하고 균질적인 의학교육을 실시하는 것을 의미하는 것이었다.

세브란스의전의 교수회와 이사회는 군정청이 1946년 3월 7일 6·3·3·4제의 학제를 성안하여 대학 설립을 위한 법적 조치를 마련하자, 2년의 의예과 과정을 두기로 결정했다. 이후 군정청과 협의하여 그러한 결정이 적절하다는 합의가 이루어져 1946년 9월 학기 입학생부터 예과생을 선발했다. 다만 이때는 예과 학생만 선발한 것은 아니었고, 예과 학생과 전문부 학생을 동시에 뽑았다. 예과의 설치는 의학전문학교를 의과대학으로 승격한다는 전제가 깔려있는 것으로, 학생들 사이에서도 전문부만 졸업하는 것보다는 예과에서 수학하는 것을 선호하는 학생들이 상당 수 있었다. 이에 1945년 4월 입학한 학생의 경우, 전문부 1학년 과정을 끝낸 후 전문부 과정을 계속한 학생도 있었으나, 1946년 예과가 설치되자 예과 1학년 과정으로 들어가 1946년 입학생과 같이 수학한 학생도 있었다. 전문부에서 1년간 수학한 학생들은 이미 수학한 내용이 있어 예과 과정을 수료하면 의학부 2-3학년 학생이 될 수 있었기 때문에 이를 선호한 학생들이 있었던 것이다.

의과대학으로 승격

세브란스의전은 예과를 설치하면서 4년제 전문부 모집을 1946년을 마지막으로 종료하였다. 예과 설치는 의과대학 승격을 위한 사전 조치였기 때문에 전문부 모집을 종료한 것은 당연한 수순이었다. 당시 세브란스의전 교장 최동은 1945년 9월 28일 교장으로 임명된 후에 학교의 확대 발전을 위한 다각적인 계획을 구상하기 위하여 위원회를 조직하였다. 위원회에는 학장인 최동과 부학장인 김명선, 그리고 오한영, 윤일선, 최재유, 이

세규, 이학송 교수가 참여하였다(박형우, 2021, 108쪽). 위원회는 새로운 사업을 진행하기 위하여 동창생, 후원자 및 학생에게 후원을 요청하였다. 따라서 그들이 결정하는 사안은 동창생 및 재학생, 후원자 등의 의견이 수렴된 것이었다고 볼 수 있다. 그 한 예가 바로 세브란스의전의 의과대학 승격에 관한 건이었다. 1945년 10월 세브란스 동창회는 대학 승격에 대해 토의하고, 만장일치로 승격을 추진할 것을 결의하였다. 이 회의에서 승격에 필요한 자금은 동창회와 이사회, 교수회, 일반 유지의 기부로 충당하는 것이 회에서 결정되었다.

의과대학 승격을 위한 예과 설치가 1946년 3월에 결정되었고, 그해 9월 신입생부터 예과 학생을 선발하면서 의과대학 승격을 위한 준비가 진행되었다. 그리고 그해 12월 28일에는대학설립의 건을 신청하였다. 신청 취지는 해방과 동시에 부자연스럽게 진행되어 온 교육을 바로 잡아 근본적으로 교육 이념을 개혁하여 지도 원리를 혁신하고, 조선 신교육령에 의한 학제로 의학교육의 최고 학부로서 건국의 원동력이 되어 학계에 대공헌할 수 있는 기관을 만들고자 한다고 밝히고 있다. 아울러 설립 취지서에는 명칭은 세브란스의과대학, 졸업연한은 예과 2년, 학부 4년, 1952년부터 대학원을 개설한다는 내용도 포함되어 있었다(박형우, 2021, 111쪽). 1946년 12월 28일에 신청한 세브란스 대학 승격 신청은 1947년 7월 5일 문고발(文高發) 제39호로 정식 인가되었고, 이때부터 세브란스 의학전문학교는 세브란스의과대학으로 명칭이 변경되었다.

2. 해방 직후 세브란스 학생들의 귀환 전재민 구호

해방 정국 학생운동의 향방과 세의전의 구호사업 집중

해방은 식민통치의 종언과 새로운 자구독립국가의 건설이라는 희망을 가져왔다. 이에 각계의 인사들이 그들의 사상과 이념을 앞세우며 새로운 국가를 수립하고자 했다. 김구, 김규식, 여운형, 송진우 등 대표적인 정치가들은 물론이고, 사회의 전 구성원, 그 중에서도 특히 학생들의 사회 참여는 적극적이었고, 상당한 영향력을 행사했다. 그들은 청장년기에 식민통치를 직접 경험하였고, 노동력이 필요한 현장에 징집되는 대상이었기 때문에 더욱 사회문제에 관심이 많았고, 새롭게 구성될 국가에 대해서도 다양한 관점에서 고민을 거듭했다. 비록 그들은 학생이라는 사회구성원으로 불리기는 하지만, 그들은 소수만이 고등교육을 받을 수 있던 시대적 상황 하에서 식민지 조선의 엘리트, 지식인으로 활동했다. 그들은 해방 후 사회가 필요로 하는 전문지식을 가진, 사회를 움직이는 추동력으로서 중요한 역할을 담당했다.

1945년 8월 16일 서울 지역의 학생들은 휘문중학교에서 서울학도대회를 개최한 직후 최초의 학생단체인 건국학도대를 조직했고, 그 흐름은 1945년 8월 25일에 출범한 조선학도대로 계승되었다(한국반탁·반공학생운동기념사업회, 1986년, 60쪽). 조선학도대는 일본 각지에서 유학하다가 돌아온 학생들과 조선 내의 전문학교 학생들로 구성된 전국 규모의 학생단체로, 총본부는 종로 2가 화신백화점 별관 5층에 두었다. 해방 직후에 이와 같은 학생조직이 구성될 수 있었던 이유는 1945년 8월 15일 여운형이 조선총독부 정무총감 엔도 류사쿠(遠藤柳作)에게 학생단체 조직에 개입하지 않을 것을 약속받았기 때문이다. 이에 자유롭게 의견을 수렴하는 것이 가능했다.

조선학도대의 주요 활동은 치안 유지와 구호활동이었다. 조선학도대는 8월 29일 부민관(府民館)에서 3천여 명이 참가한 가운데 조선학도 총궐기대회를 개최하여 대동단결과 치안유지 협력을 결의한 후에 학교별로 구역을 나누어 치안 및 계몽 지도 등을 실시했다. 이때는 한반도의 행정권을 행사한 미군정청이 아직 수립되기 이전으로, 사회 혼란이 지속되는 상황에서 조선학도대의 일부 치안 대원이 일본 군경의 무장 해제를 시도하기도 했다. 그러나 9월 9일 서울로 진주한 미군 사령부가 당분간 치안 유지와 행정기관을 그대로 존속시킨다는 조치를 취하면서 이 시도는 무위로 끝나기도 했다.

학도대의 구성원들은 만주, 중국, 일본, 태평양 각지에 흩어져 있던 동포들의 고국 귀환과 국내에서 강제동원으로 말미암아 고향을 떠나있던 사람들의 귀향에 앞장섰다. 학생들은 학원이라는 공동체를 중심으로 서로 힘을 합쳐 귀환 전재민 구호활동에 앞장섰다. 그러나 조선학도대의 일부 간부가 학도대가 발족한지 얼마 지나지 않아 조선인민공화국 지지 발언을 하면서 정치색이 짙어졌고, 이로 인해 분열의 조짐도 있었다. 이에 세브란스의전 학생들로 구성된 세브란스 학도대는 주요 사업을 귀환 전재민의 구호사업으로 정하고 이 사업에만 전념했다.

세브란스의전 학생들의 귀환 전재민 구호 활동

1945년 8월말 세브란스의전 학생들은 조선학도대 세브란스 지대(이하 세브란스 학도대)를 결성했다. 세브란스 학도대는 대장 윤복영, 부대장 나도헌을 비롯하여 3학년 김덕순, 이병태, 2학년 김재전, 박영섭, 손인배, 신원선, 양재모, 오장옥, 윤상하, 이여규, 이원종, 장기영, 전세준, 최선학, 한위수, 한응수, 황규철 등으로 구성되어 있었다(박형우, 2021년, 58쪽; 연세대학교 의사학과, 2003, 71쪽).

세브란스 학도대는 용산구, 그 중에서도 특히 남대문경찰서에서 남영동에 이르는 구역을 아우르며 노점을 단속하고 가로를 정리하는 등 치안유지 활동을 담당했다. 그들이 담당한 구역은 세브란스의전이 위치한 지역을 아우르는 구역으로, 교통의 요지이자 당시 수많은 귀환동포와 귀향하는 사람들로 붐비던 곳이었다. 이 구역의 치안 유지를 담당했다는 것은 조선학도대 내의 세브란스 지대의 영향력을 간접적으로 보여주는 것이었다.

세브란스 학도대는 치안유지활동과 함께 구호활동에 큰 역할을 담당했다. 이러한 역할을 담당한 데에는 세브란스의전의 위치도 영향을 미쳤을 것이다. 세브란스의전은 서울역앞 교통의 요지에 위치하고 있었고, 해방 직후 서울역 앞은 그 어느 때보다도 복잡했다. 해방 이후 귀환 전재민들로 포화상태를 이뤘고, 왕래가 많았던 만큼 위생상태는 상당히 나빴다. 게다가 그들의 상당수는 질병과 영양실조에 시달리고 있었다.

이에 세브란스 학도대는 서울역과 협의 하에 역 구내에 '세브란스 역전 구호소'를 설치하고, 구호대를 구성했다. 구호대는 구호부, 자위부 및 청소부로 나뉘어져 있었고, 주로 환자진료, 전재민의 취사, 의류 보급, 이발, 목욕 등을 실시하고, 무질서한 노점의 자율 규제 등 역 주위의 질서 확립과 청소도 담당했다. 세브란스 학도대를 구성한 학생들이 의학도였다는 점에서 진료활동은 그들의 여러 활동 중에서도 가장 특징적인 활동이었다고 할 수 있다. 게다가 당시 대표적인 의학교육기관 경성제국대학 의학부의 학생회는 전재민 진료활동에 참여하겠다는 의사를 밝히기는 했지만 끝내 참여하지 못했다는 점을 감안하면 서울 지역에서 전재민을 대상으로 진료활동을 벌인 것은 세브란스 학도대의 고유한 활동이었다. 필요한 경우에는 세브란스의전의 운동장과 병원, 그리고 남대문 교회에 전재민을 수용하여 숙식을 제공하고 치료하였다. 진료활동 외에도 세브란스 학도대는 식량과 의복이 부족한 전재민을 위하여 시내 각지에서 의복을 조달하여 무료로 전달하였고, 학교 구내식당을 통해 음식을 제공했다. 수용 공간이 협소해지자 남산 밑에 위치한 고아원 시설을 인수하여 구호활동을 지속했다.

세브란스 학도대의 활동은 빠른 시간 내에 더욱 체계를 갖추었다. 8월 28일에는 구호대를 개편하여 본부, 구호부, 자위부를 두고, 구호부는 용도계, 취사계, 치료계, 수용계 및 서무계 등 5개 부서로 나누어 구호 활동에 나섰다. 조선학도대 세브란스 지대(세브란스 학도대)가 8월말에 결성되어 활동한 것을 감안하면 그들이 단시간 내에 이뤄낸 결과는 상당했다. 그러나 일본, 만주 등지에서 귀국하는 동포들도 있었기 때문에 9월에는 더 많은 공간과 물품이 필요했고, 그들의 역할과 책임도 커져갔다. 기존의 수용시설만으로 동포들을 수용할 수 없게 되자, 공간을 추가로 확보하고자 했다. 이에 남대문 인근 북창동에 위치한 긴치요(金千代)라는 회관을 9월 13일에 인수하여 500여 명의 전재민을 수용했다. 긴치요는 일본인 양조업자 사이토가 관리하던 회관인데, 그는 세브란스 학도대의 헌신적인 활동에 감복하여 이 공간을 수용시설로 제공하였다. 이처럼 세브란스의전 학생들은 국내에서 전재민의 건강과 영양상태를 돌봤을 뿐만 아니라, 일부는 직접 일본으로 건너가 동포들과 함께 귀환하기도 하는 등 적극적이고, 다각적인 구호활동을 펼쳤다.

또한 세브란스 학도대는 당국과 절충하여 일종의 여행증인 전재민 증명서와 무임승차권 발급을 담당하면서 전재민들의 귀향을 도왔다. 서울역은 각지에서 서울로 오는 사람들, 서울을 거쳐 남북으로 이동하는 사람들이 교차했다. 차비가 없어 귀향하지 못하는 사람도 서울역 부근으로 몰려들었다. 이에 세브란스 학도대가 권한을 위임받아 무임승차권을 전재민에게 발급했던 것이다. 이 역시 진료활동과 더불어 세브란스 학도대의 고유한 활동이었다.

체계적인 구호 활동이 이루어지고 성과를 올리자, 각 단체에서 세브란스 학도대를 후원하고자 했다. 건국준비위원회, 조선 재외전재민동포구제회, 서울부청 등에서 식량과 피복 등의 각종 구호품을 기부하여 활동에 활기를 보탰다. 또한 서울에 주둔하던 미군도

자신들이 관할하던 일본군 군복과 내의를 세브란스 학도대에 인계하기도 했다. 관공서와 각종 조직으로부터 후원뿐만 아니라, 동문들이 큰 힘을 보탰다. 조선 재외전재민동포구제회의 구휼부장이자 경성의사회회장이었던 세브란스의전 졸업생 이용설 및 강필구, 김천만, 이성산, 이용겸, 정문도, 최성장 등은 약품을 제공하거나 직접 전재민 치료에 나섰다(박형우, 2021, 60쪽; 연세대학교 의과대학 의사학과, 2020, 68-69쪽).

순조롭게 진행되던 구호활동은 해방 이후 세브란스의전이 빠르게 정상화되고, 학생들에게 수업에 복귀하도록 지시하면서 한 달여 정도 지속되다가 종료되었다. 한 달 동안 전재민 수용자 취사 연인원은 75,840명이었고, 각종 기부금은 151,213원이 모였다. 이후의 활동은 조선 재외전재민동포구제회가 인계하여 담당하였고, 남은 현금 148,806원과 백미 14가마, 트럭 3개분의 의류를 구제회에 전달하며 구호활동은 마무리되었다.

3. 세브란스 학생들의 반탁학생운동

세브란스의전 학생들의 전국반탁학생총연맹 참여

1945년 9월 조선인민공화국 수립과 미군정의 출범을 계기로 한국 사회 내의 좌우 대립은 본격화되었다. 좌우대립은 1945년말 신탁통치에 관한 논의가 이루어지면서 극대화되었다. 미국, 영국, 소련의 외무장관은 모스크바 삼상회의에서 결의된 내용인 '조선에 관한 결정'을1945년 12월 28일 공식적으로 발표했다. 그 주요 내용은 임시 조선민주주의 정부의 수립, 미소공동위원회설치, 임시정부와 미소공동위원회의 협의에 따른 최대 5년간의 연합국(미국, 영국, 중국, 소련)의 신탁통치 등이었다.

세브란스의전 학생들은 해방 후 학업에 복귀하면서도 동시에 나라의 장래와 정부 수립에 대해 큰 관심을 두고 있었다. 그들은 서로 한국의 독립과 관련된 의견을 교환했고, 1945년 12월 11일 개최된 제3회 학생대회에서 상하이 임시정부 깃발 아래 단결하기로 결의했고, 학생대표들은 12월 16일 결의문을 김구 주석에게 올릴 정도로 자주적인 독립국가를 염원하고 있었다.

임시정부신봉 세의전생 결속

불타는 진리에 대한 열정과 애국지성의 윤리적 실천에 진정한 학생운동을 일으키고자 오랫동안 침묵을 지켜오든 세브란스의전 4백여 학도는 11일 동교에서 제3회 학생대회를 개최하고 우리의 정통 정부인 임시정부의 깃발 아래에 단결하자는 결의를 하였다. 그런데 동 학생대회에서는 결의문을 김구 주석에게 봉정하기로 되었다.

이러한 분위기 속에서 신탁통치에 관한 기사가 발표되자 신탁통치를 배격하는 움직임은 학내뿐만 아니라 빠르게 전국으로 확대되었다. 좌우익이라는 정치적인 성향과 관계없이 사람들은 앞다퉈 신탁통치에 반대하는 입장을 표명했다. 이에 12월 30일 서울운동장에서는 신탁통치 반대 전국대회가 개최되었고, 대회 후 중등학생 이상의 학생들은 '반탁전국학생운동준비회'를 구성하기로 합의했다.

그러나 1946년 1월 2일에 조선공산당은 기존의 반탁노선을 철회하고 삼상회의의 결의 내용을 지지하며 신탁통치 찬성의 입장을 표명했다. 이는 조선공산당 북조선 분국과 소련 본국의 지시, 서울 주재 소련영사관의 삼상회의 결정문 전문 제공, 당 수뇌부의 자발적 결단 등에 따른 노선 변화를 보여주는 것이었다(김무용, 2005, 107-108쪽). 이러한 분위기의 변화에 따라 좌익 학생들은 모스크바 삼상회의의 결정을 지지하며 '반탁전국학생운동준비회'의 구성을 보류하고 다시 논의할 것을 우익 학생들에게 요구했다.

이에 우익 학생들은 우익만의 반탁운동을 도모하게 되었고, 그 결과는 전국반탁학생총연맹(이하 반탁학련)의 결성으로 나타났다. 반탁학련은 1946년 1월 2일 이철승, 채문식, 박용만 등의 주도하에 반탁학련 결성 준비대회가 개최되었고, 1월 7일에는 서울운동장에서 약 1만 명의 학생들이 운집한 가운데 반탁학생대회가 열렸다. 이날 집회에서는 반탁학련의 부위원장이었던 세브란스의 김덕순이 대표로 '연합국 학생들에게 보내는 메시지'를 낭독하고, 이는 만장일치로 채택되었다. 또한 각 학교 학생을 대표하여 성명서를 차례로 발표하여 각 학교의 결의와 각오를 피력하기도 하였다. 대회를 마치고는 보성전문학교를 선두로 하여 각 전문학교, 남녀중등학교, 일반 단체의 순서로 운동장을 출발하여 동대문-종로-안국동-군정청 앞-광화문통-서대문-남대문 순로로 정연하게 행렬하여 자주독립을 위해 싸우는 학도들의 의지를 보여주었다.

연합국 학생에 보내는 메시지

대한민국 학생 일동은 친애하는 정으로 세계의 평화와 해방을 위하여 투쟁한 연합국 학생에 감사의 뜻을 표하며 아울러 우리 소식과 희망을 보내고자 한다. 회고하건대 과거 사십년 동안 일본의 압정하에서 우리 대한민국 학생은 적극적으로 혹은 소극적으로 대의명분을 위하여 싸워왔다. 우리의 투쟁과 정렬이 끝을 맺기에는 너무도 혹독한 폭풍이 있었고 야만적 탄압이 있었다. 그러나 세계 평화를 위한 연합국 청년 학도의 성스러운 노력이 우리의 힘을 돕고 끝을 맺게 되어 우리는 다 같이 평화의 날을 맞이하게 되었던 것이다.

그날 대한민국 학생은 연합국 학생 미면(未面)의 벗들에게 충심으로 감사하였고 친애하는 정을 금치 못하였다는 것은 말할 것도 없는 일이다. 그리고 우리는 자주독립만을 목표로 분투노력하여 왔다. 그러한 오늘날 일부적(一部的)인 인식부족에 의하여 5년간의 신탁관리 운운하는 소식이 전하여 짐으로 우리 대한민국 학생은 이에 양심적이고 강력한 반대의사를 표하고 가장 양심적이오 정의만을 위하는 연합국 청년 학도 제우에 대한민국은 4천년의 역사와 찬란한 문화를 보유한 민족의 국가임을 고하고 우리 대한민국 학도의 즉시 자주독립요구에 주력이 있기를 바라며 이로 그친다.

서기 1946년 1월 7일 대한민국 학생 일동

세브란스의전의 반탁 움직임

신탁통치에 대한 의견 대립으로 좌우익의 학생들과 단체는 극렬히 대립했다. 그러한 가운데 세브란스 학생들은 노선을 정해 나아갔다. 세브란스 학도대는 조선학도대에서 구호활동을 펼치면서 사회적인 영향력을 행사하다가 활동 약 1개월 만에 수업에 복귀하면서 조선학도대와 거리를 두었다. 표면적으로는 수업 복귀가 구호 활동을 그만두는 이유였지만, 내부적으로는 조선학도대의 주도권을 장악한 좌익 학생들의 조선인민공화국 지지 선언이 영향을 미쳤을 것이다. 앞서 살펴본 신문기사의 내용과 같이 임시정부 주석 김구에게 결의문을 작성하여 제출한 것이 신문 기사화될 정도로, 세브란스의전 내의 분위기는 반탁 성향이 강했다. 그리고 신탁통치를 배격하며 선언한 결의문이 '세브란스의전 전교생 일동'의 명의로 채택된 것도 이를 반증하고 있다(연세대학교 의과대학 의사학과, 2020, 74쪽).

<신탁통치절대배격>

一. 신탁통치를 지지하며 민족통일을 부르짖는 자는 모략이다. 이런 매국노를 배격하자.

一. 소위 시민대회라 하고 진정한 민중을 기만하여 공산주의선전, 행렬까지 하고 적기가(赤旗歌)를 마치 국가시(國家視)하고 모국(某國)을 조국시하는 가면 쓴 조선인을 매장하자.

一. 민족의 대지도자 이승만 박사를 절대옹호하자.

타도! 타도! 인민공화국타도! 대한자주독립만세! 대한임시정부만세!

세브란스의전 전교생 일동

이러한 분위기가 조성된 데에는 반탁학련 본부가 세브란스에 설치되어 있었다는 사실도 영향을 미쳤을 것이다. 이에 따라 세브란스의전 전체의 움직임에도 반탁운동의 분위기가 드러나고 있었고, 이는 일부 우익 학생들의 적극적인 행보에서도 확인할 수 있다. 김덕순, 김성전, 김이배, 김재전, 김창순, 양재모, 윤석우, 임평기, 조규환, 홍석기, 함영훈 등은 반탁학련 출범을 주도하며 신탁통치 반대운동을 전개했다. 김덕순은 세브란스의전 학생회장으로 학생들의 의견을 수렴하는 한편, 좌익에 대한 규탄을 목적으로 실제 행동에 나서기도 했다. 이것이 바로 1·18 사건이다.

1·18 사건은 1946년 1월 18일 김덕순, 김성전, 김재전, 양재모, 윤석우, 홍석기 등이 공산당 기관지인 인민보(人民報) 본사와 인민당 당사 등을 습격한 사건이다. 이날 정동예배당에서 개최된 웅변대회에서는 반탁 및 반공 의식을 고취시키기 위한 웅변대회가 열렸는데, 대회 후에 분위기가 과열되면서 물리적인 폭력을 수반하였다. 그들은 인민보사의 활판과 그날 찍은 신문을 불태워 버렸고, 안국동의 조선 인민당 본부와 서울시 인민위원회를 습격하여 내부를 파괴했다. 그 후에도 학생들은 김구가 머물고 있던 서대문 경교장으로 행진하였는데, 신문로에 이르렀을 때 총성이 들렸고, 행진의 선두에 서 있던 세브란스의전 함영훈 등 4-5명이 이 과정에서 총탄에 맞고 쓰러졌다. 또한 좌익 청년들의 급습으로 20여 명이 중경상을 입었다.

사건 직후 미군정은 사건의 주범을 좌익계 학생단체 학병동맹으로 단정했고, 경기도 경찰부는 미군정청의 지시하에 학병동맹본부에 진입하여 구성원 100명을 체포하였다. 이 사건은 양측 모두 워낙 폭력성이 강했는데, 좌익 단체 구성원의 대다수가 다수 검거되자 이에 대한 좌익측의 항의가 이어졌다. 사태의 규모가 컸기 때문에 미군정청은 양측 모두에게 책임을 추궁할 수밖에 없었고, 그 결과 종로경찰서와 본정경찰서는 100여 명의 무장 경찰을 동원하여 세브란스 구내에 설치되어 있던 반탁학련 본부를 포위하여 김덕순, 김성전, 김재전, 양재모, 홍석기 등의 세브란스의전 학생을 비롯한 남녀 학생 49명을 검거했고, 폭행 및 기물 파괴, 치안법 위반 혐의로 입건했다.

연행된 학생들은 서대문경찰서 유치장에 수감되었다. 49명 중에 36명은 곧 석방되었고, 2월 20일 2차로 양재모 등 9명이 석방되었다. 그러나 김성전과 홍석기, 그리고 경성의학전문학교 학생 김기호는 구속기소되었다. 그들은 자신들의 행위를 '조선은 조선의 나라, 애국심을 이기지 못하여 탈선된 정당방위'였음을 주장하였다. 그들을 위해 특별변호를 했던 세브란스의전 부교장 김명선은 그들의 무죄 석방을 주장했지만, 결국 그들은 각각 징역 4개월, 집행유예 2년을 구형받으며 사건은 마무리되었다.

세브란스의전 학생들의 전국학생총연맹 참여

반탁학련은 1·18 사건 진상보고 강연회를 개최하고, 서북학생 음악회 등을 개최하여 학비 조달이 어려운 학생들을 돕는 등의 활동을 통해 결속을 다져 나아갔다. 또한 해방 후 처음 맞는 1946년 3·1절 기념식에 대거 참가하였고, 단독으로 3월 4일 성토대회를 개최하는 등의 정치적 역량을 결집하는 행동에 나섰다. 또한 3월 9일에는 정동 교회에서 '기미독립선언기념 전국학생현상웅변대회'를 개최하고, 3월 30일에는 탑골공원에서 '전국학생비상총궐기대회'를 열어 우익 학생들의 세력을 과시했다. 총궐기대회에서는 웅변대회에서 전문대학부 4등에 입선한 세브란스의전의 윤석우가 '연합국에 보내는 메시지'를 낭독했고, 이날 대회에서 채택된 반탁반공의 결의가 담긴 결의문을 학생대표단의 일원으로 세브란스의전 김재전이 김구를 방문해 전달했다. 이처럼 그들의 활동은 1946년 3월 20일 서울에서 개최된 제1차 미소공동위원회를 전후한 시기에 확장되었다(한국반탁·반공학생운동기념사업회, 1986, 158-159쪽, 165-168쪽; 연세대학교 의과대학 의사학과, 2020, 79쪽).

그러나 반탁학련은 1946년 5월에 분열되게 되는데, 그 원인을 제공한 것은 1·18 사건이었다. 사건 발생으로 다수의 학생들이 검거된 후 보성전문학교 학생들은 곧바로 석방된 반면, 다른 학교 학생들은 상당 기간 구류상태에 있었던 것이다. 이에 반탁학련을 주도하던 보성전문학교 학생들과 기타 학교 학생 사이에서 갈등이 빚어졌고, 기타 학교 학생들이 반탁학련을 탈퇴하였다. 세브란스 학생들도 여기에 동참했고, 세브란스의전 학생들은 김덕순을 중심으로 모이게 되었다. 그는 연희전문학교 학생들과 함께 1946년 5월 16일 독립학생전선을 조직했다.

그러나 좌우익 대립이 고조되는 상황하에서 우익 학생들은 일원화된 조직 구성이 필요하다는 것을 절감했다. 독립학생전선은 우익 학생운동계열의 한 분파에 지나지 않았으므로, 우익 학생들은 독립 1주년을 앞두고 통일 전선을 결성하고자 하였다. 이에 7월 12일에 독립학생전선을 비롯하여 유학생 동맹, 각 학생총연맹의 13개 학생단체, 세브란스의전, 연희전문학교, 보성전문학교 외 32개교 대표 138명이 남산정에 모여 전국학생총연맹 결성 발기회를 개최했다. 그 결과 1946년 7월 31일 전국학생총연맹(이하 전국학련)이 조직되었고, 전국학련은 가장 대표적인 우익단체로 남한 사회 내 우익 정치세력의 선봉대임을 자임하며 좌익 조직을 공격하고 5·10 총선거를 지원하는 역할을 수행했다. 전국학련에서는 세브란스의전의 김덕순, 김재전, 김창순, 김향, 양달승, 양재모, 윤석우, 조규환, 최규식 등이 활동했다.

4. 의료봉사활동

무의촌 진료활동

세브란스 학생들은 혼란한 해방정국 하에서 엘리트로서, 사회 지도자로서 정치 운동에 참여하여 자주독립국가를 수립하고자 노력하였다. 그러나 그들의 활동이 정치적인 측면에만 국한되어 있었던 것은 아니다. 그들은 식민지 지배 하에서도, 해방 후 미군정청 통치 하에서도 대표적인 전문직업인이었다. 그들은 이미 재학 중에 의료활동이 필요한 곳에 투입되었고, 그들 역시 환자를 진료하면서 그들의 의무를 자각하고 있었다. 그 대표적인 사례가 바로 무의촌 진료이다.

무의촌 진료 실시에 대한 구상은 이미 식민지시기에 진행되었다. 문화운동과 자강운동의 일환으로 1920년대에 농촌에 의술을 제공하고, 보건위생 지식을 전파하고자 하는 사업을 진행하고자 한 것이다. 기본적인 발상은 세브란스의 선교사들이 각 지역을 순회하며 의술을 베풀었던 전통과 크게 다르지 않을 것이다. 그리고 형태는 상이하지만 1934년 재해 발생지역에 구호반을 파견하여 순회진료를 실시했을 때 세브란스의전 학생들은 이재민을 진료하고 치료하기도 했다. 이러한 사실을 통해서도 의료환경이 열악한 지역에서 의술을 베푸는 전통은 선교사에서 학생으로 이어져 이미 시작되고 있었다고 볼 수 있다. 다만 이 당시는 무의촌 진료에 대한 구체적인 계획이 수립되어 있었던 것은 아니다.

무의촌 진료가 본격적으로 시작된 것은 1940년경이다(연세대학교 의과대학 의사학과, 2020, 92쪽). 이 해에 김명선 교수를 단장으로 하여 이봉호, 이병학 등 4학년 학생을 단원으로 진료반을 꾸려 만주 펑텐(奉天) 일대를 방문하여 그 지역의 조선인들을 진료한 것을 그 시작으로 보는 것이다. 이듬해인 1941년에도 같은 형태의 진료반을 편성하여 평안북도, 함경남도 일대의 무의촌을 방문한 사실이 확인된다. 매년 시행되는 활동이었다는 점에서 이 당시 무의촌진료가 하나의 학생 활동으로 자리잡아 간 것으로 볼 수 있다. 다만 두 해 연속으로 무의촌 진료가 시행된 이후 해방 직전까지 무의촌 진료를 실시한 사실은 확인되지 않는다. 그렇지만 무의촌 진료의 전통은 해방 후에 다시 이어졌다.

근대 한국의 의료환경을 살펴보면 식민지 시대에도, 해방 후에도 의사 및 병의원 수는 부족했다. 특히 의사 및 병의원이 도시에 집중되어 있던 탓에 지방의 대도시를 제외한 지역의 의료제공은 거의 전무한 상태였다고 볼 수 있다. 특히 해방 직후에는 한국에서 상당한 비중으로 의업을 행하던 많은 일본인 의사들이 본국으로 돌아가 의료 공백이 발생한 데에 더하여 남북한으로 분단되고, 의학교육이 새롭게 정립되는 혼란한 상황이 지속되면서 남한의 의료 여건은 악화되었다.

그러한 가운데 무의촌 진료는 의학생 스스로 그들이 맡은 책무를 느끼고, 그들이 가진 전문성으로 사회에 봉사할 수 있는 가장 유효한 수단이었다. 무의촌 진료는 무의촌 순회 진료반을 조직하고, 보통 여름 방학을 이용하여 현지에 내려가 활동하는 형태로 진행되었다. 이는 세브란스 학생회, 학생기독청년회 등에서 주도하여 진행되기도 하고, 교수가 인솔하는 형태로 진행되기도 하였다. 일반적으로 열흘 이상 농촌에 상주하며 무료로 농민을 치료했으나, 무의촌이 아니더라도 의술이 필요한 지역에 찾아가기도 했다. 한반도 내의 농촌지역뿐만 아니라 거제, 제주 등의 도서지역에도 파견되었다. 그 사례를 몇 가지 정리하면 다음과 같다.

1948년 8월에는 세브란스의과대학 학생들이 세브란스의전 졸업생 이영춘이 개정병원을 개원하여 농촌의료를 담당하고 있던 전라북도 옥구군 군내에서 무의촌 순회 진료를 실시했다. 이는 교수와 학생이 같이 참여한 형태로, 무의촌 진료 외에도 이영춘과의 교류도 중요했던 것으로 보인다. 왜냐하면 이 해는 이영춘이 농민들을 대상으로 예방과 치료라는 두 가지 목표를 실현하기 위해 농촌위생연구소를 개소한 해로, 농촌위생에 대해 학생들이 보고 들을 수 있는 좋은 기회였기 때문이다. 이외에도 같은 시기 학생 기독청년회 주관으로 거제도 일대의 무의촌을 순회진료하기도 하였다.

이듬해인 1949년 기독학생회는 여름방학 무의촌 진료사업을 위해 제주도로 향했다. 여기에는 이병희 과장을 위시하여 직원 2명과 학생 10명이 참가하고 있었는데, 이는 제주 4.3사건으로 고통받고 있는 제주도민들을 살피기 위해 파견된 것이었다. 이는 무의촌 진료사업의 일환으로 진행되기는 했으나, 당국과 일반 사회의 적극적인 지원 하에 시행되었다. 이를 주관한 기독학생회는 의료지원뿐만 아니라 제주도의 전재민을 위한 구제금 모금도 함께 진행했다.

무의촌 진료는 1950년대에 들어 더욱 활발하게 진행되었다. 1958년에는 총 10개의 진료반, 72명의 학생이 진료반을 편성하여 충북 보은, 전북 무주, 경남 울진, 강원도 춘성 및 백령도, 연평도 등에서 의료봉사를 진행했다. 기존의 무의촌 진료의 성격과 규모와 비교하여 볼 때 1950년대 중반 이후 전국적인 의료 봉사가 진행되고 있음을 확인할 수 있다. 무의촌 진료의 규모가 확대되자 보건사회부, 대한수산중앙회, 한미재단, 세계기독교봉사회, 유한양행, 동아제약, 경성신약 등 정부 및 기업 등에서 세브란스학생들을 적극 후원하여 무의촌 진료에서 유의미한 성과를 거둘 수 있었다. 무의촌 진료는 이후 연구와도 결합되면서 농촌영양실태조사반, 나병진료반 등으로 확장 발전해 나아갔다.

3장 전쟁의 시련과 학생활동

1. 전쟁에 휘말린 대학

한국전쟁 개전 직후의 연희대학교 상황

1950년 6월 25일 북한의 공격으로 한국전쟁이 발발했다. 한국전쟁은 분단된 한반도 안에서 유일한 정부를 자처하는 남북한의 싸움이었다는 점에서는 내전이라 할 수 있다. 또한 해방 이후 미국과 소련의 분할 점령부터 전쟁 발발 직후 남북한의 배후에 있던 미국, 소련, 중국이라는 존재 그리고 UN에 이르기까지, 이 모든 요인이 결부되어 한국전쟁은 국제전으로 전개되었다. 1953년 7월 27일 정전협정이 조인될 때까지 수많은 인적 피해와 물적 피해를 남겼다. 그리고 전쟁의 상흔과 여파는 현재까지도 남아있다고 할 수 있다.

1950년 6월 25일 북한 조선인민군이 전격적으로 전쟁을 시작했지만, 당시 서울의 분위기는 평온한 편이었다. 대다수의 서울 시민들은 북쪽 멀리서 들려오는 포성을 들을 수 있었다. 그렇지만 평상시 38도선 부근에서 벌어진 크고 작은 교전으로 이러한 상황은 이미 일상으로 익숙해져 큰 동요는 없었다. 무엇보다도 당시 주요 언론이었던 라디오나 신문 역시 군의 검열로 인하여, 적어도 27일까지 국군 전선의 붕괴를 전하지 못한 채 전황을 낙관하는 오보를 의도적으로 흘리고 있었다.

1957년 연세대학교 전경
출전: 국사편찬위원회 전자사료관

연희대학교는 1950년 6월 초 개강했고 학생들은 여느 때와 다름없는 일상을 보내고 있었다. 연희대는 6월 5일 1950년도 신입생 입학식과 개강식을 가졌고 다음날부터 정상 수업을 시작했다. 특히 이 해는 대학원이 개설되고 원생 10명이 등록하여 개강을 앞둔 상태였다. 6월 22일부터 24일까지는 서울운동장에서는 문교부와 중앙학도호국단의 공동주최로 제2회 전국학도체육대회가 개최되어 각 급 학교가 축구, 배구, 야구, 농구, 육상, 매스게임을 치르게 되었다. 연희대학교에서도 축구, 농구, 야구 등에 선수가 참가하였다. 또한 7월 1~2일에는 연희대학교와 서울대학교 상과대학이 친선정기야구대항전을 가질 예정이었다.

개전 이튿날인 6월 26일 월요일 연희대는 정상 수업을 진행했다. 학생들이 등교할 때 이용한 신촌역에는 개성에서부터 경의선 철길을 따라 남하한 피난민이 있었다. 학생들은 상황을 의아하게 생각했지만 별다른 동요는 없었다. 오전 11시 노천극장에서 함석헌의 신앙강좌가 개최되었다. 그의 강좌는 월·수·금 채플 시간을 이용해 총 3회에 걸쳐 진행할 예정이었다. 26일 첫날 강연 도중 북한 공군 전투기가 노천극장 상공을 지나 날아다녔고, 서울 시내 지척에서 포성과 총성이 들려왔다. 학생들은 불안감을 느꼈지만 강연은 진행되었다.

6월 27일 백낙준 문교부장관은 각 학교에 '38선 비상상태'에 대한 특별지시를 발령하였다. 특별지시는 1) 만일의 경우를 대비하여 학도호국단은 만반의 준비태세를 취할 것, 2) 주야를 물론하고 학교수호에 진력하여 수업에 지장 없도록 할 것, 3) 이적행위에 대한 경계를 엄중히하고 유언비어를 단속할 것, 4) 일단 유사한 경우에는 군경에 적극 원조할 것이라는 내용을 담고 있었다. 그렇지만 27일 전선은 이미 서울 창동을 넘어 미아리고개까지 밀려있었고, 학교 근방에는 후퇴 중인 국군이 목격되기도 했다. 이에 학교 측에서는 긴급교무회의와 교수회의를 개최하였다. 그 결과 더 이상의 정상적인 수업은 불가능한 상황으로 판단되었다. 정오 무렵 김윤경 총장서리는 전교생을 노천극장에 모아 휴교를 발표하였다.

6월 28일 조선인민군이 서울을 점령했다. 연희대학교에 남아있던 좌익 성향의 교수와 학생들은 자치위원회를 만들었다. 29일에는 북한의 내무서원들이 캠퍼스를 접수했다. 학교 측에서는 미리 손을 써두어 졸업생 학적부를 숨겼으나, 재학생 학적부는 내무서원에게 인계되었다. 이후 내무서와 자치위원회는 학교의 금전장부를 압수하고 금전동결령을 내렸으며, 교직원을 심사하여 임시신분증을 발급하였다. 북한 점령하의 서울에서 연희대 신촌캠퍼스는 조선인민군에 점령된 상태였기 때문에, 임시교사로 덕수국민학교가 사용되었다. 자치위원회는 잔류한 학생들을 찾아 학교에 등록시켰다. 그리고 자치위원회는 등록 학생들을 조선인민의용군에 동원하였다.

한국전쟁 발발 직후 연희대학교 교직원 및 학생은 각자도생하게 되었다. 6월 27일 노천극장에서 김윤경 총장서리가 휴교를 발표하였을 당시 학생회 및 학도호국단을 중심으로 일부 학생들은 남아서 학교를 지킨다하거나, '결사대'에 자원하기도 했지만 별 성과 없이 끝나고 말았다. 대부분의 교직원과 학생들은 학교에서 뿔뿔이 흩어져 가족 혹은 지인과 함께 남쪽으로 피난을 갔다.

연희대학교 학생들의 조선인민의용군 동원

한국전쟁 중 연희대학교의 많은 학생들이 북한의 조선인민의용군(이하 인민의용군)에 동원되었다. 인민의용군의 정확한 규모는 알 수 없으나 10만여 명으로 추산된다. 인민의용군의 징모에 대해 살펴보면 다음과 같다. 1950년 7월 1일 북한은 북한 전역에 동원령을 선포하였고, 같은 날 남한 점령지역에서 인민의용군 조직을 결정하였다. 이에 따라 7월 6일부터 18세 이상의 청년을 대상으로 징모가 시작되었다. 북한은 점령행정기구인 인민위원회 및 기타 당 외곽단체를 동원해 청년을 초모했다. 서울은 7월 6일부터 할당인원이 정해져 거의 매일 차출이 이루어졌는데, 그 수가 많게는 하루에 3,000~4,000명에 달했다. 특히 북한은 빈농, 노동자, 학생을 인민의용군의 주요 구성원으로 생각하고 있었다. 이에 따라 각급 학교에서 학생들의 징집이 이루어졌다. 북한은 7월 초 서울 시내의 학교 별로 재학생을 모아 전선출동을 위한 궐기집회를 가진 뒤 학생들의 집단적인 '자원'을 받았다. 당시 미국 중앙정보부(CIA)의 파악에 따르면, 이승만 정부가 학생층의 지지를 얻는데 실패했던 것으로 인해 서울 학생들의 상당수가 의용군에 자원입대하는 양상도 있었다(조지프 굴든, 1982, 147쪽). 그렇지만 인민의용군 동원은 공민증 교부, 식량 전출, 집회, 수색, 검문 등을 통한 방법으로 점차 강제성을 띠어 나갔다(윤성준, 2019, 182~188쪽).

연희대학교 학생 중 인민의용군에 동원된 수는 정확히 알기 어렵다. 기 공간된 학교사에서는 1950년 7~8월간 연희대학교 자치위원회에 의해 학생 163명과 교직원 23명이 인민의용군에 강제동원당한 것으로 추산되고 있다.

몇 가지 사례를 살펴보도록 하자. 현역 학생은 아니었지만 동문 중 가장 유명한 사례로, 동경상과대학에 다니다가 1945년 연희대학교 영문과에 편입 후 중퇴했던 김수영 시인이 있다. 그는 1950년 8월 인민의용군이 되었는데, 2개월만인 10월에 탈출했다가 한국 경찰에 잡혀 1952년까지 포로수용소에 민간억류자로 붙잡혀 있었다.

여학생 중 인민의용군으로 동원된 사례도 있었다. 자세한 내막은 알기 힘들지만, 북한군의 서울 점령 이후 연희대학생 박○○는 조선사회주의녀성동맹에 가입하고 인민의용군에서 활동하였다. 1950년 9월말 한국군이 서울을 재점령한 뒤 사회각계에서는 '부역자'심사가 일었다. 연희대학교도 문교부의 지시에 따라 학생자격심사를 진행했다. 당시 박○○은 심사를 통과하지 못했었는데, 1951년 9월에 들어서야 진정서를 제출하고 보증인을 세운 뒤 전시연합대학 학점을 인정받아 연희대학교를 졸업할 수 있었다.

인민의용군이 되어 가족과 이별한 채 다시는 연희대학교 캠퍼스에 돌아오지 못한 학생도 있었다. 김영환은 서울시 서대문구 향촌동 출생으로 한국전쟁 당시 연희대학교 영문과 2학년에 재학 중이었다. 김영환은 징집명령을 받고 인민의용군이 되었다. 그는 낙동강전선에서 사망한 것으로 알려졌는데, 2000년 남북이산가족상봉을 통해 남한의 가족들을 만날 수 있었다. 2000년 당시 김영환은 북한에서 조선로동당 량강도위원회 기관지 『량강일보』 부편집국장을 맡으며 언론인으로 자리 잡고 있었다. 이남에 남아있던 그의 동생 김영옥은 어느덧 중견 연기자가 되어있었다.

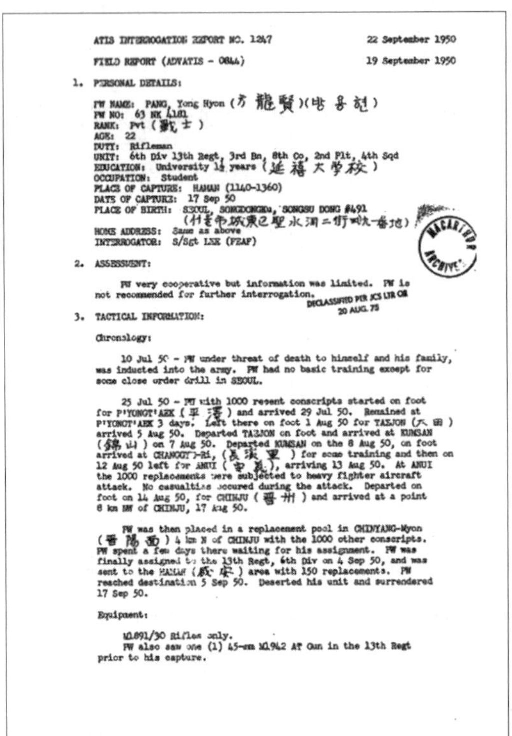

ATIS INTERROGATION REPORT NO. 1247 22 September 1950

FIELD REPORT (ADVATIS - 0844) 19 September 1950

1. PERSONAL DETAILS:

PW NAME: PANG, Yong Hyon (方龍賢)(방용현)
PW NO: 63 NK 4181
RANK: Pvt (戰士)
AGE: 22
DUTY: Rifleman
UNIT: 6th Div 13th Regt, 3rd Bn, 8th Co, 2nd Plt, 4th Sqd
EDUCATION: University 1½ years (延禧大學校)
OCCUPATION: Student
PLACE OF CAPTURE: HAMAN (1140-1360)
DATE OF CAPTURE: 17 Sep 50
PLACE OF BIRTH: SEOUL, SONGDONGKu, SONGSU DONG #491
HOME ADDRESS: Same as above
INTERROGATOR: S/Sgt LEE (FEAF)

2. ASSESSMENT:

PW very cooperative but information was limited. PW is not recommended for further interrogation.

DECLASSIFIED PER JCS LTR OR 20 AUG. 75

3. TACTICAL INFORMATION:

Chronology:

10 Jul 50 - PW under threat of death to himself and his family, was inducted into the army. PW had no basic training except for some close order drill in SEOUL.

25 Jul 50 - PW with 1000 recent conscripts started on foot for P'YONGT'AEK (平澤) and arrived 29 Jul 50. Remained at P'YONGT'AEK 3 days. Left there on foot 1 Aug 50 for TAEJON (大田) arrived 5 Aug 50. Departed TAEJON on foot and arrived at KUMSAN (錦山) on 7 Aug 50. Departed KUMSAN on the 8 Aug 50, on foot arrived at CHANGGYE-Ri, ( ) for some training and then on 12 Aug 50 left for ANUI ( ), arriving 13 Aug 50. At ANUI the 1000 replacements were subjected to heavy fighter aircraft attack. No casualties occured during the attack. Departed on foot on 14 Aug 50, for CHINJU (晉州) and arrived at a point 8 km NW of CHINJU, 17 Aug 50.

PW was then placed in a replacement pool in CHINYANG-Myon (晉陽面) 4 km N of CHINJU with the 1000 other conscripts. PW spent a few days there waiting for his assignment. PW was finally assigned to the 13th Regt, 6th Div on 4 Sep 50, and was sent to the HAMAN (咸安) area with 150 replacements. PW reached destination 5 Sep 50. Deserted his unit and surrendered 17 Sep 50.

Equipment:

M1891/30 Rifles only.
PW also saw one (1) 45-mm M1942 AT Gun in the 13th Regt prior to his capture.

99

방용현 포로심문보고서

출전: 한국사데이터베이스 포로신문보고서

연희대학교 학생 중 인민의용군으로 징집되었다가 미군에게 포로로 잡힌 사례도 있었다. 미군이 작성한 연합국번역통역국(ATIS) 포로심문보고서를 통해 당시 연희대학교 학생이 겪은 고초를 살펴볼 수 있다. 방용현은 서울시 성동구 성수동 출신으로 한국전쟁 당시 연희대학교에 2학년에 재학 중이었다. 방용현은 1950년 7월 10일 인민의용군에 동원되었다. 이는 자신과 그의 가족이 위협을 받았기 때문이다. 방용현은 서울에서 기초적인 제식훈련만을 마친 채, 7월 25일부터 같이 징집된 인민의용군 1,000명과 행군을 시작했다. 이들은 걸어서 평택, 대전, 금산을 거쳐 8월 17일 진주에 도착하였다. 일행은 행군 도중 안의(함양)에서 미 해군 전투기의 공습을 겪기도 했었다. 방용현은 9월 4일 진주 진양면에서 조선인민군 제6사단 제13연대로 배속되었고 분대장을 맡게 되었다. 그가 속한 조선인민군 제6사단의 목표는 마산을 공격하는 것이었다. 다음 날인 9월 5일 방용현은 함안으로 배치되었는데, 탈영하여 17일 미군에게 항복하여 포로로 붙잡혔다. 그는 삐라를 보고 투항을 결심하게 되었다고 포로심문에서 진술했다.[1]

1950년 9월 서울 수복 직후 파악된 연희대학교의 물적·인적 피해

한국전쟁 발발 직후인 1950년 6월부터 9월 사이에는 북한의 공세에 의해 전세가 급박하였기 때문에 정상적인 대학 운영이 불가능했다. 1950년 9월 15일 인천상륙작전으로 유엔군의 반격이 시작되었다. 그리고 9월 28일 유엔군이 서울을 수복하였다. 1950년 9월 말 서울지역 대학들은 캠퍼스로 복귀하여 전시 수업을 모색하였다. 그렇지만 심대한 물적 파괴와 학생 및 교직원이 흩어진 상황에서 내실 있는 강의가 지속되기는 어려웠다. 특히 전국의 50여개 대학 중 수도권에 30여개 대학이 집중되어 있는 상황에서, 전쟁으로 인한 서울지역 대학의 피해는 극심한 상황이었다. 가령 전쟁 중 전국 대학의 피해액 140,162,005원 중 57%에 달하는 79,224,815원의 피해가 수도권 대학에서 발생했다(문교부, 1958, 150쪽). 그리고 서울 수복 이후 학교를 복구하려는 노력 역시 1950년 10월 중국

1 PANG, Yong Hyon, ATIS INTERROGATION REPORT NO. 1247 22 September 1950, 한국사데이터베이스 포로신문보고서, http://db.history.go.kr/id/powr_001_0070_0490, 검색일: 2021.06.

인민지원군이 한국전쟁에 개입하고 전선이 다시 밀려남에 따라 지속될 수 없었다. 이후 전선이 고착화되는 가운데 한국전쟁에서 대학 교육은 임시수도였던 부산을 중심으로 전개되었다.

1950년 9월 서울 수복을 위한 전투과정에서 연희대학교의 건물들은 포격을 받고 큰 피해를 입었다. 당시 서울을 점령하였던 조선인민군은 연희대학교 안산에서 연희고지(현재 서대문우체국)로 이어지는 연희고지능선을 서울 서부방어를 위한 최후의 보루로 설정해두었다. 이러한 까닭에 일련의 연희고지 전투에서 치열한 전투가 벌어졌으며, 국군과 조선인민군 그리고 미군은 많은 사상자를 냈다.

이 과정에서 연희대학교 역시 큰 피해를 입었다. 그 피해 상황을 살펴보면 다음과 같다. 연희전문학교 신촌캠퍼스 최초의 교사로 1918년 세워졌던 목조건물 치원관이 전소했다. 본관으로 사용된 스팀슨관, 학관으로 사용된 언더우드관, 이학관으로 사용된 아펜젤러관, 신학관이었던 한경관이 크게 파괴되었다. 조선인민군 장교들의 숙소이자 연회장 등으로 사용된 언더우드 사택 역시 완파되었다. 또한 캠퍼스 내의 수경원 정자각 기단부에도 총탄의 흔적이 남아있다. 건물의 피해 이외에도 귀중한 도서들이 파손되고 도난 되었으며, 학교의 중요 기록문서들이 소실되었다. 한국전쟁 중 신촌캠퍼스가 입은 피해는 1952년도 당시 연희대학교가 유엔한국재건단(UNKRA, United Nations Korean Reconstruction Agency) 및 유엔교육과학문화기구(UNESCO, United Nations Educational, Scientific and Cultural Organization)에 보고한 내용에 따르면 시설 복구비용으로 당시 비용으로 281억 원이 넘게 소요되었다. 이 금액은 서적이나 기타 동산의 피해는 합산하지 않은 것이었다.

1950년 9월 말 서울 수복 직후 일부 학생과 교직원이 연희대학교에 복귀하였다. 그렇지만 캠퍼스의 물적 피해만큼이나 전쟁으로 인한 인적 피해 역시 막심하였다. 한국전쟁이 일어났을 때는 누구 하나 전황을 제대로 파악할 수 없었던 상황이었다. 그렇기 때문에 북한군이 서울 점령을 앞둔 상황에서 연희대학교 구성원들은 뿔뿔이 흩어져 각자 도생할 수밖에 없었다. 그럼에도 불구하고 많은 사람들이 미처 피난하지 못한 채 학교에 남아 있었다.

한국전쟁 개전 직후 문교부장관을 역임하고 있던 백낙준 이사장은 정부요원으로써 피난을 떠났지만, 아직 많은 사람들이 학교에 남아있었다. 이윽고 북한군이 서울을 점령하고 연희대학교도 점령되었다. 북한군은 학교에 남아 있던 요직의 교직원들을 동원하여 자치위원회를 구성했다. 여기에는 교수와 교직원 다수가 동원되었다고 알려졌다. 자치위원회는 북한군의 학교 행정을 돕기 위한 필요성에서 만들어진 것이었다. 이들은 대체로 학교 일을 맡아 보던 중 북한군에 의해 피동적으로 동원된 이들이었지만, 일부는 적극성을 가지고 자치위원회에 참여하기도 했었다. 또한 교직원 중 일부가 납북되었다. 홍순혁 교수, 이인영 교수, 이순탁 강사, 장희창 강사, 김영주 이사, 구자옥 이사, 최승만 교수 부인, 전 교수 이춘호, 전 교수 정인보 등은 북한에 납북된 것으로 알려졌다.

1950년 9월 말 수도 서울 수복 이후 각 정부 부처 및 기관에서는 북한군의 서울 점령 기간 동안 북한 당국에 협조한 이들을 색출하는 작업이 벌어졌다. 문교부의 지시에 의해 연희대학교도 '반역자심사'를 진행하게 되었다. 연희대학교에서는 교무위원회를 열어 심사를 진행하였다. 학교 측에서 정한 '반역자'의 기준은 다음과 같았다.

> ① 괴뢰정권에 채용되어 봉급, 배급을 받은 자.
> ② 적군, 그 관원, 다른 학교, 단체에 채용되어 협력한 자.
> ③ 의용병간 자(강제성임이 증면되면 면할 수 있음).

'반역자심사'를 통해 불채용 파면된 교직원들은 3일 안에 사택, 가구, 책, 채무, 기타 물품 등을 반납할 것을 통지 받았다. 북한군에 협조한 교직원에 대한 학교의 자체적인 심사와 더불어 경찰 당국의 조사도 있었다. 또한 교직원 이외에도 학생들이 북한군에 협조하는 '부역'이 있었다. '부역의심학생'에 대한 심사는 1950년 11월 10일부터 진행되었다.

결과적으로 연희대학교에선 교수 및 강사 28명과 사무직원 7명 그리고 용원 8명은 북한의 서울 점령 중 '부역행위'로 파면되었다. 또한 많은 학생들이 학교 등록 문제 및 문교부의 '부역' 심사를 받았기 때문에, 서울에 있으면서도 학교에 나오지 못하는 학생들이 많았다. 그리고 군대에 입대하였거나 피난 등의 사유로 많은 사람들이 모이지 못했다.

전쟁이 자아낸 극단적 상황 속에서 미처 피난하지 못한 사람들은 남과 북 양 극단 중 한 편만의 선택을 강요받게 되었다. 그리고 전세가 뒤바뀜에 따라 많은 사람들이 돌아왔을 때 남아 있던 자들은 자신의 선택에 대한 책임을 져야하는 상황이 일어났다. 그렇기 때문에 전쟁이 남긴 인적피해뿐만 아니라 이후의 갈등과 불신은 역시 가혹한 것이었다.

1950년 11~12월간 학교 운영의 난항과 학생들의 출석 및 병역 문제

1950년 11월 3일 연희대학교는 노천극장에서 개강식을 열었다. 학생 100여 명과 교직원 50여 명이 참석한 가운데, 반파된 스팀슨기념관을 배경으로 쓸쓸한 기념사진을 찍었다. 당시 전쟁 중의 개강은 9월 말 서울 복귀 이후 교직원과 학생들이 임시로나마 파괴된 학교를 정리하고 수리한 결과였다. 강의는 11월 6일부터 진행되었다.

그렇지만 11~12월 개강 당시의 전황과 민심 그리고 학교의 사정은 결코 좋지 않았다. 계절은 겨울이었지만 강의실에 유리창은 없었다. 또한 학생들은 학교 안팎의 인민군 사체를 직접 치워야 했다. 중국인민지원군 참전에 따라 불안을 가중시키는 소문이 돌았다. 학교 안산 숲에는 여전히 인민군이 나타난다는 소문, 중공군의 개입으로 제3차 세계대전이 임박했다는 소문이 학교 안에 돌았다.

가장 큰 문제는 학교에 학생이 없었다. 전쟁으로 가중되는 학비곤란의 사정도 있었다. 무엇보다도 전쟁 상황에서 대학생들에게 가장 큰 문제는 병역이었다. 당시 병역법에 따라 평시라면 대학생 대부분은 징집을 유예 받을 수 있었다. 그렇지만 전시의 상황에서는 이·공·의학계 전공생은 제2국민병으로 징집을 유예 받을 수 있었지만, 이들을 제외한 대부분의 대학생들은 군의 형편에 따라 불시에 징집될 가능성이 있었다. 이러한 사정으로 대부분의 대학생들은 군속·통역 등으로 대체복무를 하거나 입대하는 수밖에 없었다.

1950년 11월 출석한 학생은 이공과대학 60여 명이 거의 전부였다. 문과대학의 경우 영문 2명, 사학 3명 정도였고, 상경과 신학대학의 학생 중 출석은 없었다. 12월에 들어서 한국군과 유엔군은 평양에서 철수하였고, 학교에 출석한 인원은 5명에 불과한 지경에 이르렀다. 결국 12월 9일부터 1951년 2월까지 3개월간 방학을 결정하였다.

한국전쟁 중 연희대 우익 학생단체의 학도경찰대 참여와 병역 회피

한국전쟁 직후 한국군의 전선은 급격히 와해되었다. 그렇지만 1950년 8월경부터 한국군은 북한군의 공격에 대해 지연전을 실시하며 충청도, 전라도, 경상도 일대에서 전열을 정비했다. 이 시기 각 지역에서는 다양한 이름의 학도병이 등장했다. '비상학도대', '학도지원병', '학련구국대', '학도의용대' 등이 그러했다. 이들 학도병 조직들은 대개 국방부 정훈국이나 일선 각 부대 혹은 지역 경찰과 조응하여 산발적으로 생겨났다. 학도병 조직의 학생간부들은 대학교 및 중고등학교의 전국학련이나 학도호국단 출신이 많았다. 이들은 기존의 인적네트워크를 활용하여 '애국학도'의 '궐기'를 호소하며 각 지역 단위로 조직을 구축하고 군경과 협력하는 가운데 학생을 모았다. 학도병 조직은 지역의 군부대에서 간단한 훈련을 받고 신분증을 발급 받아 전시에 통행과 신원확인을 보장 받을 수 있었다. 이 때문에 많은 학생들이 학도병 조직에 가입했다. 학도병 조직은 주로 후방의 치안과 선무활동에 주력했지만, 일부는 전선에 나가서 전투 중 전사했다. '군번 없는 학도병'이 이러한 경우에 해당했다.

이러한 학도병 조직에 연희대학교 학생들도 참가했다. 한국전쟁 개전 직후 연희대학교의 학생회와 학도호국단이 학교를 지킨다고 학생들의 자원을 받았지만 별 성과를 거두지 못했었다. 1950년 6월 후반에는 국방부 정훈국에 의해 서울·경기 지역의 학도호국단이나 우익 학생운동조직 중심으로 '비상학도대'가 꾸려져 한강에서 전투를 벌였다. 다만 급박한 전황에 따른 기록의 미비로 연희대학교 학생들의 활동상은 알 수 없다. 연희대학교 학생들이 활동한 학도병 조직 중 이름이 확인되는 것은 '학도경찰대'이다.

학도경찰대는 1950년 9월 4일 대구에서 만들어졌다. 학도경찰대는 내무부장관 조병옥의 협조 하에 전국학련 출신 우익 학생들이 주도하였다. 학도경찰대 인원은 500여 명이며, 경찰로부터 1주간 훈련을 받고 후방 치안을 담당하거나 유격대로 참전했다(한국반탁반공학생운동기념사업회, 1986, 549쪽). 학도경찰대에는 홍영철, 정현직 등 연희대학교 우익 학생 13명이 활동하고 있었다. 홍영철은 반탁학련, 전국학련을 거쳐 연희대학교 학도호국단에서 활동했던 우익 학생운동의 주요 인물이었다.

홍영철 등 연희대 출신 학도경찰대는 국방방위군에 간부로 '편입'하여 징병을 회피하려했다. 국민방위군은 군 정규병력을 보충할 목적으로 1950년 12월 창설되었다. 국민방위군은 17~40세 제2국민역 남성 50만 명으로 구성되었는데, 주요 간부들과 장교들은 이승만 정권의 관변조직이었던 대한청년단이 차지하고 있었다. 특히 일제시기 유명 씨

름선수이자 한국전쟁 당시 국방부장관 신성모의 사위로 국민방위군 사령관에 오른 김윤근 준장은 연희전문학교 출신(1935년 상과 졸업)이었고, 국민방위군 방위국장 김종갑 준장 역시 연희 출신(1944년 공업경영전문학교 졸업)이었다. 국민방위군 사령관 김윤근이 힘을 써주어 연희대 학도경찰대 학생들과 교직원들은 국민방위군에 채용되어 편의를 볼 수 있었다.

그렇지만 국민방위군 사령관 김윤근과 이하의 간부들은 방위군예산을 무려 25억 원이나 착복하여 장정 수 만 명을 아사시킨 그 유명한 '국민방위군사건'을 일으켰다. 이 과정에서 김윤근은 정관계 전 방위에 뇌물을 살포하였는데, 1951년 8월 12일 김윤근 외 4명의 사형이 집행되는 것으로 사건은 일단락되었다.

2. 연희대학교의 부산 피난과 영도캠퍼스

1951년 1·4후퇴 이후 연희대학교의 피난과 전시연합대학

1950년 11월 연희대학교의 학생들과 교직원은 학교를 복구하고 강의를 실시하고 있었다. 그렇지만 이미 1950년 10월 중국인민지원군은 이미 압록강을 넘어 북한 지역에 진입한 상황이었다. 중국인민지원군의 한국전쟁 참전으로 전황은 다시 역전되었고 국군과 유엔군의 전선은 다시 남쪽으로 내려오고 있었다. 이러한 상황 속에 연희대학교는 긴급회의를 열어 앞으로의 대책을 논의하였다. 그 결과 1950년 12월 6일 휴교를 결정하였다. 학생들과 교직원들은 남쪽으로 피난을 갔다. 1950년 6월과는 다르게 학교의 주요 문서와 장서를 남쪽으로 옮겼다. 명예총장 원한경 및 총장서리 김윤경 등의 교직원은 끝까지 학교를 지키고 있었다. 그렇지만 1951년 1월 3일 정부가 다시금 서울에서 후퇴하게 됨에 따라 남아있던 교직원들도 모두 학교를 비우고 피난하였다.

1951년 1월 연희대학교는 남쪽으로 피난했다. 연희대학교는 대구와 부산 두 곳에 학교 연락소를 설치했다. 대구연락소는 대구시 남일동 56번지에 위치했으며, 총장서리 김윤경의 사위이자 연희대학교 상과에 재학했던 임성의의 집이었다. 여기에는 김윤경과 박술음, 민영규, 최재서, 심인곤, 박생래, 최처순 등의 교직원이 있었다. 연희대학교 부산연락소는 부산시 초량동 46번지에 있었다. 이는 학도호국단 학생총운영위원장을 맡아보았던 주관중(정치외교학, 5)의 집이었다. 부산연락소에는 정석해, 신동욱, 장기원, 한영교, 박태준, 지동식, 고병려, 윤만중, 이영우, 강만유 등이 있었다. 이외에도 제주도에 조의설, 홍승국, 장지영, 최승만 등의 교직원이 있었다. 1951년 4월부터는 부산연락소가 학교 본부의 기능을 도맡아하게 되었다. 당시 대구와 부산의 연락소는 각지로 피난했던 학생 및 교직원을 수습하는 창구였다.

1951년 2월 26일 문교부장관 백낙준은 '전시하교육특별조치요강'을 제정하여 피난지에서의 교육을 장려하고 전시연합대학을 운영하게 되었다. 이에 따라 1951년 4월부터 대학생은 부산을 비롯한 한강이남 지역의 주요 도시에 설치된 전시연합대학에서 강의를 수강할 수 있었다. 이 때 연희대학교 학생 중 156명이 전시연합대학이나 각 피난 지역의 대학 등에서 수강하였다. 이들이 연희대학교 이외에서 수강한 학점은 그대로 인정되었다.

그렇지만 전시연합대학의 운영은 몇 가지 문제를 노출했다. 우선 전시연합대학은 재정 기반이 취약했다. 전시엽합대학은 유엔한국재건단(UNKRA)와 유엔교육과학문화기구(UNESCO)의 지원을 받고 있었다. 그렇지만 전시연합대학은 '국립'을 표방했음에도 불구하고 정부의 재정지원 부족으로 전시연합대학의 재원은 상당 부분은 3개월에 1만원인 학생들의 값비싼 등록금으로 충당되어야만 했다. 또한 전시연합대학의 교육과정도 전시 상황으로 인해 약식으로 운영되었다. 가령 1951년도학기는 3개 학기로 운영되었다. 교양, 문학, 법정 등의 각 강의 장소 역시 부산 시내 각 처의 임시교사에 산재해있었다. 오전에 교양을 듣고 오후에 전공을 들어야 했던 수강생들의 불편을 초래했다.

또한 전시연합대학은 고등교육에 대한 국가주의적 통제가 강화되었다는 문제점이 있었다. 전시연합대학의 교양 과목은 '유네스코 사업단 활동사', '국제헌장', '전쟁과 사상', '민족주의 개설', '미국민주주의 발달사', '군사강화', '맑스주의 비판' 등 반공주의교육에 치우쳐 있었다. 심지어 일반 학생들은 또한 학도호국단 간부들에게 사상검열을 받기도 했다. 또한 당시 교수들 역시 부역자심사로 인해 명확한 우익 이외에는 부당파면을 당했다. 이러한 까닭으로 중견 교수진이 부족했다. 그리고 전시연합대학 학생들은 의무적으로 군사훈련을 받고 제2국민병으로 군 징집을 보류 받을 수 있었음에도 불구하고 정책이 체계적으로 적용되지 않아 입대하게 된 학생들도 일부 있었다(박선영, 김회용, 2008, 353~359쪽).

이러한 전시연합대학의 문제에 대하여, 1951년 5월 20일에는 전시연합대학 학생총회가 대통령, 문교부장관, 국회 등에 성명서를 보내 전시연합대학 운영의 문제점을 지적하고 개선책을 요구하였다. 이후 전시연합대학은 설립 1년여 만인 1952년 5월 31일 공식적으로 해체되었다.

1951-53년 연희대학교의 부산 영도 임시교사 운영과 학생 확충

전시연합대학 운영 난맥 등의 문제로 인하여, 일찍이 연희대학교는 부산 피난지에서 자체적으로 계획을 세워 개교할 것을 결정하였다. 연희대학교가 피난지 부산에서 단독 개교하기 위해서는 학교 부지를 정하는 문제와 학생들을 모집하는 문제를 해결해야 했다.

우선 부산에 피난 중인 연희대학교의 임시교사 부지로 부산시 영도 신선동 3가 748번지를 확보했다. 이는 남항국민학교 뒤 언덕에 위치한 대지 약 3,000평이었다. 여기에 군용천막 다섯 채를 설치하여, 네 채는 강의실로 사용하고 한 채는 사무실로 사용하였다. 이 천막 임시교사의 건립을 위해서 장로교선교부에서 1,000 달러를 원조 받았고, 한국전쟁 이전 재미협동이사회에서 나온 보조금을 충당했다. 그리고 초량동에서 학교 본부 역할을 하던 부산연락소도 영도 신선동 천막 임시교사로 이전했다.

연희대학교는 영도 신선동 천막 임시교사에서 1951년 9월 신입생을 모집했다. 대구와 부산에서 입학시험을 실시하여 지원자 371명 중 300명을 선발했다. 전쟁 이전 재적생 중 복교자 222명이 복귀했다. 이로써 10월 3일 학생 522명(남학생 485, 여학생 37)으로 부산 영도에서 연희대학교가 개강했다. 1951년 10월 당시 개설 강의는 문과대학 33개, 상경대학 23개, 이공대학 25개, 신과대학 33개로 모두 114개 강좌였다. 다만 강의실 부족으로 신입생은 오전반, 상급생은 오후반으로 2부제 강의를 실시했다. 또 천막 임시교사는 난방시설도 없었고 해풍에 흔들리는 열악한 환경이었다. 천막 임시교사의 열악한 상황을 해결할 필요성이 있었다.

이러한 상황을 해결하기 위해 동분서주한 것은 문교부장관 백낙준이었다. 백낙준은 유엔민간원조사령부(UNCACK, United Nations Civil Assistance Command, Korea) 산하 교육고문위원회 회의를 매주 주재하였다. 여기서 그는 세브란스 출신이었던 고병간 문교부차관과 함께 유엔한국재건단(UNKRA, United Nations Korean Reconstruction Agency)과 유엔민간원조사령부 간부들 그리고 미대사관 직원들에게 전시 교육의 필요성을 역설하였다. 이를 통해 유엔민간원조사령부의 장기계획으로 한국의 전시 교육을 위해 종이, 도서, 교보재 그리고 임시교사 1,000채를 건축할 수 있는 자재를 원조 받게 되었다.[2]

이러한 지원에 따라 1951년 연말부터 연희대학교는 신성동 천막 임시교사의 대신 영도에 새로운 교사를 만들기 위한 작업을 시작했다. 연희대학교는 부산시 영도 영선동 4가 200번지의 귀속토지 880여 평을 매입하고 인근 사유지 300평을 임대받았다. 부지 매입비 및 공사비 1억 원은 재미협동이사회와 학교소유 포드 자동차를 매각하여 마련했다. 유엔민간원조사령부에서 원목 등의 자재를 지원받았다. 그리고 학생들이 직접 나서서 건물을 세우는데 힘을 보탰다. 영선동에는 목조로 임시교사를 세웠다. 1952년 2월 28일 기공하여 동년 7월 18일에 완공하여 낙성식을 가졌다.[3]

영선동에 새로 만든 9개 목조 임시교사 중 2개는 도서실과 실험실로 사용했으며, 나머지 7개 목조 임시교사는 강의실로 사용되었다. 이외에도 대학원, 총장실, 교수연구실, 사무실 등을 겸하는 별도의 건물을 준공하였다.

1952년 4월 연희대학교가 신선동 천막교사에서 영선동 목조교사로 이전 준비가 한창일 무렵, 피난지 영도에서 두 번째 신입생을 모집했다. 지원자 1,639명 중 625명을 선발했다. 또한 1952년 4월부터 대학원을 재개하고 신입생을 선발했다. 한국전쟁 이전 최초로 선발된 대학원생 2명이 복교하였으며, 신입생 13명을 합하여 대학원생은 15명이 있었다. 결과적으로 1952년 4월 당시 학생 수는 기존의 학생과 새로운 학생을 합쳐 1,239

2 'Report of the Twenty First Meeting of the Education Advisory Committee', RG 338, UN Civil Assistance Command, Korea(UNCACK), 1952, Entry UNCACK, Box 5753, Staff Section Report, Transportation; Commerce and Industry Section; Agriculture and Forestry Section; Fiscal Management Section; Civil Infromation and Education Section, 국사편찬위원회 사료철: AUS004_77_00C0098.

3 Civil Education Staff Section Report(1 July thru 31 July 1952), RG 338, UN Civil Assistance Command, Korea(UNCACK), 1952, Entry UNCACK, Box 5754, Staff Section Report and Daily Journal (1 of 3), 국사편찬위원회 사료철: AUS004_77_00C0120.

명에 달했다. 1952년 5월 17일 영선동 목조교사에서 개강하였다. 학생 수의 증대에 따라 영선동 부지 내에 신성동에서 임시교사로 사용하던 천막과 부산시청에서 지원 받은 천막으로 강의실을 가설하였다.

1953년 3월 13일 피난 이후 세 번째 신입생을 모집했다. 이때 지원자는 2,473명이었으며, 이 중 388명은 서울에서 응시를 희망하여 배재학교에서 입학시험을 실시했다. 나머지는 부산 영선국민학교와 피난 중인 이화여자고등학교 천막교사를 빌려 전행을 진행했다. 이 2,473명의 지원자 중에 677명을 신입생으로 선발하였다. 기존 학생 및 신입생의의 수는 1,728명이었다. 여기에 더하여 1953년부터는 문교부 위촉으로 이학 중등교원양성소를 재개하여 95명을 선발했다. 대학원생은 신입생 28명을 선발하여 대학원생 총원 45명이었다. 이로써 연희대학교에 재학 중인 학생들은 1,863명에 달하였으며, 이 중 여학생은 85명(신입생 32)이었다. 1953년도 입학식과 개학식은 4월 6일 진행되었다. 4월 15일에는 서울 본교에 주둔하던 미군 통신부태가 이전했다. 이에 따라 1953년도 신학기부터 서울 본교를 지키기 위하여 심인곤 교수 및 1학년 중 일부인 119명을 보내어 강의를 진행했다.

부산 피난 중 연희대학교 졸업생 현황은 다음과 같다. 1952년에 거행된 1951년도 제2회 졸업생은 60여 명이었다. 1952년도 제3회 졸업식에서는 104명(문과대학 50, 상경대학 37, 이공대학 13, 신과대학 4)이 배출되었다. 1952년도 제4회 졸업생은 79명(문과대학 35, 상경대학 26, 이공대학 13, 신과대학 5)이었다. 이처럼 불규칙한 졸업 현황은 전시상황의 산물이었다.

전장 속 연희대학교 학생들의 다양한 군상

전쟁이라는 극단적 상황은 연희대생들의 삶의 터전과 학교 생활을 파괴했다. 많은 학생들이 전쟁터 속에서 살아갈 수 밖에 없었다. 특히 남학생들은 병역 문제로부터 자유로울 수 없었다. 정부 수립 이후의 병역 원칙은 '국민개병'에 입각하고 있었지만, 실질적으로 징병제가 가동되지 못한 상황에서 한국전쟁이 일어났다. 당시 병역법에 따라 평시라면 남성 대학생 대부분은 징집을 유예 받을 수 있었다. 그렇지만 전시의 상황에서는 이·

공·의학계 전공생은 제2국민병으로 징집을 유예 받을 수 있었지만, 이들을 제외한 대부분의 대학생들은 군의 형편에 따라 불시에 징집될 가능성이 있었다. 전시 상황에서 대학생이 징집을 연기 받을 수 있는 법적 근거가 마련된 것은 1952년 10월 18일 문교부 및 국방부의 합의 하에 '4285년도 학업계속을 위한 전시학생인정에 관한 건'이 의결되면서였다. 이에 따라 국방부가 인정한 학생들은 전시학생증을 교부받고 징병 및 제2국민병 소집을 학업이 끝날 때 까지 연기할 수 있었다. 이러한 사정으로 1950-52년간 대부분의 대학생들은 군속·통역 등으로 대체복무를 하거나 장병으로 입대할 수밖에 없었다.

연희대학교 학생 중 국군에서 싸운 경우를 살펴보자. 국군에 자원하여 참전한 인물 중 조창호의 사례가 주목된다. 한국전쟁 당시 연희대학교 재학 중이었던 조창호(교육학 1)는 국군 갑종장교로 임관하여 전선에 나섰다. 그는 1951년 5월 강원도 인제군 현리 전투에 참가했다. 현리전투는 한국전쟁에서 국군이 가장 큰 패배를 겪은 전투 중 하나였다. 조창호는 소속 부대가 와해당한 가운데 중공군에 포로로 붙잡혔다. 그는 조선인민군에 인민의용군으로 편입되었으나 1952년 탈출을 시도하다 발각되어 이후 노동교양을 당했다. 1994년 조창호는 중국을 통해 북한을 탈출한 뒤 목선을 타고 황해를 건너 한국에 돌아왔다. 이듬해인 1995년 조창호는 연세대학교에서 명예학사학위를 받았다.

전란 중 어려운 상황 속에서 군 복무중인 학생이 피란 중인 교수를 도우며 사제지간의 정을 이어간 경우도 있었다. 박희욱(철학 4)은 동해안 간성에 주둔한 모 부대의 민사부에 문관으로 근무하며 피난민들에게 구호물자 분배를 담당했었다. 그는 대구로 피난해 생활이 어려운 학교 교수들을 찾아다니며 쌀을 챙겨주기도 했었다. 사학과 이원영, 정영학이란 학생은 전쟁 중 철도경찰로 근무했었는데, 교수들에게 특별승차권을 구해주어 업무와 피난의 편의를 보아주었다.

연희대학교 출신으로 자신의 전공을 살려 한국전쟁에서 활약한 이들도 있었다. 물리기상학과 김성삼은 한국전쟁 발발 직전 연희대학교를 제1회로 졸업했다. 그는 한국전쟁 중 연희대학교에서 물리학 강의를 담당하기도 했었고, 1951년부터는 강릉에 위치한 국군 공군기상대에서 기상장교로 활동했다(기상청 황사연구과 기상역사팀, 2014, 62~72쪽). 특히 세브란스의과대학 출신 중 졸업생인 민광식(1937년 졸업), 정인희(1938년 졸업), 이헌재(1944년 졸업) 등은 군의관으로 활동했다. 그리고 1950년도 세브란스 간호학과 졸업예정자 중 17명이 간호장교로 활동하기도 했다. 이들은 전쟁 속에서 수많은 생명을 살렸다.

연희대학교 출신으로 영어 등 어학능력을 바탕으로 활약한 이들도 있었다. 1950년 12월 흥남철수작전에서 미군에게 협조를 구해 수많은 피난민을 살린 현봉학(세브란스 의학전문대학 1944년 졸업)은 너무나도 유명한 사례이다. 한편 1937년 연희전문학교 문과를 졸업하고 사회주의 문학인으로 활동한 설정식 역시 한국전쟁에서 활약했다. 그는 1951년도 정전회담 당시 조중련합군 대표단의 영어 통역으로 활동했으나 1953년도에 박헌영, 이승엽 등과 함께 미국 스파이로 몰려 숙청당했다. 특히 한국전쟁 발발 당시 연희대학교에 재학 중이었던 학생들도 영어 어학능력을 바탕으로 활약했다. 김운용(정치외교학, 49)은 1950년 9월 서울 수복 이후 국군 육군본부에서 유엔군 연락장교를 모집한다는 공고를 보고 지원하였고, 1951년 12월 중위로 임관하여 제5사단에서 국군과 유엔군의 통역을 담당했다. 김동길(영어영문학, 46)도 재학 중 한국전쟁을 겪었다. 그는 부산 해운대에 피난하여 미군과 한국인 노무자 사이에서 통역을 하며 생계를 유지하기도 했었다. 문효근(국어국문학, 50)도 한국전쟁 당시 미군 제25사단 예하에 있는 터키여단과 군수창고에서 통역을 맡았었다. 또한 연희대학교 사학과에 재학했던 정구일은 미군의 노근리민간인학살 현장에서 미군들에게 주민들의 무고함을 통역하였으나 비극을 막기에는 역부족이었다. 또한 박협(불문학 2)은 한국전쟁 당시 유엔군 프랑스대대에서 통역을 담당했다. 그는 전쟁 중 파리대학으로 유학을 갔다. 주관중(정치외교학 5)은 미군 부대에 취직하여 통역 일을 보았다. 부산 초량동 46번지에 위치한 그의 집은 전쟁기간 동안 연희대학교 부산연락소를 겸하였었다. 최기곤(이학 4)은 유엔보도 통역원으로 활동하며 10월 7일 38도선을 넘어 평양까지 다녀왔었다. 그는 1950년 11월 24일 연희대학교에서 열린 기도회에 참석하여 종군 경험담과 북한의 교회 및 선교사업에 관한 이야기를 전하기도 했었다.

한편 연희 출신으로 조선인민군에서 활동한 이들도 있었다. 1944년 연희전문학교 문과를 졸업하고 사회주의운동에 참여했던 시인 김상훈도 있다. 그는 해방 이후 한국에서 국민보도연맹에 가입했었지만, 한국전쟁 이후 조선인민군에 참가하여 월북하였다. 특히 수많은 군상이 유동하는 전쟁터에서 연희대학교 출신 중 조선인민군이 되어 남한 땅을 다시 밟은 이들도 있었다. 리홍염(이홍염)이라는 인물은 일제시기 조선의용군 군관으로 중국에서 항일전쟁을 수행했었다. 그는 해방 이후 북한에서 활동했는데, 한국전쟁 개전 직후 내무성 소속 철도경비여단 제10연대 연대장 소장계급으로 서울 땅을 밟았었다. 좀 더 검증이 필요한 사안이지만 부대원의 진술에 따르면, 리홍염은 연희전문학교 출신이었다고 한다.[4]

그리고 앞서 살펴보았던 전영철의 경우, 1948년 4월 남북연석회의에 학생대표로 홍명희를 수행하여 입북하였다가 한국전쟁 직후 조선인민군 장교가 되어 서울에 입성했었다. 이외에도 1953년 정전협정 이후 유엔군 입북적십자단의 일원으로 한국의 동아일보 기자가 입북하여 개성과 평양을 시찰했는데, 북한 측에서 나온 익명의 문화선전부원이 기자와 연희대학교 동문이었다는 이야기도 전한다.

3. 임시수도 부산에서 이어가는 학생운동

부산 영도 임시캠퍼스와 학생자치활동

한국전쟁 중 연희대학교는 임시수도 부산으로 이전하여 영도에서 임시교사를 설치하고 강의를 진행했다. 1951년 10월 3일 연희대학교는 부산시 영도 신선동 3가 748번지에 군용천막으로 임시교사를 설치하고 개강하였다. 이것이 최초의 영도 임시교사였다. 1951년 연말부터는 영도 영선동으로 교사를 옮기는 것이 추진되었고, 유엔민간원조사령부(UNCACK)의 지원으로 목조로 임시교사를 건설할 수 있었다. 영선동 임시교사는 1952년 7월 18일에 완공되었다. 당시 학생 수는 1951년 10월 당시 남학생 485명과 여학생 37명 도합 522명의 학생이었다. 전선이 안정된 1953년에는 학생 수가 크게 늘어 남학생 1,783명과 여학명생 85(신입생 32명)명 도합 1,863명의 학생이 재학 중이었다.

---

4 NA Tok Su, ATIS INTERROGATION REPORT NO. 1648 4 October 1950, 한국사데이터베이스 포로신문보고서, http://db.history.go.kr/id/powr_001_0110_0500, 검색일: 2021.06.

전시 하의 불비한 조건 속에 학생들은 영도 임시교사에 모여 학교생활을 이어갔다. 신선동 천막교사의 열악한 환경 속에서 연희대학교 학생들이 바로 착수한 일은 학생들의 자치활동을 재건하는 것이었다.

1951년 10월 개강 이후 기독학생회 SCM이 재조직되었다. SCM은 본디 일제시기 연희전문학교의 기독학생회 YMCA에서 유래했다. 1943년 일본에 의해 YMCA가 폐지되기도 했었지만, 해방 이후에 재조직되었다. 1947년에는 연희대학교에 남녀공학제도가 실시됨에 따라, 종래의 YMCA를 SCM(Student Christian Moment)으로 개칭하였다. SCM은 YMCA와 YWCA 두 운동을 포괄하는 운동체였다.

SCM 학생들은 영도 임시교사에서 직접 회실을 짓고 게시판을 세웠다. 또한 정기적으로 월례회를 가지고 잡지도 만들었으며, 정기학술강연회, 독서발표회, 토론회, 음악감상회 등을 개최했다. 1952년에는 SCM의 회원이 200여 명으로 늘었다. 1952년 7월 현재 SCM의 임원은 다음과 같았다.

회장: 신영일(대학원생)
부회장: 서준택(상과 4)
총무: 김영일(영문 3)
서기: 김순임(국문 3)
회계: 박동(신과 3)

이외에 전도부, 출판부, 회우부, 음악부, 체육부에 부장과 차장이 1명씩 있었다.

연희대학교 영도 임시교사의 학생자치활동 중에는 여학생들의 자치활동도 활발했었다. 1952년 7월 당시 영도 영선동 임시교사에는 여학생이 100여명 있었다. 이에 여학생실이 설치되었으며, 여학생의 지도를 위해 여학생감을 두었다. 초대 여학생감으로 큐슈제국대학 법과를 졸업한 최초의 한인 여성 중 한 명이었던 송효희가 취임했다.

여학생실은 여학생의 자치단체로 녹양회를 두고 있었다. 녹양회는 연희대학교 여학생의 자치활동 조직으로 예술 및 교육이 주를 이루었다. 또한 방학중 문교부 주최 농촌계몽운동에 참여하거나 교내에 판매부를 조직하고 문방구를 팔아 학비에 곤란을 겪는 학생들을 도와주기도 하였다.

당시 녹양회 취재 기사가 남아있어 참고된다.[5]

> 연희의 찬란한 문화와 전통을 유지하고 「레-디쉽」을 찬미할 것. 그리고 「젠틀-멘 쉽」을 부르짖는 연희의 정신이 넘으나 영광스러운 반면에 전통을 좀먹는 허무맹랑한 정신이 가끔 여학생의 눈으로 볼 때...... 수치스러운 연희의 학생이라고....여학생의 소리는 외칩니다.
>
> 저는 전통과 문화를 자랑하는 연희의 「레이디 쉽」이랍니다. 이번에 연희타임스에서 여학생소리를 통해서 남학생에게 일언하고저합니다. 우리 연희남학생은 밖으로부터 「젠틀맨 쉽」이라는 호칭을 받고 있습이다. 이 얼마나 자랑스러운 일이겠습니까. 그러나 제가보기에는 과연「젠틀맨 쉽」인가가 의심스럽습니다. 물론 공부나 옷차림에 있어서라면 그야말할 것도 없겠지만 어디 우리들이 알고 있는 「젠틀맨 쉽」이란 그런건가요? 교실에 의자를 모아놓고 드러눕는데 대해서는 아주 흉하기 짝이 없어요. 남학생끼리는 어떨는지 몰라도 우리 여학생으로 볼적에는 아주 어색해서 말문이 막혀요. 또한가지는 「젠틀맨 쉽」으로서의 언사만 사용한다면 우리 연희남학생은 어떤 여성을 막론하고 우러러 처다보겠끔 될것입니다. (LRS)

녹양회의 목표는 연희의 찬란한 문화와 전통을 유지하고 "레-디쉽"을 찬미하는 것이었다. 이러한 녹양회의 "레-디쉽"은 "젠틀-맨 쉽을 부르짖는 연희의 정신이 넘으나 영광스러운 반면에 전통을 좀먹는 허무맹랑한 정신"이자 "수치스러운 연희의 학생"이라고 자조적으로 소개되었다. 그렇지만 연희대학교 여학생 자치조직인 녹양회의 자기소개 서사 속에서는 전시 하의 억압적 상황과 학도호국단으로 대표되는 남성적 권위주의가 극대화된 학내외 분위기에 대한 일종의 저항이자 전복인 '재전유'의 맥락을 읽어 낼 수 있다는 점이 주목된다. 이러한 연희대학교 여학생들의 생각은 다른 글에서 더욱 구체적으로 파악된다.

남녀공학인 연희대학교에 여학생이 다니는 것은 "새로운 개척과 하나의 항거"라고 표현되었다. 당시 연희대학교 재학생 '난생(蘭生)'이라는 필자미상의 기고가 주목된다.

5 「연희타임스」, 속간 제1호, 1952년 7월 9일.

난생에 따르면 남자와 여자의 동등은 정치, 경제, 교육, 사회 등 모든 면에 있어 동등한 것이며 헌법으로도 보장되는 것이었다. 그렇지만 당대에는 구래로부터 생활 속에 깊이 새겨진 봉건적 관습 때문에 여학생이 일단 남자대학 학부에 수학하는 일 자체가 커다란 의의가 있는 것이라고 평가하였다. 이러한 남성 중심의 사회에서 필자가 "모 대학과 같은 여자대학"을 선택하지 않고 남학생들과 어깨를 나란히 한 것은 자신만의 이유가 있기 때문이었다. 이는 수적으로 우세한 뭇 남성과 공동 영위하는 가운데 남성들의 생활과 감정 등 모든 남성영역을 파악하여 장래의 사회활동에서 예비행동을 습득하려는 것이 이유였다고 밝혔다. 또한 난생은 "여성특유의 침식성"을 타파하고 "지적으로 월등한(이를 자인한다) 그들과" 모름지기 쟁투하려는 용맹성이 남달랐기 때문이라고도 하였다. 끝으로 난생은 여학생이 남학생과 쟁투하는 환경 속에서 여성의 고유미를 잃는 것은 아니라고 하였다. 그는 남녀공학일지라도 여성이라는 자각을 잊지 않는 가운데 교육균등 이념을 실천하는 것이 중요하다고 보았다. 또한 연희의 전통인 "젠틀맨쉽"에 새로이 "레디쉽"을 가미하여 이상을 높이자고 주장했다.

피난지 부산에서 학도호국단 재조직과 현황

피난지 부산에서 학교 운영이 안정되어 감에 따라 피난으로 와해 된 학도호국단이 재조직되었다. 정부는 문교부의 건의에 따라 1951년 5월 11일 '학도호국단운영요강' 및 동년 8월 24일 '대한민국학도호국단규정 개정안'을 발표하였다. 이러한 조치는 전시 하에 학도호국단 및 기타 우후죽순 생겨난 우익 학생단체들이 군사·정치단체로 전용되는 것을 방지하고, 학교중심의 학생자치를 강조하기 위한 조치였다. 이러한 추세에 맞추어 1951년 11월 10일 연희대학교 학도호국단이 재편성되었다. 이 날 부산 송도 근처의 채석장 뜰에서 연희대학교 교직원 및 학생들이 모인 가운데 학도호국단의 편성식과 사열 및 분열식이 열렸다.

그렇다면 전시 재편성된 연희대학교 학도호국단 조직은 어떻게 구성되어 있었을까.

1952년 7월 연희대학교 학도호국단 조직 현황

단장: 김윤경	훈련부장: 김태준
지도위원: 교수일동	종교부장: 이영일
학생총운영위원장: 주관중 (임시)	연대장 김태준
총무부장: 우형근	제1대대장 김석후
학예부장: 박래원	제2대대장 최한형
후생부장: 김진수	
공작부장: 오인석	문과대학운영위원장 주관중
규율부장: 김창희	상경대학운영위원장 유고 중
UN학생부장: 김진수	이공대학운영위원장 송요택
체육부장: 윤한선	신과대학운영위원장 김계영

출전: 「연희타임스」, 속간 제1호, 1952년 7월 9일

전시에 재조직된 학도호국단의 특징은 중앙학도호국단 차원에서 행정조직이 간소화되었지만, 각 학교의 총장 및 교장 본위로 통제가 강화된 것이라고 이해된다(연정은, 2004, 217~220쪽). 전시 연희대학교의 학도호국단 조직은 문교부에서 1951년 개정·하달한 표준적인 대학교 학도호국단 조직과 크게 다르지 않다. 당시 표준은 대학교 학도호국단의 단장을 총장으로 두고 그 아래 학생위원장을 선출하고, 학생위원장을 중심으로 각 부(훈련, 체육, UN, 후생, 학예, 기율, 공작, 총무)를 구성하는 방식이었다. 연희대학교 학도호국단의 단장은 당시 총장서리를 맡아보던 김윤경 교수가 담당했고, 학생총운영위원장은 주관중(정치외교학 5)이 맡았다.

그렇다면 연희대 학도호국단 각 부의 조직은 어떠하였는가. 우선 각 부의 부장을 맡고 있는 학생들은 반탁운동의 전면에 나섰던 선배 세대와는 달랐다. 이전의 학도호국단 학생 간부들은 대체로 반탁학련이나 전국학련의 간부 출신이었다. 그러나 이 시기 학도호국단 학생 간부 중 반탁학련이나 전국학련에 적극 참여한 인물은 보이지 않는다. 각 부의 구성으로는 다음이 주목된다. 우선 연희대의 경우 기독교 전통에 따라 종교부를 설치한 것이 특징적이었다. 또한 전시의 불비한 여건에 따라 교내 복지를 위해 후생부를

설치한 것으로 보인다. 유엔군의 참전 및 유엔민간원조사령부(UNCACK), 유엔한국재건단(UNKRA) 등의 영향을 고려하여 유엔학생부가 설치된 점도 주목된다. 당시 UN학생부는 영자신문 발간, 영어웅변대회 개최, 유엔인사 내방 시 통역 등을 담당하는 일종의 학술자치조직이었다고 볼 수 있다. 한편 전쟁 전 감찰부라는 명목의 학생통제는 여전히 훈련부라는 이름으로 유지되고 있었다. 감찰부는 말 그대로 학내의 좌익 학생운동을 감시·탄압하는 '감찰'기능과 학도호국단 간부로 하여금 일반 학생을 규제하는 일종의 분할통제 기능을 담당하고 있었다. 전자의 감찰 기능은 이미 한국전쟁으로 남한 사회 내의 좌익은 지하화한 상황이었기 때문에, 학생 일반에 대한 통제와 교내 학도호국단 중심의 군사훈련을 강화하는 의미에서 훈련부로 변모한 것으로 보인다.

이듬해 1952년부터는 학도호국단의 운영이 본격화되었다. 1월 12일 토요일 오전 11시부터 부산시 제3육군병원(토성국민학교)에서 연희대학교 학도호국단 제1회 학생훈련 사열식 및 강평이 열렸다. 사열관으로는 국방부 병무국장 백홍석 대령, 경남병사구사령관 홍순봉 대령 등이 참석했다. 학생들은 열병식, 분열행진 등을 실시했고 사열관으로부터 강평을 들었으며, 교복검열을 받기도 했다. 이처럼 엄숙한 분위기의 행사임에도 불구하고, 이 날 연희대 학도호국단 학생 530여 명 중 261명만이 참가하는데 그쳤다. 전쟁 전에도 그러하였듯이 빈번한 학도호국단 훈련 및 동원은 학생들의 학업에 지장을 주었을 뿐만 아니라 학생들의 염증을 자아냈다고 볼 수 있다. 그리고 학도호국단의 훈련은 정작 대학생의 시급 사안인 징병 유예에는 아무런 '법적 효용'[6]을 제공하지 못했다. 학생들은 훈련 중에 바람이 들이치는 천막 안 바닥에 거적 한 장만 깔고 합숙해야만했다. 이러한 열악한 환경에 대해 많은 학생들이 훈련에 불참했고, 학부모들도 학교 당국에 반대의사를 내비쳤었다.

또한 전시 하의 빈약한 경제 상황에서 학도호국단 운영은 학생과 학교에 부담을 가중시켰다. 가령 1952년 1월 2학기(1월 7일 개강) 학생 등록금의 세부항목을 참고해보면 다음과 같다.

6 1952년 10월 18일에 들어서야 '4285년도 학업계속을 위한 전시학생인정에 관한 건'이 의결되었다. 이에 따라 국방부가 인정한 학생들은 전시학생증을 교부받고 징병 및 제2국민병 소집을 학업이 끝날 때 까지 연기할 수 있었다.

수업료: 35,000원
후원회비: 50,000원
시설비: 50,000원(1951년도 학기 미납 학생만 해당)
호국단비: 2,500원
훈련비: 10,000원
합계:147,500원

당시 학생 등록금의 세부항목에서 주목되는 것은 호국단비와 훈련비이다. 호국단비는 교내 학도호국단 운영을 위한 비용이었다. 그리고 훈련비 10,000원은 1952년 1월부터 새롭게 부과된 항목이다. 이는 연희대 학도호국단에서 연중 진행할 군사훈련 및 합숙훈련에 소요될 예산 750만 원 중 500만 원을 학생들에게 분담시킨 것이었다. 당시 박희병 중앙교육연구소 소장은 학생의 정신무장, 멸사봉공을 위해 집단훈련을 강조하였고, 이에 따라 피크닉, 수영, 일선방문 등 학도호국단을 중심으로 합동훈련을 실시하도록 했었다. 이러한 합동훈련에 소요되는 훈련비용은 급식비용, 물품비용, 행사비용, 교통비는 물론이고 초빙 교관들을 위한 사례비까지 포함되어 있었다. 1952년 1월 현재 연희대학교 전임교수의 월급이 255,000원, 시간강사의 강의료가 매 시간 5,000원이었다. 이러한 점에 비춰 볼 때 학도호국단 훈련 관련 소요 비용은 학교의 전시 예산 운영에 부담을 가중시켰음은 물론이고, 학생들에게도 상당한 부담으로 작용했던 것이다.

학도호국단의 관제 시위 동원과 정치적 균열의 징후

재편성된 학도호국단은 다시금 관제 데모에 동원되었다. 이때 학도호국단은 주로 휴전회담 반대 시위를 벌였다. 휴전회담은 1951년 7월 10일 이래 개성에서 개최되어 10월부터는 판문점에서 진행되었다. 휴전회담은 1953년 7월 27일 정전협정 체결까지 오랜 시간 난항을 겪었다. 이는 포로송환 문제를 두고 유엔군 측과 공산군 측이 첨예한 갈등을 빚었기 때문이다. 그런데 한국 정부는 전쟁의 당사자였지만 유엔군사령부 및 미국으로부터 휴전회담에서 배제당하고 있었다. 이는 한국군의 작전지휘권을 유엔군사령관이 이관 받은 점, 무엇보다도 한국 정부가 북진통일을 주장하며 휴전회담을 극구 반대하고 있었기 때문이다.

1951년 12월 6일부터 부산 시내에서 학도호국단 소속 대학생들의 휴전회담 반대 시위가 이어졌다. 6일에는 서울대 사범대학의 시위가 있었고, 7일에는 연희대와 이화여대의 시위가 있었다. 학생들은 '통일 없는 휴전을 반대한다'라는 구호로 가두행진을 벌였다. 이때 부산 거리를 활보하던 미군들이 학생들에게 욕을 퍼붓기도 했다.

부산에서의 학도호국단의 시위는 전쟁 이전과 마찬가지로 표면상은 학생들의 자발적인 궐기였지만, 실상은 문교부 산하 중앙학도호국단의 지시에 따른 것이었다. 이러한 까닭에 7일 시위 참석을 위해 연희대학교는 오후 수업을 모두 휴강시켜야 했다. 시위에 참석한 학생들도 잦은 휴강과 과제 미제출 등으로 학업에 지장을 겪었다.

연희대학교 학생이 눈에 띄는 역할을 한 휴전회담 반대 시위도 있었다. 1952년 11월 27일에는 미국 대통령 당선자 아이젠하워의 내한(1952.12.2.~1952.12.5.)을 앞두고 부산시 충무로에서 환영대회가 개최되었다. 전국의 대학 32개교 및 고등학교 38개교 학생 40,000여 명이 동원된 대규모 집회였다. 연희대학교 학도호국단 학생총운영위원장인 주관중이 사회를 보았다. 이 날 학생들은 '휴전회담 촉진', '멸공통일', '북진통일' 등의 플래카드를 내 걸고 '미국의 자유민주주의가 국제공산주의를 격멸시킬 것'이라고 주장하며 환영대회를 진행했다. 1953년 4월 22일에는 중앙학도호국단 창립 4주년 기념식 및 북진통일학도총궐기대회가 부산시 충무로에서 개최되었다. 이 날 역시 대학교 및 중고등학교 학생 수 만 명이 운집하였다. 연희대학교 학생으로 전국학련에서 활동한 이재연이 "백두산 영봉 위에 태극기 휘날리고 영원히 보장된 자유와 평화의 종소리가 삼천리 전역에 울리는 날까지 일로매진하자"는 선언서를 낭독하였다. 이후 학생들은 국토분할을 전제로 하는 휴전을 절대 반대하며, 한국 정부를 절대 지지한다는 등의 결의를 내세우며 가두시위를 벌였다.

1953년 6~7월에는 휴전협정 체결과 학교의 신촌 캠퍼스 복귀를 앞두고 학생들이 서울에서 시위를 벌였다. 6월 17일 서울에서 연희대학교 및 10여개 학교 학생이 모여 북진통일과 중립국 인도군의 입국을 반대하는 집회를 열었다. 같은 달 19일에는 서대문구 각급 학교 연합학생대회를 열어 포로교환협정으로 풀려난 반공포로를 맞이하는 환영대회를 열었다. 또 7월 8일 탑골공원에서 연희대학교와 이화여대 학생들이 모여 북진통일을 주장하는 시위를 벌이기도 했다.

『연희춘추』 신문에 연희대 학생들이 부산 시내에서 주도한 휴전회담 반대 시위에 관한 자세한 기사가 남아 있어 참고 된다.[7]

1953년 6월 9일은 한국전쟁 포로교환협정이 체결된 다음 날이었다. 이 포로교환협정으로 1년 반 동안 끌어왔던 휴전회담의 포로 송환 문제는 일단락되었고 한국전쟁은 정전협정 체결을 눈앞에 두게 되었다. 이에 연희대 학생 1,900명은 포로교환협정과 휴전에 반대하는 시위를 감행했다. 집회에서는 조경주, 조희철, 이병욱 3명이 등단, "민족의 지성과 양심의 상징으로 자처하는 우리 학도로서 어찌 조국의 위급지사태를 묵인할 수있을것인가? 통일과 자유를 위한 우리 피끓는 의욕을 과시하자"라는 요지의 연설을 펼쳤다. 이후 학생들은 "통일없는 휴전결사반대", "통일아니면 죽엄을 달라", "한국의 주권을 사수하자"라는 플래카드를 들고 시민들의 환호를 받으며 시가행진을 진행했다. 코스는 영도교-부산시청-경남도청-국회의사당(부산극장)-미국 대사관(보수동)-부산역 앞 미군기지(제55병참기지창)로 이어졌었다.

여기서 주목할 점은 연희대 학생들의 시위가 정부 당국뿐만 아니라 미국에게로 향하고 있었다는 점이다. 연희대학교의 휴전회담 반대 집회와 거의 동시에 학생과 대중의 반미의식이 격양하는 사건이 발생했다. 1953년 6월 9일 부산에서 진명여자고등학교 학생 21명이 유엔군 헌병에게 총상을 입거나 구타당하는 사건이 발생했다. 같은 달 12일 부산 시내에서 열린 학생 시위에서도 유엔군의 발포가 있었다(연정은, 2004, 223~225쪽). 이러한 일련의 사건에 대해 경찰은 다음과 같은 성명을 내었다.

> 시위에 있어 오직 북진통일을 절규하는 국민의 총의를 반영할 뿐이지 우방 국민에 대하여 폭행을 가하거나 반미적인 망행을 행사하여서는 안 되며 이 운동에 편승하여 외국인배척행동을 하거나 국가민족을 해하는 오열분자가 있을 때에는 이를 엄단할 것.

경찰은 시위대의 지나친 반미적 행동은 '오열분자', 즉 간첩으로 간주하겠다는 경고

7 「남북통일을 절규하고: 본교생솔선궐기」, 『연희춘추』(1953년 제1호) 1953년 6월 26일.

를 표했다. 당시 간첩, 빨갱이라는 낙인은 사형선고와 다름없는 것이었다. 이는 이승만 정권의 입장에서 동원하고자 한 '국민의 총의'에 허여된 범위를 여실히 보여주는 것이었다. 결국 6월 12일부터는 미군 헌병과 한국 경찰에 의해 부산역 일대 군사시설 및 외국공관 지역에서 집회가 금지되었다.

1952-53년 휴전회담 국면에서 이승만 정부는 휴전 반대를 줄기차게 주장하고 반공포로를 무단 석방하여 미국을 압박했다. 또한 이 과정에서 학도호국단을 선두에 세우고 대중을 동원한 관제 시위를 허다하게 벌였다. 이를 통해 이승만은 대외적으로는 미국으로부터 군사원조와 한미상호방위조약을 확보하려했고, 대내적으로는 휴전에 대한 국민들의 좌절감을 보상하고 정권에 대한 지지를 얻을 수 있었다(김보영, 2009, 190~194쪽). 그런데 이승만 정권은 '민의' 동원 과정에서 때로는 의도치 않게 학생과 대중들의 민주주의 주체로서 정치적 자각, 반미로도 번질 수 있는 민족주의적 열정을 마주하기도 하였다. 독재를 연장하려는 이승만 정권의 입장에서는 이러한 학생과 대중들의 정치의식은 과잉된 것이었고 불안하게 유동하는 것이었다. 즉 한국전쟁 시기 학도호국단의 운영과정에서는 독재정권의 관제 동원과 통제 그리고 학생들의 자발적 참여와 정치적 자각이라는 균열과 모순이 나타나고 있었다.

부산정치파동 정국의 혼란과 연희대학교 선전문 사건

1952년 여름 임시수도 부산에서 이승만 대통령은 독재정권의 기반을 만들어 나갔다. 이른바 부산정치파동에서 발췌개헌으로 이어지는 일련의 사건은 이승만 정권의 정치적 취약성에서 기인한다. 이미 1950년 5월 30일 제2대 국회의원 선거에서 야당이 압승했고, 국회에서 대통령간선제를 유지하는 이상 이승만의 연임 전망은 어두웠다. 이승만은 연임을 위해 자유당을 창당했다. 또한 국회 양원제와 대통령직선제로 개헌을 추진했다. 그렇지만 이 안은 1952년 1월 국회에서 압도적으로 부결 당했다. 이에 대한 대응으로 이승만은 관제 시위를 조직하여 '민의'를 동원하였다. 국회의원을 소환하자거나 국회를 해산시키자는 과격한 벽보가 돌고 폭동이 일었다. 혼란을 틈타 이승만은 1952년 5월 25일 부산, 경남, 전남, 전북 일대에 계엄령을 선포하였다. 다음 날 26일에는 국회의원 40여

명이 탑승한 통근버스를 헌병대로 연행하였다. 이들에게는 '국제공산당'의 정치자금을 받았다는 혐의가 붙었다. 5월 말 미국 측의 성명과 부통령 김성수의 사임이 있었지만, 이승만 측에서는 위기와 공포를 더욱 부추겼다. 5월 말에는 '정부혁신위원회'라는 '국제공산당' 용공조작사건이 있었고, 6월 중에는 이승만 대통령에 대한 저격미수사건이 일어났다. 결국 1952년 7월 4일 국회는 군경에 포위당한 가운데 기립표결을 통해 대통령직선제와 양원제를 골자로 하는 발췌개헌을 통과시켰다. 이에 따라 7월 7일 제1차 개정헌법이 공포되었고, 8월 5일 제2대 대선을 통해 이승만이 대통령에 재선되었다.

부산에서 계엄령 선포, 국회의원 체포, 용공조작사건이 횡행하는 가운데, 1952년 6월 연희대학교 안에서도 시국을 반영한 일련의 사건들이 벌어졌다. 1952년 6월 17일 화요일 아침 교내에서 선전문이 발견되었다. '동경유학생'이라는 이름으로 인쇄한 결의문이 교실에 배포되어 있었고 또한 등사된 문건이 칠판에 붙어 있었다. 그 내용은 다음과 같았다.

(1) 민주주의의 확립과 전제를 배격할 것
(2) 부산지구 계엄령을 걷을 것
(3) 가둔 국회의원을 내어 놓을 것
(4) 헌법을 엄수할 것
(5) 공산주의 타도

때마침 문교부 차관을 통해 오늘 17일 오전을 기해 일군의 학생사건이 일어날 것이니 각 대학 당국은 학생들의 동향을 예의주시하라는 지시가 학교에 접수되었다. 오후 6시 경찰 관계자들이 학교에 와서 전단지 일부를 회수했다. 또 경찰들은 전일 숙직한 교직원과 학생, 기타 목격자들을 조사를 이유로 부산 수상경찰서로 데려갔다. 학생 김순임(국문과 3), 김완중(법과 2), 김세창, 서행철, 장정원이 잡혀갔고, 사환 남윤희와 이창섭이 붙잡혀 갔다. 학생 중 김순임은 김윤경 교수의 딸이었고, 장정원은 장기원 교수의 딸이었다. 심지어 사환 남윤희는 경찰들에게 구타당하하고 물고문까지 당했었다. 이들은 다음날 새벽 3시가 되어서야 돌아왔고, 일부는 오후 2시가 되어서야 풀려날 수 있었다. 그렇지만 누가 문건을 작성하고 학교에 배포했는지 현재까지 정확히 밝혀진 바는 없다.

연희대학교의 시국규탄 선전문과 더불어 동시다발적으로 사회 각처에서 선전문, 벽보, 삐라, 괴벽보 등이 등장한 점이 주목된다. 이미 1952년 2월 중순부터 관변 우익 청년 단체들이 '민중의 분노', '국회의원 소환'을 운운하며 시내에 벽보를 붙였다. 원내외 자유당은 당연히 모르쇠로 일관했지만, 이는 대통령 이승만의 연임을 위해 국회를 압박하는 관제시위의 일부였다. 동년 5월에도 '백골단'과 '땃벌떼'의 명의로 국회를 규탄하는 극우 벽보가 지속되었다. 그런데 6월 후반부터는 좌익 측의 혐의로 의심되는 벽보들이 등장하기 시작했다. 가령 6월 17일 대전에서 한국독립당 출신자 등 8명이 '일본 모 단체'의 영향으로 '괴뢰'의 조직망을 재건을 위해 벽보를 붙이다 적발된 사건이 있었다. 6월 22일 서울에서는 일본 메이지대학 전문부 법과 출신으로 서대문구 만리동에 적을 둔 백남홍이라는 사람이 조선로동당 세포들과 함께 당 재건을 위해 시내에 벽보를 붙이다가 적발된 사건이 있었다.

이승만의 부산정치파동과 벽보로 인해 부산 시내의 민심이 동요하고 허위 정보가 난무했다. 영남지구계엄사령부는 시국의 불안과 질서 유지를 이유로 사령관 육군소장 원용덕의 명으로 포고문을 발표했다. 1952년 5월 29일 포고문 제2호를 통해 간행물, 방송, 도서, 벽보, 원고, 각본 등에 대한 국방부 정훈국 사전검열을, 동년 6월 22일 포고문 제6호를 통해 사회질서 문란을 일으키는 자, 허가 없는 집회, 벽보나 출판물의 무허가 간행 및 살포 등의 행위에 대한 제지와 이에 불응하는 자는 최고 총살까지 할 수 있음을 명시하였다.

부산에 계엄령이 내려지고 연희대에 선전문이 뿌려진 6월 20일, 계엄사령부는 부산 시내 각 대학 책임자를 모아 간담회를 열었다. 계엄사령부는 만일 대학에서 학생의 반정부 행동이 일어난다면 학교를 폐교시켜버리고 학생들을 모두 일선 병사로 보내겠다는 협박을 가하였다. 이와 동시에 내무부 치안국에서도 학교로 공문을 보내 학교 측은 학생들의 동향을 감시하고 유사시에 신속히 연락할 것을 주문하였다. 연희대는 학교 차원에서 학생처장 박상내로 하여금, '학생들은 정당에 참여하지 말고 집회 참여시에는 학적을 떠나서 하라'는 정도의 주의를 주었다. 이윽고 내무부는 학생들의 반정부 시위 계획문서를 압수했다고 주장하며, 6월 22일부터는 반정부 시위를 '미연 방지'한다며 학생들을 잡아들이기 시작했다. 이러한 검거 선풍 속에 6월 25일에는 연희대학교 학생 최동우(국문과 2)가 계엄사령부에 검거되어 부산경찰서에 유치되는 일도 있었다.

부산정치파동 당시 관제 학생운동 동원 시도와 연희대 학생들의 반향

1952년 하반기 이승만 정권은 독재를 위해 부산정치파동과 발췌개헌으로 헌정을 유린하였다. 이 과정에서 이승만 정권은 학도호국단 혹은 우익청년단을 동원하여 수많은 관제시위를 벌였다. 1952년 6월 23일 월요일 연희대학교 안에 작은 충돌이 일었다. 탁치정국 이래 연희대학교 우익 학생운동을 주도해온 '올드보이'들이 현역 학생들을 부산정치파동과 발췌개헌을 지지하는 관제 시위에 동원하려 선동했던 것이다. 그러나 학생들의 반응은 예전 같지만은 않았다.

이 올드보이들은 장순덕, 홍영철, 신진이란 자들로 1948년 정부수립을 전후한 시기 연희대학교에서 우익 학생운동을 주도한 인물들이었다. 장순덕은 1949년 연희대 학도호국단에서 학도대장을 맡았던 정외과 졸업생이다. 장순덕은 학도호국단 학도대장으로 재학 중이던 1949년 6월 당시 중앙학도호국단의 관제 시위 동원에 연희대 학생들을 대표하여 반대의사를 공개적으로 표한 인물이었다. 그랬던 그가 이 시기에 들어서는 역설적으로 학생들의 관제 동원을 주장하고 나선 것이었다. 홍영철 역시 동시기 연희대 학도호국단에서 학도대장 대리를 맡았었는데, 1952년 현재 학교를 졸업하지 못하고 제적된 상태였고 학도경찰대로 있었다. 다른 한 명은 신진이라는 자로 연우체육회(연세체육회의 전신)에서 활동하는 사람이었다. 장순덕과 홍영철은 정부 수립을 전후한 시기 반탁학련과 전국학련 등에서 활동한 연희대학교 우익 학생운동의 리더들이었다. 신진 역시 전국학련, 서북학련 등에 몸담았고 학생운동의 일선 현장에서 활동한 인물이었다.

장순덕 등은 부산극장에서 열리는 '전국학도 총궐기대회'에 연희대학교 학생들을 데려가려했고 학교 측에 '협박'에 가까운 요청을 해왔다. 이들은 학교 측과 마찰을 빚었다. 학생처장 박상내가 이들의 행동을 막아섰다. 장순덕 등은 학생들의 궐기대회 참가는 특정 정당과 관련이 없으며, 연희대학교는 지난 반정부 선전문 사건을 해명하기 위해서라도 참가해야한다고 주장했다. 이에 대해 교무처장 신동욱이 학교는 문교부에서 별도의 지시가 없는 이상 정상수업을 실시해야 함을 강조하며 이들의 요구를 거절하였다. 그러자 장순덕 등은 강의실을 돌아다니며 학생들에게 학교 당국이 학생들의 시위참가를 개인의 자유로 허락했다는 거짓말을 하며 선동하고 다녔다. 학생들 사이에서도 참석 여부를 두고 아침부터 주먹다툼이 있었다. 결국 총장 대리 김윤경이 나서서 동요하는 학생들을 진정시키고 학생들을 다시 학교로 돌려보냈다. 문과대와 상과대의 학생 일부가 시위에 나갔지만 대부분 학생은 학교에 남아 강의를 속행할 수 있었다.

4. 전시기 세브란스 학생들의 의료구호활동

전재민구호활동, 무의촌 진료 등 사회봉사활동의 성격을 띤 세브란스 학생들의 의료봉사활동은 1950년 한국전쟁이 발발하면서 또 다른 형태로 이어졌다. 한국전쟁이 발발한 후 세브란스 출신의 좌익 계열 인물들은 이른바 '세브란스 의과대학 재건위원회'를 조직하여 북한 인민군의 지원하에 학교와 병원을 장악했다. 세브란스병원은 북한군에 징발되어 의사가 38명, 입원환자가 400명인 제13후방병원이 되었고, 서울의 다른 병원 역시 마찬가지였다. 이후 1950년 9월 27일 서울이 수복되어 병원과 학교가 정상화되는 것 같았지만, 다시 중국이 전쟁에 개입하면서 세브란스의 교수진과 학생은 피난을 떠나야 하는 상황이 펼쳐졌다. 그러한 가운데 세브란스 학생들은 부상자 치료에 전념했고, 졸업생중 일부는 전쟁 발발 직후 군의관으로 임관했다. 또한 전쟁 도중에 학업을 끝마친 학생들도 졸업과 동시에 입대하여 군의관으로 활동했다.

전쟁이 지속되자 후방에 종합의료기관을 설치할 필요성이 더욱 절실해졌다. 이에 세브란스병원에서는 거제도, 청도, 원주 등에 구호병원을 개원하였다.

1951년 1월에는 세브란스 학생은 부산으로 내려가 전시연합대학에서 학업을 지속했고, 교수진의 일부와 세브란스병원부속고등간호학교 학생들은 거제도 장승포시에 개원한 세브란스병원으로 이동했다. 거제 세브란스병원은 당시 거제도의 유일한 종합병원으로, 흥남대철수 등으로 각지에서 거제도로 피난 온 동포들의 의료와 위생을 담당하였다. 개원 초기에는 병원 규모가 크지 않았지만, 이곳이 유엔민간원조사령부(UNCACK)가 지정한 거제의 의료와 위생을 담당할 의료기관으로 상정되면서 장승포국민학교를 병원으로 활용하게 되어 공간을 확보할 수 있었다. 전시연합대학에 편제된 세브란스학생들도 수시로 거제도로 건너가서 환자 진료를 도왔고, 현지에서 간호교육을 받던 학생들이 간호업무를 도왔다.

거제세브란스병원에서는 피난민뿐만 아니라 거제도민, 미군, 그리고 포로수용소 환자의 건강을 담당했다. 아울러 민사원조사령부의 방역활동을 같이 수행하면서, 피난민의 건강상태를 조사하고, 전염병 환자의 발견과 격리 등의 방역 활동도 담당했다. 병원은 1951년 1월말경에 개원하여 1952년 3월 주요 의료진이 서울로 복귀한 후에도 일부 의료진이 남아 운영하며 거제의 종합의료기관으로서 자리잡았다.

세브란스는 거제 세브란스병원 개원 이후에 청도에도 구호병원을 개원하였다. 이는 당시 보건부 장관인 오한영이 제2국민병 중에서 많은 사람들이 동상과 기아로 고생하는 것을 보고 구호병원 설치를 결정했기 때문이다. 이에 세브란스병원, 서울대학교병원, 적십자병원 등 8개 병원장을 소집하여 형편이 닿는 대로 구호병원을 열어줄 것을 요청했다. 당시 세브란스병원장이었던 문창모는 밀양을 맡았는데, 시찰 과정에서 국민방위군의 참상을 목격했다. 국민방위군 사령부가 실제 방위군에게 돌아가야 할 보급품을 대규모로 부정 착복하는 바람에, 각지에서 병력을 징집하여 이동하는 과정에서 사상자가 다수 발생한 것이었다.

이에 문창모는 밀양 등지에 산재된 국민방위군 출신 환자들을 청도로 모아 세브란스 분원을 설치하여 구호에 착수했다. 처음에 구호병원을 설치하고자 했던 밀양은 환자가 처한 의료환경이 열악하여 더 큰 규모인 청도국민학교를 확보했던 것이다. 여기에는 천 명이 넘는 환자가 모여들었다. 구호활동에는 3, 4학년을 중심으로 세브란스학생들이 참가했고, 적극적으로 부상자 치료에 나섰다. 학생 한 명이 40여 명씩 수용되어 있는 교실 하나를 담당했고, 치료는 물론이고 식사, 대소변, 세수 등의 시중까지 들었다. 청도 구호병원에서 약 14만 명의 환자를 진료했다고 전해진다. 청도 구호병원의 열악한 환경은 학생들에게 상당한 희생과 봉사정신을 요구했지만, 1951년 7월 중순경 청도 구호병원이 폐쇄될 때까지 그들은 성공적으로 역할을 수행했다. 그러한 노력 덕분에 청도 구호병원의 운영은 다른 구호병원보다도 성공적이었다는 평가를 받는다.

1951년 7월경 청도 구호병원이 폐쇄될 즈음 미8군에서는 피난민과 군 노무자들이 많은 원주에서도 세브란스의 의료진이 진료를 담당해줄 것을 요청했다. 원주는 춘천이나 기타 북쪽 지역의 피난민들이 고향으로 돌아가려고 할 때 대기하는 지역이었고, 중동부 전선의 보급기지로 전략물자들이 이곳에서 다양한 교통수단으로 전선까지 운반되는 지역이었기 때문에 의료문제는 상당히 중요했다. 이에 세브란스에서는 원주에도 구호병원을 개원하기로 결정하고, 예전에 은행으로 사용하던 건물을 수리하여 병원으로 삼았다. 1951년 8월 25일부터 병원 진료를 시작했는데, 전선에서 발생한 한국인 군인 환자를 제외하고는 모두 원주 구호병원에서 치료를 받았다. 일부 민간인도 있었지만 대부분은 미군 부대에 배치된 한국인 노무자들이었다. 병원장을 맡은 문창모를 비롯하여, 이보영, 이병희, 이동섭, 황규철 등이 의료진으로 배치되었고, 강두희, 조항구, 박영선 등 다수의 의과대학 학생들이 함께 원주로 가서 진료를 담당했다.

4장 전후 재건과 연·세 합동 시기의 학생운동

1. 학도호국단: 통제와 자치의 사이에서

전쟁 이후 학도호국단 운영 개황과 학교 당국의 통제

1953년 7월 27일 정전협정 체결되었다. 정부기관 등이 수도 서울로 다시 복귀하기 시작했다. 연희대학교는 부산분교를 유지하는 가운데, 1953년 8월 중 3차에 걸쳐 짐을 서울 신촌 캠퍼스로 옮겨 27일 복귀를 완료하였다. 연희대학교는 한국전쟁 중 부터 서울 신촌 캠퍼스에 대한 관리를 해오고 있었지만 전쟁 직후 캠퍼스의 사정은 강의를 할 만큼 여의치는 않았다. 제2학기 강의는 예정보다 2주 늦은 9월 14일부터 시작되었다.

서울에서 개강한 이후 학생의 등록과 출석이 정상화되기까지 시간이 꽤 걸렸다. 1953년 10월 초에는 출석 학생수가 1,100여 명에 불과했다. 이는 직전학기 부산에서 재학생이 1,821명이었던 것에 비해 몹시 부족했다. 그러나 학생의 등록사정은 시간이 지나면서 호전되었다. 1954년 4월 1학기 초에 들어서 신입생을 받으며 등록생 수는 2,304명(신입생 1,018명, 부산분교 33명, 복교생 83명, 중등교원양성소 43명 포함)에 달하게 되었다.

전쟁 이후 학교에서는 학생 중심의 자치가 움트고 있었다. 기왕의 학도호국단은 여전히 건재했다. 그렇지만 전쟁 중인 1951년 이래 학도호국단은 관제 동원체제의 내적 균열에 직면하여, 학원과 학생들의 자치를 강조하는 방향으로 변해왔다. 학도호국단 기존 조직은 문교부 중앙에서 시·도 지역단위를 경유하여 각 학교로 이어지는 수직적 위계였는데, 법제 개정을 통해 문교부의 중앙 조직을 축소하고 시·도 학도호국단을 폐지하여 학원의 자치에 힘을 실어주었다. 학도호국단의 통제 방식은 군사적 규율에서 민족주의와 민주주의를 결합한 이른바 도의교육을 강조하는 방향으로 변모하였다. 그리고 학도호국단에 학생들의 참여를 유도할 목적으로 문예, 미술, 체육 분야 등을 진흥하였고, 학내 간부 선출에 직선제를 도입했다. 그러나 이러한 변화에도 불구하고 학도호국단은 본질적으로 이승만 정권의 반공주의적 관제 동원과 학생 통제기구라는 성격을 벗어나진 못한 상태였다(연정은, 2004. 233~237쪽).

한국전쟁 이후 연희대학교의 학도호국단은 문과, 신과, 상과, 이공, 정법 5개 단과대학 단위로 운영위원장을 선출하였다. 각 단과대학의 운영위원장은 학생들의 선거로 선출했다. 다만 오늘날의 총학생회장에 해당하는 학도호국단 총운영위원장은 직선제(1954), 2개월간 순번제(1955) 등으로 선출되었기에 일정한 선출기준이 부재했다. 이러한 상황에서 학도호국단의 운영과 자치의 방향을 쥔 학생위원회는 학교 당국의 강력한 감독과 영향 아래 놓여있었다. 학도호국단 간부들은 학생들의 의사에 따르기 보다는 학교 당국의 의향을 추수하는 경향이 컸다. 일례로 1954년 11월 27일에 실시된 정법대학 운영위원장 선거에서 당선된 학생이 교무위원회의 인준을 받지 못해 재선거를 치른 사례가 있었다.

1956년 9월부터는 각 단과대학 호국단 운영위원장 선출방식이 재학생 전원의 의사를 반영하는 직선제로 정착되었다. 당시 학생처에서 정한 선출방법과 입후보 등록 요령은 다음과 같았다.

1. 입후보자격자는 정상적인 삼학년 재학생으로 품행이 방정하고 성적 출석이 양호하며 처벌을 받지 않은 자로서 타학생의 모범이 될만한 자.
2. 위원장 및 부위원장에 입후보하고저 할 자는 소속과장의 추천을 받아 선거위원회에 입후보등록을 하여야 함.
3. 입후보 등록이 완료된 후 각 대학단위로 투표(비밀투표)에 의하여 위원장 및 부위원장을 선출함.
4. 각 학과의 위원 1명은 과장의 추천을 얻은 입후보에 대하여 그 학과에서 투표하여야 함.
5. 총위원장 선거는 각 대학위원장(5명) 중에서 전교생의 투표로서 결정함.

이상의 규율에서 보이는 바, 학교 당국은 학생들의 운영위원장 선출과정에 학과장 추천 등의 방식으로 여전히 깊이 관여하고 있었다. 학교 당국의 학생자치제에 대한 관여는 이 시기 대학생의 학내 자치의 한계성과 성격을 여실히 보여주는 것이었다.

학도호국단 존폐 논의와 학도호국단 학생위원회 직선

학생 자치를 표방하는 학도호국단 조직이 학교는 물론 문교부 당국의 통제로부터 자유롭지 못한 점은 일찍부터 지적되어 왔다. 이미 한국전쟁 당시부터 학도호국단 중앙학생위원회에서도 일상규율과 관제동원만을 강요하며 예산편성이나 운영방책에 일체의 참여를 허용치 않는 학도호국단 자체의 운영 방식에 대해 문제가 제기되었다. 이러한 문제의식 속에서 1950년대 중반에는 학도호국단의 존폐 문제가 각 대학은 물론 문교부 차원에서도 논의되었다. 그렇지만 각 대학 단위의 학생자치를 강조한다는 쇄신책으로 수렴되었다(연정은, 2004, 239~246쪽).

연희대학교에서도 학도호국단 폐지론, 무용론 등에 관한 내부적 논의가 있었다. 이미 전쟁 직후인 1954년부터 학도호국단 간부들에 대해 "감투욕을 떠난 진정한 봉사적인 정신이 필요"[8]하다는 불만이 제기되어 왔다. 1956년 5월 19일 청경관에서 최현배 부총장, 정법대학 교수진, 각 학년 대표 학생 40여 명이 참석하여 정법대학 학도호국단 주최로 좌담회가 열렸다. 이 날 좌담회에서는 현재 학생자치활동에 관한 문제점을 진단하고 학도호국단의 존폐를 논의하였다. 이 때 도달한 결론은 학도호국단 해산은 시기상조이며 학도호국단 운영의 결함을 시정하고 학도호국단 산하 학생위원회를 중심으로 하여, 학도호국단을 학생 자치활동기관으로 재편하자는 것이었다.[9]

1956년 9~10월간 연희대 학도호국단은 각 단과대학의 학생위원회 운영위원장과 이들 학생위원회를 총괄하는 총운영위원장(총위원장)의 선출을 재학생 직선제로 실시하게 되었다. 이러한 전환기적 분위기 속에 학생들의 여론도 학도호국단의 자치기능 쇄신

8 「설문」, 『연희춘추』 제33호, 1954년 12월 4일.
9 「학생 자치 활동을 검토: 정법대학 호국단 연석 좌담회 성황」, 『연희춘추』 제71호, 1956년 5월 22일.

혹은 단 자체의 존폐를 두고 강도 높은 비판이 이어졌다. 『연희춘추』사설의 내용 중 일부를 간추리면 다음과 같다.

> 그것(학도호국단)이 우리에게 가져다준 성과를 보라! 애당초 기대를 갖는 쪽이 잘못일른지 모른다 왜냐하면 자치니 민주화니 하는 간판을 내건 단체를 국가가 쥐고 주물르는 한 그것이 실패하리라는 것쯤은 민주주의의 상식이기 때문이다. 정부관리가 단장이 되고 대장이 되고 하는 단체가 어찌 민주적일 수가 있느냐 말이다. 이와 같이 호국단은 그 명칭의 「힛트러·유우겐트」적 냄새는 무시한다 치드라도 그 구성자체가 관제적인 것일 수 밖에 없었다. <...> 민주주의는 제도적 의장만으로 확보되는 것은 아니다. 중요한 것은 그 허울 좋은 옷속에 얼마나 초라한 몸통이 들어있나 하는 것이다.
>
> 우리는 수많은 학생대표를 자유로이 선출하였다. 그러나 그들은 그 선거민의 권익을 옹호하기 전에 학교나 문교당국의 지시에 복종하고 그 권위 앞에 습복해야 만했다. 그러지 않으면 그들은 점점 학생층으로부터 유리하여 고위층에 아부하고 거기에서 하달되는 정책을 수행하는 막료화하고 마는 것이다. 시속 감투바람이 학도호국단이라고 불지 말라는 법은 없어서 이들의 생리 속에는 모르는 사이에 하나의 특권의식이 침윤케 되는 것이다. 여기에 좀먹는 것이 학생자치의 정신이오 퇴각을 강요당하는 것은 학원의 민주화다.
>
> 이쯤 되면 호국단이란 우리 학원에 씌워진 거치장스런 굴레에 불과해 진다. 따라서 우리는 이를 하루 속히 폐지해야 되겠다는 것이다. 그리고 학생들의 자발적인 결합을 통한 새로운 조직체를 가져보자는 것이다. 중앙상임위원회칙 같은 집권주의를 지양하여 분권적이고 연방적인 것으로 <...>
>
> (「학원시평: 학원자치의 민주화를 위한 제언」, 『연희춘추』 제80호, 1956년 9월 17일)

> 우리의 선배들은 이미 「3·1운동」「6·10만세운동」을 통하여 대한학도의 얼과 넋을 보여주었고 또 그를 물려 었거늘 이를 귀감삼아 진정한 학생운동의 봉화를 드높이 처들어야할 우리 양식들 중에서 상금도 공리적 분파적인 「어내크로니즘」에 젖어 당선의 호기에만 흡흡하여 외착스런 악수로서 소위 유세행각에 바쁜 꼴악서니가 캠퍼스의 깨끗한 공기를 흐리게 해놓은 이 마당에 그래도 말없이 다시 한 번 일 년을 굴욕으로 지내도 마땅하단 말인가? <...>
>
> (「학원시평: 학도호국단은 해체되어야만 한다」, 『연희춘추』 제81호, 1956년 9월 25일)

> 학도호국단이라는 기구를 통한 대내자치의 확립이다. 이 길만이 대학이념의 건전한 발전을 가져올 것이다. 여기에 우리는 총위원장 선거을 주시하지 않을 수 없게 된다. 즉 어떠

한 이념의 소유자가 총위원장의 직을 맞게 되느냐에 따라서 대학정신의 적극적 구현의 여부가 결정되는 중차대한 시간에 놓여 있음 <...>

그렇다면 어떠한 인물을 선출해야 되나? 대학이념의 숭고를 위하여 공리적자연 폭력주의적이고 비자유주의적인 요소와 제도의 제 모순을 제거하고 대학구성 멤바아인 학생들의 주체적인 자각을 할 수 있는 본래의 자치활동의 드높은 이념을 나타낼 감투정신의 소유자를 우리는 선출해야 할 것이며 <...>

(「총위원장선거에 제하여」, 『연희춘추』; 제82호, 1956년 10월 2일)

이러한 논의의 관심 속에 1956년 10월 5일 노천극장에서 학도호국단 학생위원회 총위원장을 선출하는 직선 투표가 실시되었다. 이 날 투표는 5개 각 단과대학별로 9월 중기 선출된 운영위원장 중에서 재학생 전체 투표를 통해 총위원장과 부위원장을 선출하는 것이었다. 새롭게 선발된 총위원장과 부위원장은 각 단과대학의 운영위원장과 함께 학생위원회를 1년간 이끌 예정이었다. 본격적인 투표에 앞서 각 단과대학 입후보자들은 정견발표를 가졌고, 재학생들은 입후보자의 학생자치활동 공약에 큰 관심을 표했다. 선거 결과는 다음과 같았다. 재학생 총유권자 3,000여 명 중 1,700명이 투표했고, 정법대학 운영위원장 정영훈(법학 3)이 468표를 얻어 총위원장, 이공대학 운영위원장 맹원기(화공 3)이 373표를 얻어 부위원장으로 선출되었다. 또한 무효 30표, 기권은 무려 525표가 나왔다.[10]

1956년도의 학도호국단 총위원장 직선제 선거는 학도호국단의 존폐나 쇄신을 두고 전에 없던 관심을 모았음에도 불구하고 일반 학생들의 반응은 냉담한 것이었다. 투표 총참가자는 재학생 중 과반을 겨우 넘는 1,700명에 그쳤다. 이 중 기권은 525표였고, 총위원장의 득표 468표는 전교생의 6분의 1에도 미달하는 수치였다. 이와 같은 선거 결과는 학생들의 학도호국단에 대한 냉담과 무관심 그리고 선출된 총위원장의 약체성을 보여주는 것이라고 평가할 수 있다.

10 「학생총위원장선거완료 - 정법대학 정영훈 군, 영예의 당선」, 『연희춘추』 제83호, 1956년 10월 15일.

동면하는 학생위원회

1957년 3월 연희대학교는 세브란스의과대학과 합동을 이루고 연세대학교로 개칭하였다. 1929년 합동 논의 이래 45년간에 걸친 숙원 사업이 결실을 맺은 것이다. 하지만 이와 별개로 이승만 정부의 하향식 문교행정 속에서 학생 본위의 학교 자치는 요원한 것이었다. 응당 학생자치의 방향을 제시해야 할 학생위원회의 운영 역시 관제 및 학교당국의 요구에 충실한 채, 이들이 제시하는 학생자치론은 피상적이고 수동적인 수준에 머물러 있었다. 결국 학도호국단의 규정 하에 운영될 수밖에 없는 학생위원회에 대해 연희, 연세 학생들의 비판이 점증하고 있었다.

> (학생위원회의) 말 한마디 한마디에는 자치니 민주학원이니 하는 술어들이 포함되고 있었지만 기실 자치라는 말이 근거하는 핵심적 정신은 무엇인지 석연치 못하다. 막연히 부서를 조직하고 임원을 선임하여 혹은 체육회 때에 활동을 한다던가 사업을 한다는 명목으로 무엇을 한다, 무엇을 개최한다 등 단편적이고 일관성이 없는 일들을 나열시켜 보았댔자 그것에 통일성과 목적성을 부여하는 확고한 정신과 「이즘」이 없다면 그것은 대학에서 있어야 할 진정한 자치활동이 아니요, 무가치한 잡동작에 불과하다.
>
> (「학원시평: 학원자치체의 참된 사명」, 『연희춘추』 제83호, 1956년 10월 15일)

학도호국단 학생위원회 직선제 반 년차인 1957년도 신학기에 들어서는 학생 자치의 근본적인 운영방향에 대해 의문과 비판이 제기되었다. 1957년 3월까지 학생위원회의 반년간 활동은 학내활동보다 학외활동에 치중하고 있었다. 학생위원회는 운동회, 단과대학 학회 활동, UN학생부, 극예술연구회 활동을 보조하였을 뿐이며, 단독으로 진행한 활동은 고등학생 영어웅변대회를 개최해준 것과 학교 식당에 스피커를 설치한 일이 고작 전부였다. 오히려 학생위원회는 이른바 사회사업이라는 명목으로 학회활동에 집중하여, 요구호자 수용시설인 희망의 마을 방문, 사회사업단체와 협력하여 실정조사, 고아 및 혼혈아 구제사업을 위한 문교부·보건부 연석좌담회 개최 등에 힘쓰고 있었다. 한편 다른 대학들은 학도호국단 자체에서 교지를 발간하고 각 단과대학의 학술지 발간을 보조하며, 학내 의견 청취를 위한 공청회를 개최하고 있었다. 이에 견주어 학내활동은 전무한 채 겉도는 연세대

학생위원회의 운영은 학생들의 기대를 충족시키지 못한 것이었다. 당시 『연세춘추』의 시평에 따르면, 학생위원회는 "있으나 마나한", "동면하는" 상태에 불과한 것이었다.[11]

학생의 생활을 '지도'함

연세대학교 학생들은 학도호국단 학생위원회를 통해 학생 본위의 학원 자치를 원했다. 그렇지만 문교부와 학교 당국은 학도호국단을 통한 학생의 통제에 여전히 중점을 두고 있었다. 학생 통제의 일차적이고도 가장 효과적인 방법은 일상생활의 통제였다. 이른바 풍기, 기풍, 도의라는 이름의 헤게모니적 통제는 학생 측의 정당한 저항까지도 '비행'이라는 도덕담론으로 차단하는 것이었다. 그리고 민족과 민주의 거시적 담론으로 가해지는 학생에 대한 지도와 통제는 기실 학생 개인의 태도에 대한 사소한 지적에 머무는 것이 현실이었다.

1957년 4월 연세대학교 학생들의 학생위원회 자치 강화 요구에 대한 학교 측의 답은 '생활지도'였다. 동년 4월 2일 학생처는 '학생 생활 개선에 관한 연석회의'를 열어 학생들의 생활지도를 논의하였고, 그 결과 16일 학생처와 학생위원회가 참여하는 학생생활지도부를 새로 조직하게 되었다. 이 날 모임에서 학생처장은 "학생들의 심중에 원하는 것이 있다면 솔직하게 학교당국에 관철시키도록 노력하기 바라며 자기들의 잘못은 창의적인 이념 아래 자발적으로 개선하고 또 지도하여 달라"고 언급하며 학교 측의 여론수렴의사를 나타내었다. 이에 대해 학생생활지도부 부장 조창현(법학과 4)은 학생들의 생활개선 의견을 피력하는 한편, "대학생으로서 moral을 찾고 학생다운 기풍을 창조"해야 함을 강조했다. 또한 그는 지면을 통해 "교육이란 현상유지 그 이상으로 하지 않니하고 「발전」을 도모함에 그 사명이 있기 때문에 학원의 정상적인 모습은 신질서의 창조에 있다 할것"이라는 법학도다운 포부를 밝혔고 "대연세의 신질서" 확립을 강조하였다. 연석회의 결과 학생생활지도부의 첫 번째 운동은 '복장 검소화 강조 주간' 캠페인으로 정해졌으며, 구체적으로 학생들은 사치품인 넥타이를 착용하지 않는 것으로 정해졌다.

11 「학원시평: 동면하는 학생위원회」, 『연세춘추』제99호, 1957년 4월 15일.

이후 학생생활지도부는 1957년 12월 학생생활자치회라는 이름으로 바꾸었다. 학생생활 지도부, 자치회는 학생위원회와 학교 당국의 협의 하에 강요 없이 학생 스스로 규칙을 준수하며 학교생활을 향상시킨다는 목표를 가지고 있었다. 그렇지만 실제로는 학교 측에 의해 학생에게 규율의 지도와 이행이 강요될 것임은 자명했다.

일례로 1958년 11월 학생생활지도부가 학생들의 사치스러운 신사복 착용을 금지하고 교복 착용을 강권하는 문제를 두고 마찰이 컸다. 생활자치회 학생들은 처음에는 검소한 복장으로 등교하자는 포스터를 게시하더니, 그 다음 주부터는 백양로 입구에 마이크와 스피커를 설치하고 연설로 캠페인을 벌였다. 그리고 그 다음 주에는 정후문 수위실 앞에서 신사복을 입고 지나다니는 학생을 일일이 취체하기 시작했다. 이 과정에서 학생 사이에 고성이 오가며 싸움직전까지 가는 일이 벌이지게 되었다. 또한 생활자치회 학생들이 신사복을 입은 한 학생을 잡아 지도하려 나섰는데 알고 보니 교수인 경우도 발생했다. 대게의 학생들은 생활지도부 측의 캠페인 취지에 동의하며 학생 개개인의 주인의식을 자각해야 한다고 보았다. 그렇지만 생활지도부의 과격한 방식 자체는 모두 불만을 가지고 있었다.[12]

이외에도 채플 출석 문제, 교내 흡연 금지 문제, 식당 청소 문제 등 사사건건 학생생활자치회는 캠페인 과정에서 학생 및 교직원과 충돌을 벌였다. 결국 학생생활자치회는 1959년 5월 학교 학생처의 중재 하에 그간의 노고를 치하하며 '발전적 단계로 해산'하였다. 이후 1959년 10월 조우현 학생처장의 구상에 따라 학생과 학교 사이의 의견 교환을 위한 학생생활간담회가 상설화되었다.

연세대학교 학생들의 버스 보이콧 운동

오늘날 학생운동은 학생들의 경제적 권익을 위해서 학교 밖으로 나아가 교섭과 투쟁을 벌이는 것이 일상이 되었다. 1957년 10월 연세대학교 학생들도 버스 보이콧 운동을

12 유경환, 「학생논단: 교복문제 - 전체가 움직일 힘을 찾아야 한다」, 『연세춘추』 제148호, 1958년 11월 10일; 송영달, 「학생논단: 교복문제에 한 마디 한다」, 『연세춘추』 제149호, 1958년 11월 17일; 조부영, 「학생논단: 복장 검소화에서 학생의 긍지를 찾자」, 『연세춘추』 제150호, 1958년 11월 24일.

통해 이러한 경험을 겪었다. 1950년대 후반 학도호국단이라는 틀이 아직 건재한 상황에서 연세대 학생들이 자신들의 역량을 결집하고 학교 밖으로 목소리를 내는 첫 사건이었다는 점에서 주목해 볼 필요가 있다.

1957년도 연초부터 정부는 예산과 국채 등을 이유로 시중의 물가에 대해 '관허물가'라는 명목으로 개입·조정하려했다. 그 결과 1957년 10월 10일 정부는 버스, 전차, 화물차, 해상운임 등 교통 요금과 이발, 목욕, 다방 요금 등 관허물가에 대한 전국적인 인상을 단행하였다. 그 결과 서울 시내에서 신촌 방면으로 버스를 이용해 통학하는 다수의 연세대 학생 및 인근 대학교 학생들이 금전적 압박을 받게 되었다.

1957년 10월 10일 시행된 버스요금 인상 내역을 살펴보면 다음과 같다. 시내버스 일반요금은 1구간에 종전의 20환에서 30환으로 인상되었다. 2구간은 50환, 3구간은 70환으로 인상되었다. 시외버스 일반요금은 매 1리당 4환 20전하던 것이 8환으로 인상하였다. 다만 이 버스요금 인상에서 국민학교 및 중고등학교 학생은 할인혜택을 유지했다. 학생들은 시내버스는 전 구간 20환 회수권을, 시외버스는 30% 할인회수권을 구매할 수 있었다. 그러나 종전에 이들 학생과 같이 할인을 받던 대학생에 대한 할인이 버스조합 측에 의해 일방적으로 취소되었다. 이제는 대학생이 학생 할인을 받지 못하고 훨씬 비싼 일반요금을 내고 버스를 타게 되었다.

급작스러운 버스 요금 인상은 사회적으로도 많은 부작용을 일으켰다. 가령 시외버스 요금인상 직후부터 서울-인천 사이의 열차 이용 승객이 급증하였는데, 그 상승 폭은 무려 버스요금 인상 이전의 12배에 달했다. 심지어는 버스 차장들이 종전과 같이 할인혜택을 보는 중고등학생의 승차를 기피하고 대학생과 일반인을 골라 태우려했으며, 여고생의 경우 버스에서 떠밀어버리는 일도 발생했다.

10월 11일 연세대 학생들은 학생위원회를 중심으로 200여 명이 모여 종로 장안빌딩에 위치한 서울시빠스조합을 찾아갔다. 학생들은 조합 측의 일방적인 대학생 할인 취소에 항의하고, 일정한 수입 없는 생활을 하는 대학생에게 일반 사회인과 똑같은 요금을 징수하는 것은 부당함을 호소하였다. 또한 연세대학생 800명이 날인한 진정서를 제출하였다. 그러나 이후 일주일에 걸쳐 신촌과 시내를 오고가는 노선에서 버스차장과 학생 간에 충돌이 지속되었다. 심지어는 조합 측에서 상이군인과 괴한을 동원하여 신촌으로 통학하는 연세대, 이화여대, 홍익대 학생들에게 집단폭행을 가하는 사태까지 벌어졌다.

결국 연세대학교 학도호국단 학생위원회는 10월 18일 데모를 결정하였다. 학생위원회는 버스조합이 대학생 버스요금을 기본요금 30환만 받는 것으로 할인하기 이전까지 보행등교 보이콧을 결의하고 재학생의 참여를 호소하였다. 사실 이러한 대응은 연세대학교 학생위원회로서는 상당히 급작스러운 것이었다. 연세대학교 학도호국단 학생위원회를 이끌 학생총위원장 김원배(경제과 3)와 부위원장 이상훈(법학과 3)은 9월 28일 재학생의 투표를 통해 막 선출된 상황이었기 때문이다. 학생총위원장 당선 직후 김원배는 "학우들의 대변자"가 되겠다고 다짐을 밝혔는데, 당선 보름여 만에 학생들을 이끌고 보이콧 운동에 나서게 되었다. 더불어 이화여대 학생들도 버스 보이콧에 동참하였다. 학생들의 도보등교 결과 신촌으로 향하는 시내버스들은 거의 공석으로 운행할 지경에 이르렀다.

대학생도 할인 받아야 한다

빼쓰 통학을 거부하고 도보로 등교

본대학교 학생위원회에서는 요즘 관허요금 인상으로 빼쓰요금을 둘러싸고 차장과 학생들과의 충돌이 빈번하여 일반 사회인의 빈축을 받고있음에 지난번 「대학생에게도 할인요금의 혜택을 달라」고 당국에 건의하고 여기에 대한 타협를 계속 진중에 있다.

그런데 지난 일주일동안 신촌 방교로 운행하는 빼쓰차장들과 학생들 사이에 수차에 걸친 충돌이 있어 차주들은 상이군인등 소위 한들을 동원하여 집단 폭행을 가 으로서 신촌방면 통학생(연세대 이화여대 홍익대)에게 적지않은 위 을 주고 있다.

이와같은 불상사 이 빼쓰조합측에 정식으로 타협 구하고 대학생 빼쓰요금 할인여부의 결정이 내리기까지 모두 보행등교를 하도록 데모하기를 결의하고 교 재학생들에게 호소하였다

이와같은 학생들의 데모는「전 수입이 없는 대학생을 일반인과 이취급하는 것은 부당하다」는 이 임을 지적하고 다만 입구간 기본 금 30환만을 내도록 해줄 것을 구하고 있는 것이다.

▲김학생처장담=학생들이 빼쓰 타고 안타는 것은 자유이나 빼 를 탄 이상에는 정당한 요금 내어야 될 것이다. 아마 조합 타협을 구하였으니 불원 어떤 치가 있을 것이다.

연세·이화 학생들의 버스 보이콧운동

출전: 「대학생도 할인 받아야한다 -버스통학을 거부하고 도보로 등교」, 『연세춘추』, 제111호, 1957년 10월 21일

연세대학교 학생들의 도보등교 운동에 대해 당시 시민들과 여론도 호의적 반응을 보였다. 버스조합 측은 대학생과 일반인의 구별이 쉽지 않기 때문에 요금 분별이 곤란하다는 변

명을 전했다. 연세대학교 학생처 측에서는 원론적으로 학생들의 버스 이용 여부는 자유이며 조합 측의 조치를 기다려 보라는 입장이었다. 한편 교무위원회에서는 만일 버스요금 문제가 해결되지 않을 시 학교 당국에서 학생들의 편의를 위해 통학버스를 마련해주겠다는 적극적인 입장을 취해왔다. 호의적인 당시 여론에 힘입어 서울시 당국은 학생들의 주장이 전적으로 정당하다고 지지를 표하며 버스조합에 대학생 할인을 지시하였다. 서울시 경찰은 학생승차 기피하는 버스를 단속하여 영업정지처분까지 고려하고 있다고 밝혔다.

연세대학교 학생들의 노력의 결과 10월 23일 교통부 및 서울시의 지시에 따라 서울 빠스조합은 대학생 버스요금에 대한 30%할인을 시행하였다. 이후 동년 11월 2일에는 대학생들도 여느 학생들과 마찬가지로 전구간을 20환에 이용가능한 회수권 사용이 가능해졌다. 연세대학교 학생 측의 요구가 관철된 것이었다.

연세대학교 학생들의 버스 보이콧운동은 학생요금 할인혜택 이외에도 또 한 가지 중요한 점을 남겼다. 바로 학생 자신들의 역량을 결집하여 학내외로 학생 본위의 자치와 운동의 가능성을 시현해보이고, 그 목표한 바를 달성했다는 점이다. 이 날 이후의 『연세춘추』의 사설이 주목된다.

> 오늘날 우리 학생들은 매우 불우한 처지에서 분투노력하고 있는 것이 사실이다. 사회는 저들에게만 청결을 기대할 수 는 없다. 저들이 참으로 민족의 내일의 운명뿐 아니라 오늘의 운명을 바로 잡을 수 있도록 그들에게 꿈을 주고 이상을 주고 거침없이 자라도록 보다 더 나은 환경을 마련해 주어야 할 것이다. 학생들을 위한 하나의 건전한 노리터가 없고 따듯한 보금자리가 없는 곳에서, 저들을 중히 여기고 우대하는 손길을 느끼지 못하는 곳에서 어찌 그들이 감격스러운 일, 사랑스러운 일을 하도록 바라겠는가. 젊은 학도들이 속히 어른이 되고자 애쓰지 않고 자신들의 가치와 책임을 깨달아 알도록 하기 위하여 학생은 존중되어야 한다. 비단 빠스문제 뿐 아니라 우리 사회 어느 모퉁이에서든지 그들에게 대한 일반의 기대가 반영 되도록 접대를 받아야 한다. 이러한 참 대우가 있을 때 그들은 비단 옷을 입고 흙탕물로 뛰어 들지는 않을 것이다.
>
> (「사설: 학생이 무시되여서는 안된다 - 빠스 요금 문제를 보고 -」, 『연세춘추』 제112호, 1957년 11월 2일)

버스 보이콧 운동을 계기로 연세대 학생들은 학생과 사회의 관계에 대한 고민이 깊어진 것으로 보인다. 이는 단순히 종전과 같이 학생의 어깨 위에 민족의 운명을 걸머진다는 호명에 대한 타성적인 응답이 아니었다. 만일 학생이 존중받지 못할 정도로, 학생이 어른이 되어야할 정도로 사회가 흙탕물일 때, 여기에 학생이 뛰어 들 수 있다는 자각과도 같은 것이었다.

2. 여학생의 생활: 알로하 온실을 딛고

1950년대 중반 연세대학교의 여학생 현황과 지도방침

1946년 8월 연희전문학교는 종합대학 연희대학교로 승격했다. 그리고 기독교 평등사상에 따라 입학 자격 중 남자로 국한된 조항을 삭제했다. 이로써 연희대학교는 한국 최초의 남녀공학대학교로 변모하였다. 1947년 9월 연희대학교에 최초로 여학생 10명이 입학하였다. 이 중 이정현(영문), 민순기(영문), 김혜선(사학), 김연(영문), 박찬우(정외), 최규덕(신과), 김순덕(상과)만이 졸업하였다. 이후 여학생의 수도 조금씩 확대되었는데, 1948년에는 여학생들만의 친목단체인 녹양회를 조직하였다. 그리고 한국전쟁 중 피란생활로 어려움을 겪는 가운데 여학생들은 부산 캠퍼스에 등교하며 꾸준히 학업을 이어갔다. 한국전쟁의 전란이 복구되어가던 1955년 4월 현재 연희대학교 재학생은 2,394명이었고 이 중 여학생은 128명이었다. 연희대학교에 재학중인 여학생은 아직까지는 수적으로 소수였지만 10년도 채 되지 않아 10배 이상의 성장세를 보인 것이다. 1955년 9월에는 여학생의 증가에 따라 여학생 지도 전담 교수로 심치선(1952년 사학과 졸업)을 임명하였다.

1950년대 중반 연세대학교는 여학생들의 교육과 생활에 어떠한 지침을 가지고 있었는가? 1956년 현재 연희대 여학생처장 최이순의 '여학생지도론'을 참고해 볼 수 있다.[13]

이에 따르면 당대의 교육 현실은 '남자본위'였다. 이러한 상황에서 그간 학교의 교육방침은 여학생에게 여자로서 필요한 또한 갖추어야 할 점을 망각시키고 지적 방면으로

13 최이순(본교 여학생처장), 「여학생지도론: 여성의 미를 육성하기 위한」, 『연희춘추』 제80호, 1956년 9월 17일.

만 치중한 것으로 평가되었다. 따라서 학교 당국에서는 여학생을 위한 전인방법을 연구·계획하여 여학생을 가르치기로 했다. 이에 따른 여학생지도론은 "지적면으로는 남학생을 능가할 재능을 가지고 실력을 발휘할수는 있으나 여자로서의 갖추어야될 여성의 특성을 잃게하는 교육"이었다.

당시에는 고유한 것으로 여겨진, 여성의 특성은 어떠한 것이었을까. 최이순 여학생처장에 따르면, 1) 자비와 봉사를 행하는 "고흔 마음씨의 미", 2) 양보와 아량을 베푸는 "겸후의 미", 3) 몸차림과 행동에 품위를 더하는 "단정의 미", 4) 생활의 물질적·정신적 측면에 윤택함을 더하는 "세밀함", 5) 생활에서 부와 건설의 원천이 되는 "노동정신"으로 정리되었다. 그러면서 최이순 처장은 단적인 예를 들어 "남녀평등은 남자가 입는 바지를 입고 남자의 모습을 흉내 내는데 있는 것이아니고 남자가 하는 일을 할수있다 해서 자랑할 것이 아니라 여자로서의 할 일 느낄 수 있는 감정을 알아 제 임무를 다함에 있다"라고 주장했다.

남녀공학 초기 연희대의 여학생 지도방침은 오늘날의 입장에서 보자면 여성의 영역을 천직이라는 명분하에 가내의 경제생활로 국한시키는 것이었다. 또 천성이라는 이름으로 여성의 행동에 소극주의적 제약을 가하는 것으로도 볼 수 있다. 다만 이러한 여성 지도방침은 1950년대 당대의 시점에서 고려할 필요가 있다. 최이순 여학생처장의 말처럼 연희대의 여성지도방침은 "우리 땅의 남자들이 봉건적 사상에서 기대하는 여자의 임무를 말하는 것이 아니다"라는 것이었다. 즉 연희대의 여학생 지도방침은 "(여학생도) 어느 직장에서나 학교에서나 자기의 임무를 다 할때는 반드시 발전이 있는것이기 때문에 임무를 깨닫고 실천할수있는 교육"을 지향하고 있었다. 그럼에도 불구하고 당시 연희대 여학생 지침에서 실질적이고도 종국적인 여성의 위치는 가정 내로 수렴되었던 있었던 만큼, 오늘날의 입장에서는 과도적인 것으로 평가할 수 있겠다.

여학생 생활관 알로하(Aloha, 閼魯厦)

1954년 10월 28일 노천극장 뒷산에 여학생 생활관을 신축 개관하였다. 한국 남녀공학 대학교 중 최초의 여학생 생활관이었다. 이 생활관의 이름은 '알로하'(Aloha, 閼魯厦)로 지었다. 생활관은 하와이에 거주하는 한인 여성 유지들이 기부한 1,000달러로 만든 것이었다. 생활관 이름 알로하는 하와이 교민들의 뜻을 기리기 위해 지은 이름이었다. 알로하는 하와이의 토착 인사말로 반갑다, 좋다는 뜻과 함께 부덕(婦德)이 높다는 뜻도 있었다. 또한 백낙준 총장은 이 알로하라는 이름을 한자로 풀이하여 중의적인 이름을 붙였다. '알'은 신라 시조 박혁거세의 부인인 알영(閼英)에서 따왔는데 용모의 바름과 행실의 착함을, '로'는 고려왕 공민왕의 부인인 노국대장공주(魯國大長公主)에서 따왔는데 충성하고 자혜로운 부덕을 의미했다. 이들 머리말에 집을 뜻하는 하(厦)를 붙였다. 이는 '황후의 집'이라는 뜻을 가지고 있었다.

여학생 생활관 알로하는 한국여성이 지도자로서 구유할 품성과 교양을 체험을 통하여 향상하게 함을 목적으로 하는 것이었다. 개관 당시 백낙준 총장의 말에 따르면, 당시 연희대학교는 남녀공학이었지만 여학생들이 자기 것을 찾아 배울 기회가 없었다. 이런 공동생활을 통하여 자기 것을 찾아 배우게 하고 여성으로써의 교양과 품격을 향상시키는 데 목적이 있는 것이었다. 앞서 살펴본 바와 같이 1950년대 중반의 남성 중심적 교육환경에서 남녀공학대학교를 운영하고 여성을 위한 독자 공간을 마련한 다는 것 자체가 당시로써는 큰 의미를 지닌 일이었다.

개관 당시 알로하는 단순한 기숙사가 아니었다. 알로하는 부덕을 기르는 '생활교실'로 기능했다. 연희대 여학생이라면 졸업 전까지 한 학기는 알로하에 의무적으로 입소해야 했다. 알로하에는 한 학기에 25~30여명 정도가 숙식했으며, 숙사 안에 여성 생활지도 선생을 두고 있었다. 알로하에서는 「여학생 생활지도내용」에 준해 신앙생활, 예절교육, 가정경제, 영양경제, 보건위생, 육아법 등을 일련의 가정학을 생활 속에 실습하며 6학점을 인정받았다. 이를 위해 알로하에는 피아노, 전축 등 음악기구를 완비하고 생활 속에서 회의, 오락, 사교 등을 겸했다.

알로하도 1956년 2학기부터 알로하는 조금씩 변해갔다. 생활관은 지방에서 온 학생 중 지원자만을 받아 입소시켰고, 여학생은 이공대학 가정학과목 2과목(6학점)을 이수하게 했다. 그리고 여학생의 생활교양 교장은 1955년 11월에 개관한 '논지당'(論志堂, 백낙준 총장이 '모여서 뜻을 의논하는 집'이라는 이름을 붙임. 영어로 Lounge를 의미함)으로 이전했다. 이로써 알로하는 '생활교실' 대신 '생활자치관'으로써의 성격이 강조되었다. 그렇지만 당시로써는 부덕 함양이라는목적 하에 여성에 대한 인식 전반이 변화한 것은 아니었기에 알로하에는 여전히 '황후의 집' 혹은 '생활교실'이라는 성격이 남아있기는 했다.

1958년 6월 30일 『연희춘추』에 실린 알로하 관련 기사가 주목된다.[14] 당시 알로하 기숙 여학생들의 일과와 생활을 참고해 볼 수 있다. 1958년 현재 알로하의 1인 자치비는 한 달에 12,000환이었다. 시중의 하숙비가 1인 2실에 18,000환임에 비하여 경제적인 것이었다. 알로하에 기숙하는 학생들은 본가에서 평균 한 달에 2~3만환을 송금 받아 자치비와 생활비로 사용했다. 학생들은 송금 받는 날이면 삼삼오오 모여 시내에 쇼핑을 가거나 여가를 즐기러 나갔다.

알로하에서의 생활은 자취하는 20대 청춘의 소소한 일상과 단체생활 속의 책임이 교차하는 것이었다. 알로하 기숙 학생의 일과는 다음과 같다. 학생들은 전원 오전 6시부터 일어나 산책 등 개인 시간을 가졌고, 오전 8시에 다함께 아침식사를 했다. 그리고 학과에 참석한 뒤 오후 6시에 다함께 모여 저녁식사를 가졌다. 식사 관련 전반 사항인 식단 계획, 당번 조직, 요리 등은 모두 학생 스스로 해결해야 했다. 저녁식사 이후 오후 8시까지는 자유시간을 가졌고 이후 오후 10시까지 공부, 오후 11시에 취침했다. 매주 수요일 8시는 예배시간이었는데, 알로하 학생이 가장 기다리는 시간이었다. 교내외 저명 강사를 초청하여 강의를 듣고 학생이 준비한 특식을 먹었다. 그리고 달마다 생일인 사람을 챙겨주는 파티가 있었다.

그렇지만 당연히도 알로하에 살던 사람들이 이러한 엄격한 자치 규율을 모두 준수하며 살던 것은 아니었다. 알로하 생활 일지를 참고해본 다면, 좀처럼 식사 당번을 지키지 않는 분위기에 대한 불만이 적혀있다. 특히 토요일 오후 6시 저녁식사는 불참하는 사람들이 많았다고 전한다. 그렇기 때문에 오히려 자원하여 공동 빨래나 청소를 해둔 사람들에 대한 눈물 날 만큼 고마움을 느낀다는 일화도 있었다.

알로하에 기숙하는 여학생들은 남학생들과 어떻게 지냈을까. 원칙적으로 알로하는 '금남의 집'은 아니었기에 남학생 등 방문객을 위한 응접실을 갖추고 있었다. 그렇지만 알로하에 사는 여학생에게 초대받은 남학생들은 당황과 의아를 보인 것이 당시의 보통 모습이었다. 한편 초대 없이 연애를 위해 불쑥 방문하는 남학생들도 있었는데, 이들은 지도선생이 직접 내쫓았다. 또한 당시의 이성간의 연애는 대체로 남학생의 능동적 구애

14 「여성의 품덕을 기르는 알로하 탐방기」, 『연세춘추』 제136호, 1958년 6월 30일.

를 여학생이 '선택'하는 방식이었던 것으로 보인다. 당시 남학생들은 여학생들의 선택을 두고 "보이후랜드 중에서 베스트원을 속히 선정하시요. 이것이 여러분(여학생)이 갖이는 남녀공학의 특전인것 같소"[15]라고 종용하듯 인식하고 있었다. 이러한 이성관계의 틀 안에서나마 여학생들이 능동성을 보인 경우도 있었다. 매년 알로하 생활관의 여학생들은 직접 크리스마스파티를 준비했는데, 초청객은 알로하 여학생들이 가려 뽑은 "일급 신사" 12명이었다. 이들은 평상시에 "옷자락"과 "마음"까지 신사다웠기에 여학생들이 "암암리에 계산한 눈저울"에 들 수 있었다. 이러한 선발에 드는 것은 당시 학내 여론에서는"영예"로 인식되었다.[16]

한편 매년 5월 선발하던 '캠퍼스 퀸'에 대한 알로하 여학생들의 전복적 사고도 가늠해볼 수 있다. 연세대학교의 캠퍼스 퀸은 1957년 이래 연세대학교로의 통합과 발전을 기념하기 선발된 것이었다. 당시 캠퍼스 퀸은 선발 원칙으로는 지덕체를 겸비하여 타인에게 모범이 될 수 있는 사람이어야 하며 학교 성적도 평균 B학점 이상이어야 했다. 그렇지만 실상은 3, 4학년 학생들의 1차 투표로 후보를 선출하고, 『연세춘추』 1면에 후보자의 얼굴사진을 실어 관심을 환기한 뒤, 전교생의 인기투표로 캠퍼스 퀸 1인을 선출하는 방식이었다.[17]

그런데 1957년도 캠퍼스 퀸을 위해 선발된 15명의 입후보 가운데 알로하 생활관 학생은 없었다. 이에 대해 만평은 "공교롭게도 알로하 여학생 중에서는 한명도 나오질 못했다나"라는 반응을 보였다. 대신에 알로하 학생들은 캠퍼스 퀸 후보자 선출일에 "쑥덕공론"을 통해 캠퍼스 퀸 문화에 대한 전복을 보이는데, 일명 '미스뚱뚱이'와 '미스홀쭉이'를 각 3명씩 뽑아 "후보도 못 된 야릇한 심리(?)를 위무"하였다고 전한다.[18]

1950년대 중반 남녀공학 대학에서 여학생으로 살아가기: 여자가 할 일

1950년대 중반에 들어서면 유수의 대학들이 남녀공학으로 전환했다. 그렇지만 당시

15 「설문」, 『연희춘추』 제33호, 1954년 12월 4일.
16 「투시도」, 『연세춘추』 제154호, 1959년 1월 12일.
17 「축복 받을 세번째의 연세 여왕은 누구: 연세 발전을 상징하는 오월의 여왕」, 『연세춘추』 제162호, 1959년 4월 2일.
18 「백양로」, 『연세춘추』 제162호, 1959년 4월 2일.

여학생들에게 남녀공학 대학교를 다니는 것은 쉬운 일은 아니었다. 학교 안팎에서 여학생들은 일상적인 차별이나 편견에 마주하곤 했다. 1955년 2월 『연희춘추』의 여학생 좌담회 기사를 통해 당시 학교 분위기를 살펴 볼 수 있다.[19]

알로하생활관 좌담회 인터뷰
출전: 「여학생들이 말하는 연희생활」, 『연희춘추』 제40호, 1955년 2월 21일

우선 여학생들이 대학 진학 시 여자대학이 아닌 남녀공학 대학을 본인의 의사로 '와야 된다고 생각'하여 선택하였고, 그 중에서도 연희대학교를 선망하였음이 확인된다. 이는 수준 높은 남자대학에서 전환한 연희대인만큼, 여학생이 남학생과 같이 공부하면 더 많이 배울 수 있을 것이라는 기대 때문이었다(김경희, 국문과 4). 또한 공동생활의 필요성이 증가하는 사회적 상황에서 남녀공학의 필요성이 지적되었다. 이러한 상황에서는 여학생들은 과거처럼 '동양의 여성'으로 '수집어할 줄 아는 것'보다도 남성과 공동생활을 하며 접촉하는 기회를 늘리는 가운데 남성 중심의 사회에서 여성들은 여성다움을 일정 유지하는 점이 좋다고 보았다(조동현, 영문과 2; 김은숙, 교육과 2).

한편 남녀공학 연희대에 재학 중인 여학생으로서 이화여대 학생들을 볼 때는 양가적

19 「여학생들이 말하는 연희생활」, 『연희춘추』 제40호, 1955년 2월 21일.

생각이 교차하고 있었다. 우선은 이대 학생들이 자유롭게 해방되어 있다는 생각이다. 이대생들은 본인이 좋아하는 아무 색상의 옷을 입고 단장도 자유롭게 할 수 있었지만, 이는 남녀공학에서는 힘든 일이었다. 남녀공학을 다니는 여학생들은 마음대로 옷을 수 없는 것이 당시 현실이었다. 그런데 이러한 이유로 남녀공학인 연희대가 더 좋다는 것이 연대 여학생들의 생각이었다. 즉 '여자가 예의를 배울려면 오히려 남녀공학을 하면 주의하는 가운데서 철저히 인식이 되지 않을가 생각'되었다(김은숙, 교육과 2).

이러한 태도를 당대의 남성 중심의 사회에서 요구하는 '여성다움'을 연희대 여학생들이 일방적으로 수용하는 것으로 보이기도 한다. 그렇지만 대담에서 드러나는 여학생들의 태도는 그렇지 않다. 이들은 기존의 견고한 남성 중심적 사회 질서에서 어떻게 하면 남성과 함께하는 가운데, 어떻게 여성의 공간을 마련할 것인가에 대한 고민 속에 나름의 생존 전략을 모색한 것이라고 생각된다.

치열한 경쟁을 뚫고 대학에 진학하여 전공을 택한 뒤에 겪는 문제도 있었다. 1955년 현재 연희대에 재학 중인 여학생은 100여 명이었는데, 이공대학이 40명으로 제일 많고, 문과대학이 38명으로 그 다음, 정법대학이 18명, 상경대학이 7명이었다.[20]

이공대학에 여학생이 많았던 이유는 과거에 비해 한국 경제가 성장하고 있다는 점과 과학 방면에 여성들의 관심과 의욕이 증가한 것으로 생각되었다(김은숙, 교육과 2; 이혜란, 영문과 3).

상경대학과 정경대학은 여학생에게 녹록치 않았다. 상경대학은 여학생이 제일 적었는데, 이는 기존에 상학이나 경제학은 여성들보다도 '남성들이 많이 걸어온 길'이기 때문에 여학생이 '지망'하는 경우 자체가 적다고 생각되었다(지정진, 상학과 3). 그렇지만 여학생들이 적응하기 가장 어려운 전공은 바로 정법대학 정치외교학과였다. 많은 여학생들이 정외과에 들어왔다가 졸업하기 전에 나가서, 여학생의 학적 변동이 가장 많은 전공이었다. 그런데 사실 당시 많은 여학생들은 대입에서 정외과를 지망하였다. 특히 고

20 본문의 해당 수치는 『연희춘추』 기사에 따른 것임. 학교 측 공식기록에 따르면 1955년 4월 현재 신입생을 포함한 재학생 통계는 다음과 같음. 문과대학 재학생 553명 중 여학생 31명, 상과대학 재학생 487명 중 여학생 12명, 이공대학 재학생 798명 중 여학생 47명, 신과대학 재학생 138명 중 여학생 19명. 정법대학 재학생 419명 중 여학생 19명, 합계 재학생 2,394명 중 여학생 128명. 연세창립80주년기념사업위원회 편, 『연세대학교사』, 연세대학교출판부, 1969, 609~610쪽 참조.

등학교 학도호국단 간부 출신 여학생들은 정외과를 희망하는 경우가 많았다. 하지만 대부분의 여학생들이 대학교에 들어오면 정외과는 '여자가 할일이 못된다는 것'을 느끼고 '역시 여자는 문과가좋다는 것'을 깨닫게 된다는 것이었다(이혜란, 영문과 3).

학교 당국의 여학생 교육 실황에 대한 여학생들의 생각은 어떠하였을까. 당시 여학생들은 남자와 같은 강의를 수강하는 것과 별개로 여성만을 위한 특수과목이 필요하다고 생각했다. 이들 중에는 예의작법, 전통무용, 전통요리법 등의 과목이 신설되었으면 좋겠다고 생각하는 사람도 있었다(김은숙, 교육과 2). 한편으로는 예의작법은 이미 가정에서 부모들이 가르쳐 온 것이기 때문에 특별히 배울 필요가 없다는 입장도 있었다(김정숙, 영문과 4). 여학생을 위해 예의작법 같은 교양 과목을 하나만 두는 것보다는 여성에 관한 여러 과목을 두고 학생 본인의 뜻에 따라 수강하는 것이 좋겠다는 생각도 있었다(박판조, 영문과 4). 그렇지만 당시 한국 상황에서는 '대학에서 가르칠만한 가정과 선생이 없는 것'이 현실이었다. 일제시기 학교를 나온 사람은 '일본의 예의작법'을 배웠기 때문에 맞지 않았고, 미국에 유학한 사람은 '좀 향상된 감'이 있지만 그 수가 거의 없다는 것이 한경실 알로하 생활지도책임선생의 현실 진단이었다.

1950년대 중반 남녀공학 대학에서 여학생으로 살아남기: 히야까시와 중성화

한국의 남녀공학 대학생활사를 쓴다면 1950년대 연세대 여학생들은 그 첫 페이지에서, 당대의 수많은 차별적 인식을 딛고 선 존재였다고 할 수 있을 것이다. 여학생들은 연희대에 입학만하면 남학생들과 동등하게 친할 수 있다고 생각했지만 현실은 그렇지 못했다. 많은 여학생들은 학내 설문조사에서 남학생들에게 "좀더 친절히 해주세요 너무들 무뚝뚝해서 섭섭합니다", "서로 사랑과 신의로서 사귀며 공부했으면", "겉차림 보다 더 좀 속차림에 힘써주었우면 싶읍니다"라고 생각하고 있었다.[21]

이러한 당부와 호소가 등장하는 본질적인 문제는 당대 남학생의 여학생에 대한 인식 문제라고 생각된다. 앞서도 살펴보았지만 『연희춘추』의 좌담회에서 많은 여학생들이

21 「설문」, 『연희춘추』 제33호, 1954년 12월 4일.

공통적으로 지적한 것도 바로 이 부분이었다.[22]

1950년대 중반 연희대 여학생들이 학교 생활에서 가장 실망한 것은 남학생들의 '히야까시'(冷かし, 희롱, 집적댐)였다. 특히 후배 남학생들이 선배 여학생에게 행하는 히야까시는 많은 여학생들을 실망시켰다. 당시 대게의 여학생들은 이러한 남학생들의 히야까시가 대학교 생활에 영향을 끼칠 만큼 크다고 보지는 않았다. 또한 여학생들은 대학 1학년 남학생이 중고등학교 때의 성질로 여성을 잘 모르기 때문에 히야까시를 한다고 이해하고 있었다. 또 남학생들의 히야까시가 여학생에게 '친밀한 감'을 나타내는 방편이라고 애써 이해하기도 했다.

이에 대해 대담의 사회자(박영준, 문과대 강사)는 현재 연희대에서 여학생의 수가 남학생에 비해 적기 때문에 히야까시가 일어 날 수 있다 보고, 남성도 여성이 많을 때 히야까시를 받기도 한다고 했다. 그리고 연희대에서 히야까시를 없애고 '친밀한 분위기'를 만들기 위한 운동을 전개해 볼 필요가 있다고 제안했다. 그렇지만 이에 대한 여학생들의 대답으로 "여학생들이 보조를 맞추어서 갈수 있기는 합니다만 히야까시를 하면 안 받을 수가 없거든요"라는 김은숙(교육과 2)의 대답은 다소 절망적인 당시 현실을 반영하고 있었다.

여학생 중 일부는 남학생의 히야까시에 대해 나름의 대응을 모색하기도 했다. 남학생들이 놀리고 농담할 때 그것을 막아내려고 거기에 맞는 농담으로 대담하게 맞받아치거나 같이 떠들기도 했다. 그런데 여학생의 이러한 반응에 대해 곧장 남학생들은 '중성(中性)'이라는 호명으로 대응해버렸다. 이러한 말을 들을 때면 여학생들은 자신이 과연 여성다운 성격을 유지할 수 있을 지에 대한 의문이 들어 그대로 있을 수밖에 없었다(지정진, 상학과 3). 때로는 여학생이 남학생을 보고 얼굴을 붉히지 않는 것조차도 중성이라고 지적이 가해졌다. 심지어는 연희대는 남녀공학이기 때문에 연희대 여학생들의 성격이 중성이 되어간다는 얘기가 공연히 돌기도 했다. 이에 대해서 여학생들은 남녀공학을 한다고 여성이 중성이 된다는 것은 동의할 수 없고, 온전히 개인의 성격 여하에 달린 것이라고 보았다. 결국에는 남녀공학 안에서 소수인 여학생으로서 '여성적인 감'을 더 많이 느끼고 남학생에 대해서는 '태연한 태도'를 가질 수밖에 없다고 생각되었다(조동현, 영문과 2).

---

22 「여학생들이 말하는 연희생활」, 『연희춘추』 제40호, 1955년 2월 21일.

박인숙(정외과 4)
출전: 『연세춘추』 제134호, 1958년 6월 16일

당시 연세대에 다니던 여학생들이 졸업하기 가장 힘들다는 정외과에서 4년을 보낸 박인숙의 경험이 주목된다.[23] 박인숙은 연세대에 다니는 4년 동안 남학생들로부터 많은 히야까시를 받은 것으로 보인다. "Mr.박 우리랑 축구합시다"라는 남학생들의 놀림이나, 차고가 높은 차에 탑승할 때면 남학생이 부축을 받아야하고 으레 쑥스러움을 표해야 했던 경험 등이 있었다. 처음에 박인숙은 이러한 남학생의 태도를 "조금만 친절해도 징그럽기만 했고 또 조금만 차거우면 아니꼽기만 하던" 것으로 느꼈다. 이러한 상황에서 박인숙은 "여자는 못났고 뒤 떨어 진다기에 남성들과 부딛쳐 싸워 보겠다고 "중성화의 과정"이라는 길"을 밟았었다. "중성화도 좋고 남성화도 좋으니 우선 이겨보겠다던 순수한 소녀의 욕구"였다. 이러한 박인숙에 대해 남학생들은 'Miss.'라는 여성형 호칭 대신 'Mr.'라는 남성형으로 호명하여 그에게 슬픔을 주었다. 박인숙은 여성에 대한 관습과 인식을 뛰어넘었던 "쉑스피어가 정의했던 여자"가 되고 싶었던 꿈 많은 신입생 시절과 현재 'Mr. 박' 사이에서 많은 고민을 하면서, 역시 자신은 'Miss'임을 자각하였다.

기사에서 박인숙이 남학생들에게 남긴 마지막 문장에 4년간의 고생과 고민이 녹아 있어 각별하게 다가온다. "제발 당신들의 권위를 위해서만 "약한 여성"을 들추지 마시고 그들을 이해하고 돕는 아량도 좀 보여주셔요. 당신들 틈에낀 4년의 생을 위해서는 조작된 방편도 필요합니다. 그래도 역시 그들은 여성이랍니다. 그러길래 Mr.박도 역시……".

23 박인숙(정외과 4), 「홍일점의 변 - Mr. 박도 역시 여성이다」, 『연세춘추』 제134호, 1958년 6월 16일.

연세대학교
학생운동사

YONSEI UNIVERSITY

개관

1950년대에 대학이 급격하게 팽창하면서 대학생의 수도 계속 늘어났다. 대학생이 집단으로서의 역할과 활동을 할 수 있는 조건이 형성되었다. 연세대학교는 1957년에 통합 후 학교와 학생들이 새로운 도약을 준비하였다. 학내 자치단체의 종류는 이전보다 다양해졌고, 사회 봉사활동, 계몽 활동, 의료봉사활동이 활발하게 진행되었다. 총학생위원회가 각 단과대학 위원회의 활동도 이어졌다. 하지만 이승만 정부의 집권 연장 시도와 진보당 사건, 국가보안법 파동, 경향신문 폐간 등 1950년대 후반의 정치·사회적으로 격변은 결과적으로 4·19혁명의 계기를 만들었다.
4·19혁명부터 1970년대까지 학생운동은 정치 변동 과정에서 가장 활발하게 이루어지는 저항의 양상을 보여주었고, 정부의 탄압 대상이 되었다. 학생들은 4·19혁명의 전면에서 시위를 전개하였고 부상과 사망의 희생이 있었다. 교수들도 학생들의 시위에 동참하였고 이는 이승만의 하야로 이어졌다. 혁명의 유산으로 대학에서 학도호국단을 폐지하고 총학생회를 조직할 수 있었다. 연세대는 학생과 교수가 학원 민주화 운동을 치열하게 전개하였다. 1950년대부터 탄압을 받았던 이념서클도 학생운동의 주요 주체로 등장하였는데 연세대에서는 한국문제연구회가 창립하여 이후 학생운동을 주도하였다.

혁명의 열기를 5·16쿠데타가 잠재우는 가운데, 1960년대 전반의 한일회담과 한일협정 조인은 민족주의가 고양된 학생들을 반대운동의 전면에 나서게 하였다. 수천 명의 학생들이 연이어 시위를 전개하였고, 6·3항쟁으로 이어지자 정부는 계엄령으로 탄압하였다. 한일협정 후 1960년대 후반 박정희 정권은 부정선거와 삼선개헌으로 독재의 기반을 마련하였다. 학생들은 교련 반대, 학술 운동 등 다양한 방식으로 정권에 저항하였으나 휴교령과 위수령으로 이어지는 억압은 계속되었다.
유신독재 하에서 내려진 긴급조치와 각종 공안 사건 조작은 전 사회를 통제하고 민주화 요구를 위축시켰다. 엄혹한 시기에도 학생들은 유신반대 시위를 시도하였고, 민청학련 사건과 긴급조치에 대항하였다. 연세대는 대학 개혁과 구속자 석방 운동을 전개하였지만 긴급조치 9호(1975)의 발동은 학생운동을 더욱 어렵게 만들었다. '민주구국선언'의 영향을 받은 연세대 학생들은 1977년 10·25 시위를 전개하며 국제적으로도 반향을 일으켰다.

1960~70년대의 학생운동은 정치운동에만 국한되지 않았다. 여러 서클과 단체에서 학술활동, 농촌 봉사활동, 무의촌 봉사활동, 탈춤 등 문화활동 등을 통해 사회 참여와 비판 의식을 고양하였다. 여러 활동들은 학생들이 민족, 민주, 민중 의식을 형성하는 배경이면서 저항과 풍자 의식을 우회적으로 표현하는 방식이기도 했다.
3부에서는 학생들의 시위가 전개된 구체적인 모습을 볼 수 있을 것이다. 일자별, 시간대별로 진행되었던 선언, 시위, 행진 등의 저항에 대해 정권은 부당하고 과도하게 공권력을 행사하며 강력하게 억압하였다. 이 시기 연세대 학생들의 운동은 권력의 힘에 대응하는 용기와 희생을 선명하게 보여주었고, 민주주의의 실현에 큰 자산이 되었다.

3부

1960~70년대 반독재 민주화운동과 연세

1장 4·19혁명과 연세

1. 학도여 깨여라!

제4대 정부통령 선거를 앞둔 1960년 2월 28일 일요일, 민주당 장면 부통령 후보가 대구에서 유세를 할 예정이었다. 이승만 정권은 학생과 시민들이 민주당 유세에 참가할 것을 막기 위해 학생들을 등교하게 지시하였다. 27일 밤에 경북고, 대구고, 경북대사대부고의 학도호국단 간부들이 모여서 다음 날 등교에 항의하는 시위를 하기로 결의하였다. 28일 낮, 경북고생 800여 명을 비롯하여 1,200여 명의 고등학생들이 "학원의 자유를 달라", "학원을 정치 도구화하지 말라"며 데모를 하였다(2·28의거). 2·28의거 후 부정선거에 반대하는 학생들의 저항이 전국에 확대되었다. 서울에서는 3월 1일과 '전국대학생 투쟁위원회'와 '공명선거추진 전국학생위원회'가 "공명선거를 실시하라"는 '삐라'가 뿌려졌다. 5일에는 서울운동장에서 장면 부통령 후보의 연설이 끝나고 학생들이 후보 차를 따라 광화문까지 행진하였고, 13일에도 고등학생들의 산발적인 시위가 벌어지는 가운데, 본교 입구의 굴다리 앞에는 "학도들이여 일어나자"는 제목으로 장문의 격문이 붙어서 학생들이 발길을 멈췄다.

3월 15일, 정부통령 선거는 대리투표, 사전투표, 3인조 투표 등 전국적인 부정선거로 점철되었다. 선거 결과 또한 조작되어 이승만, 이기붕 후보가 당선된 것으로 발표되었다. 마산에서는 사전투표에 항의한 시민들이 시위를 시작하였다. 개표가 시작된 후 재개된 시위에서 경찰은 시위대를 향해 발포를 하였다. 8명의 사망자와 80여 명의 중상자가 나왔고, 26명이 구속되어 고문을 받았다. 이 3·15의거 후 시위는 전국으로 확산되었다. 4월 11일 오전, 마산의 부두에서 머리에 최루탄이 박힌 김주열의 시신이 인양되었다. 마산 시민들은 분노하여 3일간 시위를 이어갔다. 마산에서의 시위 후 서울 지역 대학생들은 4월 21일에 전 대학이 일시에 궐기하기로 했다가 18일에 고려대의 데모로 그 날짜는 당겨졌다.

4월 19일, '피의 화요일'이라 불리게 된 그날 연세 학생들은 평소처럼 채플에 출석하려고 대강당을 향하고 있었다. 12시, 수십 명의 학생들이 자발적으로 대강당 앞 광장에 모여서 층계를 막고, 급히 준비한 플랜카드를 앞세워 시위에 돌입하였다. 결의문과 구호문이 낭독되자 3천여 명 학생들에게서 갈채가 터져 나왔다. 학생들은 결의문에서 "민주주의라는 것은 개인의 의사를 자유로이 표시할 수 있을 뿐만 아니라 집회, 언론, 결사의 자유가 엄연히 보장" 되어야 한다며 "국민에 의해서 선출된 정부와 입법부는 국민의 의사를 존중하여 전 국민을 위한 정부가 되어야" 함을 강조하였다. "우리와 자손의 건전한 번영과 행복을 위하여 선두에 나서지 않으면 안되는 것이며, 보다 나은 앞날의 발전을 위하여 헌법 전문에 기록된 바, 사회적 폐습을 타파하고 진정한 민주주의 대한민국을 건설해야 한다"는 것이 시위의 이유였다.

당시의 "몽매한 무지와 편협 그리고 집권과 테러의 제지, 학생 살해, 재집권을 위한 독단적인 개헌과 부정선거"는 "나라를 말살하는 행위"라고 지적하였다. "나라를 바로 잡고자 혈관에 맥동치는 정의의 양식, 불사조의 진리를 견지하려는 마음"으로 다음의 사항을 결의하였다.

1. 부정(3·15) 공개투표의 창안집단을 법으로 처벌하라.
2. 권력에 아부하는 간신배를 축출하라.
3. 국민의 자유로운 의사표시를 허용하라.
4. 경찰은 국민의 권리와 자유를 침해치 말라.
5. 정부는 마산사건의 전 책임을 지라.

학생들의 구호는 여러 측면에서 당시의 문제들을 지적하고 있었다.

4월 19일 대강당 앞 집결 모습
출전: 연세대학교 박물관

시위의 구호는 10가지로 분명히 하였다.

1. 민주주의 반역자를 극형에 처하라.
1. 경찰은 학원 내의 일을 간섭 말라.
1. 국민의 사에 반한 개헌의 주모자를 처치하라.
1. 사상 최악의 3·15선거를 다시 하라.
1. 위정자 양심이 있는가.
1. 진리. 자유.
1. 3·15부정선거 규탄한다.
1. 경찰국가 원치 않는다.
1. 학도는 살아 있다

4월 19일 스크럼을 짜고 백양로를 통해 나서는 모습
출전: 연세대학교 박물관

스크럼을 짜고 백양로를 나서는 학생들은 상점에 책가방을 맡겼다. 쌓인 책가방이 조그만 언덕을 이루게 되었다. 학생들은 신촌 종점에서 홍익대 시위대와 합류하여 행진에 돌입하였다. 아현동 고개에서 약 20명의 경관들의 제지를 받았으나 제지망을 뚫고 계속 행진하였다. 이 광경을 보던 시민들과 버스 안의 승객들도 박수와 함성을 보내고 있었다. 이화여대 입구에서는 일부 이화여대생도 연세 여학생과 합세하였다.

12시 40분 서대문 로터리에 도착하였지만, 광화문 방면은 서울대 학생들의 시위로 도로가 차단되어 있었다. 연세 시위대는 서울역으로 방향을 전환하였다. "진리", "자유", "학원에 자유를 달라"는 구호를 외치며 남대문과 시경 앞을 통과한 행렬은 동화백화점과 을지로입구를 지났다. 이때 서울 시내 데모 군중은 10만 명을 넘었다. 1시 5분에 시위대의 선두는 효자동 전차 종점에 다다랐고, 몇몇 학생이 데모 저지용 소방차를 타고 경무대로 향했다.

아현동 고개를 넘어 서소문으로 진출
출전: 연세대학교 박물관

1시 20분, 서울시청 앞 광장에서 뒤이어 온 의과대학 시위대, 국회의사당 앞에서 농성 중인 고려대 시위대와 합세하였다. 시청 앞에서 연좌하고 있을 때, 시청을 향해 돌멩이를 던지는 사람이 있어서 구경하던 시민이 피하는 일이 벌어졌다. 본교 학생 한 명이 시청 정문 앞에 뛰어 올라가서 두 손을 벌리고 투석을 저지하였다. 또 한 순경이 대학생 한 명을 구타하는 일도 벌어졌다. 시위대 학생들이 순경에게 달려들어 몰매를 하던 순간, 본교 학생 두 명이 흥분한 학생들을 저지하고, 순경을 시청까지 호송하였다.

1시 30분, 연좌하던 연세 시위대는 다시 행진을 시작하여 무교동, 화신백화점 앞, 종로 4가를 돌아서 원남동 로터리로 향했다. 을지로 방면에서는 두 대의 소방차가 나타났지만 충돌이 없었다. 이때 의과대학에서 200여 명의 학생들이 흰색 가운을 입고 교문을 나섰다.

하지만 경무대 앞은 달랐다. 1시 40분경 경무대 앞에서는 경찰이 시위대를 일제히 향해 총격을 시작하였다. 연세 시위대는 행진 중에 소식을 들었다. 서울대 교복을 입은 학생이 경찰의 실탄 사격으로 대학생 11명이 사상되었다고 전하자 시위대는 흥분하지 않을 수 없었다. 시위대 선두는 돈화문 앞에 이르러서 전진 방향을 두고 잠시 의견이 엇갈렸다. 종로 방면으로 방향을 전환하자는 의견과 중앙청으로 직행하자는 의견으로 나뉘어 약 30분 지체하다가 오후 2시 50분, 안국동 로터리를 지나 시위를 계속하였다.

덕수궁에서 시청앞으로 진행
출전: 연세대학교 박물관

시위대가 안국동 로터리를 통과할 때 중앙청 방면에서 소총과 최루탄이 터지는 소음이 들렸다. 다시 중앙청 앞에서 광화문 방면으로 회전할 무렵, 경찰의 무차별 사격이 이어졌다. 시위대의 선두 일부가 30~50m 후퇴했고, 다른 학생들은 주저앉아서 사격 중지를 요구하였다. 여기서 김홍수(행정 3)는 오른쪽 위팔에 관통상을 입었다. 정법대학 학생위원장 고홍우(법학 4)는 졸도하였다. 흰 가운을 입고 시위하던 의대생들은 쓰러진 학생들 구호에 나섰다. 이때 피투성이가 되어 쓰러져 있던 학생이 있었다. 바로 최정규(의예 2)였다. 경찰이 쏜 총탄이 그의 오른쪽 손을 뚫고 대정맥과 간장도 관통한 상태였다.

1961년 최정규 1주기 추도식
출전: 연세대학교 박물관

사망자와 부상자가 발생한 상황에서 학생들은 안국동-종로-남대문-서울역-서소문을 지나 오후 5시 15분에 학교로 돌아왔다. 학생들이 강당 앞에 모이자 백낙준 총장이 "올바른 소신을 가졌고, 용기를 가진 것을 자랑스럽게 여긴다"며 오늘의 시위가 "정의, 인도, 생존, 존영을 위하는 민족적 요구"라며 3·1운동의 정신을 계승했으며 3·1운동의 주역인 김원벽의 혼이 살아 돌아왔다고 격려하였다. 이어서 최현배 부총장도 눈물을 흘리며 "함께 나갔다가 같이 돌아오지 못한 사람이 있음을 서러워하며 슬퍼한다"고 애도하고, "자유는 값비싼 것"이며 "학교의 자랑이요 나라의 자랑"이라고 치사하였다.

시위가 확산되자 19일에 이승만은 서울을 시작으로 부산, 대구, 광주, 대전에 계엄을 선포하였다. 사태 수습은 이승만이 자유당 총재직에서, 이기붕이 공직에서 각각 사퇴하고, 국무위원과 자유당 당무위원이 사표를 내는 것으로 마무리하려고 했다. 이승만은 물러나지 않았다.

연세를 비롯하여 서울, 고려, 경희. 성균관대 총장은 20일에 학생들의 석방 요구 등 문제를 토의하기 위해 만났다. 이들은 검찰총장을 방문하여 학생들에 대한 관대한 처분을 요청하기도 했다.

한편 정국의 변화는 교수들의 시위로 일어났다. 대학교수들은 4월 20일 밤부터 움직이기 시작했다. 문과대학의 정석해, 권오돈, 이균철 교수를 비롯한 이종우, 이상 등은 각 대학교수들이 한자리에서 시국수습안을 제시하자고 의견을 모으고 4월 25일 서울대 교수회관에서 비밀리에 전체 대학 교수회의를 열고자 하였다. 본 대학의 교수들은 서울대에 모이기 전 학교 식당에 모여서 4·19의 합법성과 자유당 정권을 규탄하는 성명서를 발표하였다. 예정된 시각에 서울대에 모인 교수들은 정석해를 임시의장으로 하여 이승만의 대통령직 하야 요구를 골자로 하는 시국선언문을 작성하고, 258명 전원의 만장일치로 채택하였다. 교수들이 "학생의 피에 보답하라"는 플래카드를 들고 종로 4가를 지나 화신백화점을 지나 국회의사당 앞까지 행진하자, 4~5만 명이 시위대가 모였다.

서울대에 간 교수외의 교수들은 오후 3시부터 6시까지 소강당에서 다음의 여섯 가지 요구 조건을 선언하였다.

1. 학생 학살의 최고책임자 및 직접 하수자를 빨리 엄중처단하라.
2. 구금된 학생 전원을 무조건 석방하라.
3. 3·15정부통령 선거는 부정이므로 다시 공명선거를 곧 실시하라.
4. 이대통령은 하야하고 현 국회의원은 총 사직하라.
5. 정부 및 사회 각 기관에서 모든 부정과 특권과 독재적 요소를 철저히 제거하고 진정한 자유민주주의 체제를 확립하자.

26일에도 이른 아침부터 시위가 시작되어 수만 명이 세종로에 모였다. 이승만은 10시 30분에 사임을 표명하였다. 국회가 시국수습결의안을 통과시킨 후 이승만은 27일에 사임하였다. 이승만의 하야 소식에 시민들은 기뻐했지만 26일에도 인명 피해가 계속되었다. 1960년 3, 4월 동안 전국적으로 186명이 사망하고 6,026명이 부상을 당했으며 수만 명이 경찰에 연행되었다.

연세 학생들 중에는 4월 19일의 시위 계획을 도왔다고 정수철이 연행되었다. 19일에 시위를 하던 홍사성(전기공학 4), 백원배(국문 4)는 중앙청 앞에서 연행되었다. 이들은 시발택시를 잡아서 붉은 적십자를 그려 붙이고 부상자를 옮기기 시작했다. 시청 앞에서 세브란스 병원으로 시신을 옮기고 다시 중앙청 앞 광장에 도착했을 때, 비상계엄령이 선포되어 있었다. 마침 한 학생이 해무청 앞에서 실탄에 맞아 쓰러지는 것을 발견하고 달려갔을 때 경찰에 포위를 당하여 근처 경찰 무기 창고에 끌려갔다. 경찰은 무기 창고를 약탈하려 한다거나 소방차에 불을 질렀다는 혐의를 씌워서 고문하였다.

西山 鄭錫海 先生(1979年)

정석해 교수(1899~1996)

출전: 연세대학교 박물관

경찰에게 구타 당했던 학생들은 수백 명에 이르렀다. 이세혁(건설공학 1), 홍석진(화학공학 1), 박태건(의예 2)은 19일 귀가 도중에 구타를 당했다. 중앙청 농성 후 버스가 통행하지 않아서 광화문 쪽으로 가던 중 20여 명의 경찰들이 골목으로 끌고 가서 30분 이상 난타를 당하고 서대문 경찰서에 연행되었다.

본교 학생들은 부상으로 입원한 학우들을 위해 자발적으로 거리에 나가서 위문금을 모금하였다. 4월 24일에 49만 9천 9백 40환을 모금하여 조선일보사에 기탁하였고, 27

일에는 성동시장의 잡상인들에게서 5만 7천 4백 환을 갹출하여 위문품을 사서 보냈다.

한편, 4·19혁명에 참여한 대학생들의 생생한 기록이 「데모사항조사서」로 남겨졌다. 당시에 정치외교학과 4학년이었던 김달중과 안병준은 전국을 돌며 혁명에 참여했던 학생 186명과 접촉하여 면담조사록을 작성하였는데, 그중 일부였다. 이들은 대학원 명의의 연구팀인 '연세대학교 4월혁명연구반'으로 활동하게 되었다.

4·19혁명은 이후 연세 학생운동 조직을 형성하는 한 계기가 되었다. 혁명 후 오시회(五時會)가 결성되었고 이를 모태로 한 한국문제연구회는 1960년대 학생운동에서 중추적인 역할을 맡았다.

2. 학원 민주화운동과 시련

4·19혁명으로 이승만과 자유당 정권이 무너진 뒤, 대학에서는 학원민주화운동이 전개되었다. 1960년 5월 3일, 학도호국단이 결성된 지 10년 7개월 만에 해체하기로 국무회의에서 의결되었다. 연세에서는 4월 30일에 학도호국단 총위원장, 각 단과대학 위원장 및 각 부서의 임원들이 학도호국단의 조속한 해체와 새로운 자치기구의 설치를 주장하며 일괄 사표를 제출하였다. 하루 전인 29일에 각 대학 학생처장, 과장은 관제 학도호국단에서 탈퇴할 것을 결의한 바 있었다. 5월 13일 회의에서는 새로 만들 학생 자치제를 '학생회'로 할 것, 학생 자치활동의 범위를 넓힐 것, 각 대학의 특색을 살리는 조직으로 할 것 등을 의결하였다.

학생의 권익을 옹호하고 학생의 의사를 반영하여 시행할 수 있는 새로운 학생자치기관이 강력히 요구되었다. 당시 대다수 학생들의 여론은 첫째, 학생자치기관은 의결기관과 집행기관으로 구성하고 상호 견제하도록 해야 한다. 둘째, 학생자치기관의 근간은 의결기관으로 하되 의결기관은 각 학과와 학년에서 선출된 대의원으로 구성하여 예산편성, 결산보고, 집행기관 간부의 소환 및 불신임권 등의 권한을 갖게 한다. 셋째, 집행기관은 각 단과대학에서 1인씩 선출하여 구성하고, 과거 학도호국단의 임무 중 의결기관에 이첩되지 않은 제반 임무를 수행한다. 넷째, 의결기관을 구성하기 위하여 과거의 대의원은 사임하고 즉시 새로운 대의원을 선출하여 의결기관을 구성한 후, 조속히 집행기관의 구성원을 선출할 것 등으로 모아졌다.

한편, 학원민주화 운동은 학교 행정과 기구의 민주적인 개편을 요구하는 것이기도 했다. 대학의 학생들은 무능교수, 어용교수의 사퇴를 요구하였고, 교수들은 신분 보장 문제와 학교 기구 개편을 요구하였다. 이에 5월 18일에 학교기구개편회가 구성되었고 문과대학 정석해 교수가 의장을 맡았다. 이사회와 각 단과대학 교수회 대표는 학원 운영의 민주적 제도화를 위한 결의문을 완성하였다. 그 내용은 백낙준 이사장의 사표를 수리하여 총장과 이사장의 겸임을 분리하는 것, 총장과 부총장은 물색위원회가 추천, 대학장은 총장이 추천하되 단과대학 교수회의 동의를 얻는 것 등이 포함되었다.

학교기구개편위원회는 학생들의 학원 민주화 운동의 결과이기도 했다. 각 단과대학에서는 학교 당국의 중앙집권적 행정을 비판하고, 단과대학의 독립적 운영을 주장하였다. 학생들은 성토대회, 긴급총회 등을 열고 공통의 문제와 단과대학별 요구사항을 결의하였다. 상경대학은 5월 16일에 노천강당에서 성토대회를 열고, 결의문을 검토하였다. 그 내용은 중앙집권적인 학교 행정의 지양, 각 단과대학별 독립, 총장과 이사장 겸임 문제 등이었다. 정법대학은 17일 광복관 뒤뜰에서 긴급총회를 열고 학원의 민주화와 대학의 권위 향상을 위해 기존의 기형적 제도와 운영의 개선을 촉구하며 결의문을 채택하였다. 공석 중인 학장 임명, 총장을 전체 교수회에서 선출할 것과 이사장 겸직 금지, 교수진의 강화 등을 요구하였다. 휴학 시의 반액 등록 제도를 폐지하라는 요구도 포함되었다. 이공대학은 공과대학 분립을 강력히 주장하며 수업을 거부하였다. 문과대학은 대의원대회를 소집하고, 중간시험의 임시 중지 및 3, 4학년 체육 시간 폐지를 결의하였다.

이러한 학생들의 요구에 대해 전체 교수회는 중앙집권적인 현 기구의 체제를 개편하여 각 단과대학 중심의 학교 기구 개혁을 총장에게 건의하기로 했고, 학교기구개편위원회를 조직한 것이다. 학생 자치 활동 지도에도 변화가 있었다. 학생처가 관할하던 학생 자치 활동 지도는 각 대학별로 하기로 결의되었다. 이렇게 구성된 학생 지도교수 위원회는 각 단과대학별 임시 자치기구 구성, 자치기구는 가급적 각 반 대의원을 모체로 할 것 등을 결의하였다.

전체 교수회는 학교 기구 개편 초안을 통과하여 이사회에 상정하였다. 5월 30일에 통과한 개편안의 내용은 총장, 부총장, 대학원장, 대학장의 임명에서 전체 교수회의 동의를 얻어야 한다는 점, 총장의 임기 4년, 그 외 세 보직은 2년으로 할 것을 결의하였다. 교수 임면과 교수회에 대해서도 각 단과대학과 교수들의 의견 수렴을 골자로 하였다. 또한 학교 제반 학사 정책을 수립하는 'Faculty Senate'를 신설하기로 하였다.

학생들은 6월 3일에 각 단과대학 대표들이 회합하여 '연세대학교 학생회'를 구성하였다. 학생회는 각 단과대학 대표 2명씩의 합의제로 구성하였고 학생회칙 초안을 작성하는 등 정식 출범을 준비하였다. 10월 19일에는 단과대학별로 학생회장을 직접 선출하였고, 1961년 1월에 각 대학 학생회장단이 학생회 총회장으로 이공대학 학생회장 채희철(전기공학 3)을 선출하며 총학생회가 정식으로 발족하였다.

총학생회는 단과대학마다 집행기구인 학생회, 의결기구인 대의원회가 있고, 임원은 1) 총학생회장 1인, 2) 단과대학 학생회장 각 1인, 3) 부회장 각 1인, 총학생회 부회장은 2인이고 이준 1인은 녹양회장(여학생) 4) 각 부장(산하단체는 회장) 각 1인으로 조직되었다. 부서로는 총무부, 섭외부, 학예부, 공보부, 기획부, 체육부, 자율위원회를 두고, 산하단체로는 기독학생회(S.C.A), 극예술연구회, 녹양회, 연세문학회, 연세교육방송국을 두었다. 산하 단체는 학생활동이 확대되며 늘어났다. 9월 12일에는 본교를 비롯한 서울 시내 28개 대학교 학생회 대표들이 발기하고 전국 각 대학교 대표 89명이 모여서 중앙학도호국단에 대치하는 대학생들의 자치단체연합체로서 '전국대학생총연합회' 결성대회를 가졌다.

학교 기구 개편은 이사회와 교수회가 대립하여 교수들의 강의 거부도 있었으나 이사장과 총장의 분리, 총장 및 보직자 임명에서 교수회의 동의, 각 단과대학의 자주성 협의 등에 합의를 보았다(6월 13일). 그러나 여름방학 중에 전체 이사회가 정법대학 장경학, 문과대학 장덕순, 박두진을 면직 처분하면서 학교는 창립 이래 최대의 위기에 놓였다.

문과, 이공, 정법대학 대표들은 9월 13일에 학생총회를 열었다. 총회에서 문과대학 성명서를 전체 연세대학교 결의문으로 채택하고, '가칭 연세대학교 학원민주화 투쟁위원회'를 조직하였다. 학생들의 요구는 총장 서리 원일한의 사퇴, 이사진 개편, 교수 신분 보장 및 해임 교수의 복직 등이었다. 3천여 명의 재학생은 다음 월요일인 19일에 학교 측의 결정을 기대했으나 해결의 기미가 보이지 않자 시위에 돌입하였다. 1천 5백 여 학생들이 학원의 기업화 반대, 기성 세대의 반성, 독선적이 이사회의 규탄 등을 내용으로 하는 플랑카드를 들고 학교를 출발하여 문교부에 도착하여 학원 분쟁을 해결해 달라는 진정을 하였다.

문과대학 최현배, 김하태, 최재서, 홍이섭, 조우현, 이봉국, 김동길 등 7명의 교수들은 농성 투쟁을 벌이며 강력하게 문제를 제기하자 총장 서리는 문과대학에 휴교령을 내렸다. 이사회의 세 교수 해임 이후 이공대학, 정법대학까지 60여 명의 교수가 22일 간 농성을 지속하였다. 동문회의 중재로 이사회가 재논의를 결정했으나 재심 후 해임을 결정하였다. 문과대학 7명 교수는 이에 항의하며 사표를 제출하였다.

문과대학 전체 대의원 및 각 학회 총무 긴급총회에서는 7교수 수강 거부와 부패한 이사진 사퇴 등을 결의하였다. 그 와중에 영문과 수업을 정법대학 학생들이 중단시키는 일이 벌어졌다. 학교 당국은 11월 16일에 강의를 방해한 학생 3명을 제적시켰다. 다음 날 학생 제적에 충격을 받은 2천여 명의 학생들이 모여 임시 학생총회를 열고 제적 조치 철회, 7교수 출강 반대 결의, 총장 서리와 이사장 미국 소환 요청 등에 동의했다. 많은 학생들은 원일한 총장 서리와 이사장 사우어 사저로 찾아갔고, 미국 대사관 앞에서도 시위를 벌였다.

경찰은 이에 58명의 학생을 연행하였고, 학우의 석방을 요구하는 학생 1천여 명이 서대문 경찰서에 자진 출두하다가 133명이 추가로 연행되었다. 남대문서, 서대문서, 성동서, 성북서, 동대문서, 용산서, 중부서에 나뉘어 구금되었던 학생들은 세 차례에 걸쳐 석방되었지만 7명은 구속, 3명은 불구속 기소되었다.

학생회는 학교 분규의 해결과 구속 학생 전원 석방을 위해 대표를 선출하고 3개 반을 나누어 활동하였다. 제1반은 농성교수단 및 총장, 동문들과 접촉하고 제2반은 수감 중인 학생들을 위문하며 제3반은 적부심사를 통한 석방 운동과 송청 이후를 노력하고 있었다.

동문회도 각 대학별 임시총회를 소집하고 대표를 선출하였다. 정식 한국인 총장 1인 선출, 이사장 개선, 교수 신분 보장, 구속 학생의 무조건 석방과 학교가 처벌하지 말 것, 제적된 학생의 복교를 결의하였다.

학교의 분규와 학생들의 피해가 지속되는 상황에서 문교부 장관 오천석은 '9인 위원회'를 조직하였다. 이사회에서 한경선, 전필순, 이천환, 교수회에서 조의설, 지동식, 이우주, 동문회에서 김윤석, 윤세원, 염중훈이 속하였다. 9인 위원회는 분규를 수습할 대책안을 제출하였고, 이사회가 의결하였다. 수습대책안은 정식 총장을 조속히 선임할 것, 이사장은 다음 정기총회에서 개선할 것, 교수 신분 보장을 위해 임시인사위원회를 구성하고 학생들은 관대히 선처할 것을 요청하며 수업을 정상화시킬 것을 포함하였다. 그 후 총장으로 고병간을 선임하고, 교수평의회를 구성하며 분규는 일단락되었다.

학원 민주화운동 과정에서 학교 기구와 행정이 대폭 개편되었다. 이사장과 총장은 분리되고, 교수평의회를 설치하였다. 교수평의회는 총장, 부총장, 대학원장, 학장, 도서관장, 교목 및 각 대학교수 대표 1명으로 구성하였고 학사정책을 수립하는 의결기관이었다. 교무처에는 교무과장직이 신설되었다. 신입생 전형 방침도 변화하였는데, 무시험제도를 철폐하고 1961년에는 제1차로 고등학교 성적, 제2차로 필답시험과 적성시험을 치렀고, 이후 완전한 시험제도로 바뀌었다.

2장 1960년대 한일협정 반대 운동과 민주화운동

한일협정 반대 운동은 3단계로 구분할 수 있다. 1단계는 1964년 3월 24일부터 6월 3일까지의 한일회담 반대운동, 2단계는 1965년 4월 13일부터 6월 22일까지 한일협정조인 반대운동, 3단계는 6월 23일부터 8월 27일까지 한일협정비준 반대운동이다.

1. 한일협정 비준 반대운동

한일회담과 6·3항쟁(1964.3.24.~6.3)

한일회담 반대운동은 1964년 3월 24일에 '대일 굴욕외교 반대시위'가 긴급히 결의되며 시작하였다. 본교, 서울대 문리대, 고려대 학생들은 5·16이후 최초의 대규모 가두시위를 벌였다. 본교에서는 이날 총학생회 주최로 장준하와 함석헌의 시국강연회가 열렸다. 총학생회장 안성혁(행정 4)이 서울대, 고려대 등 타 대학과 연계하여 동시에 시위를 벌이기로 한 약속에 따라 한국문제연구회와 함께 강연회와 시위를 준비했다. 사실상 이 시국강연회는 한일회담 반대시위를 계획하고서 정법대학 학생회와 한연회가 공동 주최하였고, 한연회 소속의 김정길(법학 4)이 사회를 맡아서 강연회가 끝나면 오후 4시부터 시위에 들어가기로 했다. 그런데 강연이 시작된 후 서울대와 고려대가 약속한 시간보다 일찍 시위에 들어갔다고 알려졌다. 안성혁 총학생회장이 강연 중인 함석헌에게 양해를 구하여 강연을 중도에 마쳤고, 연세대는 두 대학보다 조금 늦게 시위에 돌입했다.[24] '대일굴욕외교 반대시위'를 결의하자 3천여 명의 학생이 시위에 들어갔다. 여기서 총학생회는 다음의 선언문을 발표하였다.

<선언문>

국가는 백년대계요, 민족은 인격체이다. 민중은 역사의 바탕이요, 대학은 민족 양심의 최후보루이다. 우리 연세대학교는 아래 사항이 관철될 때까지 서명운동과 더불어 범학생운동, 대대적 국민운동을 전개시킬 것을 엄숙히 선언한다.

1. 민족긍지를 상실한 대일굴욕외교를 즉시 중하라.
1. 백만 어민의 생명선이요, 국방의 절대선인 평화선을 그 알량한 청구권과 바꾸기 전에 한·일관계의 근본적인 해결책을 강구하여 국민 앞에 명시하라.
1. 4·19이념과 민족자립경제의 반역적 망국재벌을 처단하고 그 재산을 국가에 환수하여 민족자본화하라.

(1964년 3월 24일 연세대학교 총학생회)

학생들은 "매국적인 한일회담이 중단될 때까지 투쟁을 계속한다", "삼천만의 생명선인 평화선을 일보도 양보할 수 없다", "제2의 이완용을 즉시 소환하라", "악덕 재벌을 타도하고 민족자본을 육성하라", "4·19는 주시한다. 위정자여 각성하라"는 등 6개항을 결의하고 신촌로터리와 이화여대 입구로 나가 경찰과 대치하였다. 신촌로터리를 향한 지 5분도 안 되어 150여 명의 경관들이 2, 3중으로 저지선을 펴고 막았다.

---

24 오건환, 「한국문제연구회의 창립과 초기 활동」, 김영래, 임진영, 김영준, 『한국문제연구회 창립 40주년 기념 자료집: 당신의 조국 한국을 알자』, 디컨하우스, 2003, 239~240쪽.

“굴욕적인 한일회담 즉시 중단하라!” 플래카드를 들고 학교를 나서는 모습(날짜 불분명)
출전: 『경향신문』

이날 시위는 그 이전부터 각 대학 이념서클 간의 네트워크의 영향으로 가능했다고 평가되지만 3개 대학 동시 시위가 구체적으로 어떻게 준비되었는지는 정확하지 않다. 서울대 문리대 학생 서클인 ‘민족주의비교연구회’(민비연)와 고려대 ‘민족사상연구회’(민사회)가 1962년부터 공동 토론회를 준비하며 접촉이 있었고, 한국문제연구회(한연회)의 정준성과 고려대 최장집이 접촉하여 약 2주 전에 동시 시위가 합의되었다는 게 최장집의 기억이다(오제연, 2014, 222~223). 그 결과 시간대별로 1시 30분에 서울대, 3시에 고려대, 4시에 연세대 학생이 순차적으로 시위에 나서며 그 효과를 높였다(민주화운동기념사업회 연구소, 2008, 407쪽).

4시 20분, 경찰이 시위대를 곤봉과 구타로 제지하자 20여 명의 학생들이 부상을 당했고, 이를 목격한 데모대와 경찰이 30여 분 간 충돌하였다. 학생들이 신촌로터리에서 저지를 받자 500여 명의 학생들은 샛길로 이대입구까지 진출했으나 300여 명의 경찰과 부딪혔다. 학생들은 투석으로 대응했으나 제지되자 연좌데모에 들어갔다. 이날 중 최하영(도 1), 이웅재(국 3), 유현덕(화공 1)이 부상을 당했고, 78명이 마포서, 서대문서에 연행되었다. 연행된 학생들은 '우리는 데모했다'는 확인서를 쓰고 밤늦게 전원 석방되었다(연세대학교사, 945, 984쪽). 본교의 김호근을 포함한 학생 14명은 기소유예 처분을 받았다.

이날 학생들은 "굴욕과 반 예속의 역사를 또 한 번 되풀이 하지 않기 위하여 현 한일회담의 조기타결이나 우리 자신의 힘을 보여주지 않는 매국적 회담을 결사반대한다"며 다음 6개 사항을 결의하였다. 1) 국민 의사 무시한 매국적인 한일회담이 중단될 때까지 우리는 투쟁을 계속한다. 2) 삼천만의 생명선인 평화선을 일보도 양보할 수 없다. 3) 악덕 재벌을 타도하고 민족자본을 육성하라. 4) 양식인의 의사를 비인도적인 무력으로 짓밟지 말라. 5) 감금된 궐기 학생을 즉시 석방하라. 6) 4·19정신에 위배되는 모든 정치적 망동을 삼가라.

정부는 유화책을 통해 학생들을 설득하려 하면서 다음 날인 3월 25일, 문교부가 주도하여 36개 대학 96명의 학생대표가 참여하는 간담회를 긴급 개최하였다. 간담회가 큰 성과 없이 끝났고, 시위는 전국 각 대학교와 고등학교로 확대되어 4만여 명의 학생이 시위에 참가하였다. 본교에서는 11시 30분에 조의설 부총장의 강연이 끝나고 정법대학 3학회(법학회, 행정학회, 정치학회) 주최로 2천여 명의 학생들이 '한일굴욕외교반대 성토대회'에 들어갔다. 여기서 데모 여부의 찬반 투표를 한 결과 만장일치로 데모 강행이 결정되어 12시 30분 150명의 ROTC 학생을 선두로 3,500여 명의 학생이 7개의 조를 짜고 이화여대 입구에서 합류하여 서대문으로 향했다. 1시 30분 경 국회의사당에 도착한 학생들은 연좌데모에 들어갔다.

1시 35분 총학생회장의 정부·학생대표회담이 결렬되었다는 보고를 들은 학생들은 대일굴욕외교 반대 구호를 외치며 이효상 국회의장을 만나자고 요구했다. 한 시간여 후에 국회의장이 나와서 "제군이 나라를 사랑하는 만큼 국회도 나라를 사랑한다. 여러분의 주장을 바르게 관철토록 노력하겠다. 그러나 내가 구체적인 대답을 할 성질의 것은 아니다"라고 말했다. 학생들은 "굴욕외교의 즉각 중지, 망국 재벌의 처단, 김종필 씨의 즉각 소환 등을 답하라"고 요구했다. 국회의장이 "정부에 건의하겠다"고 답하자 만세삼창을 했다. 국회의사당을 떠난 데모대는 종로 2가까지 구호를 외치고 3·1절 노래를 부르며 남대문로를 거쳐 행진하였다. 원호처 앞에 집결했다가 3시 20분에 해산했다.

박정희 대통령은 다음 날 특별 담화를 통해 학생들의 우국충정은 이해하지만, 자신은 재임 중 부과된 임무를 확고한 신념과 명확한 목표 하에 변동 없이 수행할 것이라고 하였다. 박정희의 특별담화는 학생들을 더 자극하여 전국 11개 도시에서 6만여 명이 시위에 나섰다. 김종필이 28일에 귀국한 후, 30일에 박정희는 본교를 비롯한 11개 종합대학 대표들과 면담했다. 여기서 박정희는 한일회담의 당위성을 설명하였고 학생들이 요구한 대로 다음 날, 38개 대학 57명의 대표에게 김종필-오히라 메모의 내용을 비공식적으로 공개하였다(6.3동지회, 2001, 95~97쪽; 이광일, 1995, 10쪽).

4월 2일에는 총학생회가 '왜색일소'운동 등 민족정기 정화앙양운동에 앞장설 것을 결의하고 성명서와 '우리의 주장' 4개 항을 발표하였다. 성명서는 "현 정부가 군정에서 비롯한 정보정치로서 민족분열을 자초"한다면서 "여론 정치를 표방한 정부가 전 국민과 애국학생의 기구를 무참히 짓밟을 수 있는 가"라며 정부에 물었다. '우리의 주장'은 1) 현재 진행 중인 한일회담을 즉시 중단하라, 2) 한일관계 타결에 있어 국민의 의혹을 사고 있는 모든 사실을 국민 앞에 밝히라, 3) 평화선을 그 악랄한 청구권과 바꾸기 전에 한일 타결의 근본적 해결책을 강구하여 국민 앞에 명시하라, 4) 민족 자주경제의 반역적 행위를 해온 망국적 악덕재벌을 처단하고 그 재산을 국가에 환수하여 민족자본화하라는 것이었다.

4월 10일에는 한국문제연구회 주관으로 '한일문제 대강연회'가 3천여 명의 학생이 모인 대강당에서 진행되었다. 정법대학장 박관숙의 '국제법상에서 본 한일회담'이라는 강연 후 공화당 의장 김종필의 '한일회담의 현안 문제와 정부의 태도'에 대한 강연이 있었다. 김종필의 강연이 끝난 후 서면질의를 통해 한일회담에 대한 여러 문제를 김종필이 설명했지만 학생들은 "석연치 못한 해명"이라고 하면서 "피상적인 언급이었다"고 강조했다.

4월 23일 박대통령이 내린 훈령 가운데 '불법 데모 등 범법 학생들은 퇴학 처분을 하는 동시에 학교 당국자들에게도 그 책임을 추궁해야 한다'고 지적하였다. 당시 연세춘추는 '데모의 내적 요인을 제거하자'는 사설에서 학생이란 순수하지 않을 수 없으므로 데모를 하는 것 충정외에 불순이 없다고 하며 그 충정은 국가와 민족의 장래에 대한 것이라고 하였다. 그리고 학교 당국자가 학생들의 교외활동을 책임질 수 없다는 점을 지적하며 정당들의 지나친 정쟁을 근절해야 한다고 강조하였다.

5월 9일에는 학교 창립 79주년 기념 '백양제'가 열렸다. 이때 가장행렬에서는 시국을 풍자하는 구호들이 주목을 끌었다. "박사 실업자에게 직업을 달라", "5.16대의 1의 환율을 4.19대 1로 인하하라!"는 플래카드가 걸렸고, "최루탄 살 돈 있으면 사람 입 풀칠하라!", "불하만 하지 말고 사람 좀 살려라", "국민학교는 4부제도 아닌 8부제를 하자"는 등의 구호에 폭소가 작렬했다.

5월 11일에는 2천여 명이 강당에서 성토대회를 열고 "학생 요구 하나도 관철 안됐다", "부정부패 일소", "학원사찰 중지" 등의 구호를 외치며 정부의 무성의한 반응을 규탄하는 가두시위를 벌였다.

한편, 1964년 4~5월에는 공화당의 일본 자금 수수 의혹, 국공유지 부정불하 사건으로 정권의 부정부패가 드러나던 시점이었다. 이때 3월 24일 데모를 주동한 학생들과 야당 의원에게 괴소포가 보내진 일이 있었다. 발신 주소는 모두 부산이었고, 발신자는 재일교포로 추정되었다. 소포 속에는 "당신의 영웅적 행동을 찬양한다. 계속 박 정권 타도에 힘써달라"는 내용의 편지와 미화 100달러가 들어 있었다. 학생들은 사건을 '매카시즘의 희롱'이라고 하며 학생회 간부들에게 오는 편지가 검열되고 있음을 강조하였고, 대학가에서는 정보기관의 학원 사찰에 대한 비난이 일었다. 당시에 정권은 괴소포 사건을 조총련계 간첩의 공작이라고 꾸미려 했으나 중앙정보부의 공작임이 이후에 밝혀졌다.

연세 총학생회장 안성혁(행정 4)은 4월 8일에 괴소포를 받았다. 일본 잡지인 '주부의 벗(主婦の友)' 155~184쪽 사이에 100달러와 '남조선 인민에게 보내는 호소문', 통일에 대한 불온문서가 들어있었다. 장시간 경찰 조사를 받은 그는 "누구를 책하고 싶지 않으나 이러한 한국적인 현실을 슬퍼한다"고 밝혔다. 사건 당시에 안성혁은 학생들의 데모를 저지하려는 '정치적 장난'이라고 보았다. 그 이유로 조련계가 개입되기에는 학원 사찰과 우편물 검열이 심한 상황이므로 일본 잡지 속의 불온문서가 들어올 수 없다는 점, 간첩 공작이라고 하기에는 적은 금액으로 매수하지 않았을 것이라는 점을 들었다. 그는 '과잉 충성'하려는 자들이 데모 주동학생들의 사상을 테스트하기 위한 것이거나 야당 정치인들이 학원사찰을 역이용하여 대정부 공격을 하려는 것이 아닌가 의심하였다.

한일회담의 타결 가능성이 높아지는 가운데 본교를 비롯한 서울 각 대학 학생들은 '한일굴욕회담반대 학생총연합회'를 결성하여 운동을 결집하였다. 이 연합회는 5월 20일 서울대에서, 25일에는 본교에서 '난국타개 학생 총궐기대회'를 주최하였다. 20일에는 바로 '민족적 민주주의 장례식'이 거행된 날이었다. 여기서 학생들은 "4월혁명의 참다운 가치성은 반외압세력, 반매판, 반봉건에 있으며 민족민주의 참된 길로 나가기 위한 도정이었다. 5월 군사쿠데타는 이러한 민족민주 이념에 대한 정면적인 도전이었으며 노골적인 대중탄압의 시작이었다"고 선언하였다. 민족적 민주주의를 사망했다고 하는 동시에 민족혁명론을 부활시킨 것이었다(6·3학생운동사, 2001, 466쪽). 당시에 모든 학생들이 민족적 민주주의 장례식에 동의하지는 않았다. 본교, 서울대, 고려대 등 9개 총학생회장들은 이 집회가 학생 총의가 아니라고 강조했다. 집회 참석 인원도 예상보다 적었고 일부 학교에서는 민족적 민주주의 장례식 규탄집회가 열리기도 했다(민주화운동기념사업회 연구소, 2008, 420쪽).

민족적 민주주의 장례식을 주도했던 학생들이 경찰 수배를 받아 잠적하거나 체포되자 각 대학 학생회가 전면에 나섰다. 전국 31개 대학 학생회는 '난국타개 학생대책위원회'를 결성하여 5월 25, 26일에 각 대학별 '난국타개 궐기대회'를 열었다.

25일 서울 시경국장실에서는 연석회의를 개최하고 '5.25데모 진압계획'을 공유하고, 관하 11개 단위별 데모 진압 세부계획표를 준비하였다. 경찰은 서울 종로서에 비상대책본부를 설치하고 수뇌부가 상황분석과 담화발표에 집중하였다. 중앙청 등 기관에는 부장 군인이 경비를 서고 있었다. 본교에서는 오후 2시에 2백여 명이 노천극장에 모였고, 김광렬(행정 4)이 "구속 중인 애국학생 즉시 석방", "파국에 직면한 민생고 타개는 망국독점 매판재벌의 엄단 몰수에서 출발" 등의 내용을 담은 '구국비상결의선언문'을 낭독하였다(경향신문 1964.5.25). 박동혁(법 4)은 '군인 법원 난입사건과 학생운동'이라는 제목의 성토에서 "국헌을 무시한 법원 난입사건은 우국충정에서 나왔고 학생들의 행동을 불법이라고 규정하는 것은 언어도단이다"고 비난하였으며 학원사찰에 대한 비판으로 한층 열을 띠었다.

수사당국은 이날 나왔던 선언문 중 '친진보 반보수'의 내용이 국시에 위배되며 4·19 정신을 모독하는 것이라고 그 기초자를 찾고자 20여 명의 대학 대표들을 연행조사 하였다. 선언문은 24일 고려대에서 22개 대학 대표들이 모인 한국학생총연합회 회의에서 채택된 것이었다. 28일 본교 총학생회장 안성혁은 그 구절을 자신이 기초했다고 밝히고 "정치적으로 수구의 개념에 반대되는 진취적이란 뜻이며 경제적으로는 매판재벌에 대한 민족자본으로 해석한다", "용공적인 내용이 아니라"고 덧붙였다.

29일에 34개 대학 학생회장들은 '난국타개대책회의'를 개최하고 대회의 결의사항을 재확인했지만 정권은 학생들의 요구를 수용하지 않았다. 학생들은 다음 날 정일권 국무총리에게 대표 6명을 보내고, 요구사항을 관철되지 않으면 실력투쟁을 벌이겠다고 통고했다. 박정희 정권은 학생들의 요구를 수용하지 않고, 시위에도 법대로 대응할 것이라고 밝혔다(민주화운동기념사업회 연구소, 2008, 424쪽).

난국타개 학생대책위원회의 통고에도 정권이 강경한 태도를 유지하는 가운데, 위원회 소속 32개 대학 대표 35명이 6월 1일에 모였고, 그중 19개 대학 31명이 청와대 앞에서 집단 단식 농성을 시도하다가 연행되었다. 이들은 연행하는 버스에서 내리지 않고 8시간 동안 농성을 벌이다가 문교부장관이 요구를 이행하겠다고 약속하자 6월 3일까지 기다려보기로 하고 해산했다(민주화운동기념사업회 연구소, 2008, 426쪽). 다음 날인 6월 2일에 학생 시위가 시작되었는데, 본교에서는 3일부터 시위에 나섰다.

6월 3일에는 서울 시내 주요 대학과 고등학생들이 시위를 감행하였다(6·3시위). 학생들은 주로 박 정권 하야, 악덕재벌 처단, 학원사찰 중지, 여야 정객의 반성 촉구, 민생고 시급 해결, 부정부패 원흉 처단 등의 구호를 외쳤다. 박정희 정권은 6월 2일의 학생시위가 이전 시위보다 극렬하다고 판단했다. 특히 대통령 하야와 반미 구호에 주목했다. 3일 오후, 정부는 계엄령 선포를 위해 미국과 접촉하였고, 미국은 적극 협조했다. 밤 9시 50분, 서울시 일원에 비상계엄이 8시로 소급되어 선포되었다. 비상계엄 선포로 수도경비사령부가 시위대를 세종로로 압박하며 해산 작전에 들어갔고, 자정 무렵에 시위대는 완전히 해산하였다(이광인, 1995, 116~117쪽).

연세대는 서울 시내 각 대학의 공동 시위에 적극적인 참여를 계획하고 오전부터 한연회의 박동혁, 석진철(법 4), 오건환 등이 주축이 되어 선언문을 낭독하고 구호를 선창하며 정법대 학생들과 스크럼을 짰다. 학내를 돌면서 3천여 명의 학생들을 모아 신촌 로터리와 이화여대 정문으로 향했다. 각 대학의 일제 시위로 인해 시위를 진압할 경찰 병력이 분산되었고, 최루탄도 떨어져 신촌 로터리의 저지선이 쉽게 뚫렸다. 연세 시위대는 곧장 아현동 로터리를 거쳐 가장 먼저 광화문에 도착했고, 이어서 중앙청 앞에 도달했다. 중앙청에서 수경사 군인들과 맞서다가 밤늦게 계엄이 선포될 것이라는 가두 방송을 듣고서 오건환은 중앙청 담 위에 뛰어 올라가서 해산을 권유하였고, 시위대는 계엄 선포 전에 해산하였다이 6·3시위로 안성혁, 석진철, 박동혁이 구속되었다. 안성혁, 석진철은 9월 초에 보석되었고, 박동혁은 계속 구류 중이었다. 한연회의 2대 회장이 되었던 오건환은 전국 수배가 내려졌다. 오건환은 학생회나 한연회 간부가 아니어서 초기에 검거를 피했는데, 제천의 석회 광산에 몸을 피해 있다가 1965년 3월, 새학기가 시작된 후 교내 백양로에서 검거되었다(오건환, 2003, 240~241쪽).

한일협정 조인 반대운동(1965.4.13.~6.22)

정부의 계엄 선포 직후 무기한 연기되었던 한일회담이 1964년 12월 3일에 재개되었다. 1965년 2월 15일 한일 양국은 한일기본조약에 합의했고, 20일에 가조인되었다. 4월 3일에는 어업, 청구권, 재일교포 법적 지위 문제가 일괄 가조인되었다.

서울 시내 각 대학의 일부 학생 대표들은 4월 4일에 40여 명이 회합을 갖고 평화선은 절대로 고수해야 한다, 현 정부의 한일회담 타결은 전 국민의 뜻을 배신한 것이다, 한일회담 타결은 국민투표에 붙여야 한다는 등의 결의문을 채택하였다. 같은 날, 각 대학생회장단 30여 명이 모여 3개 현안 가조인에 대해 의견을 교환했으나 구체적인 결정은 나지 않았다. 전국대학신문기자협회 30여 명 또한 대학신문의 운영에 대한 의견을 교환하고, 정부의 한일회담에 대한 대학신문의 자세 등에 관한 의견을 교환했다. 상과대 학생 대표들도 여러 번 만나서 한일회담 타결이 한국 경제에 미치는 영향과 금융 특혜 문제에 대해 의견을 나눴다.

서울 각 종합대학 대표들이 결성한 '평화선 사수 학생연합투쟁위원회'는 7일 낮에 모여 평화선 사수를 외치며 데모하다 구속된 전남대 등 지방 학생들의 석방과 즉각 복학을 요구하는 4개 항목의 대정부 요구사항을 성명서로 발표했다. 이들은 또한 4·19를 전후해서 한일회담 반대투쟁을 적극 벌이며 "9일부터 각 단과대학별로 투쟁을 개시하겠다"

고 밝혔다.

본교에서는 4월 12일 낮 12시에 2,000명의 교내 대강당에 모여 한일회담 성토대회를 벌였다. 한연회 회원 중심의 정법대생들이 교내를 돌며 학생들의 시위 참가를 독려하였다. 오건환의 부탁을 받아 시위에서 선언문을 낭독한 이범관(법학 4)과 시위대를 이끈 이용좌(법학4)도 시위 주동 혐의로 구속되었다(오건환, 2003: 241쪽)[25]. 총학생회 주최로 열린 이 성토대회에서 학생들은 "민족주체를 망각하고 1백만 어민의 생명선인 평화선을 포기한 정부의 태도를 규탄하고 한일회담 가조인의 전반적인 무효 여부를 국민에게 물어보라고 촉구한다"는 대정부 호소문과 선언문, 결의문을 채택하였다. 선언문에서는 "우리들은 결코 오늘의 상황에 둔감하지 않고 우리의 예리한 감각은 항상 조국의 앞날을 지켜보고 있으며 불의를 묵과하지 않는 것을 만천하에 경고한다"고 밝혔다. 결의문에서는 6개 항목을 요구하였다. 1) 내 영토 내 주권인 평화선을 사수하라. 2) 학원의 불씨를 조장하는 공공연한 학원사찰을 즉시 중지하라. 3) 60만 재일교포를 주권 국민으로 처우하라. 4) 구속된 학생을 즉각 석방하고 퇴학생을 복교시켜라. 5) 국민을 기만 선동하는 여야 정치인은 언동을 삼가라 6) 악덕재벌들은 사이비 문화 사업으로 국민을 기만하지 말라.

13일에는 대규모 가두시위가 벌어졌다. 본교에서는 12시 30분부터 정법대학 학생들에 의해 한일회담 가조인 반대 성토대회가 열렸다. 1,500여 명의 학생들이 참가하여 "굴욕과 저자세로 일관된 가조인을 전면적으로 거부하며 무효임을 선언한다"는 요지의 선언문과 "우리는 평화선을 조국의 영구한 주권선으로서 재확인하며, 우리의 생명선인 평화선을 최후의 일각까지 사수할 것을 결의한다"는 7개 조목으로 된 결의문을 채택한 후 데모에 돌입하였다.

1시 15분 경 '데모가 불법이냐 폭정이 불법이다', '매국외교 피로써 막아내자'라는 플래카드를 든 채 스크럼을 짜고 신촌로터리를 지나 이대 입구에 이르렀을 때, 대현 고개에 대기중이던 400여 명의 무장경찰이 무차별 곤봉 세례를 하여 김대준 학생처장을 비롯하여 한진국(법 3), 이헌구(법 2), 유경열(정외 1) 등 학생 5명이 중경상을 입었고 25명 이상의 학생이 연행되었다. 유경열은 이대 입구에서 경찰봉에 맞아 실신하여 구경하던

25 오건환이 회고에서 3월 12일로 기억하는 시위는 4월 12일 이 시위로 추정된다.

인근 주민들이 부근의 병원에서 응급처치를 받고 세브란스로 옮겨졌다.

해산된 데모대는 2시 쯤 백양로에 재집결하여 '고우 홈 잽(Go home Jap)'이라는 플래카드를 들고 다시 이대 입구까지 진출하여 3시 10분 쯤 경찰과 투석전을 벌였다. 이날 시위에서 모두 59명이 연행되었고, 구속 3명, 불구속 7명, 벌금형 48명으로 처분되었다. 구속된 학생은 오건환(법 4), 이범관(법 4), 이용재(법 4)였고, 불구속된 학생은 신승기(행 3), 김대호(화공 3), 조인영(정 1), 최상호(정 3), 진윤용(법 3), 김용진(공 1), 조현식(법 3)이었다.

서울지검 공안부는 15일 오후 지난 4·13데모로 송치된 연세대 행정과 4년 오건환 등 6명을 집회및시위에관한법률 위반으로 구속기소했다. 4월 10일 이후 데모로 기소된 학생은 모두 10명인데, 오건환, 이용재, 이범관, 이철흥(법 3), 곽남용(법 2), 유중현(법 2) 등이다.

일부 학생들은 13일 낮 12시 40분 경 학생총회 주최로 약 800명의 학생이 모여 대강당에서 '평화선사수연세대발기대회'를 가졌다. 연행자는 한진국(법 3), 최상오(정외 3), 김징패(정외 2), 김용래(상과 3), 김철호(사학 2), 이헌구(법 2), 한중광(철학 4), 박승철(토목 2), 한금용(법과 3), 조인영(정외 1), 정구종(국문 3), 김원빈, 김우현(일반인), 최기호(국문 2)였다.

학생들은 15일부터 3일간 전국 구속학생 석방 및 제적학생 복교 추진 서명운동을 벌였다. 13일에 구속된 학생 석방운동을 겸한 서명운동에 본교생 대부분이 날인하였다. 15일 오전 10시에는 총장실에서 임시 교무위원회를 소집하고 학생처장 김대준이 데모대를 무마시키려고 노력했는데도 불구하고 무장경찰에 구타를 당해 입원하게 된 것에 대해 교무위원회 명의로 내무부 장관에게 항의할 것과 구속된 3명, 불구속 입건된 7명의 학생의 선처를 건의하기로 결의하였다. 사태가 긴박하여 학교는 다시 1주일 간 휴교 조치를 취하였다. 4월 26일부터 대부분의 대학은 강의를 다시 시작하였다.

본교에서는 5월 8일 창립 80주년 기념행사의 하나로 가장행렬을 꾸미고 '익살 데모'를 벌였다. 백양로에서의 행렬은 시국을 비판하는 풍자와 익살로 수만 관중을 폭소시켰다. 맨 앞장을 선 행렬은 "뜻으로 본 개(犬)의 데모"라 하여 비쩍 마른 강아지 한 마리가 앞장서고 그 뒤에 "한일회담 절대 지지!"라고 쓴 플래카드를 든 학생들이 개 마스크를 쓰고 있었다. 이완용은 새끼줄로 이순신을 묶어서 앞장세우고 그 뒤는 '백지 침묵' 플래카드가 따랐다.

1965.5.8. 창립 80주년 가장행렬
출전: 『경향신문』 1965년 5월 10일

6월 17일 한연회는 한일협정 조인 무효를 주장하는 '연세대학교 단식투쟁위원회'를 주도하여 구성하고 "민족 주체를 확립하는 정신적 기반 정립", "조기방학과 조기시험을 날조하는 대학행정인의 파렴치를 방지"하기 위해 "민주주의와 학문의 자유를 수호하는 사명"으로 "국운을 우려하는 국민의 의무"와 "국회의 권능과 책임의 통감"을 촉구하였다(김영준 외, 2003, 30쪽).

한일협정 조인 하루 전인 6월 21일 교양학부의 채플이 끝난 후 대강당에서 3천여 명이 참석한 가운데, 총학생회 주최로 한일회담을 전면 반대하는 성토대회가 열렸다. 성토대회 후 대규모 시위가 있었다. 학생들은 '한일회담 분쇄하여 팔려가는 조국 찾자'는 플랜카드를 앞세우고 행진하여 대현동 고개에서 경찰과 2시간 여 동안 대치하다가 학교로 돌아와서 해산했는데, 이날 강진덕(경영 2) 등 67명이 연행되었다. 여러 대학에서 시위가 전개되자 당국은 전국 13개 대학과 서울 58개 고등학교에 방학 및 휴교 조치를 내렸다. 본교에서도 22~28일에 임시휴강 발표가 있었지만 가정대학에서는 구국기도회를 열었고, 500여 명의 학생은 22일에 등교하여 다시 시위에 나섰다. 22일에는 아현동 로터리에 진출한 학생들을 경찰기동대가 무차별 구타하고, 백영배(경영 2) 등 105명을 연행하였다. 학생들은 22, 23일에 걸쳐서 전원 석방되었지만, 경찰이 평화 시위를 하는 학생들을 포위하고 곤봉이 부러질 정도의 구타를 하며 연행된 학생들에게 식사제공도 하지 않았던 것에 대해 박대선 총장은 비민주적 처사라고 교무위원을 대표하여 내무부, 문교부 장관에게 항의문을 보냈다.

한일협정 비준 반대운동(1965.6.23.~8.27)

학생들의 반대운동에도 불구하고 1965년 6월 22일에 한일협정이 조인되었다. 학생들의 주장은 협정 비준 반대로 전환되었다. 본교를 포함한 서울 시내 7개 대학생들은 교내에서 단식농성을 했다. 연세에서는 20일부터 26일까지 70여 명이 단식하여 40여 명이 졸도하여 치료를 받았다. 서강대, 경희대, 성균관대, 경기대, 이화여대, 국민대에서도 단식농성이 있었다.

서울 서대문서는 22일 시위 때 부상한 학우들을 위해 구호함을 들고 모금하던 이영준(행정 3) 등 본교생 명을 기부금품모집금지법 위반 혐의로 입건했다. 이들은 데모 때 부상 당한 학우들의 치료비에 보태려고 학생처장을 찾아가서 학교의 보조를 요청했으나 "부상자는 많은데 학교 보조가 나오지 않고 있다"는 말을 듣고 신촌로터리에서 본교생, 이대생들에게 모금 운동을 벌여 3,325원을 모았다.

6월 24일 협정을 조인한 이동원 외무부장관이 귀국하였다. 이에 따라 본교에서는 '매국노황제폐하귀국환영대회'를 개최하였다.

단식에 참여한 학생들은 '연세대학교 단식투쟁위원회'로 26일에 비준 반대의 이유에 대해 성명서를 발표하였다. 여기서 민족주체 확립의 기반을 정립하고, 대학행정을 비판하며 민주주의 수호와 구국의 보루인 대학의 권위와 학문의 자유를 수호하기 위함이라고 밝혔다. 또한 반대를 위한 반대가 아니라 국민의 의무로 집권층을 각성시키고 국민이 원하는 바를 존중하기 위함이라고 강조하였다.

학생들은 비준 반대운동과 함께 일본 상품 불매운동도 결의하였다. 6월 29일에는 의과대학생 300여 명이 강당에 모여서 "정부 당국의 굴욕적 자세로 인해 숙적 일본에 앞으로 문화적, 경제적 침략의 기회를 제공하게 될 정부의 졸속 처사를 규탄한다"는 선언문을 발표하고 불매운동을 결의한 후 무기한 단식투쟁에 들어갔다. 이들은 단식투쟁이 끝나는 대로 전국 대학생들과 연대하여 제1단계로 일본 상품 불매운동을 벌였고 다음 단계로 시민 계몽과 서명운동을 통해 범국민적인 운동으로 확산시킬 것을 결의하였다. 다음 날에는 함석헌이 의과대학에 방문하여 격려 연설을 하기도 했다. 7월 1일에는 단식투쟁에 참가한 학생들이 일장기와 일본 상품 소각식을 벌이며 일제 의류, 화장품, 책 등 200여 점과 '메이드인 재팬'이라고 쓴 나무 허수아비를 함께 불태웠다. 이날 행사에는 총장과 5명의 교수도 방문하여 학생들을 격려하였다. 단식 학생 중 정법대생 14명은 장소를 옮겨서 단식투쟁을 계속 하다가 7월 5일에 본관 앞에서 일장기 화형식을 가졌다(6.3동지회, 2001, 357~358쪽).

학교는 6월 29일에 조기방학에 들어가기로 하고, 학기말시험도 연기할 것을 결정하였다. 그러나 학생들은 7월 1일, 8월 10일, 12일에도 산발적인 반대 시위와 궐기대회 등을 개최하였다. 7월 12일에 발표된 재경대학교수단의 비준 반대 선언문이 발표되었다. 여기서는 조약의 부당성을 지적하고, 시위 학생에 대한 가혹행위 규탄 및 구속학생들의 즉시 석방을 요구하였다. 본교에서는 서석순, 이극찬 교수가 적극 참여한 결과 9월 20일에 사임하였다. 성명서에 서명한 교수들은 박사학위가 승인 보류되기나 해외여행 허가가 보류되기도 했다.

8월 11일에 한일협정 비준 동의안이 통과된 후, 학생들의 시위도 계속되었다. 8월 21일에는 총학생회 주최로 500여 명의 학생이 대강당 앞에서 비준 무효화 성토대회를 열었고, 23일 개학날에도 성토대회가 열렸다. 학생들은 연기된 학기말시험을 거부하며 성토와 시위를 이어갔다. 24일에도 2,500여 명의 학생들이 교내에서 성토대회를 개최한 뒤 교문을 나섰지만, 경철에 투석전으로 맞서다가 34명의 학생이 연행되었다. 이날은 무장한 군인 700여 명이 서대문로터리와 신촌로터리에서 연막탄과 최루탄을 쏘며 위협

시위를 벌이다가 교내로 돌아가는 학생들을 잡기 위해 교내까지 진입하는 사태가 벌어졌다. 이튿날 학생들은 무장군인의 학원 난입을 규탄하는 성토대회를 열었다(6·3동지회, 2001, 358~359쪽).

정부는 학생 시위에 내란죄 등을 적용하겠다고 밝힌 뒤 25일에 특별담화를 발표하였다. 26일에는 무장군인이 본교에도 투입되었다. 서울지구 위수령을 발동하여 군 병력이 증강되는 상황에서도 학생들은 "무장군인의 깡패적 소행을 규탄, 그 원흉을 엄중 처단하라"는 등의 결의문을 채택하고 교외로 시위에 나섰다. 50여 명의 군인들이 교정에 들어와서 학생들을 마구 연행하였다(6·3동지회, 2001, 360~361쪽).

8월 마지막 주의 시위에서는 연행된 학생이 80명에 달했고, 10여 명이 시위 중 부상을 입었다. 문과대 학생회장 홍현삼랑(국문 3)은 그 부모가 불법 연금된 후 구속되었고, 정의웅(경영 3)도 가족을 불법 연금시켜서 자수를 받았다. 정부는 위수령 후 학원 내에서의 정치서클을 단속하고, 시위 주동 학생 및 선동 교수를 조치하도록 대학에 지시하였다. 학생들을 제적시키지 않으면 휴교령을 내리겠다는 통첩이었다. 연세대는 당시에 서대문 구치소에 있던 오건환과 홍현삼랑이 자퇴서를 제출하여 휴교령을 면할 수 있었다. 자퇴서를 받으러 간 김대준 학생처장이 수의를 입은 학생들을 보고 애써 사유를 설명하며 눈물을 글썽이던 모습이 오건환의 기억 속에 고마움으로 남아있다(오건환, 2003, 242쪽). 이러한 학생들의 치열한 반대운동에도 불구하고, 11월 18일에 비준안이 통과되며 한일협정이 일단락되었다. 본교에서는 비준 반대운동으로 김건만, 김용석, 김판석, 곽화섭, 고재정, 이시우, 김영철 등 학생 15명이 구속되었고, 39명이 불구속기소되었다(6·3동지회, 2001, 362, 366쪽).

2. 정치·사회·학내 민주화운동

6·8부정선거 규탄

1967년 6월 8일의 제7대 국회의원 선거는 당시 헌법의 대통령 '중임 제한 규정'을 개정하기 위한 '3선개헌' 정족수를 결정한다는 점에서 중요했다. 여당인 공화당은 각종 선거 부정으로 개헌선을 확보하고자 하였고 정부의 행정력이 총동원되어 여당의 선거를 도왔다. 그 결과공화당은 개헌선(117석)을 넘어 총 130석을 차지하였으며, 야당은 45석에 불과하였다. 선거 결과가 발표되자 전국에서 부정선거를 규탄하는 항의 시위가 시작되었다. 신민당은 6·8 선거를 '선거 쿠데타'로 규정하고 박 대통령의 사과를 요구하는 한편, '6·8부정선거무효화투쟁위원회'를 조직하였다. 전국 21개 고교와 5개 대학이 시위와 단식투쟁에 들어가자 정부는 휴교령을 내림으로써 강압적으로 학원 시위를 봉쇄하려 하였다.

본교에서는 6월 9일, 한연회 주도로 부정선거를 규탄하는 성토대회를 열고, 선거 무효화를 주장하였다. 13일에는 500여 명이 아현동 고개까지 나가서 경찰 약 250명과 충돌했다. 성내운 학생처장의 만류로 학생들은 경관이 먼저 후퇴할 것을 요구했다. 무장 경관이 먼저 후퇴하자 평화 시위를 하며 학교로 돌아왔다. 14일에는 총학생회의 주동으로 11시 20분 노천극장에서 4천여 명이 모여서 성토대회를 시작했다. 12시 정각에 아현동 고개 중턱에서 경찰과 투석전을 벌였는데, 경찰은 최루탄과 곤봉으로 대응하였다. 학교로 돌아온 학생 1천여 명은 다시 진열을 정비하여 1시 50분 이대 앞 육교에서 400여 명의 서강대 학생과 연합하여 농성을 벌였고, 경찰과 다시 대치하다가 돌아왔다. 2시 5분, 경찰은 신촌로터리에 집결하여 학생들의 시위 통로를 막았다. 경찰이 아현동 고개를 후퇴하자 300명 규모의 시위대는 2시 40분 쯤 도보로 아현동 고개에서 연좌시위를 벌였다. 이 중 114명이 연행되었다. 이날 시위를 하고 돌아온 정법대학생 30여 명은 단식투쟁에 들어갔다. 학교 측은 정상수업이 어렵고, 학생들의 희생을 막는다는 이유를 들어서 보름간 휴교에 들어갔다.

15일에는 오전 10시에 의대 학생회의 주도로 200여 명이 참석하여 부정선거 규탄 성토대회를 연 후 언더우드 동상 앞에서 단식투쟁을 하던 학생들과 합류했다. 다시 성토대회를 열고, "부정 근대화" 화형식을 가졌다. 이어서 시위에 들어갔으나 교수들의 만류로 강의실에서 단식투쟁을 시작하였다. 이틀 후 병원에서 '6·8악성종양절제 화형식'을 열고 단식을 마쳤다. 그 사이에도 기독학생회는 17일부터 48시간 금식 구국기도회를 열고 결의사항 관철과 휴교령 철회를 주장하기도 했다.

6월 21일에는 본교와 서울대·고려대·성균관대·건국대 등 학생 대표들이 모여 '부정부패 일소 전학생투쟁위원회'를 결성하고 '부정선거 규탄 성토대회'를 열었다. 26일에는 의대생 100여 명이 성토대회를 열고 본관에서 강당까지 시위행진하였고, 대강당 앞에서 교내의 학생들이 합세하여 성토대회를 이어갔다. 29일에는 정법대 학생들의 주도로 200여 명이 결단식을 열고 성명서와 결의문을 채택했다. 이날 모인 학생들은 대강당 앞에서 6·8부정선거 신부와 3·15부정선거 신랑의 결혼식과 화형식을 연 후 무기한 농성에 들어갔다.

학내 언론사도 부정선거 규탄에 뜻을 모았다. 연세춘추를 비롯한 서울 8개 대학신문사는 28일에 본교 동상 앞에서 모임을 갖고 부정선거 규탄 성명서와 사태 수습을 위한 결의문을 채택했다. 8개 대학 30명의 신문사 기자단은 "피로서 찾은 조국의 민주주의를 다시 빈사의 연옥에서 소생시켜야 될 엄숙한 역사의 사명 앞에 서 있다"고 밝히고 "우리 조국의 생명인 민주주의를 테러한 범인을 색출하여 대학이 집행하는 자유와 정의의 심판대로 보내질 날까지 우리는 지성과 자유라는 이름의 무기를 들고 조국을 지키는 파수병이 되어야 겠다"는 요지의 성명서를 발표했다.

학교는 학기말시험을 강행하고 여름방학에 들어간다고 발표했지만, 학생들은 시험을 예정한 7월 3일, 노천강당에 모여서 성토대회를 열고 시위를 벌였다. 이날 서울 10개 대학생 약 2만여 명이 시험을 거부하고 부정선거 규탄과 학원 정상화를 요구하는 시위에 나섰다. 하루 동안 대학생 600여 명이 연행되었고, 이튿날에도 격렬한 시위가 이어졌다. 학교 측은 기말시험을 무기한 연기하고 조기방학을 시작하였다.

삼선개헌 반대운동

6·8일 부정선거로 학원과 야당, 사회 각계각층의 거센 항의에 부딪히자 중앙정보부는 '동백림 간첩단 사건', '민족주의비교연구회 사건' 등으로 위기감을 조장하였다. 1968년 1.21사태, 미국 정찰함 푸에블로호 나포 사건, 울진·삼척 무장게릴라 사건 등 북한의 도발을 계기로 정부는 향토예비군 창설, 주민등록제도 실시, 학원의 교련 훈련 등을 강화하였다. 1968년 12월 17일 공화당 의장의 3선개헌 필요성에 대한 발언을 시작으로

1969년 초부터 삼선개헌 논의가 본격화되었다. 박정희 대통령은 김종필 등 공화당 내 개헌반대파에 대한 제명과 숙당 작업을 통해 당을 정비하고 본격적인 삼선개헌을 추진하였다.

1969년 1학기 말부터 본교에서 삼선개헌 반대운동이 본격화되었다. 6월 20일 오전 11시에 언더우드 동상 앞에서 한연회의 주도로 6백여 명이 '범연세호헌투쟁위원회'를 만들고 성토대회를 열었다. 이때 "법과 정치의 정통성을 무시하고 효율성이란 미명하에 조작된 개헌작업을 반대"하는 시국선언문을 낭독하고, 결의문을 채택하였다. 30일에는 1천 6백여 명의 학생들이 노천강당에 모여서 "삼선개헌으로 인해 또 한 번 민주주의가 수난을 당하는 이 땅의 현실을 외면할 수 없다"고 호소하고 지속적인 삼선개헌 저지를 결의하여 가두시위에 들어갔다.

다음 날인 7월 1일에는 이대입구까지 진출해서 경찰기동대와 대치하였고, 부상과 연행도 많았다. 계속되는 시위에 의과대학과 간호대학 학생들도 참여하여 3일부터 선언문을 발표하고 단식투쟁에 들어갔다. 학생들은 한때 시내로 진입하여 문화방송국 앞에서 시위를 하고 노천강당과 동상 앞에서 철야농성을 했다.

노천강당 성토대회에 3천여 명의 학생들이 모였다. "우리의 의로운 투쟁 위에 뿌려진 열과 성의를, 이 나라의 뜻있는 지성들은 결코 외면하지 않을 것이라는 것을 엄숙히 선언한다. 오늘의 이 투쟁의 역사성과 조국의 이 지성의, 이 결의를 다짐하는 자리 위에 엄숙한 마음과 진지한 각오로 임한다. 조국의 젊은이로서 모든 의무를 다할 것을 다짐한다. 최고의 지성적이고 민주적인 행동으로 투쟁할 것을 선언한다"는 내용의 호헌투쟁 제3선언문이 채택, 낭독되었다. 이어서 국민, 대통령, 전국대학생에게 보내는 메시지가 발표되었고, 삼선개헌 추진자를 응징한다는 의미의 삼선개헌 제사가 이루어졌다. 12시 10분에 백양로를 나선 학생들이 경찰과 대치한 가운데 30여 분간 투석전이 벌어졌다.

7월 4일 의과대학에서는 개헌반대투쟁 제2선언문을 채택하고, 기한부 단식투쟁에 들어갔다. 1학기 학기말시험을 두고 총학생회와 범연세호헌투쟁위원회는 연석회의를 열어서 총학생회는 학교 당국의 방침에 따라 시험에 응하기로 결정하였다(『연세춘추』 제545호 1969년 8월4일). 그러나 7일 오전 11시 2천여 명의 학생들은 "권력의 압력에 의해 제기능을 발휘하지 못하는 언론인들에게 반성과 용기를 촉구"하는 제8선언문을 채택하고,

다시 시위에 들어갔다. 700여 명이 아현고가도로 입구까지 나갔지만 경찰에 의해 해산되었다. 학생들과 경찰이 신촌역을 사이에 두고 투석전을 벌일 때 경찰은 헬기를 이용하여 공중에서 최루탄을 투하했다(『연세대학교백년사 4』, 1985, 29~30쪽). 8월 초까지 삼선개헌 반대 시위로 부상 당한 학생이 40여 명으로 알려졌다. 학생처에서는 명단을 밝히지는 않았다. 중상을 입고 세브란스병원에서 치료를 받은 학생은 7명이었다.

삼선개헌 반대 운동 과정에서 학생들의 주장과 움직임은 동일하지 않았다. 총학생회는 학원 질서를 지켜야 한다고 주장했다. 8월 21일에 총학생회장단은 "앞으로의 사태에 대비, 학원의 질서를 지켜 시험을 치를 것 등의 학원 정상화에 대한 성명을 발표했다. 당시 신임 총학생회장 장근익은 학원의 질서를 지키면서 자기의 권리와 의무를 같이 행사해야 한다고 밝히며 학생의 의사를 반영하여 적극적인 자세를 취할 것이라고 했다. 반면, 범연세호헌투쟁위원회는 23일에 성명서를 발표하고 행동 지침을 밝혔다. 이들은 전국 각 대학이 시위 주동 학생을 처벌하고 있는 것을 비난하고, 위정자들의 각성을 촉구하며 개학 후 학원 정상화에 노력할 것 등의 결의사항을 발표했다.

2학기가 되어서도 삼선개헌 반대 시위는 계속되었다. 총학생회는 전교생을 대상으로 한 설문조사를 실시하여 삼선개헌 반대에 관한 의사를 물었다. 2,325명이 응답하였고, 그 결과가 다음과 같다.

<표 3>

번호	학생 현실 참여에 대한 앙케이트	응답(▲무응답)
1	학생은 현 사태에서 정치적인 의사를 표현할 필요가 ① 있다 ② 없다	① 94% ② 5.6% ▲ 1.6%
2	나는 개헌문제에 관하여 자세히 알고 있고 또한 확실한 신념이 ① 있다 ② 없다	① 90% ② 8.5% ▲ 1.6%
3	국민들의 의사는 대표자(국회의원)들에 의하여 충분히 ① 표현되고 있다고 생각한다 ② 표현되고 있다고 생각되지 않는다	① 9.5% ② 89% ▲ 1.5%
4	연세인이라면 누구나 개헌문제에 관하여 ① 잘 알고 있다고 생각한다 ② 그렇게 생각지는 않는다	① 61.5% ② 37.1% ▲ 1.4%
5	상정된 국민투표법안은 헌법에 명시한 기본권을 ① 침해한다고 생각한다 ② 침해하지 않는다고 본다	① 83% ② 12% ▲ 5%

6	나는 확실한 신념을 가지고 데모에 참가하며 남들도 마찬가지라고 ① 생각한다 ② 그렇게 생각하지 않는다	① 73.8% ② 2.5% ▲ 4.7%
7	의사표시 방법은 가두시위가 ① 최선의 방법이다 ② 최선은 아니지만 할 수 없다 ③ 피하는 것이 좋다	① 17.4% ② 71.6% ③ 9.4% ▲ 1.6%
8	가두시위로 인하여 우리의 의사가 충분히 ① 반영된다고 생각한다 ② 반영 안된다고 생각한다	① 60.3% ② 37% ▲ 2.7%
9	일반국민들은 우리의 가두시위에 ① 호감을 갖는다고 생각한다 ② 호감을 갖지 않는다고 생각한다	① 67.5% ② 28% ▲ %
10	우리가 노력만 한다면 연고전은 ① 할 수 있다 ② 할 수 없다	① 94.8% ② 4.1% ▲ 1.1%
11	우리의 가두시위로 연고전을 할 수 없다면 ① 어쩔 수 없다 ② 괜찮다 ③ 그래서는 안된다	① 35% ② 6.3% ③ 57.8% ▲ 0.9%
12	학원의 정상화를 유지하면서도 의사표시를 계속적으로 ① 할 수 있다고 생각한다 ② 할 수 없다고 생각한다	① 65.6% ② 33.2% ▲ 1.2%
13	삼선개헌에 관한 우리의 의사표시를 국회의결이나 국민투표 전까지 ① 학원질서를 유지하면서 계속적으로 표현하는 것이 좋다 ② 비록 휴교령이 나더라도 일시적으로 과격하게 표현하는 것이 좋다 ③ 오로지 공부만 하면 된다	① 68.6% ② 28.1% ③ 0.8% ▲ 2.5%
14	데모사태로 인한 휴교의 가능성이 ① 있다고 본다 ② 없다고 본다	① 74.7% ② 23.4% ▲ 1.9%
15	우리의 의사표시의 결과로 휴교가 되어도 ① 무방하다 ② 안된다	① 28% ② 67.6% ▲ 4.4%
16	현재 언론기관은 그 책임을 ① 다하고 있다고 생각한다 ② 부족하다고 생각한다	① 3.4% ② 95.9% ▲ 1%
17	타대학의 학생 징계에 관한 당국의 처사는 ① 교육적이다 ② 비교육적이다	① 3.1% ② 96% ▲ 0.9%

9월 3일 폭우 속에 2천여 명이 참가한 성토대회는 앞선 여론조사 결과에 따라 총학생회가 주최하였다. 여기서는 “조국의 민주수호와 학원의 자유수호를 위해 최후까지 투쟁할 것”을 선언하고, 국회의원에게 보내는 메시지도 채택했다. 천여 명의 학생은 교문 앞에서 경찰과 대치하다가 해산했다. 총학생회는 4일 아침에 등교하는 학생들에게 삼선개헌 반대를 의미하는 검은 리본 달기를 했고, 다음 날까지 성토대회도 이어서 개최하였다. 그러나 이전에 총학생회가 보였던 미온적 태도에 대한 비판도 있었다. 정법대학생 300여 명은 총학생회장과의 면담에서 미온적 태도의 저의가 무엇인가를 묻고 그간의 불미스러운 사태(?)에 대한 해명을 요구하였다(『연세춘추』 1969년 9월 8일).

9월 14일 새벽, 공화당은 농성 중인 야당을 배제하고 날치기로 개헌안을 통과시켰다. 변칙적인 개헌 통과 사실이 알려지자 각 대학 및 야당 등에서 '개헌 무효 성토대회'가 줄을 이었다. 야당은 "정권 타도"를 내걸며 원외투쟁에 돌입하였다. 대학 및 고등학교 등에서도 시위가 계속되었다. 미국과 일본 등 해외 교포 및 유학생들의 반대 시위도 있었다. 그러나 박정희 정권은 학원에 경찰 병력을 투입하고 9월 19일에 38개 대학에 휴교령을 내리며 삼선개헌을 강행하였다. 결국 10월 17일에 실시된 국민투표를 통하여 삼선개헌안이 최종 통과되었고 22일에 헌법 개정이 공포되었다. 본교는 9월 9일부터 휴업에 들어갔다가 10월 21일에 교양학부, 22일에 10개 단과대학이 모두 개강하였다.

노동 조건 개선 운동

1970년에는 11월 13일에 있었던 전태일의 분신 사건이 학생 사회에도 영향을 미쳤다. 전태일과 동갑인 김학민(경제, 69)는 "전태일의 울부짖음이 알려지면서 대학가는 코페르니쿠스적 생각의 전환"이 되었다고 본다. 민주화운동을 했던 대학생들에게 엄청난 충격이 되었고, 학생들은 "우리가 이제껏 해 왔던 것은 뭐냐 라고 생각"했다.[26] 전태일 분신을 계기로 학생운동이 정치 문제에서 사회 문제로 새롭게 진척되고 있다는 평가도 나왔다.

본교에서는 18, 19일에 모 클럽에서 단식투쟁에 들어갔다. 그리고 '민권수호투쟁위원회 연세대학교 총회'를 구성하여 20일, 문과대 학생회와 함께 '300만 근로자의 스승, 고 전태일님의 분신자살에 즈음한 우리의 외침'이라는 유인물을 배부하고 언더우드 동상 앞에서 고 전태일 추도회를 개최하였다. 추도문에서는 "가렴주구와 주지육림에 혈안이 된 오적도규의 집단"이라고 당국을 규탄하였다. 또한 근로노동자의 기본권적 생존권 보장, 계층적 경제질서의 타파, 소득 재분배의 불균형 시정, 매판정치업자의 의식 개조를 주장하였다. 서울 각 대학 학생회장 대표가 채택한 결의문에서도 "근대화라는 미명 아래 모든 근로대중의 참상을 심화시키며 또한 이를 은폐"했다며 정부를 비판하였다.

23일 정법대 학생 300여 명은 전태일의 추모식과 함께 '오적과 동빙고동' 화형식을

---

26 연세민주동문회, 김학민 구술.

열었다. 여기서 “전태일 님의 죽음은 피착취 근로대중의 절규임을 명심하라”는 등 시국 선언 결의문을 채택하고 “전태일 씨의 죽음을 헛되이 하지 말라”는 구호를 외치며 언더우드 동상 앞에서 자유 발언을 한 뒤 자진 해산했다. 총학생회는 25일 ‘사회정화 시국 선언회’를 노천강당에서 열고, “영리사업보다 민권을 수호하라”는 요지로 언론인에게 보내는 메시지를 채택하고 “진정한 학생운동을 위한 학구적 노력을 다짐하자”는 전국 대학생에게 보낼 메시지를 채택했다.

학내 운동

1964년 3~5월 한일회담 반대운동이 진행될 때 학내에서는 부정 입학 문제로 인한 총장 퇴진 운동, 정법대 백도광 교수 강의 거부 사건이 일어나고 있었다. 1964학년도 신입생 모집 당시 125명의 학생으로부터 1천 4백만원을 받고 정원 외 초과모집으로 부정 입학시켰다는 사실이 알려지자 학생회와 각 단과대학별 교수회, 동문회는 사임을 요구하는 결의를 하였다. 부정입학 문제는 의혹이 있었지만 오랫동안 알려지지 않다가 표면화된 것이었다. 당시 총학생회가 총장 퇴진 운동에 몰입하면서 한일회담 반대 운동은 한국문제연구회 회원들이 이어갔다고도 평가된다(『경향신문』 1964.7.18; 『연세춘추』 359호, 1964년 4월 13일 ; 6·3동지회, 2001, 351쪽).

정법대학 정치외교학회에서는 1964년 4월 8일 긴급총회를 소집하고 백도광 교수의 강의를 거부할 것을 결의하였다. 이날 채택한 결의문에서는 백도광의 강의를 전면 거부하기로 하고 학교 당국에 새로운 교수로 보강해 줄 것을 요청하였다. 4월 24일에 윤인구 총장은 백교수를 권고사직하도록 한다고 밝혔다.

1971년에는 박대선 총장의 연임을 반대하는 움직임이 있었다. 윤인구 총장 사임 후 학내 파벌싸움이 벌어졌고, 박대선 총장의 연임을 반대하기 위해 ‘교수학생협의회’를 만들려는 것이었다. 여기에 참여한 김학민은 “‘학원민주화’라고 내걸면 박정희 정권이 신경을 곤두세우니까 좀 부드럽게 하자고 생각해서 강당에서 유인물을 돌렸”다고 한다.[27]

27 연세민주동문회, 김학민 구술.

3장 연세, 유신체제에 저항하다

1970년대 학생운동에 대한 연구는 적지 않은 편이다. 특히 교련 반대 운동, 민청학련 운동 등 개별 투쟁들을 정리한 저서나 연구 논문, 통사적 기록도 꽤 축적된 편이다. 이런 연구들이 전체적인 학생운동의 동향을 파악하는 데 크게 기여했지만, 실제 학교 현장에서 운동의 진행과 학생들의 생각을 구체적으로 파악하는 데는 한계가 있었다. 학교마다 독특한 학생 문화가 있었고 여기에 따라 운동을 전개하는 방식도 달랐기 때문이다. 또 특정 사건만을 집중적으로 다루다보니 운동의 연속과 단절을 구체적으로 파악하는 데도 어려움이 있다.

여기에서는 1970년대 전반 연세대학교의 학생운동을 학교와 학생들의 내적 맥락에서 이해하고자 한다. 연세대 학생들은 시대적 과제를 어떻게 파악했으며, 각각의 시기마다 어려운상황 속에서도 어떻게 그 과제를 이행하려 했는지 그 발자취를 따라가 볼 것이다.

1. 교련 반대와 반유신 운동

박정희 정권의 교련 강화 정책과 대학가의 교련 반대

박정희 정권은 1960년대 말 장기 집권을 향해 가는 길에서 학생운동이라는 강력한 저항에 봉착했다. 정권을 안정적으로 유지하기 위해서 대학과 지식사회를 통제하는 것이 가장 큰 과제가 된 셈이었다. 여기에 1968년 1·21청와대 습격 사건, 푸에블로호 사건 등 안보위기가 고조되자 정부는 반공 이념 교육을 강화하고 사회 전반에 대한 감시와 통제를 체계화하고자 했다.

1968년 2월 문교부는 전국 대학총장 및 각 시도교육감회의를 개최하여 반공교육을 강화할 것을 지시했고, 곧 고등학교와 대학에 군사훈련을 실시할 계획을 발표했다. 1968년 가을부터 11개 시범고등학교를 선정하여 시범 훈련에 들어갔고, 과목 명칭을 '교련'으로 결정하였다(허은, 2007, 214~216쪽). 1970년 2월 24일 문교부는 각 대학에 <모형교양교육과정>을 제시하며 교양필수에서 자연과학을 빼고 국민윤리와 교련을 추가하도록 권고했다. 이어 12월 문교부는 전국 대학총장회의에서 교련을 필수화할 것을 지시했다. 남자 대학생 필수과목인 교련은 4년 간 일반교육 315시간, 집체교육 396시간. 총 711시간을 이수해야 하며, 학점으로는 7학점이었다. 학점도 학점이지만 이수 시간으로는 대학생의 전체 교육 시간의 약 20%를 차지하는 엄청난 과목이 생긴 것이었다(민주화운동기념사업회, 2019, 1321, 1373쪽). 또 군사 교육을 위해 현역 군인을 대학에 배치한다는 방침을 확정하여 1차로 장교 540명을 선발하고, 1971년 1학기부터 교련 수업을 필수로 실시할 준비를 마쳤다.

학생들은 이런 교련 강화를 정권이 민주주의의 마지막 보루인 대학을 장악하려는 시도로 파악했다. 4월 혁명이나 한일협정반대운동에서는 언론이 중요한 역할을 했지만, 삼선개헌 반대투쟁에서 그렇지 못했다. 박정희 정권의 직접적인 압력과 회유도 문제였지만, 경제개발 과정에서 언론들이 기업으로서 태도를 강화하게 된 것도 큰 원인이었다. 경영인들이 편집에 직접 개입하면서 일선 기자와 편집인들이 소외되었던 것이다.

학생들은 이런 언론의 행태에 크게 실망했다(오제연, 2014, 270쪽). 학생들은 언론에 각성을 촉구했지만, '대학'이 가지는 가치에 더 주목할 수밖에 없었다. 지식인들은 자주성을 잃었고 언론은 상업화되었으며 노동이나 농민운동은 거의 활성화되지 못했다. 대학은 독재 정권에 대항하는 유일한근거지라는 것이 학생운동 일반의 인식이었다. 학원의 자유수호는 반독재운동의 핵심적인 임무가 되었다.

1971년 4월 19일 연세대 4·19기념식 선언이 이들이 당시 정세를 어떻게 파악하는지 잘 보여준다. 학생들은 박정희 정권이 "당국은 민족 양심의 최후 보루인 대학마저 교련강화라는 말초적 정책으로 그 본질을 말살시키려" 하고 있다고 보았다. 이를 막아내고"민족의 새 역사를 창건하기 위하여 대학생은 총궐기"해야 한다는 것이었다. 최후의 보루, 민족의 양심 등이 이들이 당시 대학을 보는 관점이었다.

학생들은 전체 수업 시간의 20%나 차지하는 교련 수업이 이런 대학의 본질을 침해하는 것이며, 학원의 병영화를 노리는 것이라고 인식했다. 특히 현역 군인이 교관으로 대학에 들어온다는 것에 대한 반감이 극심했다. 학군단보다 훨씬 규모가 큰 현역 군인 집단이 대학에 상주한다는 것 자체가 학원의 자율에 대한 심각한 침해이며 군대식 획일화를 초래할 것이라고 보았다.[28]

연세대 학생들의 교련반대운동

연세대 학생들은 1970년 말부터 교련 반대 운동을 시작했다. 1970년 11월 3일 학생의 날을 맞이하여 고려대, 서강대, 서울대, 성균관대, 연세대 총학생회가 발표한 공동선언문은 사찰과 교련 강화 등이 학원의 자율성을 침해하고 있다고 비판하며 건전한 비판과 탐구의 자유를 보장할 것을 요구했다.[29] 연세대 학원자유수호투쟁위원회 학생 150여명은 12월 7일 대강당 앞에서 성토대회를 열었으며, 다음날에도 100여명이 대강당 앞에서 교련강화 반대. 대학언론의 자유 보장 등 구호를 외쳤다.

1971년 1학기 교련 필수가 시행되자 학생들은 반대운동을 적극적으로 추진하기 시작했다. 1971년 3월 20일 연세대를 비롯한 전국 8개 대학 학생회 대표들이 교련반대 공동투쟁을 결의하고 「전국 대학 공동선언문」을 발표했다. 이 선언문은 "대학에 강요된 군사교육은 학원을 병영화시켜 명령 지상의 군인정신을 주입시킴으로써 무사상, 무비판, 획일적, 맹종형의 인간을 양성하려 한다"고 비판하고 군사교육 전면철폐를 위한 투쟁을 전개할 것을 다짐했다.

---

28 「교련수업 거부안 나는 이렇게 생각한다- 좌담회」, 『연세춘추』 1971. 3. 29(3) 598호. 이 좌담회에 참여한 이시우는 한국문제연구회 회원으로 교련 반대 투쟁을 이끈 주역 중 한 사람이었다.

29 유신이전 민주화운동 사료집 편찬위원회, 『유신 이전 민주화운동 사료집 1』, 민주화운동기념사업회, 2019, 450~451쪽. 11월 13일 전태일 분신 이후에 노동자의 근로조건 개선과 노조 결성의 자유 등을 요구하는 일련의 시국선언회, 성토대회 등을 개최하였고 이후 노동문제에 관심을 갖는 계기가 되었으나, 12월부터 교련반대가 주요한 쟁점으로 부각되다.

연세대 총학생회는 3월 22일 학생총회를 소집했다. 700여명이 참여한 이 총회에서 학생들은 "교련 교육 강화안에 반대하는 우리의 의사가 관철되지 않을 때는, 군사교육 전면거부의 극한 투쟁도 불사한다"는 결의문을 채택했다. 실제 교련 수업 출석률은 아주 낮았다. 1학년 교련 첫 수업에서는 8명만이 출석했으며 이후에도 10명을 넘지 못했다. 3월 25일에는 대의원, 학회장, 서클 회장 등 60여명의 학생 대표가 참석한 대의원회를 열어 교련 과목에 대한 수강 거부를 재천명했다.

4월 2일에는 정법대 학생회와 총학생회가 주최한 교련 강화안 반대 성토 대회가 연이어 열렸다. 1,000여명의 학생이 참여하여 교련수업 철폐를 외치며 교문 밖으로 진출, 행진했다. 4월 8~9일 이틀 연속 천명 이상이 참여하는 대규모 집회와 시위를 벌였다. 8일 1,500 여명이 교내 노천극장에서 "교련 강화 반대" "언론 탄압의 중지" 등을 외치며 성토대회를 열었다. 이들은 문교장관 면담을 요구하며 스크럼을 짜고 교문을 나서 정부종합청사로 행진을 시작했다. 시위 행렬은 학교 앞에서 경찰과 대치했고, 경찰이 학생들을 구타하면서 20여명이 중경상을 입고 44명이 연행되었다.

1971년 4월 2일 시위 장면

출전: 『연세춘추』 1971년 4월 5일 599호

9일에도 학생 1,000여명은 노천극장에서 집회를 열었다. 이날은 정부는 경제개발론으로 민중을 기만하지 말라는 성명을 발표했으며, 교련복 화형식을 벌이고 구호를 외치며 거리를 행진했고, 소방차까지 동원한 경찰기동대와 투석전을 벌였다. 이날 『연세춘추』 기자 등 학생 71명 연행되고 10여명이 중경상을 입었다.

그러나 갑자기 총학생회가 4월 9일 냉각기를 선언하고 4월 10일부터 잠적해버렸다.[30] 1970년대 학생운동의 조직의 가장 큰 특징은 학생회가 지속적인 구심점 역할을 하지 못한다는 것이었다. 학생회 선거는 뚜렷한 공약이나 쟁점 없이, 학맥과 지연에 따라 투표하는 경향이 컸다. 명문대 학생들이 대부분 소수의 이른바 일류 고등학교 출신이던 시절이라 동창회 간 대결 양상을 보이기도 했다. 이러다 보니 학생회장과 소수 간부진의 성향에 따라 학생회의 향방이 크게 좌우되었다. "학생회가 학교의 어용기관이다, 학생처의 압력을 받고 있다"는 비판은 일상적인 일이었다.[31]

이후의 시위는 한국문제연구회(한연회)를 중심으로 하는 이념서클 학생들이 현장을 주도했다. 13일 600여명이 모여 연행학생 석방, 교련 반대, 임시 휴교 반대 등을 외치며 성토대회를 열고 시위를 벌였고, 14일에는 200여명이 시위를 벌였다. 한편 14일에는 연합신학대학원생들이 교내 채플실에서 경찰의 기독학생 폭행 규탄 대회를 열었다. 15일에는 연세대 공학부 학생 500여명 공학부 앞에 집결 교련강화 반대 성토대회를 열고 교문에서 시위를 벌였다.

4월 15일 임시대의원 총회가 열렸는데, 대의원과 학회장, 서클회장들은 '연세자유수호회'를 결성하고, 1) 교련 강화 환원, 2) 교관 예비역, 3) 실기 위주 교육을 정훈 위주로, 4) 집체 교육 단축, 5) 교련 시간 감축, 6) 학생 구타 중지, 7) 학생 신분 보장 등을 당국에 요구하며 18일까지 시위를 중지하고 당국의 답변을 기다리기로 했다.[32] 학생들은 이 건의안을 학교측에 전달했고, 다음날인 16일 박태선 총장은 문교부 장관을 만나 학생들의 결의문을 전하고 교련 문제를 논의했다.

---

30 총학생회장, 정법대학생회장, 기획부장, 총무부장은 17일까지 대전과 제주에서 함께 무사히 있다고 전화한 것 외에는 연락두절 상태였다. 『연세춘추』 1971. 4. 19(1) 601호

31 이수종(정외 3), 「독자의 소리」, 『연세춘추』 1971. 3. 29(3) 598호

32 『연세춘추』 1971. 4. 19(1) 601호. 이날 총학생회 간부들은 제주도에 있었으므로 이 대의원회는 한연회 등 서클 대표들이 주도한 것으로 보인다.

4월 19일 오전 11시 20분 경 4·19 11주년 기념식을 겸한 대규모 시위가 전개되었다. 이날 집회와 시위는 대의원들로 구성한 연세자유회가 주도한 것으로 보이는데, 한연회 회장인 김건만(정외 3)이 이끌었다. 3,000 여명이 참가한 이날 집회에서 학생들은 4·19 선배들의 교훈을 이어받아 학원 자유를 수호할 것을 결의하고 대학생 총궐기를 촉구했다. 참가자들은 평화와 무저항을 나타내는 백지를 들고 민주주의 대행진을 시도했으나, 경찰이 저지하자 투석전으로 맞섰다. 오후 1시 500 여명의 학생들이 굴다리 철교를 점거하고 철길을 따라 신촌역까지 이동하여 경찰과 충돌했고, 2,000여명은 연희동 로터리까지 진출하여 경찰과 공방을 벌였다.

4·19 기념식 이후 학생들은 잠시 시위 중단을 결정했다. 4월 27일 제7대 대통령 선거가 예정되어 있었기 때문이었다.[33] 총학생회와 연세자유수호회의 연석회의는 대통령 선거를 감시하고 부정선거를 막기 위해서는 휴교를 피해야 하므로 일단 정상수업에 임할 것을 결의했다.[34]

대통령 선거에 역량을 집중하겠다는 방침은, 4월 14일 각 대학 이념 서클들이 연대해 결성한 민주수호전국청년학생연맹(민주수호전학련)의 입장에 영향을 받은 것으로 보인다. 민주수호전학련은 공동시국선언문에서 "대학인들은 사라져가는 대학의 자유를 찾고 4·27 대통령 선거가 타락, 부정선거로 점철되지 않고 공명선거가 되도록 감시"할 것이며 이를 위해 학생들의 선거 참관을 허용할 것을 요구했다(오제연, 2013, 101쪽). 4월 21일에는각 대학 총학생회장 및 민주수호 투쟁위원회 위원장 등 27명이 연세대에 모여 4·27 공명선거를 위한 선거참관운동 결의하고 학생들을 파견했다.[35] 그러나 부정선거 논란 속에서 박정희는 3선에 성공했고, 학생운동 세력은 반발했다. 연세대 등 6개 대학 총학생회장들이 4·27 선거가 민의를 말살시킨 타락선거였다고 규정했으며, 민주수호전학련도 부정불법선거라고 규탄했다.[36]

---

33 삼선개헌 이후 처음 치러진 이 선거에서 박정희와 김대중 후보가 대결했는데, 치열한 대결 끝에 박정희가 90만표의 근소한 차이로 대통령에 당선되었다.

34 일시 투쟁 중지가 선언되었지만, 4월 20일까지는 의대, 치대 학생들과 대학원생들이 반대 시위를 벌였다. 『동아일보』 1971. 4. 20(7); 『민주전선』 1971. 4. 20(2); 『연세춘추』 1971. 4. 26(1).

35 한국기독교교회협의회 인권위원회, 『1970년대 민주화운동-기독교인권운동을 중심으로(3)-』, 1987, 1,949쪽; 성공회대 민주자료관, 「민주화운동 연구보고서 2003-민주화운동관련 사건 단체 사전 편찬을 위한 기초조사 연구보고서 - 1970년대 간첩 노동사건 단체편-」, 2003, 민주화운동기념사업회, 288쪽

36 71동지회 편, 『나의 청춘 나의 조국- 71동지회 30년 기념문집』, 아남출판, 2001

한편 민주수호전학련과 별도로 범대학민권청년단이 결성되었는데,[37] 연세대는 5월 20일 연세대 민주수호투쟁위원회와 학원자유수호투쟁위원회 회원 50여명이 모여 연세대 범대학민권쟁취청년단을 결성하고 결성식과 구국선언대회를 열었다. 이들은 "모든 연세인은 민권쟁취에 선봉될 것"을 다짐하면서 "구속학생 석방하라", "현역 교관단은 학교에서 물러가라", "학원사찰을 중지하라" 등 6개 항목의 결의문을 채택했다.

연세대 범대학민권쟁취청년단은 5월 24일 연행된 학생들을 구속 기소한 것에 대해 비난성명을 발표하고 구속학생 석방을 위한 서명운동을 전개했다. 5월 27일에는 "교련강화안을 백지화하고 구속학생을 석방하라", "대학당국은 어용교수와 정보사찰원을 교내에서 축출 학원내의 불신 풍조를 해소시키는 데 책임 있는 결단을 하라" 등 시국선언문을 발표했다. 이어 28일에는 학생 1,466명이 서명한 구속학생 석방탄원서를 제출했다. 또 6월 1일 문교부의 서울대 휴교령과 학생 징계 방침을 비난하는 성명을 발표하는 한편, 학생들에게 징계철회 운동을 전개할 것을 촉구하고 총장들에게도 교육자적 양심을 요구했다. 6월 4일 휴업령 철회, 학생처벌 백지화 등을 요구하는 성토대회를 열었다.

여름방학이던 8월 10일 교련반대 운동을 주도하여 기관원의 사찰을 받던 한연회 회원 최충구(정외 2)가 시내 빌딩에서 추락, 사망했다. 한연회 회원들은 사인 규명을 요구하는 한편, 그의 죽음이 학원 탄압과 학생 사찰의 결과라고 규탄했다.[38] 8월 23일 총학생회도 정권의 학원 사찰과 학생 감시를 규탄하는 성명을 발표하는 한편, 2학기에도 일체의 교련 거부 입장을 밝히고 현역 교관 교체를 주장했다.

8월 31일 교련 교관들이 4학년들에 대한 보충 수업을 실시를 발표하자 9월 3일 총학생회장이 이를 거부하는 특별성명을 냈고, 총학생회는 학생들에게 교련 수업 전면 거부를 촉구했다. 이어 9월 7일에는 현역 교관의 대학 출입 금지를 천명하기도 했다. 서클 연합회는 등교하는 학생들에게 「현역 교관 추방하라」는 유인물을 배포했다. 정법대생 50여명은 7일 교련 철폐를 주장하는 성토대회를 개최하고 1) 현역 교관의 대학 출입 엄금,

37 민주수호전학련, 범대학민권청년단의 결성과 통합에 대해서는 5장에서 상술

38 한연회 학생들이 중심이 되어 11일 밤 세브란스 병원 영안실에서 사인 규명을 요구하는 철야농성을 벌였고, 26일에는 학원자유쟁취선언대회, 27일에는 추도식을 거행했다. 『연세춘추』 1971. 8.. 23(1) ; 1971. 8. 30(1); 『민주전선』 1971. 8. 31(3)

2) 근시안적이고 고착적인 교련 거부 등을 결의했다.[39] 9월 20일 총학생회가 교련 수강 거부를 계속하겠다는 성명서를 냈으며, 28~29일 연이어 노천강당에서 성토대회를 열고 시위를 벌였다.

그런데 하반기 총학생회는 교련 전면 거부가 아니라 현역 교관 반대에 집중했고, 29일의 시위에서 소극적인 태도를 보였다. 성토대회를 마치고 학생들이 백양로를 행진해서 교문에 도착하자 총학생회장은 여기서 해산하자고 했고, 다른 간부들은 계속 싸우자고 주장했다. 일부 학생들은 총학생회의 해산 방침에 강력히 반발하며 총학생회 해산을 요구하기도 했다. 이후 총학생회는 또다시 한동안 냉각기를 갖겠다고 선언했다.[40]

그런데 10월 5일 수경사 헌병 40여명이 고려대에 난입해 학생회관에서 농성 중이던 학생들을 강제로 연행해 폭행하는 사태가 벌어졌다. 연세대 총학생회는 10월 8일 진상 규명과 관련자 처벌을 요구하는 성명을 발표하고 9일에는 고려대, 서강대, 성균관대 총학생회와 함께 학원 자율을 위해 투쟁한다는 공동 성명을 냈다. 11일과 12일에는 연이어 1,000 여명의 학생들이 이 사태에 항의하는 시위를 벌였다. 10월 12일 문교부와 국방부는 대학생들이 교련을 거부하면 강제 징집할 수도 있다는 방침을 밝혔고, 14일 총학생회는 사흘 간 등교거부를 결의하고 단식농성에 들어갔다.

10월 15일 박정희 정권은 서울시 일원에 위수령을 발동했다. 문교부는 연세대를 포함한 8개 대학에 무기한 휴업령을 내렸다. 학생회관에서 단식농성 중이던 총학생회 임원들은 그대로 연행되었고, 의대 학생회는 15일 오후 "학생활동이 금지된 학생회는 학생들의 자율성과 활동을 보장할 수 없으므로 해체"한다고 결의했다. 학교는 휴교에 들어갔고, 문교부는 연세대 한연회를 포함하여 학생운동을 주도한 동아리들을 해체하고, 간행물 13종도 폐간하게 했다. 통일문제연구회도 활동이 중지되었고, 한연회 회지 『내나라』와 목하회의 회지 『활로』도 폐간되었다. 김건만, 김용석, 김판수, 곽화섭, 고재정, 이시우, 김영철 등 15명의 연세대 학생들이 시위 주도로 제적당했다. 전현직 총학생회장과 부총학생회장, 그리고 한연회, 통일문제연구회, 기독학생회 등 동아리 회원들이 대상이었다.

---

39 한국기독교사회문제연구원, 『1970년대 민주화운동과 기독교』, 1983, 248쪽 ; 『연세춘추』 1971. 9. 6(1) ; 1971. 9. 13(1)

40 『연세춘추』 1971. 10. 4(1) 618호. 1971년 총학생회 상반기 총학생회 선거에서 한 후보의 참모가 기관원과 접촉한 사실이 드러나 선거가 가을로 연기되는 파행을 겪기도 했다. 『연세춘추』 1971. 6. 14(1) 608; 『연세춘추』 1971. 6. 21(3) 609호

연행된 학생들은 모두 강제 징집 대상이 되어 10월 26, 28일 바로 논산훈련소로 끌려갔다. 11월 9일 다시 개강하자 함종설 등 4명의 학생들이 "제적 학생 15명이 구제되지 않으면 수업에 응할 수 없다"는 벽보를 게재했다. 학생회와 서클들은 활동이 어려운 상태였고, 이런 상황을 극복하기 위해서는 시간이 필요했다.

1973~1974년의 반유신 운동과 민청학련 사건

위수령으로 큰 타격을 입은 학생운동이 회복할 겨를도 없이, 1972년 10월 유신이 선포되었다. 연세대 학생운동도 1973년 전반기는 암중모색의 시기를 보냈다. 2학기가 되고 9월말 연고전이 열리자 일부에서 유인물도 뿌리고 구호도 외쳤으나, 흐지부지 되고 말았다(민청학련계승사업회, 2018, 165쪽). 1973년 10월 3일 서울대 문리대 학생들이 처음 반유신 시위를 벌였다. 이후 대학가의 반유신 시위는 걷잡을 수 없이 전국으로 확산되었다. 연세대 학생들도 본격적으로 투쟁에 나섰다.[41]

연세대에서는 학생운동권과 총학생회가 연대하여 11월부터 시위를 전개하기 시작했다. 1973년 11월 8일 유기남, 이주철, 유영진 등이 가두 시위를 계획하다 경찰에 사전 발각되었다. 11월 14일 채플이 끝나자 총학생회장단이 단상에 올라 선언문을 배포하고 학원자율화 보장, 학원사찰 및 모든 간섭행위의 중지, 구속학우 석방 등을 요구했고, 17일까지 성의 있는 답변이 없을 경우 동맹휴학을 전개할 것 등을 결의했다. 11월 15일 연세대 의대 치대 본과 학생 대부분이 대강당에서 모여 "구속학생 전원석방" "민주체제 확립" 등 결의하고 동맹휴학을 결의했다. 11월 16일 정법대 학생들도 동맹휴학을 결의하고 "언론 자유와 대학의 자유를 수호하자" 등 구호를 외치며 교내 시위를 벌였다. 여기에문과대 학생들이 합류하여 교문에서 경찰과 대치하며 시위를 계속했다. 11월 26일에도 의대, 치대, 상대 학생들이 성토대회를 열고 교내 시위를 벌였다.

11월 29일에는 2,000여명이 참가한 대규모 시위가 벌어졌다. 학생들은 오전에 본관 앞에서 성토대회를 열고 "구속학생 석방" 등 구호를 외치며 스크럼을 짜고 교문까지 진

---

41 민주화운동기념사업회 녹취록, 「2008 1970년대 긴급조치 시대 학생운동 사건_김학민」

출하여 경찰과 투석전을 벌였다. 대강당에 집결한 학생들은 오후에 태극기를 앞세우고 교내 시위를 벌였으며 일부는 가두로 진출하기도 했다. 의대생과 치대생 200여명도 의료원에서 시위를 벌이고 언론자유 보장, 민주체제 확립, 교수들도 동참하라 등의 결의문을 채택했다(한국기독교사회문제연구원, 1983, 266쪽).

12월 7일 박정희 대통령은 민관식 문교부장관에게 10월 이후 학원사태에 관련된 구속된 학생들을 석방하고 학칙에 의해 내렸던 처벌을 백지화할 것을 지시했다. 이 지시에 따라 1973년 10월 이후 형사처벌을 받은 학생 22명과 학사징계를 받은 97명의 학생들이 모두 구제되었다. 학생운동 세력에게 이것은 승리의 경험이었고,[42] 다음해 민청학련을 시도할 수 있는 기반이기도 했다.

반유신 투쟁이 확산되었고 1973년 12월 13일 개헌 청원 백만인 서명운동이 시작되자 었다. 1974년 1월 8일 대통령 긴급조치 제1호가 발포되어 유신헌법을 비판하거나 개정을 요구하는 일체의 언행을 금지했다. 1월 22일 연세대 의대 본과 1학년 100여명이 강의실에서 '유신헌법 및 긴급조치 철회'를 주제로 긴급회의를 열었다. 경찰은 의과대학 건물을 포위하고 참여 학생 전원을 연행했으며, 고영하, 이상철, 서준규, 김향, 황규천, 문병수, 김석경 등 7명을 긴급조치 1호 위반으로 구속했다. 군사법원은 대학 1학년인 이들에게 5~7년 형을 선고했다.

1973년 말 대규모 유신반대시위가 전국적으로 확산되는 것을 경험한 학생운동 세력은 더욱 적극적이고 확대된 전국적인 유신반대투쟁을 시도하기 시작했다. 서울대 문리대의 복학생 그룹은 1973년 10월 2일 시위 이후 후배들과 접촉하면서 대학가에서 동맹휴학과 시험 거부, 집회, 시위와 농성이 불길처럼 번져가는 상황을 보았다. 이들은 운동을 확산시키기 위해 서울 시내 대학은 물론 지방까지 학생운동 세력을 모두 망라하여 조직적인 유신반대투쟁을 전개해야 한다고 생각했다. 서울지역에서는 서울대-연세대-고려대의 세 학교를 주축으로 하여 이화여대, 서강대, 성균관대, 동국대와 긴밀한 관계를 맺고, 전국적으로 전남대, 경북대, 부산대, 강원대 등을 연결하는 조직을 구성하고자 한 것이다. 이것이 전국민주청년학생총연맹(민청학련)이었다.

---

42 민주화운동기념사업회 녹취록, 「2008 1970년대 긴급조치 시대 학생운동 사건_김학민」

1960년대부터 여러 대학의 이념 서클들은 활발하게 서로 교류하고 있었다. 민청학련은 이념 서클 간의 유대관계를 바탕으로 전국적 조직을 구성했다. 위수령으로 한연회가 해체되었지만, 그 출신들이 여전히 학생운동을 이끌고 있었다. 한연회 출신으로 3선 개헌 반대 투쟁 과정에서 서울대 학생운동 세력과 함께 싸웠던 이상문이 서울대 유인태로부터 연락을 받고 송무호, 김영준 등을 연결하였다. 이들이 서울 지역 학생들과 전국적 시위를 준비하는 동안, 별도로 김학민이 송재덕, 오세룡, 이상우, 신동수, 문유찬, 정건섭 등 후배 그룹을 조직했다. 이와 별도로 최민화, 서창석, 이재웅 등은 한국기독학생총연맹(KSCF)에서 활동하며 민청학련에 참가했다(민청학련계승사업회, 2018, 257쪽).

그러나 사전에 정보가 누설되어 KSCF 서울중부지구연합회장으로 기독교 계열 서클의 운동을 이끌던 최민화가 3월 28일 검거되었고, 각 대학 대표 모임에 참여하던 김영준도 이어 체포되었다. 이 상황에서도 송무호는 예정대로 투쟁을 진행했다. 1974년 4월 1일 채플 시작 전 송무호가 단상에 올라 "종신 독재 획책하는 유신헌법 철폐하라". "긴급조치 해제하고 구속 학생 석방하라" 등 구호를 외쳤지만, 대기하고 있던 경찰에 곧바로 연행되었다(민청학련계승사업회, 2018, 353쪽).

1974년 4월 3일 오후 10시 박정희 대통령은 긴급조치 4호를 발동한다고 발표했다. 총 12개 조로 이루어진 긴급조치 4호는 민청학련에 가입하거나 연락, 또 그 구성원에게 편의를 제공하는 일체의 행위를 금하며, 이와 관련하여 권유하거나 선전, 선동하는 것 또한 금지했다. 또 학생의 수업 거부나 시험 거부, 집회, 농성 등을 일체 금하는 것은 물론, 이런 사실을 방송, 보도, 출판 등을 통해 타인에게 알리는 것까지 금했고, 위반자가 소속된 학교는 폐교 처분을 할 수 있게 했다. 특히 이 조치를 위반했을 때는 법관의 영장 없이 체포, 구속, 압수, 수배하며, 비상군법회의에서 심판하되 사형, 무기 또는 5년 이상의 유기징역에 처하도록 했다. 연세대 학생 중에는 1974년 4월 말 홍성엽(사학 2), 조형식(사학 1)이 긴급조치 4호 위반으로 구속되었다. 동곳회 회원이었던 홍성엽이 갓 입학한 조형식과 함께 붉은 페인트로 독재타도라고 쓰고 민청학련 지지를 선언하는 벽보를 붙였기 때문이었다.[43] 또 민청학련 사건을 빌미로 정권에 비판적이었던 지식인들도 무더기로 연루되어 구속되었는데 연세대 김찬국, 김동길 교수도 포함되어 있었다.

민청학련과 인혁당 재건위 사건

1973년 하반기부터 전국적인 반유신 운동에 직면했던 박정희 정권은 민청학련을 "공산계 불법단체인 인혁당 재건위 조직과 재일 조총련계 및 일본공산당, 국내 좌파 혁신계 인사가 복합적으로 작용하여결성되었으며, 1974년 4월 3일을 기해 현 정부를 전복하려 한 불순 반정부 세력"이라고 발표하였다(1974. 4. 25 신직수 중앙정보부장)

대학 학생 운동 세력의 느슨한 연대인 민청학련을 정부 전복을 노리는 반정부 세력이며 북한의 통일전선전술과 같은 혁명 노선을 추구하는 단체로 만들기 위해 정부는 민청학련을 억지로 1960년대 혁신계 단체인 인혁당과 억지로 연계시켰다. 1964년 대구 경북 지역의 혁신계 인사들을 '인혁당'이라는 이름으로 구속한 것도 당시 검사들이 담당 검사들이 기소를 거부한 무리한 사건이었는데(1차 인혁당 사건), 10년 지난 후 이들을 다시 '인혁당 재건위'를 구성했다는 죄목으로 구속하여 무자비한 고문을 가했다. 1974년 7월 열린 비상군법회의에서 인혁당 관계자 중 7명에게 사형이, 민청학련 관계자 중 7명에게도 사형이 구형되었고, 나머지 피의자들에게 무기, 20년 등 가혹한 중형이 구형되었다.

민청학련과 인혁당 재건위 사건은 국내의 반발은 물론, 국제적으로 비난을 불러일으켰고, 외교적 문제로 비화되었다. 박정희 정부는 1975년 2월 민청학련 관계자들은 대부분 석방하였으나, 인혁당 관계자들은 1975년 4월 8일 사형이 확정되자마자 다음날인 9일 전격 처형하였다.

대학개혁과 학원 자유의 수호: 1974년 하반기 ~ 1975년 상반기 복직 복교 투쟁

1974년 가을 개강한 대학가에서는 민청학련 관련 구속자 석방을 요구하는 운동이 본

43 1975년 석방된 홍성엽은 1979년 YWCA 위장결혼식 사건에서 신랑역을 맡았다 다시 1년간 옥고를 치뤘다. 신동호, 「민주주의와 결혼한 '영원한 신랑」, 『뉴스메이커』 645, 2015; 김학민, 「민주주의와 기꺼이 결혼했던 맑은 영혼이여」, 『한겨레신문』 2015년 10월 4일.

격적으로 시작되었다. 학생들은 9월부터 석방을 요구하는 서명운동을 시작했고, 10월에는 구속학생 석방과 유신헌법 철폐, 언론자유 등을 요구하는 반유신 시위를 벌였다. 그런데 전국 대학에서 한참 구속학생 석방과 유신헌법 철폐를 요구하는 시위가 전개될 무렵, 연세대에서는 대학의 행정 개혁 운동이 급속히 전개되었다. 언뜻 대학가의 반유신 민주화 운동과 동떨어져 있는 듯 보이지만, 장기적인 관점에서 10월의 대학개혁은 구성원들을 하나의 공동체로 묶어 주었고, 학교 당국과 교수, 학생이 일치하여 유신정권과 싸울 수 있는 기반이 되었다.

1974년 2학기 연세대의 대학개혁은 우연한 사건이 발단이 되었다. 1974년 9월 28일 정기 연고전에서 축구가 비긴 것을 제외하고 나머지 경기는 모두 패했다. 이날 밤 8시쯤 학생 50여명이 언더우드 동상 앞에 모였다. 이들은 "박총장이 두 번이나 중임해 학교 발전이 없다"며 총장공관으로 몰려가 박대선 총장과 면담을 요구했다. 학생처장 등 보직교수들이 말리자 학생들은 밤샘 농성을 벌였다. 다음날 아침 이들은 여전히 공관에서 총장면담을 요구했고 경찰까지 출동했다.[56)]

10월 1일 200명의 학생들이 총장 면담과 학교 개혁을 요구하는 시위를 벌인 이후 10월 내내 총장 퇴진과 대학 개혁을 요구하는 시위가 벌어졌다. 10월 2일에도 언더우드 동상 앞에서 시위를 벌인 학생들은 4일 노천강당에서 학생총회를 개최했는데, 여기에 3,000여명의 학생들이 참여했다. 이 학생총회는 박총장의 사임은 물론, 이사회의 개편과 학생 자치 활동의 자율성을 보장할 것까지 요구하기 시작했다. 대학 행정의 민주적 개혁 요구가 본격적으로 제기되었던 것이다. 이날 밤 50 여명의 학생들이 학생회관 철야 농성을 시작했다.

학교 당국은 10월 4일 긴급교무회의를 개최하고 교학부총장, 학생처장, 여학생처장, 총무처장을 보직 해임했고, 이종하 체육부장 등 5개 운동부장과 감독, 코치, 간사들이 모두 사표를 제출했다. 학생들은 이런 인사 조치에 만족하지 않고 실질적 개혁 요구를 계속 했다. 10월 5일 300 여명의 학생들이 교내 시위 이후 총장 공관을 점거했다.[44] 교수들

44 이 일련의 시위들은 동곳회가 개명하여 새로 창립한 민족문화연구회 회장 김규복이 주도했다고 한다. 권기성, 「새 이름의 기억」, 김영래, 임진영, 김영준 편, 2003, 297~298쪽.

도 이날 긴급교수회의를 열고 교수수습대책위원회를 조직했다. 10월 7일 학생 300여명이 중간고사를 거부하고 교내 시위를 벌인 후 총장 공관과 집무실을 점거하고 농성했다.

결국 10월 8일 긴급 교무위원회에서 의대, 간호대, 치대를 제외하고 당분간 휴교하기로 결정했다. 대학이 스스로 휴교하는 유례없는 일이었는데, 학생들은 격하게 반발했다. 500여 명이 휴강 게시문을 찢고 "우리의 결의는 기필코 관철되어야 한다"는 플래카드를 들고 시위를 벌였고, 총장공관 점거 농성은 계속되었다. 10월 10일에도 노천강당에서 500여명이 참가하는 학생총회가 열렸다. 동문회까지 나서 10여명의 동문으로 수습대책위원회를 구성하고 학생과 면담을 진행했다.

10월 18일 전체교수회의에서 박대선 총장이 대학 개혁안을 내놓으면서 사태가 수습되기 시작했다. 개혁안의 핵심은 교수평의회와 대학의회 설치였다. 단과대학 교수회에서 선출하는 29명의 평교수로 교수평의회를 구성하며, 교수평의회와 교무위원회가 동수로 구성되는 대학의회를 설치하여 대학의 주요 문제를 처리하겠다는 것이었다. 실제로 이날 각 대학에서 교수평의회 의원들을 선출했고, 10월 21일에는 총장이 의장이고 교수평의회 의장과 부총장이 각각 부의장이 되는 대학의회가 창립되었다. 교수평의회와 대학의회로 교수들이 학교 행정에 참여할 수 있는 길이 열렸을 뿐 아니라, 학생들의 의견을 대학운영에 반영하기 위해 교수직원학생으로 구성된 소청위원회, 우수 교수 확보를 위한 교수인사위원회를 설치하는 등 학내 민주화를 위한 제도가 제시되었다. 또 교내 연구와 학생 복지 강화도 추진할 것이라고 약속했다. 1974년 11월 20일 연세대학교 교수평희회 회칙이 제정되어 제도화하는 기틀을 마련했다.

교수협의회와 대학의회가 실제로 설치되어 활동하기 시작했으며, 또 대학의 주요 문제를 대학의회에 회부하여 논의하기 시작했다는 점, 그리고 이런 변화가 학생들의 적극적인 요구와 교수들의 건의를 대학이 수용하여 이루어졌다는 점에서 대학의 개혁과 민주화에서 매우 중요한 진전이었다.

대학개혁과 민주화가 어느 정도 성과를 거두자 연세대 학생들과 교수들은 본격적인 구속자 석방 및 반유신 운동을 전개했다. 10월 28일 100여명의 학생이 교내시위 및 가두진출을 시도했고, 10월 30일에는 1,000여명이 성토대회를 열고 시위를 벌였다. 이날 시위에서 7명의 학생이 경찰에 연행되어 구류 처분을 받기도 했다. 31일에도 대규모 시위가 벌어졌다. 800여명의 학생들이 반유신 구호를 외치며 시위를 벌이고 교문에서 경찰과 충돌했으며, 일부는 후문으로 진출을 시도하다 기동경찰과 투석전을 벌였다. 문교부의 압력으로 학교 당국은 11월 1일부터 휴강에 들어갔다. 11월 12일 정상 수업을 시작했으나 이날 정법대생들이 다시 시위를 시작하자 14일 또 임시 방학에 들어가는 등 1974년 말의 학교는 제대로 수업을 진행하기도 힘든 격랑을 겪고 있었다.

11월 22일부터 교수들이 구속 교수와 학생 석방을 위한 운동에 나섰다. 30여명의 교수들이 매일 교수기도회를 열기 시작한 것이다. 22일 기도회는 서남동 교수가 설교를 맡아 복음은 가난한 자, 눈먼 자, 눌린 자들의 해방이며, 구원과 해방의 말씀이 교회의 선교라고 밝혔다. 기도회는 26일 중단했으나, 문교부는 서남동 교수가 민주회복국민회의에 참여했다는 이유로 학교에서 경고조치 하도록 지시했다.

총학생회도 12월 3일부터 6일까지 '구속학생 석방, 학원과 언론의 자유보장, 조속한 사회안정을 위한 구국기도회'를 매일 루스 채플에서 개최하고 6일에는 결의문을 채택했다. 또 민족문화연구회장 김규복 등 학생 20여명이 채플 시간에 대강당 단상을 점거하고 연세민주학생 명의의 성명서를 발표하여 구속인사 석방과 부정부패 일소를 요구했다. 이들 중 8명이 서대문경찰서로 연행되었다 석방되었다.

구속자 석방 투쟁은 1975년 2월 15일 이후 긴급조치 1호, 4호 위반자 중 인혁당 사건 및 반공법 위반 사건을 제외한 148명이 전원 석방되면서 새로운 국면에 접어들었다. 연세대 김찬국, 김동길 교수와 학생 14명도 석방되어 2월 21일 <석방 교수 및 학생을 위한 기도회>가 루스채플에서 개최되었다. 그런데 이들은 모두 형집행정지로 석방되었으므로 복권된 상태가 아니었다. 이들의 복직과 복교가 문제가 되었다.

연세대는 석방 학생에 대한 전원 구제 방침을 세워놓고 있었다. 사실 학교 당국은 관련 교수들은 휴직 처리하고, 구속 학생들에 대한 징계도 내리지 않은 상태였다. 2월 19일 문교부는 석방학생은 형 집행정지 중이므로 사면을 받아야 구제 가능하다고 각 대학에 통보했다. 그러나 박대선 총장은 분교부 방침에 구애받지 않는 복직 복교 원칙을 재확인했다.문교부는 연세대에 여러 차례 복학 불허를 강력히 종용했지만, 학교 당국은 석방학생의 복교원을 접수하고 김동길 ·김찬국 교수에게 새학기 강의를 배정했다.

2월 25일 문교부는 각 대학에 석방학생의 복학을 허용하지 않으며, 이에 불응할 경우

'총학장 승인 취소, 대학 폐교 조치' 등도 불사하겠다는 경고했다. 사태가 이쯤 되자 학교 이사회가 나서 박대선 총장에게 문교부와 협의해서 문제를 해결하라고 나섰지만 학교는 여전히 복교 방침을 고수했다. 3월 3일 문교부는 연세대에 계고장을 발부했다. 석방 교수와 학생에 대한 구제 결정을 철회할 것을 강력히 지시하고 철회하지 않는다면 총장 승인을 취소하고 폐교도 불사하겠다는 것이었다(이경은, 2010, 34~37쪽).

교수와 학생들이 힘을 모아 문교부에 대항했다. 3월 5일 교수평의회는 교무위원회에 석방된 교수와 학생 전원이 강의를 하고 들을 수 있도록 해달라고 건의했다. 3월 7일 사학과 학생들이 출옥 교수·학생의 복직과 복교를 촉구하는 결의문을 채택했고, 정외과 학생 30여명도 복직 복교에 대한 건의와 결의문을 채택했다. 3월 11일 법학과 법학회 회원들이 백양로에서 복교 건의 서명을 받아 1,900 여명이 참가했고, 12일 정법대 학생회가 복교 조치를 촉구하는 성명을 발표했다.

3월 13일 교무위원회는 석방 교수와 학생 전원의 복직, 복교를 결정했다. 박대선 총장은 복교조치는 진실과 자유를 사랑하는 모든 대학과 사회의 엄숙한 요청이며 대학은 법·정치를 초월해 교육적·인도적 결정을 내릴 책임이 있다고 발표했다. 총학생회는 교무위원회의 복교 방침에 대한 전폭적 지지를 성명했다(『연세춘추』 1975. 3. 17(7), 713호; 민주화운동기념사업회, 2003, 500쪽).

투쟁은 대학공동체와 문교부의 대결 양상이 되었고, 3월 14일 연세대 총학생회는 노천강당에서 비상학생총회를 열었다. 5,000여명의 학생들이 운집하고, 교무위원을 비롯한 교수 60여명도 참여했다. 윤형섭 학생처장이 집회 허가의 배경을설명하고 유지준 총학생회장이 결의문과 성명서를 낭독했다. 학생들은 1) 학교당국의 복직 복교 결정을 전폭적으로 지지하고 대학의 자율성을 침해하는 어떠한 외부 압력에도 굴하지 않을 것, 2) 15일 오전 10시까지 문교부가 계고장을 철회하지 않을 경우 15일 노천강당에 다시 모일 것 등을 결의했다. 이에 따라 총학생회는 15일 제2차 비상학생총회를 개최했다. 3,000여명이 참가한 이날 집회는 문교부장관에게 1) 복직 복교 문제는 대학의 자율성에 위임하고, 2) 총장의 승인 취소 위협을 철회할 것 등을 요구하는 공개서한을 채택했다.

그러나 문교부는 3월 18일 연세대 이천환 재단 이사장에게 15일 내에 박총장을 해임하고 석방 교수 해직과 학생 복교 절차 중지 등을 완료하고 보고하라고 요구했으나, 다음날인 3월 19일 긴급교무위원회는 문교부의 요구를 거부했다.

3월 19일 연세대 총학생회는 긴급임원회를 열고 문교부가 박총장의 해임 요구를 철회하지 않는다면 문교부장관 사임 요구 운동을 전개할 것임을 결의했다. 이어 3월 20일 총학생회 상임집행연석회를 열고, 사태를 원만히 수습하는 것이 최우선이고 이를 위해서는 면학분위기가 큰 무기지만, "면학이 사태해결을 위한 무기가 되지 못할 경우에는 어떤 대응책도 불사하겠다"고 결의했다. 3월 21일 부총장과 동문회장 등이 회동하여 '범연세 합동대책위원회'를 구성하기로 했다(『연세춘추』 1975. 3. 24(1) 714호; 민주화운동기념사업회, 2003, 500쪽).

학생들은 한동안 '면학분위기'를 위해 시위를 자제했으나 3월 24일 정법대, 신과대, 음대 학생들이 각 단과대학 앞에서 집회를 시작한 후 12시 대강당 앞에 집결하여 교내 시위를 벌이고 문교부 장관의 해임과 석방 교수와 학생의 복귀를 요구했다. 3월 27일 노천강당에서 학생 5,000여명이 참가한 제3차 비상학생총회가 열렸다. 학생들은 복직 복교 과정에서 발생한 사태의 전면 백지화, 복직과 복교를 대학 자율에 맡길 것을 요구하고, 그렇지 않을 경우 극한 투쟁에 돌입할 것을 결의했다. 오후 1시 40분 학생들은 백지를 가슴에 대고 교내를 행진하여 교문에서 경찰과 대치했다. 28일에도 정법대를 중심으로 한 학생 300여명이 교내 시위를 계속했다.

일부 학생들은 '면학분위기' 자체를 거부하고 정권에 대한 전면 비판에 나서기도 했다.[45] 4월 1일 오전 정법대 강의실에 「대학구국양심선언」과 「민중의 소리」라는 두 종류의 유인물이 살포되었다. 이 유인물들은 각각 "대학은 스스로 면학 분위기라는 구실로 스스로의 침묵과 도피를 합리화하지 못할 것"이니 전면 투쟁에 나설 것을 촉구하는 한편, 정권에게 "5·16 이후 권력형 부정부패 근절, 언론탄압 중지. 정보정치 포기, 학원 사찰 중지"를 요구했다. 11시 1,000 여명의 학생이 노천강당에 모여 집회를 열었고, 이후 600여명이 교내 시위에 나섰으며 12시에 문과대 학생 100 여명도 합류하여 교문에서 격렬한 시위를 벌였다.

---

45 류기춘 문교부 장관은 "일부 소요 대학 대문에 따른 대학까지 학사운영에 지장을 줄 수 있다" "소요가 없는 대학의 석방학생들만이라도 사면을 건의할 수 있다" "학생 뿐 아니라 학교도 면학 분위기를 갖춰야 할 것"이라고 발언하여 복교 문제를 학생과 대학의 '면학분위기' 탓으로 돌리고 대학들을 분열시키고자 했다. 『조선일보』 1975. 4. 4 (7)

4월 2일 문교부가 연세대에 대한 감사를 시작하고, 4월 3일 박대선 총장이 사표를 제출하면서 투쟁은 정점에 이르렀다. 박총장은 사표를 제출하기 전 복교원을 승인하는 결재를 했으며 학교는 복교 허가 통지서를 발부했다. 총장이 사직하자 오전 10시 비상학생총회가 열렸다.

『연세춘추』는 이날 총회 참가자를 7,000여명으로 추산했는데, 당시 전교생을 8천명이라 했으니 거의 전교생이 모였다고 보아도 될 것이다. 「호소문」과 「성명서」를 낭독한 학생들은 "문교 장관 즉각 사퇴하라" "학사감사 즉각 중지하라" "이사회는 박총장의 사표를 즉각 반려하라" "8천 연세인이여, 연세를 사수하라" 등의 구호를 외치며, 오후 12시 40분부터 6시까지 교문 진출을 시도했고 돌과 최루탄이 오가는 격렬한 시위가 벌어졌다. 일부 학생들은 연희동, 이대 후문, 외국인학교 등으로 분산하여 시위를 계속 했다. 오후 2시에는 의대와 치대 학생 500 여명도 백양로로 진출하여 시위에 합세했다. 3시 30분에는 밴드부가 공대 옥상에서 '연세찬가', '응원가' 등을 연주하는 등 학교 전체가 시위에 참여하는 양상이 벌어졌다.

1975년 4월 3일 백양로 시위

출전: 『연세춘추』 1975년 4월 14일 716호

시위는 격렬했다. 2시 50분경 문교부 장관의 허수아비를 정문까지 끌고 나와 화형식을 거행했으며, 일부 학생들은 수위실 옥상에 바리케이트를 설치하고 소방전을 정문까지 끌고 나왔다. 여학생 500여명이 백양로에 연좌했고, 경찰이 교문 폐쇄를 시도하다 교문 한쪽이 넘어져 부상자가 발생하기도 했다.

백양로 시위를 끝낸 총학생회는 대강당에서 3,000여명이 참여한 가운데 6시 30분부터 집회를 진행했고, 학생회관에서 철야농성에 들어갔다. 의대생 200여명도 의대 강당에서 기도와 자유 발언으로 철야 농성을 벌였다. 4월 3일 문교부는 연세대에 질서 회복 경고문을 보냈으며, 교무위원회는 자진 휴강을 결정했다.

그러나 4일 교정에 학생들이 등교했고, 철야농성했던 200여명의 학생과 합류했다. 이들은 총장과 면담한 후 시위에 돌입하여 반정부 구호를 외치며 격렬한 투석전을 벌였다. 한편 휴교로 교내에 진입할 수 없었던 많은 학생들은 굴다리와 신촌 로타리 사이에 모여, 스크럼을 짜고 가두 시위에 돌입했다. 이대 입구에 집결한 학생들은 경찰의 페퍼포그에 쫓겨 들어간 이화여대 구내에서 경찰과 투석전을 벌이고 이대생들과 함께 연좌시위를 벌이기도 했다. 4월 3일과 4일의 투쟁으로 연세대생 120여명이 서대문경찰서에 연행되었으며, 총학생회장과 총학생회 총무, 김규복은 구속되었고, 김건만 등 2명도 15일간 구류처분을 당했다. 대규모의 연행과 구속으로 연세대 학생운동은 한동안 침묵에 들어갈 수밖에 없었다. 그러나 연세대 학원자유수호운동은 1974년 상반기 다른 대학의 학원민주화운동을 촉진했다. 많은 학교에서 구속자 복교 운동이 일어났으며, 1975년 3월 24일 서울대에서도 학원민주화추진위원회가 결성되었다. 유신반대 운동이 전국 대학으로 확산되었다.

유신정권은 긴급조치로 대응하여, 5월 13일 긴급조치 9호가 선포되었다. 4월 10일 연세대 재단 이사회는 박대선 총장의 사표를 수리했다. 4월 11일 복직한 김찬국, 김동길 교수가 해직되었으며, 복학생 및 21명의 시위 참여자가 제적되었다. 5월 13일 교무위원회는 총학생회, 녹양회, 기독학생회(SCA)를 기능정지시키고, 민족문화연구회, 목화회, 흥사단아카데미, 자유교양회 등 4개 서클을 해체했으며, 추가로 학생 5명을 제적했다(『연세춘추』 1975. 5. 26 (1) 717호; 자유교양 50주년 편집위원회, 2019, 57쪽). 긴급조치 9호 시대가 시작되었다.

2. 긴급조치 9호 시대

긴급조치 9호와 얼어붙은 캠퍼스

1975년 5월 13일 박정희 정권은 긴급조치 9호를 발동했다. 대외적으로는 4월 30일 남베트남의 공산화를 명분으로 내걸었으나, 실제로는 1973년부터 누적된 유신체제에 대한 저항을 완전히 억누르고 사회 전체를 통제하기 위한 수단이었다.

대학은 직격탄을 맞았다. 긴급조치 9호 자체도 폭압적이었지만, 이를 수행하는 경찰과 정보기관, 그리고 문교부 등 권력기관들은 학생들의 자율적 활동 자체를 말살하려 했다. 학생회와 운동 주도 서클들은 모두 해산되었고, 경찰과 정보기관원들이 캠퍼스에 상주했다. 학생처 직원은 물론이고 교수들도 학생들의 집회나 시위를 막는 데 동원되었다. 연세대학도 마찬가지였다. 시위가 벌어지는 정문 수위실에는 늘 서대문 경찰서 정보과 형사들이 대기하며 감시하고 있었고, 학생처 사무실에 아예 정보과 형사들의 책상이 놓여 있었다. 서클들이 집중된 대강당 앞에도 형사들이 항상 진을 치고 있었고, 서클룸에서 모임은 물론이고 사적인 만남도 감시대상이었다. 학생운동권으로 분류된 학생들은 담당형사가 집중 감시하고 늘 미행했다(강성구녹취록, 경영학과 100년사 편찬팀).

이전처럼 공개적인 서클 활동도 불가능해졌다. 운동을 주도하던 서클들을 모두 해체되었고, 새로 등록하려고 해도 지도교수를 구하는 일조차 쉽지 않았다. 겨우 등록을 해도 늘 경찰과 기관원들의 감시를 받아야 했다. 정보기관은 서클에 학생 '프락치'를 침투시켜 정보를 빼내기도 했다. 학생운동은 철저히 지하로 감추거나 다른 외피를 뒤집어 써야 했고, 이른바 '운동권'이 비운동권과 뚜렷이 분리될 수밖에 없는 어려운 상황이 계속되었다. 다수의 학생들이 마음 속에서는 정부에 반대하고 민주화를 원한다고 해도 공개적으로 자기 뜻을 보일 수는 없었던 것이다.

긴급조치 9호

긴급조치 9호는 유신쿠데타 이후 발동한 모든 긴급조차의 종합, 강화판이었다. "유언비어를 날조 유포하거나 사실을 왜곡하여 전파하는 행위, 집회 시위 또는 신문 방송 통신 등 공공전파 수단이나 문서 도서 음반 등 표현물에 의하여 대한민국의 헌법을 부정·반대·왜곡 또는 비방하거나 그 개정 또는 폐지를 주장, 청원, 선동 또는 선전하는 행위, 이 조치를 공공연히 비방하는 행위 그리고 사전 허가를 받지 않은 학생의 집회, 시위 또는 정치 관여 행위"가 모두 금지되었다. 유신헌법과 체제에 대한 조금의 반대도 허용되지 않았고, 심지어는 이 긴급조치 9호 비판하는 것 자체도 금지되었다. 가장 강력한 저항의 근거지였던 대학에서 학생운동은 실질적으로 불법화되었다. 이 조치를 위반했을 때 제재도 상상을 초월했다. 주무 장관은 이 조치 위반자는 물론이고 위반 당시 소속 학교, 단체, 사업체 또는 그 대표자나 장에 대해 제적, 해임, 해산, 폐쇄, 면허 취소 등의 조치를 취할 수 있었다. 이후 유신체제에 반대하는 민주화 운동이 철저히 탄압받았을 뿐 아니라, 평범한 시민들마저 유신정권에 대한 사소한 불만을 털어놓다가 긴급조치 9호 위반으로 구속되었다. 1975년부터 유신 체제를 지탱한 긴급조치 9호는 박정희 사망 이후인 1979년 12월 8일 국무회의 의결을 거쳐 해제되었다.

학생운동의 대응(1975~1976)

긴급조치 9호 이후 학내 경찰이 상주하고 공개적인 학생회나 이념 서클 활동이 어려워졌다는 것은 모두 비슷했지만, 그 속에서도 정권에 저항을 계속하고자 하는 학생들은 계속 모였다. 학생운동가들이 모이는 방식은 학교마다 조금씩 달랐다. 서울대에서는 학생들이 지하 서클을 만들고 각 서클 대표자들이 모이는 비밀조직을 따로 만들었다. 고려대는 기존의 서클들이 이름을 바꾸고 새로 등록하여 활동하면서 투쟁을 주도했다. 이에 비해 연세대는 기독학생회(SCA)가 중요한 역할을 했다. 기독교 학교니만큼 기독학생회는 어떻게든 유지되었고, KSCF 등을 통해 다른 학교의 상황이나 정보를 공유하기도 좋았고, 민청학련의 경우처럼 연대해 활동하기도 했다. 학생들은 해방신학이나 사회신학을 접했을 뿐 아니라, 『전환시대의 논리』나 경제사, 김지하의 「오적」 등 작품을 읽고 토론했으며 도시 빈민지역과 농촌에서 봉사활동도 수행했다(강성구녹취록, 경영학과 100년사 편찬팀). 기독학생회는 내부에 도시봉사단, 농촌봉사단의 분과를 두어 분과 단위로도 활동했다. SCA는 구성원이 60~70명에 이르는 큰 서클이어서 실제 공부와 봉사 등 활동을 위해 산하에 소규모 그룹들을 두고 있었다. 한국사회연구회, 국제사회연구회 등 학습 소모임과방학 중 봉사활동을 위한 도시봉사단, 농촌봉사단 등이 있었다.

SCA가 중심이었지만, 학교 내 단과대학이나 서클 간 연계를 확대 강화하려는 시도도 진행되었다. 1976년 하반기부터 학생운동 세력은 세미나 모임을 강화하면서 학내 투쟁을 이끌 사람들을 육성하고자 했고, KSCF나 EYC 등 전국 규모의 기독학생, 청년 조직을 통해 다른 대학과도 정보를 공유하며 연계를 추진했다. 또 투쟁을 확대시킬 수 있는 단과대학별 조직을 만들어 나가야 했고, 탈춤반, 평화문제연구회 등 새롭게 부상하는 서클들을 연계하는 방안도 모색했다. 1977년 상반기가 지나자 SCA, 평화문제연구회 등 서클과 단과대학에서 중심적인 활동을 벌이던 학생들이 활발히 교류하면서 2학기의 본격적인 투쟁을 준비하기 시작했다. 1977년 10월의 대규모 투쟁은 이들의 네트워크에 의해 추진된 것이라고 볼 수있다. 이들의 네트워크는 매우 느슨했으며 투쟁 조직이라고 보기 어려운 상태였으나 투쟁의 시점을 조정하고 주도자를 선출하며 조직을 유지하는 역할 분담을 어느 정도 수행했다는 점에서 이후 강화된 학생운동 조직의 단초가 되었다.

SCA 외에도 인간걱정회, 탈춤반, 평화문제연구회, 가톨릭학생회(뉴맨) 등 문화, 종교 서클들이 민주주의와 인권, 노동 문제 등에 관심을 가지고 활동했다.[46] 독학으로 일본어를 익혀 일본어로 번역된 철학사, 변증법, 정치경제학 등을 공부하는 학생들도 생겼다. 학생들은 학내 서클뿐만 아니라 제일교회, 향린교회, 연동교회, 경동교회, 한빛교회 등 교회 청년부와도 교류했다.

기독학생회는 집중적인 감시대상이었다. 기독학생회 도시봉사단은 방학마다 시행하던 동계 봉사 활동을 앞두고 1976년 12월 26일부터 28일까지 시외의 한 농원에서 참가자 수련회를 열었다. 수련회에서는 평소처럼 문동환 박사의 민중신학 관련 논문을 비롯

---

46 이대수(교육 75) 녹취록; 1974년 해산되었던 독서서클 자유교양회 회원들은 해산을 면한 인간걱정반과 통합하고 인간걱정반으로 등록하고 활발한 활동을 벌였다. 자유교양 50주년 편집위원회, 『연세자유교양 - 독서 동아리 50년의 발자취』, 2019, 63~65쪽/

한 몇편의 이미 출판된 글들을 모아 자료집을 만들어 함께 읽고 토론하며 봉사활동을 준비했다. 동계 봉사활동이나 수련회 모두 학교의 허가를 받은 공식행사였으며 자료집에 실린 글도 책이나 잡지에 이미 실린 합법적인 자료들이었다. 그런데 이 수련회 참가자 전원이 서대문경찰서에 연행되어 조사를 받았다. 수련회 중에 박동선 사건에 대한 유언비어를 퍼뜨렸고, "바람이 분다" 등 "불순한 노래"를 불렀다는 혐의였다.[89)] 결국 1977년 1월 10일 당시 도시봉사단장 윤문종(사학 2), 전 도시봉사단장 태상호(화공 3)까지 서대문 경찰서에 자진출두 형식으로 소환되어 조사를 받아야 했다. 학생들은 긴급조치 9호 위반이라는 살벌한 혐의로 압수 수색까지 당했지만 1월 14일까지 모두 석방되었다. 그러나 도시봉사단장 수련회를 주도한 윤문종과 "불순한" 노래를 가르친 태상호는 무기정학 처분을 당해야 했다.[47]

저항의 폭발: 1977~1979년의 연세대 학생운동

1975년 4월의 극적인 투쟁 이후 근 2년을 침묵 속에 보낸 학생들은, 1977년이 되자 본격적인 저항을 시도하기 시작했다. 1976년 3월 1일 '민주구국선언'으로 김대중, 문익환, 함석헌, 윤보선, 함세웅, 문정현 등 정치인과 성직자들이 구속되는 등 재야의 저항이 거세졌고, 12월 터진 박동선 사건이 국내에 알려지면서 박정희 정권에 대한 불신은 더욱 강해졌다.

47 「연세대 기독학생회 봉사단 사건」(민주화운동기념사업회 오픈아카이브, https://archives.kdemo.or.kr/isad/view/00102945) 작성자는 알 수 없으며, 타자기로 작성된 보고서는 공식적이고 법률적인 형식으로 서술되어 있다. 1977년 1월 14일로 작성 일자가 기록되어 있으나 뒤에 수기로 1월 14일 이후 학생들의 처벌 사항 등을 부기해 두었다.

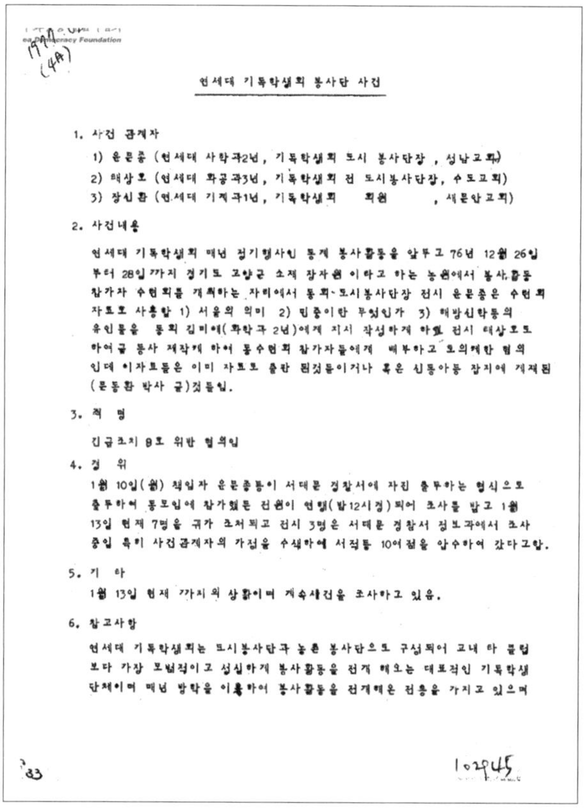

연세대 기독학생회 봉사단 사건

1. 사건 관계자
   1) 윤몬종 (연세대 사학과2년, 기독학생회 도시 봉사단장 , 성남교회)
   2) 해상호 (연세대 화공과3년, 기독학생회 전 도시봉사단장, 수도교회)
   3) 장신환 (연세대 기계과1년, 기독학생회 회원 , 새문안교회)

2. 사건내용

연세대 기독학생회 매년 정기행사인 동계 봉사활동을 앞두고 76년 12월 26일부터 28일까지 경기도 고양군 소재 장자원 이라고 하는 농원에서 봉사활동 참가자 수련회를 개최하는 자리에서 동회·도시봉사단장 전시 윤몬종은 수련회 자료로 사용할 1) 서울의 의미 2) 민중이란 무엇인가 3) 해방신학등의 유인물을 동회 김미애(화학과 2년)에게 지시 작성하게 하고 전시 해상호로 하여금 동사 제작케 하여 동수련회 참가자들에게 배부하고 토의케한 혐의인데 이자료들은 이미 자료로 출판 된것들이거나 혹은 신동아등 잡지에 게재된 (문동환 박사 글)것들임.

3. 죄 명

긴급조치 9호 위반 혐의임

4. 경 위

1월 10일(월) 책임자 윤몬종등이 서대문 경찰서에 자진 출두하는 형식으로 출두하여 동모임에 참가했든 전원이 연행(밤12시경)되어 조사를 받고 1월 13일 현재 7명을 귀가 조처되고 전시 3명은 서대문 경찰서 정보과에서 조사중임 특히 사건관계자의 가정을 수색하여 서적등 10여점을 압수하여 갔다고함.

5. 기 타

1월 13일 현재 7가지의 상황이며 계속사건을 조사하고 있음.

6. 참고사항

연세대 기독학생회는 도시봉사단과 농촌 봉사단으로 구성되어 교내 타 클럽보다 가장 모범적이고 성실하게 봉사활동을 전개 해오는 대표적인 기독학생 단체이며 매년 방학을 이용하여 봉사활동을 전개해온 전통을 가지고 있으며

연세대 기독학생회 봉사단 사건

출전: 민주화운동기념사업회 사료관 오픈아카이브

연세대 학생운동 세력은 1977년 4·19를 맞이하여 학내 시위를 준비했다. 이미 분위기는 고조되어 있었으니, 우발적인 투쟁이 일어나기도 했다. 4월 10일 탈춤반의 공연 후 200여명의 학생들이 횃불을 들고 시위를 벌이는 사건이 벌어졌다. 이 사건으로 김영환(치대 3) 등이 연행되었다. 그러나 정작 4·19 시위가 주도자들의 준비 부족으로 좌절되자, 학생들은 '백지선언문' 을 돌리는 방식으로 울분을 표출했다(긴급조치9호 철폐투쟁 30주년 기념행사 추진위원회 편, 2005, 507쪽).

1977년 4월 19일 SCA 소속 김철기(철학 3), 김성만(물리 3), 강성구(경영 2) 등은 채플을 마치고 나오는 상대, 신학대, 가정대 학생들에게 강당 입구 계단에서 "오늘이 4·19입니다", "백지 성명 밖에는 낼 것이 없었다"고 외치면서 백지를 나눠주었다. 당연히 학

교에 상주해 있던 경찰과 기관원들이 출동하여 이들을 학생처로 끌고 갔고, 다시 대현파출소로 연행되었다. 서대문경찰서의 정보과장이 이들을 조사했으나, 그날이 4·19라는 것을 밝힌 것과 백지를 나눠준 것을 처벌할 수 없었으므로 훈방되었다. 이날 저녁 일단의 학생들이 윤동주 시비 앞에 모여 아무 말 없이 묵념을 했다. 사복 경찰들이 이들을 에워싸고 묵념이 끝나자 두 사람을 연행했다. 그 중 한 사람은 막 훈방되었던 강성구였다. 이 묵념이 어떤 의미인지는 모두 다 알고 있었지만, 묵념 자체를 처벌할 수는 없었으니 또 다시 훈방되었다. 그러나 이 사건에 대한 학교의 처벌은 피할 수 없었다. 주도자로 몰린 김철기는 퇴학을 당했고, 김성만과 강성구는 유기정학에 처해졌다. 학생들은 이 사건을 "점점 경직화되어가는 독재체제와 노골화되어진 학원 사찰과 학교 당국은 과잉 충성적 처사는 자가당착적 모순을 표면화하게 되었고, 침체되어 있던 학생들의 외침이 새로운 각도로 풀려나갈 수 있는 계기를 마련"했다고 평가했다.[48]

2학기가 되자 시위가 불가피하다는 데 운동에 관여하던 거의 모든 학생들이 공감했다. 다만 시위를 주도한 학생들의 제적 및 구속이 확정적인 상황에서 누가 앞장 설 것인지 적임자를 찾는 것이큰 과제였다. 1977년 10월 7일 서울대에서 흔히 26동 사건이라고 하는 큰 시위가 일어나자 본격적인 투쟁의 필요가 더욱 고조되었다.

연세대에서 첫 시위를 이끈 것은 노영민(경영 2)과 김거성(신학 2)이었다. 미리 연세대학교 양심학생 일동 명의의 「구국선언문」을 작성한 노영민은, 10월 12일 학생들이 채플을 마치고 나오는 시간에 맞춰 투쟁을 시작하기로 했다. 노영민은 시위 직전 김거성에게 신학관 채플을 맡아 달라고 부탁하여 승낙을 받았다. 10월 12일(수요일) 낮 12시 45분

---

48 백지선언문 사건은 한국기독교학생회총연맹의 내부 보고 문건으로 추정되는 「1977. 4. 19 연세대 백지 선언문 사건⊠을 토대로 서술한다(https://archives.kdemo.or.kr/isad/view/00113598 민주화운동기념회 사료관 등록번호 00113598). 민주화운동기념사업회 사료관에서 이 문건의 제목을 「연세대 백지선언문 사건 사건개요」라고 부쳤으나 문서 자체의 제목은 ⊠1977. 4. 19 연세대 백지 선언문 사건」이다. 수기로 작성된 이 문건은 한국기독학생회총연맹(KSCF)의 주소, 전화번호 등이 인쇄된 용지에 작성되었으며, '작성자 김철기'가 두줄로 지워져 있다. "조사과정에서 유신체제는 철폐되어야 하고 독재체제는 물러가야만 하는 것이 분명하나 이와 같이 백지선언밖에 돌리지 못하는 것이 유감임을 분명히 밝혔다"는 내용이 포함되어 있는 것으로 보아 연행된 주동자 김철기가 초안을 작성한 것으로 보이지만, 결과에 1977년 7월 김철기의 형 김동완 목사가 김철기 등의 처벌에 대한 항의 서한을 보낸 사실도 적시되어 있는 것으로 보아 김철기가 작성한 내용을 토대로 KSCF 내부에서 일부를 보완한 문건으로 보인다. 필체나 메모지로 보이는 용지 등으로 볼 때 완성된 것이 아닌 중간 단계의 문서로 추정된다. 이와 관련해서 한국기독교학생회총연맹의 문건 「1977년 대학가 월별리스트」를 주목할 필요가 있다. 문건의 제목은 민주화운동기념사업회 사료관이 문서의 정리를 위해 임의로 만든 것이며 실제로는 「연세대 백지선언문 사건」과 같은 KSCF 용지에 '1977년' 이라고 쓰고 이해 발생한 26개의 대학가 반유신 투쟁을 나열한 문건이다. 언론의 학생운동 취재와 보도가 봉쇄된 상황에서 KSCF가 학생들의 반유신 운동의 상황을 정리하여 국내외에 알리고자 한 노력의 일환으로 보인다.

대강당 3층 탈춤연구회 방에 숨어 있던 노영민은 채플을 마치고 나오는 공대생 등 2천여 명의 학생들에게 「구국선언서」를 뿌리면서 "박정희 물러가라", "유신헌법 철폐하라"라는 구호를 외쳤다. 학내 경찰들이 대강당 3층으로 달려들고, 대강당 앞에 뿌려진 선언서를 읽으려는 학생들과 이를 막는 직원들로 대강당 앞은 일대 혼란이 벌어졌다. 상경대 앞 잔디밭에 앉아 있던 다수의 학생들이 대강당으로 달려와 가세하려 했으나, 경찰이 현장에서 바로 노영민을 체포하여 연행하면서 조직적인 시위로 발전하지는 못했다.

조직적인 시위가 벌어진 것은 신과대 채플 현장이었다. 오후 12시 30분 신학관에서 신과대 채플을 마칠 무렵 김거성이 교수들을 내보내고, 학생들에게 "구국선언서"를 배포한 다음 낭독했다. 마지막 결의사항을 낭독할 때는 김거성이 선창하고 나머지 학생들은 따라서 크게 외쳤다. 이어 찬송가를 부른 학생들은 다음 스크럼을 짜고 대강당 앞까지 시위하였다가 해산하였다. 시위 직후 도피하였던 김거성은 다음날 경찰에 체포되었다.[49]

10월 12일 배포된구국선언서의 내용은 다음과 같다.

구국선언서

3·1운동 때 민족의 해방을 위해 싸웠던 학우여
이승만 독재정권에 항거하여 피를 흘렸던 학우여

이제 우리는 또다시 역사의 부름을 받고 있다. 학생의 대표를 학생이 뽑자는 지극히 기초적인 권리를 주장한 학생들에게 제적과 휴업을 선물로 안겨주었다. 이는 독재자 이승만 정권 때도 볼 수 없었던 일이다. 또 언제부터 우리 학원이 형사들의 안식처가 되었고 그들이 주인이 되었던가.

아! 용단한다. 학우여!

국민이 피와 살을 깎아 낸 세금을 독재정권의 유지를 위해 외국 정치인을 매수한 박동선 사건은 웬 말인가.

49 1977년 10월 12일과 10월 25일 두 차례에 걸친 연세대의 시위에 대해서는 주로 생산자 불명의 문건 「10. 25 연세대 사건」에 의해 서술한다(https://archives.kdemo.or.kr/isad/view/00102949). 한국기독교사회문제연구원에서 보관하다 민주화운동기념사업회 사료관에 기증한 이 문건은 8쪽의 수기 문서이며, 학생들의 입장에서 10월 12일과 10월 25일의 투쟁을 정리하고 있다. 투쟁에 직접 참여한 연세대 학생이 아니면 알 수 없는 사항들이 다수 포함되어 있다. 「1977. 4. 19 연세대 백지 선언문 사건」에 비해 정돈된 글씨체로 백지에 작성한 완성된 형태의 문서다. 말미에 첨부한 'p.s'와 '被害狀況(추측)'은 필체가 달라 여러 사람이 작성에 참여했던 것으로 보이며, KSCF 등을 통해 외부에 전달되었던 것으로 추정된다.

인간으로서 양보할 수 없는 기본권을 무시하고 소수 지배계급을 위한 긴급조치는 또 웬 말ㅇ니가. 정의와 자유를 위해 싸운던 지식인, 종교인, 학생, 노동자들을 우리는 구해야 한다. 자! 이제 우리의 염원인 진정한 민주주의가 이 땅에 이루어질 때까지 눈을 똑바로 뜨고 나아가자.

우리의 결의

1. 학원과 언론의 자유를 쟁취한다.
2. 국제망신 박동선 사건을 철저히 규명한다.
3. 정보정치의 주역 중앙정보부 해체를 위해 싸운다.
4. 노동자의 권익 투쟁을 지지한다.
5. 이 모든 비정의의 온상 유신 헌법의 철폐를 위해 싸운다.

1977. 10. 13

연세대학교 양심 학생 일동

출전: 민주화운동기념사업회, 사료관 등록번호 00112613. 시위가 벌어진 것은 12일이지만, 착각한 것인지 유인물은 10월 13일로 작성되었다.

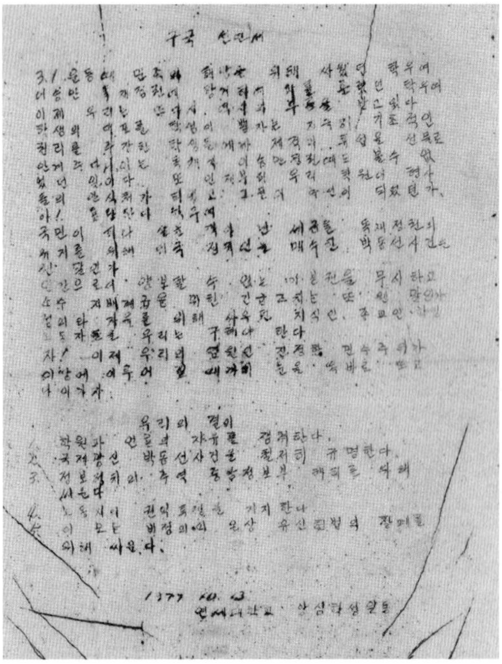

『구국선언서』

출전: 민주화운동기념사업회 사료관 오픈아카이브

10월 12일의 투쟁은 학생들 사이에서 큰 파문을 불러 일으켰다. 다음날 10월 13일에 긴급조치와 유신헌법의 철폐를 주장하는 벽보가 대강당, 윤동주 시비, 법대에 붙었다. 실행에 옮겨지지는 않았지만, 행정과 2학년들을 중심으로 양심선언을 발표하고 시위를 하려는 계획이 세워지기도 했고, 식품공학과에서는 10.12 구국선언서를 다수 복사하여 전 학생들이 모인 자리에서 이를 낭독하기도 하였다. 중간고사 기간 중인 10월 20일(목요일)에는 도서관에 박동선 사건을 알리고 박정희 정권의 퇴진을 요구하는 유인물이 배포되기도 했다. 학교 내에는 이미 10월 24, 25일 거사설이 파다했다.

실제로 후속 투쟁은 10월 24일 준비되어 있었다. 강성구(경영 2)와 불교연구회 회장 이상훈(응용통계 3)이 주도하기로 했었다. 이틀 전인 22일 오후 대강당 4층 박물관에 잠입해 현수막을 만들 때 사용할 페인트, 붓, 광목을 미리 준비해 놓았고, 등사기로 「77 연세 민주수호 결사투쟁 선언문」도 등사해 놓았다. 그런데 정보를 파악한 경찰이 24일 아침 등교하는 강성구를 미리 연행해버리는 바람에 24일의 거사는 무산되었다. 그러나 결정적인 증거를 찾지 못한 경찰은 석방할 수밖에 없었다. 풀려난 강성구는 24일 오후 상경대 강당에 수업 중인 경영학과 학생들에게 투쟁을 촉구하는 등 다음날 투쟁을 준비했다.

강성구와 이상훈은 역할을 분담했다. 강성구가 대강당 4층에서 먼저 구호를 외치면서 투쟁을 시작하면 이상훈이 아래에서 호응하여 학생들을 모아 대열을 짜고 시위를 이끈다는 것이었다. 강성구는 대강당 4층 강의실에서 현수막과 유인물을 준비해 두는 한편, 문을 못질하고 책상을 쌓아 바리케이드를 쳐놓았다. 경찰들이 연행하는 것을 막기 위해서였다.

10월 25일(화요일) 12시 45분 무렵 상경대 학생들이 채플을 마치고 나오는 순간, 강석구는 유리창을 깨고 유인물을 뿌리면서 "독재타도", "유신철폐"라는 현수막을 내걸었다. 동시에 "나가라", "스크럼을 짜라"라고 계속 외쳤다. 밑에서 기다리고 있던 이상훈이 학생들을 선동하여 스크럼을 짜고 전진하자고 소리쳤다. 그 순간 경찰이 덮쳐 이상훈을 연행했다. 시위가 좌절될 수도 있는 순간신과대 학생 서너 명이 계속 대열을 이루면서 학생들에게 합류할 것을 호소했다. 경찰들이 달려들었지만 학생들이 몰려들어 격투 끝에 쫓겨났다. 대열을 이룬 학생들은 붙잡힌 이상훈을 찾았으나 이미 연행되어 현장에서 구할 수 없었다. 학생들은 경찰들이 탔을 것으로 추정되는 차에 뛰어가 이를 마구 부수기 시작했다.

강성구는 4층에서 경찰에 체포되었고 이상훈은 연행되었으나, 탈춤반 소속 공유상(경영 2)처럼 현장에서 대열을 이끄는 학생들이 나타나기 시작했다. 스크럼을 짠 3~4백명 학생들이 “학원자유”와 “유신철폐”를 외치며 먼저 행진했고, 나머지 학생들도 모두 스크럼을 짜고 교문으로 나가기 시작했다. 이때 이미 학생들은 700~800명이 모여들었고, 공대 학생들을 비롯한 다수 학생들이 대강당 건너편 도서관 공사장에서 돌을 가져와 경찰과 투석전을 벌였다. 학원 경찰들은 거의 쫓겨났고 학생들은 교문으로 전진하였다.

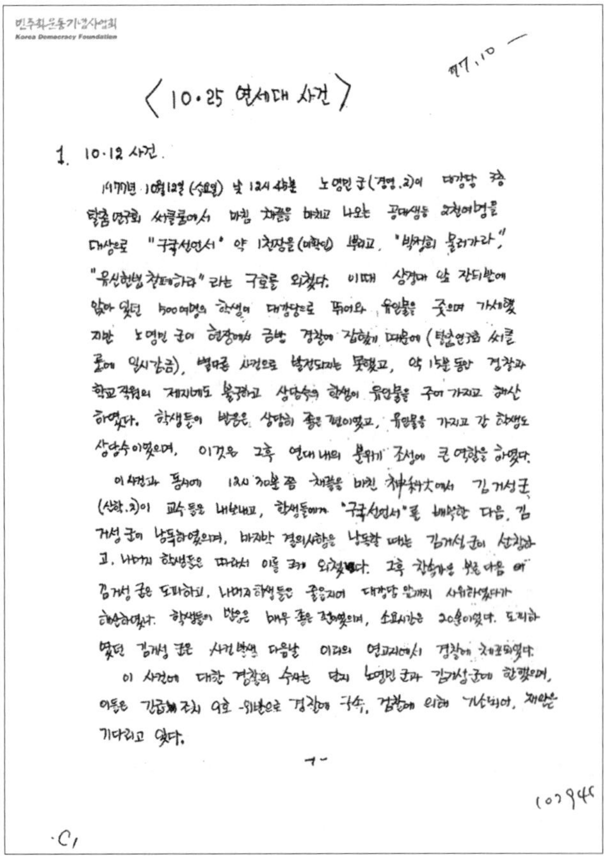
민주화운동기념사업회
Korea Democracy Foundation

'77. 10 —

〈10·25 연세대 사건〉

1. 10·12 사건.

1977년 10월 12일(수요일) 낮 12시 45분 노영민 군(경영. 2)이 대강당 7층 탈춤연구회 써클룸에서 마침 채플을 마치고 나오는 공대생 2천여명을 대상으로 "구국선언서" 약 1천장을(미확인) 뿌리고, "박정희 물러가라", "유신헌법 철폐하라"라는 구호를 외쳤다. 이때 상경대 앞 잔디밭에 앉아 있던 500여명의 학생이 대강당으로 뛰어와 유인물을 줏으며 가세했지만 노영민 군이 현장에서 금방 경찰에 잡혔기 때문에 (탈춤연구회 써클룸에 일시감금), 별다른 사건으로 발전되지는 못했고, 약 15분 동안 경찰과 학교직원의 제지에도 불구하고 상당수의 학생이 유인물을 주어 가지고 해산하였다. 학생들의 반응은 상당히 좋은 편이었고, 유인물을 가지고 간 학생도 상당수이었으며, 이것은 그후 연대 내의 분위기 조성에 큰 역할을 하였다.

이 사건과 동시에 12시 30분 좀 채플을 마친 [illegible]에서 김거성 군(신학. 2)이 교수들을 내보내고, 학생들에게 "구국선언서"를 배부한 다음, 김거성 군이 낭독하였으며, 마지막 결의사항을 낭독할 때는 김거성 군이 선창하고, 나머지 학생들은 따라서 이를 크게 외쳤다. 그후 찬송가를 부른 다음 에 김거성 군은 도피하고, 나머지 학생들은 줄을 지어 대강당 앞까지 시위하였다가 해산하였다. 학생들의 반응은 매우 좋은 편이었으며, 소요시간은 20분이었다. 도피하였던 김거성 군은 사건발생 다음날 이대의 연고지에서 경찰에 체포되었다.

이 사건에 대한 경찰의 수사는 단지 노영민 군과 김거성 군에 한했으며, 이들은 긴급조치 9호 위반으로 경찰에 구속, 검찰에 의해 기소되어, 재판을 기다리고 있다.

— 1 —

(07945)

C1

「10. 25 연세대 사건」

출전: 민주화운동기념사업회 사료관 오픈아카이브

이미 1,000명 이상으로 불어난 학생들은 백양로를 완전히 메우고 "연세찬가"를 부르며 , "유신철폐"와 "학원자유"를 계속 외쳤다. 교문 밖으로 진출하려는 수천여 학생들은 교문에서 경찰과 팽팽하게 맞섰으며, 온 학교에 가득찬 학생들이 노래와 구호를 외치는 장관을 연출했다. 1시 35분 대폭 증원된 경찰은 페퍼포그차를 앞세우고, 기동타격대를 중심으로 교문을 돌파 학생들을 계속 밀기 시작하였다. 학생들은 투석으로 이를 맞서봤지만 경찰의 우세환 화력에 밀려 계속 밀려 2시 경에는 도서관 공사장까지 밀리게 되었다. 학생들은 학생식당의 식탁과 공사장의 케이블통으로 바리케이드를 쌓고 페퍼포그차와 경찰을 저지하고 30분간팽팽히 맞서 싸웠다. 공사장에서 돌을 주워온 돌로 극렬한 투석전을 벌였으며, 일부 학생들은 공사장의 각목으로 경찰과 싸웠으며, 쇠파이프를 들고 페퍼포그차를 부수려고 했다. 어떤 학생은 전진해오는 페퍼포그 차 앞에 드러 눕기까지 했고, 부상자가 속출했다. 경찰에 밀려난 학생들은 문과대 방면으로 물러났으나 동문으로 피한 2~300명의 학생들은 3시경 스크럼을 짜고 이화여대로 진입했다. "박정희 물러나라" "유신철폐" "학원자유" 등을 계속 외치며 행진한 학생들은 이화여대 정문으로 나와 대흥극장, 염리동 파출소를 거쳐 숭문고 뒷길로 통하는 서강대 뒷담을 넘어 계속 구호를 외치며 행진하여 3시반 경 서강대까지 가서 해산했다. 학교 밖으로 진출한 학생들은 학교 앞 다방에 모여 "연세찬가"와 "We shall overcome" 등을 합창하다 6시경 해산했다.

학교 안의 격렬한 시위는 3시 40분이 되어서야 마무리되었다. 경찰은 학생들을 무자비하게 연행했다. 루스채플 유리창을 깨고 들어와 학생들을 끌고 갔고, 상경대와 이과대에서는 교수들이 막는데도 강의실에서 학생들을 마구잡이로 연행해 연행자가 400명에 달했다. 경찰은 수백명을 연행한 끝에 강성구, 이상훈을 시위를 주도한 것으로, 이대수(교육 3), 김영환(치의 3), 오성광(교육 2) 등은배후 조종을 이유로 긴급조치 9호 위반으로 구속했다. 또 박성훈(화공 2), 정남귀(행정 2), 공유상(경영 2) 등 기물파괴 및 공무집행 방해로 구속했다. 한편 연세대학교 교무위원회는 4시에 회의를 소집 밤 10시까지 6시간 동안 격론을 치룬 끝에 4일간의 휴강을 결정하였다가 이를 번복하고 무기한 휴강에 들었다.

「決死」の全面抵抗

延世大 学生デモ

注目される波及

延世大学生の闘争宣言

言論の自由を求め街頭デモ

各界代表の列席で

『아사히신문』의 연세대 학생운동 보도

출전: 『아사히신문』 1977년 10월 26일

긴급조치 9호 하에서 단일 대학에서 보기 드문 대규모 시위였던 10월 25일의 투쟁은 국제적으로 더 큰 반향을 불러 일으켰다. 일본의 아사히 신문은 다음날인 10월 26일 1면과 4면에 연세대학 시위 사건을 대대적으로 보도했다(『朝日新聞』 1977년 10월 26일). 휴화산이었던 한국학생운동에서 연세대의 대규모 시위가 어떤 파급을 가져올지 주목된다는 내용이었다. 또한 일본의 잡지 『세카이(世界)』 1977년 11월호에 실린 「한국으로부터

의 통신」에서도 연세대학교의 투쟁은 매우 중요하게 다루면서 자세히 소개했다.[50]

큰 파장을 불러일으켰지만, 피해도 컸다. 원래 운동 조직을 지속시키며 후배를 육성하는 역할을 맡기로 했던 연세대 학생운동의 선배 그룹들과 SCA의 중견들 상당수가 이 사건과 관련하여 구속되었고 한동안 침체를 면할 수 없었다. 이후 1978년, 1979년의 투쟁은 가톨릭 서클 등에서 진행되었던 것은 이런 사정이 있었기 때문이었다. 예를 들어 1979년 9월 27일 가톨릭 서클인 뉴맨클럽 회원이었던 김제훈(화공 3), 박익서(법학 4), 조영희(생화학 75학번) 등이 학생들이 모여 응원연습 중인 곳에서 성명서를 낭독하다 조영희가 체포되었다. 이어11월 22일 김재훈과 박익서가 유신체제의 즉각 청산을 요구하는 선언서를 배포하여 계엄 포고령 위반으로 구속되었다(긴급조치9호 철폐투쟁 30주년 기념행사 추진위원회 편, 2005, 515~516쪽).

70년대 말 학생운동은 이념적으로 '민중'에 대한 인식과 지향을 강화했다. 1976년 인간격정반 1학년들은 『뜻으로 본 한국역사』(함석헌), 『역사란 무엇인가』(E. H. 카)와 같은 역사, 『일차원적 인간』(마르쿠제), 『자유로부터 도피』(에리히 프롬) 등 철학, 『광장』(최인훈), 『객지』(황석영) 등 다양한 서적을 읽었고, 1학년 말에야 『경제사관의 제문제』(셀리그만) 등 경제사나 경제학 책을 읽었다. 여러 이념 지향이 혼재되었던 데 비해 1978년 같은 동아리의 학생들은 정치경제학, 자본주의 발전사, 종속 이론들을 체계적으로 공부했고, 영문과 일본어판 사회과학 서적 등을 읽기 시작했다. 도시산업선교회 등 사회단체의 유인물과 잡지의 노동 관련 기사, 일본잡지 『세카이』의 한국 관련 기사 등을 읽으며 한국 사회의 농민과 노동자의 현실에 대해 구체적으로 인식하기 시작했다(자유교양 50주년 편집위원회, 2019, 63~65, 71, 77쪽). 민중운동에 대한 관심이 전반적으로 크게 고조되는 가운데, 학생운동가 출신으로 노동운동에 투신하는 사람도 나타났다. 민청학련에서 연세대 대표였던 김영준(경제, 68)은 석방된 이후 현대중공업 직업훈련소를 거쳐 사내하청 업체에 입사하여 노동운동을 시도하다 구속되었다(유경순, 2013).

50 T·K生, 「削除された歴史-韓」からの通信」(https://archives.kdemo.or.kr/isad/view/00843168). 이 글에는 아사히 신문에 보도되지 않은 10월 12일의 투쟁을 포함하여 한국에서 전달받지 않으면 알 수 없는 상세한 내용이 수록되어 있다. 'T·K生'이라는 필명을 사용한 지명관 교수가 본인의 책에서 밝힌 것처럼 NCC 등을 통해 한국 내 민주화운동의 정보를 입수한 것으로 보이며, 앞서 「10. 25 연세대 사건」의 내용과 일치하는 점이 많다. 아마도 「10. 25 연세대 사건」과 유사한 KSCF의 보고서가 전달된 것이 아닐까 추정된다.

1970년대 연세대 학생운동은 무엇보다 유신체제로 나아가는 정권의 폭압에 맞서 민주주의의 근거지로서 캠퍼스를 지키려는 투쟁이었다. 교련반대운동도 그렇지만 민청학련 사건으로 구속되었던 교수, 학생들의 복직과 복교를 관철하기 위해 학교 구성원 전체가 단결하여 정권에 대항한 1975년의 대투쟁은 한국현대사에서 찾기 힘든 사례라 할 수 있을 것이다. 비록 끝내 정권의 탄압과 긴급조치라는 초억압적 수단에 의해 좌절되었지만, 이후에도 지속적으로 전개되었던 반유신 투쟁은 오늘까지 이어지는 연세 정신의 근간이 무엇이었는지 다시 생각하게 한다.

4장 1960~70년대 서클 활동

1. 이념서클 - 한국문제연구회

'이념서클'은 "국가·민족·민주주의 등을 학술적으로 연구, 토론하여 이를 통해 한국의 현실을 고민한 대학생 서클"로 정의할 수 있는데[51] 1960~70년대 박정희 정권에 대항하여 실제로 학생운동을 이끌었고, 학내외 활동과 교류의 단위였다. 이념서클이 1950년대에 대학 내에서 그 비중과 역할이 미약했던 것과 달리 4월 혁명 이후 1960년대부터는 적극적으로 학생운동에 나섰고, 민주화운동은 이들에 의해 전개될 수 있었던 것이다.

한국문제연구회는 1963년 10월 29일에 창립하였는데, 그 전신은 오건환(행정), 김용서(정외), 김만규(정외)가 주축이 되어 1962년에 만든 오시회(五時會)이다. 오건환의 회고에 따르면, 오시회는 수경원 잔디밭에서 책을 읽거나 관심사를 토론하는 스터디그룹으로 시작하였다. 그러다가 대학 전체의 면학 분위기를 확산하자고 논의를 확대하였다. 이들은 하루 다섯 번, 다섯 시간 책을 읽는다는 뜻에서 오시회라는 이름을 짓고 정기적인 토론회를 열었다. 도서관 입구 쪽에 눈에 잘 띄도록 넓게 좌석을 잡아 함께 공부하고 학생들이 들어오도록 유도했다고 한다.

---

51 '학생회'가 자치기구라면, '학회'는 분과학문 체계에 따라 해당 분야를 연구하는 조직으로 구분할 수 있다. '서클'과 '학회'가 엄밀하게 다르다고 할 수 없으나 학생운동과 관련된 조직은 대개 '서클' 형태였다고 본다. 외부적으로 학회를 표방하면서 학생운동을 했던 조직(서울대 법대 사회법학회)도 있다. 오제연, 「1960년대 대학생 '이념서클'의 조직과 활동: 서울대, 고려대, 연세대를 중심으로」, 민주화운동기념사업회 기획, 『학생운동의 시대』, 선인문화사, 2013, 64, 68쪽.

한연회는 오시회를 발전적으로 해체하고 학생회 산하의 공식 서클로 등록한 동아리로 출발하였다. 오시회가 시국 문제, 문학 이론 등 여러 분야의 활발한 토론회로 교내에서 주목을 받았고, 1963년의 총학생회 선거를 계기로 한연회가 발족하게 되었다. 김용서, 오건환과 같이 서울고 출신이었던 안성혁(행정)이 선거에 출마하게 되며 오시회를 학생회의 이념서클로 만들고자 했다. 오시회도 "동아리로서의 영향력과 역량을 키우려면 학생회의 힘을 빌리는 것이 좋겠다"는 생각에서 한연회를 정식으로 출범시켰다.

총학생회장이 된 안성혁은 한연회 회장으로 선출되어 각 단과대학 학생회와 총학생회 간부들을 한연회 회원으로 가입시켰고 오건환은 이에 대해 "한연이 사실상 연세대 학생회처럼 됐다"고 한다. 외견상 학생회 주요 간부들이 회원이어서 발족 초기부터 대외적으로 돋보이게 됐고 내적으로는 학내 토론 등 알차고 활발한 활동으로 모든 대학의 학생 서클 가운데 가장 큰 주목을 받았다는 게 오건환의 평가이다(김영래, 임진영, 김영준 엮음, 2003, 237~239). 민정 이양을 앞두고 국내 정치 상황이 혼란스럽고 각 대학·사회가 한일회담 문제로 분주하던 때에 연세에서는 한연회가 학생회의 진로와 이념을 제시하는 역할을 맡게 되었다.

한연회는 "전통적인 지도자들에 대한 새 세대의 증오"와 "외세의 앞잡이들에 대한 새 세대의 고발", "이기적 보신책에만 급급한 인텔리겐챠의 비겁성에 대한 울분"에서 출발하였다. 이 현실을 타개하기 위해서는 파벌과 권위주의, 사대주의와 같은 봉건의 잔해를 없애야 하는데, "이상에 찬 열의"가 "역사의 바탕인 민중의 힘과 결합"해야 한다고 보았다. "민중의 위대한 자기 힘의 자각 과정에 촉매로 투신할 연세인들"은 "대학교육을 민족적 주체성의 인격적 확립기관으로 개조시킬 엘리트들"로서 한국의 땅과 한국 민족이 지닌 무한한 가능성을 찾고, 사생활과 학구적 활동을 민족적 생활과 활동으로 확대하여 "기적을 창조하는 전위대"의 긍지를 갖자고 선언하였다. 한연회의 회칙상 목적은 "한국의 제문제를 심각하고 예리하게 연구하여 민족적 양심의 선도자로서 한국민족이 지닌 무한한 가능성을 찾아 민족의 민주적 토대와 조국의 역사적 통일에 결정적 주체가 됨"에 있었다.

한연회의 출발은 창립인 22명과 명예회원(선배) 4명이었고, 학생처장 김찬국 교수가 지도를 맡았다. 한연회 창립 시점에는 그 방향성에 대해 이견이 있었다. 오시회와 같은 학술 서클의 역할을 할 것인지, 이념서클이 될 것인지의 방향 문제였다. 한연회 창립대회에서 주목을 끌었던 것은 한연의 활동 범위를 순수한 학문 도야에만 국한시킬 것이냐의 여부를 놓고 벌인 토론이었다. 오시회의 초창기 멤버들은 오건환을 제외하고 복학생이면서 대학원에서 공부를 계속하던 사람들이어서 오시회처럼 회원 개인의 학문 도야와 교내 면학 분위기 조성을 주도하자는 게 우세하였다. 당시 지도교수인 김찬국도 이들과 마찬가지였다고 한다. 하지만 김용서, 어수영, 오건환은 "행동 없는 지식은 죽은 지식이고, 시대는 학생들에게 행동을 요구하고 있다"고 강하게 주장하여 학생운동의 주체가 될 것을 다짐했다. 한연회가 이념서클로 그 방향을 잡았던 결정이었다.

초창기 한연회의 활동은 토론과 강연이 주를 이루었다. 창립 후 매주 금요일 오후, 문과대학 지하 강의실에서 토론회를 열었고 한 가지 주제 발표를 정해 토론하였다. 토론회는 타 대학에도 알려지고 『연세춘추』에서도 비중있게 다루었다. 주요 토론 주제는 한일회담 진행상황, 경제상황, 국내 정치 문제 등에 대한 입장을 정리하는 것이었고, 관계자들을 초청하여 강연을 들었다(김영래, 임진영, 김영준 엮음, 2003, 3, 18쪽).

1960년대 후반에 각 대학 서클들에서는 자체 연구지와 신문을 간행하였는데 한연회가 그 시초였다. 정부는 서클 간행물을 "불순한 배후세력이 개입하여 비밀리에 유포하는 지하신문"이라고 규정했지만 실제로는 공개적인 신문이었다. 한연회에서는 최초의 서클 연구지로 『한국연구』를 1966년 3월 2일에 발간하였고, 11월 14일에 주간신문으로 『내나라』를 창간하였다. 이 또한 국내 최초의 서클 기관지였다. 한연회 회원들은 이러한 경험을 바탕으로 연세대 총학생회 간행물인 『연세』, 대학신문인 『연세춘추』에 실린 정치, 경제, 사회문제의 주요 필진으로 활동하였다. 교지 『연세』 제2호 '특집Ⅱ 우리는 이렇게 본다'에 실린 논단의 필진은 모두 한연회원이었다. 한연회는 교내외에서 중요한 언론 역할을 하고 있었던 것이다(김영래, 임진영, 김영준 엮음, 2003, 32, 36, 244쪽).

한편, 각 대학과의 연합 활동에서도 한연회는 주축이 되었다. 1967년 3월 24일에 한연회, 고려대 한국민족사상연구회(한사회), 서울대 낙산사회과학연구회(낙산연)가 '한국연구학생연맹'을 결성한 바 있다. 1966년 12월 5일 한연회와 고려대 한사회가 연합조직을 만들기로 결정하고 낙산연을 끌어들였다. 한국연구학생연맹은 초기에 활발한 활동을 하지는 않았지만 학생운동권의 이론적 뒷받침과 이후 학생운동 연합조직 결성의 토대가 되었다(오제연, 2013, 99~100쪽; 김극기, 김영래 외, 2003, 415쪽). 1970년에는 한연회의 이시우(교육 4), 김영철이 주축이 되어 '70년대의 학생운동 방향'이라는 주제로 고려대, 이화여대 학생들과 함께 세미나를 개최하기도 했다(김영래, 임진영, 김영준, 앞의 책, 2003, 254쪽).

1971년은 한연회를 비롯한 이념서클의 분기점이 된다. 한연회는 이후 동곳회(1972년), 민족문화연구회(1974~75년), 민족문제연구회(1980년)로 그 명맥을 이어가고자 했다.[52] 앞서 민주수호전학련과 민권쟁취청년단은 학생운동의 분열을 막기 위해 접촉한 결과, 1971년 6월 14일에 한연회 회의실에서 '전국학생연맹(전학련)'을 결성했다. 전학련은 결의문에서 사토 수상의 내한 반대, 중앙정보부의 자숙과 자진 해체, 야당의 민족주체세력 형성, 교련 거부 등 4개 항의 결의문을 채택했다. 전학련은 10월 14일 총대회를 예정했으나 열리지 못했다. 다음 날 본교 교수식당에서 지도부가 기자회견을 가질 때 위수령이 선포되며 이념서클은 해산되었다.

10월 15일 위수령 이전에 한연회에는 위기가 있었다. 8월에 교련 철폐운동 시위주도 혐의로 수배 중이던 최충구가 의문의 추락사를 하고 말았다. 최충구는 한연회를 지키는 마지막 학번으로 역할을 하다가 도피 중에 사망한 것이었다. 오승용과 김태향의 회고를 종합하면, 의문사로 언더우드 동상 앞에서 비가 쏟아지는 날 철야농성을 하기도 했다. 하지만 당시 회원 모두가 수배됐고 군입대를 했거나 사방에 흩어져 있는 상태에서 이상문 등이 의문사를 규명하려고 노력했으나 원인 규명을 못했다고 한다. 최충구는 3수로 늦게 입학해서 후배들과 활동하며 겸손하고 과묵해서 말보다 실천을 했던 회원으로 기억되었다(김영래, 임진영, 김영준 엮음, 2003, 222~223, 271).

해산 이전의 또 다른 사건은 1971년 전웅[53] 정법대 강사가 『내나라』 제49호(1971.9.24.)에 쓴 「김일성의 정치적 개성」이 국회에서 문제가 되어 반공법 위반으로 구속기소되었던 일이다. 이 글은 편집부에서 "여러 적들 중에서 김일성의 껍질을 벗긴다"는 의도임을 밝혔지만 북에 이롭다는 이유로 기소되었다. 발행인 김건만은 군복무 중에

52 오승용, 「내나라를 발간하면서」, 『내나라』 제1권 1호, 1991.봄.

53 전웅은 대학을 졸업하고 미국 조지아대학교에서 정치학 석·박사학위를 취득한 후 국가정보학을 연구하고 있다. 전웅, 『현대 국가 정보학』, 박영사, 2015 저자소개.

입건되었고, 이 사건이 한연회 해산의 명분이 되었다.

위수령 후 한연회 등 이념서클이 강제 해산되며 23개 대학의 177명이 제적되었다. 정부는 모든 대학에 "학생의 정치활동 금지"와 "제명학생의 재입학 금지"를 골자로 한 학칙 개정을 지시하였다. 한연회에서는 이시우, 김영철, 김건만, 김판수, 김용석, 고재정, 곽화섭, 홍정유 등이 제적과 동시에 강제 징집되었다. 이들 대다수는 정보부로 끌려가서 고문을 당했는데, 김대중의 사주에 의해 데모를 했다는 자백을 받기 위한 것이었다. 김건만은 "그것도 모르고 미련 곰퉁이같이 아니라고 박박 우기다가 일주일 내내 얻어터지고 침대 마후라로 얼마나 맞았는지 엉덩이가 헤진 다음에야 그들 요구대로 사인을 해주었다"고 기억한다. 위수령으로 제적당하고 강제 입영된 학생들의 모임으로 20개 대학, 120명이 모여 '71동지회'가 만들어졌고, 2000년대까지도 관계를 이어가고 있다. 김건만은 1971년 해체 당시의 마지막 회장으로서 죄책감을 가지고 있다고 회고하였다(김영래, 임진영, 김영준 엮음, 2003, 106~107, 114~115, 269).

강제 해산된 후 회원들은 교내 서클 '동곳회'에 대거 참여하여 주도적인 역할을 하였다. 1973년 3월에 71년 제적생이 복적된 후 4월부터 동곳회를 한연회 계승 서클로 인정하고 활동이 시작되었다. 그 첫 행사는 홍이섭 교수의 "민족사학" 특강이었다.

민청학련 사건으로 한연회(동곳회)에서는 김영준, 송무호, 홍성엽이 구속 기소되어 각각 15년, 7년형을 선고받았다. 74년 9월 동곳회는 '민족문화연구회(이하 민연회)'로 개명하고 초대 회장을 김규복(정외)이 맡았다. 그는 '개명 총회'에서 "선배들이 한국을 알기 위해 쌓아온 업적과 전통을 이어받아 민족문화를 연구하는 본연의 자세를 고수하겠다"고 밝혔다. 민족문화연구회로의 개명은 한연회의 성격이 이념 서클에서 학술 서클로의 변화를 표명한 것이기도 했다. 강제해산 후 동곳회에서도 이미 "민족문화 탐구"가 강조되고 있었지만 이념서클로서의 "이미지를 개선"하기 위해 민족문화연구회로 개명했다고 알려졌다(『연세춘추』 1974년 9월 23일).

이 개명은 실제로 지향의 차이가 있었던 것인지, 정부의 감시를 피하기 위한 것이었는지는 확인하지 못했지만, 당시 내부에서도 의견 차이가 있었던 것으로 보인다. 선배들은 한국문제연구회를 고집하는 경향이 있었다면, 동곳회 이후 학번들은 다른 이름이 필요하다는 의견으로 민족문화연구회를 택했다고 한다. 또한 1974년은 연고전에서 대패한 후 "학교 문화의 개혁"을 내걸고 총장 퇴진 운동이 전개되었고, 김규복이 이를 주도하였다. 당시에 다른 학교에서는 반유신운동을 할 때였는데도 학내 민주화운동을 했던 이유에 대해서는 좀 더 확인이 필요하다. 권기성은 학내 새로운 운동그룹이 선배들과 토론하지 않았고, 신학기에 새로운 역량을 확보하지 못한 상태였기 때문에 운동이 궤멸한 지난 학기의 경험을 토대로 역량을 확보하기 위한 대중 조직화 전술이었다고 추측하였다(김영래, 임진영, 김영준 엮음, 2003, 297~298쪽).

2. 봉사활동

1960년대에 학생단체의 사회봉사 활동은 농어촌 주민을 지도 계몽한다는 목적으로 하계, 동계에 정기적으로 이루어졌다. 의과대학 무의촌 진료봉사활동, 기독학생회(S.C.A)의 농촌·도시 봉사, 단과대학과 연세적십자회(Y.R.C.), 유네스코학생회(K.U.S.A.), 국제연합학생회(U.N.S.A.), 도덕재무장회(M.R.A.) 등 여러 서클이 참여하였다.

기독학생회(S.C.A)는 해방 이전에 연희학생기독청년회로 활동했고, 해방 후 전도를 위한 계몽재건대 파견을 재개했다. 1950년대에 경기 과천교회, 강원 횡성군 산현교회, 충남 청양군 청양감리교회 등을 설립하였다. 1965년 시점에는 5개 위원회와 봉사단, 16개 상설클럽과 1,500여 명의 회원을 둔 방대한 서클이었다. 1961년에 산현교회가 허물어졌을 때 모금을 통해 신축 작업을 하고 의료봉사를 병행하였다. 1967년 7월 10일부터 21일까지는 강원도 홍천군 서석면 청량리 등 5개 지역에 5분대로 분산되어 교회봉사, 진료봉사, 영화 및 위안의 밤 마을 체육대회 근로봉사 등을 했다.

기독학생회 봉사단은 1969년 하계봉사부터 도시봉사단과 농촌봉사단을 분리하였고, 학기 중에는 봉사단에서 연구 활동을 병행하였다. 농촌봉사단의 주요 활동은 교육·근로·보건·위생활동으로 나눌 수 있고, 지역별 신용조합 운영이나 구판장 설치 등을 돕기도 했다. 농촌봉사단은 아동반·청장년반·부녀반·4H반·규수반·탁아반 등으로 나누어 교육활동을 하였다. 도시봉사단은 주말학교를 운영하면서 어린이들을 가르치고, 발표를 시키거나 주민들과 대화하는 자리를 만들었다. 1971년에는 연희 B지구 아파트 주빈들과

한 달 반 동안 생활하기도 했고, 이후에 성남의 '광주대단지', 마포구 망원동, 영등포구 양남동, 도봉구 방학동 등에서 활동하였다.

한연회의 활동에서도 농활은 의미 있게 평가할 수 있다. 1966년 하계 농활 지역은 여주군 능서면 구양리였다. 근로봉사, 교육봉사, 마을문고 설치는 평소 농활마다 하는 일이었지만, 10월에 있을 '구양리 예술제'를 함께 준비하여 연극 공연을 벌였고, 구양리와 인근 지역주민들로부터 호평을 얻었다(김영래, 임진영, 김영준 엮음, 2003, 35~36, 245). 67년 거제군 연초면 연사리에서는 청년, 부녀반과 4H반 활동의 비능률성 문제를 토의하고, 진학 상담, 의료봉사, 동민 위안의 밤을 열었다(『내나라』 1967년 6월 12일).

같은 해 8월 『내나라』 제9호는 '농촌봉사 특집호'로 마련되었다. 삼척군 하장면 상사미리에서의 봉사활동 후 한연회가 생각하고 논의하던 여러 문제들이 다루어졌다. 한연회는 "이 땅의 맥과 이 민족의 숨가쁜 호흡을 절실한 심정으로 느끼고자" " 헌신적 봉사가 끊임없이 있어야겠다는 사실 앞에" 헌신하려고 했다. 사회가 과도기적 현상에 놓여 있고, 특히 강조할 점이 젊은이들의 역사의식, 책임 의식이라고 하며 농촌봉사와 같은 건전한 사회 참여로 "생관(生觀)을 확립"할 수 있다고 보았다. 따라서 "농촌봉사활동과 같은 순수한 활동은 참다운 학생운동의 일환"이고, "장기적이며 원대한 포석 아래 전개되어야 할 것"이라는 의의와 과제를 가지고 있었다.

다음으로는 농촌이 너무나 외면당하고 있다는 지적이었다. 도시 젊은이들이 퇴폐적이고 안일한 사고 속에서 농촌을 모르고 있다는 비판이었다. 한연회는 "빈곤과 체념의 굴레 속에 허덕이는 동포의 한숨"이 잊힌 지 오래여서 이들 "민중 속으로 들어가기를 주저하지 말아야"한다고 강조했다. 농활 경험을 한 학생들은 농촌의 비참한 현실을 지방 엘리트의 노력만으로 해결할 수 없다고 보고 농활을 통해 '아래로부터의 농촌혁명'을 계획하는 농촌의 "전진 세력을 측면에서 지원하는 밑거름이 되어야겠다"고 주장하였다.

농촌의 새로운 세력 형성은 특히 강조되었는데, 농촌에서의 4H운동, 모범부락운동, 재건국민운동 등이 있지만 농촌 청년들이 체념에 빠져 있고, 행정지원의 결핍으로 실패했다고 평가되었다. 현실적으로도 20~30대가 단체 교육과 '신식교육'을 받아서 마을일을 하는데 마을일을 하다보면 자기집 일을 못 보게 된다는 것이다. 즉, 한연회에서는 개인이 희생해야 하는 문제가 해결되지 않으면 농촌문제가 '제자리걸음'이며 국가의 제도적 보장책이 시급하다고 주장도 제기되었다. 또 다른 쟁점은 대학생들의 자세에 관한 것으로, 우월의식을 버리고 동등한 입장에서 농촌문제를 생각하는 자세가 필요하다는 점이었다. 한연회는 당시 대학생들이 흔히 우월의식을 갖기 쉽다고 보았다. 때문에 인간적인 측면에서 성실하고 근면하게 일함으로써 농민들에게 동류의식을 느끼도록 해야 한다고 강조하였다(『내나라』 제9호, 1967년 8월 17일).

한연회는 농촌문제의 원인으로 정부의 농어촌 정책 실패를 들었다. "농민들의 기대만 높여 놓고 현실이 따르지 못한다"고 지적하였다. 한연회의 생각으로는 정부의 "참신하고도 일관성 있는 농어촌 정책 수립이 필요"했다. 농민들도 외부로부터의 지원에 회의하고 있지만 스스로 문제를 해결하겠다는 의욕이 아직 없다며 계몽적인 봉사를 지양하고 농민 스스로 문제점을 파악·해결할 수 있는 측면 지원이 다시 강조되었다(『내나라』 1968년 6월 17일). 또한 교내에서는 농활을 능률적으로 하기 위한 노력을 했다. 농활 지역조사를 하고, 교내 단체별 간담회를 열었다. 평가보고회나 사진 전시회로 활동을 공유하는 자리도 마련하였다(김영래, 임진영, 김영준 엮음, 2003).

1970년대에도 농활은 다른 서클과 단체의 주요 활동으로 지속되고 있었다. 1972년에는 기독학생회(S.C.A.), 연세적십자회(Y.R.C.), 국제연합학생회(U.N.S.A.), 흥사단아카데미, 연세도덕재무장회(M.R.A.) 등 18개 단체 650여 명이 연 164일 동안 농어촌봉사활동에 참가할 정도로 그 규모가 컸다. 당시 농활은 단순히 농촌돕기가 아니라 "조국의 미래를 구상하고 건설"하는 연구과제로 여겨졌다. 또한 1970년대에 연세대 학생들의 농활은 1960년대처럼 농민 스스로의 자각과 실행을 강조하며 연대한다는 방침을 지속하면서도 운동 조직의 성격에 따라 농민 선교를 이상적인 방향으로 설정하는 등 재구성되었다.

도시 봉사활동은 기독학생회 도시봉사단의 활동이 시작된 이후 1970년대에 본격적으로 진행되었다. 신과대학 봉사단은 1974년 7월부터 불광동 소년원과 자매결연을 맺었다. 기독학생회·연세적십자회·로타랙트는 1977년 3월부터 야학을 운영하였다. 1978년 하계 봉사활동에서는 서클별 활동을 지양하고 연합활동을 시도하기도 했지만, 이는 정부의 '학과 단위 연합봉사 시행령'에 의한 것으로 서클의 자율성은 침해되었다. 연합봉사를 학도호국단이 주관하면서 그 성과에 대해 학도호국단과 서클 사이에 논쟁이 진행되기도 했다.

봉사활동 또한 정치적 압력에서 자유롭지는 않았다. 기독학생회 도시봉사단 단장이었던 윤문종(사학 2)와 박성훈(화공 1)은 1976년에 정보부 학생을 통한 사찰로 조사를 받게 되어 그해 겨울 방학 프로그램이 모두 무산되었다(박성훈, 김영래 외, 2003, 372~373). 1976년 12월 26~28일까지 경기도 고양군에서 봉사활동 참가자 수련회를 개최하였는데, 여기서 토론한 내용이 문제가 되어 1977년 1월에 이 모임에 참석한 전원이 연행되어 조사를 받았고 풀려났다가 장신환, 윤문종 등 2명은 무기정학 등 징계를 당한 일이 있었다(기독학생회 수련회 사건, 장신환, 김영래 외, 2003, 330). 기독학생회는 1977년 가을 시위로 강성구, 박성훈, 공유상, 이상훈 등 10여 명이 구속된 후, 조직의 힘은 약화되고 정보기관의 감시는 더욱 강화되어 그 활동도 위축될 수밖에 없었다(박재석, 김영래 외, 2003, 382~383).

3. 학술활동

연세에서는 1960년 4월 23일 경 김달중, 안병준(정외 4)이 '4월혁명연구반'을 만들었다. 4월혁명연구반의 활동은 한미재단 단장이자 호러스 언더우드의 친동생인 리처드 언더우드의 제의로 시작되었다. 그는 4·19의 중요성을 간파하고 평소 친하게 지내던 김달중에게 4월혁명 관련 자료의 수집을 제안했다. 김달중은 안병준과 함께 연구반을 만들어 4·19와 관련된 기록과 자료를 광범위하게 수집하기 시작하였다. 처음에는 한미재단의 자금 지원으로 활동이 이루어졌다. 그런데 중간에 문제가 생겼다. 한미재단 본부에서 허가 없이 진행한 것에 대해 이의를 제기하자 리처드 언더우드 단장도 후속 작업은 두 사람이 독자적으로 수행하기를 원한 것이다. 두 사람이 김하태 연세대 대학원장에게 도움을 구한 결과 연세대 대학원 프로젝트로 작업을 계속할 수 있게 되었다. 김하태 원장과 홍이섭 교수, 조승순 박사가 4월혁명연구반의 지도교수를 맡았다.

4월혁명연구반은 초기에 주로 서울지역을 대상으로 4·18과 4·19 관련 자료를 모으는 일을 했다. 두 사람이 구축해놓은 YMCA라든가 기독학생회 같은 기독교 학생 조직의 인맥, 연세대와 서울대·고려대 3개 대학 정외과 네트워크 등이 주로 활용되었다. 나중에는 범위를 확대해 관계 기관은 물론 대구와 마산 등 지방에 가서 2·28, 3·15 등을 수집하는 일도 하였다. 4·19에 참여한 일반인 대상 설문조사와 시위 주동자, 부상자 면담조사도 실시하였다.

이후에 손이 모자라 마지막 정리 단계에서 정외과 동급생인 박충석이 가세한 것이 전부다. 이렇게 인원을 제한한 것은 그 일이 민감할 뿐 아니라 경우에 따라 위험할 수도 있기 때문이었다. 4·19가 어떻게 전개될지 모르는 상황에서 피조사자나 자료 제공자가 피해를 입을 수도 있는 상황이었다. 이를테면 대구 2·28운동의 주동자인 이대우는 자료를 넘겨주면서 그 점을 매우 걱정을 하였다. 두 사람은 오로지 당대에 없어질 수 있는 사료를 후세의 학자들을 위해 충실하게 남긴다는 원칙을 철저히 지켰다. 수집한 자료는 10년 동안 비공개로 하고, 그들 스스로는 개인적으로 그 자료를 연구 목적 등으로 절대로 사용하지 않는다는 것이었다. 두 사람은 이 원칙을 지금까지 지키고 있다. 이 자료를 이용한 연구, 강연, 자문, 토론 등에 일체 응하지 않았다. 4월혁명연구반 활동과 관련한 본격적인 언급은 민주화운동기념사업회 구술이 처음이다. 당시 수집·정리한 자료를 미국 대사관의 그레고리 핸더슨이 소장하기를 원하여 미국에서 보관하는 것이 안전하다며 집요하게 설득하였지만 두 사람은 집요하게 거절하였다. 두 달여에 걸쳐 수집·정리된 4·19 관련 기록은 결국 연세대 도서관 희귀자료실에 봉인해서 보관되었다(민주화운동기념사업회 구술아카이브).

1963년 10월에 총학생회는 오랫동안 구상하던 '연세대학술제'를 개최하기로 결정하고 11월 1일~13일 간 '학술의 향연'을 열었다. 민주주의와 한국문제, 기독교와 세계정신이라는 주제로 각 대학 학생회, 학회, 기타 연구단체가 주관하는 대규모 학술행사를 개최하였다. '학술의 향연'은 1966년까지 매년 가을에 진행하다가 1967년부터 창립기념행사와 함께 열리게 되어 본래의 학술제로서의 의의는 위축되며 사실상 1966년에 중단되었다고 보기도 한다.

그 뒤 총학생회는 학생들 사이에 학구적 분위기를 조성하고 연구하는 학풍을 도모한다는 취지로 1970년 11월 23~27일 동안 '무악학술제'를 개최하였다. 여기서 '무악학술상'도 제정하였는데, 인문, 사회, 자연과학 3개 분야의 학술논문을 각 1편씩 채택하여 시상하였다. 71년 5월 17, 18일에는 본 대학교 총학생회 주최로 서울대, 이화여대, 고려대를 포함한 전국 8개 대학교 10개 단과대학이 참가한 제1회 '전국대학생 무악학술토론대회'가 "떨어진 대학생의 용기와 이상을 북돋우기 위해" 열렸다.

하지만 1971년 10월 위수령으로 서클이 강제 해산되고 1970년대에 서클의 학술활동은 기독학생회 산하의 각 연구회 활동과 1970년에 발족한 인간연구회 활동으로 명맥을 유지하고 있었다. 1970년대 말에 점차 학술활동이 활성화되어 1978년 무악축전기간에 인간연구반이 '일본근대화'에 대해서, 기독학생반·평화문제연구반·뉴맨반이 연합하여 '한국근대사와 민족주의'를 주제로 한 공개토론회를 개최하였다.

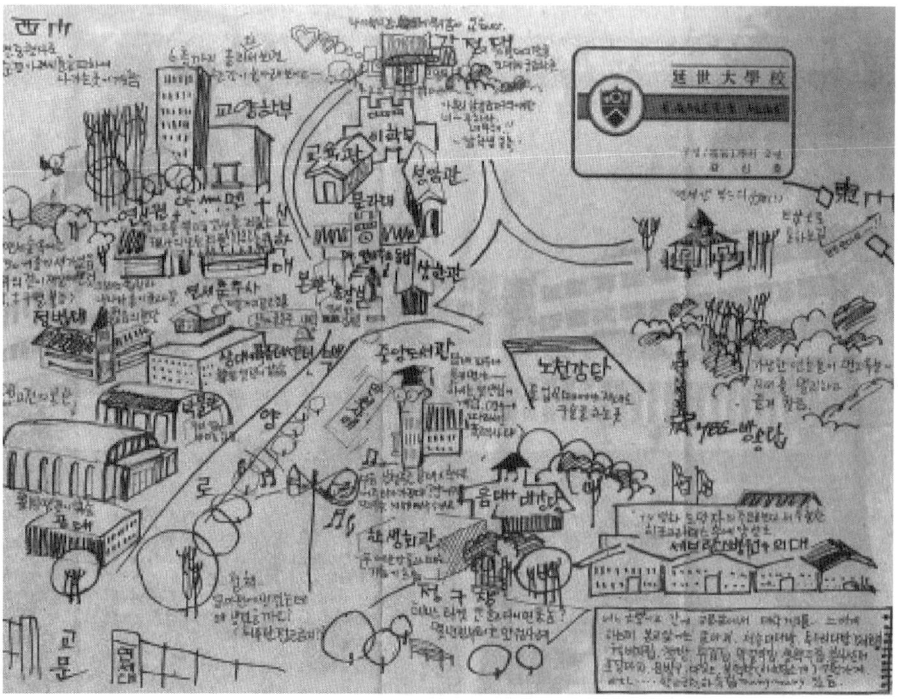

1974년에 강신호(전자 2)가 제작한캠퍼스지도

출전: 『연세춘추』 2006년 11월 4일

연세대학교
학생운동사

YONSEI UNIVERSITY

개관

1980년대는 한국 현대사의 분수령이었다. 반독재 민주주의 투쟁에 앞장선 학생운동은 사회변혁의 물꼬를 텄다. 봄의 향연과 신군부의 등장, 광주 5·18민주화운동을 겪으면서 학생들은 치열한 비합법 운동을 전개했다. 사회민주화는 곧 학내민주화의 길이었다. 1984년 총학생회가 부활하자 일반 학생들의 참여가 폭넓게 확산되었고, 학생운동은 각 분야에서 민주사회를 지향하는 시민들의 참여를 이끌어냈다. 운동의 조직과 대중화, 타 대학 사이의 연대, 시민을 향한 학생들의 움직임은 이념투쟁에 빠지지 않은 인간애의 성취와 성찰을 보여주었다. 1987년에 이르러 연세 학생운동은 대학가에서 전성기를 맞이한다. 학생들과 시민들의 연합 집회가 노천극장과 도서관 앞, 교정에서 수없이 열렸고 많은 학생들의 헌신과 희생이 뒤따랐다. '87년 6월 민주항쟁과 뒤이은 민주주의 이행은 이한열을 백양로의 가슴 속에 새겨놓았다.

학생운동은 정국의 변화와 함께 크게 세 시기로 나누어 볼 수 있다. 첫째, 박정희가 사망하는 10·26부터 1980년 서울의 봄을 거쳐 학내 민주주의 요구가 넘쳐나는 5·17까지, 둘째, 5·18 광주민주화운동 이후부터 1983년 말, 셋째, 1984년 학원자율화 조치 이후부터 1987년 6월 항쟁까지이다. 이 시기 구분은 민주주의 이행과 학생운동의 변화, 달라지는 학원정책을 기준으로 제시한 것이다. 주요 내용은 학내민주화와 사회민주화, 학생자치기구의 부활과 활동, 학회와 써클의 강연과 학습회, 학내외에서 벌어진 주요 시위와 집회, 연세춘추와 학내 언론자율 활동 그리고 이 과정에 개입한 학교와 문교 당국, 정부의 정책이다.

1980년 광주 이후, 운동조직 건설을 위한 비공개 써클의 활동과 학회 조직, 학생 참여자들의 역량을 키워나간 학습과 다양한 시위는 '82년을 거쳐 '83년 이후 백양로가 민주주의의 들불이 되는 데 중요한 역할을 했다. 학생운동은 사회변혁을 꿈꾸며 계급모순과 민족모순의 현 정세를 연대와 시민들의 민중운동으로 그 방향을 확장시켜 나갔다. 유연성과 통일성을 갖춘 운동조직은 학생들의 폭넓은 참여를 이끌어냈으며, 각 단위에서 함께한 대학들의 공동투쟁으로 이어졌다. 6월 민주항쟁을 전후로 백양로는 연세인의 발길을 품은 채 시민들의 품속으로 걸어갔다.

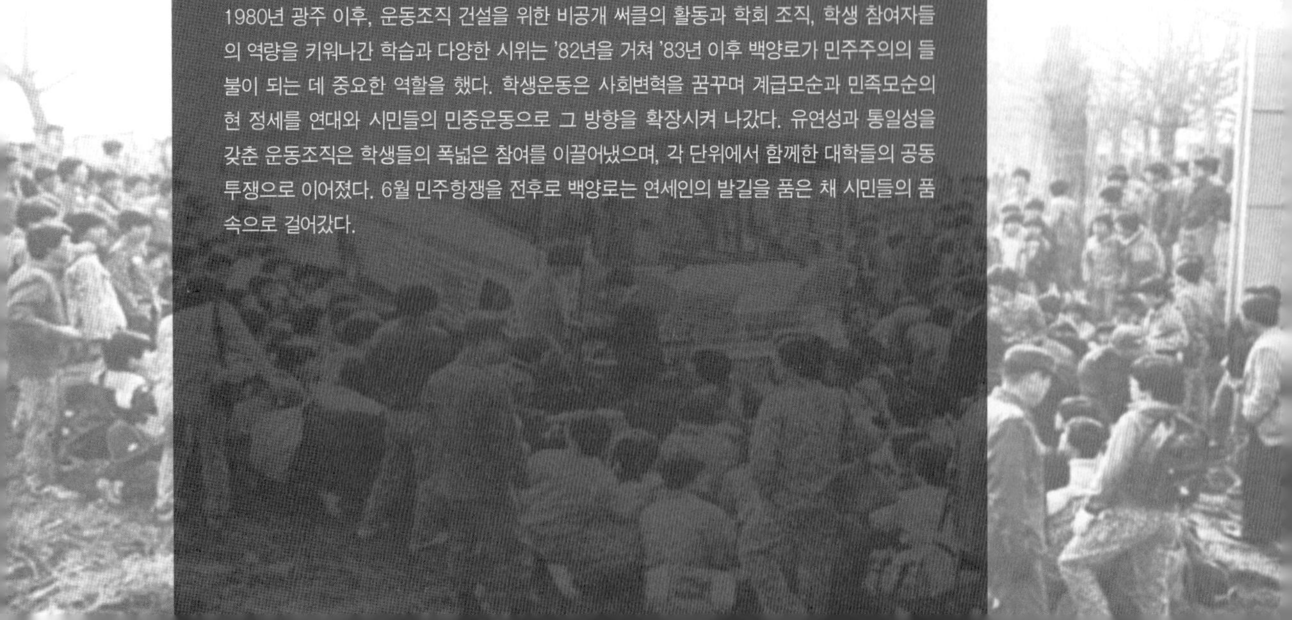

4부

1980년대 민주주의 이행과 백양로의 꿈: 저항과 연대의 서(序)

1장 1980년 서울의 봄과 민주화의 기대

1. 연세의 학내외 민주주의 요구

1979년 10·26사건으로 박정희 대통령이 사망하고 유신체제가 끝나자 시민들은 민주주의 시대가 열릴 것으로 기대했다. 독재 정권의 18년이 끝난 10월 27일 대통령 권한 대행에 취임한 최규하 총리는 '국가 비상시국에 관한 특별담화'를 발표하고 전국에 비상계엄을 선포했다. 11월 13일 전국해직교수협의회 등 5개 단체는 긴급조치 해제와 모든 정치범의 석방과 복권을 요구하는 성명을 발표하였다. 최규하 권한대행은 긴급조치 9호를 해제하고 빠른 시일 내에 헌법을 개정하는 등 유신체제의 청산을 위한 조치를 취하려고 했다.

반유신 민주화운동을 주요 내용으로 한 연세대학교의 학생운동은 10·26이 발생하기 얼마 전까지 이어졌다. 9월 27일 박익서(법학 4), 조영희(화학 4)는 학생들이 연고전 응원을 준비 중이든 노천극장에서 태극기를 펼쳐 들고 '연고전 중지'와 '유신철폐', '긴급조치 해제'를 외치며 시위를 주도하였고, 500여 명의 학생이 참가했다.

1979년 11월 19일 대학교가 전면 개교를 맞이했다. 정부는 이듬해 1월 22일까지 대학에서 제적당한 학생들이 학교에 복학할 수 있도록 허용했다. 이런 흐름 속에서 1980년 3월 27일 연세대학교 총학생회가 부활하였다. 새학기를 맞은 학원은 병영집체훈련 거부와 학생들의 제반 학내 활동을 보장하고 학생 단체들에 대한 문교 당국의 통제를 거부하는 학원 민주화가 진행되고 있었다. 경찰들이 학교에 드나들긴 했지만 학생들은 교내 집회를 가질 수 있었고, 각종 모임과 학습 그리고 동아리 활동을 공개적으로 할 수 있었다. 긴급조치와 유신체제에서 활동한 지하의 학생운동 조직이 정치 권력이 지배체제를 구축하지 못한 사이에 민주주의를 실현하려고 했다.

2.29 복권조치로 해직 교수와 제적 학생들이 돌아오며 학원 민주화운동이 활발해져 갔다. 학생들의 학원 민주화는 유신체제에서 관변조직이었던 학도호국단을 해체하고 학생회를 부활하는 데서부터 시작했다. 1980년 4월 초순 연세대 총학생회는 조직을 구성하고 유신의 잔재를 걷어내는 본격적인 학원 민주화 투쟁에 나섰다. 학칙개정과 학내 언론 활동의 자율성 보장, 정보기관원의 학원사찰 금지, 재단 부조리 척결과 학원의 족벌 운영 철폐, 어용교수 퇴진, 병영집체훈련 철폐를 내세우며 학원의 자주화에 앞장섰다.

1980년 학원민주화추진위원회(위원장 조중소, 신학 4)가 결성되었고 학도호국단을 철폐를 비롯한 자율적인 학생회 구성을 준비해 나갔다. 개강과 더불어 학생회가 구성되었는데, 총학생장은 박광호(정외 4)가 맡았다. 학생회와 학원민주화추진위원회, 써클연합회가 5·17까지 민주화운동을 주도했다. 복학생들은 1979년 12월 11일 교무위원회에서 제적학생 복교를 결정하였는데, 57명의 제적생으로 구성된 복학추진협의회(대표 간사 김학민, 김영환, 이대수)는 단서 없는 복교를 주장하였다.

여기서 잠시 1970년대 후반기에서 1980년대 학생운동의 이행을 소략해보자. 1977년 10월 12일 구국선언 사건, 10월 24일 유인물 배포, 25일 시위로 상당수 학생들이 구속되면서 운동은 침체기에 빠져들었다. 구국선언문 살포를 비롯한 일련의 사건으로 노영민(경영, 76), 김거성(신학, 76), 이대수(교육, 75), 오성광(교육, 76), 강성구(경영, 76), 이상훈(응통, 75), 공유상(경영, 76), 박성훈(화공, 76), 김영환(치의, 73) 등이 구속되었다. 이와 같은 상황에서 학내에 남은 76학번과 77학번을 중심으로 조직을 재정비하고 78학번과 79학번을 대상으로 운동권의 의식화 커리큘럼을 변화시켰다. 이런 과정을 거쳐 1980년대 초반 학내 운동의 중심이 기독학생회에서 평화문제연구회, 인간연구회, 탈춤반 등의 써클로 전환되기 시작했다.

대학의 분위기는 민주사회를 지향하는 민중의 노력에 주목하고, 학생들의 대중적·사회적 실천이 갖는 의미를 찾고 있었다. 움직임은 '구 잔재의 청산'이라는 목표 아래 학원 민주화가 모든 것에 앞서서 해결되어야 할 과제로 인식되어 갔다. 1980년 4월 11일 연세대학교를 비롯한 서울지역 9개 대학 학생대표와 총학생회장이 발표한 「최근 학원 사태에 대한 공동 성명서」에는 학원을 사회적 명망과 그 치부의 수단으로 삼아온 학교 당국에 대한 비판이 담겨있다.

총학생회는 언더운동에 익숙했던 77학번들이 대중운동의 기수로 들어가 새로운 운동 경험을 쌓아갔다. 최광영(기계, 77), 김태인(요업, 77), 고경대(사학, 77)이 핵심 간부를 맡고 5·17 이후 구속되거나 수배생활을 하였다. 문과대 학생회장 강문구(영문, 77)가 대의원회 의장을 겸해 공적 영역에서 지도력을 발휘하기 시작했다. 이때 써클의 농촌활동을 중요시하던 이전과 달리 77학번들은 78년부터 공장활동을 필수 학습 과정으로 중요하게 여겼다.

교정은 민주주의 이행을 꿈꾸는 봄의 향연으로 가득했다. 1980년 3월 7일, 루스채플에서 김달중 학생처장을 비롯한 교수들과 학생들이 참석한 가운데 복학생 환영예배가 열렸다. 4월 17일과 29일 학생들은 「한국 민주화를 위한 공개토론회」를 열어 시국에 대한 올바른 인식과 이에 대한 대응을 꾀하기 위해 노력했다. 민주주의를 열망하는 학생들의 의지를 보여주는 상징은 5월 1일 총학생회가 작성하고 6일 발표한 「민주화를 위한 시국선언문」에 가감 없이 나타나 있다. 학생들은 이 선언문에서 사회민주화를 위한 시국 전반에 대해서 7개 항을 결의하였다.

결의 내용을 구체적으로 살펴보면 다음과 같다. 첫째, 사회 혼란과 안정, 안보 논리에 관해서 비상계엄을 5월 14일까지 해제하라. 둘째, 현 정부의 헌법 개정에 대해서는 개헌 시도와 이원집정부제, 중선거구제 추진을 중단하라. 셋째, 언론에 대해서는 왜곡 보도와 학생과 국민들 사이의 이간질을 삼가라. 넷째, 유신체제에 가담한 잔당들은 반성하라. 다섯째, 언론에 관하여 동아일보와 조선일보는 해직 기자들을 5월 14일까지 복직시켜라. 여섯째, 노사문제에 관해서는 동일방직과 YH무역 해고 노동자를 즉각 복직시켜라. 일곱째, 병영집체훈련을 전면 폐지하라.

정국이 불투명한 가운데 5월에 접어들면서 학원자율화운동은 사회민주화운동으로 확연히 전환하였다. 총학생회는 1980년 5월 6일부터 10일까지 열리는 개교기념행사(무악 큰잔치) 주간을 '민주화대행진(민주화 큰잔치)' 기간으로 정하고 '비상계엄의 해제', '군부의 정치적 중립' , '유신잔재의 청산', '정부 주도의 개헌 중지', '민주정부수립'을 요구하였다. 이 기간 중 학생들은 중앙도서관을 숙소와 회의, 토론 장소로 이용했으며 원주 분교의 학생 300여 명이 함께 참여해 마당극과 탈춤 공연을 매일 하면서 강연회와 시국에 관한 토론, 교내외 시위를 벌였다.[54]

위 기간 중에 교내시위 12회, 토론과 강연회는 20여 회가 열렸고, 각 단위별로 결의문 발표와 철야농성이 이어졌다. 문과대학 학생회 문예부가 주최해 처음으로 마당극이 열렸다. 연극부는 이농 문제와 도시 하층민의 고된 삶을 그린 노래굿 '공장의 불빛'을 공연해 대학 연극의 새로운 지평을 열었다. 이 공연의 주제는 계층/계급의식을 표현한 것으로서 이후 본격 논의되는 자본주의 체제의 모순에 대한 학생운동의 초심을 담고 있었다. 마당극이 펼쳐진 이후 서울시내에 진출하기 위한 가두시위에서 학생들은 정문과 동문 두 군데 방향으로 교문 밖을 나가 신촌 기차역을 지나 아현동까지 진출했다.

각 대학에서 진전되는 민주화의 흐름에 대한 학생들의 인식은 한국 사회의 구조적 모순과 부패 그리고 구체제 정권에서 누적되어온 것이었다. 학생들은 직접적으로 정부와 야합해 '권력의 비호를 등에 업고 온갖 학내외 비리를 일삼으며 진리의 도량인 학원을 우롱하였던 학원족벌 체제'를 비판하였다. 1980년 4월 9일 한양대학교 교내에서 깡패들이 일으킨 폭력사태와 유신잔당의 학원 침탈에 반대하는 영남대학교의 시위와 총신대학교에서 종교와 연결된 학교 당국의 교조적 독단을 구체적인 사례로 제시하고, 정치 권력과 연계된 학교 당국의 폐해를 지적했다. 학생들은 대학이 "사회민주화에 구체적으로 앞장서야 한다"는 전제를 두고 학원에서 벌어지고 있는 사태가 근본적으로 해결될 때까지 노력할 것을 천명했다.

새롭게 부활한 총학생회는 1980년 4월 17일 발표한 「성명서」에서 학교 당국과 문교당국, 언론기관과 정부에 다음과 같은 내용을 전했다. 총학생회는 학내 문제에 대한 해결의 주체를 총학생회로 못을 박고 학원사태를 정치적으로 이용하려는 언론과 학원, 정

54 연세대학교 백년사편찬위원회, 『연세대학교 백년사: 1885~1985. 4: 부편』, 연세대학교 출판부, 1985, 698쪽.

부의 움직임에 경고를 보내었다.

첫째, 학교 당국에 대하여 총학생회는 재단의 비공개로 싹트는 부조리, 편입학 과정에 야기되는 부정부패, 권력에 동조하거나 야합한 비양심적인 교권에 대한 불신, 학내 파벌 간의 이해에서 빚어지는 비리 등이 대학의 발전을 저해하는 요소라고 지적한다. 이 같은 문제들은 궁극적으로 연세대학교의 민주화와 관련한 중대한 사안들로서 얼마 전에 있었던 부총장과 보직 교수의 사임으로 끝날 일이 아니었다. 학생들은 학교 당국의 근본적인 대책 수립을 요구하였다.

둘째, 총학생회는 문교 당국에 대하여 학원의 본령인 "자율성"을 지키려는 움직임에 대해서 방관하고 있는 자세를 비판하고, 학원의 정치도구화를 막기 위한 입장표명을 요구했다. 총학생회의 성명은 기존체제를 극복하기 위한 학원의 노력에 적극적으로 귀 기울여달라는 것이었다.

셋째, 언론기관에 대해 총학생회는 유신체제에서 언론의 사명을 다하고자 한 움직임을 언급한 뒤, 학원의 민주화 추진을 왜곡 보도해 시민들을 우롱하고 사회민주화 발전을 저애하고 있는 현실을 비판했다. 학원에서 벌어지고 있는 각종 시위와 민주화 요구를 겉으로 드러난 행태만으로 보도해 마치 사회의 불안 요소로 만들고 학원 민주화를 정치세력의 희생물로 이용당하고 있는 것처럼 유도하는 것을 지적했다. 언론은 편향되고 조작된 시야로부터 벗어나 진정한 민주화의 방향에서 보도해 줄 것을 총학생회는 요청했다.

끝으로 총학생회는 정부 당국에 대하여 학원의 민주화가 정치발전의 보루임을 명시하고, 사회불안이라는 미명아래 학생들의 움직임을 정치 수단으로 활용하려는 시도에 경고를 보냈다. 학원 민주화는 구체제에서 빚어진 온갖 부정부패를 척결하는 것이었다. 총학생회의 이와 같은 정세 인식은 구체제의 단절을 요구하는 학생운동의 새로운 전기를 반영하고, 만약 정부가 학원 문제를 정치적으로 이용하려고 한다면 사회민주화에 대한 국민의 뜻과 자발적인 힘을 왜곡하는 것이라는데 있었다.

4·19 20주기를 맞아 총학생회는 학원의 사명으로서 분단시대의 극복을 지향할 때라고 선언했다. 「4·19시국선언서」에서 총학생회는 인간성의 회복과 옹호를 위해 민족적 동일성에 입각한 민족해방으로 분단시대를 극복하고, 학원 내에서 전개되는 민주적 노

력이 독재의 악습을 청산하지 못한 언론에 의해 사회불안 요인으로 선동되는 것을 비판했다. 시국선언서는 교육의 본래 사명으로서 사회개혁을 위한 비판적이고 창조적인 양심의 함양을 위해 대학 내의 구체제와 비양심적인 세력의 단절을 요구했다.

진보적이면서 급진적이라고 할 수 있는 학생들의 요구사항은 대학의 인적 청산과 교육의 정통성 확립, 그리고 역사의 책임이었다. 그들은 유신독재 체제에 아부하고 순응한 교수, 묵계적으로 동조한 교수, 무사안일과 정체 속에서 뚜렷한 역사관과 사회관을 상실한 무능 교수, 기회주의적인 학교 직원, 불의에 동조한 총장 이하 학교 당국자의 책임 있는 처신을 촉구했다. 국가안보를 정치적으로 도용하는 위정자를 거부하면서 역사의 객관적 발전을 위해 모순을 드러내고 이것을 창조적으로 극복하기 위한 비판과 반성, 그리고 관념화되어 가는 분단시대에 대한 책임감을 강조했다.

1980년 4월 24일 서울지역 14개 대학 교수 361명이 참여한 학원사태에 대한 성명서 발표는 “교수재임용 철폐”와 “학원민주화”를 촉구하는 내용이었다. 정국이 민주화의 요구로 빗발치고 대학가를 중심으로 시위가 확산되자, 5월 1일 계엄사령부는 전군지휘관회의에서 사북사태와 학원사태 등을 논의한 후 사회의 소요와 혼란한 사태를 막기 위해 국가안보 차원에서 단호한 조치를 취할 것을 결의하였다. 5월로 접어들면서 학생들의 투쟁은 학내민주화에서 “계엄령 해제”와 “신군부 퇴진”이라는 정치 투쟁으로 무게 중심이 옮겨가고 있었다. 사회민주화를 요구하는 학원과 신군부의 대결 국면이 상승하고 긴장이 증폭하는 시기였다.

1980년 5월 6일 학생들은 ‘국풍 81’에 반대하는 내용의 유인물을 배포하며 시위를 벌이면서 민주화투쟁에 참여했다. 1979년 정법대학에 입학해 정치외교학을 전공한 기형도는 당시 상황을 고발하는 글을 쓴다. 서울의 봄을 맞은 그는 철야농성과 교내시위에 가담하였고, 연세대학보 ‘연세춘추’에 <노마네 마을의 개>를 기고하였다. 이 일로 그는 공안당국의 조사를 받았는데, <노마네 마을의 개>는 거짓 소문으로 마을 사람들이 점점 미쳐가는 상황을 묘사한 작품이었다.

5월 10일 전국 23개 대학 총학생회는 비폭력 교내시위에 대한 원칙을 발표하며, 자신들의 학원민주화 투쟁과 사회민주화 시위가 정권에게 사회 혼란의 빌미를 제공하지 않고, 또한 이용 대상이 되는 것을 경계하는 성명서를 발표하여 비상계엄을 해제할 것을 요구한다. 5월 12일 26개 학생회연합회 간부들의 모임이 있었고 교내시위를 위주로 가두시위는 자제하기로 결정하였다. 하지만 이튿날 13일에 연세대학교 학생 등 6개 대학의 2,500여 학생들이 광화문에 모여 계엄 철폐를 외치고 야간까지 시위를 이어갔다. 5월 13일 시위는 교내 축제기간이었던 연세대 학생들이 주도했는데, 전경과 사복경찰들이 막아선 학교 교문을 우회해 운동장을 둘러싼 담을 무너뜨리고 거리에 나서면서 촉발되었다. 광화문에 나가서 벌인 최초의 이 가두시위는 학생들의 호응과 시민들의 지지로 대단히 성공적으로 진행되었다.

연세대학교 복학생들이 주축이 된 이날 집회 현장에는 원풍모방, 청계피복, 금속노조, 민주화추진위원회 소속 지부, 동일방직 해고자 등 3,000여 명이 함께해 노동3권 보장을 위한 전국 서명운동을 전개하고 어용노조 간부의 퇴진을 요구하며 이틀간 농성을 벌였다. 이 시위를 주도한 복학생협의회장이 노영민이었다. 1976년 경영학과에 입학한 노영민은 이듬해 김거성과 함께 작성한 문건 「구국선언서」를 대강당에 모인 2,000여 명의 학생들에게 뿌리고 '유신철폐'와 '긴급조치 해제'를 외쳤다.

언론인 정연주가 1977년 10월부터 1년 동안 발생한 대학가의 데모, 지식인들의 저항, 노동운동 등을 단순하게 일지 형식으로 기록한 '보도되지 않은 민주인권사건 일지'에서 밝혔듯이 당시 언론은 이러한 반유신 운동을 일절 보도하지 않았다. 이 사건으로 긴급조치 9호를 위반한 혐의로 구속된 노영민은 2년을 복역한 후 1979년 광복절 특사로 석방돼 사면 복권된 후 복학생협의회장을 맡았다.

1980년 봄 학내에서 시작된 시위는 4월, 5월을 거치며 거리에서 절정을 맞고 있었다. 정국이 매우 긴장되어 가던 5월 15일 서울시내 30개 대학 10만 여명의 학생들이 서울역 광장에 모여 시위를 벌였다. 전날 연세대 학생들은 복학생협의회와 총학생회가 주도해 서울역 시위를 준비하였다. 그들은 도서관에서 3박 4일을 먹고 자면서 철야농성을 하였고, 수많은 토론을 통해 학생들에게 사회민주화의 공감대를 확산시켜 나갔다.

역까지 가는 길은 순탄치 않았다. 경찰들이 교문을 막고 있는 상황에서 동문 근처 이화여대 후문 쪽이 그나마 경찰의 감시가 어수선해, 학생들은 스크럼을 짜고 금화터널로 넘어가 서대문을 거쳐 광화문으로 향했다. 엄청난 수의 학생들이 거리에 나서자 경찰은 속수무책이었다. 시청과 남대문 사이에서 버스가 불타고 학생들은 서울역에 모여서 집회를 열었다. 학생들은 "전두환 퇴진하라!", "비상계엄령 해제하라!", "이원집정부제 철회하라!"는 구호를 외치며 야간 시위를 이어갔다. 이날 시위에는 수십 만의 시민들까지 함께 참가해 서울역 광장뿐만 아니라 인도와 차도, 고가도로까지 사람들로 넘쳐났다. 억눌려왔던 민주화의 열망이 타오르고 있었다.

이튿날 전국 총학생회장단은 가두시위가 군부의 개입을 정당화하고 사회민주화를 탄압하는 빌미가 될 수 있음을 인식하고 가두시위를 일단 중단하기로 결의한다. 이런 상황에서 전두환의 신군부는 5월 17일 비상계엄을 전국으로 확대하는 계엄포고령(제10호)으로 맞섰다. 그날 자정을 기해 내려진 계엄령으로 전국 대학교는 휴교령에 들어가고 정보기관원들이 각 학교를 급습해 조금이라도 눈에 띄는 대학생들을 연행했다. 그리고 5월 18일부터 광주민주화운동이 벌어진다. '광주'가 지나간 5월 24일 단성사 극장 앞에서 시위가 벌어졌는데, 강성구(경영, 76), 박성훈(화공, 76), 강회준(신학, 79) 등이 광주민주화운동에 대한 유인물을 아세아극장 앞에서 배포했다.

국보위는 7월 30일 대학입시 본고사 폐지, 졸업정원제 실시, 과외금지 등의 조치를 발표했다. 사회악을 일소한다고 하면서 6만여 명을 무차별 연행했다. 1980년 9월초 전두환이 제11대 대통령으로 취임한 이후 계엄사령부는 포고 제14호에서 휴교령을 해제하였다. 전국 대학은 휴교 109일 만에 문을 열고 수업을 시작했다.

5·17이후 총학생회는 해체되었고 경찰이 교내에 진입하면서 학내 상황은 경찰과 정보요원들의 상주로 더욱 통제되고 억압당하는 일이 지속되었다. 1980년 11월 29일 입법회의 본회의에서 '집회 및 시위에 관한 법률'이 개정되어 공개적인 학교 당국의 허락 없이 교내 모임이나 활동을 하는 것이 거의 불가능해졌다. 학생들의 시위와 활동은 점차 지하운동으로 변해갔다. 비밀리에 제작한 반정부 유인물을 학생들이 가장 많이 붐비는 중앙도서관과 학생회관 대강당에서 주로 낮 시간대에 뿌린 다음 구호를 외치고 시위를 벌이는 방식으로 이어졌다.

1980년 9월 15일 교내 강의실과 화장실에 반정부 유인물을 살포한 혐의로 노영민(경영, 76), 공유상(경영, 76), 김거성(신학, 76)이 서대문경찰서로 연행되어 20일간 고문을 받았다. 혐의가 없음에도 불구하고 고문으로 인한 상처를 은폐하기 위해 정보과는 시위 음모를 이유로 구류 20일을 언도받아 이들을 40일만에 석방하였다. 10월 30일 학내에서 시위가 있었다. 허욱(치의과 3), 전영찬(치의학 2), 김영재(지질 3), 신명직(국문, 78), 주미경(간호, 79) 학생이 '민주주의 결사투쟁선언 1'이라는 제목의 유인물을 뿌리며 시위를 일으켰다. 다음달 18일에는 신나미(생화 4), 홍은경(생화 4), 이상헌(경제 4), 이승규(사회 4), 정원용(경제 2) 학생이 시위를 벌였다.

11월 18일 교내 시위에는 신나미(생화 4), 이상헌(경제 4), 이승규(사회학 4), 홍은경(생물 4), 정원용(경제 2)이 도서관 2층과 상경대 건물 앞, 식당에서 동시에 유인물을 뿌리고 '유신진당 물러가라!'는 플랜카드 2장을 내걸었으며 수 백 명이 노래와 구호를 외치며 가담했다. 이 시위로 문교부는 학교 초장과 보직교수들의 사퇴를 요구했고, 학내시위가 계속되자 문교부는 총장과 부총장, 시위를 주도한 학생이 소속된 단과대학장에서 문책을 요구하는 계고장을 보내 학교 당국을 압박하고 관련 교수에게 책임을 물었다. 결국 안세희 총장을 제외한 모든 보직교수가 교체되었다. 이때 문교부 장관이 철학과에 재직한 이규호 교수였다.

1980년 민주화의 봄부터 1981년 1월까지 통계(1980. 3. 1~1981. 1. 24)를 보면 불법유인물로 사건이 처리된 것은 822건이며, 유인물은 총 379,546매가 살포되었다. 이 중에서 636건(77.3%)이 학원가에서 발생했고, 주요 내용 중 군부정권을 비판하는 것이 54%를 차지했다. 계엄시기(1979. 10. 26~1981. 1. 24)의 범죄처리 현황에 따르면 전체 2,241건 중 보안사범, 포고령 위반, 계엄법 위반 중 시국 사건이 1,047건이며 관련자는 전체 11,050명 중 5,141명이 검거되었다(육군본부, 1982: 337~338; 341).

광주의 진실은 아직 시민들에게 알려지지 않았지만 학생운동이 군사독재정권의 만행을 파헤치고 조직적인 저항을 준비하는데 가장 중요한 의제였다. 1980년 후반에 접어들어 점차 광주의 현실을 목도하게 되는 학생들은 학살의 진실을 밝히고 규명하려는 노력에 매달린다. 결국 광주를 디딤돌로 삼은 민주주의 투쟁은 전두환 군사독재정권에 대한 반정부 시위로 지속되었다. 운동은 더욱 많은 학생들의 지지와 참여가 필요했고 이를 위한 학습과 학회, 학과별 조직 건설은 학생운동 내부에서 활발하게 이루어져 갔다.

2. 대학가의 개교와 신군부의 학원대책

학생운동이 부침을 겪게 되는 신군부의 정권 장악과 1980년의 봄 상황을 보자. 박정희 사망 이후 안개 정국 속에서 12·12쿠데타로 등장한 전두환과 신군부는 명백히 독재정권을 계승하고 있었다. 박정희 정권 때부터 각급 기관은 학원사찰을 통해 대학가의 반체제 모임과 활동을 통제하였다. 10·26으로 촉발된 비상계엄 아래에서 등장한 군부는 계엄사령부를 설치하였고, 사령관의 업무를 자문하기 위해 계엄위원회를 운영하였다. 계엄위원회는 1979년 10월 28일부터 1980년 6월 5일까지 39건의 의제에 대해 자문했다.

계엄위원회는 10·26사태 이후의 정책 방향에 관한 의제를 매회 2~3가지씩 선정해 토의하였는데, 학원 문제와 관련해서는 휴교상태인 대학의 문제점과 개교 시의 학원대책을 논의하였다. 육군본부가 발행한 『계엄사-10·26사태와 국난극복』(1982) 자료에 따르면, 제2차 회의에서부터 본격적으로 논의한 대학의 개교방안에서 문교부의 복안은 3단계 개교 일정이었다. 1단계는 1979년 11월 8일경 대학원을 먼저 개교한 후, 2단계는 11월 12일경 2년제 교육대와 전문대, 일반대학 4학년생 등교, 3단계는 11월 22일경 전면 개교하는 방안이었다.

당면한 대학가의 개교 앞에서 계엄사령부는 학원사태의 진행과 대책 마련에 고심하였다. 문교 당국은 학원의 문을 열어주면서 발표할 계엄사령관 담화의 요점을 제시하였다. 문교부 차관은 "학생들에게 시끄럽게 굴지 말아라"하는 내용이 아니라 "쓸데없는" 반체제 인사, 야당 정치인, 불순분자들이 학생을 이용하지 말아야 한다"는 내용을 요청하였다(육군본부, 1982: 83). 반체제 인사들의 정치 동향과 학원가의 연계를 의식한 문교부 차관의 발언은 어떻게 보면 정치가들보다 더 큰 세력이 대학가라는 것을 모르고 한 발언은 아니었다. 그것은 한편으로 안개정국에서 학생들의 감정을 직접적으로 자극하지 않으면서 회유하고, 다른 한편으로 재야 정치인들에게 혼란한 정국의 책임에 대한 경고였다.

개교에 따른 대학 당국자의 의견은 학원 현장의 복잡한 여건을 가감 없이 보여주고 있다. 회의에 참석한 서울법대 학장은 정국의 가장 큰 문제를 야당과 학생들이라고 지목하면서, 과거 학생문제는 정권 차원이 아니었으나 이제는 국가 차원의 문제라고 인식하였다. 학원의 문을 여는 것을 반대하는 서울대와 사립대의 일부 교수들의 여론을 전한 서울법대 학장은 전문대와 2년제 여자대학, 교육대, 대학원은 개교해도 별 문제가 없을 것으로 예상하지만 4년제 대학은 반체제 운동은 하지 않고, 제적학생 복학과 구속학생 석방 등의 이슈가 제시될 것으로 판단하였다.

1979년 11월 19일 계엄위원회는 대학의 전면 개교 이후 학생들의 학도호국단 폐지와 해체 주장에 따른 대책을 의논하고, 1980년 봄학기 학생회 부활과 학도호국단 연관 등에 대해서 관계기관이 협의할 것을 논의하였다. 10·26으로 인한 대학휴교 조치 이후 계엄사령관(정승화)에 의한 해제조치는 1979년 11월 9일 발표된 계엄포고 제6호 포고문 '대학휴학조치 일부해제'에 의해 대학원과 교육대학, 전문대학이 11월 12일 해제되었다. 4년제 대학과 각종 학교는 11월 16일 계엄포고 제8호 포고문 '대학휴학조치해제'에 의해 11월 19일 해제되었다.

1980년 5월 2일 계엄위원회 제26차 회의는 '학생 의식구조와 교수들의 지도방향'에 대한 주제발표와 이에 대해 논의한 자리였다. 이 자리에서 발표자는 이전부터 시행에 오던 학생지도체제의 문제점을 지적하면서 "분담 학생지도는 교수 1명이 50~60명의 과다 학생을 담당해야 하며, 모의시간의 과중으로 면담시간이 제한되고, 10·26사태 이전 지도제에서 오는 이미지 잔존으로 인하여 학생들이 소극적 자세로 나오기 때문에 고충이 많다"고 분석하였다(육군본부, 1982, 233쪽).

계엄위원회는 정치·경제·사회·법률 등 분야별 계엄정책을 연구하기 위하여 1980년 1월 10일 국방대학원과 육사 교수 등으로 구성하였다. 계엄위원회는 제31차 회의(1980. 6. 5)까지 제한된 기간 동안 교수들의 지도방향과 같은 학원문제를 비롯하여 언론순화 대책, 언론통제 완화에 따른 문제점과 대책, 공무원 기강확립, 종교(불교, 기독교)분야 문제점과 대책, 국민정신 순화를 위한 교육 방향 등을 검토하고 시행하였다. 계엄사령부는 자문기구의 성격을 갖고 큰 정책 방향을 제시하는 회의체 형식의 계엄위원회와는 별도로 연구위원회를 운영하였다. 연구위원회의 과제 중 학원정상화 방안의 내용으로는 1) 현장분석 및 문제점, 2) 학도호국단 철폐 문제, 3) 정부의 예상 조치, 4)

계엄시책이었다.[55]

연구위원회는 학원문제의 근원적 해결을 위해 교수와 학생간의 의사소통을 원활히 하고, 강경일변도의 학사징계를 지양하며, 선도책의 내실화를 통해 학생의 자발적 참여를 유발하는 방안을 강구했다. 외부세력의 학원 내 침투를 방지하기 위해 재야인사의 학원 접근과 종교세력의 학생활동 관여, 불온 사회단체의 학원 침투, 정치인의 학생선동을 제지하는데 내무부와 중앙정보부가 담당하도록 했다. 정치발전에 따른 학원발전대책을 강구하면서 학원사찰 방법에 있어서는 필히 전문요원을 배치하고 비노출 임무수행의 개선방안을 제시하며, 학부모를 통한 제보를 권장하였다.

연구위원회가 마련한 문제학생 선도대책으로는 집중적인 개인지도를 거쳐 불온집회 참가와 불순세력의 접촉을 차단하고, 지하 음성 써클의 조직을 예방하며, 흥미위주의 특별지도, 결강 여부를 철저히 하여 선도가 불가능할 경우 선별해서 조치하게끔 했다. 특별히 개학 전후의 상황을 매우 중요하게 보고 교수의 자체적인 반성과 문교부의 지휘대상 인물 정화작업, 정치발전 계획 발표, 복교 학생의 선도대책을 완료하도록 결론 맺고 있다. 근본적인 학원 소요방지의 최선책은 정치사회에 대한 불만 요인의 제거라는 것을 명확히 하였다.

학원에 대한 정부의 대책은 학생운동이 갖는 반체제 성격을 매우 잘 드러낸다. 계엄위원회가 제시하는 방향과 연구위원회의 구체적인 대책으로 이어진 신군부의 학원정책은 국가보위비상대책위원회로 이어지며, 이것은 시기별로 차이는 있지만 1980년대 문교 당국의 학원대책과 대학 당국의 학생지도체제, 그리고 학사운영의 기본 원리로 자리잡게 된다.

5·18민주화운동을 진압한 전두환과 신군부는 1980년 5월 27일 열린 국무회의에서 국가보위비상대책위원회(이하 국보위) 설치에 필요한 국가보위비상대책위원회설치령(안)을 의결하였다. 며칠 뒤 5월 31일 정부는 중앙정보부장 서리를 맡고 있던 전두환을 상임위원장으로 하는 국보위 설치를 발표하였고, 6월 12일 최규하 대통령은

55 훗날 정부는 계엄위원회가 연구위원회를 통해 대미협력방안 강구와 정국 전망을 비롯한 노사문제, 국민의식 좌익화 요인, 언론기능 강화 방안 등을 연구하여 계엄시책에 반영하였고 효과적으로 계엄업무를 수행하는데 기여한 것으로 평가했다.

이에 대한 담화문을 공개하였다. 국보위는 국정개혁의 추진에 따라 당면과제 해결에 착수했는데, 학생운동이나 학원사태에 대한 신군부의 인식은 좌경과 반공을 전제로 한 것이었다.

학원과 학생들에 대한 신군부의 방침은 대략 다음과 같이 요약할 수 있다. "학원의 자율성은 보장하되 불법시위나 소요행위 등 사회 혼란을 통해 북괴를 이롭게 하는 행위는 근절시킨다." 학원의 민주화운동에 대한 신군부의 이와 같은 인식은 전두환의 연설에서 더욱 명료하게 알 수 있다. "우리 사회가 안고 있는 고질적 병폐인 불법시위 및 소요행위 등은 국력의 불필요한 소모와 사회 혼란 등 결과적으로 북괴를 이롭게 하는 것이므로 기필코 근절되어야" 할 것이라고 했다(국가보위비상대책위원회, 1980, 226쪽).

5·18 이전 각 대학에서 시위가 활발하게 전개되자 문교부는 1980년 초반 서울의 봄 때 학생들의 교내집회와 시위에 대해 완만하게 개정되었던 학칙을 다시 고쳐 학생들의 모든 시위와 집회를 봉쇄하려고 하였다. 『국보위백서』(1980)에 따르면, 국보위는 대학의 학생지도체제 강화를 학생지도기구 정비와 학칙 개정으로 추진해 나갔다. 국보위 설치 이후 대학의 개강 일정이 시작되기 전까지 학원정상화 방침 아래 문교 당국의 조치과정이 진행되었다. 1980년 6월 11일 전국대학총학장회의가 열렸고, 전국전문대학학장회의(6·18)와 전국학생처·과장회의(6·27)가 이어졌으며 전국전문대학학생과장회의(7·4)이후 대학 학사관리 정상화방안이 시달(7·11)되었다.

계엄사가 주도했던 정국은 5·18이후 국보위에서 이어졌고 신군부에 의한 학원대책은 앞서 언급한 1980년 6월의 전국대학총학장회의에서 제시되었다. 5·18을 겪은 학원과 신군부는 역사적 전환에 있었다. 문교 당국은 학생지도업무체계 강구와 학생들의 의식을 순화하고 학원문제에 대한 교수의 지도력 확보를 기본방향으로 설정했다. 개강 전 당면한 대책으로는 교수의 지도자세 확립과 지도력 강화, 학생지도업무에 대한 학사기구의 확립과 지역별·유형별 대학 간 협의회 구성을 제시했다.

특히 교육의 정치적 중립이라는 명목으로 학문과 현실 참여의 한계 의식을 정립토록 하고 교수의 정치활동을 금지하며, 학원의 정치적 이용을 방지토록 해 사실상 학생들과 학원내의 사회변혁 요구를 원천 봉쇄하려 했다. 학내외를 불문하고 전 교직원과 경찰의 지원을 통해 집단행동을 금지한 것은 학생들의 어떠한 움직임도 용납하지 않겠다는 신군부의 방침이었다. 이와 같은 신군부의 학원대책은 2학기를 앞둔 각 대학의 학생지도 계획 수립의 기본방향이 되었다.

대학의 개강과 학원의 통제를 위한 구체적인 정책은 전두환의 공식적인 정권장악으로 구체화된다. 국보위는 '교육정상화 및 과열과외 해소방안'을 발표하여 대입 본고사를 폐지하고 졸업정원제를 실시하며, 과외를 금지하는 조치를 취했다. 동시에 문교부는 교육공무원의 숙정을 매듭지어 교수 86명 등 611명을 해직시켰다. 1980년 8월 16일 최규하 대통령이 사임한 직후 신군부는 종합적인 학원정책을 수립하였다.

문교부는 전국대학총학장회의에서 교수의 학생지도에 관한 문제점을 조목조목 지적하고 있다. 그동안 학생지도가 학생처 소관 업무로 되어있어 직원에 의한 개별적 대면지도는 인격적 상호접촉보다 학생들의 정치적 학내외 집단 활동에 대한 지시와 감독 중심으로 이루어져 부정적인 현상을 드러냈다. 교수들이 학생지도활동을 자신들의 주된 업무 중 하나로 생각하지 않는 경향과 학생지도 활동이 교수의 업적이나 능력 평가에 반영되지 않아 동기부여가 되지 않은 점을 지도 활성화의 저해요인으로 꼽았다. 문교 당국은 교수의 학생지도 기능강화를 제일 순위에 두고 교수의 임무를 학생의 인격을 지도하는 데까지 확장하였다. 교수의 능력과 업적을 평가할 때 학생지도활동에 대한 평가방법의 제정과 활용을 지시하고 수업과 연구, 학생지도의 3가지 요인을 동일한 비중으로 반영하게 했다.

대학의 개강을 앞두고서 당국은 아주 상세한 강의별 준비를 하고 있었다. 학원문제의 재발을 방지하기 위해 개강협의 절차를 마련하고, 신청서 작성과 그 요령을 제시하였다. 문교부는 휴업령 해제 후 대학별 개강은 학원의 소요 요인이 제거된 분야부터 우선하도록 했고, 개강하려는 교과목은 반드시 신청서 양식에 의해 검토가 이루어지도록 했다. 신청서 기재사항에 중에는 개강 과목 교수의 학생지도실적(개별, 집단지도와 학부모를 통한 지도)과 학생지도체계, 치안당국과 협의한 사항을 포함하게끔 했다. 계엄 하의 치안당국은 지역 계엄분소나 학교에 주둔한 군대와 협의하거나 주둔군이 없는 학교에는 관할 치안관서와 협의한 사항을 기재하도록 했다.

1980년 7월 15일 문교부는 교권 확립과 학생활동의 재정립을 내세워 「학사지도대책 강구」를 마련하여 각 대학에 지시하였다. 이로 인해 각 대학은 제적된 자의 재입학과 편입학을 불허하고, 총장의 직접 징계권을 개정하여 당국의 지시를 이행하였다. 학사지도 기구의 신설과 보강에 대해 살펴보면 문교부에 학사지도협의회(5.28)와 심의관실을 설치하였고(6.20), 대학에서는 학생처·과의 기능 부활과 보강을 이루었다. 또한 분담지도교수체제와 써클지도교수제를 확립해 모든 교수가 전체 학생을 분담하여 학습과 과외활동, 신상문제를 지도하게 하였다(국가보위비상대책위원회, 1980, 65쪽).

신군부가 기획한 학원정상화 방안은 학원으로부터 운동 학생의 격리조치와 학사운영의 통제, 그리고 학생지도방안으로 모아진다. 학생의 학적변동과 관련해서는 구속과 입영조치를 문교부와 내무부, 중앙정보부, 국방부가 협의해 강제로 조치하고 학원은 직권휴학이라는 학사처리를 거쳐 학생들의 신분을 일방적으로 조치했던 10·26 이전의 대책을 모방하였다.

신군부의 학원정책은 학사행정의 자율성을 극도로 제한했으며, 직권휴학 부활과 같은 학칙개정을 통해 학생들의 신변을 언제든지 학원으로부터 분리·통제할 수 있도록 했다. 또한 학생지도체제의 강화를 위해 전 교수의 지도교수제를 도입했으며, 학사지도기구의 신설과 보강으로 교육정책의 우선순위를 학원안정에 두었다. 이 같은 현실은 대학당국이 자율적인 교육이념과 철학적 비전을 설정할 수 없게 했을 뿐만 아니라, 학원의 역량을 반체제 학생들을 관리하는데 집중함으로써 정상적인 교육정책을 펴지 못하게 하였다.

2장 학생운동의 기반 확대와 제적 학생 복교

1. 언더써클과 학회의 활동

5·17이후 학생운동은 광주민주항쟁에 대한 탄압아래 숨조차 쉬기 힘들었던 시절이었지만, 그 시기에도 저항은 그치지 않았다. 교내외 시위는 유인물을 살포하는 방식으로 전개되었는데, 핵심은 광주사태를 알리는 것이었다. 집회를 열거나 시위를 하는 것은 대단히 어려운 형국이었고, 학생들이 경찰의 감시를 피해 표현할 수 있는 방법은 유인물 살포 외에는 거의 없었다. 유인물을 뿌리는 방식의 시위에도 학생들은 국가보안법 위반 혐의로 구속되거나 제적당했다. 이 시기에 연세대에서 제적되거나 구속당한 학생은 약 92명에 이르렀고 이 중에서 21명은 1980년 5월의 시위와 관련된 학생이었다.

학생운동에 써클의 활동과 공개, 비공개 학회의 연합을 빼놓을 수 없다. 학생운동사에서 빼놓을 수 없는 언더써클은 1980년 11월 문과대 연극반에서 그해 5월 '공장의 불빛'을 공연했던 문과대 출신 학생들이 주도해 만들었는데, 그 중의 일부가 만든 '불빛 팀' 또는 '이스크라'로 불린 비공개 조직이었다. 연극반은 나중에 문우극회가 되어 '연극에 대한 올바른 이해'를 써클의 목적으로 내걸면서 학생운동에 참여했다. 이 극회는 마당극 형식으로 펼쳐지는 탈춤과 판소리를 갖고 민중의 현장성을 강조하였는데, 그들의 궁극적인 목표는 학생운동의 복원이었고 이를 위해 각 과의 학회를 만드는데 노력하였다.

'불빛 팀' 비공개써클이 세력을 본격 확장한 것은 1981년 초부터였다. 문과대에서 학번을 달리하는 20여 명의 학생들이 참여해 만든 '불빛 팀'은 점차 세력을 확대해 나갔다.

1982년 봄 비공개 써클은 농촌활동을 준비하면서 교회 이름을 내걸었다. 학생들의 농촌활동조차 감시 대상이었던 상황에서 비공개 써클의 활동은 많은 무리가 있었기 때문에 교회를 내세웠다. 9박 10일간 농민들과 함께한 공동의 경험과 기억은 언더써클의 정체성을 서로 공유하고 심화시킬 수 있는 토대가 되었다.

비공개모임이 확대되자 학회 조직을 만드는 작업으로 나아갔다. 조직 내부에서는 처음부터 공개 학회와 비공개 학회를 염두에 둔 이중구조였다. 학회를 구성할 만큼의 역량이 충분한 사학, 사회학, 국문학과에는 공개 학회를 결성하고 그렇지못한 학과는 언더써클로 남는 구조였다. 시기로 볼 때 1983년에 들어 문과대의 각 과에서 공개학회가 들어서지만 '불빛 팀'은 이 학회들의 결성을 주도하는데 인적 자원을 배출하는 '저수지' 역할을 했다(김영래·임진영·김영준 엮음, 2003, 398~399쪽).

공개 써클과 비공개 써클 그리고 써클 사이의 체계적인 교류는 1982년부터 조금씩 나타났다. 79학번들이 고립되고 분산된 운동조직들의 운영 형태를 바꾸기 시작했다. 조직적인 학내 시위 준비와 취약한 조직 지원, 학습 프로그램 공급, 써클을 연결하는 네트워크 구축을 의식적으로 노력했다. 그해 2학기부터 운동 학생들의 네트워크가 활발히 이루어졌다. 80학번들이 정외과와 법학과를 묶어 사회과학대, 경제학과 경영학과를 묶어 상대, 공대와 이과대를 묶은 자연대, 문과대와 남다른 역량을 갖춘 사회학과에서 각각 대표자 1명씩 모임을 가졌다.

연세 학생운동의 한 축이 이렇게 형성되었다. 또 다른 한 축은 공개 써클의 네트워크였다. 학회와 공개 써클 사이의 네트워크 또한 이즈음 본격적으로 형성해 상호교류를 활발히 해나갔다. 지하조직은 79학번부터 존재해왔는데 1981년을 거치면서 각 학번별로 써클과 학회, 공개, 비공개 모임을 대표하는 소수의 인원이 협의체를 만들었다.

총학생회 활동은 학생들에게 민주주의 이행 과정에서 맞이한 소중한 성과였다. 10·26이후 학생 자치에 대한 논의가 있어왔지만 신군부는 1980년 2월 16일 학도호국단의 존속을 전제로 하면서 그 구성원의 선출 방식을 민주적으로 개선한 '학도호국단 간부의 임명제에서 선거제로 변경'하는 것을 주요 내용으로 하는 개선방침을 밝힌다. 학생들인 이 조치가 유명무실하다는 것을 알았고, 자율과 자치기구의 필요성이 어느 때보다도 높은 열기를 모아 총학생회 부활을 이루어냈다.

1980년 3월 6일 열린 학생총회에서는 총학생회 가회칙을 공개해 논의가 이루어졌고 13일, 총장은 이 회칙을 승인한 후 공포하였다. 이 회칙에 따라 선거에 관한 일정이 단과대학에 전달되고 저녁에 학생회 선거가 공지되었다. 14일, 선거를 치르는 자세한 사항이 담긴 선거시행세칙이 마련되었고, 17일에는 선거관리위원회가 꾸려졌다. 같은 날 선거관리위원회는 선거시행세칙을 공고함으로써 학생회 선거에 필요한 사전 절차를 마쳤다.

이와 같은 준비 과정을 거쳐 총학생회장과 부회장, 녹양회장, 단과대학 학생회장 입후보자의 등록이 이루어지고, 1980년 3월 27일 총학생회가 없어진지 6년 만에 학생들의 투표로 최고 학생자치기구인 총학생회가 부활하였다. 1980년 봄을 맞아 민주주의 이행의 기대를 한껏 안고 출범한 총학생회는 5·17 이후 해체되었고 다음 2학기에 학도호국단 체제로 다시 회귀하였다.

학회의 부활은 학생운동의 또 다른 과정이자 성과이다. 대학의 학생지도는 학도호국단과 관련되어 있는데, 1975년도에 학도호국단이 창설되면서 없어진 학회는 학과에 소속된 학생들이 자치적으로 참여하는 친목과 학술활동으로 볼 수 있다. 중요한 것은 학생들이 자율적으로 학술활동을 할 수 있는 것인데 학회지 발간과 세미나, 강연회, 논문 발표회가 주된 내용이었다.

학회는 1980년 3월 잠깐 움직임을 보이다가 5·17사태로 더이상 확산되지 못하고 공식 활동을 접게 되었다. 광주항쟁 이후 정권의 대규모 탄압으로 학생운동 조직은 결집이 어려운 상황으로 내몰렸다. 전반적인 의사 수렴 구조뿐만 아니라 각 써클단위의 활동 또한 상당히 위축되어 있었다. 이런 상황에서 79학번들이 3학년이 되는 1981년 학회를 재조직하기 시작했다(김영래·임진영·김영준 엮음, 2003, 393쪽).

조직 방향은 두 가지였다. 첫째 학내 운동세력 전체를 결집할 수 있는 지도부를 구축하는 것과 분산된 참여자들의 거점을 대중속에 세우는 것이었다. 써클 중심의 활동을 학과 단위의 학회중심으로 재편하고 지도부 구축의 전 단계로 협의체를 구성하여 각자의 역할을 규정하였다. 1년여 동안 진행된 이 작업은 성공리에 이루어졌다. 대부분의 학과에 학회가 구축되었으며 단독 학회가 어려운 학과는 대학단위의 학회로 편재하였다. 써클 역시 조직의 특성과 장점을 수립하기 위해 전문화가 필요했고, 이론 교육을 위한 커리큘럼이 통일되었다. 문과대학, 사회과학대학, 상경대학의 몇몇 학과에서 비공식적으로 학회 명칭을 사용하면서 학생운동의 성격을 짙게 가지고 활동했다.

1981년 신학기에 시위를 주도한 것은 전국민주학생연맹(전민학련)이었다. 전민학련은 전국민주노동자연맹(전민노련)과 연계한 조직으로서 1981년 2월 27일, 대학 간 연합 써클이었던 흥사단 아카데미를 기반으로 서울지역의 학교는 물론 지방의 대학까지 합쳐서 학생운동 조직으로 결성되었다. 전민학련은 비합법조직으로서 비밀을 철저히 지키고 독재정권의 타도를 위해 다양한 형태의 투쟁을 전개했다. 지부-지회-분회-지반으로 조직된 전민학련에서 연세대학교는 경인지부 산하의 신촌지회(연세대, 이화여대) 소속이었다.

4월 3일 교내에 반정부 유인물이 살포되자 경찰이 대대적으로 검거에 나서 기독학생회 회원의 상당수 학생들을 연행하였다. 3월 24일부터 학생 20여 명이 교내 운동권 계보를 파악하려는 의도로 안전기획부에 연행되어 불법 구금당했다. 조사를 받은 학생 중 장신환(기계, 76), 이성하(신학, 졸), 김치걸(법학 4), 정신화(신학 3)이 구속되었다. 장신환은 기독학생회 친구인 김성민과 동업으로 이화여대 정문 앞에서 술집 '데카메론'을 경영하였는데, 수사기관은 여기서 이름을 붙여 데카메론사건이라고 불렀다.

학교 측은 4월 20일, 25일까지 가정학습을 실시하기로 했고 22일 정부는 불법집회와 북한 방송 청취, 학원시위에 가담한 혐의로 장신환(기계 2), 이성하(신학, 졸), 김치걸(법학 4), 정신화(신학 3)를 국가보안법 위반으로 구속하였다. 시위 가담이 알려진 것은 정신화가 학교로 향하던 중 경찰의 불심검문에 걸려 가방 안에 있던 유인물 초안이 발각되면서였다.

이 일로 다수의 학생들이 안기부에 끌려가 고문을 당했고, 수사당국은 학생들을 조직사건으로 엮었다. 검찰의 기록에 따르면 남민전(남조선민족해방전선) 준비위원회 산하 민주구국학생연맹에 가입한 이들은 학내에서 시위를 수 차례 "선동하는 등 공산계열 노선에 따라 활동하여" 구속당했다. 증거는 아무것도 없고 오로지 고문으로 작성된 진술서만으로 이루어진, 어처구니없는 공안사건으로 조작되었다.

5월 6일, 광주사태 이후 첫 축제 기간 중에 '국풍81반대', '독재타도'가 수록된 「81년 연세대 반파쇼 구국투쟁선언」 5백여 장이 학생회관 1층 식당과 도서관 앞길에 살포되었다. 이 시위로 우원식(토목, 76)과 김상규(기계 4), 배정환(국문 4)이 구속되었다. 집시법 위반으로 구속된 이들은 1심 재판에서 징역 1년을 선고받았으나 2심 재판에서 오히려 형량이 늘어나 3년을 선고받았다(연세대학교 백년사편찬위원회, 1985, 699쪽). 이들은 법정에서 최후진술을 마친 후에 애국가를 불렀다는 이유로 선동과 법정모독이 추가되어 형량이 늘어나는 어처구니없는 일이 벌어졌다. 학생들은 데카메론 사건으로 구속된 이들과 함께 3년 가까운 옥고를 치르고 1983년 12월 23일 특사로 석방되었다.

5월 24일 오후 2시경 단성사 극장앞에서 강성구(경영, 76), 박성훈(화공, 76), 강회준(신학 2), 김백선(정외 2) 등이 광주사태에 대한 유인물을 살포하고 시위하려다 실패하자 아세아극장 앞에서 유인물을 행인들에게 배포하였다. 5월 25일에는 한빛교회 대학생부 회원 김지용(신학 2)이 광주사태를 알리는 유인물을 모의하다가 경찰에 적발되어 구속되었다.

비합법 반정부 활동은 수그러들지 않았고 경찰의 탄압은 가혹했다. 5월 28일에도 학내에서 유인물이 뿌려지는 사건이 벌어졌는데, 「연세민주학우 투쟁선언」 유인물 1백여 장이 교내 곳곳에 살포되었다. 당시에는 검거되지 않았지만 7월말 '민주학생연맹' 사건이 알려지면서 학림조직의 학생 하부조직이라는 혐의로 이 시위를 주도한 윤태영(경제 3), 이재훈(행정 3)이 구속되어 징역 8월을 선고받았고 김종문(정외 3)은 징역 6월을 선고받았다. 6월 들어 학생들은 광주사태의 진상을 폭로하는 유인물을 더욱 적극적으로 시내에 살포하였다. 서한석(대학원, 경제), 이성하(신학 4), 김치걸(법학 3), 김상규(정외 3)는 이화여대 앞에서 광주사태의 진상과 언론의 왜곡 보도, 미국의 대한정책을 비판하는 유인물을 살포했다.

정권의 탄압은 교내외에서 벌어지는 시위뿐만 아니라 참가자들을 격리하기 위해서 각종 사건을 만들었다. 1981년 9월 12일 구속된 박영창(신학 4)은 수사기관이 무협지 필화사건을 조작한 것이다. 군입대를 앞두고 휴학 중이던 그는 용돈을 벌기 위해 '무림파천황'이라는 무협소설을 썼다. 총 5권 가운데 일부 내용이 정권을 풍자하고 사회주의를 표방했다는 혐으로 구속되었다.

9월 30일 학생 4천여 명이 탈춤공연이 있은 이후 '전두환 물러가라 양키고홈'의 구호를 외치며 아현동 고개까지 진출하는 시위를 벌였다. 이 시위로 학교 당국은 1명을 유기정학, 5명을 무기정학 조치하였다. 학내의 심상찮은 분위기에 정부는 학교에 유학 중이던 재일동포 학생들이 포함된 간첩단 사건을 만들었다.

1981년 10월 13일 정부는 김태홍(경제 4), 우대형(경제 4), 박성우(경제 4), 이태수(전투경찰대원, 연세대), 이기현(육군 모 부대 사령부 비서실 당번병)을 마르크스의 경제학 등 공산주의 관련 서적을 탐독하고 그 체제를 동경해 북괴의 방송을 청취하였으며, 김태홍이 평양을 방문해 노동당에 입당하고 군사기밀을 수집해 보고한 것으로 간첩 혐의를 적용해 국가보안법과 군기밀보호법 위반으로 구속하였다.

합법적인 모임과 시위를 할 수 없는 상황에서 학생들은 어떤 기회라도 주어지면 그 행사에서 반정부 시위를 벌였다. 연고전이 대표적인데, 이때의 연고전은 학생들이 공식적으로 교내외 대규모 행사를 할 수 있는 거의 유일한 기회였다. 10월 24일 연고전을 마친 학생들은 가두시위를 벌였다. 시가행진 중에 민주회복학생회의 명의로 전두환 정권의 독재성을 강조한 유인물을 살포하였다.

곧이어 겨울이 온 것같이 교정은 큰 사고로 얼어붙었다. 11월 25일 학생들이 채플을 마치고 나오는 시간에 맞춰 학생회관 4층 창문과 학생식당 두 곳에서 '반파쇼 구국투쟁 선언'을 살포하는 시위가 일어났다. 양경희(아동 3)는 학생회관 4층에서 유인물을 낭독하고 뛰어내렸다. 양경희가 '파쇼정권 타도'가 적힌 '반정부 파쇼 투쟁선언문'을 뿌리며 구호를 선창하고 뛰어내리자 남학생이 그녀를 받았지만 부상을 입었다. 이 시위는 2천여 명의 학생들이 참가해 스크럼을 짜고 노래와 구호를 외치며 진행되었고, 사복경찰 70여 명이 위장 학생으로 침투해 수백 명의 전투경찰과 함께 수십 명의 학생을 구타하고 연행하였다.

이날 시위로 백혜연(사학 3), 정동식(정외 2)이 집시법 위반으로 구속되어 각각 징역 1년 6월, 징역 1년을 선고받았다. 시위에 참가해 경찰에 붙잡혀 간 정용석(정외 3)과 남학생 15명은 서대문경찰서에서 의정부 101 보충대로 끌려가자마자 군입대 절차를 밟았다. 백혜연과 양경희가 주도한 이날 시위는 부상자와 강제징집으로 인해 학생들에게 굉장히 큰 충격을 주었다.

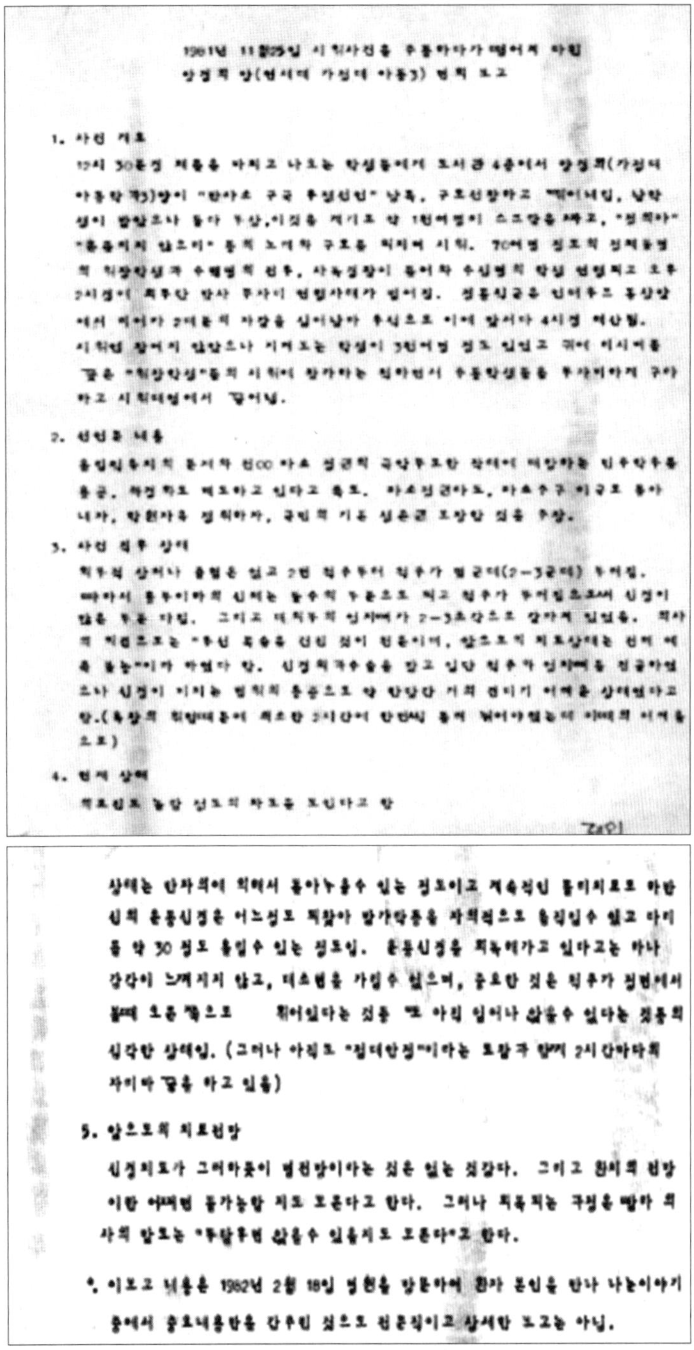

양경희양이 반파쇼 구국투쟁선언 낭독 후 뛰어내림에 신체가 거의 불구가 되었고 그녀의 현재 상황을 면회함
1.사건개요 2.선언문내용 3.사건직후 상태 4.현재상태 5.앞으로의 치료 전망.
출전: 한국기독교사회문제연구원

학회 조직 이후 학생운동 협의체 모임(CT, Control Tower)에서 1982년 시위와 축제, 연고전, 탈춤공연 등의 투쟁 방향을 모색하였다. 이해 3월 8일 반정부 유인물 150여 장을 강의실에서 살포하는 등 4차례에 걸쳐 1,000여 장을 살포한 혐의로 하승창(사회 3)과 박순정(철학 3), 김은주(천문기상 3)가 경찰에 검거되었다. 그들에게는 이듬해 1983년 1월 국가보안법과 집시법이 적용되었다.

3월 24일 교내 유인물 사건으로 경제학과 일부 활동가들이 구속되었다. 조호걸(경제 4), 한승주(경제 2), 전수호(경제 3), 황룡(경제 2), 곽탁성(경제 2) 등이 도서관 화장실과 열람실 등에 반정부 구호가 담긴 유인물 200여 장을 살포해 구속되었다. 시위가 계속되자 정부는 학생운동을 차단하기 위해 집시법보다도 국가보안법 적용을 늘려갔다. 이런 정세에도 1982년 5월 종교극예술연구회의 김홍겸과 신과대 학생들은 "누가 예수를?"이라는 상황극은 학교 측에 큰 반향을 일으켰다(연세대학교 신과대학 100주년기념사업위원회 편, 2015, 463~464쪽).

여름부터 가을까지 학내시위는 잦아들지 않고 지속되었다. 6월 8일 12시 25분경 윤평호(사회 4), 한민호(경영 4), 김형균(응통 3), 이상아(독문 4) 등이 도서관 5층 동서문제연구소 유리창을 깨고 들어가 구호를 외치며 '민주주의를 위한 반파쇼, 반독재 연세민주학우 투쟁선언문'을 뿌렸다. 이들은 대강당 옥상에서 확성기를 틀고 유인물을 낭독했으며 도서관 앞에 있던 학생 600여 명이 노래와 구호를 외치고 대강당에서 또 다른 시위가 일어나 학생들은 2,000여 명으로 불어났다. 비합법 시기의 다양한 시위로서 백양로 전체를 시위공간으로 활용하면서 많은 학생들이 대거 참가하였다.

군대에 입대한 학생들에게도 군사정권의 검열은 치밀하게 이루어졌다. 노동자를 위한 야학교사를 하다 군에 입대한 김형보(사회사업 1)가 친구에게 보낸 편지 내용을 군보안대가 검열한 후 반정부적이라는 이유로 구속하였다. 7월 23일 콘트롤데이터 사태에 항의하여 교외에서 활동하다가 구속되는 사건이 발생했는데, 김철기(철학, 75)는 한국기독청년협의회에서 '콘트롤데이터 사태에 대한 우리의 입장'을 발표한 뒤 국가모독죄로 구속되었다. 항소심에서 무죄 판결을 받았지만 상고심에서 대법원은 유죄를 판시했다. 9월 21일에는 김희준(치본 4), 곽영진(철학 4), 서영선(천문기상 3)이 시위를 주도했다.

1982년 9월 21~22 교내시위는 낮 12시 40분경 김희준(치본, 4)이 중앙도서관 4층, 곽영진(철학 4)이 학생회관 4층 창문에서 8쪽짜리 유인물을 뿌리면서 시작해 약 2천여 명의 학생들이 1시간 동안 학원자율화 보장을 외치며 시위를 벌였다. 이날 시위는 다음날까지 이어져 서영선(천기 3)이 연고전이 열릴 예정이던 22일 낮 12시 30분경에 상경대학 4층에서 유인물을 읽고 구호를 외치면서 1천여 명의 학생들과 시위에 나섰다.

정부의 탄압에도 불구하고 학생들의 시위는 더욱 치열해졌다. 경찰들이 장악한 학원에서 그들의 눈을 피해 학생들이 가장 많이 모이는 학생회관과 도서관, 식당은 유인물을 뿌리고 구호를 외치는데 가장 좋은 장소였다. 1982년 2학기부터 이듬해 봄까지 여러차례 유인물을 제작하여 교내에 살포한 지태홍(사학 3)은 1983년 4월 검거되어 재판에 넘겨졌다. 그에게는 자취방에서 압수된 자료까지 더해져 국가보안법과 집시법 위반으로 징역 3년, 자격정지 2년을 선고받았다.

1983년 6월 3일, 1학기 마지막 시위가 있었다. 최성웅(정외 4), 은병기(정외 4), 이강진(사학 4)이 시위를 주도했는데, 이강진은 도서관 5층에서 밧줄을 타고 내려오면서 유인물을 뿌리고 구호를 외치다가 갑자기 밧줄이 늘어지는 바람에 급강하해 큰 사고를 당할 뻔했다. 은병기는 온몸에 휘발유를 뒤집어쓰고 손에는 비수를 든 채 경찰의 연행에 저항하며 분신을 선언했다. 이날 시위는 학내에서 있었던 시위 중에서 손에 꼽을 정도로 격렬하고 비장했는데, 이 모습을 본 학생들이 떨리는 가슴을 안고 두려움을 벗어던졌다.

1980년대초 문우극회와 함께 대표적인 써클이었던 예술철학회는 현실에 뿌리를 둔 미의식을 추구하면서 각종 행사에서 길놀이와 촌극을 공연하였다. 1970년대 초 만들어진 방언민속연구회는 1983년 현대문화연구회로 이름을 바꾸었는데, 민중에 대한 이론 탐구에서 한 발 더 나아가 마당극 운동에 앞장섰다. 그해 9월 써클제행사에서 제2회 공연이 열릴 무렵, IPU(Inter-Parliamentary Union 국제의회연맹) 제70차 총회와 미주지역 여행업협회(American Society of Travel Agents) 한국총회가 서울에서 열리고 있었다. 이 기간 정부는 노점상을 철거하는 행태를 보였는데, 현대문화연구회는 폭력에 희생당하는 민중의 어려움과 소외를 처음으로 파헤치는 민중극을 상황극 형식으로 학내에 선보였다 (연세대학교 백년사편찬위원회, 1985, 186쪽).

1980년대 초반 경직된 학사지도와 학생활동의 통제 아래에서 써클은 자율적인 학내 생활과 창의적인 대학문화를 형성하는데 기여한다. 학생활동의 자율을 모색하는 측면에서 써클연합회가 출범하였고 1980년 3월 제1차 써클대표자 정기모임을 열어 학생활동의 제반 문제와 개선 방향을 논의해 나갔다. 써클연합회는 학도호국단의 활동을 비판하면서 학생들의 의사를 반영하는 자율적인 학생활동기구로서 역할을 하려고 했다.

학생운동의 흐름이 학회를 거쳐 나타난 것은 1970년 후반부터였다. 단과대학별로 자신들만의 공동체 성격을 가지고 학회의 방향과 문화를 만들어가기 시작했다. 문과대학의 예술철학회, 상경대학의 상경문화연구회, 사회대학의 사림문화회, 가정대학의 우리극회가 이런 경우였다. 중요한 것은 학회 활동의 성격인데 '이념'으로 구분된 활동과 '연극', '탈춤' 등 예술 분야 학회는 교내외 집회에서 학생운동과 직접 연관이 있었다.

지하조직을 포함해 주요 학회를 소개하면 목하회, 성하회, 연세극예술연구회, 우리문화연구회 등이 있다. 우리문화연구회는 1973년 9월 탈춤연구회로 출발해서 1980년 9월 민속연구회로 바뀌었다가 1982년 현재의 써클이 되었다. 이 써클은 전통의 전수라는 측면에서 탈춤의 형식을 확실히 지키면서 정치사회의 변화에 적극 대처했다. 1982년 10월 <무악창작탈놀이>라는 창작 탈춤을 공연하면서 사회 문제를 전반적으로 다루었고, 이듬해 5월에는 '광주사태'에 관한 내용을 다룬 창작 탈출 <오월곡>을 공연하였다.

학생자치기구는 아니지만 학생들의 활동을 보도하는 학내 언론으로서 연세춘추사의 역할도 빼놓을 수 없다. 연세춘추사는 학원 내의 행사와 활동을 정기적으로 보도하는 학교의 부속기관으로서, 학원 내외의 홍보를 담당하며 교직원, 학생, 동문의 연구발표를 알려왔다. 내부로는 건전한 학풍을 수립하는데 일조했고 외부로는 정치, 경제, 사회, 문화, 과학 영역에서 건설적인 발언 기관으로서 공기가 되어왔다. 『연세춘추』는 1980년 5·17 이후 사전 검열과 배포 중지를 겪으면서 발행이 중단되었다가 115일 만에 그해 2학기에 다시 발간되었다.

기존 1970년대 운동의 방향이 써클 조직에서 학회로 나타난 것은 80년대 이후 광주항쟁을 겪은 학생운동이 지하에서부터 조직화된 것을 의미한다. 이 과정은 학내 시위가 점점 증가한 동시에 이 시위를 조직적으로 만들어가는 학생운동의 확대와 참여 학생들의 학습이 이전보다 훨씬 체계적으로 진행된 것을 뜻한다. 앞서 보았듯이 건물을 선점하고 유인물을 살포하는 다양한 시위는 그 효과로 볼 때 독재정권에 대한 학생들의 주의와 침묵을 깨뜨리기에 충분했다. 1982년부터 협의체 모임에서 조직적으로 전개한 투쟁은 비합법 시기의 조직적 저항이었으며, 전 운동세력이 참가하고 투쟁 방법에 있어서도 전략과 전술이 체계적으로 변하는 시기였다.

2. 제적 학생 복교

1983년 12월 21일 구속된 학생들의 석방과 제적 학생, 해직교수의 복직을 허용하는 '학원자율화' 정책이 수립되어 1984년 2월 29일 학원 내에서 경찰과 정보기관원이 형식적이나마 철수하였다. 4월 23일 학교 교무위원회는 「학생에게 주는 글」에서 학교와 학생들이 의견을 나누기 위해 평교수 12명으로 구성된 대화위원회를 설치해서 학생들의 의견을 수렴해 학사행정의 개선 방향을 모색하려고 했다.

나름대로 정권이 안정기에 접어들었다고 본 전두환 정부는 1983년 말부터 제한적인 유화 조치를 대학가에 실시한다. 1980년 5·17쿠데타 이후부터 1983년 말까지 학원에서 제적된 1,363명에 대해서 복교를 허용하는 것이었다. 1983년 12월 21일 문교부 장관은 전국대학총학장회의에서 각종 시위로 제적된 학생들의 복교를 허용하는 조치를 발표하였다.

정확한 통계는 아니지만 5·17이후 3년 동안 1,400여 명의 대학생이 제적 조치를 당했고 500여 명이 강제징집 당해 군입대 조치를 받았다. 이 중에서 정부는 복역 중인 학생과 양심수를 대규모로 석방하였고, 학생들 중 일부는 사면 복권된 후 학교로 돌아왔다. 1983년 12월 22일 공안사건으로 수감된 관련자 172명이 특별사면과 형집행정지로 석방되었고 142명이 복권되었다. 이 중에는 학생운동으로 실형을 살던 131명이 포함되어 있었다. 이같은 유화 조치는 학원에 일정한 자율성을 부여하는 방향으로 조금씩 이어졌다.

이즈음 연세대학교는 복교 대상 학생이 총 94명이라고 발표했는데, 1984년 봄학기에 복한(등록)한 제적생은 한 명도 없었다. 제적생들은 복교대책위원회를 구성하였고 이 문제의 민주적 해결을 요구하고 있었다. 왜냐하면 학교 당국이 선별적인 복교 원칙을 고수하고 있었을 뿐만 아니라, 제적생들이 '좌익 극렬분자'라는 언론의 무차별 보도가 뒤 따르고 있었기 때문이었다.

제적생에 대한 학교 당국과 언론 등 세간의 편향된 정치 인식은 학부모들이 나서는 계기가 되었다. 연세대학교 제적 학생 부모들이 배포한 '호소문'은 제적 학생의 문제를 그들만의 문제로만 보지 말 것과 사회 각계각층에서 관심을 가지고 보아주기를 간절히 바라고 있었다. 복교 조치에 대한 기대가 '소수 극렬학생'이나 '좌경화'라는 이름으로 학생들을 왜곡되게 몰아세우지 말 것과 복교가 변질되어서는 안 되는 것을 지적했다. 학부모들은 무엇보다 복교 조치를 제한하는 것은 공민권을 제약하는 것이라고 비판했다.[56]

연세대학교 제적 학생들이 총회를 개최하는 모습
출전:『경향신문』1984년 2월 6일

1983년 한해 동안 교정에서는 대규모 민주화운동이 일어났고, 이 여파는 서울의 다른 대학으로 파급되었다. 운동은 때로 분산되어 추진했지만 시위는 매번 시기의 적절성과 현 정세에 대한 판단, 각 써클과 학회의 요구 등 여러 가지 학내외 요소들을 감안해

56 연세대학교 제적학생부모 일동, "호소문", 1984. 3. 13.

진행되었다. 학내의 거의 모든 운동 역량을 잇는 써클과 학회의 공개·비공개 네트워크는 1982년과 83년 연세대 학생운동의 질적인 비약을 가능하게 했다.

학생운동에 대한 정부의 대응 방식은 1984년 학내에 상주하는 사복 경찰을 철수시키면서 좀 더 온건한 형태로 바뀌었다. 2월 29일 학원에 상주하던 사복 경찰이 공식적으로 철수했다. 이어서 3월 1일 구속된 학생 158명을 석방한다는 발표가 있었다. 전국 주요 대학에서 학생으로 위장한 경찰들이 철수하였지만 정보과 사찰경찰의 활동은 지속되었다. 정부가 학원 내의 경찰을 철수시킨 것은 학생운동을 온건하게 만들고 고립시키려는 효과를 가지고 있었다(강신철 외, 1988, 51쪽). 시위를 진압하는 전투경찰이 교내에 투입되는 경우가 완전히 사라진 것은 아니었다. 해당 대학교의 총장이 요청할 경우에는 언제든지 학내 진입이 가능했다.

학원정책에 대한 유화 조치에는 대외 환경의 변화 또한 무시할 수 없었다. 유화 국면으로 전환하는데 중요한 것이 1983년 11월에 있었던 로널드 레이건(Ronald Reagan) 미국 대통령의 방한과 1984년에 예정된 교황 요한 바오로 2세의 한국 방문이었다. 1983년 11월 9일 연세대생 300여 명이 레이건의 방한 반대와 군부독재 타도를 주장하며 교내시위를 벌였다. 레이건의 방한이 학내외 시위의 주요 의제가 되자 대외적으로 학생들의 불만을 잠재우고, 안정적인 사회를 보여주려는 전두환 정권의 의도는 학원율화와 같은 조치로 나타났다.

1984년 1월 4일 서울지역 13개 대학은 제적생들의 전원 복교를 요구하는 성명서를 발표하였고, 2월 11일 제적 학생들이 제적생복교추진지역대표자전국협의회를 결성하였다. 연세대학교 복교추진위원회는 이전 해까지 학내에서 벌어진 각종 사건을 정리해 그 실태를 공개했다. 비민주적인 학칙과 학원 내에서 벌어지는 비자율적인 학생활동, 그리고 정부 당국과 학교 당국의 학원사찰과 학생 동향 감시, 지도휴학과 강제징집, 징집 이후 군대에서 사망한 정성희 사건에 이르기까지 학원자율화와 복교를 앞두고 그 방향을 제시하기 위한 것이었다.[57]

57 연세대학교 복교추진위원회, 『학원 실태조사보고서』, 1984.

3장 끌려가는 학생들

1. 병영집체훈련 거부와 직권휴학

대학에서 군사문화의 잔재는 유신체제에서 비롯된 학도호국단과 교련수업으로 남아 있었다. 1980년에 들어서서 학생들은 박정희 때부터 시행되어온 이 문제를 다시 거론하기 시작했다. 학사행정의 일부로 이루어지는 군사교육에 대해 대학 당국은 아무런 역할도 하지 못하였다. 문무대에서 진행되는 병영집체훈련은 군사교육 중에서 가장 큰 문제였다. 병영집체훈련 거부는 문무대에 입소한 학생들의 시위로 이어진다. 1학년 학생들이 중심이 된 이 운동은 1971년 전국 대학을 휩쓸었던 교련강화 반대에 이어 나타난 학생군사훈련에 대한 거부 운동이었다.

1980년 5월 9일 1학년 대표협의회는 '병영집체훈련은 본래의 목적과는 달리 학생들에게 유신체제의 정당성과 필연성을 세뇌시키고 학원의 병영화를 추진시켜 왔으므로 진정한 민주화를 위해 이를 거부한다'라는 결의문을 발표하였다. 이 결의의 내용에서 보듯이 학원의 병영화는 민주주의와 병행할 수 없는 독재와 권위주의 군사문화의 위계를 심어주었다. 이보다 앞서 5월 1일 정부는 군사훈련을 반대하는 학생들의 목소리가 전국 대학에서 빗발치자 「대학생군사교육 축소개선안」을 발표해 학생들의 요구를 무마시키려고 했다.

휴교 끝에 개강을 맞은 1980년 2학기 학사관리에서 교련 과목의 강의 수와 수강 대상이 변경되었다. 학교 당국은 학생들의 반발에 부딪혀 3학년 재학 중 매주 4시간씩 실시한 교련 수업을 주당 2시간씩 2학년 재학 중에 받도록 줄였다. 병영집체훈련에 참가한 학생들에게 주어지는 군복무 단축 기간 역시 1년당 2개월에서 3개월로 확대하였다.

1981년 영독불어 계열에 입학한 정성희는 그해 11월 초 문무대에 입소해 일차 훈련을 받았는데, 그곳에서 훈련을 거부하는 시위를 선동하고 노래를 선창한 것이 문제가 되어 문교부에서 관리하는 리스트에 기록되었다. 정성희는 1981년 흥사단 아카데미와 학내에 유인물을 제작·배포하는 조직에 가입해 활동하였는데, 그해 9월경 '오천여 신입생들에게 드리는 글' 이라는 제목의 유인물을 다른 동료와 함께 제작해 배포했다. 11월 25일 친구들이 주도한 시위에 참가했던 정성희는 연행되는 친구들을 구출하려고 뛰어들었다가 체포되어 서대문경찰서에 연행되었다. 조사를 받은 사흘 뒤 강제징집을 당했다.

이듬해 1월 4일 자대배치를 받은 정성희는 부대에서 '학원소요 관련자'로 보안사의 지속적인 감시를 받아오다가 1982년 7월 23일 사망 원인이 정확하게 밝혀지지 않은 채 의문을 죽음을 당한다. 의문사진상규명위원회는 정성희가 강제징집 녹화사업으로 인한 첫 번째 희생자였음을 밝혔는데, 사건 당시 가족들은 군 당국의 통제로 현장에 가보지 못한 채 병참모부에서 빈소를 지켰다. 군은 가족들에게 부검포기서와 화장동의서, 사인에 대해 법적 이의를 제기하지 않는다는 각서를 받았다.

정성희가 전입한 후 부대 지휘계통은 소대장과 분대장에게 관심을 가지고 그를 관찰하도록 지시했다. 보안부대가 정성희를 지속해서 감시하고 관찰했다. 대대 보안대 선임하사가 직접 분대장에게 정성희가 시위주동자이니 관찰해 보고하라고 지시했으며, 대대 보안대 주재관이 소대장에게 정성희의 동향을 묻기도 했다. 다음은 정성희가 쓴 일기초이다.

> 무엇이 옳고 무엇이 그른가? 우린 무엇을 알고 무엇을 모르는가?
> 그것조차 모르는 우리가 무엇을 말할 수 있단 말인가?
> 민주화란 무엇인가 도대체 우린 왜 사는가? 무엇때문에 민주주의를 부르짖는가?
> 밤을 새워가며 캠퍼스에서 민주화를 부르짖는 대학생들의 구호 소리들.
> 임금인상을 부르짖다 불순분자로 몰려 공장에서 쫓겨난 여공들은 아직도 거리에서 방황하는 세상, 약자는 항상 강자의 독선과 악행을 하늘의 뜻으로 아는 세상,
> 우리 지금 그러한 세상에서 눈앞의 이익 때문에 정도(正道)를 걷지 못한다.

그러나 나 무얼 알고 무얼 하려는가?
나 자신을 망실(亡失)하진 않았는가? 흥분하진 말자.
그러나 방관하지도 말자.

출전: 김영래·임진영·김영준 엮음, 『당신의 조국 한국을 알자: 연세대학교 학생운동사: 한국 문제연구회 창립 40주년 기념자료집』, 디컨하우스, 2003

신군부의 학원대책 중에서 매우 심각한 인권침해가 직권휴학과 강제징집, 녹화사업이다. 학원정책 중에서 대학 측에 가장 강한 압력은 학생지도방침이었다. 그 중에서 가장 먼저 바뀐 것은 직권휴학(직접휴학/지도휴학)의 부활이었다. 이것은 학생들의 의사에 상관없이 정권의 이해와 대학 당국의 조치에 따라 학생들을 학교와 사회에서 추방하는 일종의 격리조치였다. 신군부의 독자적인 학원대책이 아니라 이미 박정희 정권 때부터 시행해오던 바였다. 10·26이후 일부 대학에서 학생들의 요구에 따라 교내활동을 보장하기 위해 1980년 초반 총장의 직권휴학이나 복학 등과 같은 학칙을 폐지하거나 수정해 학생들의 자율성을 보장하였다. 하지만 신군부는 대학의 학칙을 보강해 총학장의 직권에 의한 징계권과 제적생의 복학을 금지하는 조항을 부활시켰다.

강제징집과 녹화사업: 빨간 물을 뺀다

1980년 9월부터 1984년 11월까지 군사정권은 학생운동에 참여한 대학생 가운데 제적, 정학, 휴학 등 특수학적변동자를 대상으로 그들을 강제로 군입대시킨다. 병역의 의무를 내세워 시위에 가담한 학생들을 청와대와 국방부, 내무부, 문교부, 안기부, 보안사, 병무청, 경찰서 등 정부 각 부처와 학교 당국이 역할을 분담해 병역법이 정한 소정의 절차를 무시하고 학생들을 입영 조치한 것이다. 보안사 문건에서 확인된 사실에 따르면, 전두환 전 대통령은 1981년 4월 2일 주영복 국방부장관에게 "소요 관련 학생들을 전방부대에 입영 조치하라"는 지시를 하달했다.

학원에서 자행된 강제징집의 성격을 종합해 보여주는 문건은 1981년 12월 1일 주영복 국방부 장관이 서정화 내무부 장관에게 전한 「소요관련 대학생 특별조치 방침」이다.

학생운동 관련자를 '특수자원자'로 지목한 이 방침에는 목적, 대상, 부대 배치 기준, 배치 후 관리 방침뿐만 아니라 정부 각 부처의 구체적인 역할 분담과 시행 절차까지 담겨있다. 특별조치의 목적은 '학원소요 관련 대학생에 대하여 즉각 입영 조처함으로써 사회 안녕질서 유지에 기여한다'는 것이었다. 입영 대상은 '대학(대학원 및 전문대학생 포함) 재학 중 내무부 장관이 결정한 소요 관련자 전원으로 한다'라고 명시했다. 위 방침에 해당하는 입영 대상자들은 군입대를 위해 반드시 거쳐야 할 징병적령(나이), 징병검사 실시 등 합법적인 절차와 면제사유에 해당하는 신체상해 여부, 수형사유 소집면제 여부 등에 '관계없이 최우선적으로 입영 조치'되었다. 정부 각 부처에 법과 절차를 무시하고 조직적인 납치 행위를 자행할 것을 명령한 것과 다르지 않았다.

문서에는 강제징집 대상자 중에서 '육군은 전원 GOP 부대', 해군은 '서해 5개 도서지역 및 함상'에 배치하고, 부대 배치 후 '별도 신원파악 및 복무 태도를 관찰'해 '법규 위반 시, 군법회의 회부 처리'하는 관리지침이 포함되어 있다. 시위 관련 학생들은 모두 최전방에 배치할 뿐 아니라, 병영 내부에서 그들에 대한 감시 체계가 항상 가동됐음을 알 수 있다. 학생운동 참여자를 대상으로 하는 강제징집과 각 정부기관이 동원된 사안에 대해서는 '소요관련 대학생 특별조치방침', '징집대상자범위 검토대책회의 소집 건의서'에 소개되어 있다. 국방부 장관이 보안사령부에 보낸 위 방침을 수정한 군사 대외비에도 관련 내용이 나타나 있다.

강제로 징집당한 학생들을 대상으로 실시한 녹화사업은 1980년대 초 보안사령부가 주도한 일종의 사상전향 공작이었다. 강제징집된 학생이나 운동 경력이 있는 병사들을 대상으로 실시한 이 공작은 프락치 공작과 함께 시행되었다. 녹화사업은 병사들이 군입대 전에 활동한 내용과 운동권의 동료, 조직을 실토하게 하는 '심사과정', 휴가 기간을 이용해 운동권의 동향을 파악해 보고하는 '활용과정'(프락치 공작)으로 진행되었다. 보안사령부는 학생운동 참여자를 대상으로 이념을 바꾸도록 하는 '순화'사업과 출신대학의 학원 첩보를 수집해 오도록 활용하는 '프락치' 공작을 강요했다. 보안사는 1982년 9월부터 1984년 12월까지 '군내 좌경오염 방지'라는 명목으로 개인 심사를 거쳐 학생운동에 가담한 사람들의 활동사항을 조사했다. 1983년 12월 전두환 전 대통령이 서명한 '1984년도 학원 종합대책' 문서 역시 녹화사업에 관한 추진 실적이 포함되어 있다. 1984년 11월 13일 강제징집이 금지되고 다음달 19일 보안사 심사과가 해체되면서 녹화사업이 폐지되었다. 강제징집과 녹화사업 대상자는 각각 1,152명, 1,192명이며 녹화사업 대상자 중 921명은 강제징집자였던 것으로 드러났다. 1988년 국정감사에서 국방부와 보안사는 강제징집 447명, 녹화사업 265명이라고 대상자를 축소해서 밝힌 바 있다.

출전: 대한민국 정책브리핑(www.korea.kr); 『한겨레21』 제562호, 2005.6.1.; 대통령소속 의문사진상규명위원회, 『의문사진상규명위원회 보고서: 1차 (2000. 10~2002. 10) 2』, 대통령소속 의문사진상규명위원회, 2003

1983년도 학원의 동향은 광주의 현실을 학습하고 계속된 군사독재정권의 본질을 파헤치면서 체계적이고 조직적인 학생운동을 준비해 많은 시위가 발생한 때였다. 그해 봄 학기 46건의 크고 작은 시위가 있었는데, 133명이 검찰에 구속되었고 가을학기에는 88건의 시위로 193명이 구속되었다. 학생운동은 교내에서 유인물을 살포하는 것을 시작으로 종로와 광화문, 신촌사거리에 진출해 집단적인 가두시위를 감행하는 경우가 잦아졌다.

1983년 4월 19일 학생식당에서 시위가 벌어졌다. 학생들은 스크럼을 한 채 식당을 나와 백양로를 따라 올라갔다가 돌아 내려와 도서관으로 향했다. 천여 명의 학생들은 도중에 전경들의 진압으로 흩어졌다가 모이기를 반복하면서 구호를 외치고 시위를 이어갔다. 자발적으로 있었던 시위에 뒤이어 4월 21일 조정관(정외 4)이 도서관에서, 오승훈(사학 4)은 종합관에서 선언문을 뿌리며 구호를 외쳤다. 이 시위에 가담한 혐의로 박래군(국문 3)은 경찰서로 붙들려간 후, 시위를 주도하고 학교를 빠져나간 홍미선(국문 4)의 거취에 대해서 취조당했다. 시위 가담자 다섯 명이 조사를 받고 있었는데, 여학생 1명을 제외한 81학번 3학년 4명은 일주일 만에 군에 강제로 입대하였다.

박래군은 "그렇게 피하고 싶던 강제징집을" 당한 것이다. 학교 동기였던 정성희가 군에 끌려간지 6개월 만에 철책에서 총탄을 맞은 시체로 돌아온 것을 학생들은 알고 있었다. 1983년 4월 28일 아침 그는 병무청에서 가지고 온 서류에 지장을 찍으며 '특수학적변동자'로서 모든 절차를 생략하고 군대에 끌려갔다. 경춘가도를 달리는 경찰의 봉고차 안에는 그의 오랜 친구 노항래와 시위에 가담한 학생들이 곁에 있었다.[58]

그해 2학기 교정에서 학생운동이 집중적으로 조직되었다. 백양로에서 주목할 만한 학생운동은 9월 16일에 있었던 대규모 학내시위였다. 김환기(신학 4), 장영석(사회 4), 고도곤(심리 3), 한기홍(심리 3), 김문경(금속 3)이 주도했다. 연고전이 취소되자 이것이 정치권력의 개입으로 인한 것을 알리고 독재타도를 부르짖으며 시위가 발전했다. 치열하게 전개된 이날 시위에서 김문경은 공대 현관 지붕위에서 구호를 외치다 뛰어내려 부상을 입었고, 한기홍은 경찰의 체포를 피해 도피한 후 다음 시위에 등장했다.

---

58 박래군, 「사람 곁에 사람 곁에 사람: 인권운동가 박래군의 삶과 인권 이야기」, 클, 2014.

9월 23일 학도호국단 확대 운영위원회는 3천 여명의 학생과 교무위원들이 참석한 가운데 연고전과 학원자율화에 대해 토론했다. 이 자리에서 이성헌 총학생회장은 7월 이후의 학원 상황을 정리했는데 학원자율이 침해되고 있는 사회학회, 신학회, 연세춘추 등의 사례를 발표했다. 이날 운영위원회는 학도호국단의 한계를 극복하기 위해 '학원자율화 추진위원회'를 구성하기로 하고, 도서관 앞에서 학생들이 참여한 가운데 공개토론을 가졌다. 9월 29일에는 최병현(국문 4), 김상열(화학 4), 유창복(경영 4), 한기홍(심리 3)이 시위를 주도했다.

대학 당국의 학생지도에 관한 사항은 학생운동 관련자 처리와 연관되어 있었다. 그중에서 검거한 학생들에 대한 등급 분류는 경찰의 시위 관련자 처리 기준과 밀접하게 관련 있다. 시간을 앞당겨 보자. 1983년 6월 3일 연세대학교에서 있었던 시위와 관련하여 서대문경찰서는 학내외 시위에 참여한 학생들을 연행하였다. 이 문서는 수작업으로 이뤄졌으며 작성자는 서대문경찰서 정보과 박○○ 경사로 알려져 있는데, 서류는 총장 앞으로 수신되었다. 이날 시위는 12시 25분경 이강진(사학 4), 최성웅(정외 4), 은병기(정외 4)가 주도해 상경대학 테라스와 도서관 5층의 유리창을 깨고 유인물 500여 장을 뿌렸으며, 학생 1천여 명이 여기에 호응해 동참하였다(연세대학교 백년사편찬위원회, 1985, 58쪽).

위 시위와 관련해서 경찰서 정보과에서는 검거한 학생들에 대한 신병처리 계획을 담은 「연행학생신병처리계획, 83. 6. 3 연대시위관련」 문서를 작성하였다. 문건에 따르면 교내시위가담으로 11명, 교내외 시위에 가담한 혐의로 74명이 연행되어 총 85명의 학생이 경찰에 붙들렸다. 경찰은 이들에 대한 시위참여 정도와 보호자 인적사항, 재산, 생활정도, 범죄 사안 등을 상세히 기록하였다. 경찰은 시위 가담 정도에 따라 A부터 D까지 등급을 나누고 A급(3명)은 구속, B급(7명)은 입건, C급(4명)은 즉심, D급(71명)은 훈방 조치했다. 등급분류에는 나타나있지 않지만 일부 남학생의 경우 현지 군입대(강제징집)를 조건으로 구속과 입건으로부터 제외하고 있었다. 이런 조치는 1980년대 중반까지 시행되었다.

현지입대라고 하는 것은 병역의무를 미필한 상태의 학생이 여러 가지 이유로 인해 경찰에 검거될 경우 학생의 신병처리와 관련하여 시위를 주도하거나 이에 가담한 정도가 중할 경우 구속이나 입건 대상자로 선정해 인신을 구속하는 대신 경찰서에서 곧바로 101, 103보충대로 데려가는 강제징집을 시행하는 조치를 말한다. 경찰이나 학교 측은 현지(군)입대라고 해서 강제로 징집된 대학생들의 학적 변동(군입대 휴학)을 이렇게 처리하였다.

경찰은 시위와 관련한 학생들의 조치 사항에 대해서 대학과 긴밀한 관계를 유지하였다. 검거된 학생들의 신병처리 결과를 학교 측에 통보하면서 서대문경찰서는 해당 교수로 하여금 그 학생에게 특별지도가 필요함을 명기하였다. 서대문경찰서장이 연세대학교 총장에게 보낸 「비위 학생 통보」 문서는 학원이 자율성을 포기하고 정권의 방침에 따른 상황을 부끄럽게 보여준다. 서대문경찰서로부터 접수한 위 문건에 대해서 학교 담당자가 자필로 기록한 내용에 따르면, 경찰의 '비위 학생 통보'와 '특별지도 요망'에 따라 학교 당국은 훈방조치 된 학생들을 담당하는 지도교수에게 특별지도를 의뢰하는 공문을 발송해 학생지도에 임하도록 했다.

1983년 학교 당국은 전두환 정권의 손아귀에 있었다. 6월 3일 발생한 시위 이후 임시교무위원회를 개최한 학교 당국은 학생들의 활동을 전면 금지하는 조치를 취했다. 이뿐만 아니라 학생들이 모임을 할 수 있는 활동은 전면 통제되었다. 사례를 보자. 2학기에 들어선 9월 7일 연세대학과 고려대학 총장은 연고전을 취소하기로 결정해 공동 발표하였다. 이에 대해 연세대학교 학도호국단은 '83정기 연고전을 취소하게 된 배경을 전체 학생을 상대로 명확히 밝히라고 학교 측에 요구했다. 학교 행정을 결정하는 과정에 학생들의 의사가 분명히 반영되어야 하고, 학교 당국은 적극적 자세로 자율적인 학생활동을 보장해 줄 것을 요구했다.[59]

연세대학교와 고려대학교 총학생장은 일방적이고 조급한 정기 연고전의 개최를 취소하는 학교 측의 결정은 전면 철회되어야 한다고 주장했다. 모든 학교 행정에 학생들의 자율적 의사가 충분히 반영될 수 있도록 실질적인 보장이 있어야 하며 무엇보다 그들은 대학이 '민주주의의 훈련장'이 될 수 있어야 한다는 공동 성명서를 발표했다.[60] 학생들은

59 연세대학교 학도호국단 운영위원일동, "'83정기 연·고전에 대한 우리의 뜻", 1983. 9. 7.
60 연세대학교 총학생장, 고려대학교 총학생장, "공동성명서 [고·연전 개최 취소 관련]", 1983. 9. 9.

활동의 자율화를 요구하며 철야농성을 이어갔다. 11월에 들어서서 교내 학생 시위는 더욱 잦아졌다.

연말이 다가오자 활을 떠난 시위는 과녁에 다다랐다. 교정에서 학생과 경찰 사이에 큰 충돌이 벌어졌다. 11월 9일에는 이상성(전기 3)이 도서관 3층에서 플랜카드를 내걸고 유인물을 뿌렸으며, 서태진(금속 3)은 용재관, 박공우(법학 4)는 상경대, 성종규(정외 4)는 공대, 박장근(치본 1)은 백양로에서 시위를 이끌었다. 이날 교내시위에 투석전이 벌어졌는데, 시위에 가담한 많은 학생들이 교내에 상주하는 사복경찰과 시위 진압 요원, 기동경찰에 맞서 백양로에 깔린 벽돌을 깨뜨려 리어카에 실어 나르며 투석을 하였다. 이 시위로 많은 학생들이 검거되었고 지도휴학과 징집을 당했다. 이날 시위는 치열한 투석전으로 알려져 있으며 시위 진압을 지휘하든 서대문경찰서 정보과장이 이마에 돌을 맞아 치료를 받기도 했다.

11월 21일 교내시위는 살포된 선언문에 참가한 학생들이 이름을 밝히고 서명을 했던 비장한 저항이었다. 도서관 4층에서 박동수(경제 3)가 종합관에서 이성연(경영 4)이 '학원민주화'와 '자주외교실현'을 외치면서 시작한 시위는 김보한(신학 2), 천호선(사회 4), 김덕현(도서관 3)이 주도했다. 이날 경찰에 체포되지 않은 김보한과 천호선, 김덕현은 25일 다시 교내로 돌아와 시위를 이끌었다. 시위에서 학내에 상주하는 사복경찰과 학생 시위대 사이에 충돌이 벌어졌고, 이후 경찰이 대규모 병력을 투입한 뒤 식당과 도서관으로 난입해 학생들을 마구잡이로 연행하고 체포하면서 교정은 연일 아수라장이 되었다.

1980년~1983년 기간의 학생운동은 정권의 반민주적 속성을 규탄하고 축적된 학생 조직의 역량을 서서히 드러내는 시기였다. 일반 학생들에게 광주학살의 진상규명과 독재정권의 실체를 밝히며, 학내 자치와 자율을 쟁취하기 위해 고군분투했다. 점점 수위가 높아지는 학생들의 투쟁은 정보수사기관의 사찰과 감시를 더욱 강화시켰고, 정권의 폭압은 학생운동 참여자들을 교정과 사회로부터 내쫓는 정책에서 극에 달했다.

1983년 연말이 다가오는 12월 13일 학도호국단은 학교 측과 폭력사태를 방지하고 학원자율화를 위한 합의사항을 발표하였다. 이 합의는 11월 25일 경찰의 난입과 유봉기(사회 1)의 강제 군입대 조치에 항의하는 호국단의 단식이 있은 이후였다. 합의사항은 1) 학내에 상주하는 모든 사복경찰을 철수하고 어떤 상황에서도 건물에 무단침입하지 않도록 방지한다. 2) 불심검문과 예비구속, 이유없는 구타 연행, 강제입대조치, 중앙도서관 폭력사태 등에 대해 학교 당국은 관계기관에 항의한다. 3) 피해를 입은 학생들에게 적절히 보상한다. 4) 9월 26일 학원자율화추진위원회와 합의한 단대 써클의 등록과 학회실 배정, 학내언론의 자율성 보장을 성실하게 준수한다. 5) 학교당국은 졸업정원제를 개편하기 위해 적극 나서며, 학기제 개편은 학생들의 의견을 충분히 반영한다. 6) 상임위원회는 학내 폭력사태와 학원사찰의 자세한 경위를 조사하고 발표할 권한을 가진 진상조사위원회를 구성한다. 7) 이번 일에 대해 어떤 학생에게도 책임을 묻지 않는다(김영래·임진영·김영준 엮음, 2003, 356쪽). 이 시기에 매우 치열한 양상을 띠며 점진적이고 치밀하게 그리고 조직적으로 발전한 학생운동은 매우 전투적으로 전개되었다. 이런 흐름은 전두환 정권으로부터 유화국면을 가져오는 중요한 요인이었다.

2. 강제징집

학생운동 참여자에 대한 대학의 지도는 일상적인 지도교수제를 거쳐 이루어지거나 특별지도 방식으로 지속되었다. 1980년부터 1983년까지 학원사태와 관련해 연세대학교에서 제적된 학생은 총 95명인데, 1980년 34명을 시작으로 이듬해부터 18명, 21명, 19명 순이었다. 지도휴학과 강제징집 과정을 상세히 알아보자. 학생들의 휴학 처리는 학생처에서 교무처로 학적 처리를 요청해 이루어진다. 시위에 가담해 경찰서로 끌려간 뒤 곧바로 군부대로 입대한 학생들, 현지입대라고 명명한 경우 입대 날짜까지 정해져 사후에 서류 처리가 이루어졌다.

앞서 보았듯이 1981년 11월 25일 시위로 강제징집을 당해 군입대한 학생들 중 정성희는 1983년 7월 23일 사망하기에 이른다. 1983년 6월 15일 교내에서 유인물을 제작해 투입한 사건으로 김석동(경제 3)과 강경주(사회 3), 김병년(독문 3)은 "불온 유인물 400매를 제작하여 6·15 성암관 종합관에 투입"한 혐의로 7월 28일과 29일 현지 입대했다. 그들이 실제 제작한 유인물은 단순히 반정부 불온 유인물이 아니라 연세대 학생운동 조직을 정리한 문건이었다.

1983년 9월 16일 시위에 투석전이 나타났다. 참가한 많은 학생들이 교내에 상주하는 사복 시위진압 요원과 기동경찰대에 투석으로 맞섰다. 이즈음의 시위는 '구속학생 석방'과 '학원자율화보장'과 같은 구호가 주를 이루었다. 1983년 10월 5일자로 현지입대한 행정학과 2학년 한종록과 법학과 2학년 나체우는 유인물 제작 미수 혐의로 군입대 당한 후 휴학 처리되었다. 학생처장이 교무처장에게 보낸 문서는 "군입대자 입대휴학 처리 의뢰"였다.[61] 이 사건과 관련해 경찰이 작성한 사건 내용은 1983년 10월 4일 "연대 교내에 유인물 살포키 위해 유인물 제작에 필요한 준비물을 구입타 9.29 21:30 검거"된 것이었다.[62]

군입대 휴학이라고 되어있지만 실제로 경찰서에서는 검찰의 지휘를 받아 학생운동 주모자들은 기소하였고, 기소하지 않는 것을 조건으로 군입대를 강제했다. 강제징집이었다. 병역의 의무를 피할 수 없었던 젊은이들에게 군입대와 형사처벌의 갈림길에서 다른 선택의 여지가 없었다. 학교는 군대에 입대하기 전에 학생들이 휴학한 것으로 서류를 처리하기 위해 사후에 휴학원서를 작성하였다. 한편으로 정보수사기관의 압력을 이해할 수 있다. 다른 한편으로 학교 당국이 학생들의 신변을 보호하기 위해 얼마나 노력했는지는 알 수 없다.

1983년 6월 29일 학생처는 그해 4월 21일 교내에서 발생한 시위에 가담한 혐의로 박래군(국문 3), 이호광(경영 3), 이상신(신학 1), 노항래(정외 3)가 4월 28일 현지입대하자 휴학 처리 일자를 4월 28일 당일로 진행했다. 2개월이 지난 6월 29일 학생처장은 위 네 명의 학생들이 4월 21일 교내시위에 가담한 후 "4.23 관계기관에 연행되어 조사를 받은 후 4·28부 입대한 학생들이오니" 이들의 학적에서 입대 휴학 처리 일자를 4월 23일로 정정해 줄 것을 교무처장에게 의뢰하였다.[63] 이같은 조치는 교칙을 위반한 것이다. 학생들은 휴학원서를 군입대 전 학교 측에 제출한 적이 없기때문에 조작이었다.

관계기관에 연행되어 군입대 조치가 진행되면 학교 당국은 사후에 서류상으로 이 절차를 처리하는 방식이었다. 서대문경찰서에서 공문이 오면 이런 과정을 거쳐 군입대가

61 학생처, "군입대자 입대 휴학 처리 의뢰", 1983. 8. 17; 학생처, "군입대자 입대휴학 처리 의뢰", 연학 제159호, 1983. 10. 6.

62 서대문경찰서장, "비위 학생 통보" 정보2050-15651, 수신 연세대학교 총장, 1983. 10. 12.

63 학생처, "입대 휴학 일자 정정 의뢰", 연학 제83-107호, 1983. 6. 29.

이루어졌다. 서대문경찰서의 「비위 학생 통보」는 매우 상세하게 작성되어 있다. 1983년 11월 21일 발생한 교내시위와 관련해 경찰이 작성한 이성연(경영 4)의 사건 내용은 구체적이다.[64] 같은 날 검거된 박동수(경제 3)의 사건 내용은 이성연과 비슷하다.[65] 서대문경찰서에 연행된 두 사람은 이틀 후 집회 및 시위에 관한 법률 제3조 2항 위반으로 구속되었다.[66] 위 내용으로 보면, 교내를 장악한 경찰의 정보는 시위 현장 상황을 분 단위로 작성했음을 보여준다.

서대문경찰서로부터 전해오는 「비위 학생 통보」는 단순히 학생 명단과 관련 내용으로 끝나지 않는다. 경찰은 해당 학생들에 대해서 학교 당국의 특별지도가 필요한 내용을 적시한다. 학생운동에 참여하는 "의식 교육"을 받거나 사회문제 의식을 갖는 엠티, 학생 모임, 신입생 교육, 학회활동 전반에 관해 지도교수의 특별지도를 요청하는 것이다. 서대문경찰서로부터 이와 같은 「비위 학생 통보」가 담긴 공문을 접수하면, 학생처는 관련 내용을 각 부서에 전달하고 대책을 마련한다.

서대문경찰서는 학기말에 이르면 당해 학기 동안 조치된 학생들의 현황을 「비위 학생 통보」형식의 문건을 총장 앞으로 보냈다. 1983년 1학기 중 학원 사태 관련자의 조치 내용을 담은 공문에 보면, 경찰은 총 60명에 대한 사건 발생일과 학과 학년, 성명, 생년월일, 사태 관련내용, 조치 사항을 표로 만들었다.[67] 이 문건에 따르면, 1981년부터 1983년까지 학교 당국이 직권으로 휴학 처리한 학생은 총 63명이다. 직권 휴학자로 분류된 이들은 모두 현지 입대자들을 말한다. 좋게 말해 현지입대이지 실제로는 강제징집이었다. 63명 중에서 "관련사유"를 보면, 교내시위나 교내 소요 45명, 유인물 배포(제작) 14명, 도시산업선교회 4명이다.

요약해보자. 서대문경찰서는 시위 참가자와 유인물 제작, 살포자를 검거한 후 조치 사항을 구속, 군입대, 구류, 훈방으로 나누어 「비위 학생 통보」 형식으로 학교 측에 통보

64 "83. 11. 21. 13:00경 동대 종합관 1층으로 들어가 소지한 불온유인물 복도에 살포하고 쇠파이프로 현관 유리창을 깨고 밖으로 나와 200여 명의 학생들과 함께 약 10분간 시위를 주동한 자임"

65 "83. 11. 21. 12:27경 동교 도서관 402호실 유리창을 깨고 경적을 불면서 '군부독재 타도'란 프랑카드를 내걸고 유인물을 살포하며 시위 주동한 자임"

66 서대문경찰서장, "비위 학생 통보", 정보 2050-17936, 수신 연세대학교 총장, 1983. 11. 25.

67 서대문경찰서장, "비위 학생 통보", 정보 2050-9378, 1983. 6. 14.

하였다. 문서는 강제징집자(현지입대자)에 관한 조치 내용을 포함하고 구류, 훈방 조치된 학생들에 대해서는 지도교수로 하여금 특별한 지도가 요망되고 있음을 통보하였다. 이보다 앞서 문교부는 대학 내외의 각종 시위와 집회, 공식, 비공식 써클 등 학생운동 동향에 대해 전반적인 지침을 내리고 학교 측과 협의하였다. 학생운동에 가담한 조직원에 대한 지도교수와 학생처장, 교무처장의 특별지도를 통해서 조직에서 탈퇴할 것을 종용하고, 그 실적을 학교 당국으로부터 보고 받았다.

학생운동과 관련하여 학생처는 특별지도대상 명단을 작성하여 수시로 학부모 면담 등을 거쳐 관리하였다. 학부모와 지도교수, 학과장, 교학과장, 학장이 연계해서 적극적인 지도와 시위불참을 종용하고 있다. 1983년 자료를 보면, 학교는 관심지도대상 학생을 A·B·C급으로 나누어 선도대상자들을 하계방학 중 면담지도할 계획을 회의를 거쳐 수립하였으며, 지도교수는 면담에 따른 결과를 공문에 따라 작성해 학생처에 제출하도록 조치하였다. 지도가 요망되는 학생들에 대해 특별지도 의뢰공문을 지도교수에게 발송하고, 선도대상 학생을 A·B·C급으로 나누어 관리하였다.

경찰이 대학 교내에 드나들며 학생처와 어떻게 협조하고 학원 상황을 파악하였는지, 또 학생들을 관리했는지 살펴보자. 서대문경찰서 정보과 소속으로 연세대학교를 출입한 송○○은 연세대학교 교육방송국 방송편집인과 방송주간을 만나 정치적인 방송을 지양하고, 순수 학내 방송을 해달라고 요청하였다. 시위에 가담하여 연행된 학생들에 대해서는 정보과장(계장)의 지침을 받아서 과 서무가 학교 측에 공문을 발송하였다. 운동권 학생들에 대해서도 정보과에서 「문제학생명단」을 작성하여 대학별, 단체별로 담당자를 지정해 매 월보 형식으로 동향을 파악해 보고하였다.

담당 형사가 매월 학생 개개인의 동향을 파악하여 작성한 경찰의 보고서는 정보계장, 과장, 서울시경, 치안본부까지 상신되었다. 형사가 개별적으로 학생을 만나 이야기를 하는 경우가 있고, 해당 학과에 정상 등교 여부와 써클활동을 파악하여 보고하는 방식도 있었다. 형사 1명이 약 4~5명 정도의 학생들을 맡고 있었으며, 동향파악 보고서는 담당 형사가 해당 학생의 동태를 파악해 월 1회 작성해 정보계장, 과장에게 보고하면 과 서무가 시경으로 취합해서 보고하였다. 학생들의 순화대상카드 역시 담당 형사가 작성하는 것이 원칙이며, 동향은 본인이 직접 파악한 것과 관내 유지들로부터 들은 내용을 토대로 했다.

서대문경찰서 정보과에서 연세대 학원담당 반장을 맡은 황◯◯의 진술은 보다 체계적이고 조직적인 학원의 관리 방식을 보여준다. 경찰은 학내에서 단과대학별로 담당 형사를 지정해 학내외 시위를 주동하는 학생들의 동향을 파악하였다. 그는 학원 상황에 대한 첩보를 형사들이 입수해오면 매일 취합해서 분석한 후 급한 상황은 정보과에 전화로 보고하고, 나머지는 견문으로 보고하였다.

정보과 학원담당은 A요원이 10명 정도이고 B요원이 30명 정도 활동하였는데, A요원은 정보과 직원으로 단과대학별로 분담책임제를 맡았다. 문제학생이 있으면 접촉하여 과거 시위전력이 있는 학생들을 상대로 순화교육을 실시하였고, 당일에 예정된 집회나 시위에 관한 첩보를 입수하는 방식이었다. A요원에게 B요원을 2~3명씩 붙여주면 그들은 A요원을 보조하면서 첩보를 수집하였다.

소위 문제학생들의 순화대상 선정기준은 시위전력이 있거나 시위로 연행되어 조사를 받고 구속, 불구속, 훈방조치된 정도에 따라 A·B·C로 지정하여 특별 관리하였다. 경찰은 문제학생동향카드를 작성하여 정보과에 비치하였고, 순화대상자들에 대해서는 담당 형사가 각자 맡은 단과대학별로 순화대상자를 지정받았다. 정기적으로 순화교육을 실시한 후 보고서를 작성하였는데 1부는 정보과의 정보2계장, 정보과장, 경찰서장까지 보고한 후 경찰서에 보관하고 1부는 서울시경 정보3계(학원반)로 취합해서 보냈다.

가두시위로 학생들이 경찰서에 연행되어 오면 정보과에서 A·B·C급으로 나누어 학생들의 행위를 분석하여 보고하는데 경중에 따라서 서울지검의 지시에 따라 주동자는 구속 품신되었고, 여타는 즉결심판과 훈방처리 하였다. 학생들이 연행되어 조사를 받은 후 처리하는 결정은 학원반의 정보를 중심으로 했다. 정보과와 수사팀이 협의하여 대상자를 선별한 후 시울시경 학원반으로 보고하면 시경에서 지침이 내려오고 이 지침에 따라 처리하였다.

임수경의 오빠 임용준

1981년 3월 연세대 사회심리학과에 입학한 임용준은 연세교육방송국(YBS)에 가입한 후 취재부 기자로서 활동하였으며, 학내·외 시위에 여러 차례 참여했다. 그해 11월 25일 교내시위에 참가함 임용준은 서대문경찰서에 연행되어 조사받는다. 그는 훈방 조치되었으나 경찰은 이 시위를 계기로 임용준을 특별관리대상과 순화대상자로 선정해 집중관리한다. 이 사건으로 임용준은 학교 당국으로부터 경고 조치를 받았다. 1982년 7월 6일 서대문경찰서 정보과 신원반에서 작성해 치안본부에 보고한 신원조사서의 내용과 순화대상자카드, 특별동향관리기록카드의 기재 내용에 의하면 임용준은 경찰 기관원들에 의해 사찰대상으로 관리되었다.

1983년 11월 9일 YBS 기자로서 시위에 참가한 후 붙잡힌 임용준은 지도휴학을 하게 된다. 대학 측과 기관에서 입대를 권유하였고, 이에 따라 임용준은 입대 휴학원을 제출한 후 1984년 4월 18일 군입대하였다. 보안사는 군대에서 학생운동권 출신 사병들에 대해 녹화사업을 실시하였는데 임용준이 그 대상이었는지는 확인되지 않았다. 하지만 보안사 요원 박해관이 1984년 5월 3일(임용준의 입대 후 15일 되는 날) 치안본부 정보기록실에 있던 임용준의 신원조사서를 열람하였다.

임용준은 육군 제5군단 5포병여단 1야포단 638포병대대 2포대 4포반에 배속되었고, 소속대대에서는 그를 보호 관심사병으로 관리하였다. 군 생활과 포병의 직무수행에 어려움을 겪고 있던 임용준에게 고참병들은 내무생활과 포상 교육, 각종 훈련을 받을 때 구타와 가혹행위를 일삼았고 지휘관은 이런 일들을 묵인하거나 방치하였다. 1984년 11월 2일 암구호 수령을 위해 2포대를 방문한 임용준은 오후 4시~5시경 추진탄약고에 복귀하였고, 저녁 식사시간에 혼자 위병근무를 자청하여 초소에 나갔다. 부대 동료들이 내무반 옆 야외 식당에서 저녁 식사를 시작하려던 5시 45분경 '탕'하는 단발음의 총소리와 함께 그는 사망했다.

임수경의 전언에 따르면, 1989년 6월 30일 한국외국어대학교 4학년에 재학 중이던 자신이 평양 세계청년학생축전에 전국대학생대표자협의회(전대협) 대표로 방북해 46일 뒤 판문점을 통해 귀국한 이후 공안기관에서 조사받았다. 이때 오빠의 죽음과 관련해서 심문을 받은 적이 있다. 임용준이 사망할 때 임수경은 고등학생이었고 638포병대대 사건 현장에 다녀온 적이 있다.

출전: "임용준 결정서", 대통령소속 의문사진상규명위원회, 『진실을 향한 험난한 여정: 대통령소속 의문사진상규명위원회 보고서 2: 결정문』, 대통령소속 의문사진상규명위원회, 2004

4장 총학생회의 부활과 변혁운동

1. 총학생회 부활

계속되는 시위와 국내외 정세를 반영한 전두환 정권은 학원자율화 조치를 꺼내들었다. 1984년 새학기를 맞은 학생들은 학내 자율화 투쟁을 시작한다. 그해 봄 신학기를 맞은 대학의 학생운동은 새롭게 조성된 국면을 적극적으로 활용하기 위해 방향을 모색하기 시작한다. 3월 9일 학도호국단이 주최한 '학원민주화를 위한 공개토론회'가 학생 4천여 명이 참가한 가운데 열렸다. 4월 13일 전국 5개 대학에서 학원민주화를 요구하며 시위와 농성이 있었고, 다음날 서울지역 대학생들은 경제징집 사망자 추도식을 개최했다.

4월 16일 연세대학교 학생들은 학원민주화추진위원회를 결성하고 29일 발족식을 가진 후 학원자율화를 위한 철야농성에 돌입하였다. 4월에 접어들자 학생들은 학원사찰을 중지할 것과 관제언론의 보도 행태를 비판하며 시위를 이어갔다. 4·19기념식을 가진 다음날 '강제징집, 지도휴학, 총학생회 부활, 학기제 개편 문제, 해직교수 복직 문제 등 학원민주화를 저해하는 요인에 대한 학교 측의 명백한 입장 표명'을 요구하며 단식 농성을 벌였다.[68]

비슷한 시기 서울대학교는 학원자율화추진위원회를 결성하였고 고려대학교 학도호국단은 고려대자율화추진위원회를 결성할 것을 천명하였다. 학원민주화추진위원회는

68 연세대학교백년사 편찬위원회 편찬, 『연세대학교 백년사: 1885~1985. 2: 연세통사(하)』, 연세대학교 출판부, 700쪽.

학도호국단과 보조를 맞추면서 대학의 민주화를 목표로 학원의 자율화를 전면 실시할 것과 강제징집, 지도휴학 철폐, 관제언론에 대한 투쟁을 전개했다. 학원민주화추진위원회는 5월 11일 폭력 경찰 성토대회를 열고 시위를 벌였으며 광주사태에 대한 규탄과 시위를 16일부터 18일까지 전개했다.

학생 대표기구인 총학생회의 부활은 학원자율화와 민주화의 중요한 제도 이행이라고 볼 수 있다. 학도호국단 체제에서 총학으로 학생의 자치권이 변하는 데에는 학교 당국이 총학생회를 인정하지 않는 진통이 뒤따랐다. 총학생회 부활에 대한 인식은 정국의 사회민주화와 궤를 같이하는 것이었다. 지하조직 81학번 협의체(CT)에서 6월에 선출한 학도호국단은 여러모로 보아 공개 조직의 한계를 안고 있었고, 총학생회로 탈바꿈하는 데 상호 공감대를 가지고 있었다.

1984년 8월 15일 학도호국단은 총학생회 발족을 준비하기 위해 학회연합회와 써클연합회, 학원민주화추진위원회 대표와 모임을 갖고 총학생회를 구성하기로 의견을 모았다. 학회와 써클을 대표하는 언더조직 81학번 협의체에서 총학생회 부활을 계획하고 주도했다. 총학생회를 조직하기까지 필요한 실무를 맡을 임시기구로서 기구대표자협의회를 만들었고, 9월 1일 중앙선거관리위원회 구성과 선거 일정을 학도호국단은 확정하였다.

공과대학 학도호국단은 총학생회 부활에 즈음하여 학생자치기구의 복원에 보조를 맞추었다. 학생들의 의사를 수렴할 수 있는 제도로서 학도호국단 체제의 한계가 명확한 이상, 공과대학 학도호국단은 "스스로 호국단을 부정함과 동시에 학생회로의 학생활동 일정을 위하여 자진 해산을 결의"하였다. 학생 자치기구와 대표기구를 조직하는데 능동적으로 참여하는 학원 자율의 이상적인 방향이었다. 공과대학 학도호국단뿐만 아니라 교육과학대 학도호국단을 비롯해 단과대학 학도호국단 역시 총학생회 부활에 맞추어 비민주적이며 하향식 기구인 학도호국단을 비판하면서, 총학생회 부활을 위한 관리기구로서 단대선거위원회를 발족시켰다.

학생들의 이와 같은 움직임에 대해 학교 측은 총학생회 선거에 대해서 강력한 반대 입장을 표명했다. 왜냐하면 학도호국단은 대통령령으로 규정된 조직이어서 정부가 개정을 하지 않는 한 학생회의 부활을 허용할 수 없었기 때문이었다. 기구대표자협의회는 총학생회 가회칙을 공청회 절차를 거쳐 논의한 후 확정하였고, 중앙선거관리위원회를 구성해 후보 등록과 선거 유세, 총선거를 치렀다. 9월 24일과 25일 진행된 양일간의 선거에서 학생들의 적극적인 참여로 재학생 19,216명 가운데 12,516명이 투표에 참가해 61.5%의 투표율을 기록했다. 1981년 1학기에 짧은 기간 구성된 후 없어진 총학생회가 4년 만에 학생들의 직접 선거로 다시 부활하였다. 10월 12일 제1차 비상시국 학생회를 개최하면서 본격적인 학내 활동에 나서지만 학교 당국은 총학생회 자체를 인정하지 않았다. 이후 학생운동은 총학생회 인정과 노동악법 철폐, 학도호국단 폐지, 집회 및 시위에 관한 법률과 언론기본법 철폐, 노동탄압 중지, 전면해금 실시 등으로 사회민주화와 학원자율화를 요구했다.[69]

학생 대표기구로서 총학생회는 교내 자율활동을 보장받기 위해서 노력한다. 학생활동의 하나로서 대학문화 형성이 중요했는데, 총학생회가 내세운 것은 학내에 만연한 의식의 양극화 현상을 좁히기 위한 방안이었다. 교수와 학생들 사이의 불신임과 무관심을 일소하기 위한 토론회와 간담회를 우선 활성화시키려고 했다. 총학생회는 학내 구성원의 공동체 의식을 함양하고, 단과대학의 불균형 발전을 해소하며 여학생들의 자치활동을 적극 지원하고 후생복지를 위한 소비조합의 조직과 활성화, 도서관 심야 개방을 확대하려고 했다.[70]

학내 활동의 일부로서 소비조합에 대해서는 간략하지만 학생자치와 자율 부분에서 좀 더 부연이 필요하다. 학생들은 학교 당국이 학생소비조합을 공식으로 인정하지 않는 부분에 대해서 이의를 제기한다. 주무부서인 장학복지과는 소비조합을 반대하였는데, 학생들은 소비조합을 단순히 복지시설이 아니라 학생들의 자율적 의지를 실험하는 시험장으로 인식했다. 학내 제반 시설에 대한 결정 과정에 학생들의 의사를 밝히고 참여를 보장해 달라는 취지였다.

학생들의 교내활동은 이전보다 활발해졌다. 단순히 시위뿐만 아니라 학내 자율화에 맞춰 학원 민주화를 위한 공청회가 열렸고, 구체적인 사안에 대한 이행 방안을 토론하는

69 연세대학교백년사 편찬위원회 편찬, 『연세대학교 백년사: 1885~1985. 2: 연세통사(하)』, 연세대학교 출판부, 1985, 701쪽.

70 1984년 2학기 신임 총학생장(주기철)과 신임총부학생장(홍호현)이 배포한 유인물, “일백년의 거듭남이여! 민주에의 용솟음이어라”, 1984. 6. 8.

기회가 늘어났다. '학원 민주화를 위한 공개토론회 기초자료'라고 이름 붙인 자료는 3월 9일 대강당에서 열리는 "학원 민주화를 위한 공개토론회"에 참가하는 학생들을 위해 연세대학교 진상조사위원회에서 작성한 문건이다.[71]

위 문건에 따르면, 학생들이 토론회에서 제출한 의제는 첫째, 제적 학생의 복교 문제 둘째, 학기제 개편 셋째, 학원자율화 저해 요인 넷째, 언론의 학원 문제 보도에 대한 문제점이었다. 핵심 문제였던 학원자율화 저해 요인과 관련해 학생들은 학도호국단의 운영규칙에서 이와 같은 요인을 구체적으로 제시했다. 지도휴학제(8장 42조)와 재입학금지(8장 46조, 10장 68조), 징계(11장 71조), 지도교수 및 교수회(16장 92조), 학생활동(10장 68조), 학생 간행물 사전지도 및 심사, 졸업정원제(2장 3조)를 문제 삼았다.

다음으로 학원자율화를 해치는 것은 학원사찰과 강제징집, 학교 당국의 선도대책위원회였다. 앞서 보았듯이 정부는 학원의 자율성을 교내에서 사복경찰이 철수하는 것으로 일부 보장했다. 하지만 학생들은 각 건물에 기관원이 상주하고 학생을 가장한 정보원과 학교 근처에서 출동을 준비 중인 전투경찰을 문제 삼았다. 또한 학교에서 강제징집당한 학생은 모두 52명에 이르렀다. 학내 언론 문제 역시 자율을 해치는 상황이었다. 『연세』 19호가 제적학생의 복교 문제에 대한 글로 제작이 중단되었고, 『연세춘추』 975호(1984. 2. 27)는 기획시리즈 기사 문제로 배포가 지연되었다. 일반 언론의 학원에 대한 보도는 제적 학생들로 인해 캠퍼스가 혼란스럽고 시위 발생이 증가할 것이라는 편향된 시각으로 이루어졌다.

학원 민주화를 위한 공개토론회를 마친 학도호국단 상임위원회는 학생들로부터 다음과 결론을 수렴하였다. 첫째, 제적 학생의 복교는 아무런 조건 없이 허용되어야 하며 학교 당국은 제적생이 대표기구인 '복교추진위원회'와 대화에 임해야 한다. 둘째, 학교 당국은 학기제 개편에 대한 명확한 대책을 세워야 한다. 셋째, 학원자율화와 민주화를 저해하는 법규와 제도에 대해 학교 당국이 적극적으로 대처하고 학생들의 요구를 수용할 수 있는 기구로서, 예를 들면 '학원자율화추진위원회'를 구성해야 한다. 넷째, 학원 문

71 연세대학교 진상조사위원회는 1983년 11월 25일 학내시위에서 발생한 경찰의 무차별 구타와 강제입대 조치를 계기로 학교 당국과 합의 하에 만들어진 조직이다. 학생들로 구성된 이 조직은 1983년 12월 3일 "학원 내의 폭력 사태와 학원 사찰의 자세한 경위를 조사하고 발표할 목적으로" 만들어졌다.

제의 본질을 은폐하고 보도의 관제화, 획일화를 초래하는 일반 언론의 반민족적 반역사적 행위에 를 비판하였다. 특히 대학 내의 문제에 관해 외부의 보도기관에 홍보자료를 제공하기 위해 학내에 설치되어 있는 홍보위원회를 문제 삼았다.[72]

학도호국단이 주최한 1984년 3월 9일의 공개토론회와 16일 학생총회 이후 대규모 집회가 열렸다. 이 같은 과정을 거쳐 학생들은 3월 23일 '연세대학교 학원민주화추진위원회준비위원회'를 조직한다. 이 준비위원회는 '아무도 미워하지 않는 자의 죽음(백장미단 선언문)'을 인용한 문건, 「소리치는 깃발로 살자」를 뿌렸다. 이 문건에 따르면 학원의 자율화와 민주화는 학도호국단의 한계를 극복하고 학생들의 자율기구를 통해 학우들의 의견을 수렴하기 위한 것이었다. 그들은 제적생의 무조건 복교, 학기제 개편의 부당성, 지도 휴학제 등 학칙개정, 학내 언론의 활성화를 요구했다.[73]

학생자치기구의 부활과 자율활동에 걸림돌이 되는 것이 정부 당국의 학사 개입과 경찰의 사찰이었다. 학원사찰은 사복경찰이 학내에서 철수하는 것으로 끝나지 않았다. 학생들이 학원의 자율화와 민주화를 계속 요구하는 것은 정부가 학사행정 전반에 개입하는 부분과 학생활동의 자치 문제였다. 왜냐하면 학원자율화 정책의 허구성이 곧 드러났기 때문이다. 3월 29일 교정에 모인 2만여 명의 연세인들은 학원민주화추진위원회가 출범하는 행사를 가진 후 '학민추 공식 인정'과 '문무대 입소 연기'를 주장하며 총장과 면담하기 위해 관저로 향했다.

총장 관저로 가던 도중 학생들의 요구사항을 녹음하고 시위대의 행동을 카메라에 찍고 있는 수상한 자가 나타났다. 학생들은 그들을 붙잡아 몸을 수색하였고 일제 카메라와 녹음기, 국가안전기획부의 전화번호가 적힌 무전기를 찾아냈다. 학생들은 신분 확인을 요구했으나 그들은 '내외통신사 기자다', '공무집행상 밝힐 수 없다', '일반 시민이다'라고 이치에 맞지 않는 말을 늘어놓았다. 심지어 이들은 '일주일 전까지는 안기부 요원이었는데 지금은 아니다'라고 얼버무렸다. 학원민주화추진위원회 집행위원들은 학생처장의 중재 속에서 그들의 신분을 확인하려고 했지만, 학교 당국의 무성의한 태도로 관철되

---

72 연세대학교 학도호국단 상임위원회, "학원 민주화를 위한 공개토론회를 마치고", 1984. 3. 13.
73 연세대학교 학원민주화 추진위원회 준비위원회, "소리치는 깃발로 살자", 1984. 3. 23.

지 못하였다.

학생들이 학교 당국을 신뢰하지 못하는 이유는 보직 교수들이 "비민주적이고 폭력적인 현장을 방관 동조하고 있었다는 사실" 때문이었다. 정치 권력 앞에 나타난 교수들의 무기력한 모습은 "학원 문제가 학원의 자율에 의해, 교수와 학생 간의 민주적 대화로" 이루어질 수 없다는 냉엄한 현실을 학우들에게 직시하게끔 해주었다. 중앙도서관 앞으로 자리를 옮긴 가운데 부총장과 학생처장, 문교 당국자, 안기부 직원이 나서서 사찰 요원을 구출하려고 시도하였고 그들은 독수리상까지 도망치다 결국 학생들에게 다시 붙들렸다.

이 사태를 계기로 학원민주화추진위원회는 국가안전기획부의 학원사찰에 대해 공개 항의하면서, 발족식에서 자행된 안기부 요원의 공공연한 작태에 대한 공개 사과와 요원이 학내에 진주하게 된 경위를 학교 측이 성실하게 해명할 것을 촉구했다. 또한 언론기관은 학원에 대한 왜곡된 비방을 중지하고 3월 29일 안기부 요원이 자행한 연세학원 정탐 사건을 객관적으로 보도할 것을 요구했다.[74]

1984년 4월 6일 연세대생 2백여 명은 교문 밖으로 진출을 시도하며 경찰과 투석전을 벌였다. 이날 요구사항은 '관제언론 각성하라', '학원사찰 중지하라'는 구호가 대부분이었다. 학생들은 '관제언론'과 '학원사찰'이라고 적힌 팻말에 불을 붙여가며 거리에 나섰다. 4월 20일에는 강제징집 사망자 정성희에 대한 추도식이 개최되었다.

총학생회 부활과 맞물려 학생운동은 학회가 활성화 된 이후 또 다른 변화를 맞이한다. 학술제 중심의 행사를 주도해가면서 학생활동을 급격하게 확대해나가는 하나의 구심점 역할을 학회가 하였다. 학회 공동기구의 필요성이 높아지고 학원자율화의 한 움직임으로서 학회가 자리 잡고 활동하였다. 1984년 3월 학회연합회가 창립되고 학도호국단이 유명무실해지자 써클연합회와 함께 기구대표자협의회의 주요 구성 성원이 되어 학생자치기구의 자율적 활동을 수행했다. 학생들은 학회 활동에서 종속적 자본주의와 분단구조의 모순을 학습하고 광주의 실상과 미국에 대한 비판에 집중했다.

가을이 되자 학생들의 시위는 좀 더 광범위하게 확산되었다. 8개 단과대 학생들이 수

74 연세학원민주화추진위원회, "학원자율화의 허구성을 폭로한다.-안기부 요원의 학내 정탐을 성토하며-", 1984. 3. 30.

업 거부를 결의하며 대규모 시위에 나섰다. 학교 측은 학생들의 수업 거부 사태를 논의하기 위해 안세희 총장 주도로 학장회의와 교무위원회를 열어 대책을 논의했다. 교무위원회는 학생처장, 교무처장, 각 단과대학장 등 교무위원 33명으로 구성되었다. 11년 만에 부활하는 '학생의 날'을 맞아 대규모 교내시위와 수업 거부 사태를 해결하기 위한 것이었지만 뾰족한 수가 없었다. 학교 당국은 휴강 조치로 학생들의 모임과 집회를 막았다.

이즈음 총학생회의 문제 제기는 학교와 정부를 동시에 겨냥했다. 400억 원이 넘는 외채와 임금동결, 공공요금 인상을 빚어지는 경제 문제를 적시하고 연세대학교 총장이 총학생회장과 면담하는 결정조차 문교부의 허락을 받아야 하는 현실을 비판했다. 학원의 자율성 부재는 학생들의 제반 활동과 학교 운영에 대한 책임 문제였다. 학교 당국은 이 문제에 대해서 매우 소극적이었다.

총학생회는 "민투학련을 중심으로 비합법적이며 전위적 투쟁을 전개해 나"갈 것을 천명하며 강경 행동으로 나서기 시작했다. 학생들의 요구사항은 총학생회 인정과 평교수협의회 부활, 전면해금 실시였다.[75] 문교 당국과 학교 당국이 총학생회를 인정하지 않는 상태에서 학원자율화는 아무런 의미가 없었다. 평교수협의회 역시 교수들의 의사 결정 능력을 민주적으로 수렴하기 위한 가장 기본적인 제도였다.

8월 21일 문교부는 1984년 2학기부터 시위 대학생에 대해서 엄격하게 처벌할 것을 결정하였다. 그해 6월 서울시경이 대학생들이 배포하는 유인물을 집중 단속하기로 한 결정에 이어서 가두시위에 대한 강경 대응을 학교 당국에 하달한 것과 같았다. 이 같은 조치는 9월에 예정된 전두환 대통령의 방일을 앞두고 대학가에서 이 방일을 반대하고 학원자율화를 요구하는 시위가 빈번하게 일어나고 있었기 때문이었다.

10월 5일 연세대와 고려대 총학생회는 "총학생회 탄압을 중지하라"는 내용의 성명서를 발표하였고, 8일 학내에서는 총학생회를 인정할 것을 요구하며 가두시위가 있었다. 10월 19일 서울지역 7개 대학생 대표들이 서울대에서 '부마항쟁 5주년 기념 반독재민주화연합투쟁 실천대회'를 개최하였으며, 가두시위로 이어졌다. 학생들은 학생회를 인정해 줄 것과 부당한 징계를 철회하고 불법으로 구금하는 행위를 중단하며, 각종 악법의

75 연세대학교 총학생회, "이 땅의 민주회복을 위한 연세인의 의지를 천명한다", 1984. 11. 12.

폐지와 노동자, 농민, 빈민의 생존권 보장을 주장하였다.

1984년 학생의 날인 11월 3일 연세대에 모인 전국 42개 대학 2,000여 명의 학생들과 총학생회장, 학원민주화추진위원회 위원장은 반독재전국민주화투쟁학생연합을 결성하였다. 민주화추진위원회 외곽조직을 결성한 이날, 학생들은 군사 독재정권의 퇴진을 요구하는 궐기대회를 열었다. 이 시위에서 총학생회장 송영길이 연행되자 학생들은 7일부터 10일까지 수업을 거부했다. 11월 6일 전국민주화투쟁학생연합은 연세대에서 철야농성을 벌였는데 민정당사 점거 농성에 대해 논의하였다. 정권의 탄압이 격화되고 학생들의 운동 방식 또한 그만큼 물리력을 행사하는 방향으로 전개되어 갔다.

11월 14일 연세대생 88명을 비롯해 고려대, 성균관대 학생 264명이 관훈동의 민정당사를 점거해 노동악법 개정과 전면 해금을 주장하며 농성을 벌였다. 민정당 중앙당사를 점거한 투쟁은 다음 날 새벽 경찰의 진압으로 학생들이 연행될 때까지 13시간 동안 이어졌다. 21일 교정에서는 민정당 일당 독재를 저지하기 위한 범연세 시국토론회가 열렸다. 연세대와 서울대, 성균관대 학생 일동은 민정당 농성 사건으로 구속된 학생들의 무죄 판결과 연세대 총학생회장 송영길, 서울대 총학생회장 이정우 등의 즉각 석방을 요구하는 내용의 공동 성명서를 발표하였다.[76]

민정당사 농성 시위는 학원자율화 조치 이후 복원된 총학생회 산하의 반독재민주화투쟁위원회(위원장 이규희)가 대학 간 민주화투쟁학생연합이라는 투쟁 조직을 만들고, 여기서 준비한 것이었다. 학원자율화로 총학생회와 투쟁 단체의 연대 조직을 강화해 진행된 이 점거 농성은 학생운동의 흐름에 큰 의미가 있었다.

학생활동에 대한 징계가 학원자율화조치 이후에도 빈번하게 이루어졌다. 민정당사 농성사건으로 이규희(법학 4), 신준영(정외 4), 석명한(국문 3), 정희영(행정 3)을 징계하려는 학교의 움직임에 학생들이 크게 반발하는 저항이 일어났다. 1985년 1월 22일에 열린 임시교무위원회는 민정당사 농성을 주도한 이규희와 신준영을 제적시키고, 다른 학생들에게는 무기정학을 내렸다. 이 임시교무위원회에서는 또한 1984년 11월 전국 단위 대학에서 만들어진 '전국학생연맹'의 대변인을 맡아 검찰에 구속되었던 송영길에게 제

76 고려대, 성균관대, 연세대, 민정당 농성구속학생일동, "민정당 농성사건의 무죄를 주장한다-공동성명서", 1985. 4. 3.

적 조치를 단행했다.

신군부의 등장 이후 억눌린 학내활동과 사회민주화에 대한 열망을 더욱 고조시킨 것이 학원자율화 조치였다. 정부의 자율화 조치 이후 학생들은 불합리한 학칙 개정과 학생들의 복지증진 등 학내 문제를 제기했고, 또한 광주사태와 미국 문제를 대중적으로 알리려고 노력하고 있었다. 그리고 언론에 대한 불신과 사회문제 전반으로 투쟁의 대상을 옮겨갔다. 그 방법에 있어서도 학생들은 화형식이나 시위를 막아선 경찰에 대한 투석으로 점차 격화되었다.

2. 학원의 자율성과 학술문화 활동

문무대 입소 거부 투쟁

1985년은 총학생회를 중심으로 학원의 자율성과 민주화가 진전을 이룬 한 해였고 동시에 사회민주화에 본격적으로 나서는 시기였다. 형식상 그리고 공식적으로 학원자율화의 정점은 총학생회 구성과 활동일 수밖에 없었다. 17대 총학생회가 기존 학생대표기구의 혼란을 수습하고 시대의 소명을 다하려고 했지만 1984년 2학기는 제도 이행 과정에서 학교 당국의 미온적인 태도와 독재정권의 탄압으로 학생자치단체로서 제대로 역할을 수행하지 못한 점이 있었다. 이런 분위기는 신년에 대학교육협의회가 문교부에 학생자치기구 부활을 건의하면서 좀 더 긍정적인 방향으로 흘러갔다.

1985년 3월 14일 정부는 학도호국단 폐지를 결정한다. 이로써 1949년 9월에 중등학교 이상의 각급 학교에 결성된 준군사조직인 학도호국단은 민주주의 이행 과정에서 막을 내리게 되었다. 18대 총학생회가 출범을 앞둔 1985년 새학기, 학생대표기구의 위상과 역할은 새로운 사명을 부여받고 있었다. 총학생회가 합법적인 안정기에 접어들 수 있는 시기였다.

이보다 앞서 제12대 국회의원 선거(2.12 총선)을 앞두고 연세대에서 서울지역 6개 대학생 1,000여 명이 '민주총선쟁취 학생연합' 2차 대회를 개최하였다. 학생들은 최저임금

보장과 선거법 개정, 전면 해금을 주장하며 시위를 벌였다. 총선까지 다양한 시위가 학내외에서 벌어졌는데, 2월 2일 연세대, 서강대, 이화여대생들이 공덕동사거리에서 유인물을 배포하기도 했다.

17대 총학생회는 제도 준비에 박차를 가해 학생회칙심의위원회와 중앙선거관리위원회를 구성하여 총학생회 건설의 절차적 정당성과 제도적 완결성을 꾀했다. 회칙은 학교 측과 협의하기 이전에 학생들로부터 의견을 수렴하였으며, 학생자치구기구와 학생활동의 자율성 보장이라는 대원칙 아래에서 회칙을 마련하려고 노력했다. 위 두 가지 과제는 학교 당국과 정부와 대립하고 있는 사안이었다.[77] 우여곡절을 겪으면서. 1985년 3월 21~22일 양일간 총학생회장 선거가 실시되었다.

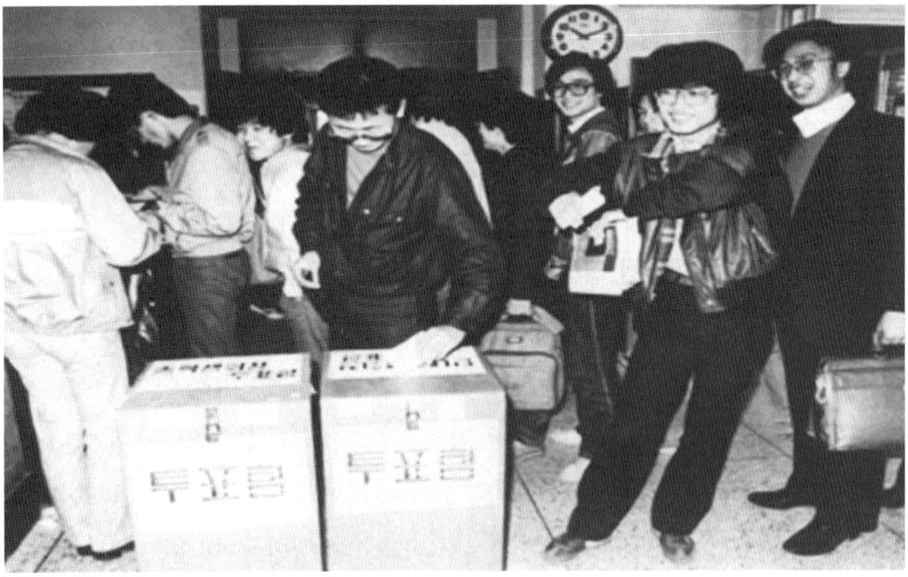

1985년 총학생회 선거일에 투표하는 학생들

출전: 『경향신문』 1985년 3월 20일

77 연세대학교 총학생회 상임위원회, "제18대 총학생회 선거를 준비하며", 1985. 3. 4.

1985년 총학생회 사무실이 수색 당한 장면
출전: 『경향신문』 1985년 6월 29일

총학생회 조직은 대학가의 일반적인 현상이었다. 1985년 3월 4일 서울지역 14개 대학 총학생회가 공동으로 발표한 성명에 따르면, 학생들은 대학이 본연의 역할을 성실하게 수행하기 위해서는 자율성과 민주성이 필요불가결한 조건이라는 것을 인식하고 있었다. 총학생회 조직과 학생활동의 자율성은 단지 1980년대의 시대 소명만이 아니었다. 그들은 대학인의 정신을 일제하의 민족해방투쟁과 4·19혁명, 1970년대의 반유신민주화투쟁, 그리고 1980년 5월의 외침을 계승하는 것이라고 밝혔다. 대학인은 "분단된 민족의 통일과 사회 정의의 실현을 위해 민중과 고락을 함께하면서 이 땅의 젊은 빛이 되어야만" 했다. 반면 학원의 자율성을 회복하기 위해서 문교부가 내놓은 학생자치기구 설치에 대한 시안은 학생자치활동을 탄압하기 위해 내세웠던 학도호국단의 명칭을 변경한 것에 불과했다.[78]

78 연세대학교 총학생회 외, "진정한 총학생회 구성을 위한 우리의 입장", 1985. 3. 4.

이와 같은 공통의 인식에 따라 서울지역 14개 대학 총학생회는 정부와 학교 당국을 향해 공동 대처에 나섰다. 연세대학에서 총학생회를 구성하는 회칙 제정에 있어서 첨예하게 대립한 부분은 총학생회 회원의 회칙에 의한 활동 보장과 학생대표의 자격 요건(성적, 징계 등의 규제) 철회, 학생자치활동을 규제하는 지도위원회 폐지, 예산집행의 자율성 보장, 대학의 비판 기능 보장, 교무위원회의 학생 징계결정에 학생대표가 참석해 의견을 개진할 수 있는 기회 보장, 직접 선거에 의해 부활한 기존 총학생회 인정이었다. 위 7개 항목은 학원의 자율성을 회복하기 위한 기본 전제였다.

학내 자치를 위한 투쟁은 학교 간 연대를 강화시켰고, 사회민주화 요구에서 공동전선을 형성했다. 뒤에 살펴보지만 한국 자본주의 체제에 대한 논쟁, 광주와 미국 문제, 군부독재에 저항하는 많은 의제들이 학생운동에 참여하는 총학생회와 언더 조직의 연대에 힘입어 이루어졌다. 학생들의 교내시위는 곧 학교 간 연대의 교외시위로 발전할 수밖에 없었다. 노선과 투쟁 방식이 조금씩 차이는 있었지만, 정국에 대한 인식은 거의 유사했고 학생운동 차원에서 동원할 수 있는 가장 좋은 방향은 대학들 사이의 공동투쟁이었다.

성적이나 징계를 내세워 학생대표의 자격을 제한하는 대학의 규정은 학원 자율에 대한 탄압이었다. 대학의 비판 기능과 관련해서 당시까지 학칙에 규정되어 있던 "정치활동 금지조항"은 헌법에서 보장하고 있는 국민의 권리를 제한하는 조항이었다. 학생 징계와 관련해서는 학생들이 그동안 학교 당국의 일방적인 결정에 따라 너무나 많은 불이익을 당한 전례가 있었고, 이것은 학생들이 지도교수와 학교 당국을 불신하는 계기였다. 또한 정치권력이 학원에 개입하고 있는 상황에서 보직교수가 학생자치활동을 지도·감독하는 것은 학생의 자율활동을 근본적으로 위축시키는 것이었다. 이른바 교수와 학생 사이의 관계를 교육적인 측면에서 새롭게 정립해야 할 때가 왔다.

학칙 문제와 관련해서 학생들이 가장 염려한 것은 대학이 문교부의 지시나 간섭 또는 자체에서 총학생회 간부나 학생운동에 적극적으로 가담한 학생을 형식적 절차에 따라 탄압하는 수단으로 이 규정을 활용하는 데 있었다. 이 같은 우려는 총학생회가 제자리를 잡아가고 학생운동의 구심적 역할을 하게 되는 1985년에 들어서면 눈에 띄게 나타난다. 17대 총학생회장 송영길의 제적 조치에 이어 18대 총학생회장 정태근에 대해서도 학교 당국은 제적조치를 취했다. 10월 2일에 열린 임시교무위원회는 총학생회장의 제적을 결정하고, 총학생회 조사홍보부장 기광서와 민중생존권 쟁취위원장 유재원에게는 무기정학 처분을 내렸다. 학원탄압의 음모는 일련의 민주화운동 탄압과 그 맥을 같이 하고 있었다.

학생들은 대학 당국이 취한 이런 조치가 전두환 정권의 학원 탄압에 굴복한 처사라고 비난하고, 학원의 자율성을 스스로 내팽개친 것이라고 간주했다. 민주적 절차에 따라 72%의 투표율로 선출된 총학생회 간부를 학적부에서 그 이름을 지운다고 연세를 떠날 수는 없었다. 학교 당국과 합의에 의해 만든 총학생회 회칙 5조 4항, "본회 자체를 부인하는 명백한 침해에 대해서 다른 구제 방법이 없을 경우 최후의 수단으로서 저항할 수 있는 권리"를 학생들은 내세웠다. 유신의 잔재인 학도호국단 체제를 비판하면서 탄생한 총학생회는 백양로에 활짝 핀 "민주의 꽃이였으며 민주에 굶주린 한반도의 암울한 현실에 어둠을 불사르는 횃불"이었다.[79]

대학가의 또 다른 의제는 문무대 입소 문제였다. 총학생회는 대학에서 실시하는 교련교육과 전방 입소교육이 대학교육의 일환이면서 학교 당국의 영향이 미치지 않는 현실을 지적했다. 안보라는 것이 한 나라의 자유와 독립을 지키는 것이라고 할 때, 학생들이 보기에 전방 입소교육은 국가안보를 위한 것이 아니었다. 총학생회는 전방 입소에 대한 논의를 공개적으로 표명하기에 이르렀다.[80]

문무대 입소 문제는 1986년에 접어들어 학생들이 줄기차게 제기한 의제 중 하나였다. 문무대 입소의 본질이 무엇이냐는 점에 대해서 총학생회는 안보를 핑계로 정권을 장악하는 수단이라고 비판했다. 전방 입소교육을 다녀온 85학번들의 보고를 제시하며 군사교육은 파쇼정권이 학생들을 탄압하는 도구에 불과한 것을 그들은 지적했다. 학원의 병영화 문제를 비판한 총학생회는 문무대 입소와 전방교육이 학생들이 그 신분을 보장받는 것이 아니라 군인처럼 처우받는 상황과 관료주의의 부도덕한 명령에 복종해야 하는 방식을 문제 삼았다.[81]

79 연세대학교 총학생회, "2만 연세는 민주의 제적을 거부한다-정태근 총학생회장의 제적 조치를 접하며-", 1985. 10. 18.
80 연세대학교 총학생회, "전방입소에 즈음하여", 1985. 3. 29.
81 연세대학교 총학생회, 민중민주투쟁위원회, "문무대 입소의 본질을 밝히며", 1986. 월 일 미상. 문건 내용으로 볼 때 1986년 신학기 초로 알 수 있다.

전방입소를 거부하며 연좌시위 벌이는 학생들
출전: 『경향신문』 1986년 3월 24일

군사정권의 잔재로서 병영교육은 학원의 자율성을 침해하는 주요 정책이었다. 1986년 4월 2일 총학생회와 86학번 과대표들은 문무대 입소와 관련해서 3일 동안 토론을 가졌다. 이날 토론에서는 분단에 대한 민족사적 인식을 배경으로 그동안 학생들이 받은 군사교육이 집권당의 이데올로기를 무비판적으로 또한 수동적으로 강요받아 온 현실을 성찰하고, 지금까지의 교육이 분단을 극복하기 위한 것이 아니라 반공교육임을 명확히 지적했다.

대학에 입학한 신입생이 한 달 만에 가야 하는 문무대 교육은 입소 경험에서 보듯이, 전두환 정권의 유지를 위해서 현실에 대한 정당한 인식을 호도하고 왜곡된 분단의식을 조장하기 위해 마련된 곳이었다. 학생들은 위의 평가에 덧붙여 대학생을 세뇌하는 교육 장소인 문무대 전방입소 거부 투쟁을 결의하고, 통일을 가로막는 군부독재를 타도하며 파쇼헌법 철폐와 노동자들의 임금인상 투쟁을 선언하였다. 구체적으로 문무대 입소 기간 중에 분단극복을 위한 자유토론을 실시하기로 했다. 분단의 원인과 대학인의 사명, 현정세에 대한 토의, 미일 외세와 한반도 군부정권, 파쇼헌법이 갖는 관계, 분단극복의 주체와 방법을 주제로 입소 전의 과별 토론회와 입소 중 전체 토론을 구성했다.[82]

학내 자치와 언론학술문화운동

학원자율화 조치에서 언론자유 문제는 대학가의 주요 이슈였다. 1984년 봄 『연세』편집위원회는 그해 2월 26일 발간 예정이던 『연세』 19호가 열흘이 넘게 발간되지 않고 있는 상황을 염두에 두고 3월 9일 해명문을 발표한다. 이 해명문에서 편집위원회는 지난 학기 『연세』 19호 기획이 이루어질 때 출판분과위원회의 사전 심의를 거쳐 작업을 진행했고, 인쇄에 들어간 경과를 밝혔다. 그후 학교 당국은 원고 삭제를 요청하였다. "편집인이 납득할 만한 원인이 없는 채로" 원고 삭제를 학교로부터 강요당한 것이다. 편집 자율권을 침해받은 편집위원회는 학교 당국의 원고 삭제 요청을 거부하였고, 『연세』 19호는 인쇄가 중지되는 상황에 놓이게 되었다.

학교 당국의 이와 같은 조치는 학생 자율활동을 보장하는 운영규칙 중 "연세지 편집 및 발행 등 편집실 운영에 관한 모든 권한과 책임은 연세편집위원회가 갖는다"라는 조항을 위배하는 것이었다. 학생 자율과 자치권을 침해한 언론 탄압이었다. 편집위원회는 학교 당국과 몇 차례에 걸쳐 교섭을 시도하면서 해결의 실마리를 찾으려고 노력했지만 학교 당국의 원고 삭제 요구와 이에 대한 편집위원회의 거부는 결국 견해 차이를 좁히지 못하고 급기야 발간 예정일을 넘기게 된 형편으로 이어졌다.

학교 당국이 문제 삼은 원고는 1967년 경제학과에 입학한 김학민이 복교 문제에 대

82 연세대학교 총학생회, 과대표회의, "86 문무대 투쟁에 관한 86 전체 과대표자 회의와 총학생회 입장", 1986. 4. 3.

해서 쓴 칼럼, “이렇게 생각한다: 늙은 제적생의 노래”였다. 본인의 체험을 중심으로 고백의 문투를 사용한 이 글은 『연세』지가 갖는 성격에 비추어 복교 문제를 비판적으로 제기할 수 있는 사안이었다. 학교 당국은 필자 문제를 내세워 원고 삭제를 요구했다. 이런 상황은 학원자율화 조치에도 불구하고 학내 언론기구에 대한 침해로 여겨졌다. 『연세』지는 연세인의 “의식의 장”이었음을 고려할 때, 학내 언론기구에 대한 편집권 침해를 넘어서서 학원자율화에 저촉되는 학교당국의 행위였다. 편집위원회는 언론의 자율성을 대학의 자율성이자, 대학의 생명과 자유에 대한 중요한 문제로 인식하였다.[83]

『연세춘추』의 제작이 중지되는 사태를 보자. 학생들은 이 사태에서 “학내 언론의 자유가 학원자율화의 지표”라는 학생들의 인식을 명확하게 보여주었다.[84] 학원자율화 조치는 학내의 정사복 기관원의 철수 이외에는 그 어떤 조치도 이뤄지지 않았기 때문에 실질적인 제도 보장이나 대학 내의 문제를 대학인이 해결하는 방안은 제시되지 않았다. 대학의 재량권이라고 하는 것은 대학 당국과 학생들의 몫이었다.

발간 예정이던 『연세춘추』 985호는 5·18광주항쟁을 기리는 학내의 위령제를 보도하는 내용을 실었다. 위령제에 관한 내용은 학생 기자들의 주관적인 의사와 논평이 들어가지 않은 지극히 객관적인 사실 보도였다. 내용 중에서 학교 당국이 문제 삼은 문구인 “광주항쟁”을 “광주사태”로 바꾸어 신문을 제작하려고 했음에도 불구하고 다시 제작이 중지되었다. 학내의 기존 간행물에 자행되는 일방적인 제재와 간섭이 완연한 상태에서 『연세춘추』발행이 중지된 것은 학원자율화 상황을 더욱 악화시키는 처사였다.

학생들은 학교 당국과 『연세춘추』 편집인이 원고의 사전 검열과 삭제를 중단할 것과 모든 학내 간행물의 학생편집 자율권을 보장해줄 것을 요구했다. 대학가에서는 전두환 정권의 권력 장악에 가장 치명적인 광주항쟁에 대한 사실 관계와 본격적인 성격 규명을 둘러싼 논쟁이 시작되고 있었다. 학내 언론의 자율성을 확보하기 위한 학생들의 노력은 그해 2학기에 『연세』지와 10개 단과학지 편집위원이 언론협의회를 발족하는 것으로 이어졌다.

83 연세 편집위원회, “연세19호 배포지연에 관한 해명문- 대학 언론 자유에 대한 명백한 침해 현실을 개탄하며-”, 1984. 3. 9.
84 연세대학교 학원민주화 추진위원회, 학도호국단, “『연세춘추』 985호의 제작중지 사태를 보며”, 1984. 5. 25.

학교 당국이 교지를 비롯한 학내 언론의 자유를 적극적으로 옹호하고 나서지 못한 것은 안타까운 일이었다. 1985년에는 전두환 정권의 출판, 인쇄에 대한 대대적인 탄압으로 연세대 언론협의회 발행지인 「해방전선」이 제대로 인쇄가 되지 못하는 일이 벌어졌다.[85] 위 경위를 알리는 문건은 제호를 구하는 내용의 유인물이었는데, 서울시 중구 을지로 인쇄 골목에 정사복 경찰들이 수시로 순찰을 돌며 인쇄소를 감시하고 출판을 가로막고 있었다.

이 문제는 1986년에도 이어졌다. 교지 『연세』 23호가 제작되었는데 배포 과정에 방해가 있었다. 1986년 6월 20일 제작을 마치고 배포를 하루 앞둔 날, 『연세』 23호지 수천 부를 학교 당국이 갈기갈기 찢어버리는 사태가 일어났다. 이 해에 들어서만 『연세춘추』 배포 중지와 『연세애널스』 배포 중지에 이은 『연세』 23호의 일방적인 삭제와 배포 방해는 학내 언론의 '피학적 증세'를 강요한 것이었다.

6천 부가 찢겨나간 『연세』 23호지의 내용 중에서 문제가 되었던 것은 "한국사회 모순론 서설 및 운동의 전기를 마련한 사건들"이라는 글이다. '모순론'은 한국사회의 발전 과정에서 구체화된 모순 구조를 다룬 것으로서 이미 『연세춘추』 등에서 논의한 것을 신중하게 재정리한 내용이었다. '운동의 전기를 마련한 사건들'은 1980년 이후 최근까지 표출된 각양의 민주운동을 되돌아보는 사건별 재구성이었다. 이 두 글을 삭제하려고 찢어내는 학교 당국의 판단 기준은 '오해의 소지'와 '적나라한 표현'이라는 애매모호하고 근거가 없는 것이었다.

학원에서 자연스럽게 반복되는 언론탄압과 학생활동에 대한 방해 조치는 사회의 부정적 현상을 밝히고 그 구조적 대안을 비판적으로 재구성하려는 작업을 탄압하는 것이었다. 학교 당국의 일방적인 의사로 진행된 『연세』 23호지의 파쇄에 대해 학생들은 언론자유의 무기력과 사회에 팽배했던 언론 탄압에 대해 학교당국이 타성적으로 굴종한 사태라고 비판하였다.

대학 바깥에서 학생운동에 참여한 복교생들을 매도하는 언론보도에 학생들은 적극적으로 나섰다. 1984년 1월 26일자 중앙일보는 '진통하는 대학가'라는 특집 기사에서

85 연세대학교 언론협의회, "'얼굴없는' 신문이 나왔습니다", 1985. 5. 7.

'복교 당사자들을 스승도 알아보지 못하는 오만불손한 자들'이라거나 '부모와 적대적인 불효자로 매도'하였다. 이 기사에 대해 연세대학교 복교추진위원회는 반론과 함께 재벌 신문인 중앙일보와 삼성의 밀수사건을 언급하며, 반사회적인 독점 기업에 대해서 비판하는 유인물을 제작해 배포하였다.[86]

학생활동의 다양한 면모에서 대의원회 활동 역시 중요했다. 총학생회 조직에 비해 상대적으로 학생운동에서 덜 알려져있지만 기구의 역할을 보면 그 중요성을 지나칠 수 없다. 대의원회는 총학생회 회칙에 명시되어 있는 최고의결기구로서 위상을 갖고 각과 학년별 대의원에 의해 학생들의 의견을 수렴, 활동을 올바르게 이끌어나가는 기구이다. 학생활동을 주동하는 대표자치기구가 총학생회라면 대의원회는 올바른 학생자치활동을 이끌며, 총학생회 활동을 견제하고 상호 보완하는 역할을 담당해야 하는 조직이었다.

총학생회 회칙에 명시된 대의원회의 업무와 권한은 상당한 것이었다. 학칙개정을 건의하고 회칙을 개정하며, 학생총회 소집 요구와 총학생회 예산 및 결산 심의, 총학생회장 및 부학생회장 탄핵, 집행부 각 부장의 임명 동의와 해임 의결, 운영위원회 출석 요구 등에 관한 권한을 갖고 있었다. 1984년 학원자율화 조치와 함께 탄생한 대의원회는 중요한 조직임에도 불구하고 이 기구에 대한 인식과 활동이 미비했고, 그 역할을 성실히 수행하지 못하였다.

학내 자치활동에서 주요한 변화는 원주캠퍼스의 총학생회 조직이다. 4개 단과대학이 자리한 원주캠퍼스 학생대표부는 1986년 1년간 제19대 총학생회와 자치기구 구성을 위해 깊은 관심을 가지고 지속적인 숙의를 해왔다. 1987년에 학생들은 본격적으로 조직 결성에 착수해 총학생회 구성준비위원회를 만들었다. 학생운동 관점에서 볼 때, 원주캠퍼스의 독자적인 내선 운동 차원에서 총학생회를 구성하는 것이 중요했다. 타 대학과 소속 대학 지방 캠퍼스의 독자성과 자율성을 확보하기 위한 방안으로서 원주캠퍼스 총학생회 준비위원회는 조직의 정당성을 피력하였다.

학원자율화의 주요 기치 중 하나인 학내 문화제와 관련해서 연고전의 성격 역시 변하고 있었다. 총학생회는 대학인의 특권 의식이 만들어낸 이전의 연고전 문화가 비판적,

86 연세대학교 복교추진위원회, "언론인에게 고함-특히 중앙일보의 반화해적 선전 보도를 경고하며", 1984. 2. 6.

창조적 대학이 아니라 민족 지성의 책임감을 망각한 것이라고 성찰하였다. 1984년에 들어서 연고전은 "민족해방"을 주제로 자기 방향성을 뚜렷이 하였고, 1985년 정기연고제는 "민주쟁취 민족통일"이라는 큰 주제로 해방 40주년을 맞아 그동안 한반도에서 겪었던 경제적 질곡과 정치적 허위를 극복하는 계기로 삼고자 했다. "민주연세 민족고대"를 내걸고 학술제와 문화제, 대동제, 공동응원제, 체육활동을 해나갔다.[87]

1956년 연고전으로 부활한 이후 70년대까지 연고전은 민족문화의 창조가 아니라 향락적인 서구 삼류문화의 무분별한 발산이라는 질곡을 겪었다. 정기연고제의 변화는 시대의 요구에 조응한 필연적인 변화였다. 1970년대를 거쳐 80년대 초반까지 체육활동 중심의 정기전은 찬반양론으로 표면화되어왔다. 해방과 분단 40년을 맞은 1985년 한국사회의 모순 구조를 반영하고 분단 현실을 전 대학인이 응답하는 측면에서 새로운 정기연고제가 등장한 것이다.

1983년에 학생들의 입장에서 쟁취한 연고제는 1984년 기존의 체육행사에 학술문화를 추가해서 진행했고, 1985년은 대동제와 시가행진을 통해 그 모습을 정착시켜왔다. 1986년 정기연고제는 미국의 지배에서 한국 사회를 혁신하기 위한 '민족적 투쟁의 장'으로 그 성격을 규정했다. '식민지 노예문화'와 '양키문화'를 지적한 양교의 총학생회는 학생 대중의 비주체적인 자세와 참여 의식을 어떻게 극복할 것인지를 두고 학생들의 폭넓은 토론과 참가를 독려했다.[88]

9월 26일 '86정기연고제를 앞두고 연세인 공개토론회가 민주광장에서 열렸다. 이날 토론회는 학생회의 노력과 다르게 아주 적은 숫자의 학생들만 모였다. 그 이유는 1986년 서울 아시안게임을 앞두고 정부가 대학에 부분적인 휴교 조치를 취했기 때문이었다. 연고제를 준비하는 동안 86아시안게임이 치러지면서 몇몇 대학이 휴교하고 학원 탄압이 이어졌다. 학생들은 학원 탄압에 대한 대국민 홍보와 실천대회를 열었지만 사전 준비 작업이 부족하고 장기적인 투쟁 계획없이 이루어져 대중 투쟁으로 발전하지 못했다.

87 연세대학교 총학생회, "제2의 연고제에 부쳐", 1985. 9. 16; 연세대학교 대의원회, 고려대학교 총대의원회, "민주연세 민족고대여!!-'85 정기연고제를 맞이하여-", 1985. 9. 23.

88 연세대학교 총학생회 '86정기연고제 준비위원회, 고려대학교 총학생회 "'86정기고연제 준비위원회, 8 6고연제준비위원회 공동성명서", 1986. 9. 12.

1986년 10월 13일 전야제를 시작으로 문화제와 학술제, 대동제, 체육 응원제가 거행되었다. 전두환 정권은 이와 같은 행사를 불순분자들의 용공이적 행위로 매도하고 포스터와 팜플릿을 압수하였으며, 총학생회 홍보부장과 학술부장, 교과대 학생장을 국가보안법 위반 혐의로 구속하고 평화적인 가두행진에 최루탄을 발사하며 폭력으로 진압했다.

학생들의 관심은 사회민주화의 큰 물결 속에 있었지만 학내 문제 역시 소홀히 할 수 없었다. 자율화 조치는 대학인의 주체를 새롭게 정립하는 과정이었기 때문이다. 학내 복지 부분을 예로 들면, 학생복지위원회가 18대 총학생회 산하의 독립기구로서 활동을 시작한 1985년 2학기, 학내 조합 결성이 의제로 떠올랐다. 먼저 학생복지에 관한 관점을 살펴보자.

학생복지위원회가 작성한 문건, 「학생복지위원회의 방향성」에 따르면, 복지활동은 경제적 협동조합 활동과 사회적 문화활동을 포함하는 개념으로서, 경제적 요인을 주요 활동 기반으로 삼아 공동체 의식을 함양하고 상호 유대를 강화하는 활동이다. 다시 말해 경제적 이해에 기초해 학내의 물적 토대를 확충하고 아울러 대학 차원에서 동질성 회복을 위한 공동체 문화 생산을 병행하는 것이다. 여기서 문제가 되는 것이 학내에 기반을 둔 물적 토대의 확충인데, 이것은 대학 본연의 이념과 함께 고찰되어야 할 사안이었다.

학내 물적 토대의 확충이란 자주적인 진리 탐구와 학문의 자유를 보장하기 위한 제반 환경을 조성하는 것이라고 볼 수 있다. 외적 강제에 굴하지 않고 학원의 자율과 상대적 독립성을 유지하며 끊임없는 문제 제기로 현실을 비판하고 개혁하려는 의지를 표출하는 장으로서 지켜져야 하는 경제적 환경을 말한다. 이것이 학생복지위원회의 방향성이었다. 그들이 제시한 세 가지 기본 방향은 첫째, 학내 조합의 결성이다. 대학 내 협동조합 형태의 경제 관계 실현은 상호 협동문화를 건설하는 중요한 토대이며, 자본주의 영리를 추구하는 경제체제에서 비롯된 제반 모순을 개선하기 위한 '인격' 단체이다.

둘째, 교수와 학생, 교직원 3자의 상호 깊은 유대감 속에서 교내외의 현안을 해결하기 위해 힘쓰는 것이다. 대학의 문제는 대학 자체가 주체적이고 능동적으로 사회에 대응할 수 있는 능력과 유대를 필요로 하는 시기로 접어들고 있었다. 개인주의적 자본주의 교육을 타파하고 인간 해방을 위한 교육에 다 같이 노력해야 하는 것이 학생복지위원회의 방향이었다.

셋째, 대학문화의 새로운 질적 발전을 위한 문화운동의 전개이다. 대학 내 문화의 양극화 현상과 전통의 부재, 공동체 의식의 상실로 대학문화가 부재한 상황에서 운동 차원의 정확한 방향성이 필요했다. 학생들에게는 건강한 자아의식과 날카로운 사회의식, 뚜렷한 역사인식을 바탕으로 하는 대학문화의 정착이 중요해졌다. 대중문화의 폭력적 소비행태와 대학이 단순히 사회적 기능화로 전락하는 것을 차단하기 위해서는 비판적인 대학의 이념을 수호하고, 이기주의를 배격함으로써 문화공동체를 이루어 나가는 것이 필요했다.

1985년 12월 총학생회가 준비한 백양 강좌는 이듬해 2월까지 이어지는 겨울방학 기간 중 3주 동안 하루 2시간씩 진행하는 유료 강의였다. 문화행사를 포함하는 이 강좌는 현재의 모순이 어떤 근원에서 비롯되었는지, 여기에 대한 규정과 인식 방법, 극복 방법은 무엇인지 찾아가는 것을 의도했다.[89] 강좌의 주제는 한국 현대사를 비롯해 실천문학과 국제관계, 철학과 사회, 민중신학, 경제, 여성, 문화운동론이었다.

대학문화의 상업주의를 비판하는 인식은 범연세 소비의식 개혁운동으로 나타났다. 총학생회는 대학문화가 일반 문화에 비해 상대적으로 독립성을 가진다 하더라도 사회구조 내에서 부분적인 다양성을 발전시켜 통일성을 지향해야 하는 것으로 보았다. 대학인의 생활이 학내뿐만 아니라 바깥에서도 이어져야 하는 것은 현재의 모순이 사회경제적으로 이어져 있기 때문이다. 신촌지역 상권에 대한 불매운동과 음료 가격 인하는 '물질적 권익의 확보'라는 선에서 머물러서는 안 되는 것이었다. 오락과 상업주의에 물드는 향락 공간으로서 지역을 소비하는 대학인이 아니라는 점을 강조했다.[90] 1985년 11월 7일 연세대학교 대의원회에 물가 소비특위가 조직되어 '범연세 소비의식 개혁운동'이 지속되었다. 학내의 민주화에 기반한 자율화의 한 형태로서 등장한 학생들의 소비의식 개혁운동은 1986년에도 이어졌다.

총학생회가 학생 대중 조직의 정착과 이것을 기반으로 한 교육과 의식화를 주도하고, 전체 학생들의 의견을 수렴해 명실상부한 일상투쟁과 정치투쟁의 선봉이 되어야 했다.

---

89 연세대학교 총학생회, "이 땅의 통일된 인식을 위하여 겨울 백양강좌를 마련하며", 1985. 12. 5.

90 연세대학교 대의원회; 총학생회 학생복지위원회, "우리는 왜 '범연세 소비의식 개혁운동'을 하는가-1985년도 2학기 활동을 마무리하며-"; "1차 불매운동을 시작하며-건강한 대학문화의 회복, 정착을 위하여-", 1985. 12. 9.

하지만 정치투쟁을 우선할 수밖에 없었던 측면이 있었다. 앞서 살펴본 학생복지위원회의 방향성은 이와 같은 진단 속에서 나온 것으로서, 대외적 정치투쟁의 내부적 보완으로서 학원 내 일상투쟁의 전개와 대학문화의 확대 재생산에 이 기구의 궁극적인 목적이 있었다. 일상투쟁과 문화의 재생산은 학생 대중과 공동체 의식을 고양하고, 그 내용을 자양분으로 삼아 정치투쟁의 실질적 기반을 마련하는 것이었다. 이것이 총학생회와 학생운동 조직의 기본 진단이었다.

총학생회가 공식으로 발표한 문건에 따르면, 1985년도 후반기 상황은 민중의 군부독재타도 의지가 전두환 정권에게 강한 위기의식을 남긴 시기였다. 학생들이 문제의식을 느낀 것은 선진자본주의 이익을 옹호하는 국제통화기금(IMF) 총회 유치였다. 이 총회에 즈음한 일련의 과정은 군부독재에 대한 전 국민 차원의 인식 확산과 시민 대중의 생존권 수호 투쟁이었다.

다음으로 학생들이 주목한 것은 지배정권의 물리력이었다. 선전으로 대중을 설득하고 투쟁의 정당성을 확보해야 하는 입장에서 지속적인 대중 선전과 체계적이며 조직적인 대응으로 임하지 못한 점이 있었다. 정권의 일정에 쫓기면서 단편적인 시위를 남발한 것이 아닌가 하는 반성은 민중민주개헌을 위한 올바른 투쟁 방향을 정립하는 입장으로 나타났다. 총학생회는 민중민주헌법의 이념을 제시하는 구체적인 투쟁을 전개할 것과 총학생회 산하의 특별위원회 활동을 대중기구로 개편하여 각 단과대학 학생회와 유기적 연관을 강화하고, 정부와 비타협 투쟁에 나설 것을 천명하였다.[91] 더욱 강경한 학생운동을 방향을 예고한 셈이었다.

이즈음 학생들의 정국에 대한 인식을 정리해보자. 학원자율화가 시행되고 학내민주화가 진행되는 1985년, 학생들은 '광주'와 '미국'을 사회 의제로 내세우며 전두환 정권을 압박했다. 5월에 있었던 미국 문화원 점거 농성사건은 군부정권에게 위기감을 심어주었다. 전두환 정권은 구속 학생들에 대해 국가보안법 적용을 늘렸고, 5월 3일 금서 목록을 작성해 이념 서적을 대대적으로 몰수하며 탄압에 나섰다.

91 연세대학교 총학생회, "지난한 싸움을 반성하며 민중민주주의의 깃발 아래 군부독재 타도하여 민중민주개헌 쟁취하자!!!", 1985. 10. 19.

사회민주화 차원에서 학생들은 간선제 하의 대통령 선거에서 전두환 정권이 장기적인 일당독재체제를 구축해 정권의 세습을 추구하고 군부독재의 영속화를 꾀할 것이라고 진단했다. 한국사회의 구조적 모순을 총체적 관점에서 지향하는 학생운동은 상황의 변화에 따른 노정을 걸어왔다. 학생운동은 대중 투쟁으로서 정치투쟁, 학원 내 일상투쟁, 민중지향 투쟁을 그 내용으로 한다. 학생운동은 학원 민주화와 사회민주화를 추구하는 방향성을 꾸준히 갖고 있었다.

3. 5월 광주 그리고 미국

학생운동에서 중요한 또 다른 의제가 광주항쟁의 진상규명이었다. 1984년 학원자율화에 접어들어 전두환 정권의 악행을 규탄하는 시위는 이전보다 훨씬 큰 규모로 전개되었다. 5월 17일 서울의 주요 대학에서 학생들이 일제히 격렬한 교내시위를 전개한 후 시내로 진출해 서대문 로터리와 청계천 5가에서 가두시위를 벌였다. 5월 18일에는 전국 22개 대학 학생들이 광주항쟁을 기리는 집회를 열거나 가두시위를 전개했다.

전두환 정권에 대한 반대 투쟁이 1984년 하반기에도 광주항쟁과 함께 학생들의 주요 의제로 등장한다. 그해 9월 25일, 정국에 대한 비판과 경제 문제, 학내 상황에 비판이 점점 고조되어 갔다. 연세대 총학생회는 정두환 정권을 '광주 시민을 학살한 군부파쇼'라고 규정하고, 서울대 총학생회장을 현상금 300만 원에 지명 수배하는 정국과 의회 정치가 부재한 11대 국회의 무능력을 비판하였으며, 민정당을 일당 독재정권이라고 일축했다.

1985년 새학기에 만들어진 민족수호투쟁위원회는 학생운동이 학원의 자율화와 사회민주화를 넘어서서 민족문제의 관점을 분단과 통일로 격상시키는 역할을 했다. 군사독재정권에 대한 비판이 민중적, 민족적 차원의 통일론으로 나아간 것이다. 남북한의 대립을 고조시키는 미국의 한반도 핵무기 배치와 분단을 고착화하는 정책을 비판하며 통일운동의 선봉에 섰다. 민족해방을 위한 민족주의 관점의 통일론을 내세운 학생들은 전두환 대통령의 2차 방미와 군사정권을 지원하는 미국 레이건 행정부를 비판했다. 미국에

예속된 '전두환 정권 타도'라는 구호가 유인물을 뒤덮었다.[92]

이즈음 조직된 학생운동의 연합체는 민주화 시위를 주도한다. 1985년 4월 17일 전국 62개 대학의 총학생회가 참여하는 전국학생총연합(전학련)이 고려대학교에서 결성식을 갖고 투쟁에 들어갔다. 민정당사 점거를 주동했던 전국민주화투쟁학생연합(민투학련)은 민족통일민주쟁취민중해방투쟁위원회(삼민투)라는 투쟁 기구를 별도로 조직하였다. 5월 23일에는 삼민투 소속 대학생 70여 명이 미국문화원을 점거했다. 이들은 "80년 광주 학살에 대한 미국의 책임을 묻기 위해 들어왔다"라고 그 목적을 밝혔다. 광주항쟁에 대한 미국의 책임을 묻는 공개적인 최초의 점거 농성 시위였다.

미문화원 점거 농성을 좀 더 자세히 살펴보자. 학생들은 경비를 서던 전투경찰을 향해 돌을 던지고 문화원에 진입해 2층에 있는 도서실을 점거하고 출입문에 바리케이트를 쳤다. 점거 농성은 개별 대학의 투쟁위원회가 뭉쳐서 일을 조직한 측면이 있었지만, 삼민투 조직 구성원이 깊숙이 개입한 것은 부인할 수 없다. 문화원을 점거한 학생들은 연세대를 비롯해 서울대, 고려대, 성균관대, 서강대 소속 73명이었다. 문화원 도서실에서 26일까지 이어진 점거 농성에서 학생들은 "광주 학살 책임지고 미국은 공개 사죄하라"는 구호가 적힌 대자보를 창문에 붙이고 미국 정부를 규탄했다. 학생들은 '우리는 왜 미문화원에 들어가야만 했나'라는 유인물을 뿌리고 "광주 학살 지원 책임지고 미국 행정부는 공개 사과하라", "미국은 전두환 군사독재정권에 대한 지원을 즉각 중단하라", "미국 국민은 한미 관계의 올바른 정립을 위해 노력하라" 등을 요구했다.

학생들은 주한 미국대사와 면담을 요구하며 단식 농성을 벌였는데, 25일 아침 대사관 측과 대화를 마친 후 '24일까지의 회담 결과'라는 성명을 발표했다. 학생들은 "광주사태에 대해 한국군의 작전지휘권을 갖고 있는 한미연합사령관이 출동 부대의 목적이 광주사태 진압에 있음을 알면서도 출동을 승인한 것은 광주사태에 대한 간접 지원"이라고 주장했다. 이 사건으로 시민들은 학생운동을 다르게 보기 시작했는데, 광주 학살의 책임자 처벌 문제와 배후에 있는 미국의 책임이 크게 부각되었다. 점거농성에 참가한 학생

---

92 연세대학교 총학생회, 반외세민족수호투쟁위원회, "성명서-반외세 민족수호 투쟁위원회 발족에 즈음하여-; '예속정권 타도하여 민족생존권 쟁취하자'-전두환 대통령의 방미에 부쳐-", 1985. 4. 10.

중 25명이 구속되었고 43명은 구류 처분을 받았다.

정부는 미문화원 점거 농성을 주도한 삼민투 소속 학생들을 검거하기 위해 학원자율화 조치 이후 대학 내에 경찰 병력을 투입하지 않는다는 정책을 어기고 6월 29일 새벽녘에 연세대와 서울대, 고려대 등 9개 대학에 경찰을 투입해 삼민투 관련자 66명을 연행함으로써 이 조직을 와해시켰다. 이 사건은 1982년 3월 18일에 부산 지역 대학생들이 부산 미문화원에 불을 지른 방화 사건과는 또 다르게 시민들에게 충격을 주었다. 광주와 미국을 직접적으로 관련지으며 이것을 민주화운동의 횃불로 만들어갔다.

학교 당국은 전학련과 삼민투 관련자 정태근(경제 4)과 박선원(경영 4)에 대해 특별지도를 했는데, 조직에서 자진 탈퇴할 것을 수차례에 걸쳐 종용하였다. 지도실적 보고내용에 나타난 과정을 학생처는 이렇게 밝혀놓았다. 정태근은 "전학련 결성 이후 지도교수, 학과장, 교학과장, 학장이 학부모와 연계하여 수 차에 걸쳐 전학련에서 자진 탈퇴할 것을 지도 종용하였"다. 박선원에 대한 지도 실적 역시 정태근과 거의 유사했다.

학생운동이 비합법 투쟁으로 나서면서 광주5·18의 진상과 미국 문제가 본격적으로 불거졌다. 이런 의제의 또 다른 대중적 관심은 그해 2월에 있었던 제12대 국회의원 총선거(2·12)가 큰 몫을 했다. 학생들이 이 선거에 적극적으로 참여했고 총선 결과는 학생운동에 영향을 끼쳤다. 현대사의 분수령이 된 2·12총선은 야당 바람이 거세게 불어 신한민주당이 예상보다 훨씬 많은 의석을 확보했고 여당인 민주정의당은 제1당은 유지했지만 참패라는 평가를 받았다. 2.12총선은 민주화를 요구하는 야당과 재야, 학생운동 세력에게 힘을 실어줬다.

미국에 대한 인식 제고는 학생운동 의제에서 새로운 관점을 보여준다. 학생들은 미국의 지원이 한반도 분단을 고착시키는 것이고 경제적인 면에서도 대미종속을 구조화하는 방향으로 나아갈 것이라고 주장했다. 미국의 신식민지화를 비판하는 학생들의 입장은 역사적 배경으로까지 거슬러 올라간다. 그들은 미국이 지배하는 세계에 대한 헤게모니 장악의 완충자로서 대한민국이 태어날 때부터 강대국을 대리한 것으로 여겼다.

미국에 대한 새로운 인식을 요구하는 주장이 부쩍 늘어났다. 1984년 자율화가 시작된 첫학기부터 광주항쟁이 벌어진 5월, 서울지역 17개 대학생들은 '광주학살 규탄대회'를 개최하고 가두시위를 전개했다. 1985년 5월 연세대학교 총학생회 반외세민족수호투쟁위원회는 미국에 예속된 독재정권을 우리 국민의 손으로 퇴진시켜야 한다고 주장했다. 학생들은 미국이 독재정권에 대한 지지를 철회할 것을 요구했고 광주시민을 학살하고 등장한 전두환 정권을 규탄하였다.[93] 총학생회는 광주 민중항쟁 5주기를 맞이하며 학살규명위원회를 발족시킨다. 민중이 주체가 되는 민주주의 확립과 미국을 비롯한 국제관계에서 자주권 수립 그리고 경제적·정치적·문화적 소외와 불평등을 해소하는 민중해방을 기치로 내걸었다.[94]

반외세민족수호투쟁위원회의 주장은 군사정권이 자신의 지배를 인정받기 위해 미제국주의가 한반도에서 이익을 실현할 수 있도록 정권에 대한 지지와 맞바꾸고 있다는 인식이었다. 군대와 미국의 힘에 의존한 전두환 독재정권을 실날하게 비판한 것이다. 선진자본에 종속되는 경제와 분단을 고착하고 군사기지화하는 한미일 안보동맹은 남한이 미국의 신식민지이자 군부정권의 파쇼체제라는 결론이었다.

4·19를 맞은 대학가는 기념식을 가진 후 민주화 대행진(시위)을 벌였다. 이날 연세교정에서는 도서관 앞에서 기념식이 열렸는데, 4·19 당시의 선언문 낭독과 분향, 교내 행진(대강당-본관-정문), 전학련의 4·19 메시지 낭독이 있었다. 총학생회가 작성한 선언문, '국민에게 드리는 글' 배포와 현 정국에 대한 반외세민족수호투쟁위원회의 입장 발표가 있었다.[95] 이날 전국 32개 대학에서 기념식이 열렸고, 교내외에서 시위가 벌어져 학생 361명이 경찰에 연행되었다.

5월 대학가는 1980년 광주항쟁의 진상을 밝히는 것이 학생운동의 전부라고 해도 지나치지 않을 정도로 격렬하게 진행되었다. 투쟁은 수위가 점점 높아져 갔고 시위에 등장하는 구호 또한 날카롭게 벼린 검처럼 매서워졌다. '학살 원흉을 처단'하라는 요구는 5월 투쟁의 핵심이었다. 5월 17일 전국 80개 대학에서 '광주항쟁의 진상을 규명하고 책임자를 처벌하라'는 시위가 발생했다. 이와 같은 정세 속에서 앞서 살펴본 미국 문화원 점거 농성 사건이 23일에 일어나게 된다.[96]

93 연세대학교 총학생회 반외세민족수호투쟁위원회, "국민에게 드리는 글", 1985. 4. 16.

94 연세대학교 총학생회, "광주민중항쟁 5주기를 맞이하며-광주학살규명위원회 발족에 즈음하여", 1985. 5. 3.

95 연세대학교 총학생회, "민주부활 선언문-4월 혁명 25주년을 맞이하여", 1985. 4. 19.

96 학생들이 미국 문화원을 대상으로 시위를 벌인 것은 1980년대 운동의 특징 중 하나이다. 1980년 12월 광주에서 미국 문화원 방화 사건이 일어났고, 1982년 3월 부산에서 미국 문화원 방화 사건이 발생했다.

광주항쟁은 광주민중항쟁으로 자리매김해 갔다. 총학생회가 제작한 문건에 따르면 광주민중항쟁은 한반도 민중운동사의 새로운 장이었다. 왜냐하면 유신독재로부터 전두환 군사정권 사이의 역사적 전환점에서 민중들이 이루려고 했던 민주화에 대한 열망이었기 때문이다. 학생들은 민중항쟁의 의미를 군부세력과 미국 레이건 보수집단의 양 단면을 극명하게 보여준 사건으로 평가하였다.

이와 같은 인식은 학생운동의 방향성을 설정하는데 크게 작용했다. 첫째 민중이 주체가 되는 민주주의를 확립하고 둘째, 미국을 비롯한 외세에 대한 국제관계에서 자주권을 획득하며 셋째, 경제적·정치적·문화적 소외와 불평등을 제거하는 민중해방의 실현이라는 목표로 나아갔다. 이와 같은 목표를 달성해 가기 위해 총학생회는 실천적이고 단계적인 과제를 제시할 특별위원회 구성을 결정한다. 또한 광주학살의 원흉을 구체적으로 밝히기 위한 투쟁 역량을 결집해 나가기로 했다.[97]

연세대학교 언론협의회에서 발행하는 「연세대」 제3호 문건에는 광주학살의 진상을 요구하며 1980년 5월을 민주화의 불꽃으로 삼자고 역설했다. 이 문건은 진상규명을 요구하는 시위와 1백년 연세의 무악축전 폐회식에서 표출된 5월 항쟁의 정신을 소개하였다. 언론협의회는 유가족협의회와 구속자협의회의 활동, 피해자들의 외침이 서린 망월동의 소리 없는 함성을 르뽀 형식으로 전하였다. 또한 5월 18일부터 27일까지 광주 전역에서 일어난 시위와 진압, 시민들의 참여, 학생수습위원회 활동을 일자별로 정리해서 알렸다.[98]

광주항쟁 주간을 맞은 대학은 각종 성명서와 기념행사를 열며 학원자율화에 이은 사회민주화로 구체적인 행보를 시작했다. 총학생회는 '광주민중항쟁 5주기'를 맞아 발표한 성명에서, 이 항쟁의 역사적 의의와 투쟁 이념이 현재의 학생운동 속에서 실천적으로 재조명되어야 함을 역설했다. 다음으로 학살을 자행한 군부독재정권의 정체와 이를 지원한 미국의 본질을 정확히 인식하고, 사건을 폭로하기 위한 대국민홍보를 전개할 것을 선언했다. 끝으로 현 사회의 총체적 모순에 주요 원인이 되는 군사독재정권의 퇴진을 위한

97 연세대학교 총학생회, "광주민중항쟁 5주기를 맞이하여-광주학살규명 위원회 발족에 즈음하여", 1985. 5. 3.
98 연세대학교 언론협의회, 『연세대』, 제3호, 1985. 5. 17.

투쟁에 나설것을 선언했다.

총학생회는 5월 13일부터 17일까지를 광주학살의 진상을 밝히는 대국민 홍보주간으로 정하고 선전작업을 전개하기로 했다. 미국의 배후와 지원을 규탄하며 공개 사과를 요구하는 서명운동을 예고했다. 17일부터 27일까지는 광주민중항쟁 기념주간으로 설정하고 범국민적 반군부독재 연대투쟁을 선도해 나갈 것을 천명했다.[99] 이 선언이 있은 이후 "광주학살 책임" 문제와 "미국의 공개 사과", "군부독재 타도"가 각종 유인물과 구호의 맨 앞자리를 차지했다. 앞서 본대로 미국 문화원 점거 농성 사건이 이 기간 중에 벌어졌다.

학생들의 위와 같은 정세 인식은 전두환 정권이 미국의 후원으로 장기집권을 도모하는 반민족정권이라고 규정한 데서 더욱 명확해진다. 이런 흐름은 결국 학생운동의 주요 쟁점이 정권퇴진으로 발전하게 되는 것을 보여준다. 총학생회 반외세민족수호투쟁위원회는 「국민에게 드리는 글」에서 예속 독재정권을 국민의 손으로 퇴진시키고, 미국의 독재정권 지지 철회와 경제 예속화, 민중 생활의 파탄을 초래할 일방적인 수입개방 요구와 수입자유화 조치를 반대하는 성명을 공개하였다. 무엇보다 전두환 정권은 광주시민을 학살한 채 등장한 정권이었다.[100]

4. 노학연대와 다양한 민주주의 투쟁

연세의 노학동맹이 터놓은 물줄기를 따라가보자. 민주주의 운동에서 주목해야 할 흐름은 사회운동과 학생운동이 결합해 대중성을 지향한 것이다. 우선 현장으로 들어간 운동세력으로 눈길을 돌려보자. 1982년 연말이 되자 군에 입대했던 77학번들이 돌아왔다. 먼저 군에서 제대한 차광주(철학, 77)는 영등포에서 선반공으로 일했으며, 황창화(기계, 77)는 성남지역에서 보일러공으로 일하고 있었다. 계속해서 김인중(기계, 77)은 복학해

99 연세대학교 총학생회, "광주민중항쟁 주간을 맞이하는 총학생회의 입장-100주년 무악축전을 정리하며-", 1985. 5. 13.
100 연세대학교 총학생회 반외세 민족수호투쟁위원회, 『국민에게 드리는 글』, 1985. 4. 16.

학업을 마친후 기술직으로 사회에 진출했고, 박재석(독문, 77)은 기능직 사원으로 노동 현장에 들어갔다.

이런 현상은 78학번을 이어 79학번 80년대 초반 학번까지 줄지어 이어졌다. 이들은 조직적인 현장 진출보다는 개별적으로 노동자들 속에 스며들었다. 산업현장에서 대중운동을 조직하고 투쟁하면서 생산직 중심의 파업과 사무직 노동운동 조직을 꾸준히 발전시켜 나갔고, 이런 흐름이 결국 '87년 노동자 대투쟁의 불씨를 지폈다. 학생들은 학원자율화와 사회민주화 요구에서 그 방향성을 학내외 연대와 동맹으로 투쟁의 정당성을 삼았다.

4·19 혁명일을 하루 앞둔 4월 18일 연세대 교수 32명은 시국선언문을 발표하였다. 전국 32개 대학 1만 1천여 명이 4·19 기념식을 개최한 후 반정부 시위를 벌였다. 1986년은 학생운동이 매우 강한 투쟁을 적극적으로 전개한 해라고 할 수 있다. 이 운동의 구심체는 전국민족민주학생연맹이었다. 4월 29일 전국 20여 개 대학생 1천여 명이 연세대에서 결성식을 가진 이 조직은 한층 날카로운 주장을 내세우며 투쟁의 강도를 높였다. 5월 1일 민주광장에서 열린 노동자의 날 기념행사에서 노학연대와 동맹투쟁을 결의하고, 전국민족민주학생연맹에 대한 보고대회를 가졌다. 5월에 접어들자 민족민주운동의 방향은 한국사회의 변혁운동으로서 보다 역사적인 전환을 요구하고 있었다. 군부독재 타도와 제국주의 축출은 '반제 반파쇼' 구호로 응집했고 학생들의 투쟁은 노학연대로 발전했다.

1970년 11월 13일 전태일의 분신 이후 청계천 평화시장 노동자들이 중심이 되어 전국연합노동조합 청계피복지부를 결성하였다. 1984년 가을 청계피복노조의 합법성을 쟁취하기 위한 문제가 불거졌다. 총학생회 산하에 노학연대를 전담하는 특위가 만들어지고, 그해 9월과 10월 학생들은 노동자들과 함께 청계피복노조의 합법과 노동 악법 개정을 요구하며 거리에서 격렬한 투쟁을 전개했다. 노동자와 학생들의 연합 시위는 그해 12월까지 곳곳에서 계속되었다. 그만큼 파급이 큰 시위였다.

1980년대에 들어서 본격 시작된 노학연대와 함께 노동 현장에 대한 진출이 학생운동의 주요 의제 중 하나였다. 학생운동과 노동운동이 본격적으로 결합하는 운동을 지향해 갔다. 노학연대 투쟁은 이종희(사회, 81), 이윤중(요업공, 81), 김태균(사회, 81) 등이 주도했다. 학생들의 시위 장소에 산업현장이 들어오고 '청계'가 구호로 떠올랐다. 노학연대는 청계피복조노가 학생운동권에 먼저 연대투쟁을 요구한 데서 비롯되었다.

1984년 3월 민주노조운동 출신 노동자들이 학생 출신 활동가들과 결합해 한국노동자복지협의회를 결성하였다. 무기력한 한국노총을 대신한 이 협의회는 노동자들의 투쟁을 지원하면서 노동법개정을 위한 청원운동을 대대적으로 벌였다. 그해 4월 대우자동차 임금인상 투쟁이 있었는데, 노동자들의 파업은 16일부터 부평공장에서 시작해 인천공장, 부산공장으로 확산되었다. 10월 12일 청계고가도로 위에서 시위가 벌어졌는데, 김태균과 이종희가 청계피복노조와 함께 시위를 조직했다. 이 시위는 최초의 노학연대였으며 현장 투쟁으로 이루어졌다. 그해 12월 24일 '노동조합 정상화 추진위원회'가 발족하였다.

노동자 또는 노동단체와 학생들의 연합시위가 1985년 봄부터 본격적으로 이루어졌다. 그해 4월 10일 연세대 도서관 앞에서 300여 명의 학생들이 참석한 가운데 전방입소 관계와 경인지구 총학생회 연합회 구성, 반외세 민족수호투쟁위원회 발족식이 열렸다. 이날 정문 진출을 시도하며 투석전이 벌어졌고 저녁 7시에 부평성당에 모인 학생들과 노동자들이 연합 시위를 벌였다. 4월 12일에는 청계피복노동조합과 평화시장 앞길 청계천 구름다리에서 연합 시위가 있었다.

청계피복노조가 합법을 쟁취하는 투쟁을 벌였을 때, 대규모 노학연대투쟁이 전개되면서 이 노조는 새로운 투쟁의 구심체로 부상하였다. 청계피복노조의 합법화 투쟁은 수차례에 걸친 서울시내 가두 투쟁으로 이어지면서, '전두환독재 타도'로 발전했다. 청계피복노동조합은 1985년 동맹파업 해고자들을 주축으로 서울노동운동연합을 결성하였고, 1986년 대통령 직선제 개헌을 요구하는 인천지역의 대규모 시위에 참여하여 민주화운동을 벌였으며, 1988년에 종로구청에서 농성을 벌여 합법화를 이루었다.

1985년 6월 구로동맹파업이 일어났다. 노조위원장이 구속된 대우어패럴 노동조합은 파업에 돌입하고 이에 연대해 선일섬유, 효성물산, 가리봉전자, 부흥사, 세진전자, 룸코리아, 남성전기 등 구로공단의 많은 노동조합이 파업에 참여하였다. 노동조합들은 1983년부터 세워진 민주노조들이었으며 이들은 대우어패럴 노동조합 간부의 구속을 민주노조에 대한 탄압으로 인식하였다.

노동조합 간부들의 구속은 '민주노조 각개격파의 신호탄'으로 받아들여졌고, 이에 대응하는 민주노조 활동은 현장으로 진출한 학생운동 세력들이 적극적으로 결합해 이루어졌다. 총학생회와 민주권익쟁취위원회는 효성물산과 가리봉전자, 신일섬유와 지역연대투쟁을 전개했다. 1984년에 벌어진 인천지역 해고노동자 철폐운동의 연장선에서 민주노조결성 운동과 노동악법 철폐운동으로 발전한 것이다. 학생들은 대우어패럴 구속자를 석방할 것과 노동악법 철폐, 민정당 군부독재 즉각 퇴진을 요구하며 연대투쟁을 이끌었다.[101]

1980년대 초반부터 학생운동을 주도한 세력들이 노동현장으로 진출하여 노동자운동 세력을 형성하고 조직을 건설하기 시작했다. 대표적인 조직이 1985년 서울노동운동연합의 결성이었고, 1986년 2월 7일에는 인천지역 노동자연맹이 결성되어 노동현장의 파업과 5.3 인천시위를 조직하였다. 노동조합과 노동자 연합체 조직의 정치투쟁에 대하여 경제투쟁의 중요성을 주장하였던 남서울노동운동연합조직도 있었다. 연세대의 경우 많은 학생운동 세력이 노동현장으로 나갔는데 기존의 네트워크를 활용해 서울과 인천, 수원, 부평 등지로 진출하였다.

노동운동에 대한 정부의 탄압에 맞서 학생들은 연대투쟁을 지지하고 나섰다. 노동운동은 정치투쟁과 결코 분리될 수 없음을 그들은 알고 있었다. 노동운동이 부분적으로 활성화되어 가면서 1985년 임금인상 투쟁이 구로구 가리봉동 구로공단 내에서 벌어졌다. 총학생회는 대우자동차 노동자들의 임금인상 투쟁에 대한 지지 성명을 발표해 노동자들의 열악한 노동 현장과 임금 착취 구조를 고발하였다. 학생들은 임금인상을 동결하는 정부의 정책을 비판하고 최저생계비 보장을 요구하며 노동운동 탄압에 함께 맞섰다.[102]

1987년 2월 26일부터 시작해 20일째 접어든 현대엔진 노동자들의 파업과 이 파업을 폭력사태로 진압하려는 경찰과 회사 측의 대치 상황을 총학생회는 그냥 지나치지 않았다. 학생들은 대림통상 부평공장 노동자들에게 구사대를 동원해 덤프트럭을 앞세운 회사 측의 횡포와 부상을 입은 노동자들의 근황, 안산지역에서 벌어진 파업소식을 전했다. 6·10항쟁 직후 총학생회는 민주노조 건설에 대한 입장을 밝힌다. 「일천만 노동자의 힘

101 연세대학교 총학생회, 민중권익쟁취위원회, "성명서-노동운동 탄압저지 결사 연대투쟁을 적극 지지하며-", 1985. 6. 26.
102 연세대학교 민중권익쟁취위원회, "대우자동차 노동자들의 임금인상투쟁에 대한 지지 성명서", 1985. 4. 23.

으로 민주노조, 민주사회 이룩하자」는 문건은 노동악법 철폐와 노동3권 보장을 요구하며 노동자들의 단결에 힘을 실었다.[103]

노학동맹 투쟁의 분기점은 5·3인천사태였다. 5월 1일 노동절 행사에서 이미 인천 투쟁에 대한 궐기를 내세웠던 학생들은 5월 2일 총학생회와 민족민주투쟁위원회가 배포한 문건에서 운동의 방향과 수단, 목표를 명확히 했다. 그들은 이원집정부제를 구상하고 있는 민정당과 독재정권의 장기집권 음모에 동조하는 야당의 일부 보수세력과 신민당의 개헌서명운동에 맞서 보다 근본적인 변혁운동에 동참할 것을 호소했다.[104]

학생들이 외치는 극한의 내용은 이미 정권과 충돌을 예상하고 있었고 야당과는 노선의 차이를 드러내며 '학살원흉과 타협하는 신민당은 각성하라'고 주장했다. 그들은 '군사파쇼 타도하자', '미제국주의 축출하자', '파쇼헌법 철폐하자', '학살원흉 반동양키 축출하자', '정치군부(전두환, 노태우, 박준병, 박희도) 처단하라', '민중정권 가로채는 사대주의 신민당을 배격하자'라고 외쳤다. 경제 문제에 있어서는 파업의 자유를 주장하며 저임금 정책을 비판하였고, 헌법 개정에는 민중들의 참여를 요구했다. 정치투쟁 조직인 전국민족민주학생연맹의 노선을 드러낸 것이 이 시기였다. 군사정권과 타협하려는 신민당 일각의 보수대연합 움직임은 학생들에게 더욱 강경한 태도를 갖도록 만들었다.

연세대학교 민족민주투쟁위원회와 총학생회는 2만 연세학우들에게 인천에서 열리는 개헌서명운동 현판식에 참가할 것을 호소하며 투쟁의 방향성을 제시했다. 군사파쇼 헌법철폐투쟁으로 노동자와 민중들이 진정한 변혁의 주체임을 각인시키고 노학동맹으로 강고한 반제반파쇼 투쟁을 벌려나가는 것이었다.[105]

5월 3일 신민당 개헌추진위원회 경기·인천지부 결성대회에 모인 학생과 노동자 등 5천여 명은 경찰과 충돌을 일으켰다. 대통령 직선제 개헌을 공약으로 내세운 제1야당 신민당은 그 전해 8월 말 개헌추진본부를 결성하였고, 9월 정기국회에서 '개헌을 위한 특별위원회' 설치를 여당에 제안했다. 1986년 2월 12일 2.12총선 1주년을 맞아 신민당은 개

---

103 연세대학교 총학생회 산하 호헌철폐와민주화실현을위한특별위원회, "'일천만 노동자의 힘으로 민주노조, 민주사회 이룩하자'", 1987. 6. 20.

104 연세대학교 총학생회, 민족민주투쟁위원회, "민족민주의 깃발로 군부파쇼 타도하고 미제국주의 축출하자!", 1986. 5. 2.

105 연세대학교 민족민주투쟁위원회, 연세대학교 총학생회, "민족민주학생연맹의 지도하에 민중과 더불어 인천을 해방구로", 1986. 5. 2.

헌운동을 시작했는데, 헌법개정추진위원회 서울시지부 설치를 시작으로 장외에서 본격적인 활동을 전개하고 있었다.

행사장에는 경인지역 재야단체 활동가들과 학생, 노동자, 시민들이 모였는데 각 단체에서는 총 39종에 달하는 유인물을 뿌렸다. 시위 도중에 화염병과 투석전이 벌어졌고 경찰은 최루탄을 쏘며 무력시위를 폭력으로 진압했다. 오후 1시부터 계속된 집회에서 시위대는 경찰과 여러 차례 충돌했으며, 참가자들은 이원집정(二元執政) 개헌을 반대하며 국민헌법제정과 헌법제정민중회의 소집을 주장했다.

5·3 이후 정국은 점점 혼란을 더해갔고 전국반제반파쇼민족민주투쟁학생연맹 산하 연세대학교 총학생회와 민족민주투쟁위원회는 비상행동강령을 학생들에게 제시하였다. 연세대학은 비상사태시 경인지구 학생들이 모이는 서부지역 대학이었는데, 동맹 수업거부를 시작으로 각 단과대학, 과별로 연락원을 두고 즉각적인 조직 작업과 소규모 기동타격전, 선전전을 감행하도록 조치했다.

이즈음 민주화 요구의 열기는 학생들의 결기로 짐작할 수 있다. 제19대 총학생회장(노성철) 명의로 제작한 문건은 '조국의 장례를 고하며' 피를 부르는 항쟁을 예고했다. 군부정권의 폭력적 탄압에 맞서 온몸으로 항거하는 싸움이 폭력 난동으로 불리는 것을 용납할 수 없었던 학생들은 무장투쟁의 정당성을 옹호했다. 그들의 언어로 말하자면, 압제와 폭압에 맞선 학생과 민중들의 항거는 광주의 원혼들이 흘린 피의 유산이자 투쟁의 불이었다. 조국이 파쇼와 미제에 의해 통곡하는 산하에서 이 투쟁은 곧 전선이나 다름없었다.

윤동주의 숭고한 민족애와 4월 혁명의 힘찬 기상을 다시 불러오면서 총학생회는 민족민주전선에 연세대학교가 선봉이 될 것을 학우들에게 요청했다. 총학생회는 전 국민에게 지배질서의 능동적 저항을 촉구하며 '전 상가의 철시', '애국 군인의 군무이탈', '애국 공무원의 직무 이탈'을 주장하고 미제국주의와 파쇼정권의 정당성을 부정하였다.[106] 이러한 주장과 행동은 매우 급진적인 사회운동일 뿐만 아니라, 사회혁명의 수준에서 대변혁을 국민들에게 알린 셈이었다.

---

106 연세대학교 제19대 총학생회장 노성철, "조국의 장례를 고한다", 1986. 5. 7.

5·3 인천사태의 배경에는 보수대연합에 대한 우려가 크게 작용했다. 다음달 총학생회는 '대국민 보수대연합 음모'를 폭로하는 운동을 전개했다. 신민당 일부의 기회주의 태도를 비판하며 가두시위를 확대해 지하철과 공장, 농촌 등지에서 할 수 있는 모든 공간을 활용해 토론과 유인물 배포, 스티커 붙이기에 나설 것을 공지했다. 학생들은 노동자와 농민, 영세상인과 도시 빈민들에게 함께 해줄 것을 호소하였다. 학내에서는 다가오는 여름방학 기간 동안 교정을 진정한 해방구로 삼기 위해 내부 교육을 실시하는데 각종 문화행사와 심포지움, 토론회를 열기로 했다.[107]

중고등학교 현장과 학생들에게도 민주화의 열기가 이어졌다. 5월 10일 전국의 초중고 교사 3백 50명이 서울 종로2가 YMCA 강당에서 '교육민주화선언'을 발표했다. 교육민주화 선언은 교육 행정의 비민주성과 관료성을 지적하고 민주화가 역사의 필연이라는 인식하에 교육의 자율성을 쟁취하는 교육자치제 실현을 위한 교사들의 주체적 입장을 강조했다.

1986년 7월 17일부터 8월 15일까지 설정한 여름해방대학에서 총학생회는 대국민 홍보투쟁을 계획했는데, 새로운 것은 중고등학생과 청년들에게 편지를 주고받는 운동이었다. 교사들의 교육민주화 선언 내용을 전국의 중고등학생과 청년들에게 널리 알리는 것과 민족민주운동을 하는 대학인에 대한 왜곡된 인식을 극복하고 현교육의 비민주성과 반민족성, 그리고 전인교육을 알리는 것이 주된 목표였다. 여름해방대학의 주제는 통일과 외세, 민중, 민주주의였다.[108]

학습자료를 만드는 총학생회 교육부의 노력은 위 주제와 관련해 매우 구체적인 내용을 담았다. 요약하면 첫째, 사회의 주체를 강조하며 노동자 농민에 대한 부당한 대우 사례, 둘째, 광주사태를 일으킨 정권의 애국운동 탄압과 그 본질, 셋째, 한국전쟁 이후 미국의 신식민지로 전락하고 있는 현실, 넷째, 친일지주세력을 이어받은 야당에 대한 실체를 폭로하는 것이었다. 추천 도서와 시집, 소설 목록을 제시하고 총학생회 전화번호를 남겨

107 연세대학교 총학생회, 전국반제반파쇼민족민주학생연맹산하 연세대학교 민족민주투쟁위원회, "보수대연합음모획책은 방학이 없다", 1986. 6. 12.

108 연세대학교 총학생회, 전국반제반파쇼민족민주학생연맹산하 연세대학교 민족민주투쟁위원회, "범연세인 대국민홍보투쟁 첫 번째", 1986. 6. 21.

중고등학생과 청년들이 대학인과 적극적으로 대화할 수 있도록 시도했다.[109]

총학생회 교육부장 오연호(국문 4)와 김원용, 박현수, 송다영 등 집행부는 정치 권력과 제도 교육이 은폐하고 있는 사회의 모순과 노동자, 농민의 현실 등 국내외 문제를 중고등학생들에게 제대로 알리려는 취지로 편지를 보내기로 했다. 총학생회는 '전국 애국 중고청년에게 보내는 글'을 넣은 편지 2,000여 통을 발송했다. 정부는 편지보내기 운동을 주도한 위 학생들을 국가보안법 위반 혐의로 구속했다.

학생들의 정국에 대한 인식은 대국민 홍보투쟁에 나타난 이 한 문장으로 요약할 수 있다. "친미군부 파쇼 무리들의 장기집권 음모와 미제국주의자들의 신식민지 재편 음모에는 방학이 없다." 국회에서 민정당과 신민당이 헌법개정특위를 구성한 것을 비판한 학생들은 완만한 형태의 제도 이행을 보수대연합이라고 지적하고, 보다 근본적인 사회변혁으로서 또 다른 혁명을 요구했다. 7월 21일부터 8월 15일까지 이어지는 여름해방대학 일정표에 따르면, 학생들의 학습 주제는 사회 전반의 제 문제를 다루는 것이었다.

제 문제는 의회 자유민주주의의 허구성과 국가보위비상대책위원회와 헌법개정특위의 비교, 구로투쟁 현장, 위장취업에 나선 대학생, 최저 생계비, 미국의 제3세계 전략, 핵문제, 6.25의 재해석과 남북문제, 한반도 통일문제였다. 이와 같은 주제에 대한 공부와 동시에 노동자 도시 빈민, 학생들에게 편지보내기 운동을 지속하고 단과대학별로 지역을 선정해 현장조사에 따른 대국민 홍보를 실시했다. 또한 헌법개정특위에 항의하는 수단으로 민정당과 신민당 국회 대표 의원실에 전화 걸기 운동을 펼쳤다.[110]

1986년 여름 정국에 관한 인식을 정리한 팜플렛은 학생운동의 흐름과 주요 쟁점을 일목요연하게 보여준다.[111] 1980년 광주 민중의 학살로 탄생한 5공화국 헌법의 출생을 밝힌 글은 호헌과 개헌 논의의 본질에서, 이원집정부제 음모와 헌법개정특위를 기만적 타협기구라고 주장했다. 다음은 8·15해방 이후 한반도의 분단에 책임이 있는 미국 문제에 대한 비판이다. 민족의 운명을 결정지은 미제국주의는 한국 민중의 민주주의와 민족자

---

109 연세대학교 총학생회, 전국반제반파쇼민족민주학생연맹산하 연세대학교 민족민주투쟁위원회, "전국 애국 중고청년에게 보내는 글", 1986. 6. 25.

110 연세대학교 총학생회, 전국반제반파쇼민족민주학생연맹산하 연세대 민민투, "이만 연세여, 들불이는 한반도에 거센 바람으로, 풀무로 서라!-제2차 대국민홍보투쟁 및 여름해방대학 프로그램을 알리며-",1986. 7. 2.

111 연세대학교 민족민주투쟁위원회, 연세대학교 총학생회, "해방의 소리", 1986. 8. 8.

주, 민족 통일의 열망을 반공이데올로기로 위협하며 민중의 생존권과 기본적인 정치적 자유를 빼앗은 독재정권을 하수인으로 만든 것이었다. 4·19혁명의 위대한 승리를 찬양한 팜플릿은 1961년 5·16 군사쿠데타로 정권을 장악한 독재정권이 반공법과 긴급조치, 계엄령, 유신헌법으로 유지된 것을 지적하고 (성)고문과 용공조작 간첩을 만든 '살인 공화국'이었음을 들추었다.

책자의 끝에 있는, 학생들의 고민이 묻어 나는 다음 구절은 사회변혁에 대한 소박한 요구이자 현재에도 되새김할 만한 글이다.

> 이 글을 펴내게 된 것은 저희들의 작은 숨소리를 애국동포 여러분과 함께하고자 하기 때문입니다. 비록 보잘 것 없는 조그만 책자이지만 '이 땅의 모순이 누구 때문에 생긴 것인가', '이땅의 진정한 주인은 누구인가', '새로 건설해야 할 한반도의 통일된 민족국가는 어떻게 만들어야 하는가' 등에 대해 애국 동포 여러분과 더불어 느끼고 싶었기에, 차근차근 읽어보시고 이웃집과 같이 얘기해 보십시오.

학생운동에서 1986년은 통일에 관한 담론이 본격 부상하는 해라고 볼 수 있다. 분단에 대한 역사적 인식은 광주사태의 막후에 있었던 미국의 실체와 함께 당대의 사회변혁 과정에서 그 필요를 동시에 소환했다. 민족해방과 민중민주주의 의제는 해방 이후 40여 년 동안 지속된 분단에 대한 도전이자 반공정권의 이데올로기와 미국의 남한에 대한 정치 경제적 예속(착취)을 밝히는 것이었다. 현대사를 새롭게 보는 관점이 정립되어 갔다. 구체적인 현실에서 학생들이 의문을 제기한 중요한 의제 중 하나는 한반도에 배치된 핵무기였다. 이즈음 배포한 몇몇 문건에서 학생들은 남한에 배치된 핵무기의 종류와 실태, 현황을 정리해 조리있게 제시했다.[112] 물론 이것은 팀스피리트 훈련을 비판하는 것과 동일한 맥락에서 이루어졌다.

112 연세대학교 총학생회, 연세대학교 반제반파쇼 민족민주투쟁위원회, "조국통일 실현을 위한 자료집", 1986. 8. 20.

정문을 가로 막고 선 전투경찰
출전: 민주화운동기념사업회 오픈아카이브

1986년 가을 정국에서 빼놓을 수 없는 것이 건국대에서 있었던 학생들의 투쟁이다. 10월 28일 건국대에서 전국 27개 대학생 2,000여 명이 참가해 반외세반독재애국학생투쟁연합(애학투) 결성식과 친미독재 타도, 그리고 분단 이데올로기 분쇄를 위한 실천대회가 열렸다. 대규모 시위는 결성식 당일부터 시작했는데, 애학투 발대식을 벌이던 도중 사방에서 교내로 진입한 경찰에 밀린 학생들이 본관과 사회과학관 등으로 떠밀려 들어가 건물 옥상에서 농성을 벌였다.

10·28 건국대 항쟁이라고 불리는 학생 민주화운동은 당대의 주요 의제인 반외세 자주화, 반독재 민주화, 조국통일 구호를 내세웠다. 10월 31일 경찰은 4일 동안 진행된 점거 농성을 진압 작전으로 강제 해산시켰으며 학생 1,525명을 연행하고 이 중에서 1,288명을 구속했다. 전두환 정권은 이 농성을 해산시키기 위해 헬리콥터 2대와 학생 수보다 더 많은 3,000여 명의 경찰을 투입했다. 예상하지 못했던 이 사건을 계기로 정권은 학생운동에 대한 총공세를 폈는데, 연행된 학생들에게는 '용공좌경분자'라는 죄목을 붙였다.

5·3 인천사태와 건국대 사건 이후 학원의 겨울은 자신들의 행위가 정권에 의해 이데올로기 공세의 도구로 쓰이는 것을 깨달았다. 이것은 "투쟁의 와해 과정에서 국민들과 동떨어진 관념적 구호의 남발이나 한꺼번에 모든 것을 담보하려는 조급성"으로 말미암은 것이었다. 학생들은 더욱 강경하지만 내용으로는 확장된 투쟁을 준비해 갔다. 직선제 쟁취와 영구 집권음모 분쇄를 위한 투쟁은 더 이상 학내에만 머물 수 없는 사안이었다.

청년 학도들이 민주화를 위한 선봉에 나설 것을 자처하고, 타 세력이나 신민당의 진보적 인사들과 공동투쟁을 현실화하여 범국민대회에 본격적으로 참가하기 시작했다. 총학생회의 이와 같은 움직임은 전두환 정권의 퇴진만을 요구하는 것이 투쟁의 목적이 아니라는 데서 알 수 있다. 민주화를 위한 투쟁은 결국 새로운 민주세력과 연대해서 이루어야 하는 변혁운동의 과제였다.[113]

도시 빈민들에 대한 학생들의 관심 역시 사회민주화의 연장선에서 이루어졌다. 철거현장에 난무하는 폭력 앞에서 학생들은 주민들과 생존권 투쟁으로 연대했다. 1987년 5월 12일 총학생회 종교부와 가톨릭학생회는 재개발 지역에서 자행된 살인적 철거 과정에서 사망한 시민을 추모하는 합동위령제를 마련했다. 그해 5월 어린이날을 하루 앞둔 상계동에서 당시 9살이던 오동근이 사망하는 일이 벌어졌기 때문이다.

오동근은 친구 3명과 자신이 살았던 상계동 철거현장의 골목에서 놀던 중 주변 가옥의 담벼락이 무너지면서 돌무더기에 깔려 그 자리에서 사망했다. 이 사건으로 경찰은 장례식이 차려진 서울기독병원에 침입해 오동근의 시신을 탈취해 화장을 해버렸다. 경찰이 어린아이의 시신을 빼앗아가자, 학생들의 분노는 1980년 광주민중을 학살한 부도덕한 군부독재정권을 소환하며 폭압을 고발하고 나섰다.

농촌 현실에 대한 인식은 하계봉사활동으로 구체화되었다. 총학생회와 민중권익쟁취위원회는 저곡가 정책의 폐지를 주장하며 농민들의 생존권 보장을 요구했다. 농촌활동에 대한 학생들의 노력은 초기 브나로드운동에서 보여준 특권의식에서 출발한 동정적, 계몽적 봉사와는 본질적으로 그 궤를 달리하는 것이었다. 다시 말해 농촌활동은 학생과 농민 사이의 두 존재가 주체적 만남 속에서 상호 실천적 합의를 찾아가는 통일 과정으로 그 성격을 규정할 수 있다.

학생들의 문제의식은 농업이 종속적 관료독점자본에 의해 장악되고 농민적 토지 소유제도의 붕괴와 상업적 농업의 전개, 농가 부채의 누적, 외국 농수산물 수입, 저농산물 정책에 따른 물가 안정책에 있었다. 농촌 문제는 일시적인 농정의 실패가 아니라 관료독

113 연세대학교 총학생회, "청년 연세여 그대의 어깨위에 조국의 민주화가!!-11월 29일 직선제 쟁취와 영구집권음모 분쇄를 위한 범국민대회 참가에 관한 총학생회 입장-", 1986. 11.

점 자본주의 체제의 축적구조에 따른 위기에서 비롯된 것이라는 진단이었다. 이것은 농촌의 현실이 결국 민족자립경제를 확립하는 방향으로 나아가야 하는 것을 의미했다. 학생들에게 진정한 농활의 의미와 방향은 이 부분에서 찾을 수 있었다. 특권이나 개인주의 속성, 민중에 대한 편협한 시각을 극복하는 것이 농촌활동의 궁극적인 목표였다.[114]

농민문제에 대한 인식은 독점 재벌과 결탁한 정부의 수출 위주 공업화 정책과 금융특혜, 부동산 투기, 독과점 상품에 대한 지원과 맞물려 있었다. 재벌 기업에 대해서는 대규모 정책 지원을 통해 그들과 정경유착 시대를 열었고, 농민들에게는 농가 부채와 농수산물 수입을 강요해 농정이 무너지고 있었다. 학생들은 농가 부채 해소와 농축산 수입물에 대한 규제, 농업조합의 민주성 확보, 토지제도의 개편을 요구했다.[115]

1980년대 중반부터 학생들의 관심은 사회 전반의 제 문제로 확대되었다. 농촌활동의 체계화는 1982년 이후 초기에는 주로 봉사활동에 머물렀으나, 1983년부터 많은 학생들이 참여하면서 단과대학별 농촌 봉사활동을 적극적으로 진행하였다. 이 같은 활동은 학생들에게 민주화운동에 대한 공감대를 확대하는 계기가 되었다. 다양한 분야로 뻗어 나간 학생운동 지평의 확대는 새로운 강좌와 학술문화를 대학 내에 정착시켰다. 이전에 지하에서 이뤄지던 독서 모임과 학습이 기념축전이나 행사 때 다양한 형태로 나타났다.

학교가 창립 100주년을 맞은 1985년 봄, 총학생회는 제1회 무악작은영화제를 열었다. 5월 6일과 8일 양일간 상영한 영화제는 사회구조에 억압당하는 주변인들의 삶과 그들의 좌절을 그린 영화들이 학생들의 시선을 사로잡았다. 농민의 권리를 인정받기 위해 투쟁에 나섰던 구례 농민들의 수리세 현물 자진납부 운동을 재구성한 “수리세”는 운동의 시발과 당국의 회유, 대치, 승리에 이르는 단계를 훌륭하게 묘사했다. 방배동 철거민의 현실을 다룬 “이 땅의 갈릴리 사람들”이나 도시 문명의 거대화와 팽배한 개인주의, 단절된 사회를 고발하는 “문”이 상영되었다.

총학생회 학술부는 「작은 영화제 붙여」라는 글에서 체제에 의존하는 기존 영화의 반

---

114 연세대학교 총학생회, 민중권익쟁취위원회, “연세여! 일백년 우리의 의지를 일천만 농민의 바다로-하계 농촌 활동에 부쳐-”, 1985. 6. 20.

115 연세대학교 총학생회, 전국반제반파쇼민족민주학생연맹산하 연세대학교 민족민주투쟁위원회, “전국 천만 애국 농민, 3만 영농후계자에게 드리는 글”, 1986. 7. 9.

민중성과 반민족성을 극복하고 영화 문화에 대한 총체적 인식과 창조, 무엇보다 "영화과학의 확립과 이에 바탕"을 둔 현실의 모순을 깨닫고 실천을 지향하는 기획 의도를 밝혔다. 그동안 "작은 영화운동이 내적으로, 소시민의 자기 분열상에 대한 시적인 찬미나 끝없이 반복되는 주제에 대한 도피적 탐닉"과 "영화에 가해지는 정치경제체제의 압력에 대해 주의 깊게 분석하고 그 모순 구조에 대한 대안을 진지하게 모색하"자는 의도였다. 대학 구성원들이 주목하는 오월의 영화제는 16/8mm로 제작하는 작은 영화의 가능성과 대학영화의 새로운 장을 여는 것으로 평가받을만 했다.

학내 자율화 조치가 진행되면서 노동운동과 농민운동에 대한 참여 그리고 노학연대는 정치적 민주화, 사회민주화의 큰 방향에서 이루어졌다. 1987년에 접어들어 총학생회 산하에 노동자 지원연대를 위한 특별위원회가 만들어지고 노동운동과 더욱 긴밀한 활동을 이어갔다. 이 위원회는 그동안 있었던 노동운동 탄압사례를 모아 홍보물을 만들었는데, 민주노조 사수 투쟁을 정확하게 알리는 것이 주요 내용이었다.

5장 6·10 민주항쟁과 이한열

1. 1987년 백양로의 봄

겨울을 맞은 총학생회는 1987년 신입생을 위한 과제와 교육 상황에 대한 안내를 마련하고 있었다. 교육 문제에서 주요 사안은 전해 12월 초에 언론을 통해 알려진 '시위 전력이 있는 사대 학생들의 교사 임용 불허' 방침이었다.[116] 정치 권력 앞에 무릎을 꿇은 제도 교육의 전형으로서 경직된 사회풍토를 반영한 획일적이고 피동적인 대학 당국의 자세를 비판한 학생들은 민족 주체교육의 확립을 말하고 나섰다.

새해에 가장 큰 의제는 1월 14일에 일어난 서울대생 박종철의 죽음이다. 치안본부 대공수사단(남영동 대공분실)에 연행되어 조사받던 중 고문으로 사망한 박종철. 2월 7일 그를 추도하는 행사가 전국 주요 도시에서 개최되었는데 경찰은 이 행사를 원천 봉쇄하지만 산발적인 시위는 더욱 치열하게 이어졌다. 정권을 타도하려는 학생들의 전의는 불타오르고 있었다. 이 와중에 2월 19일 문교부는 그동안 논란이 되었던 대학생의 전방입소교육을 선택과목으로 바꾸어 3월부터 시행하기로 했다. 폐지가 아니라 선택이었다.

2월 7일 명동성당에서 열린 '박종철 군 범국민추도회'를 보자. 오후 2시 정각 명동성당에서 박종철의 나이와 똑같은 21번의 타종이 있고, 수백 대의 자동차가 경적을 울리며 그를 추모했다. 전국에서 열린 추도회에 참석한 사람들 가운데 798명을 경찰이 연행했

116 연세대학교 총학생회, "연세의 이름 속에 하나가 되고자하는 후배들에게", 1987. 1. 8.

다. 박종철의 49제를 맞은 3월 3일 신촌사거리에 모인 학생들은 파고다 공원까지 가두시위를 벌였다. 49제에 즈음한 취지문에는 고문에 관한 대대적인 비판이 실렸다.[117] 고문으로 인한 인권 탄압과 사망이 속출하자 학생들은 고문수사 근절과 고문에 의한 용공조작 사건(백기완, 이태복, 김근태, 김문수, 권 양 등) 진상규명, 책임자 처벌 그리고 길거리에서 검문검색으로 강제 연행하는 행태를 멈추라고 요구했다.[118]

전두환 정권은 현행 헌법으로 1988년에 정권을 교체하고 이를 위한 대통령 선거를 연내 실시한다는 특별담화를 발표했다. '4·13호헌조치'라고 이름 붙인 이 담화는 개헌 논의를 유보한 채 장기집권을 모색하려는 의도였다. 개헌 없이 연내에 대통령 선거를 실시하는 조치가 특별담화 형식으로 발표되자 학생들의 저항은 더욱 대결 국면으로 접어들었다. 이해 봄학기 학원의 의제는 헌법 개정이었다. 직선제 헌법 개정은 시위와 투쟁으로 점철된 학사 일정에서 거의 모든 것을 압도했다. 4월 혁명 기념주간과 연세 102주년 무악대동제는 조국통일 염원과 함께 반독재 민주화투쟁 이정표로서 개헌 문제에 집중하였다.

시위대의 교문밖 행진을 막기 위해 최루탄을 발사하는 경찰

출전: 민주화운동기념사업회 사료관 오픈아카이브

117 고박종철군범국민추도회 연세대학교 준비위원회, "거대한 함성으로 우리는 오늘 모였다 단결하자! 나아가자! 승리하자!", 1987. 3. 3.

118 박종철군 범국민추도회 연세대학교 준비위원회, 1987. 3. 1; "거대한 함성으로 우리는 오늘 모였다", 1987. 3. 3.

불법검문에 거부하며 정문을 나선 학생 시위대
출전: 『경향신문』 1987년 4월 16일

1987년 봄 정국은 개헌과 호헌을 둘러싼 논쟁으로 휩싸였다. 총학생회는 이 의제에 대한 정치 세력들 사이의 역학관계를 밝히면서 개헌 정국이 탄생하게 된 배경과 그 전개 과정, 미국의 개입과 신민당의 분당, 호헌의 의미와 방향성을 짚어내고 있었다. 정국과 정치세력의 이해관계에 대한 학생들의 인식에는 개헌투쟁이 더욱 강경하게 지속되지 못한다면, 전두환을 중심으로 한 민정당의 일당독재가 연장될 것이라는 불안감에 있었다. 학생들은 평화적인 정권 교체와 올림픽 행사를 앞세워 현행 헌법의 테두리 내에서 정부를 이양하려는 집권세력의 의도를 결사적으로 저지하려 했다.

학생운동의 방법론에 대한 고민도 깊어졌다. 총학생회 조사부가 4·19 행사 이후 학생들을 대상으로 조사한 775부의 설문에 따르면, 응답한 전원이 11개 프로그램으로 이루어진 4·19 행사에 한 번은 참여하였다. 학생들이 가장 긍정적으로 참여한 프로그램은 서부지역문화제였는데, 응답자의 39%가 서부지역 학생들의 정치성을 초월하여 문화적 공감대를 형성할 수 있었던 것으로 평가했다. 전체 행사에서 의견수렴이 미흡한 부분도 있었지만 일반 학생들의 참여 경향을 높인 것은 중요한 것이었다.

군부독재를 종식시키려는 선명한 의제에 비해 학생들이 사용할 수 있는 방법은 많지 않았다. 1987년 5월 7일 총학생회 학술부가 주최해 민주광장에서 열린 토론회는 이와 같은 고민을 엿볼 수 있게 한다. 총학생회가 주도하는 반독재투쟁이 각종 시위와 행사에서 어떻게 분출되는지, 또 학생들은 어떻게 평가하고 참여하게 되는지가 중요해졌다.

5월 13일 기독학생들의 연합기도회가 열렸다. 연세대학교 기독학생회를 포함한 서울지역 7개 대학 기독학생회는 광주 민중을 학살하고 들어선 군부독재정권의 장기집권 음모를 분쇄하고, 민주정부를 수립하기 위해 결연하게 투쟁할 것을 선언했다. 신부와 목사들의 단식투쟁을 적극 지지하며 모든 기독인들의 각성과 단결된 투쟁을 촉구하였다.[119]

학생들의 여론 수렴과 공동의 실천 방안을 모색하려는 총학생회의 노력은 학생총회 형태로 이어졌다. 5월 15일 총학생회가 주최하는 제2차 학생총회가 노천극장에서 열렸다. 정국은 이전 시위에서 경찰에 연행되어 '구속과 제적의 위협 속에서도 식음을 전폐하고 폭력 호헌, 폭력 연행에 항거하는 학우'들이 단식을 결단하고 있었다. 총학생회장이 발의한 안건은 폭력 연행과 구금사태에 대한 행동지침, 현 시국과 호헌에 대한 학생총회의 입장, 서명운동, 단식투쟁, 철야농성을 수렴하는 총학생회의 실천 대안, 광주민중항쟁 제7주년 기념주간에 대한 실천방안이었다. 이 같은 안건을 두고 단대별, 과별 토론회와 자유발언이 이어졌다. 이틀 전인 5월 13일, 경찰이 학내에 진입해 호헌철폐와 군부독재 종식을 외치며 단식투쟁을 하던 학생 36명을 연행하였다. 학생총회에 운집한 4천여 명의 학생들은 교내를 행진하며 독재정권을 규탄하였고, 경찰로부터 풀려난 학생들의 환영 행사를 6월 9일 개최했다.

총학생회 중심의 학생운동이 사회민주화를 전면에서 주도했지만, 이것만이 전부는 아니었다. 학원의 자율성과 학내 자치는 학교가 기독교 정신을 구현하는 것 못지않게 민족의 방향성을 세우는 데에도 있었다. 이런 주장은 민족의 자부심을 드높일 수 있는 최현배, 김윤경, 정인보, 백남운 교수의 업적을 기리고 서남동 교수를 명예교수로 추대할 것을 학교 당국에 요청하는 것으로 나타났다. 이와 반대로 학생들은 학내의 비민주적 요소를 척결하기 위해서 봉건적이고 권위적이며 관료적인 교수를 물러나게 할 것을 요구했다. 공공연히 정권을 비호하거나 사대주의 의식을 전파하는 교수, 학생들을 권위로 지

119 연세대학교 기독학생회 외, "호헌철폐와 군부독재종식을 위한 기독학생 연합기도회에 들어가며", 1987. 5. 13.

배하려는 교수들에게 사퇴를 요구하기에 이르렀다.[120]

학사행정의 민주적 운영에 있어서 총학생회는 한 학기 휴학제의 부활과 수강신청을 변경할 수 있는 자유, 채플을 강요하지 말 것을 제시했다. 교과과정에 있어서는 강의 개설에 대해 학생의 의견을 수렴할 것과 강의 평가제도 도입을 주장했다. 학내에서 발행하는 매체의 원고에 대한 검열과 삭제, 압력의 철폐와 학내 언론인의 신분 보장을 요구하며 언론자유 쟁취를 다시 한번 강조했다. 학원자율화에 대해서 총학생회는 문교부의 학사행정 개입을 비판하고 평교수협의회 부활과 총장 승인제 폐지를 들고 나왔다.

2. "한열이를 살려내라!"

1987년 5월 18일 광주항쟁일을 맞아 전국 62개 대학에서 2만 2천여 명의 학생들이 추모집회와 시위를 벌였다. 5월 29일 서울의 주요 대학에서 특별위원회의 결사체인 '호헌철폐와 민주개헌 쟁취를 위한 서울지역학생협의회'가 구성되었다. 서울지역대학생대표자협의회(서대협) 소속 13개 대학 총학생회 간부들이 각 대학 총학생회실에서 '호헌철폐와 군부독재 종식을 위한 단식동성'에 돌입했다. 곧이어 6월 1일 서울시내 13개 대학 학생회장 등 간부 20여 명이 호헌철폐를 요구하며 단식농성을 벌였다. 6월 6일 서울 29개 주요 대학 학생 수천여 명은 고려대학교에서 연합대동문화제를 열며 시위를 이어갔다. 경찰은 곧 다가올 6·10대회를 막기 위해 전국 110개 대학을 수색했다.

6월 9일 이한열(경영 2)이 시위 도중 최루탄에 맞아 매우 심한 부상을 입는다. 박종철 고문치사 사건의 진상규명을 요구하며 민주헌법쟁취국민운동본부가 개최하기로 한 '박종철군 고문살인 은폐조작 규탄 및 민주헌법쟁취 국민대회'를 하루 앞두고 총학생회는 '6.10 대회 출정을 위한 범연세인 총궐기대회'를 개최했다. 궐기대회를 마친 학생들은 시내 진출을 시도했고 정문에서 경찰과 충돌이 빚어졌다. 학생들 일부가 정문 앞으로 진출하려고 나가자 전투경찰이 학내에 진입하며 교문 진출을 막고 대치했다. 500여 명의

120 연세대학교 총학생회, "1987년 제1차 연세대학교 학생총회를 개최하며", 1987. 4. 28.

전투경찰이 최루탄을 무차별로 쏴대면서 교내에 들이닥쳤고 교정은 뿌연 연기로 가득 찼다.

전투경찰을 피해 학생들은 백양로 안으로 뛰어 들어갔다. 전투경찰이 학생들을 향해 최루탄을 수평으로 직사했는데 이한열이 뒷머리에 최루탄을 맞았다. 그의 얼굴에는 피가 번졌고 코에는 피가 쏟아졌다. 오후 4시 40분경 시위 현장에 있던 이종창(도서관 4)이 최루탄을 맞은 이한열을 발견하고 그를 끌어안은 채 교정으로 들어갔다. 이한열은 "뒤통수가 아파, 나 괜찮아?"라고 말했고 뛰어온 학생들이 그를 부축해 신촌세브란스병원으로 옮겼다. 5시 30분경 이한열은 "내일 시청에 나가야 하는데..."라는 마지막 말을 남기고 혼수상태에 빠졌다.

이한열이 부상으로 사경을 헤매자 학생들은 독재정권에 대한 분노와 경찰의 폭력 진압에 항의하며 규탄대회와 결의대회를 열었다. 학생들은 이한열의 부상에 책임이 있는 서대문경찰서장과 그 외 사람들에 대해 고발장을 작성했고 많은 학우들이 여기에 서명했다. 이 같은 학생들의 거센 움직임에 안세희 전 총장과 상경대학 교수들이 정부의 책임을 묻는 입장문을 발표하기에 이르렀다.

이한열이 부상을 입은 다음 날 6월 10일, 민주당과 민주헌법쟁취국민운동본부가 주최한 '박종철 군 고문치사 조작/은폐 규탄 및 호헌철폐 국민대회'가 전국 20여 개 도시에서 가두시위로 진행되었다. 6월 민주항쟁의 정점이었다. 학생과 시민이 뭉친 대규모 시위대가 경찰에 쫓기면서 명동성당으로 진입했고 이후 농성 투쟁을 시작해 민주항쟁을 이어갔다. 6월 12일 오후 2시경 학생 3천여 명이 '살인적 최루탄 난사에 대한 범 연세인 규탄대회'를 개최한 후 정문 앞으로 진출해 연좌 농성을 벌였다. 이날 민정당은 노태우 대표위원을 차기 대통령 후보로 지명했다.

전국에서 시위에 불이 붙었다. 이한열이 죽음과 사투를 벌이는 동안 총학생회는 시민을 상대로 반정부 홍보에 주력했다. 살인을 불사한 최루탄 직격을 규탄하고 호헌에 대한 비판과 민주헌법쟁취를 담은 결의문을 제작해서 시가지 곳곳에 뿌렸다.[121] 최루탄 추방운

121 연세대학교 총학생회, "애국시민께 드림", 1987. 6. 21.

동을 대대적으로 전개한 것이다.[122] 6월 23일 연세대 노천극장에서 서울지역 25개 대학 2만여 명의 학생들이 서대협 주최로 '호헌철폐와 독재 종식을 위한 서울지역 청년학도 결의대회'를 열고 국민평화대행진에 적극 참여할 것을 결의하였다. 6월 26일 3개 도시에서 평화대행진이 일어나고 민주헌법쟁취국민운동본부은 전국에서 '직선제 개헌 요구를 위한 국민평화대행진'을 개최하였다.

7월 1일 전두환 대통령은 '시국수습에 관한 특별담화'에서 노태우 민정당 대표가 발표한 6.29선언의 8개 항을 수용하게 된다. 노태우 대표는 직선제 개헌과 김대중 사면복권, 시국수습을 위한 방안을 제시했다. 민주개혁 조치가 제도로서 일부 수렴되자 학생들은 그 다음을 준비했다. 7월 3일 신촌캠퍼스에서 서울시내 대학생 1만 5천여 명이 참석한 가운데 '민주정부 수립을 위한 시국 대토론회'가 열렸다. 학생들은 최루탄을 난사하는 군부독재를 타도하고 거짓 민주주의를 내세우는 정권을 쓸어버릴 것을 주장했다.[123]

이한열이 죽음의 문턱에 빠져있을 때 학생들은 경찰로부터 그를 지키기 위해 세브란스병원에서 경비를 섰다. 한 달여 가까이 혼수상태에 있던 이한열은 7월 5일 끝내 사망하고 만다. 그의 장례를 위해 같은 날 연세대학교에서 전국의 학생회장이 모여 회의를 열었고, 이 자리에서 전국적인 학생 대중조직 건설에 대한 이야기가 오고 갔다. 장례는 7월 9일 '애국학생 故이한열 열사 민주국민장'이라는 이름 아래 거행되었다. 본관 앞에서 영결식을 치른 뒤 신촌사거리와 서울시청 광장에서 노제를 지낸 후 광주 5·18묘역으로 향했다. 노제와 운구 행렬이 지나가는 서울시청 광장에는 약 100만여 명의 시민이 집결해 그를 애도했다.

122 연세대학교 총학생회, "최루탄 추방운동에 붙이어-애국시민에 드리는 글-", 1987. 6.
123 연세대학교 총학생회, "한열이의 장례를 우리의 손으로!", 1987. 7. 5.

고 이한열 분향소에 들어서는 조문객들
출전: 민주화운동기념사업회 사료관 오픈아카이브

이한열은 재학 시절 '만화사랑'이라는 중앙 동아리를 만들었으며 학생운동에 적극적으로 참여했다. '만화사랑' 동아리는 5·3인천 사태와 건국대 사건으로 운동이 학생대중과 거리감이 생기자 그들을 지지세력으로 만들기 위해 조직한 것이었다. 그의 활동을 자세히 소개한 것은 총학생회가 정리해서 발행한 자료집이다.[124] 한열이의 고등학교 시절 성장기와 대학 시절, 편지와 자작시, 일기를 실은 이 자료집은 사건의 개요와 한 달 동안 있었던 병상 생활, 병상을 지키던 학우들의 글모음, 장례식 그리고 고발장으로 이루어졌다. 아버지에게 쓴 불초 소자의 글, 당신의 아들이 어머니에게 드리는 글, '현실 안주'보다 '현실 타파'를 말하며 친구에게 보낸 편지, 분단 조국에서 5·18을 맞은 소감과 각오. 이렇게 한 사람의 정수가 담긴 자료집을 총학생회는 그의 영전에 바쳤다.

8월 1일 서울지역대학생대표자협의회가 주도해 고려대에서 '제1회 전국대학생지역대표자연석회의'가 열렸고 학생운동은 새로운 전기를 마련하였다. 8월 19일 충남대학에서 전국 95개 대학 3,500여 명의 학생이 전국대학생대표자협의회(전대협)을 결성한다. 민주주의 이행에 발맞춰 학생운동의 대전환이 일어났다. 전대협은 발족 선언문에서 외

124 연세대학교 총학생회, "한열아! 부활하라!!(애국학생 이한열 열사의 영전에 이 책을 바칩니다)", 1987. 7. 9.

세 배격과 독재 종식을 통한 자주적 민간 정부의 수립, 조국의 자주적 평화통일 기여, 민중이 주인이 되는 세상을 향한 연대, 학문 사상의 자유 쟁취, 전국학생총연합 건설의 토대 마련, 이렇게 다섯 가지를 활동 목표로 내세웠다.

3. 이념과 노선-민주주의 이행과 변혁의 길

민주주의 이행에서 학생운동이 사회변혁의 주체로 자리 잡은 시기는 1980년대였다. 1980년대는 변혁운동의 시대이자 이념의 시대였고, 학생운동의 이념과 노선은 다양한 조직의 탄생과 소멸로 이어졌다. 당대의 문제의식은 여러 가지 형식으로 나타났는데, 연세대 학생운동은 현장론과 준비론을 비롯한 투쟁의 선명성보다는 대중 노선에 가치를 둔 경우가 많았다. 재야세력이나 정치사회와 연계하는 방법은 달리했지만 학생운동 내부의 분화나 노선의 차이는 분열로 치닫지 않았다.

운동의 분기점이 되는 1980년 전후, 조직과 노선문제는 확고했지만 사회운동의 진출 방식은 다양성과 차이를 존중하는 입장이었다. 먼 미래를 내다보고 취직할 것을 권장했을 정도로 사회진출을 적극적으로 모색했고, 다양한 길을 인정하려고 시도했다. 적어도 사회진출 문제에 있어서 각자의 처지와 조건을 충분히 배려하는 대중노선을 견지했다. 한편으로 '긴 승부에서 함께갈 수 있는 자세가 중요하다'고 여긴 반면, 다른 한편으로 언더조직의 노선은 철저히 폐쇄적이었다.

학생운동에서 중요한 군대 문제를 잠깐 살펴보자. 1980년 광주 직후, 77학번들이 대부분 사회운동으로 진출하기 위해 병역 문제를 우선 해결하려고 할 때 조직 내부에서 비판이 일기도 했다. 어느 대학에서나 나타난 조직노선의 문제였지만, 시위와 구속을 피할 수 없었고 이를 통한 조직의 단결과 발전을 추구하는 운동의 경향 때문에 후배들은 군입대 문제에 더욱 비판적이었다.

5·18을 겪은 학생들에게 가장 큰 영향은 운동에 참여하는 두려움으로 나타났다. 이것은 학생운동을 전개하면서 정권에 맞서 싸우는 투쟁에 대한 공포심이었다. 신군부의 무자비한 진압은 운동권 학생들에게 신변의 위협을 심어주기에 충분했다. 학생운동 측에

서는 이와 같은 현상을 해소하기 위해 한편으로 대중 역량을 쌓기 위한 준비론을 내세웠고, 다른 한편으로는 학생을 중심으로 대중투쟁을 더욱 강하게 전개하자는 투쟁론이 부상했다.

광주 이후 낭만적 학생운동의 인식이 파괴되었고 운동은 비합법노선을 추구했다. 운동의 조직적인 흐름이나 체계적인 준비는 1980년 2학기에 접어들어 휴교가 끝나고 난 뒤에 본격적으로 진행되었다. 그해 하반기에 학내에서 시위가 있었지만 조직화된 시위라고 보기에는 무리가 있었고, 계획과 실행에 있어서 운동의 본격적인 시발은 좀 더 이후에 나타났다. 이념적으로 마르크스주의를 도입해 계급운동론 관점을 수용한 그룹은 노학연대를 통해 민중을 중심에 두는 입장으로 발전했다. 운동은 지하로 들어가면서 동시에 대중적 활동의 전개를 모색했고, 조직은 동아리를 중심으로 학회와 과 단위로 확산시켜야하는 인식을 가지게 되었다.

박정희 시대 때 학생운동의 중심이었던 기독학생회가 와해되는 등 학생운동에 참여한 학생들이 1980년 초에 대거 감옥에 들어갔다. 그리고 1981년도에 학림사건이 발생했다. 이 사건으로 학생들이 연행되었는데, 지하에서 활동하던 학생운동이 치명적인 타격을 입었다. 그해 6월을 거치면서 1970년대 말에 입학한 학생운동 참여자들이 붙잡혀간 뒤 일부 남은 세력이 학생운동을 재구축하기 위해 역할을 분담하였다. 일부는 써클 연합회를 조직하고 다른 일부는 과별 단과대별로 학회 조직을 재구축해나갔다. 자생적인 대중적 기반을 지향한 연세 학생운동 조직은 협의체 지도부를 형성하고, 통일적 사상을 토대로 하기 위해 노력했다. 운동조직 건설과 학생 재배치를 목적으로 조직작업을 진행하였는데, 81학번부터 이와 같은 재생산 구조에서 학생운동을 이어나갈 수 있는 과학적인 학습과 체계를 마련해갔다.

학생운동 조직은 평화문제연구회, 인간문제연구회, 목하회, 우리문화연구회 등 써클 조직과 학과, 단과대별 공개·비공개 조직의 학회를 거쳐 세력을 결집하였고 민주화 투쟁에 대한 사회구조적인 학습을 병행해 체계적인 이론을 정비하기 시작하였다. 1976년부터 1980년에 입학한 학생들이 중심이 되어 공개 조직과 비공개 조직들의 학내 네트워크를 구축함으로써 학내시위를 체계적으로 준비하였고, 취약한 조직을 지원하며 사안에 대한 협의와 조정을 해나갔다. 조직은 써클 뿐만 아니라 학과 내의 학회, 연세춘추, 학도호국단마저 학생운동의 흐름에 동참하게 되면서 학생운동세력은 단단한 대중적 기반을 넓혀가게 되었다. 또한 학생운동 세력의 교내 연합과 교외 연대의 필요성이 증대하고 있었다.

1981년의 조직활동 재생산과 함께 학생운동은 5·18 광주항쟁에 대한 실상을 알리고, 유신잔당 철폐와 반군사독재 민주화를 외치며 유인물을 뿌리는 시위를 연일 계속했다. 광주 이후 운동권이 아니었던 써클이 대부분 운동권으로 변하였고, 이를 계기로 각종 써클에 대한 재배치가 이루어졌다. 이과대와 공대 전체 단위에 학회를 결성하고 문과대는 과별로 학회를 만들었으며, 상대도 과별로 결성해 기초 단위에서 운동의 하부조직을 만드는 작업이 1982년도 2학기까지 지속되었다. 1983년까지 이어진 전반적인 조직사업은 연고주의가 와해된 상태에서 특정 조직의 이념을 따르는 노선 중심이 아니라, 내부의 의견 차이를 줄여 정파적 분화가 거의 없는 특징을 띠었다. 다르게 표현하면 이론적으로는 조금 취약한 특성을 가진 유연한 학생운동 조직의 건설이었다.

1984년에 접어들어 총학생회는 교내에서 다양한 대중활동을 벌여 학생들의 민주화 의식을 고취하였고, 전학련과 연대하면서 교외 시위를 조직하였다. 노동운동을 비롯해 사회운동과 다양한 연대를 이루었다. 그동안 비공개로 운동에 나선 써클들이 수면 위로 부상해 활동하기 시작하였고, 부활한 총학생회를 중심으로 전국학생총연맹(서울대 이정우, 연세대 송영길, 고려대 김영춘 등)을 결성하였으며, 그 산하에 민주화학생투쟁연합을 만들어 대정부 투쟁을 강화하였다.

전체 학생운동 조직에 대해서 간략히 살펴보자. 1984년 학원자율화로 인해 유화국면이 지속되면서 학생운동 내에서는 변혁 지향성이 강화되었고 운동의 위상과 역할을 둘러싼 논쟁이 격화되었다. 운동의 지향과 방향에 대해 내부 논의가 가열되었는데, 총학생회를 활용하는 방안과 별도의 공식 조직을 전면에 내세우고 이를 기반으로 투쟁을 전개하는 방식 등이었다. 전체 학생운동 차원에서 보면, 내부의 논의 결과 그해 6월경 노동운동과 학생운동에서 각각 전위 조직을 건설하고, 이것을 통일적으로 조직화할 것을 합의하였다. 팜플렛 『깃발』을 발간하여 동조자들을 규합하고, 이를 기반으로 10월 7일 민주화추진위원회를 결성하였다. 이 조직은 선도적 정치투쟁과 야당과의 제휴를 전개하자고 주장하였다.

이와 같은 국면에서 학생운동은 일상투쟁과 대중노선을 강조하는 노선이 발전해 '민주변혁(CNP)논쟁'으로 이어졌다. 민주변혁은 시민민주혁명(CDR, Civil Democratic Revolution), 민족민주혁명(NDR, National Democratic Revolution), 민중민주혁명(PDR, People's Democratic Revolution)을 일컬었다. 이 논쟁은 한국사회의 변혁을 둘러싼 사회구성체 논쟁으로 확대되었다.

학교 단위에서 네트워크를 통해 통합적으로 움직임을 가지고 있었던 연세대는 1984년 初 총학생회를 중심으로 대중투쟁과 정치투쟁을 전개하였다. 총학생회 산하 사안별 투쟁위원회와 언더의 지도부는 역할 분담에 관한 교감이 이루어져 있었다. 학생운동세력을 어떻게 유지, 발전시킬 것인가를 둘러싸고 다양한 움직임이 있었고, 치열한 논쟁을 벌였으나 조직은 분열되지 않았으며 학내에 통일된 운동 네트워크를 유지해 나갔다.

학생운동은 소시민적 운동노선인 시민민주혁명과 '일상투쟁에서 정치투쟁으로'라는 단계적 투쟁론이 비판받았고, 민족민주혁명과 목적의식이 뚜렷한 변혁운동과 조직운동의 필요성이 광범하게 수용되었다. 학생운동진영은 1985년 이후 민족민주혁명론을 보다 실천적으로 하는 '민족·민주·민중'이라는 삼민이념으로 수렴되었고, 이른바 민족통일민주쟁취민중해방투쟁위원회(삼민투)를 결성하여 미문화원 점거농성으로 대표되는 선도적인 정치투쟁을 벌였다. 미문화원 점거농성 사건 이후 대학가에서 삼민투 조직이 와해되었고, 이듬해 비합법 조직이 새롭게 등장했다. 전민학련은 1985년 조직된 전국학생총연합과 민족통일민주쟁취민중해방투쟁위원회의 정통을 계승한 것이라고 밝혔다. 민민투는 산하 조직으로 친미주구일당처단과 민주적권리쟁취 투쟁위원회와 노동자해방운동지원 연대투쟁위원회라는 기구를 두었고 기관지 「민족민주선언」을 발행하였다. 김성택이 연세대 민민투위원장으로서 공동의장으로 참여했다.

1986년에 접어들어 새롭게 민족해방(NL)론이 제기되면서 학생운동세력은 재편과정에 들어섰다. 민족해방 이념의 확산은 그해 벽두에 배포된 '반제민중민주화운동의 횃불을 들고 민족해방의 기수로 부활하자(일명 해방서시)'라는 팜플릿에서 비롯되었다. 이 팜플릿은 한국사회가 미제국주의의 신식민사회라고 주장하면서 민족해방운동을 전개할 것을 촉구하고 나섰다. 이와 같은 문제제기가 급속도로 확산되면서 형성된 민족해방론 계열은 그해 3월 18일 서울대에서 반전반핵평화옹호투쟁위원회를 만들고, 전형적인 비합법 투쟁 노선을 취하는 행동 조직으로서 반미자주화반파쇼민주화투쟁위원회(자민투)를 결성했다. 이들은 팀스피리트 반대투쟁, 전방입소 거부, 반전반핵운동에 주력하는 '반제투쟁'을 전개하였다. 이들의 이념과 노선은 흔히 민족해방민중민주주의혁명(NLPDR)로 정식화했다.

요약해보자. 1980년 초부터 연세대 학생운동은 조직을 결성하고 운동 역량을 확대해 나갔다. 그 배경으로는 76학번부터 이어져온 변혁운동과 각 학번의 헌신적인 노력으로 공개 조직과 비공개 조직의 재정비가 이루어진 데 있었다. 언더써클의 조직과 여기서 화수분처럼 솟아난 각 학과의 공개·비공개 학회는 1982년 2학기부터 운동세력이 총 집결하는 네트워크를 형성하고, 시위의 방향과 계획을 체계적으로 준비했다.

광주민주화운동 이후 비합법 학생운동은 사회변혁을 지향했다. 노동대중과 결합을 강조한 지하운동은 계급관점에서 사회주의를 향한 동경이 일부 자리 잡고 있었다. 그들에게 학생운동은 이와 같은 가치를 추구하는 혁명적 실천이었던 셈이다. 통일성과 유연성을 강조한 연세대 학생운동은 이념의 과잉에 경도되지 않았고, 민주적인 분위기 속에서 학생들의 참여를 통해 변혁을 추구했다.

1983년까지 조직 내부의 위계 못지않게 인간적인 성취와 성찰을 앞세운 학생운동이 남아 있었다. 운동 학생세력들 사이의 파벌 행위 또한 운동의 대의를 해치지 않는 선에서 적절하게 용해되었다. 운동 방향이나 가치 지향, 노선을 둘러싼 분파 행위가 거의 없는 상태에서 통합된 연대의식을 과시했다. 학생운동 조직은 매우 체계적인 학습과 교육을 통해 활동가를 양성했고 써클과 학회, 공개 조직과 비공개 조직 사이의 수평적 질서로 연결된 네트워크는 학생들의 폭넓은 참여를 이끌었다.

1984년 이후 총학생회가 부활하고 학생운동이 더욱 공개적인 방향으로 흐르면서 한편으로 대중조직이 활성화되었고 다른 한편으로 정치투쟁위원회 조직이 개별 사안에 대응하기 위해 설치되었다. 대중이 다수인 운동은 학원자율화 조치가 시행된 이후 본격 등장했다. 총학생회와 투쟁위원회의 활동은 학과와 써클, 공개 조직과 비공개 조직의 유기적인 연대를 이루었다. 1986년 이전까지 비합법조직에서 출발한 총학생회는 공개·비공개 조직이 유기적으로 결합해 그해 가을학기부터 민주적인 절차와 자율 경쟁에 따라 선거를 치루었다.

앞서 살펴본 것처럼 전위 조직과 투쟁 조직이 본격 등장하는 1985년경부터 학생운동은 조직 내부에서 위계질서가 뚜렷해져 갔다. 대학에서 북한, '주체사상'의 수용 여부 역시 중요했다. 이즈음 등장하는 '주체사상'에 대해서 연세 학생운동 진영은 이것을 노선이나 변혁운동의 지향으로 받아들이지 않았다. 오히려 '운동권 문화'를 바꾸는 학생운동과 대중운동에 관심을 기울였다. '주체사상'에 관한 학습은 추상적인 수준에서 이루어졌고 노선과 이념을 둘러싼 분화로 이어지지 않았다. 바꾸어 표현하면 사상으로서 '주체'의 영향은 미미했다. 북한에 대한 문제의식은 통일운동 관점에서 접근하는 식이었고 혁명기지로서 생각하지는 않았지만, 마르크스-레닌주의에 근거한 기본방향을 유지하고 있었다.

1980년대 중반부터 연세대 교정은 연합집회가 열리는 중심이었고, 많은 학생들의 헌신으로 대규모 시위와 행사를 수없이 치를 수 있었다. 민주주의의 완결성을 추구하며 지하조직의 결정에 따라 민주적인 선거를 거쳐 1987년 총학생회가 탄생했다. 6월 민주항쟁에 이르는 동안 학생운동은 군부독재체제를 타도하고 민주주의 이념을 토대로 각 단위에서 타 대학과 연대를 활발히 하고, 시민을 향한 민중운동으로 그 성격을 요약할 수 있다. 백양로는 연세인의 발길을 넘어서 시민 속으로 걸어갔다.

연세 학생운동은 사회변혁 이념을 고수하면서 조직운동과 민중의 참여에 중점을 두었다. 1987년을 거치면서 연세는 총학생회의 친화력과 이한열의 죽음, 교정이 시내 중심에 가까이 자리 잡은 지리적 입지로 인해 운동의 전환점이자 전성기를 맞이했다. 무엇보다 언더조직에서 서울지역 연대사업을 위해 꾸린 투쟁위원회의 활동은 신촌의 백양로를 서울의 백양로로 만들었다. 소우주처럼 완결성을 띠고 있었던 학내 운동은 백양로를 넘어선 전국의 학생운동을 연결하는 구심체 역할을 하였다.

1980년대 학생운동의 분기점은 '광주'였다. 급진주의 저항 담론이 이 시대를 지배한 것은 그만큼 정권의 탄압이 가혹했을 뿐만 아니라, 학생들의 이상이 '혁명'에 있었기 때문이다. 사회변화는 반드시 민중의 것이어야 했고 새로운 세상은 꿈이 아닌 현실이어야 했다. 미국의 실체와 조국통일의 과제를 인식하게 해준 시대, 이념을 무장으로 사회변혁론을 이끈 시대, 치열한 논쟁을 조직의 실천으로 옮긴 시대, 지하조직과 대중조직을 구축한 시대. 이 시대에 죽음을 마다하지 않은 투쟁과 희생을 각오한 어깨동무는 오늘날 한국사회의 밑그림이 되었다.

연세대학교
학생운동사

YONSEI UNIVERSITY

개관

1987년의 뜨거운 6월을 거치면서 학생운동의 기세는 한없이 높아졌다. 87년의 경험을 통해 전국 단위의 지도체가 필요함을 절감하고 전국대학생대표자협의회를 결성하였다. 학생운동은 새로운 시기에 더욱 강화되어 가고 있었다. 그렇지만, 그 '강철같은 대오'의 뒤에서는 시대가 변하고 있었으며, 사람들도 변하고 있었다. 90년대 학생운동은 한편으로는 구국의 강철대오 전대협과 민족의 운명을 개척하는 불패의 애국대오 한총련이 그 위력을 떨치는 가운데, 운동의 근원이 되는 학생들의 관심과 참여가 줄어들면서 이를 '위기'로 인식하고 변화를 추구하려는 목소리가 터져 나오는, 그렇게 기존 운동의 관성과 새로운 변화의 흐름이 뒤섞이던 과도기였다고 말할 수 있을 것이다.

90년대의 과도기를 거치며 기존의 학생운동 역량은 결국 사그라들었다. 그렇지만, 2000년대에도 여전히 운동은 지속되었다. 2000년대에 운동에 참여하는 학생들은 이전보다 소수에 불과하였지만, 전통적인 학생운동의 의제부터 새로운 형태의 운동에 이르기까지 다양한 목소리를 내고 있었다. 연세의 학생운동은 그러한 변화의 앞길에서 1990년대 후반 이후의 한국사회 및 대학사회의 변화를 비판적으로 포착하면서 적극적으로 학생운동의 새로운 정체성을 모색하였으며, 새로운 운동을 만들어가고자 했다.

한편, 80년대를 거치며 성장한 운동의 흐름 중에서 우리가 놓치지 말아야 할 것은 여학생들이 운동의 주체로 나섰다는 점이다. 1980년대부터 독자적으로 전개되어 온 연세대 대학여성운동은 사회변혁을 추구한 학생운동에 여학생들을 보다 많이 참여시키기 위한 부문운동으로 시작되었다. 하지만 여학생들의 당사자운동으로서 대학여성운동은 정체성의 구성과 몸의 구성, 정체성 정치와 몸의 정치 같은 다양한 사유의 방식을 찾아냈고 이같은 사유의 과정을 문화로 만들어냈다. 또한, 연세의 대학여성운동은 사회의 여성운동과는 결이 다른 성정치운동, 여성주의 운동을 견인하며 성장하였다. 2019년 제도로서의 총여학생회는 사라졌지만 폐지 이후, 연세 대학여성운동은 더 활발하게 여성주의 학생운동을 지속하고 있다.

5부

새로운 시대, 위기와 변화의 이중주

1장 1990년대 학생운동의 성쇠와 대안 모색

1987년 6월 민주항쟁을 통해 불완전하나마 반독재 민주화에 성공한 이후, 학생운동은 새로운 방향성을 모색하였다. 민주화를 넘어 한국 사회 변혁에 대한 지향을 가진 학생들은 학생운동의 강화를 위해 전국 단위 학생회 연합체 조직을 결성하며 그 '강철같은 대오'를 강화해 나갔다.

그렇지만, 1990년대에 들어 학생운동은 큰 도전에 직면하지 않을 수 없었다. 국제적으로는 사회주의권의 해체로 인한 탈냉전의 도래, 국내적으로는 점진적이나마 민주화가 진전됨에 따른 동력의 약화 등이 원인으로 작동했다. 특히 이 시기에는 학생운동의 근원이자 동력이 되는 학생들이 점차 학생운동과 학생회에 대한 참여와 관심이 줄어들기 시작하였다. 연세대학교 또한 이 흐름에서 자유롭지 못하였다. 그에 따라 학생운동을 혁신해야 한다는 요구들이 기층으로부터, 그리고 기존 운동 정파들로부터 제기되기 시작하였다.

시대의 변화 속에 학생운동은 스스로에 대해 돌아보고, 새로운 길을 개척해나갈 것이 새로운 과제로 요구되었다. 그렇지만, 전대협·한총련과 같은 전국 단위의 관료화된 조직으로 성장한 학생운동의 변화는 쉬운 일이 아니었다. 그런 의미에서 이 시기는 혁신과 퇴조의 갈림길에 놓인 시기이자, 기존의 정치운동 중심의 학생운동이 새로운 방향을 모색하는 과도기였다고 할 수 있을 것이다.

1. 민주항쟁 이후 전국 단위 학생회 연합체 결성

전국대학생대표자협의회 건설과 연세대 학생운동

87년 6월 민주항쟁은 큰 성과였지만, 학생운동 진영에게 교훈을 남기기도 하였다. 무엇보다도 전국적 규모의 집회와 시위를 지도할 수 있는 조직력이 부족했다는 것이 한계였다고 본 것이다. 당시 서울지역 대학생 대표자 협의회(서대협), 호남지역 학생연맹 건설준비위원회, 전북지역 학생협의회, 부산지역 총학생회협의회 등의 지역연대 조직이 있었으나, 6월 항쟁 단계에서 전국적 투쟁을 논의하고 기획하기에는 역부족이었다. 이러한 평가는 학생의 전국적 조직 건설이 필요함을 제기한 근거가 되었다.

1987년 7월 5일, 이한열 열사 장례식 절차와 관련하여 서대협의 연락으로 연세대에서 열렸던 전국 각 지역 총학생회장 연석회의에서 전국적 학생대중조직 건설에 관한 문제가 처음으로 공식 제기되었다. 8월 1일, 고려대에서 제1차 전국 대학생 지역대표자 연석회의를 개최하여 본격적으로 이 문제를 검토하고 준비하여, 그후 세 차례의 연석회의를 거쳐 전국대학생대표자협의회(이하 '전대협')의 건설을 결의하였다.

1987년 8월 19일, 충남대에서 3천 5백여명의 학생들이 모인 가운데 전국대학생대표자협의회 발족식이 개최되었다. 제1기 의장으로는 이인영 고려대 총학생회장이 취임하였다. 발족 당일 현재 전대협에 가입한 대학은 95개였다. 제1기 전대협은 당면과제를 다음과 같이 설정하였다. 첫째, 6월 항쟁의 여세를 몰아 대통령 선거투쟁에서 승리하여 최소한의 민주정부를 수립한다. 둘째, 전국 대학생 대표자회의 2차 회의에서 합의한 대로 광주항쟁 진상조사위원회를 구성하는 등의 반독재 민주화투쟁을 지속적으로 전개한다. 셋째, 조국의 자주적 평화통일을 위한 투쟁을 전개한다.

1987년 대통령 선거에서 전대협은 김대중 후보에 대한 '비판적 지지'를 표명하였으나, 후보단일화의 실패로 노태우가 대통령에 당선되는 성적표를 받아들여야 했다. 이후 전대협은 조직력을 강화해 나가면서 광주학살 진상규명과 책임자 처벌 투쟁, 88 올림픽 반대 투쟁, 통일운동 등을 적극적으로 선도해 나가며 학생운동의 중심 조직으로 확실히 자리매김해 나갔다.

이런 흐름 속에서 연세대학교의 학생운동은 총학생회의 상위 조직으로 전대협을 두는 가운데 전국 단위의 학생운동에 편제되어 전개되었다. 또한 단지 운동의 흐름에 추종하는 것이 아니라 전대협의 중요한 구성 인자로서 역할을 맡아 헌신하였다.

1988년에 들어 2기 전대협은 각 지역·지구개념이 구체화되고 활발하게 생활, 문화권을 중심으로 지역, 지구가 통합되고 분화되기 시작하였다. 특히 이 해에 서울지역 총학생회 연합(서총련)이 임시 체계를 세우게 되었는데, 그 중 서부지구 임시의장에 정명수(천문기상학과 4) 총학생회장이 선출되었다. 전대협 지도부는 이 시기 서총련 건설과 1기, 2기 전대협 활동에서 연세대 간부들이 보여준 모습은 가히 헌신적이었다고 평가하였다. 연세대에서는 전대협이 주최하는 행사 등이 있을 때마다 학회실과 동아리방을 기꺼이 내주면서 모든 활동을 지원하였다. 그렇기에 2기 전대협의 큰 행사가 있을 때마다 전국의 총학생회에서는 연세대 학우들에게 감사하는 현수막을 내걸었다고 전해진다.

이러한 사례는 그만큼 연세대가 학생운동 진영 내에서 적극적으로 활동하였음을 의미하였는데, 여기에는 연세대가 갖는 지리적 특징도 한 몫을 하였다고 볼 수 있을 것이다. 우선, 연세대는 대규모 행사나 집회를 열기에 좋은 입지 조건이었다. 위치상으로는 서울 서쪽에 치우친 편이지만, 중심지역인 광화문이나 시청 등과 가까우며 교통도 편리하여 진출에 용이하다. 반대로, 통일운동 관련 행사가 있을 때 임진각 쪽으로 진출하기에도 연세대가 좋은 위치였던 것이다. 캠퍼스가 방대하고, 뒤편으로 무악산이 위치하고 있어 경찰이 시위나 행사를 원천봉쇄하기가 어렵고, 참가자들은 다양한 루트로 학내로 집결하기가 쉽다. 그리고, 전두환·노태우 5공 학살 주범들이 바로 옆 연희동에 거주하고 있기 때문에 그들을 타격하기에도 좋은 위치가 바로 연세대 신촌 캠퍼스였던 것이다.

여하튼, 연세대에서는 전대협의 중요한 행사가 자주 열렸고, 그만큼 연세대 학생들의 헌신과 참여가 있었던 것이다. 1988년에는 통일운동이 적극적으로 제기되면서, 남북학생회담이 추진되었다. 6월 10일 판문점에서의 남북학생회담을 성사시키기 위하여 전국에서 모인 2만여명의 학생들은 연세대에서 출정식을 갖고 행진하려고 시도하였다. 노태우 정권의 원천봉쇄에 의해 이 시도가 무산되자, 8월 15일 다시 한 번 남북학생 실무회담을 추진하였고, 이 때에도 학생들은 연세대에 모여 판문점 진출을 도모하였다.

후술하겠지만, 1991년의 강경대 열사 사망 이후 투쟁에서도 연세대 학생들은 적극적으로 참여하였다. 같은 해 12월 1일 연세대에서 '민주주의 민족통일 전국연합' 창립대의원대회가 열렸다. 경찰의 원천 봉쇄로 참석하려는 사람들이 학내에 들어오지 못하고 홍제역 부근에 집결하였다. 무악산을 넘어서 들어오려는 의도였는데, 무악산에도 전경들이 봉쇄하고 있던 상황이었다. 이 때 연세대 학생 1백여 명은 참석자들이 무사히 진입할 수 있도록 하기 위해서 무악산을 봉쇄 중이던 경찰과 직접 맞붙었다. 그들은 거의 대부분 경찰의 공격에 부상을 입었지만, 그 결과 창립대의원대회를 무사히 치를 수 있었다(전대협 동우회, 1994, 277~278쪽).

설인종 치사사건

한편, 이 시기에 연세대 학생운동의 도덕성에 오점을 남긴 사건도 발생하였다. 경찰의 프락치(첩자)로 의심받았던 설인종 치사사건이 그것이었다. 설인종은 동양공업전문대학 공업화학과 2학년생으로 1989년 10월 연세대학교 학생으로 위장하여 만화동아리 만화사랑에 가입하였다. 만화사랑은 이한열 열사가 활동한 곳으로 시국풍자 만화를 많이 그려내 "대중작업을 효과적으로 잘하는 동네"로 평가받았고, 그만큼 공안당국의 날카로운 주시를 받아왔다. 가입 당시부터 동아리 회원들은 설인종에 대해 의심을 하였는데, 가방도 없이 학교에 오고 대개 수업이 있는 오전에도 계속 동아리방에 남아 있었으며 연세대의 학점 책정 방식을 모르고 영어 I 과목에서 A 제로를 받았다고 말하는 등 가짜 학생임을 드러내는 언행을 보였다.

설인종이 경찰의 프락치가 아닌가 의심하게 된 학생들은 10월 14일 설인종을 추궁하였고 결국 학생 6명이 그를 학생회관에 감금, 폭행하기에 이르렀다. 마침 연고전 마지막 날이었기에 학교에 찾아온 고려대학교 학생들도 이에 가세하였고, 결국 설인종은 다음 날 숨을 거두고 말았다. 폭행에 가담한 학생들 9명은 경찰에 자수하였으며, 주범 2명은 징역 4년을 선고받고, 다른 학생들은 징역 4~3년에 집행유예 5년씩을 각각 선고받았다.

비록 설인종이 프락치로 의심되었다 하더라도 이를 자백하게 하고자 폭력을 휘두르고 목숨까지 빼앗은 것은 명백한 범죄였을 뿐 아니라, 독재정권이 행하던 잘못을 똑같이 저지른 것이라는 점에서 변명의 여지가 없는 행위였다.

2. 1990년대 전반 학생운동 고조 속에 싹트는 위기의식

학생들의 관심 저하와 '민주화'의 필요성 제기

1990년대 초 학생운동은 학생회를 기반으로 대중적으로 활성화된 동시에 쇠락하기 시작한, 일견 모순된 현상이 복합적으로 나타났다. 학생운동의 활성화는 전대협과 한총련이라는 전국 단위 학생회 조직이 구성되면서 그 조직력과 활동력이 높아진데서 기인하였다. 연세대의 학생운동 또한 총학생회를 비롯하여 단과대학, 과 학생회가 활성화되어 그 위상과 영향력이 강화되었다.

그렇지만 전대협이 주도하는 학생운동이 한창 전성기를 구가하던 1990년대 초, 일각에서는 학생운동이 '위기'에 빠졌다고 보고, 무언가 대안이 필요하다는 인식이 나타나기 시작하였다. 우선, 학생운동의 중요한 정치활동의 장인 집회의 감소는 위기의 단초로 여겨졌다. 1990년대 초반부터 대학 내 집회 건수는 꾸준히 감소하였다. 1987년 2,858회에서, 1988년에는 2,524회, 1989년 1,698회, 1990년 1,781회, 1991년 1,261회 수준이었다가, 1992년에는 750회로 줄어들고 있었다(배규한, 1999, 204쪽). 집회 건수의 감소와 함께 학생들의 집회나 총학생회 행사에 대한 관심도 떨어지는 추세를 보였다. 한 연세대학교 총학생회 간부는 "대동제를 하더라도, 집회를 하더라도, 문화공연을 하더라도 학우들이 참여하지 않는다"고 고충을 토로하였다.

학생운동의 위력은 학생들의 적극적 참여로부터 비롯되는 것이기에, 학생들의 관심 저하는 중요한 문제였다. 1987년 이후 학생운동은 학생회를 기반으로 전개되었기에, 학생회 선거에 대한 학생들의 태도 변화도 간과할 수 없었다. 1993년 11월 9일, 연세대학교 원주캠퍼스에서는 총학생회 후보 공청회를 학생회관 식당에서 열었다. 중앙선거관리위원회 위원장은 "워낙 학생들이 이런 자리에 참석하지 않으니까 할 수 없이 학생들이 가장 많이 모여 있는 이곳을 택할 수 밖에 없었"다고 해명하였는데, 도중에 한 학생이 "밥 먹는데 조용히 해. 마이크 들고 웬 난리야, 이거!"라고 고함을 치기도 하였다. 공청회에 참가했던 한 학생회 간부는 "새롭게 구성될 학생회에 남겨진 숙제는 학생과 학생회 간의 괴리감을 해결하는 것"이라고 생각을 밝혔다(『연세춘추』, 1993년 11월 15일) 실제로 총학생회 선거의 총투표율도 저하되어 갔다. 1994년 가을의 연세대학교 신촌캠퍼스 총학생회 선거에는 다섯팀의 후보가 출마해 각축전을 벌였지만, 전체 투표율은 56.5%를 기록하여 총학생회가 부활한 1984년 이래 10년만의 최저 투표율을 보였다.

학생운동의 세가 예전같지 않다는 인식은 학생운동의 중심인 전대협에서 이탈하는 학생회들이 나오는 현상에서도 간취되었다. 『연세춘추』에서는 1990년 들어 비운동권 출신 총학생회장들의 조직결성 움직임과 함께 전대협에서 탈퇴하는 사태가 벌어지고 있다며 우려 섞인 분석 기사를 게재하였다. 비운동권의 조직결성 움직임은 일부 특정지역에서만 한정된 현상이 아니라 충북, 대구·경북, 광주·전남 등 전국에서 제기되고 있는데, 선거 당시 비운동권 후보들의 일반적인 주장은 정치투쟁의 축소와 학내민주화사업의 강화였다는 것이다. 이러한 정치투쟁 축소 주장이 일반학우들에게서 상당한 지지를 받을 수 있었던 이유는 지난날의 전대협 사업이 학우들의 이해와 요구를 총체적으로 담보해 내지 못했다는데 기인한다고 볼 수 있다는 것이 『연세춘추』의 분석이었다. 즉 과거와 같이 정치투쟁 위주의 학생운동과 학생회 사업 전개는 더 이상 학생들의 참여와 관심을 끌어내기 어려워졌다는 것이다.

학생운동 위기의 가시화

1991년 봄, 명지대학교 학생 강경대 사망사건은 학생운동의 '위기'를 가시화시킨 사건이었다. 4월 24일 상명여대의 학원자주화 집회에서 지지 연설을 하고 돌아오던 명지대 총학생회장 박광철이 불법으로 연행되자, 명지대 학생들은 총학생회장의 석방을 요구하는 투쟁을 전개하였다. 26일 학원자주화 완전 승리와 노태우 군사 정권 타도 및 총학생회장 구출을 위한 결의대회에 동료 학생 300여 명과 함께 참석한 강경대는 경찰과 대치하던 중 시위자를 검거하기 위해 교내로 진입한 사복체포조인 백골단을 피해 정문 옆 허물어진 담장을 넘으려다 경찰에 붙잡혀서 그들이 휘두른 쇠파이프에 집단 구타당하였다. 강경대는 인근 병원으로 옮기던 중 사망하였다.

강경대의 폭행치사에 항의하고 노태우 정권을 규탄하는 투쟁은 4~5월에 걸쳐 2,361회의 집회·시위와 10명의 분신, 1명 압사 등 대규모로 격화되었다. 그러나, 유래없는 타살과 자살의 반복은 대중들에게 큰 충격을 주었으며, 청년들의 죽음과 분신은 노태우 정권의 공안통치에 대한 저항의 원동력이 되는 한편, 분신과 같은 극단적 수단이 합리화될 수는 없다는 여론을 만들어 냈다. 이러한 분위기 속에서 학생들의 분신을 비판하는 김지하의 글, "죽음을 선동하는 어둠의 세력이 있다"는 박홍의 발언, 노태우 정권의 유서대필 사건 조작 등 학생운동의 도덕성과 신뢰성을 흠집내는 일련의 백래쉬(Back-lash)가 분출되면서 학생들의 투쟁은 소기의 성과를 거두지 못하고 실패하였다. 이로 인해 학생운동의 위기 담론이 본격적으로 제기되기 시작하였다.

강경대 열사 사망사건과 연세대

강경대 열사의 죽음 이후 벌어진 일련의 투쟁에 연세대 학생들은 긴밀히 결합하여 활동하였다. 우선, 강경대 열사 사망 당일 그 시신은 명지대에서 가까운 세브란스 병원으로 옮겨졌다. 1991년 임헌태(국문과, 4학년) 총학생회장은 강경대 학우 폭력살인 규탄 및 책임자 처벌을 위한 전대협 임시대책위원회 위원장을 맡아 대책위를 조직하였으며, 87년 이한열 열사에 대한 각별한 기억을 지니고 있었던 연세대 학생들은 장례식이 치러진 5월 중순까지 하루에 수백명씩 과별·단대별로 철야하며 강경대 열사의 시신을 지켰다. 많은 연세대생들이 계속된 철야로 지쳐 쓰러지고 탈진하였는데, 이 때 연세대생들의 헌신성에 임헌태 총학생회장 자신도 놀랐다고 전해진다. 대학원생들을 포함한 연세대생 7천여명이 관련 시위에 참석하였으며, 이는 6월 항쟁 이후 단일학교 정치집회 사상 최고 숫자였다(전대협 동우회, 1994, 258~259쪽).

학생운동 위기의 원인 : 학생들의 가치관의 다변화와 경쟁문화의 확산

전국적으로 1991년 말 총학생회 선거 기간부터 학생운동의 위기 논의는 운동을 둘러싼 화두가 되어갔다. 논자들은 위기의 원인을 찾고자 하였다. 위기의 원인을 둘러싼 논의는 대략 다음과 같이 네 가지 정도로 정리되었다.

우선, 1990년대에 들어 대학사회나 문화가 변화해갔으며, 그에 따라 대학생들의 가치관도 다원화되었다는 것이었다. 1980년대 이후 한국경제의 급속한 성장으로 인해 국민들의 전반적인 생활수준이 향상하였고, 중간층 출신 학생의 대학진학이 늘어나면서 대학생들의 계급구성비가 변화하였다. 그런 가운데 대학문화 또한 소비대중문화로의 흡수 현상이 뚜렷해졌다는 것이다. 대학생들의 의식과 가치관의 분화에 따라 각 대학 이념 동아리들은 신입회원 확보가 어려워졌지만, 80년대에 금기시되던 레저나 스포츠 관련 동아리들은 호황을 맞게 되었다는 분석이다.

두번째로는, 대학문화가 경쟁의 문화로 바뀌었다는 것이다. 90년대 대학생들은 졸업장만으로는 이후 진로에서 안정성을 보장받지 못하게 되면서, 일찍부터 졸업 후의 진로와 취업을 걱정하고 그 대비를 하는데 시간을 투자해야 하게 되었다. 학점따기 경쟁에는 학년과 학번의 구분이 없어졌고, 토플과 토익 등의 영어학습이 열풍이며, 사법고시나 행정고시 준비도 저학년부터 시작하는 경우가 늘어났다. 1991년 2학기 연세대 학생상담소가 본교생 478명을 대상으로 한 조사에 따르면, 학생들이 가장 어려움을 호소하는 부분은 졸업 후의 진로문제였다.

세번째로는, 사회주의권의 붕괴에 따른 학생들의 사상적 변화 때문이었다. 1991년 소련의 해체의 충격으로 학생들이 진보적 전망을 상실해갔다는 것이다. 서울대학교 사회과학대학의 한 학생은 "저는 그래도 최후의 보루가 있었습니다. 사회주의 종주국 소련이 버티고 있었으니까요. 그런데 이제는 어떻게 생각해야 할지 모르겠어요."라고 심경을 고백하였다.

마지막으로, 학생운동 자체의 작풍에서 비롯된 문제가 위기를 증폭시키고 있다는 분석도 나왔다. 우선, 학생운동의 주류 정파인 NL 계열이 정세를 위기가 아니라 일시적인 침체로 파악하고, 기층 간부들의 역량 강화로 극복할 수 있을 것이라고 오판하고 있다는 것이다. 두 번째로는 학생운동 정파간의 갈등이 고조되고 있고, 활동가들이 자기 정파 중심적으로만 사고하고 활동하여 위기가 증폭되고 있다는 것이다. 일부 대학들에서는 총학생회 선거 기간에 정파간 폭력사태까지 벌어졌으며, 이로 인해 일반 학생들은 학생운동을 "과격한 폭력투쟁만 하고 서로 각목들고 싸우는" 것으로 느꼈다. 또한 학생회 선거를 통해 정파가 교체되면 기존 정파들이 제대로 인수인계를 하지 않고 떠남에 따라 운동의 경험이 축적되지 못하고 있었다. 세 번째로는 전대협 의장에 대한 과도한 개인숭배 현상을 보이는 점도 지적되었다.

이와 관련하여, 1987년 이후 학생운동이 학생회 조직을 중심으로 이루어진 것이 문제라는 비판도 제기되었다. 학생회는 관료화된 학생운동 조직에 필요한 활동가들을 충원하는 도구로 고착화되고, 학생운동의 대안 주체들이 나올 수 있는 잠재력을 지닌 공간들, 즉 기층 학회, 대학 언론, 학술 및 운동 동아리들도 학생회 활동에 깊게 종속되어 버리게 되었다는 것이다. 즉, 대중조직인 학생회가 과다한 정치적 부담을 지게 되어 학생운동의 위기를 초래하게 되었다는 분석이었다.

학생운동의 위기라는 인식이 퍼져나감에 따라, 이를 극복하기 위해 대안을 모색해야 한다는 목소리도 나왔다. 무엇보다도 90년대 신입생의 변화에 발맞춰야 한다는 의견이 제시되고 있었다. 90년도 문과대학 학생회장이었던 문순옥(사학과 4)은 “우리가 대학에 들어왔을 땐 우리 사회의 모순 하나를 발견하기만 해도 돌을 들고 교문 앞으로 달려갔지만 이제는 신입생들도 학생운동 내부에서 하는 얘기들을 미리 판단하고 들어온다”라며 “더 이상 즉자적이고 단순한 정치폭로로 학생들을 운동의 현장으로 끌어들이기는 힘들다”라고 말하였다. 또한 활동가들 사이에서는 “정세가 변화함에 따라 학생대중의 다원화되고 심화된 의식수준에 비해 학생운동권의 몇 년 전의 문제의식에서 벗어나지 못하고 있다”는 푸념도 나오고 있었다(『연세춘추』, 1991년 1월 7일). 새로운 학생들은 상대적으로 정치에 대한 관심이 낮아진 대신 학생복지나 교육여건 개선 등 학내 문제에 관심을 갖기 시작했다고 평가받았다.

따라서, 새롭게 변화해 가는 학생들에게 다가서기 위해서는 우선 활동가들의 태도 변화가 요구되었다. 기존의 활동가들은 ‘대중공간’을 꺼려한다는 비판을 받았다. 대중공간은 “전위가 아니라 멍청한 사람이나 가는 곳, ‘따까리’나 하는 곳”이라는 생각까지 한다는 것이었다. 그렇지만, 이제 일반학생들과 결합하고 그들의 요구와 의견을 수렴하기 위해서는 태도를 바꾸어야만 했다. 활동가들도 열심히 수업에 들어가고 세미나 준비도 성실하게 하면서 학생대중과 함께 해 나가려고 하는 모습을 보여야 하는 것이었다.

또한, 단지 학생대중과 함께 하는 것을 넘어서 그들의 가장 내밀한 요구를 찾아내는 것이 필요하다고 생각하였다. 연세대의 한 학생회 간부는 ‘아카라카’마저도 일반 학우들의 참여가 줄어들고 있는 상황이라며, 이는 “집회만 재미있으면 된다는 일반 간부들의 생각을 다시 한번 검토해볼 것을 요구”한다고 해석하였다. “무엇보다 학우들의 내밀한 요구를 조사”해야 한다는 것이었다.

그렇다면, 이처럼 학생운동의 위기를 유발하고 있는 존재인 학생들은 학생회나 학생운동에 대해 어떻게 받아들이고 있었는가? 1990년대 초반부터 학생운동의 대중적 지지기반인 학생회가 보다 '민주적'으로 변해야 한다는 견해가 제시되고 있었다. 학생들은 기획과 집행과정의 민주적인 의사수렴 등의 문제를 들고 나오고 있으며, 이는 정치적 성향과 관계없이 총학생회장 선거기간 중 쟁점이 되고 있었다. 학생회가 학생들의 이해를 대변하고 요구를 수렴하기 위해서는 보다 민주적으로 운영되어야 한다는 의미였다.

1994년 12월 5일, '연세 Survey 연구회'에서는 "총학생회의 위상과 역할에 대한 연세인의 의식조사"라는 설문조사를 실시하였다. 연세대학교 재학생 중 무작위로 300명에게 설문지를 돌려 그들이 생각하는 총학생회의 위상과 바라는 바에 대해 조사한 것이다. 주요 내용은 <표 1>과 같다.

<표 1> 총학생회의 위상과 역할에 대한 연세인의 의식조사 주요 설문 내용

설문 내용	선택지	응답율(%)
총학생회가 학외(사회 제반 문제에의 참여), 학내(복지, 자치 등등) 문제 중 어떤 면에 더 비중을 두어야 한다고 생각하는가?	학내 문제에 비중을 두어야 한다.	74.2
	똑같은 비중을 두어야 한다.	20.2
	학외 문제에 비중을 두어야 한다.	5.6
총학생회가 학외 문제에 어느 한도까지 영향을 미쳐야 한다고 생각하는가?	학외 문제에 관여하지 않는다.	5.7
	문제제기 및 입장 표명으로만 그친다.	57.8
	정부의 정책 결정에까지 영향을 끼친다.	20.1
	사회구조의 근본적 변혁을 주도해야 한다	12.5
	기타	3.9
학외문제 중 총학생회가 우선시해야 할 문제는 무엇이라고 생각하는가?	교육 문제	47.6
	통일 문제	17.2
	환경 문제	16.6
	농민, 노동자와의 연대	14.5
	여성 문제	3.3
	기타	0.6
총학생회가 사업 계획을 할 때 어느 것에 더 비중을 두어야 한다고 생각하는가?	학우들의 자발적인 문제제기	79.5
	총학생회 집행부의 주도적인 문제제기	16.6
	기타	3.9

출전: 연세 Survey 연구회, 『제39차 정기조사: 총학생회의 위상과 역할에 대한 연세인의 의식 조사(M40601091, M가4702)』, 연세대학교 기록보존소 소장자료, 1994를 재구성

이상의 설문조사 결과를 놓고 본다면, 1994년 말의 연세대 학생들은 총학생회가 통일이나 노동 문제와 같은 기존의 정치적 이슈를 위주로 투쟁하기보다는 학내 복지나 자치 문제에 더 많은 비중을 두어야 한다고 생각하고 있다고 할 것이다. 또한 학외 문제에 대해서도 문제제기 나 입장 표명 정도로만 그칠 것을 바라고 있으며, 그것도 주로 교육 문제에 초점을 두기를 원하고 있었다. 한편, 총학생회의 운영과 관련해서는 학생들의 자발성에 비중을 두어야 한다는 이들이 대다수였던 점에서 볼 때, 특정 정파 소속 활동가 위주로 학생회가 운영되는 것에 큰 불만을 가지고 있음을 알 수 있다.

위 경우들을 볼 때, 1990년대의 연세대 학생들은 학생회가 80년대처럼 정치 문제에 큰 목소리를 내기보다는 학생들과 깊은 관련을 맺는 이슈, 즉 교육 문제나 학내 복지, 자치 문제 등에 보다 신경을 쓸 것을 원하고 있으며, 그 운영 방식 또한 운동권 학생들보다는 대다수 일반 학생들의 참여가 보장될 수 있는 '민주적'인 방법을 선호하고 있다고 말할 수 있을 것이다.

한국대학총학생회연합의 출범

전국 단위의 학생회 조직인 전대협이 한국대학총학생회연합(이하 한총련)으로 변화하게 된 데는 이처럼 학생들의 요구사항이 변화하고 있는 것도 한가지 요인이 되었을 것이다. 1987년 이후 강화되어온 학생회 조직을 더 이상 전대협이라는 협의체 수준의 조직에서 소화하기 힘들게 되었다는 점과 함께 학생회는 정치사업 외에도 생활과 학문을 함께 할 수 있는 공동체를 지향해야 한다는 인식이 확산되었다는 점에서 한총련의 필요성이 제기되었던 것이다(『연세춘추』, 1993년 5월 3일).

한총련은 1993년 4월 25일부터 사흘간 전북대학교에서 창립대의원대회를 열어 강령과 규약 제정, 93년 총노선 확정, 1기 의장선출 등 10개 안건을 의결하고 공식적으로 출범하였다. 초대 의장은 한양대 총학생회장이었던 김재용이 취임하였다. 김재용은 취임사에서 "한총련은 백만학우의 생활과 학문의 부문으로 활동영역을 확장할 것이며 그를 기반으로 한 자주적 학생회의 구현, 학원자주화와 조국통일을 위해 노력할 것"이라고 밝혔다. 한편 본교 총학생회장이었던 김병삼(기계공학과 4)은 한총련 초대 조국통일위원장에 인준받기도 하였다.

그렇지만, 한총련이 '민주적'인 조직인가, 또는 한총련이 정치투쟁 이외의 생활, 학문을 아우르는 조직인지는 처음부터 의문이 제기되고 있었다. 창립대의원대회부터 전북대 총학생회 측과 민중권력 쟁취와 한총련의 민중적 강화를 위한 준비위원회라는 이름의 전북대 학생연대 측의 갈등으로 대회 도중 감정 대립이 격해지기도 하였으며, 그 후 매년도 총노선을 정할 때마다 한총련 주류 세력인 NL 계열과 견해를 달리하는 PD 계열의 반대도 사그라들지 않았다.

1995년에는 본교 32대 총학생회장 김성훈(건축공학과 4)이 3기 한총련 의장 경선에 출마하기도 하였다. 김성훈은 한총련 개혁 모임의 의장이기도 하였는데, 그는 무엇보다도 한총련의 수직적인 의사소통 구조에 대해 문제제기하였다. 즉, 한총련의 비민주성을 지적한 것이다. 또한 한총련이 통일 운동 중심이라면서 개혁 모임은 당시를 자본과 노동의 정면 충돌 시기로 규정하고, 그에 맞게끔 학생운동을 지도해야 한다고 주장하였다. 김성훈은 한총련 주류를 대표한 고려대 총학생회장 정태흥과 맞대결을 펼쳤으며, 기자회견을 통해 "한총련 의장선거를 대립으로서가 아닌 한총련의 혁신과 단결, 강화의 계기로 삼겠다"고 공동성명을 발표하기도 하였다. 1995년 3월 29일부터 사흘간 열린 한총련 대의원대회에서 대의원 1,162명 투표, 정태흥 902표, 김성훈 237표를 득표하여 3기 한총련 의장은 압도적인 표차로 정태흥이 당선되었다.

1995년 한총련 또한 출범식 단계에서부터 운동권 내 정파간의 마찰은 지속되었다. 출범식 준비과정에서 한총련 기획단과 한총련 개혁모임 '진보를 향한 연대', '해방반세기 행동선언(준)' 간에 행사 진행 문제로 갈등을 빚었다. '진보를 향한 연대' 측에서는 민중연대 문화제를, '해방반세기 행동선언' 측에서는 청년학생행동선언을 개최하겠다는 의사를 밝혔으나 한총련 중앙상임위원회에서 이를 불허하였다. 그렇지만 '진보를 향한 연대'와 '해방반세기 행동선언' 둘 다 행사를 강행하였으며, 행사 진행 도중 한총련 주류 계열 학생들의 방해로 행사가 중단되는 소동을 겪기도 하였다.

김성훈이 한총련을 개혁한다고 할 때, 그것은 분명 자기 정파의 입장에 근거한 것이었다. 그렇다 하더라도 한총련 의장에 출마한 것에는 학생운동의 혁신이 필요하다는 문제의식의 발로이기도 하였다. 그리고 90년대 전반 시점에서 혁신에 대한 요구나 논의는 한총련이라는 전국 단위 조직의 헤게모니를 인정하고 참여하는 가운데 이루어지고 있었다. 그렇기에 한총련 출범식에 같이 참가하면서 자체적인 행사를 진행하고자 한 것이었지만, 이 과정에서의 마찰은 한총련의 '민주성'에 의문을 품게 하는 것이었다.

학생회의 '민주화' 실험, 운동의 '다원화' 모색

90년대 전반부터 학생운동 혁신의 필요성이 제기되고 있었지만, 그것을 실천에 옮기는 것은 쉬운 일은 아니었다. 학내 운동 질서는 학생회 중심으로 조직되어 있었고, 결국 총학생회를 장악하는 정파만이 어떤 혁신이나 변화를 실행에 옮기는 게 가능하였기 때문이다. 그리고 총학생회는 다시 전대협이나 한총련이라는 연합체 조직에 결부되어 있었기에 학내 수준에서의 혁신이 전체 운동의 혁신과 연결되기란 더더욱 어려운 상황이었다. 그럼에도 불구하고 90년대 전반기에 연세대에서는 학생운동의 혁신의 시도와 관련하여 주목할 만한 흐름도 나타났다. 그 중 하나는 학생회의 변화를 통해 학생들의 참여의 동력을 찾으려는 것이었고, 다른 하나는 기존의 통일·노동 등의 거대담론을 벗어난 부문운동을 강화하려는 움직임이었다. 아래에서는 그 흐름에 대해 살펴보고자 한다.

먼저, 앞서 언급하였던 학생회를 민주적으로 바꿔나가는 것에 대한 고민과 시도가 나타났다. 1990년 연세대 공과대학 학생회장이었던 임종근은 『연세』지에 학생회 강화를 위한 제언을 기고하였다. 현역 단과대 학생회장으로써 많은 학생들이 "학생회를 불신 혹은 외면"하는 이유가 "전체 학우들을 포괄할 수 없는 지금까지 학생회의 한계"로부터 비롯되었다고 보고, 그 대안으로 학생회의 '민주성'을 회복할 것을 제안하였다. 학생회에서 간부에 의하여 자의적으로 만들어져온 특정 견해의 찬성이라는 기준을 철폐하고, 다양한 흐름의 발전이 존중되어야만 비로소 학생회는 학생들의 신뢰와 광범위한 참여를 이끌어낼 수 있다는 것이었다.

기존의 학생회가 학생들로부터 외면받은 이유는 80년대적 방식, 즉 "써클"을 운영하듯이 학생회 사업을 진행하였기 때문이라고 보았다. 그것을 극복하기 위해서는 '대공업적 관점'을 취할 것을 제시하였다. 대공업적 관점이란 단지 몇몇의 관심과 이해가 아니라 소속 학생 대다수의 관심지점과 이해지점으로부터 시작하고, 소속 학생들을 가능한 최대로 참여할 수 있는 수준과 방식, 즉 집단적 참여를 관철해나가는 것을 의미하였다(「학생회를 어떻게 강화할 것인가(I) - 학생회 강화의 이론적 문제-」, 『연세』32, 75~80쪽).

한편, 같은 공과대학 학생회 총무부장인 송경근은 『연세』지에 학생회 강화를 위한 실제적 문제에 대해 기고하였다. 실제로 학생회를 강화하기 위해서는 무엇보다도 학생들로부터 학생회의 대표성을 대중적으로 승인받고, 신뢰를 받아야 함을 제시하였다. 학생회가 대중적인 대표성을 인정받기 위해서는 항시적으로 소속 학생들의 의사를 조사, 분석해야만 하고, 이렇게 수렴된 의사와 요구에 기초해서 채택된 사업 또한 가능한 과원 전체가 부담을 갖지 않고 참여할 수 있는 형식을 개발하여야 한다는 것이다. 또한, 이러한 의사수렴과 사업기획 과정이 철저하게 소속 학생들에게 공개되어야 함을 강조하였다. 그리고 이런 과정을 거쳐 학생들이 학생회를 깊게 신뢰하게 되었을 때만이 "학생회가 학우들의 공동체로서 그 스스로를 진보적으로, 민족민주적 교양을 해나감으로써 집단적 인식의 제고"를 이루게 될 수 있으리라고 전망하였다(「학생회를 어떻게 강화할 것인가(II) - 학생회 강화의 실제적 문제-」, 『연세』32, 86~90쪽).

학생들의 직접 참여와 거대담론에 대한 거부 분위기로 인해 학내 '비운동권'이 전면에 등장하는 계기가 되었다. 연세대학교에서 나타난 비권 학생회는 기존 정파 중심에서 벗어난 "작은 학생회"를 지향하였다. 1994년의 이른바 '네트워크 총학생회'가 그것이었다.

1993년 가을 제31대 총학생회 선거에는 이례적으로 조직적 기반이 전무한 비운동권 후보가 나타났다. 손양철(정치외교학과 3)·오태민(경영학과 4)이 그들이었는데, 더욱이 이들은 "작은 학생회"를 구현하겠다고 하여 더욱 이례적인 모습을 보였다. 손양철 선본은 총학생회의 위상을 합리적 조합주의라는 모토로 정리하였다. 즉, 그들은 학생조합을 건설하고자 함이며, 이는 기존의 거대한 관료제형 조직으로서의 총학생회를 해체하고 동시에 자율성을 지닌 개체들이 씨줄과 날줄로 엮어 나가는 새로운 수평형 통합체의 건설을 본질로 한다는 것이었다. 총학생회는 학생조합 내의 개별자들이 무언가를 결정하였다면, 그 사이를 오가며 연결하는 네트워크로 기능하면 된다는 것이다.

확실히 손양철 선본의 등장은 참신한 면모를 지니고 있었다. 이들은 비운동권으로 분류되었다. 그렇지만 그들이 학내 정치 세력들의 활동을 억누르겠다는 것이 아니라 각자의 지향을 자유롭게 전개하되, 총학이 특정 정파의 전유물이 되는 것을 거부하고 학내 구성원을 연결(네트워킹)하는 역할을 하겠다는 것이라는 점을 볼 때, 학생운동 반대세력으로서의 비권, 즉 '반(反)운동권'은 아니었다.

결국 1993년 11월 17~18일 치른 31대 총학생회 선거는 득표차보다 무효표가 많아 무효 처리되고, 24~25일 재투표까지 실시하는 격전을 치뤘다. 그 결과 손양철·오태민 후보는 학내 가장 큰 기반을 갖고 있던 양건우·김호순 후보를 5,173표 대 4,299표로 누르고 당선되었다. 양·김 후보 선거운동본부장 정유인은 "손양철 후보의 많은 득표는 학생운동권에 대한 불신이라기보다는 '변화'의 흐름에 편승된 것이며 내년도 학생회를 누가 맡던지 간에 학생들의 '변화' 요구는 제대로 받아 안아야 할 것"이라고 평가하기도 하였다. 즉, 그 시절 학생사회에서는 학생운동의 변화가 필요하다는 인식과 요구가 팽창하고 있었으며, 그것이 손양철·오태민 후보가 내세운 작은 총학생회라는 학생회 체계의 변화에 손을 들어준 것이다. 그런 의미에서 볼 때 특정 정파가 1년을 독식하는 총학생회 구조의 비민주성에 비해 정치적 색채를 배제하면서도 총학을 필요로 하는 단위를 지원하겠다는 발상이 더 민주적이라고 평가를 받았다고 볼 수 있을 것이다.

하지만 네트워크 학생회의 재임 1년은 기대와는 달리 순탄치 않았다. 우선 총학생회와 각 단대 학생회로 구성된 중앙운영위원회 간의 마찰이 심각하였다. 1994년 중요한 정치적 이슈로는 우루과이 라운드 협상이 있었다. 우루과이 라운드 협상 중 가장 많은 논란을 불러온 것이 농산물 협상이었는데, 학생운동 진영 또한 이 문제를 심각하게 받아들이고 대정부 투쟁에 나서고 있었다. 31대 총학생회 또한 각 단과대 학생회장들과 함께 '우리 쌀 지키기 본부'를 구성하고 1993년 12월 10일 쌀 및 기초농산물 수입개방 저지를 위한 범연세인 결의대회를 열기도 하였다. 그렇지만, 적극적인 투쟁을 기획하고 있던 개별 단과대 학생회에 비해 총학의 대응방침은 장기적으로 학생식당 등을 통한 농산물 직거래 확대, 총학 산하에 농업경제부 설치, 농업 관련 심포지움 개최 등과 같이 미적지근한 것들이었다.

총학의 이런 태도로 인해 1994년 3월 11일 열린 중앙운영위원회에서는 총학 측과 중운위 측간에 격한 토론이 벌어지게 되었다. 쌀개방대책위원회 수립을 논의하려던 자리에서 사회과학대 학생회장은 "현재 시급한 문제는 학내에서 쌀개방에 대한 반대여론을 형성하는 것"이며 "총학생회측이 말하는 장기적 대안 마련이라는 것은 UR협상을 현실적으로 받아들이는 정부의 모습과 별 다른 차이가 없다"고 비판하였다. 그러나 총학생회장은 서로간의 정치적인 입장이 다르기 때문에 논의가 무의미하다며 안건을 유보하였다. 또한 노천극장의 외부집회 사용과 관련해서도 생활과학대 학생회 측과 총학 측이 마찰을 빚었으며, 생과대 학생회장은 "단과대 직선간부의 대표성"을 무시하지 말라며 격하게 반발하였다(『연세춘추』, 1994년 3월 14일).

일반 학생들이 느끼기에 네트워크 총학생회는 상당히 소극적이고 수동적으로 비추어지기도 하였다. 정외과 3학년 금정수는 『연세춘추』의 독자 투고를 통해 "네트워크 총학이니 조합주의니 하면서 학우들이 일을 벌이기를 기다렸다가 일이 벌어지는 곳에 달려간다. 진행하는데 필요한 운영비를 얼마간 지원해 준다. 말썽이 일어나면 당사자끼리 해결을 강조한다"며 총학의 소극적인 사업 태도를 비판하였다. 그는 단지 "총학 차원의 집회가 사라졌다고 해서 잘하는 총학, 다수에게 지지받는 총학이라고 자찬할 것인가?"라고 총학에게 적극성과 책임감 있는 자세를 주문하였다. 이와 유사한 평가는 32대 총학생회장에 당선된 김성훈에게서도 나오고 있었다. 김성훈은 "31대 총학생회의 네트워크 체계는 주변의 다양화로 인해 중심의 강화가 없어 무기력하고 무능력하"였다고 평가하면서, "32대 총학생회는 학생회 체계를 다시 강력한 학생회로 복구시키"겠다고 포부를 밝혔다.

1994년도의 31대 총학생회는 90년대를 통틀어 가장 이례적인 지향을 가진 총학임은 틀림이 없을 것이다. 비록 그 "실험"은 후대로 이어지지 못하고 한 차례에 그쳤지만, 연세 학생운동의 역사에서 학생회로의 권력의 집중과 강화가 아닌 분산과 연결이라는 수평적 조직을 추구하였던 경험이 쌓일 수 있었다는 점은 높이 평가할 부분이다.

두번째로 새로운 학생운동의 시도로 부문운동이 확대되기 시작하였다. 연세대학교에서는 1995년 PD 계열 총학생회를 중심으로 '제2대학 운동', '성정치 운동' 등이 시도되었다.[125] 제2대학 운동은 일종의 교육운동으로 제32대 총학생회의 공약 사업이기도 하

125 1995년에는 이외에도 새로운 학생운동의 시도들이 나타났다. 서울 일부 대학들과 인천 지역 대학들은 '굴업도 핵폐기장 건설 반대 투쟁'과 '프랑스 핵실험 규탄 집회' 등을 통해 환경운동을 전개하였다(金珉粲, 「韓國學生運動의 政治的 變化過程과 向後 方向 摸索에 관한 硏究 - 1980年代 以後 韓總聯 運動을 中心으로-」, 연세대학교 행정대학원 석사학위논문, 2003, 57쪽).

였다. 32대 총학생회는 제2대학 운동을 제도권 교육에서 제한적으로 제공되는 진보적 학문을 학생들이 향유할 수 있게끔 하겠다는 취지로 시작하였다. 이 운동은 PC통신과 소식지 발간, 강의교재 모음집과 커리큘럼 우편 발송, 그리고 기획 강연 사업을 통해 궁극적으로 전국적인 비제도 대학교육 네트워크를 구축할 것을 목표로 하였다. 즉, 1개 대학이나 1개 부문 차원에서 머물렀던 학회연합 운동을 뛰어넘겠다는 포부를 가지고 있었다(『제32대 총학생회 선거자료(M40101037, M가4880)』, 1994).

실제 사업은 저하된 학회 활동을 다시 활성화시키는 것을 주목적으로 학회 교사들을 대상으로 한 강좌 위주로 전개되었다. 1995년 1학기에는 「일제하 민족해방운동사의 재인식」, 「철학의 근대성 문제」, 「락큰롤을 통한 시대읽기」 등 3개 강좌를, 2학기에는 「북한의 역사: 어떻게 바라볼 것인가」, 「세계자본주의와 한국경제」, 「성, 정치, 그리고 성정치」, 「현장에서 미래를! 한국사회와 노동자 계급」, 「문화: 제대로 보기」 등 5개 강좌를 개설하였다. 이후 1회성 행사라던지 일방적 행사에 그쳤다는 비판을 받기는 하였으나, 각 대학 총학생회 선거 공약으로 반영되거나 총학생회 사업으로 계속해서 시도되어 갔다.

1995년에는 연세대학교에서 기존 여성운동과 다른 새로운 문제의식을 담아내겠다는 의도에서 성정치 운동도 전개되었다. 그 대표적 결과물이 11월 11~13일, 성과 정치, 문화 등을 중심으로 개최된 성정치 문화제 ‘Rape me!(날 강간하라!)’였다. 커트 코베인의 노래에서 제목을 따온 이 행사는 총학생회에 신설된 성정치국에서 준비한 것이었다. 성정치국장 정승화는 총학생회가 성정치국이라는 부서를 만들기는 했으나 그 내용이나 인원을 준비하지 못한 상황에서 자신에게 성정치국을 맡아서 일을 추진해볼 것을 제안하였고, 본인이 몸담았던 문화연구모임 ‘열한 번째 테제’를 함께 했던 선후배들과 함께 성정치 문화제를 기획하였다고 회고하였다(정승화, 『총여학생회 포럼 자료집-여성주의와 총여학생회, 연결과 긴장의 역사-』, 2018).

성정치 문화제는 “성과 정치, 문화가 복합적으로 어우러지면서 지배적 상징질서에 구멍을 내고 (그 틈새를 따라 문화와 정치가 얽혀 있으면서도 서로 경계 짓는 허위적인 구분, 경계지움을 넘자) 치명적인 효과로 기능하는 인위적인 (자명한 것으로 가정되는) 배제/분할의 매카니즘의 정체를 벗겨내고, 흔들리는-불안한 균열의 지점을 기습”하려는 의도로 기획되었다(「성정치 문화제 제안서(M40101026, M가3716)」, 1995). 정승화는 기존의 여성 운동이 피해자로서의 여성의 모습을 주되게 부각시켰다면, 성정치 문화제를 통해 성폭력을 비판함과 동시에 성의 이중규범을 비판하면서 적극적으로 여성의 성적 욕망을 주장하고, 동성애와 성적 지향의 이슈를 제기하며 다양한 성정체성에 대한 사회적 승인을 요구하려는 의도였다고 설명하였다.

성정치 문화제는 11월 11일 낮 12시 개막제를 시작으로 매일 2편씩 섹슈얼리티 영화를 상영하고, 12일 낮 12시에는 '거절당한 여성의 드로잉'이라는 구호 아래 바디 페인팅 행사를 진행하였으며, 13일 저녁 6시, 대강당에서 성과 문화, 정치, 권력의 관계 등을 내용으로 서동진(사회학과 석사과정)의 강연회를 개최하였다.

그런데 이 행사 진행 도중 13일, 민주광장(중앙도서관 앞 광장)에 설치된 피라미드 모양의 조형물이 기독교측 학생에 의해 무참히 파괴되는 사건이 발생하였다. '섹스어필' 광고와 나체사진으로 포장된, 「너무나 뻔한」이라는 이름의 이 조형물은 설치 직후부터 '동성애의 암묵적인 지지'라며 기독교측 학생들의 비난과 항의를 받아왔다. 이 날 조형물을 부순 학생은 지켜보던 많은 학생들이 이에 항의하자 "동성애는 하나님께서 금하셨습니다. 그 분께서 슬퍼하십니다"라며 주위에 있던 학생들 및 총학생회 관계자와 실랑이를 벌였다. 학생들은 조형물을 부순 학생에게 공개사과를 요구하였으나 그 학생은 이를 끝까지 거절하였고, 신학과 3학년생 임경묵이 대신 사과를 하며 즉석 자유 발언대를 제안하여 동성애와 성정치 문화제에 관해 3시간여 동안 토론이 벌어지기도 하였다.

이렇듯 성정치 문화제는 1995년에 벌어진 1회성 행사였지만, 이를 계기로 자생적 영페미니스트들이 충격적으로 등장하였다는 점, 이 행사 이후 2~3년간 대학가를 중심으로 성정치 담론이 활성화되고, 성소수자 인권운동과 성정치 위원회 활동으로 이어졌다는 점 등을 고려할 때, 학생운동의 혁신의 흐름에 있어 의미있는 변화를 보여주는 대목이라고 평가할 수 있을 것이다. 관련하여, 연세 대학여성운동의 흐름에 관해서는 5부 2장에 상술되어 있다.

3. 학원자주화투쟁과 노수석의 죽음

학부제의 충격

1996년은 1990년대 연세대의 학생운동, 나아가 한국의 학생운동에 분수령이 되는 한 해였다. 우선, 학생운동의 근간이 되는 학생회가 결정적으로 약화되기 시작하였다. 그것은 김영삼 정권이 1995년 5월 31일 발표한 5.31 교육개혁의 일환으로 학부제가 시행되면서부터였다.[126] 연세대학교의 경우, 1996년부터 학부제가 실시되었다. 학부제 실시로 기존의 학과 단위의 신입생 모집이 학부 혹은 계열 단위로 변화하면서 과학생회 체제 자체가 와해되기 시작하였다. 1학년 신입생들은 소속 학과가 정해지지 않은 채 각 단과대별로 입학하여 1년간의 성적을 바탕으로 2학년 이후에 자기 전공을 선택하게 되었기에, 선후배간의 인적 네트워크 형성이 이전보다 약해질 수 밖에 없었기 때문이다. 특히 문과대학의 경우, 특정 전공에만 학생들이 몰리는 현상을 완화하기 위해 2중 전공을 의무화시켰다. 신입생이 2학년이 되더라도 어느 한 학과에만 소속되는 것이 아니기에 소속감은 더욱 약화될 수 밖에 없었다.

학부제 실시로 약화된 학생회 체제의 실상을 보여주는 것은 바로 학회의 몰락이었다. 기존 학회들은 각 과별로 편제되어 있으며 각 과의 신입생들로 충원을 하는 구조가 대부분이었기에, 과 단위의 인적 네트워크가 약화되면서 대부분의 학회가 사라지게 되었다. 연세대학교의 경우, 1998년경에 이미 기존의 200여개의 학회가 40여개로 줄어들었다.

학부제 실시를 계기로 학생의 참여와 관심이 줄어드는 현상이 학생운동에 대한 내재적 약화를 초래하였다면, 김영삼 정권의 치밀한 종북몰이와 강경한 공안탄압은 학생운동을 외부로부터 허물어갔다. 1996년 8월, 연세대에서 열린 '제7차 범민족대회/제6차 범민족청년학생연합 통일대축전 행사'와 이에 대한 김영삼 정권의 강경 진압으로 촉발

---

126 연세대학교의 학부제 실시 경위와 결과에 대한 분석은 연세대학교 학부제평가위원회, 『연세대학교 학부제에 대한 평가』, 연세대학교, 2004.

된 '96년 한총련·연세대 사건'[127]이 그 대표적인 사건이었다.

그런데, 연세대학교의 경우, 1996년 3월 29일 학원자주화투쟁(등록금 투쟁 관련 집회)에 참석하였던 노수석(법학과 2)이 경찰의 폭력 진압으로 사망하였기에 정권에 대한 분노가 높아진 상황이었다. 1996년 초, 연세대학교는 일방적으로 등록금 16.38% 인상안을 발표하였다. 20%에 가까운 두자리수 인상 자체가 심각한 것인데다가, 연세대, 고려대, 서강대, 한양대, 이화여대 등 5개 대학이 3년간 소수점까지 같은 인상률을 유지한 것이 드러나서 공정거래위원회로부터 주의를 받기도 했다. 학교측의 일방적 결정에 총학생회는 단식과 삭발, 총장실 점거 등을 통해 절대 반대의 뜻을 펼치고 있었다.

96년의 학원자주화투쟁은 3월 29일 절정에 이르렀다. 이 날 오전 열린 집회에는 본관에서 도서관까지 인간 띠를 이을 정도로 많은 학생들(약 1,500여명)이 참여하였다. 오후 들어 때 아닌 굵은 봄비가 내리 붓기 시작하였지만, 학생들 대부분은 종로 3가에서 열린 김영삼 대선자금 공개와 교육재정 확보를 위한 서울지역대학총학생회연합 결의대회에 참여하였다. 이미 학생운동 진영에 대한 공안 탄압을 자행하고 있던 김영삼 정권은 이날 비무장, 비폭력 평화시위 중인 학생들을 전례 없는 토끼몰이식 폭력진압으로 몰아쳤으며, 시위대가 쫓기던 과정에서 노수석은 국가폭력에 의해 목숨을 잃었다.

김영삼 대선자금 공개와 교육재정 확보 요구

노수석을 죽음에 이르게 한 1996년 3월 29일 집회의 요구사항은 대선자금 공개와 교육재정확보였다. 어떻게 이 두 가지 요구사항이 1996년 봄, 개강과 함께 전체 학생운동 진영의 핵심 투쟁 사안이 되었는지를 정리해본다.

먼저 김영삼의 대선자금 문제는 1995년 하반기 정국을 달구었던 5·18 학살책임자 처

127 당시 정권과 언론은 '한총련 사태' 혹은 '연세대 사태'라고 규정하면서, 범민족대회에 참가했던 학생들을 폭도, 도시 게릴라로 몰아갔다(『親北 폭력집단 뿌리뽑아야』, 『동아일보』, 1996. 8. 18.; 「"친북세력 철저히 응징" 김대통령, 학생시위 도시게릴라전 규정」, 『한겨레』, 1996. 8. 22). 5장의 필자들은 1996년 8월 연세대학교에서 열린 범민족대회/범청학련 통일대축전 행사를 둘러싼 일련의 역사적 사건의 전개 과정에 대해 '연대 항쟁', '연세대/한총련 사태', '연세대 사건' 등 각자의 입장과 해석에 따라 다르게 접근하였었다. 필자들은 아직 이 사건에 대한 역사적 평가가 제대로 이루어지지 못했다는 점에 합의하여, 본고에서는 잠정적으로 '96년 한총련·연세대 사건'으로 지칭하기로 하였다. 추후 96년 8월과 관련해서 전면적인 평가 작업을 기약하기로 하였다.

벌 투쟁에서 비롯되었다. 당시 5·18 책임자 사법 처리 공소시효 만료가 다가오자 이에 대한 법리논쟁이 큰 사회적 이슈로 부각됐다. 게다가 1995년 7월 18일 검찰에서 5·18 피고소, 고발인 58명에 대한 공소권 없음 결정이 발표되자 학살자 처벌에 대한 온 국민의 분노가 촉발되었다. 7월 31일 고려대 교수 131명의 5·18 특별법 제정 촉구 성명 발표를 시작으로, 8월 25일 78개 대학교수 3,560명의 5·18 특별법 입법 청원이 이어졌고, 한총련은 9월 29~30일에 거쳐 5·18 특별법 제정 촉구 동맹 휴업 등을 진행하였다. 10월 26일에는 학생·노동·농민·여성·재야·법조·종교계 등 279개 단체가 모여 5·18 범국민 비상대책위원회를 구성하기에 이르렀다.

한편, 10월 27일, 김대중 국민회의 총재가 1992년 대통령 선거 기간 동안 노태우가 김영삼 후보에게 수천억원을 제공했다는 의혹을 제기하였다. 그러나 여당이었던 민자당이나 김영삼 대통령은 스스로 대선자금을 공개할 의지가 없음을 천명하였다.

그런 가운데, 김영삼은 11월 24일에 5·18 특별법 연내 제정 결정을 발표하였다. 이는 1980년 이후 학살 책임자의 사법처리를 지속적으로 제기해 온 국민과 민주화 투쟁의 승리였다. 하지만 이는 김영삼 정권의 정통성과 도덕성을 일거에 훼손시킬 수 있을 만큼 강력한 폭발력을 지닌 대선자금 문제가 더 이상 확대되는 것을 막고, 상대적으로 자신이 자유로운 5·18 문제에 대한 사법처리 요구를 수용함으로써 국민의 신뢰를 회복하기 위한 시도이기도 했다.

결국 12월 5일 발표된 노태우 부정축재 사건 수사 결과 발표에서 대검찰청 중수부장 안강민은 노태우의 전체 비자금 조성 규모가 4,189억원이지만, 이 비자금이 1992년 대선 지원금으로 유입되었는지는 확인하지 못했다고 발표했다. 김영삼의 대선자금에 대한 의혹이 계속 쌓여가는 데도 정권은 스스로 이를 밝힐 의도가 없음이 드러나자 국민들은 분노하였고, 범국민적 저항은 이듬해 봄까지 지속되었다.

두 번째로 1996년의 등록금 투쟁은 단지 연세대학교만의 문제가 아니었다. 사립대의 경우 등록금 인상률은 1991년 이후 연평균 15%를 기록하면서 6년 만에 두 배 이상으로 인상되었다. 이것은 대학재정 자립도의 열악함에서 오는 구조적인 문제였으며, 이를 해결할 수 있는 능력과 권한을 가진 곳은 오직 국가, 교육부 밖에 없었다. 따라서 1992년 각 대선 후보들은 스스로 '교육 대통령'임을 자임하며 '교육재정 5% 확보'라는 공약을 제시했다.

1996년 겨울, 전국 대부분의 대학 등록금이 대거 인상되었다. 또한 사립대학 등록금 인상 담합 의혹이 제기되었는데, 1996년 1월 20일 한겨레신문에 의하면 1994년부터 1996년까지 연세, 고려, 서강, 한양, 이화 등 주요 사립대학의 신입생 입학금 인상률이 3년간 똑같고, 특히 이중 고려대와 연세대는 같은 기간 동안 등록금 인상률이 소수점 아래까지도 똑같은 것으로 조사되었다.

이에 학생운동 진영은 대학 재정 문제를 해결하고 학부모들의 등록금 부담을 낮추기 위한 투쟁은 정부를 대상으로 할 수밖에 없다고 판단했다. 그리하여 학생들이 등록금 인상을 반대하며 함께 외쳤던 구호는 '교육재정 5% 확보 공약 이행', '국가 교육재정 확충', '불법 대선자금 환수를 통한 교육재정 충당'이었다.

'그대 하늘길' [128]

노수석

출전 : 노수석열사추모사업회

128 노수석 열사의 죽음과 이후 역사적 전개 과정에 대해서는 '노수석열사추모사업회'의 기록을 위주로 정리하였다.

여기서 노수석의 삶과 죽음, 그리고 그 이후에 대해 간단히 기록을 남긴다. 노수석은 1976년 11월 23일 광주에서 출생하였다. 1995년 광주 대동고등학교를 졸업하고 연세대학교 법학과에 입학하였다. 주로 법과대학 풍물패 천둥에서 활동하였던 노수석은 1996년 3월 29일 집회에서 경찰의 토끼몰이식 진압으로 사망하였다. 노수석의 사후 99년 2월에는 95학번 동기들과 함께 연세대학교 명예졸업장을 수여받았다. 2003년 9월 9일 '민주화운동 관련자 명예회복 및 보상심의위원회'에서 민주화운동 관련자로 인정받았다. 한편 1998년 노수석추모사업회가 설립되었으며, 노수석추모사업회는 2000년에 노수석열사추모사업회로 명칭을 변경하였다.

1996년 3월 29일, 연세대학교 민주광장에서 연세대 학생 1,500여명이 참가한 가운데 '등록금 동결과 교육재정 확보, 대선자금 공개를 위한 연세인 결의대회'가 열렸다. 학생들은 집회 뒤 본관을 항의 방문해 총장실, 기획실장실, 교무처장실의 집기를 모두 들어내고 일방적 고지서 발송에 대한 분노를 표출했다. 학생들은 "앞으로 또 다른 면담과정을 통해 등록금 문제를 현명하게 해결하자"고 요구했다.

연세대생들은 본관 앞 항의 집회를 마친 뒤 '김영삼 대선자금 공개와 교육재정 확보를 위한 서울지역대학총학생회연합 결의대회'에 참가하기 위해 종묘공원으로 이동했다. 교육재정 확보와 대선자금 공개 투쟁 방침을 이미 천명한 한총련은 27일 '대선자금 공개와 교육재정 확보를 위한 총궐기 투쟁'을 전국 동시다발적으로 개최했고 이날 집회는 서총련 차원의 결의대회였다.

학교별로 사전집회를 마친 서울지역 대학생들은 오후 5시 30분쯤 서울 종묘공원 일대에 집결해 "김영삼의 '92년 대선자금 공개하라", "부패정치 청산하자", "교육재정 확보하라" 등의 구호를 외치면서 시위를 벌였다. 이날 집회는 경찰에게 무력진압의 빌미를 주지 않기 위하여 비무장 평화시위로 진행되었다.

그러나, 경찰은 곧바로 다연발 최루탄을 난사하며 1차 진압을 시도했다. 이로 인해 학생들은 동대문 방향으로 쫓겨 도망쳤고 경찰의 계속된 추격으로 전체 대오가 을지로 방향으로 밀려나게 됐다. 이 과정에서 약 1/3 정도의 학생들이 뿔뿔이 흩어졌고 상당수 학생들이 검거됐다. 완전히 평화적인 집회였음에도 경찰은 이전의 해산 위주의 작전과 달리 종로3가 → 동대문 → 을지로로 쫓기는 학생 대열을 맹추격하며 강경한 진압작전에 나선 것이다.

경찰에 쫓긴 학생들이 동대문을 돌아 을지로 6가에서 5가 방향으로 진출하고 있을 때 잠복 중이던 기동 타격대(백골단)와 전투경찰이 시위 대열을 다시 급습했다. 이 때문에 학생들 대부분은 을지로 일대 골목으로 흩어졌으며, 그 중 극소수만 충무로를 거쳐 동국대 교정 안으로 들어갔다. 이날 경찰은 56개 중대 6,000여명이 출동해 토끼몰이식 진압 작전을 구사했으며 지휘부는 직접 CCTV를 통해 학생들의 움직임을 하나 하나 파악해 백골단 등에게 알려주며 진압을 명령한 것으로 알려졌다.

특히 종묘에서 전체 대열이 해산돼 동국대 쪽으로 쫓겨가고 있는 상황이었음에도 을지로 6가 부근의 백골단은 과잉 진압을 서슴지 않았다. 당시 대로는 공사 중인데다 퇴근 차량으로 가득 차 있어 퇴로를 확보하지 못한 학생들은 갑작스런 백골단의 출현에 놀라 골목길로 흩어질 수밖에 없었다. 그러나 백골단과 전경들은 대오를 잃고 을지로 골목길로 쫓겨가 가게에 숨어있거나 골목에서 지쳐 쉬고 있던 학생들을 폭행한 뒤 연행하는 등 잔인하게 진압했다.

노수석은 법과대학 학우들과 함께 학내 집회에 참여한 후 집결지인 종묘 공원으로 이동했다. 시위 대열이 채 갖추어지기도 전에 경찰이 최루탄을 발사하고 전투 경찰들이 진압을 시작하자 다른 학생들과 마찬가지로 을지로 일대로 쫓겨갔다. 그 과정에서 법학과 깃발을 들고 뛰던 남기돈(법학과 1)에게 “아까 맞았어, 아까 맞았어”라고 2~3차례 반복해서 말했다. 노수석은 을지로6가 입구 지점에서 임이택(법학과 1)에게 “나 쥐났어”라고 고통을 호소해 그가 노수석을 부축해 대열을 따라갔다.

그러던 중 을지로 6가에서 오장동 로터리로 가는 길목에서 노수석이 “더 이상 못 가겠다. 가게 같은데 들어가자”고 하여 인쇄소 골목으로 들어가려던 순간 경찰의 기습공격을 받았다. 임이택은 천지호텔 앞 주차장 입구에서 연행됐다. 노수석은 골목 안의 대현문화사에서 발견됐다. 먼저 대현문화사에 뛰어 들어간 김건극(한양대)과 심은선(한양대)이 인쇄기 뒤편에 숨고, 이어 노수석이 들어갔다. 뒤이어 정의진(한양대)과 차동호(한양대)가 따라 들어왔다.

밖에서 유리창이 깨지는 소리가 나 김건극이 상황을 알아보기 위해 노수석 옆을 지나가다 노수석의 다리를 건드렸고 이때 노수석은 ‘아악’하는 비명을 질렀다. 전경들에 쫓겨 대현문화사로 들어가려던 하민성(사회학과 2)이 전경에게 붙잡혔고, 인쇄소 주인 최종두씨가 항의하며 전투경찰을 인쇄소 밖으로 밀어냈다. 상황이 잠시 잠잠해지자 인쇄소 안의 학생들은 노수석의 상태가 이상함을 발견하고 몸을 주무르기 시작했다.

그런 와중에 전경들이 대현문화사로 다시 들어와 학생들을 연행하기 시작했다. 연행과정에서 심은선이 노수석이 위독하다는 사실을 알렸으나, 전투경찰은 이를 묵살했다. 학생들이 모두 끌려나간 뒤 인쇄소 여주인 조미선씨가 기계 뒷편에 앉아있던 노수석을 발견하고는 가게 밖으로 나가 간부급으로 보이는 경찰에게 구호를 요청했다. 그러나 경찰은 또다시 이를 묵살했다. 결국 조미선씨가 밖으로 나가, 지나가던 학생 김보선(고려대) 등 2명에게 도움을 요청했고 학생들과 골목 주민들이 노수석에게 인공호흡을 실시했다. 최종두씨가 119에 신고했고 오후 6시 47분쯤 119 구급차가 도착해 노수석을 국립의료원 응급실로 옮겼으나 결국 숨졌다.

조덕연 국립의료원장은 "6시 55분 도착한 직후 초진 결과 동공이 확대되고 호흡 및 심장박동이 멈춰있었다"면서 "오후 7시 35분까지 심장마사지와 전기 충격술 등 응급조치를 취했으나 사망으로 최종확인됐다"고 밝혔다. 곳곳에 흩어져 있다가 명동성당으로 집결한 학생들에게 노수석 열사의 사망 소식이 전해졌다. 학생들은 노수석 열사의 시신이 안치된 국립의료원에 속속 모여들었다.

학생들과 시민사회단체들은 곧바로 고 노수석 군 살인규명 및 사태해결을 위한 임시대책위원회를 구성해 사인 규명과 증인 확보 등 진상규명을 위한 작업에 착수했다. 경찰측과 대책위 대표들이 참가한 가운데 시체 검안 작업이 진행되었다. 신체 부위 여러 곳에서 상처가 발견되었으나 직접적인 사인으로 단정지을 만한 외상은 발견하지 못했다. 그러나 경찰과 대책위 양쪽 모두 "확실하고 공정한 부검 때까지는 명확한 사인을 알 수 없다"는 점에 동의했다.

오후 11시쯤 고 노수석 군 사인규명 및 사태 해결을 위한 임시대책위원회 대변인을 맡은 이덕우 변호사와 국립의료원 황정연 응급실장이 공동으로 긴급 기자회견을 열었다. 이덕우 변호사는 "가슴에 가로 5cm, 세로 5cm, 두께 0.5cm의 멍과 명치 위에 가로 0.5cm, 세로 2cm의 멍이 있으며 오른쪽 손가락 4개와 왼쪽 무릎에 넘어질 때 입었을 것으로 보이는 찰과상이 있다"고 밝혔다.

법과대 학생들 일부가 국립의료원 안으로 들어간 뒤 병원은 경찰에 의해 원천봉쇄됐다. 동국대에 모여 있다 소식을 듣고 달려온 대학생 100명이 경찰의 시신 탈취에 대비하여 철야농성을 결의하고 병원 밖을 지켰다. 총학생회는 시신을 모교인 연세대 세브란스 병원으로 옮길 것을 요구했으나 사정이 여의치 않자 학교 당국에 연락을 취했다. 뒤늦게 김석득 부총장이 병원을 찾았지만 사태 해결에 도움을 주지 못했으며 송자 총장은 끝내 모습을 드러내지 않았다.

3월 30일 오후 2시, 연세대 민주광장에서 6,000여명의 학생들이 참가한 가운데 '故 노수석 학우 추모 및 살인폭력만행규탄, 김영삼 정권 퇴진을 위한 한총련 결의대회'가 열렸다. 한총련은 노수석의 사망에 대한 정부의 공개사과, 내무부 장관 등 관련자 처벌, 정확한 사인 규명, 강경진압 재발방지를 요구했다. 고려대 등도 학교별로 출정식을 가진 뒤 결합했고, 한양대, 건국대, 국민대 등 3개 대학은 등록금 인상안 철회 등을 주장하며 총장실 점거 농성을 계속했다. 연세대, 성균관대, 경기대, 숭실대, 건국대 등 서총련 소속 14개 대학 총학생회도 이틀째 동맹휴업을 강행했다.

한편 총학생회는 노수석 열사의 시신을 연세대 세브란스 병원으로 옮겨오기 위한 노력을 계속했다. 송자 총장을 비롯한 교수와 교직원들이 오후 2시 30분경, 노수석 열사의 시신 문제 해결을 위해 국립의료원에 도착했다. 학생들은 송자 총장 앞에 무릎을 꿇고 "시신을 세브란스 병원으로 옮기게 해달라"고 호소했다. 오후 3시부터 송자 총장, 이도윤 부총학생회장, 경찰, 유족대표 등은 2시간 가량 회의를 열고 시신을 세브란스 병원으로 옮길 것과 되도록 빠른 시일 안에 부검을 실시할 것 등을 합의했다.

당일 저녁 6시 30분경 국립의료원을 출발한 시신은 정문을 통과한 뒤 학생들의 호위를 받으며 노천극장, 동문 앞을 지나 세브란스 병원에 도착했다. 학생들은 곧바로 영안실에서 철야농성을 시작했다.

3월 31일, 오전 10시 30분부터 세브란스 병원 영안실에서 서울지방검찰청 검사 김시진의 지휘로 국립과학수사연구소 법의학과장 등 4명이 집도한 가운데 부검이 실시되었다. 부검 결과, 전체 7군데에서 피하출혈이 발견되었으나, 부검의들은 이를 직접 사인으로 보지 않고 심장이 비대 확장된 것으로 보아 심근증이나 심근염의 가능성이 높다고 추정하여 직접 사인을 내인성 급성 심장마비로 추정하였다. 그러나, 부검 참관인으로 참가한 양길승 박사는 "노 군과 같이 평소 건강하게 지내던 청년이 외부 충격이 없는 상황에서 갑작스런 심장 이상 증세만으로 사망했다고 보기는 힘들다"고 설명했다. 또 "시위 진압 과정에서 가해진 외부적 충격이 심장에 영향을 주어 사망했을 가능성이 높다"고 덧붙였다.

1996년 4월 3일, 전국 곳곳에서 추모집회가 진행되었다. 서총련 소속 학생 5,000여 명은 본교에 모여 "노수석 열사의 죽음에 책임을 통감해야 할 학교당국이 공개사과는커녕 장례일정을 앞당기려 유족을 회유하는 등 노수석 열사를 두 번 죽게 하고 있다"고 비판하였으며, "평화시위를 폭력적으로 진압한 김영삼 정권을 퇴진하라"며 대정부 규탄 시위를 벌였다. 학생들은 신촌 로터리에서 1시간 30분 동안 노상집회를 가진 뒤 청와대 항의방문을 위해 가두시위를 벌이며 시내로 진출하고자 시도하였으며, 이를 저지하려는 경찰과 대치하여 격렬한 시위를 벌였다.

4월 4일, 열사의 장례식이 열렸다. 이대로 장례를 치를 수 없다는 안타까움 속에 발인예배가 오전 7시에 열리고, 장례행렬은 학교로 들어와 체육관과 이과대 앞을 거쳐 법대 건물에 이르렀고 노수석 열사가 생전에 활동했던 법과대 풍물패 천둥 방에서 잠시 머물렀다. 본관 앞에서 영결식이 진행된 후, 10시쯤 장례행렬이 교문을 향해 나가기 시작했을 무렵 행렬의 선두에 서 있었던 연세대 법과대 학생 300여명이 교문 앞으로 달려가 대열을 막아섰다. 그들은 "이대로 수석이를 묻을 수 없습니다. 아버님 다시 한 번 생각해 주십시오. 어째서 송자 총장이 단 한마디의 사과도 없이 장례식 고문으로 나설 수 있습니까"라며 무릎을 꿇고 엎드린 채 장례를 멈추어 줄 것을 부탁드렸다. 연세대 학생 1,000여명이 이에 동참, 마지막으로 아버님께 장례식을 연기할 것을 부탁드리는 의미의 침묵 시위를 계속했다.

낮 12시경 법과대 학생 20여명이 송자 총장을 찾아가 공식 사과를 한 번 더 요구하려 했으나 총장은 자리를 비워 만날 수가 없었다. 이 소식이 교문 앞에 있는 학생들에게 전해지자 많은 학생들이 자유발언을 시작했다. 노수석 열사의 죽음에 대한 정부의 구체적인 사과, 해명과 책임자 처벌을 요구했고, 총학생회와 대책위는 다시 한 번 유가족에게 장례연기를 호소했다. 결국 이날 오후 송자 총장은 학생들의 요구에 따라 기자회견을 열고 "노군의 죽음과 관련해 학교 측에 도의적인 책임이 있음을 인정한다"고 시인했다.

송자 총장은 학생들이 제기한 등록금 문제에 대해서는 "등록금 고지서가 일방적으로 발송된 것은 당시 최고 책임자로서 불가피한 결정이었고, 지난 3월 28일 총장면담에서 학생회장단에게 그 뜻을 전달했다"고 해명했다. 또한 "앞으로 노군 사망에 관련된 진상 규명에 최선을 다할 것"이라고 덧붙였다.

하지만 학생들과 시민들은 "이는 노수석 열사 사망의 일차적인 원인을 제공한 당사자로서 밝혀야 할 구체적이고 명확한 답변이 될 수 없다"고 입을 모았다. 또 노수석 열사의 사망과 관련해 학교 당국의 책임있는 사후 대책 발표와 정부당국 최고 책임자의 공개 사과, 시위 진압 관련 책임자 처벌 등이 이루어질 때까지 장례식을 열 수 없다는 점에 모두 공감했다. 결국 총학생회는 유가족과 논의한 끝에 '학생들과 유가족의 요구사안이 받아들여질 때까지 장례일정을 무기한 연기한다'고 밝혔다. 이후 장례에 참석했던 학생들은 남대문과 서울역 등 서울 시내에서 철저한 진상규명을 촉구하는 가두투쟁을 진행한 뒤 해산했다.

노수석 열사가 다녔던 법과대학의 학생들은 전면 휴강에 들어가고, 진상규명과 책임자 처벌을 위한 서명운동과 모금운동을 진행하고 있었다. 4월 8일, 민주광장에서 법과대 비상대책위 주최로 연세인 결의대회를 가진 연세대 학생 200여명은 청와대에 "경찰청장 등 관련자 즉각 처벌, 학생운동을 폭력적으로 탄압하는 백골단 해체" 등을 요구하는 항의서한을 전달하고자 교문을 나섰다. 종로구 계동 현대빌딩 앞에서 대오를 집결한 학생들은 청와대 방향을 향해 행진하기 시작하였으나, 이내 안국역 근처에서 경찰에 의해 대오 전면과 후면, 좌측면을 포위당한 채 저지당하였다. 단지 평화적으로 항의서한을 전달하려는 학생들의 시도마저도 정권에 의해 철저히 억압당한 것이었다. 가히 문민독재라 칭할만한 풍경이었다. 학생들은 스크럼을 짜고 경찰들과 몸싸움을 전개하여 약 50미터를 전진하는 성과를 거두었으나, 이미 날이 저물고 있었고 의도한 항의서한 전달은 불가능한 상황이라고 파악하여 평화롭게 해산하는 것을 택하였다.

"장례를 더 이상 연기하기는 힘들다"는 유가족의 뜻을 받아들여 노수석 열사의 장례식이 4월 10일 학생장으로 치러졌다. 박병언 총학생회장의 추모사로 오전 10시 장례식을 시작했으며 신촌로타리에서 노제와 부활굿을 진행한 뒤 노수석 열사의 운구를 앞세워 가두행진을 시작했다. 장례행렬은 아현 고가도로를 건너 시청 앞, 을지로, 종로를 지나 2시경 서울 종로3가 종묘공원 앞에 도착했고 2만여 명의 인파가 운집한 가운데 애국학생 고 노수석 열사 추모식이 개최됐다.

추모식을 마친 뒤 유가족과 학생들은 오후 4시경 광주로 출발해 저녁 8시 30분경 광주역 앞에 도착했다. 장례 행렬은 먼저 도착해 기다리던 남총련 학생들과 함께 추모 집회를 열었고 이후 광주시청까지 가두행진을 하였다. 광주 대동고 동문들이 운구차를 호위했고 밤 10시경 광주시청 앞에서 애국학생 고 노수석 열사 시청 앞 노제가 진행됐다. 밤 11시 30분경 망월동 묘역으로 향해 새벽 1시 20분 하관식을 갖고 하관 예배를 진행했다. 노수석 열사는 광주 망월동 5·18 묘역 3묘역 367번 묘지에 안장됐다.

이후, 5월 10일, 학교 측과 학생 측은 등록금 9.9% 인상안을 비롯한 학내 제반 사항에 관하여 합의하였다. 5월 16일에는 노수석 열사의 49재 추모집회가 열렸다. 총학생회는 노수석 열사의 49재를 맞아 학원 자주화 투쟁 승리 보고대회를 가진 뒤 고 노수석 열사 진상규명 책임자 처벌과 부패 살인정권 퇴진을 위한 통일연세투쟁본부 발족식을 진행했다. 부총학생회장 이도윤은 "연세투쟁본부는 수석이의 죽음 이후 진상규명과 책임자 처벌에 대한 아무런 반응을 보이지 않는 현 정권에 대해 고소, 고발, 서명운동 등을 벌여나갈 것"이라고 밝혔다. 발족식 이후 참가자들은 박일룡 경찰청장, 안병영 교육부장관, 김우석 내무부장관, 김영삼 대통령을 상징하는 조형물의 화형식을 가졌다. 이어서 서총련 주최로 고 노수석 열사 추모와 5월 투쟁 승리를 위한 청년학생결의대회를 진행하고, 교문 앞에서 화염병을 던지며 격렬한 시위를 벌였다.

노수석 열사 추모 사업과 명예회복 과정

노수석 열사의 장례 이후, 진상규명과 책임자 처벌, 그리고 열사의 명예회복을 위한 법정투쟁이 전개되었다. 민주사회를 위한 변호사모임에 참여해 활동해 온 이덕우 변호사가 진상규명과 명예회복 과정을 맡아 헌신을 다하였다.

먼저 1996년 4월부터 학생들의 서명을 받아 서울지방검찰청에 서울지방경찰청장 등을 고발하였으나 검찰은 무혐의처분을 내렸다. 이에 대해 항고하였으나 1997년 1월 서울고등검찰청은 혐의가 없다며 항고를 기각하였다. 종전의 이한열, 강경대 열사 사건 등과 같이 경찰 가해자가 명백히 드러난 경우 외에는 처벌한 예가 없으므로 검찰에 기대하기 어려운 상황이었다. 따라서 유족과 변호인은 민사소송을 통해 진실을 밝히기로 하였다.

1998년 2월 13일 국가를 상대로 유가족이 이덕우 변호사를 대리로 손해배상청구 소송을 제기하였다. 경찰관 직무집행법 등을 어기고 토끼몰이식 과잉진압을 해 노수석 열사가 사망했으므로 국가의 손해배상책임을 인정해야 한다는 것이었다. 그러나 1999년 1월 15일, 원고 청구 기각 판결이 선고되었다. 판결 내용은 과잉진압에 대한 원고 측 증인들의 증언은 받아들이지 않고 과잉진압을 인정할 증거도 부족하다는 것이었다. 아울러 부검 결과 밝혀진 상처는 치명적인 것이 아니므로 사망원인으로 볼 수 없고, 경찰이 구호 요청을 무시했다고 볼만한 증거가 부족하며 즉시 구호 조치를 했다 하더라도 생존 가능성이 있는지에 대한 증거가 없다고 했다.

항소심에서는 부검에 관여한 국립과학수사연구소의 서중석 과장이 증인으로 나왔다. 서중석 과장은 "심근병증이 있다 하더라도 비를 맞아 체온이 내려가고 극심한 공포상태에서 전력 질주하였다면 그것이 심근경색(심장마비)의 원인이 되었을 것"이라고 의사로서의 소견을 밝혔다. 이는 안전한 해산 유도가 아니라 검거를 위한 토끼몰이식 과잉진압 과정에서 경찰봉과 방패 등의 폭력을 사용했다면 당연히 사망의 원인이 될 수 있다는 내용이었다. 위와 같은 증언이 나오자 법원에서는 화해를 권고하였으나 국가가 거부하였다.

2000년 3월 14일 항소에 대한 기각판결이 내려졌다. 노수석 열사가 불법시위에 참가하였다는 점과 사망의 직접 원인이 될만한 구체적인 외상이 없고 가해자가 불분명하기 때문에 원고의 청구를 기각한다는 것이다. 그러나, 산업재해 등에서는 심장병이나 고혈압 등의 질병이 있다 하여도 과로로 사망한 경우 업무상 재해로 인정하는 것이 확립된 판례이다. 그리고 불법집회라 하더라도 경찰관 직무집행법은 준수되어야 한다. 즉 불법집회라고 해서 잔인한 폭력이나 토끼몰이식 과잉진압이 허용되는 것은 아니다. 노수석 열사의 경우 만약 심근병증이 있었다 하더라도 자각하지 못할 정도였고 일상생활에 지장이 없었다. 따라서 경찰의 과잉진압이 없었다면 건강하게 생활하였을 것이므로 항소심 판결은 비판받아 마땅한 것이었다.

위 항소심 판결에 대하여 곧 상고를 하였으나, 2000년 6월 대법원은 상고를 기각해 1, 2심 판결을 유지하였다. 검찰에 고발하거나 법원에 손해배상청구를 하는 것은 모두 국가의 기존체제라는 한계를 갖는다. 따라서 노수석 열사와 같은 정치적 사건에서는 명확한 증거를 제시하여 반론의 여지가 없도록 하지 않는 한 체제내적이고 보수적인 검찰과 법원에 기대하기 어렵다. 그럼에도 불구하고 노수석 열사가 피신한 장소가 시위 장소의 연장이라는 점, 기왕증(旣往症)이 있다 하더라도 과연 경찰의 폭력과 과잉진압이 없었다면 평소 격렬한 운동에도 전혀 이상이 없었던 노수석 열사가 사망에 이르렀을까 하는 점 등을 생각하면 사법부의 판결은 여러 가지 면에서 비판을 면치 못할 것이었다.

한편 김대중 정권에 들어 2000년 1월 12일 민주화운동 관련자 명예회복 및 보상 등에 관한 법률이 제정되었고, 8월 9일, 1기 민주화운동관련자 명예회복 및 보상 심의위원회(이하 '민주화 심의위원회')가 출범하였다. 추모사업회는 노수석 열사에 대한 명예회복 및 보상 신청서를 제출하였다. 민주화 심의위원회는 2000년~2001년에 걸쳐 조사를 실시하였다.

그런데, 민주화 심의위원회 내부에서 김영삼 정권에 대한 평가가 엇갈린 가운데 노수석 열사를 비롯한 김영삼 정권 시절 열사들에 대한 심의가 지지부진하게 진행되었다. 이에 김영삼 정권에 대한 올바른 역사적 평가가 열사 명예회복의 관건이라 판단한 추모사업회는 김영삼 정권 시절 열사들의 추모사업회와 공동으로 김영삼 사법처리 투쟁을 전개하였다.

그러던 중 2001년 7월 초순, 의문사진상규명위원회에 "노수석 열사의 죽음과 관련하여, 그 당시에 경찰이 집단폭행하는 것을 봤다"는 전경 출신자의 제보가 접수되었다. 이로 인해 의문사위원회가 노수석 열사 사건에 대한 직권조사를 할 수 있는 가능성이 열렸고, 추모사업회는 이에 대응하기 위해 '비상대책위'를 구성하였다. 그러나, 제보자의 진술 번복으로 의문사위원회의 내사는 종결되고 말았다.

한편, 지지부진하게 진행됐던 민주화 심의위원회의 심의는 2002년 1월에야 전문위원 심의로 넘어갔다. 추모사업회는 노수석 열사의 심의를 담당한 김철홍 전문위원으로부터 열사에 대한 명예회복 관련 근거와 보충자료 제출을 요청받고, 노수석열사 명예회복특별위원회를 구성하여, 김영삼 정권에 대한 평가와 1996년 3월 29일 시위의 정당성, 노수석 열사의 활동이 민주주의와 기본권 신장에 기여한 근거를 토대로 하는 민주화운동 입증자료를 작성·제출하였다.

김영삼 정권 시절의 열사에 대한 명예회복 문제는 결국 2기 민주화 심의위원회로 넘겨졌다. 2002년 8월, 2기 민주화 심의위원회(위원장 변정수)가 출범하였다. 2003년 7월 15일, 노수석 열사 사건은 장해등급 판정분과위원회의 심의를 통과했고, 2003년 8월 11일 관련자 및 유족여부분과위원회 심의(학생분과위원회)를 통과했다. 같은 해 9월 3일, 민주화 심의위원회 80차 본위원회 회의에 노수석 열사 명예회복에 대한 건이 상정되었다. 상당한 논란이 진행된 후, 위원 중 1명(김삼웅 위원)이 위원회에 항의하며 퇴장해 보류 인정의견 3인(변정수, 박승희, 백경남 의원), 불인정의견 3인(이범주, 조중한, 유영혁 의원)으로 부결되고 말았다. 위원장은 직권으로 노수석 열사의 사건을 재심의하기로 하고 본회의는 폐회되었다.

2003년 9월 9일, 민주화 심의위원회는 81차 본회의를 통해 노수석 열사 사건을 재심의하고 4대 3의 의견으로 노수석 열사를 민주화운동 관련 사망자로 인정했다. 하지만 그 관련성을 60%만 인정하여 불완전한 인정이 되었다. 그럼에도 불구하고, 노수석 열사가 민주화운동 관련 사망자로 인정받은 것은 그의 명예 회복에 큰 의미를 갖는 것이었다.

노수석 열사 추모곡 '그대 하늘길'

작사/작곡 이현주

하늘 어디쯤 있을까
푸른 봄날에 떠난 벗이여
꽃이 피기도 전에 그대는 쓰러져갔지만
해마다 봄이 찾아오면 가슴에 별 하나 피우리
그대 넋으로 피어난 붉은 진달래 꽃처럼
저 깃발 높이 바람에 날리는 눈물 고인 함성
다시는 열사 그 이름을 하나도 내주지 않으리
그대 하늘길에 끝없이 깃발 물결되어가네
살아오는 길
우리 참세상 그 길에

이 곡은 노수석 열사가 경찰의 폭력에 스러진 후 만들어진 추모곡이다.

4. '96년 한총련·연세대 사건'의 충격과 학생운동의 대안 모색

1996년 범민족대회와 통일대축전 유치

노수석 열사의 죽음으로 인해 연세대 학생운동 진영은 김영삼 정권에 대한 분노가 극도로 높아졌다. 제4기 한총련의 반미 자주화와 김영삼 정권 타도 총 기치와 맞물리며 96년 상반기는 추모와 투쟁의 격류가 흘러넘쳤다. 또한 학기 초 33대 총학생회장 박병언(기계공학과 4)은 서총련 의장에 당선되었고, 이는 그만큼 연세대가 한총련 내에서의 역할을 기대받는 것이기도 하였다.

그런 가운데, 연세대학교에서 제7차 범민족대회와 제6차 범민족청년학생연합(범청학련) 통일대축전 행사를 유치하게 되었다. 『월간 사회평론 길』의 취재에 따르면, 1996년 초부터 대대적인 학생운동 탄압이 이어져 어느 학교도 범민족대회 유치를 말하기 어려울 정도로 활동가들이 지친 상황에서 7월말 본교 총학생회장 박병언이 부총학생회장과 중앙운영위원들이 모인 자리에서 신중하게 대회 유치를 결의하였다. 1996년에 연세대 총학생회가 범민족대회를 유치하게 된 데에는 노수석 열사의 죽음으로 인해 다른 학교에 비해 연세대가 더 활발하게 학생운동이 일어나며 상대적으로 역량이 강화되었던 점, 그 해 총학생회를 비롯해 단과대 학생회 대부분을 '자주시대' 선본이 차지하면서 그만큼 학내 NL 진영의 세가 강력했던 점 등도 고려할 수 있을 것이다.

'96년 한총련·연세대 사건'의 전개 과정[129]

1996년 8월 7일, 한총련 측은 범청학련 통일대축전에 북쪽 대표들을 초청하기 위한 대표로 도종화(기계공학과 4), 류세홍(조선대 치의학과 4) 등 대학생 2명을 평양에 파견했다고 공표하였다. 김영삼 정권은 즉각 대회의 원천봉쇄를 선언하고 강경대처할 것이

129 '연대 항쟁'의 전개에 관해서는 『사태일지』, 『연세춘추』, 1996. 9. 2, 8면에 8월 10일~20일까지의 연표로 정리되어 있다. 또한 총학생회 입장에서 사건을 정리한 『연대항쟁 백서』가 자료로서 유용하다.

라고 밝혔다. 정권의 강경한 태도로 대회 진행의 난항이 예상되는 가운데, 통일선봉대로[130] 활동하고 있던 학생들 1천여명은 일정을 중단하고 8월 9~10일에 대회 장소인 연세대학교에 들어왔다.

범민족대회와 범청학련 통일대축전

범민족대회는 남한과 북한, 해외동포가 참여해 민간 주도의 통일운동 기틀을 다지기 위한 행사였다. 1988년 문익환, 계훈제, 박형규 등 1,041명의 재야인사들이 주축이 되어 '한반도 평화와 통일을 위한 세계대회 및 범민족대회 추진 본부(범민족대회 추진본부)'를 발족하였으며, 발기문을 통해 남북 민간 차원의 통일논의 협의를 위해 범민족대회를 개최하자고 제안했다. 동년 12월 9일 북한의 조국평화통일위원회가 한반도의 핵문제를 포함한 남북한의 정치·군사적 문제를 해결하기 위해 남북한 사회단체, 해외교포, 개별 인사들이 참가하는 범민족대회를 조속한 시일 내에 판문점이나 제3국에서 갖자는 답변을 범민족대회 추진본부에 보내왔다. 유럽·북미·일본 지역 등에서도 범민족대회 추진본부가 결성되었다.

한국 정부의 탄압 속에서 1990년 8월 15일 제1차 범민족대회는 서울과 판문점에서 각기 따로 개최되었다. 제1차 범민족대회 이후 1990년 11월 20일 베를린에서 남과 북, 해외 3자 합의를 통해 조국통일범민족연합(범민련)이 결성되었다. 그리고 1999년까지 매년 남-북-해외 3자연대 방식으로 남(서울), 북(평양), 해외(주로 베를린) 세 곳에서 범민족대회가 동시에 개최되었다.

범민련 산하 조직으로 대표적인 것이 청년학생들로 구성된 범청학련이었다. 1990년 서울에서 개최된 제1회 남측본부 범민족대회에서 전대협은 산하에 조국통일위원회를 구성하기로 하고, 1991년 7월 박성희, 성용승을 베를린에 파견하여 북한 및 해외동포 청년학생 대표들과 회동을 갖고 3자 공동성명서를 채택하였다. 그 후 1991년 2차 범민족대회와 1차 청년학생 통일대축전을 마감하면서 범청학련을 범민련 산하에 두기로 결의하였으며, 1992년 3차 범민족대회에서 범청학련을 결성하였다.

130 범청학련에서 매년 8월초부터 15일까지 조직하여 활동한 한시적 조직이다. 통일선봉대는 동군과 서군으로 구성된 중앙통선대, 그리고 지역통선대로 나뉘어 전국 순례 및 각 지역 통일축전 행사를 치르고 범민족대회에 합류한다.

이후 경찰들이 연세대 진출입로를 봉쇄하고 검문하기 시작하였고, 학생들은 연세대 진입을 시도하였다. 8월 12일, 정문 쪽에서 연세대에 이미 들어온 학생들이 전경들과 대치하는 동안 홍익대 등 인근 대학에 모여있던 서총련 학생들 수백명은 동교동을 거쳐서 연세대학교 서문 쪽으로 진입하는데 성공하였다. 저녁 8시, 중앙도서관 앞에서 약 2천여 명의 학생 및 범민련 회원이 참석한 가운데 본교 총학생회장이자 서총련 의장인 박병언의 사회로 제7차 범민족대회 개막식이 열렸다.

8월 13일, 남총련 사수대 일부가 연세대 진입에 성공하였다. 같은 날, 정부 3개 부처(내무, 법무, 교육)는 통일대축전 행사를 이적행위로 규정하였다. 행사 사수를 위한 학생과 진압하려는 경찰 간의 충돌이 점차 격화되었다. 오후 4시경, 각 지역 총련별로 범청학련 통일대축전 사수대회를 가진 후 경찰의 원천봉쇄에 항의하는 시위를 벌였다. 이 과정에서 직격탄, 최루탄 파편에 의한 부상자가 다수 발생하였다. 학생들은 부상자 치료를 위해 외부로 출입하기 위한 학생증, 도서대출증, 치료비 등을 연세대 도서관에서 모금하였다. 모금 한시간 만에 수십 장의 학생증과 60여 만 원이 모금되었다. 경찰의 학내 침탈에 대비하여 연세대 안에 있던 학생들은 오후 8시 40분경, 책걸상들로 연세대 곳곳에 바리케이드를 설치하였다. 13일 자정을 넘어서 약 4천여 명의 학생들이 모인 가운데 제6차 범청학련 통일대축전 개막제와 통일노래 한마당이 노천극장에서 열렸다. 14일 아침 7시까지 진행된 이 문화행사에서 남측과 북측 및 해외본부에서 만든 통일노래 3곡이 발표되었다.

경찰은 8월 14일부터 학교를 봉쇄하고, 헬기를 동원하여 학내 진입을 하는 등 본격적으로 진압 수위를 높여갔다. 오후 2시 이후, 이과대 건물 대강당에서 제1차 범청학련 연석회의, 제1차 범청학련 총회가 시작되었다. 그러자 경찰은 51개 중대 약 5천여 명의 전경과 11대의 헬기를 동원하여 본격적인 학내 침탈을 시작하였다. 4대의 헬기에서는 최루액을 사수대와 건물에 뿌려댔고, 학생들은 격렬히 저항하였으나 결국 이과대와 종합관으로 대피하였다. 경찰은 학생회관, 대강당 등에 대한 수색을 벌인 뒤 4시 35분경부터 철수하였다. 이후 경찰은 학교에서 밖으로 나가려는 학생들을 무차별 연행하기 시작하였다. 밤 10시경, 대강당에서 범민족회의가 개최되었으며, 노천극장에서 범민족회의 보고대회와 민족문화 한마당이 개최되었다.

학생들은 경찰의 원천봉쇄를 뚫고 어떻게든 범민족대회와 통일대축전을 개최하였다. 문제는 행사에 참가한 학생들이 귀가하기 위해 연세대 밖으로 나갈 수가 없었다는 것이다. 경찰들은 학교를 완전 포위한 상태에서 행사에 참석했던 학생들을 전원 무차별 연행하려고 하였다.

8월 15일 오전 7시경, 홍익대에 있던 충청총련, 남총련, 서총련 등 1천여명의 학생들이 연세대에 진입할 수 있었다. 학생들을 연세대에 몰아넣어 전부 체포하려는 의도가 아니었는가 의혹이 가는 대목이었다. 아니나 다를까, 오전 10시 40분 즈음하여 헬기 11대와 전경 6천여명이 동원된 대대적 진압이 시작되었다. 불도저 등 중장비까지 동원하여 정문을 뜯어내고 진입을 시작하였으며, 11시 45분경부터는 서문으로도 진입에 성공하였다. 학생들은 다시 이과대와 종합관으로 피신해야 했다.

한총련은 "행사가 끝났으며, 원래 예정되었던 16일의 판문점 일정과 전·노 법정최고형 구형 요구집회를 취소하겠다"는 내용과 안전귀가를 보장하라는 요구를 담은 성명을 발표하였다. 그러나, 서울지검 공안 2부(부장 신검수)에서는 이번 집회와 관련, 화염병과 쇠파이프 단순소지자까지 구속대상으로 삼겠다는 내용의 연행학생 사법처리지침을 마련할 것이라고 발표하였다.

8월 16일 새벽 1시경, 경찰은 매트리스와 사다리차를 투입하였다. 오전 10시경, 서문을 통해 이과대 학생 6백여 명이 성공리에 탈출하였다. 그렇지만 오후 1시 50분경, 학교는 다시 경찰 병력에 의해 완전 봉쇄되었다. 오후 6시 40분경 경찰의 폭력진압 반대와 학생들의 평화적 해산을 위해 경찰 측에 항의하던 민가협과 유가협 부모님들이 경찰에 의해 연행되었다. 이미 1,300여명의 학생들이 연행되었고 35명이 구속된 상황에서 정부는 연세대 내에 있는 모든 학생들을 연행하기로 결정하였다. 또한 경찰은 신촌 거리를 지나는 학생들을 곳곳에서 검문하고 연행하였다. 이날 우리 학교 의예과 김현기는 통일축전에 참가하지 않았지만 교내에 고립되어 있는 학생들을 위해 퇴로를 내려는 가두 시위를 하던 중 전경이 던진 돌에 맞아 실명 위기에 처했으며, 영남대생 김하영은 동국대에 남아있던 중 뇌사 상태에 빠졌다.

8월 17일 오전 11시 30분경, 경찰은 헬기 7대, 전경 1백개 중대 1만 2천여명을 동원하여 다시 학내를 급습하였다. 학생들은 급하게 이과대와 종합관으로 대피하여야 했으며, 이로써 상황이 종료되는 그 순간까지 다시는 건물 밖으로 나가지 못하였다. 이때부터 경찰과의 대치선은 건물 앞마당이 되었고, 학생들은 농성을 시작하였다. 이 때 이과대와 종합관에 갇힌 학생들은 모두 5천여명으로 종합관에 약 2천여명, 이과대에 3천여명 정도가 있었다. 이과대에는 한총련 지도부와 경인총련의 대부분, 서총련, 남총련, 전북총련 등이 있었고 여학생이 훨씬 많았다. 따라서 남학생은 대부분 사수대로 되었다. 지역총련별로 각 층마다 분산되었고, 사수대는 바깥과 옥상에 있었다. 종합관에는 통일선봉대와 충청총련, 대경총련, 부경총련 등이 있었다. 통선대는 6층, 전북총련은 5층, 사수대는 4층, 그리고 진료단이 처음에는 3층에 있었는데 전경이 유리를 깨고 최루탄을 쏘는 바람에 5층으로 옮겼다. 밤 11시경 보건의료단체 대표자회의 소속 의료진 15명이 종합관과 이과대로 진료차 들어가겠다고 방문했으나 경찰에게 저지당했다.

8월 18일에도 종합관과 이과대 앞에서 전경과 학생의 대치는 계속되었다. 건물 주변은 전면 봉쇄되었고 일체의 학생 통행은 금지되었으며, 서문을 이용해 음식 공급을 받는다고 하여 서문 쪽 주민들에게 주민증을 발부해서 출입을 통제했다.

8월 19일, 오후 2시경, 전여대협과 한국여성단체연합 소속단체 여성들이 학생들의 안전귀가 조처와 무장경찰 해산, 여성용품과 의약품 반입을 요구하며 학교 앞에서 시위를 하였다. 오후 5시경 학교 안의 학부모들과 일반인들은 강제로 학교 밖으로 쫓겨났다. 이날 저녁 국무총리 이수성은 자진해산하면 선처하고 그렇지 않으면 전원 연행하겠다고 최후통첩을 발표했으며, 박일룡 경찰청장은 폭력시위 진압을 위해 실탄 사용도 가능하다고 발표하였다.

농성 과정에서 무엇보다도 큰 문제는 부상자가 속출하고 있는데 구급약과 의료기구가 부족하다는 점이었다. 최루액으로 인한 호흡곤란 및 화상, 직격탄이나 돌에 맞아 다친 학생들이 속출하고 있는데 의료품조차 반입이 되지 않았다. 건강사회약사회등 9개 보건의료단체는 경찰의 강경진압 철회를 요구하며 "학생들이 행사를 포기하고 돌아가겠다고 하는 마당에 강경진압을 하는 정부의 처사는 인도적인 측면에서도 지나친 것"이라고 주장했다. 여성의 경우, 여성용품이 부족하여 많은 여학생들이 어려움을 겪었다. 한국여성단체연합 회원들은 여성용품을 전달하려다 경찰이 가로막자 "유신정권조차도 와이에이치 노조원들이 신민당사에서 농성할 때 여성용품 반입은 막지 않았다"며 항의하였으나 소용이 없었다.

그리고 또 큰 문제는 먹을 식량이 매우 부족하였다는 것이었다. 경찰은 학내에 음식물 반입을 차단하였으며 학생식당이나 하얀샘처럼 식료품을 구할 수 있는 곳은 전부 철거시켰다. 또한 서문 바로 옆에 있는 24시간 편의점도 문을 닫게 만들었다. 학생들은 지독한 굶주림에 떨면서도 초코파이 한 개로 28명이 돌려 먹는 등 서로를 보살피며 견뎌나갔다.

마침내 8월 20일, '연대항쟁'의 마지막 날이 밝았다. 새벽 6시경 경찰은 종합관의 1층 출입문과 헬기를 이용하여 진입을 시작하였다. 이 과정에서 종합관 1층 바리케이트에 불이 붙어 건물 일부가 화재를 입었다. 종합관 진입 과정에서 학생들이 던진 벽돌에 맞아 의경 김종희가 부상을 입어 뇌사 상태에 빠졌고, 결국 21일 사망하였다. 오전 7시 10분경, 경찰은 헬기에서 내려 옥상을 점거하였다. 1층에서부터 점점 위로 도망치던 학생들은 결국 옥상에서 진압당하였다. 그렇게 7시 40분 종합관에서의 상황이 종료되었고, 2,129명 전원 연행되었다.

8월 20일, 경찰이 종합관에 진입하려고 하고 있다.
출전: 『경향신문』

종합관 상황을 접한 이과대 쪽 학생들은 경찰의 종합관 진압 방식이 상식을 초월할 정도로 무자비하였기 때문에 아무리 이과대 건물에 위험물질이 많고 학생들이 밀집해 있다 하더라도 진압작전을 시도하리라고 판단, 탈출을 하기로 결정하였다. 오전 9시 45분, 돌파조가 경찰과 전투를 시작하였고, 10시경 이과대에 있던 2천여명 이상의 학생들이 지하 1층 쪽문을 통해 밖으로 나와 서문 쪽으로 탈출하였다. 지도부를 사수대가 에워싸 보호하고, 그 뒤를 여학생 위주의 본대가 따랐다. 경찰에 의해 대열이 끊기자 학생들은 무리를 지어 흩어져 근처 민가로 피신하였고, 일부는 안전한 길을 따라 계속 탈출을 시도하였다. 이과대에서 나온 학생들의 약 절반 정도는 무사히 탈출에 성공하였으나, 그 중 1,043명은 경찰에 연행되었다.

최종적으로, '연대항쟁' 기간 전체 연행자는 5,848명이 나왔다. 단일 시국사건으로 최대의 연행자 수였다. 그 중 구속 456명, 최종 기소자 438명이었다. 연세대는 건축, 시설물 훼손, 교육, 연구용 장비 훼손 등 약 145억 8천만원으로 추정되는 물적 피해를 입었다고 발표하였다.

'96년 한총련·연세대 사건'에 참가했던 학생들 다수는 심각한 육체적, 정신적 피해를 입고 고통받았다. 경찰은 연행된 학생들에게 무자비한 구타와 욕설, 성폭력을 퍼부으며 광범위한 인권 유린을 자행하였다. 9월 13일 한총련 강경진압 비상대책위원회에서 공개한 자료에 의하면, 연행 학생 108명의 조사 결과, 폭행 86건, 성추행 41건, 부상 21건, 폭언 63건의 피해사례가 집계되었고 고문에 의한 허위자백을 강요당한 학생과 여러가지 증상의 정신적 후유증-헬기 소리를 들으면 식은 땀이 나는 경우, 방에 틀어박혀 가족들조차 만나기 싫어하는 경우, 경찰에 쫓기는 악몽에 시달리는 경우 등에 시달리는 학생의 경우도 10여건에 달했다.

'96년 한총련·연세대 사건'의 충격과 영향

'96년 한총련·연세대 사건'은 전체 학생운동 진영에 큰 타격을 입혔지만, 특히 연세 학생운동에 치명적인 결과를 남겼다. 일반 학생들의 운동권 혐오가 급상승한 것은 물론이고, 총학생회와 학교당국의 불신과 반목도 격화되었다.

경찰이 진압하는 과정에서 폐허가 되어버린 종합관은 각계각층의 사람들이 견학을 하는 이념교육장으로 변신하였다. 『연세춘추』와 『연세과학』이 '연대항쟁'에 대해 편파적으로 다루었다는 이유로 학생들에게 전해지지도 못한 채 학교에 의해 강제 회수당하였다. 또한 학교측은 8월 22일, 학내 모든 학생 게시물은 학교의 검인없이 게시할 수 없다고 발표하였고, 8월 24일 학생처장과 학교 직원들에 의해 학내 모든 자보가 철거당하였다. 총학생회장 등 3명은 제적당하였고, 11명의 학생회 간부에 대하여 무기정학을 조치하였다. 그 해의 연고제는 취소되었다.

뉴스 등을 통해 이미 상황을 접하였던 학생들은 2학기 개강과 함께 폐허가 되어버린 교정을 보며 다시금 충격에 빠지지 않을 수 없었다. 학생들은 충분한 공감대를 형성하지 않은 채 총학생회가 행사를 유치하여 이런 상황에 빠졌다고 생각하였다.

연세편집위원회는 '96년 한총련·연세대 사건'에 관해 총학생회가 우선 진솔한 입장 표명과 사과를 통해서 그 해결책을 강구해야 할 것, 행사 전에 대회의 의미를 학생들과 충분히 공유하지 못하고, 합의나 동의도 충분하지 못했다는 것을 인정해야 할 것. 그리고 통일대축전의 일방적인 주최로 인해서 지금껏 연세인들이 받고 있는 고통이 얼마나 큰 것인지를 인정해야만 할 것이라고 비판하였다.

경찰에 체포당한 학생들

출전: 『경향신문』

한편, 연세편집위원회에서 2학기 중 교양수업시간을 통하여 남학생 137명, 여학생 72명 등 총 209명 학생들을 대상으로 한 설문 조사에서 학생들은 '96년 한총련·연세대 사건'이 비화되는 과정에서 가장 책임감을 느껴야 한다고 생각하는 주체로서 정부 당국 38%, 한총련 34.3%를 골라 정권과 한총련 양측에 책임을 묻는 인식을 보였다. 또한 앞으로 이 사건에 대한 역사적 해석 작업을 하게 될 때, 가장 부각시키고 싶은 관점으로는 "한총련이 낙후한 사상으로 시대 변화에 능동적으로 대처하지 못한 채 구태의연한 투쟁만을 계속하였다"는 견해와 "언론이 비판적 기능을 수행하지 못했다"는 견해가 모두 34.9%의 응답율을 보였다. 연세인으로서 '96년 한총련·연세대 사건'과 관련하여 가장 유감으로 생각하는 일이 무엇이냐는 질문에는 "종합관의 이념교육관화가 추진되고, 학교가 관광지화되어 연세가 특정한 이념적 성향을 상징·대변하며 자유 정신이 훼손되었다"를 37.7%, "연고제의 일방적 취소"를 18.6%, "학교기물 파손"을 17.7%, "학내 언론탄압"을 15.9%, "학생자치권 침해"를 10.2% 선택하였다.

'96년 한총련·연세대 사건'은 그 책임 소재 문제와는 별개로 학생운동이 이전과 같아서는 안 되며, 같을 수도 없다는 고민을 전면에 끌어올리는 계기가 되었다. 특히 2학기에 들어 학생들의 냉담과 불신의 격화가 명명백백한 상황 속에서 일군의 학생들은 이를 기회로 학생운동에 대한 새로운 방향성을 모색하려는 시도를 벌여나갔다. 8월 29일 낮 2시 "한총련 사태 이후 학생사회의 재편이 예상되며, 이러한 움직임이 현재 학교 당국에 의해 이루어지고 있"기 때문에 이를 "학생들이 중심이" 되어 논의하고자 하는 의도에서 학생연대가 제안하고 언론협의회와 실천언론연대가 주관한 자유발언대가 열렸다.

1996년 학부제가 실시되면서 그렇지 않아도 약화되어 가던 학생회-학생운동을 학회를 통해 강화시켜야 한다는 고민이 『연세춘추』 지면에 실리기도 하였다. 좌담회에 참석한 문과대 학회연합 사회과학분과장 계연주는 한총련 사태에 대하여 "학내에서 학회운동을 하는 사람으로써 느낀 바가 많았"다고 털어놓았다. 한총련 사태는 운동진영의 투쟁 방식이 변화되어야 했건만, 경직된 학내 분위기에서 그것을 공개적으로 논하지 못하였기에 벌어진 위기 상황이라고 파악하고, 그렇기에 학회와 같은 대중적이고 기층적인 조직들이 긴장을 유지하며 다양한 의견들을 수렴하는 역할을 수행하였다면 상황이 달라질 수 있었을 것이라고 아쉬워하였다.

그래서인지 1996년 가을 총학생회 선거에서는 학생들의 개입이 두드러지게 나타났다. 학생들은 선거 진행과 총학의 바람직한 위상에 대해 다양한 논의를 전개하였다. 학내에 '총학생회장을 찾습니다'라는 제목의 대자보와 현수막을 게시했던 학생들은 11월 5일, 기자회견을 열고 "학생회의 변혁을 주도하고 1년 동안 헌신적으로 일할 수 있는 차기 총학생회장을 공개 모집"하였다. 그들은 "지난 학생회는 지나친 정치성을 보이며, 일반 학생들의 목소리를 무시하는 비민주적인 운영을 해왔다"며 비판하였다. 한편, 학생들의 주체적인 선거 개입을 주창한 우리들의 목소리로 발언하고픈 연세인의 모임도 생겨났다. 이들은 각 선본들에 대한 정책 제안과 비판 등의 선거 개입 사업을 실시하고자 모였으며, 강정모(사회복지학과 3)는 "선거에 무관심하기 쉬운 일반 학생들의 적극적인 참여를 유도하여, 민주적 학생회의 상을 정립하는 것이 본 모임의 취지"라고 밝혔다. 이 모임은 '웅성웅성'이라는 제목의 신문을 배포하고 문화제와 토론회 등을 개최하였다. 총기독학생회 또한 각 선본에 "지난 8월 이후 일련의 학내 사태에 대한 구체적인 입장과 대책은 무엇인가?", "학부제의 도입으로 인해 수년 안에 붕괴될 처지에 놓여 있는 과학생회에 대한 대책은 무엇인가?" 등 총 10가지 사안에 대한 공개질의서를 보냈다.

어쩌면 이런 움직임들은 '연대항쟁' 이후 무너져가던 연세 학생운동을 안타까워하던 학생들의 노력이었을 것이다. 그렇지만, 대다수 학생들의 판단과 선택은 이미 멀어진 상황이었다. 34대 총학생회 선거 직전인 11월 25~26일 『연세춘추』가 실시한 설문조사(716명 참여)에서 80.1%의 학생들은 한총련의 시위방법에 대해 반대 의사를 밝혔다. 학교 피해의 책임에 대해서는 정부 및 경찰이 48%로 높았지만, 행사에 참가한 한총련 34.9%, 총학 12.7%로 나와 총학생회와 운동권 학생에 대해 책임을 묻는 목소리도 결코 낮지 않았다. 한총련 사건 이후 학생들의 자치활동이 나빠졌다는 응답은 73.7%였으며, 총학의 학원 정상화 노력에 대해 90.9%가 불만족스럽다고 답하였다. 학생들의 학생회와 학생운동에 대한 인식은 극히 부정적으로 심화되었으며, 이러한 인식은 1학년생인 96학번들에게서 더 강하게 나타났었다.

결국 1996년 가을 34대 총학생회 선거에는 학생회가 어느 특정 이념이나 정치집단의 전유물이 되는 것을 거부하며 '최소의 학생회'를 주장한 한동수(법학과 4)·유명종(신학과 3) 선본이 출마하였다. 비운동권 학생들의 결집이었다. 보다 정확히 말하면 94년의 네트워크 학생회와 달리 적극적으로 학생운동을 배제한 '반(反)운동권' 학생회라고 해야 할 것이었다. 이들은 11월 27~28일의 총학 선거에서 총 유권자 16,666명 중 9,639명이 참여(57.8% 투표율), 50.3%인 4,853명의 지지를 얻으며 총학생회 선거에서 승리하였다. 모든 단과대에서 압도적인 승리를 거두었다.

한편 선거에 출마했던 PD 계열의 신재범·정동혁 선본은 한총련 개혁을 위해 한총련 의장 직선제, 범청학련 해소, 한총련 개혁 의지를 가진 총학생회장단과 '전총협' 건설 등을 공약으로 내걸면서 한총련으로부터의 분리 움직임을 가시화하기 시작하였다.

비권 총학은 1997년 들어 학생운동에 대한 반대 움직임을 본격적으로 드러내었다. 1997년 3월 27일, 노수석 1주기 추모집회에서 정문을 지나 거리로 진출하려던 시위 대오 앞에 총학 집행부 30여명이 '폭력진압, 폭력시위 반대' 구호를 내걸고 인간띠를 만들어 학생들의 진행을 저지하는, 차마 상상할 수도 없었고, 차마 해서도 안되는 일을 벌였던 것이다. 4월 8일, 총학은 한총련이 "민주적 의사결정 구조를 통해 각 대학과 모든 학생들의 목소리를 담아낼 수 있는 '협의체'로 변모하지 않는다면 한총련을 탈퇴할 것"이라고 성명서를 발표하였다. 4월 28일, 본교에서 서총련 산하 4백여명의 학생이 참가한 범민족 청년학생연합 남측본부 발족식이 열리자 총학 측은 "사전 협의 없이 우리대학교에 무단침입해 극렬 시위를" 하였다며 홍익대 총학생회장, 건국대 총학생회장, 한총련 의장을 주거침입 및 퇴거불응의 이유로 고소하겠다고 선언하였다. 또한, 5월 6일, 대동제 개막식에서는 남녀간 혼전순결을 서약하는 '순결서약식'을 개최하였다.[131]

사실, 97년도의 비권 총학생회는 96년의 학내 분위기에 편승한 학내 기독교 학생들의 반동적 총학 장악이었다. 그런 점에서 그들 또한 학내의 특정한 운동 세력이라고도 평가할 수 있을 것인데, 학생들이 그들을 지지하였던 것은 그러한 종교적, 정치적 색채와 무관하게 기존 학생운동에 대한 반대와 외면의 표시였다.

---

131 순결 서약은 결혼할 때까지 성관계를 갖지 않겠다고 글이나 말로 약속하는 기독교의 행사다. 이 행사는 특히 여성운동 진영으로부터 많은 비판을 받았다. 순결서약식이 진행되던 중앙도서관 앞 민주광장 뒤편에서는 순결서약식에 대한 반대의 뜻으로 콘돔을 상징하는 풍선을 나눠주는 행사가 열리기도 하였다.

'한총련 탈퇴/잔류' 프레임에 갇힌 혁신 논의와 새 가능성의 모색

1996년의 '한총련·연세대 사건'과 1997년의 한총련 출범식 과정에서 벌어진 이석 폭행 치사 사건 등으로 한총련은 정권에 의해 이적단체로 규정되었다. 검찰은 1997년 7월 이후 한총련을 탈퇴하지 않는 대의원을 구속하기로 결정하였다. 김영삼 정권은 본격적으로 한총련을 와해하기 시작하였던 것이다. 이제 한총련을 지킬 것인지, 탈퇴할 것인지의 프레임에 갇히면서 학생운동 혁신 논의는 더욱 어려움에 처하게 되었다.

그렇지만 이미 1997년 3월에 경남대를 비롯하여 경상남도 내 5개 대학과 부산외대, 대전·충남지역 내 14개 대학이 차례로 한총련 탈퇴를 선언하였다. 4월 4일, 광주·전남지역에서도 호남대를 비롯한 10개 대학이 탈퇴를 선언하면서 한총련의 약화는 시작되고 있었다. 그럼에도 불구하고 제5기 한총련은 1997년을 전민항쟁기라 규정하고, 계단식 연속 총궐기를 통한 김영삼 조기타도를 목표로 내걸었다.

이런 상황 속에서 앞서 언급하였듯이 97년도 총학은 조건부 한총련 탈퇴를 선언한 상황이었다. 그러나 이런 입장은 정권의 한총련 탈퇴 압박과 맞물려 중운위에서 갈등을 불러왔다. 결국 7월 31일 23차 중운위에서는 한총련 탈퇴 여부는 대의원 개인이 아니라 전체 학생 의사에 따라 결정해야 될 사안이므로 2학기에 결정하겠다는 것, 그리고 7월말까지 한총련을 탈퇴하지 않을 경우 심각한 불이익에 처할 우려가 있는 대의원들은 개인의 의사와 신념에 따라 결정하는 것이 합의되었다. 그에 따라 문과대, 공과대, 이과대, 의과대, 신과대, 교과대 학생회장은 한총련 잔류를 결정하였으며, 사회대, 법과대, 음대, 생과대 학생회장과 집행유예중인 동아리연합회장은 탈퇴서를 제출하였다. 총학의 경우, "그동안 총학이 한총련에 반대할 의사를 분명히 해왔음에도 불구하고 탈퇴할 경우 '어용학생회'로 몰릴 뿐"이라며 "현재는 탈퇴하지 않겠다"는 기회주의적인 입장을 밝혔다.

연세대 총학의 한총련 탈퇴에 대해서는 10월 7일 열린 확대운영위원회에서 10월 28일 총투표를 통해 결정하기로 합의되었다. 그렇지만 총투표 실시는 중운위원 사이에서 크게 의견이 갈리고 있었다. 문과대 학생회장 김지영(중문과, 94)은 "한총련 혁신 필요성에 대한 동의가 곧바로 총투표의 필요성을 인정하는 것은 아니다"라며 그 결과가 언론과 정부에 의해 악용될 소지가 있는 총투표 실시 자체에 문제가 있다고 주장하였다. 문과대 부학생회장 이혜선(국문과, 94)은 총투표 결정에 대한 이의를 『연세춘추』 지면을 통해 제기하였다. 우선 첫째, 국가보안법에 의한 이적단체 규정과 이에 따른 강요가 부당함을 동의하는 상황에서 정부의 한총련 이적단체 규정철회 없는 한총련 탈퇴 논의는 스스로 정권의 폭력을 용인하고 이에 정당성을 부여하는 것이라는 점, 둘째, 한총련 탈퇴 찬성이 학생운동을 전면 거부하고, 정권의 폭력적 탄압이 정당함을 뜻한다거나, 반대로 탈퇴 반대가 한총련 노선의 전면적인 지지와 찬성을 의미한다고 볼 수 없음에도 불구하고 찬성과 반대의 이분법으로 총투표를 하는 것은 투표 결과에 대한 왜곡된 해석이 나올 수 있다는 점, 셋째, 학원의 자율성이 정부에 의해 크게 침해되고 있는 이 시점에서 탈퇴 논의 자체는 학내 자치활동의 활성화와 자율적 운영에 부정적 영향을 준다는 점, 넷째, 한총련을 혁신하기 위해 총투표 실시해야 한다는 주장은 탈퇴 여부의 가늠이 혁신의 방도일 수는 없는데다, 오히려 그동안 학우들의 의견 수렴에 힘쓰지 않은 학생회 활동을 일회적인 총투표로 정당화하고자 하는 자기 변명이라는 점이 반대의 근거였다. 반면 동아리연합회장 온창윤은 "한총련에 관한 학우들의 의견을 듣는 것을 더 이상 늦출 수 없"으며, "현실적으로 총투표 이외에 다른 대안이 없"다고 반박하였다.

중운위 뿐 아니라 학내 학생 단체들 사이에서도 총투표를 둘러싼 견해는 양분되고 있었다. 연세총기독학생회(SCA)는 총투표기간중 학생회관 앞에서 서명운동을 펼치며 총투표 무효화를 주장하였다. 통일연세투쟁본부는 투표 반대 입장, 연세학생추진본부(준)은 투표 불가피 입장을 드러냈다.

그러나, 총학과 단과대 학생회, 학생 정치조직들이 이처럼 한총련 탈퇴 여부를 놓고 격론을 벌이고 있었건만, 정작 1997년 10월 28~30일 실시된 한총련 탈퇴 여부에 관한 총투표는 29.65%의 저조한 투표율로 무효화되고 말았다. 유권자 16,758명 중 4,968명만이 투표하였던 것으로, 30일 저녁 임시 중운위는 개표를 하지 않고, 재투표도 실시하지 않기로 결정하였다. 학생들은 한총련이건, 학생운동이건 간에 관심 자체를 갖지 않겠다는 의사를 투표 불참으로 표시한 것이었다.

총투표 자체가 유야무야되었지만, 한총련 탈퇴 문제는 계속해서 학생운동의 뜨거운 감자가 되었다. 35대 총학생회 선거에 참가한 선본들은 한총련에 남을 것인지, 탈퇴할 것인지를 명확하게 드러내야 했다. '시대강타' 이재하·박사로한 선본은 한총련을 한국학생운동의 대표질서로 인정하지 않는다고 하면서도 무조건 사수나, 탈퇴 둘 다 옳지 않다는 입장이었다. '새벽이슬' 박경원·장정 선본은 한총련 탈퇴를 찬성하였으며, '제3혁명' 이재경·김광수 선본 또한 한총련 탈퇴 입장이었으며, '학우주권' 윤찬영·김지영 선본은 한총련을 지키며 혁신해야 하나는 입장을 드러냈다. 11월 19~20일 35대 총학생회 선거는 '제3혁명' 이재경(기계설계학과 4)·김광수(응용통계학과 4) 선본이 당선되었다.

한총련 탈퇴/잔류를 둘러싼 논쟁은 1998년에도, 1999년에도 쉽게 정리되지 않았다. 한총련을 구성하는 대의원은 각 대학 총학생회 뿐만 아니라 각 단과대 학생회도 포함하고 있으며, 단과대 학생회들의 정치적 성향에 따라 잔류와 탈퇴 의사가 양분되었기 때문이다. 이런 가운데, 학생운동 혁신 논의는 한총련으로 대표되는 연합체를 유지할 것인지, 아니면 연합체 운동 자체를 재논의해야 할 것인지에 초점이 맞춰졌다. 1998년 4월 5일에는 경희대에서 서울지역 총학생회장단 연석회의가 열렸다. 이 자리에서 고려대 총학생회장 김지욱을 중심으로 '무조건적인 통일운동에서 벗어나는 혁신 서총련 건설'이, 동덕여대 총학생회장 이주영을 중심으로 '연합체 운동 자체에 대한 재논의 필요성'이 제기되었다. 본교 대표로 참석한 총학생회장 이재경은 "연합체 운동은 필요하지만 한총련은 더 이상 학생운동의 구심점으로 작용할 수 없다"며 새로운 연합체 조직에 참가할 것임을 시사하였다. 한편, 연세학생연대회의라는 학생정치조직은 학생운동의 새로운 출발을 위해서는 학생회연합체 운동 자체를 버리고 다양한 대중운동들간의 연대질서를 구성해야 한다고 주장하기도 하였다.

한편, 4월 7일 본교에서는 문과대 학생회가 주관하는 '학생운동 혁신과 연합체 운동 혁신을 위한 연세 토론회'가 열렸다. 총학 사무국 차장, 이과대, 법과대 학생회장이 발제자로 참여하였다. 이 자리에서 학생회의 위기 원인에 대해 총학은 한총련이 지향하는 사상의 낙후성과 대의민주주의의 한계를 꼽았고, 이과대는 학생회와 학우대중과의 괴리를, 법과대는 학생운동이 더 이상 학생회운동으로만 포괄될 수 없음에도 여전히 학생회운동에 대한 논의만 있다고 지적하였다. 연합체 운동의 필요성에 대해서는 참여자 모두 동의하였고, 학생회 운동이 위기인가에 대한 문제제기에 대해서는 "학생회 연대 운동에 근거했던 운동 방식들이 역사적으로 종결되어 가고 있고 현실적인 문제들, 대중과의 괴리감들을 볼 때 학생회 운동은 위기를 맞고 있다"로 정리됐다.

결국 한총련 탈퇴와 관련하여 총학과 중운위간의 갈등이 지속되는 가운데, 1999년 3월 7일 PD 계열 중 학생연대 세력을 중심으로 하는 전국학생회협의회가 발족되면서 연합체 운동은 양분되는 결과를 맞았다. 결성식에는 본교 사회대와 교과대 학생회, 서강대, 성균관대 총학생회 등이 참여하였다.

한편 90년대 후반에는 한총련 등의 거대 연합체 운동의 한계에 직면하면서 운동의 새로운 가능성을 모색하기 위한 시도들도 나타나고 있었다. 첫번째는 당시 진행되고 있던 청년진보당이나 국민승리21 같은 진보정당 건설에 주도적인 참여를 하여 학내 사안에 대한 문제제기를 사회 일반의 구조적인 문제로 파급해보겠다는 시도였다. 이는 많은 대학교의 총학생회 선거 후보들 대부분이 새로운 공약으로 표명하고 있었다. 2000년에 들어 민주노동당 교육부장 장석준은 학생운동의 부활을 위해 학생들이 진보정당 운동에 참가할 것을 권유하였다.

다른 하나는 이미 학생사회가 다원화되었고, 기존의 학생회 중심 운동이 학생사회의 요구를 충족시키지 못하고 있다고 보면서 부문 운동에 천착하고자 하는 것이었다. 행동과 연대를 중심으로 한 이 흐름은 학생운동의 학생회 중심성을 탈피하고 다양한 운동단위의 발굴을 그 목표로 하였다. 그런 과정에서 부각된 것이 1999년의 교육권 투쟁이었다. IMF 이후 정부는 대학구조조정안을 발표하고 각 대학별로 학제개편이 추진되면서 대학교육의 공공성, 학생의 교육권 침해가 새로운 이슈로 떠오르고 있었다. 교육권에 대한 문제는 학생이라면 쉽게 공유하고 그 당위성을 이끌어낼 수 있는 것이기에 한총련, 전국학생연대회의, 행동과 연대 등은 교육투쟁 워크샵, 교육부 장관 항의 면담, 서명운동 등을 전개하였다.

이처럼 연세의 학생운동은 1990년대 중후반, 변화의 기로에서 고뇌하고 있었다. 이제 본 챕터를 마무리하기 전에 90년대 연세대 학생운동의의 특징에 대해 몇가지 짚어보도록 하겠다.

첫 번째는 학생회가 중심이 된 학생운동이라는 점이다. 그것도 전국 단위 연합체 조직이 결성되어 있어 학생운동의 흐름 자체가 이에 긴밀하게 결부되어 진행되었다. 따라서 학내에서 전개되었던 학생운동의 향배 또한 전대협/한총련과 그 총노선으로부터 자유롭기 어려웠다. 그렇기에 한총련이 퇴조하던 시기에도 결국 다른 연합체 조직의 결성이 대안으로서 나타나고 행동에 옮겨졌지, 학생운동과 학생회 간의 관계에 대한 근본적인 사유가 실천에 옮겨지기는 어려웠다.

두 번째로, 비록 10년 안팎의 변화였지만, 1980년대 후반~1990년대의 학생들이 처한 현실의 변화와 그로 인한 문제의식과 고민의 폭은 넓고 깊고 다양하였다. 이는 대학을 중심으로 하는 학생운동이 갖는 특성이라고도 할 수 있을 것인데, 학교 내의 세대교체는 매우 빠르게 진행되고 있었으며, 시대 변화의 속도와 맞물려 학생들의 의식구조도 급변하고 있었다.

결국 이 시기 학생운동은 한편으로는 전국 단위 연합체 조직을 결성하며 그 외연을 넓히고 강화해 간 반면, 다른 한편으로는 시대 상황의 변화와 학생 주체의 변화의 흐름 속에서 새로운 방향과 방법의 모색이 요청되면서 전개되었다고 정리할 수 있을 것이다. 그런 점에서 90년대는 80년대의 문제의식이 새로운 문제의식이 상호 습합된 과도기적 특성을 강하게 간직한 가운데 2000년대를 향해 가고 있었던 시기였다.

2장 대학여성운동, 다름을 보고 함께 바라다

1980년대는 여학생 수가 증가하고 많은 대학에서 여학생회 결성의 흐름이 형성되기 시작했던 시기였다. 대학의 시위 또한 급증했던 시기였는데 여학생들은 남학생들과 마찬가지로 집회와 시위에 참가했다. 연세대 여학생들 또한 온전한 주체로 학원자주화와 사회변혁운동에 참여했다. 그러나 오랫동안 여대생은 쁘띠부르조아, 중간계급, 특권계급 등으로 인식되었다. 이런 사회적 분위기 속에서도 연세대는 여학생의 비율이 높고 자유로운 학내 분위기로 인해 1980년대의 대학 외부 사회가 여학생을 사적인 존재, 주변적 존재로 간주했던 것에 비해 학생운동권 내에서도 연세대의 여학생 비율은 매년 증가하는 편이었다. 물론 이러한 과정이 매끄럽게 진행된 것은 아니었다. 이미 여러 학교의 언더서클에 참여한 여성들의 증언을 참고할 때 1970년대 후반~1980년대 전반기 학생운동 방식이었던 언더서클은 남성중심성이 만연했다. 연세대의 경우 학생운동 내에서 시대적인 한계로 남성 중심적 문화가 없는 것은 아니었으나 1980년 전반기에 여성의 상당수가 학생운동에 참여하였으며, 1984년 이전에도 여학생이 시위를 주도한 경우도 상당히 많았다. 1987년 6월항쟁은 노동자대투쟁에 영향을 주었을 뿐만 아니라 전국대학학생회의 결집, 나아가 여학생대표자협의회 결성에도 영향을 끼쳤다. 연세대 총여학생회는 이러한 흐름을 주도하였다. 연세대의 경우, 1984년 총학생회 부활 이후 총학생회 산하 집행부 중 하나인 여학생부를 4년간 운영했다. 그 후 1987년 2학기부터 여학생부를 여학생회로 재편하려는 시도가 진행되었다.

1. 연세대 여학생들, 오천 여학생의 대표조직을 결성하다

제1대 연세대 총여학생회 결성의 흐름

1987년 전후의 시기는 남녀공학 종합대학에서 여학생대표기구의 결성이 활발하게 이루어진 시기였다. 이러한 여학생대표기구 결성 시도는 우연의 결과가 아니었다. 1980년대 내내 대학 여학생들은 남녀공학 대학에서 학생운동의 주체로 남학생과 다름없이 활동했고 동료 남학생들과 마찬가지로 비합법 서클활동에 참여했다. 시위 참여를 넘어 연세대 여학생들이 시위를 조직하고 주도한 사례도 다수 발견된다. 학생운동에 투신한 후에는 '자발적 제적'을 선택한 후 운동권 학생들의 경로였던 노동현장 투신에도 동참했다.

1980년대 후반기 대학 여학생들은 학내에서 독자적 여학생운동을 추구하자는 입장과 부문운동 활성화를 거쳐 전체 학생운동을 강화하자는 입장으로 나뉘어 있었다. 하지만 양측 모두 학내 독립적인 여학생 조직의 필요성에는 공감하였다. 1987년 이후 학생운동은 대중운동 중심으로 재편되면서 학생대표기구인 총학생회 선거 승리가 각 학생운동 정파의 중요한 목표로 자리 잡아갔다. 각 학생운동 그룹의 여학생 조직원 재생산을 위해서도 총여학생회 건설은 필요했다.

연세대 총여학생회 건설은 1987년 하반기, 85학번들 주축으로 시작되었다. 각 단과대 학생운동권 여학생들은 학생운동에 참여하면서도 독자적 여학생운동을 추진하기 위해 독립적 여학생 조직의 필요성에 공감하는 분위기였다. 연세대 학생운동권 여학생들은 1984년 학원자율화조치 이후, 재건된 각 대학 총학생회에 하나의 집행부서로 존재했던 총학생회 산하 여학생부로는 1) 총학생회 전체사업에 매몰되어 여학생들의 의사를 총학생회 사업에 수렴시켜 집행하기 어렵다는 점, 2) 여학생만을 대상으로 한 독자적 교육과 프로그램을 지속적으로 운영할 필요에도 이러한 기획과 추진이 어렵고, 3) 1987년 6월항쟁을 거치며 민주주의 체제라면 여학생들의 의견을 대표할 민주적 자치기구도 필요한데 이러한 자치기구가 부재해 여학생들의 의사가 정확히 전달되지 않아 여학생들의 실천은 고립, 분산되어 있다는 점을 문제로 인식하고 있었다. 학교 외부 분위기도 영향을 미쳤다. 진보적 여성단체들이 생겨났고 서울지역 여학생들의 연대기구가 필요하다는 여론도 형성되었다. 1987년 이미 고려대학교와 중앙대학교에는 총여학생회가 결성되어 있었고 성균관대와 연세대, 부산대 등에서는 총여학생회 건설 준비를 추진 중이었다.

> 총학생회 내의 여학생부장 한 명밖에 없다는, 집행부서 1명으로 이만 연세 여학우 중 오천 여학우라고, 여학생들이 굉장히 많은 남녀공학 대학인데, 거기서 여학생들이 학내 활동이나 문화나 그리고 당면한 문제로는 취업이 남학생 위주로 먼저 하게 되는 부분은 (문제고-인용자) 여학생들이 모여서 자기들만의 문제로 적극적으로 문제를 제기하는 게 당연하다고 생각했죠. (이은희(철학, 85) 구술, 장미현 면담, 2021. 5. 24)

1987년 총학생회 여학생부는 1학기부터 여성문제 스터디 조직과 총여학생회 건설 분위기를 조성하기 위한 설문조사 등을 실시하였다(총여학생회 필요성과 그 방향, 『잉태』, 1987). 2학기에는 총여학생회 건설준비위원회(총여건준위)를 발족해 철학과 3학년 이은희가 위원장을 맡았다. 이은희의 구술에 따르면 1987년 2학기로 갈수록 12월 대선 국면과 야권후보단일화가 중요해졌고 총여 건설은 부차적인 문제로 취급받았다. 총여건준위는 상황을 역이용해 총여건준위 주최로 여학생들만의 독자적인 집회를 개최했다. 이 과정을 본 총학생회 남학생 활동가들은 총여학생회 건설이 학생운동 활성화에도 유리하다고 판단했고 큰 반대를 겪지 않고 총여학생회를 발족할 수 있었다. 이은희는 학내 NL 운동권에 속했는데 같은 정파에 속했던 총학생회와 동아리연합회, 언더서클 선배들이 의사결정회의에서 지지의견을 개진해 주었다고 기억한다. 그 결과 타 대학과는 달리 연세대 총여학생회 건설 과정은 총학생회와 중앙운영위원회의 협조 아래 비교적 순조롭게 이루어진 편이었다.[132]

이 시기 학생운동권 내부의 정파 갈등이 격심한 편이었지만 여성문제를 주요모순으로 인지한 운동권 여학생들 사이에선 이 같은 차이가 중요하지 않았다. 1987년 겨울

---

132 여학생회를 인정하지 않는 학생운동권 내부의 분위기는 여학생회 건설을 추진한 다른 대학에서도 자주 발견된다. 1989년 발족한 부산대 총여학생회를 설립하기 전, 총여학생회 건설에 관심을 가진 여학생들이 여성주체로 행위 하려는 순간 격렬한 반대에 직면했다. 가령 "각기 소속된 곳이 있고 그런데 선배들이 다 반대를 했어요. 나 같은 경우엔 선배들 하고 많이 싸웠지. 우리 운동세력이 약한데 이렇게 다 갈려서 하면 못한다. 그런 과정에서 단과대 선배들에 대한 실망감 같은 것도 약간 생겼고. (하략)" 과 같은 사례가 일반적이었다(임봉, 「우리가 있었다 : 부산대학교 총여학생회 탄생과 자체종결」, 『여/성이론』 40, 2019, 257~258쪽).

방학 내내 총여 건준위 활동을 거친 후 1988년 3월, 총학생회 투표와 함께 제1대 총여학생회 투표가 진행되었다. 제1대 총여학생회 학생회장 후보로는 총여건준위원장을 맡았던 이은희와 문영미가 정후보, 부후보로 출마하였고 단선으로 진행, 선출되었다. 평소에 총학생회 선거에 관심이 없던 여학생들이 총여학생회 투표에 참여하면서 전년도보다 높은 여학생 투표율을 기록할 정도로 총여학생회 건설에 대한 여학생들의 호응이 높았다.

연세대 총학생회와 총여학생회 발대식

출전: 문영미(사학 4) 제1대 총여학생회 부회장 소장 자료

설립 직후부터 총여학생회는 다양한 활동을 추진해 나갔다. 총여학생회의 위치는 학생운동의 부문운동이면서 독자적 여학생운동을 실천해 나가야 하는 이중역할을 요구받았다. 제1대 총여학생회는 건준위 시기부터 여학생회의 역할로 네 가지 목표를 설정하였다. 1) 남녀공학 대학 내의 교육과 학내활동 공간, 사회진출 준비와 같은 대학 프로그램들이 남학생 위주라는 문제를 제기하고 남녀공학 내의 여학생 자리를 점차 확보해 나가

면서 여학생들의 주체적 참여와 공동체 의식을 고양시키는 것 2) 방치되는 여학생 공간을 여학생들이 적극 활용하고 이 공간에서 세미나, 문화행사 기획 등의 활동을 해 나갈 수 있도록 공간 활용과 복지 문제에 힘을 기울이는 것 3) 여성문제는 대학사회 내부에서 파생되었다기보다는 사회구조적 모순 속에서 파생되었다는 점을 함께 고려하여 "성모순에 대한 교육"을 실시하고 여학생 취업을 가로막는 노동시장 내 성차별 구조에 대한 교육과 대안 마련을 위한 실천 4) 대학 외부의 중산층 여성단체 활동가들과 여성노동운동가들과의 유기적 연대를 통해 우리 사회 모순의 직접적 담지자인 여성노동자, 농촌 여성, 도시빈민여성들의 착취 현장을 함께 느끼면서 실천에서 결합할 것을 제시했다(「총여학생회건설을 바라보며」, 1987).

이러한 목표 달성은 쉽지 않았다. 오천 여학생의 대표조직을 표방하며 발족했어도 모든 여성 조직이 그러했듯이 조직의 대표성을 인정받기 위해서는 끊임없이 대표로 인정해달라고 강하게 요구해야 했다. 여학생들의 대표자에게는 선출되었다고 그대로 권한을 주지 않았다.

> 우리는 총학생회가 지향하는 노선에 필요할 땐 결합하지만, 우리가 핵심적으로 사업을 해 나갈 것은 여성 조직으로서 해야 할 일을 먼저 한다. 일반적으로 남학생들은 '야, 여학생 조직이 왜 필요해?' 비아냥거리는 분위기는 여전한 속에서 처음 만들어진 조직이 뭔가 활동의 근간을 만들어 놓지 않으면 조직이 위험하다고 생각했었고. 그래서 모든 대표 활동, 공동으로 해야 하는 일정들은 총여학생회장이 다 똑같이 들어간다, 그러려고 했고. 그랬더니 "야, 너네가 뭔데 다 들어가냐?" 그거 하나만, 자리를 쟁취하는 것도, 여학생의 대표성을 인정해줘야 한다는 것도 엄청난 싸움인데, 나한테는 중요한 일이었어요. 여학생의 대표성을 인정해 줘야 한다고 요구. 하나하나가 다 그런 싸움의 과정이죠. (이은희 구술, 장미현 면담, 2021. 5. 24)

총여학생회 발족을 통해 연세대 여학생들은 대학여성운동을 전개해 나갈 독자적 공간을 마련할 수 있었지만 동시에 총여학생회는 민족해방·노동해방과 같은 변혁운동에도 동참해야 했다.

1988년 총학생회는 NL 계열 학생회였고 1대 총여학생회장인 이은희도 정파적으로는 이 계열에 속해 있었다. 하지만 총여학생회 설립에 동의해서 총여학생회에 모인 집행부들 중에는 PD 계열이 다수였다. 이런 갈등 국면 속에서 총여학생회장이었던 이은희는 여성운동을 하더라도 통일운동을 결합시켜야 했고 총여학생회 집행부원들도 설득해야 했다. 구체적으로 1988년 대동제에서 '북한여성 바로알기' 사진 전시회를 개최했다. 이 행사 개최 때문에 총여학생회장 이은희는 3개월여 동안 국가보안법으로 구속되기도 했다. 1988년 8월 학내에서 개최된 8·15 통일축전은 경찰에 의해 원천봉쇄 되었는데 당장 여학생들의 생리대 공급과 숙식, 야간 안전 확보 등이 문제였다. 총여학생회는 각 단과대 학생회와 협력해 '생리대 보급' 과 여학생 별도의 숙소 배정 등을 진행했다.

한국사회의 여성 차별을 비판하는 문화행사도 개최하였다. 민주광장에서 웨딩드레스를 입은 여학생이 머리에 면사포를 쓰지 않고 냄비를 쓰고 행진하는 퍼포먼스를 통해 기혼여성에게만 가사노동이 전가되는 부당함이라든지 대졸 여성이라도 결혼 후 직장생활을 지속할 수 없는 노동시장의 고용차별 현실을 고발했다. 가을 문화제에서는 민주광장에서 전통혼례식을 열고 '여성' 이은희가 주례를 보는 행사를 개최했다. 다소 모순되는 형식이었지만 남성만이 혼인을 주관할 수 있다는 당대의 문화에 반기를 든 것이었다. 제2대 총여학생회 또한 각 단과대 앞 자보판, 민주광장의 자보와 플랑카드 게시를 통해 "사랑 때문에 침묵해야 할 나는 당신의 여자"와 같이 왜곡한 여성 이미지 재현을 확산시키는 기성의 대중문화 비판 활동을 이어갔다. 연세대 주변 신촌은 그나마 여성 흡연자에겐 자유로운 공간이었는데 학내와 거리에서 담배 피는 여성을 쳐다보거나 시비를 거는 남학우, 남성들이 많았다. 총여학생회는 이들의 시선에 대한 문제제기를 벌여나갔다. 또한 동문회 플랜카드에 "나는 약한 여자 사라와 영원히 살고 싶다"라는 플랜카드 게시에 문제를 제기하거나 학내에서 공공연하게 회자되는 "직장이 없으면 장가도 못가는 남자들도 있는데 취업이 안 되면 시집이라도 가면 되는 여자들"과 같이 성차별적 문화가 거리낌 없이 전파되는 상황에도 제동을 걸었다(「이렇게 하겠습니다.」, 1993).

서울지역 여대생대표자협의회 참여와 연세대 기지촌 연대활동

연세대 총여학생회는 남성 중심의 사회, 남학생 위주의 학내 문화 속에서 각 대학 여학생회 활동가들과의 연대와 네트워크 결성을 통해 대학여성운동의 효율성을 추구하는 한편 열악함을 극복하려 했다. 각 대학 여성운동 활동가들은 전대협(전국대학생대표자협의회) 조직과는 별도의 조직을 결성해서 여학생 대표성과 활동의 지속성을 확보해 나갔다.

서울지역여대생대표자협의회와 전국여대생대표자협의회 건설준비위원회와 같은 초기 대학여성운동은 총여학생회 조직의 건설과 보편적 사회변혁 · 특수한 여성문제의 해결이라는 이중역할을 수행해야 했기에 이들이 추구한 여학생운동의 성격 자체가 복합적일 수밖에 없었다. 1990년대 전반기, 다수의 총여학생회가 생산한 자료들 중에는 기지촌 여성들이 분단, 냉전, 군사독재가 배태한 한국사회의 중층적 모순구조로 인해 가장 고통받는 피억압 계층이라는 인식이 자주 발견된다(「서로의 가슴에 소망을 품는 기활이 되길」, 1993). 특히 1993년 '케네스 마클 미군 범죄 사건(피해자 윤금이)'을 거치면서 전여대협 건준위는 조직적으로 대책위 활동을 벌이며 이러한 인식을 확산시켰다.

연세대 총여학생회는 1990년대 전반기까지는 서여대협 '반미사업'의 일환으로 참여하였는데 의정부 캠프 스탠리(Camp Stanley) 바로 앞, 기지촌 여성단체인 두레방과 연대하였다. 두레방은 주로 기지촌 주변 아이들의 교육 진행과 함께 탁아소를 운영하고 기지촌 여성들을 위한 상담과 복지사업을 통해 탈성매매를 돕는 단체였다. 연세대 기활팀은 놀이방, 공부방, 기지촌 여성과의 만남 활동에 참여했고 1회 활동 기간은 일주일 정도였다.

2000년대까지 연세대 총여학생회는 직접 기지촌을 방문해 기지촌 여성단체들과 연대활동 프로그램을 운영했다. 기활을 통해 연세대 총여학생회는 이러한 문제와 상관없이 살아온 연세대 학생들에게 기지촌 여성들의 반인권적 실태를 알리고 기지촌 여성들의 인권향상이 중요하다고 알렸다.

1993년 케네스 마클(Kenneth Lee Markle III Jr. 1972년생, 20세) 미군 범죄 사건과 연세대 총여학생회

1992년 10월 28일 새벽 2시, 윤금이가 혼자 사는 벌집 셋방을 찾아온 케네스 마클 이병은 잔인한 폭력을 휘둘러 그녀를 사망에 이르게 했다. 케네스 마클의 살인을 세상에 알리고 범인을 검거한 것은 동료 기지촌 여성이었다. 윤금이 발견자였던 김윤자(가명, 당시 30대 초반)는 '케네스 마클 범죄 사건'을 동두천 지역사회에 알렸고 두레방은 즉각 이 사건을 인지할 수 있었다. 1년 8개월간 지역사회, 여성운동, 전대협과 연대하여 1994년 5월 17일 대법원에서 케네스 마클의 유죄가 확정되기 전까지 '주한미군의 윤금이씨 살해사건 공동대책위원회'는 공판 방청객 조직, 매주 토요일 집회, 미국 정부와 미군, 한국정부·경찰에 항의 서한 보내기, 단식 농성, 배상금 청구와 같은 다양한 활동을 전개하였다.

1993년 연세대 총여학생회장 임성진과 연세대 총여학생회는 '1993년 서여대협 기활추진위 위원장'과 서부지역 주관을 맡아 '케네스 마클 미군범죄사건'을 대학생 사회에 알리고 가해자 미군 처벌을 학내·외 대중에게 알리는 사업을 적극 전개해 나갔다.

그 결과 주한미군범죄와 기지촌 여성들이 당하는 강간과 폭력이 표면 위로 드러날 수 있었다. 그러나 1990년대 전반기 연세대 총여학생회는 이 운동을 기지촌 여성들의 인권 향상운동으로 전개했다기보다는 반미조국통일투쟁을 고조하기 위한 매개로 보는 시각이 강했다. 총여학생회가 여성에 대한 '성폭력·치사 범죄' 처벌운동을 벌였음에도 민족문제를 본질로 보고 여성문제는 민족모순이 외화 된 형태로 인식했던 것이다. 이러한 시각은 2000년대 이후 기지촌여성 문제를 한국사회의 가부장성과 성폭력 문제로 바라보는 여성주의 총여학생회 활동가들에 의해 비판받았다.

출전 : 정희진, 「죽어야 사는 여성들의 인권」, 『한국여성인권운동사』, 한울 아카데미, 1999, 332~349쪽

이외에도 연세대 총여학생회는 1992년 서여대협 산하, 같은 처지의 대학생이었던 '김보은·김진관 가족 성폭력' 사건을 여성단체들과 함께 알리면서 성폭력 문제의 심각성을 학내에 알려나갔다. 1994년에는 가정폭력 피해자였던 서여대협 소속 양애리 학우 규명운동에 참여하는 등 대학 내부와 사회의 성폭력·가정폭력 범죄 규정, 성폭력특별처벌법 제정, 피해자 조력 및 사적 보복에 대한 구명운동도 벌여나갔다. 이 시기 서여대협의 주요 거점이었던 연세대 총여학생회는 기지촌 활동, 일본군 '위안부' 문제 해결운동, 성폭력특별법 제정운동, 에도 적극 참여하였다.비교적 이른 1994년, 제7대 총여학생회

는 연세대 역사상 처음으로 성폭력 상담전화 교내에 개설하기도 했다(「전여대협 건준위 6년의 역사를 돌아보며」, 1995).

총여학생회의 한계 중 하나는 단과대와 과 학생회와 같은 하부단위를 체계적으로 가지고 있지 않다는 점이었다. 제1대 총여학생회장 이은희의 구술대로 아무리 총여학생회가 총학생회와 대등한 위상을 주장하더라도 여학생을 포함한 전체 학생을 대표하는 총학생회와 총여학생회의 대표성은 학내외에서 동등하게 인정받지 못했다.

대표성을 안정적으로 유지하기 위해서도 각 단과대 여학생회 건설과 활동이 필수적이었다. 제1대 총여학생회 발족 직후부터 총여학생회는 각 단과대의 여학생 소모임 방문, 학생회 건설을 지원했고 1990년 제3대 총여학생회는 '단과대 여학생회 강화'라는 기치를 전면에 내걸고 활동했다. 그러나 1990년까지 대부분의 단과대에 여학생회·모임의 대표자가 존재하지 않았고 단대 학생회장단이나 여학생 집행부원이 '단과대 여학우 모임'을 진행하는 수준이었다. 이과대 여학생회가 가장 빠른 1989년에 제1대 이과대 여학생회를 발족했고 법대도 자체 여학생회를 건설했다. 이어 1991년 제4대 총여학생회는 여학생들이 학과 내에서 또래모임을 주로 갖는다는 점에 착안해 제3대 총여학생회와는 다르게 '과내 여학생모임' 결성에 주력했다. 1996년 과 체제가 학부제로 바뀌기 전까지 연세대 총여학생회는 여학생들의 생활공동체인 과 학생회 내의 여학생모임 결성 강화 활동을 이어갔다.

1990년대 초반 <연세여성>에서 보이는 대학여성운동

출전: 연세대학교 총여학생회, 『1991. 신입생 여학우의 날 자료집』, 1991년 2월 19일, 10~11쪽

2. 자본주의적 가부장제에 맞서다.

성정치 담론의 확산과 연세 여성주의자 모임

1990년대 전반기 연세대 총여학생회 활동은 NL 계열의 여학생들이 주도하였다. 이들은 분단, 냉전, 군사독재가 배태한 한국사회의 중층적 억압구조에 의해 고통받는 존재가 여성이며이러한 여성들 중에서도 가장 고통받는 존재가 기지촌 여성들이라는 인식했다. 이것은 학생운동의 주류인 NL운동의 영향과 시대적 분위기로 인한 결과였지만 제국주의와 군사주의라는 구조 철폐를 중시하고 여성을 주변화 시키며 피해자로만 본다는 비판에 직면했다.

같은 시기 각 단과대 내에는 서구 페미니즘 이론, 문화이론 특히 주체성이 담론의 효과로 생산된다는 푸코의 문제의식에 공감하는 여성주의 대학여성운동 그룹이 형성되고 있었다. 이들에게 큰 영향을 끼친 저서가 케이트 밀레트가 쓴 『성의 정치학』이었다(케이트 밀레트 지음, 정의숙·조정호 옮김, 『성의 정치학(상), (하)』, 현대사상사, 1990). 밀레트의 저서는 1970년에 출판되었지만 1990년대 대학여성운동가들 내에서 큰 반향을 일으켰다. 대학여성운동가들은 밀레트의 저서를 통해 성애로서의 성, 비밀스러운 성은 근대 자본주의 시대의 도래와 함께 등장한 개념이라는 점을 인지하였다. 이 과정에서 여성주의자 그룹은 "성은 수많은 권력의 매커니즘·이데올로기를 통해 실체화 된 구성물이며 따라서 성은 인간의 가장 근본적인 속성이면서 성을 통해 가장 강력한 권력이 작동하고 있다"는 점을 발견하게 된다. 케이트의 이론을 통해 대학여성운동가들은 성은 부차적이거나 사적인 문제가 아닌 권력과 이데올로기의 문제라는 점을 전면적으로 받아들이게 되었다. 이러한 인식은 1990년대 중반 이후 여성주의 대학여성운동가들이 학내 '권력' 쟁취의 장이었던 총여학생회 선거 참여에도 영향을 미쳤다. 나아가 성폭력 피해자에 여대생 자신들을 이입하는 단계를 넘어 성폭력은 성적 위계와 착취의 결과물이므로 성차별·착취 구조 자체를 바꾸려는 시도에 주력하게 된다. 여성주의 대학여성운동가들은 성이 정치의 문제라는 인식과 이성애중심주의 비판을 중심에 두고 1990년대 중반 이후 활발한 활동을 벌여 나갔다.

연세대 대학여성운동가들은 다른 대학 여성주의자 그룹과 함께 이러한 변화와 주장을 선도하였다. 1995년 제8대 총여학생회까지 분단과 민족해방을 주요 사회과제로 선정한 그룹, 즉 '자주계열' 대학여성운동 그룹이 총여학생회를 이끌고 있었다면 1995년부터는 여성주의자 그룹이 전면에 나서 이들에 대한 비판과 함께 총여학생회 선거에 참여하기 시작했다. 1995년 총학생회는 PD 계열 학생회였는데 총여학생회는 '자주적' 총여학생회로 양분되었다. 1990년대 전반기, 학내 선거는 각 대학 정치그룹 간 치열한 각축이 벌어지는 장이었다. 1991년 11월 20, 21일 NL과 PD 계열 학생회 양파전으로 치러진 제29대(1992년) 총학생회 선거는 그 어느 해보다 치열했는데 양 후보의 표차가 무효표보다 적은 백중세의 결과를 보여 1992년 3월 선거로 연기될 정도였다(『연세춘추』, 1991년 11월 25일). 특히 1995년 '자주적' 총여학생회는 민족해방을 위한 여성해방 또는 민족해방이 되면 여성해방이 된다는 부문운동적 시각이 강한 편이었다.

1995년 제32대 총학생회는 총학생회 집행국 중 하나로 성정치국을 신설했다. 1995년 총학생회는 좌파운동권 중앙정책 단위에서 성정치라는 기표를 가져다 성정치국을 만들었지만 내용을 채울 역량과 인력도 확보되지 않은 상태였다. 성정치국장을 맡았던 학내 여성주의자 정승화는 자신이 기획하려는 행사를 지원한다는 약속을 받고 문화연구모임 "열한 번째 테제"에 속한 선배와 후배를 끌어들여 성정치 문화제를 기획했다(정승화(사회, 94), 2018).성정치국이 기획한 성정치 문화제의 목적은 대동제 기간 성을 사적 영역에서 공적 영역으로 끌어내어 성에 얽혀 있는 정치의 문제를 드러낸다는 것이었다. 성정치 문화제를 계기로 학내에는 다양한 여론이 형성되었다. "일상적 수준에서 남성 또는 여성으로 살아가는 우리들이 남성/여성을 성적 주체로 사회화 하고 욕망과 욕망의 충족 방식을 규정하는 권력의 작용들에 대한 말걸기"를 시도했다는 평가와 함께 "성이라는 억압적 굴레에 대해 그야말로 선정적이고 자극적인 사진들, 조형물들을 설치하는 등 학우들의 의식을 기반으로 해서 사업을 해야 할 총학생회가 이런 충격적인 방법을 통해 단지 그들의 정치적 입장만을 설파"하려 했다는 비판이 상존했다. 행사 기획자였던 정승화는 『연세춘추』와의 인터뷰를 통해 학생들과의 토론을 통해 성에 대한 담론을 형성할 수 있는 계기가 된 것은 긍정적"이라고 평가하기도 했다(「'성정치 문화제' 조형물 파손 논란」, 『연세춘추』, 1995. 10. 16). 성정치국에 참여했던 연세대 여성주의 활동가들은 학내 성정치를 확산시킬 수 있는 매개로 학생회 선거 참여를 고민한 끝에 제9대 총여학생회 선거에 입후보했다.

주여! 어찌하오리까? 지난 13일 '성정치 문화제' 행사의 일환으로 민주광장에 설치된 조형물이 어떤 기독교 학생에 의해 파손되어 이를 옹호하는 학생과 총학생회 주최측 사이에 열띤 토론이 벌어졌다. 〈박종빈 기자〉

성정치문화제 조형물 훼손을 두고 토론하는 연세대 학생들
출전: 「'성정치 문화제' 조형물 파손 논란」, 『연세춘추』 1995년 10월 16일

제9대 총여학생회 선거를 준비한 여성주의자 그룹은 이전까지 단선제로 운영되었던 제8대 총여학생회에 대한 비판과 함께 연세대 대학여성운동의 전면에 나섰다. 1995년 제8대 총여학생회는 이전의 총여학생회 활동가들과 마찬가지로 전여대협 건준위와 함께 기지촌 활동과 1995년 베이징 여성대회에 일본군 '위안부' 해결운동을 총여학생회 주요 활동으로 전개하였다. 이러한 실천 자체가 문제는 아니지만 여성주의자 그룹은 이러한 실천을 추동하는 신념체계가 결국 '제국주의 억압의 철폐', '조국통일' 이라는 점을 전면 비판하고 나섰다. 특히 여성해방운동이 총여학생회 활동의 목표라고 강조하면서도 여기서 쓰인 '여성'을 고정적이거나 보수적 '여성'으로 규정하고 있다며 비판했다. 이

들은 1995년 총여학생회가 진행한 성교육에 대해서도 비판했는데 진행했는데 성교육의 목적을“진정한 남성다움과 여성다움이 무엇인지 알려주는 것이 바로 성교육이예요.” 언급하거나제8대 총여학생회 선거정책자료집에서 “나 자신의 자식을 위하는 어머니의 품성을 민족의 품성으로 발전시켜야” 한다고 언급한 부분을 예로 들며인식에 대해 어머니의 희생정신, 모성을 본질화 한다고 비판했다(「맹목의 질주 -제8대 총여학생회 비판-」, 『새로운 전선, 성의 정치 제9대 총여학생회 선거 자료집』, 1995, 27~29쪽). 자주적 학생회 계열이었던 제8대 총여학생회 또한 성정치 문화제에 대해 직접 “정신대 할머니들의 고통에 대해서는 아랑곳없이 무분별하게 서양의 사상을 추종하여 벌이는 성정치 문화제를 개탄한다.” 라는 성명을 이미 발표했는데 대학여성운동을 둘러싼 지향의 차이가 이 시기 전면에 드러났던 것이다.

1995년 전까지 총여학생회 선거 참여에 대해 회의적이었던 여성주의자들은 가부장제 비판과 성정치를 전면에 내걸고 “새로운 전선, 성의 정치”라는 모토로 제9대 총여학생회 선거에 나섰다. 하지만 경선으로 진행된 제9대 총여학생회 선거에서는 “여성의 힘, 변혁의 시작” 신유정(법학 3)·최인아(국문 3) 선본에 밀려 낙선하였다. 낙선 이후 1996년 한 해 동안 연세 여성주의자 모임은성과 권력의 문제를 풀기 위해 ‘연세 성정치 위원회 the other’를 만들고 反자본주의 학생운동 진영과의 연대활동을 펼쳐 나갔다. 성정치 위원회를 통해 분산되어 있었던 학내 여성주의자들은 학내 여성주의 소모임들 간 네트워크를 결성하였다. 이미 성정치 운동을 표방한 학내 단체를 가진 서울 시내 6개 대학과 곧 결성될 2개 대학을 묶어 ‘성정치 연합 나비(나란한 性 , 삐딱한 性)’ 결성에도 참여했다. 연세대 성정치 위원회가 여성주의자들만의 모임은 아니었고 성정치에 대한 정의도 다양했지만, 성이 정치문제라는 주장을 대학사회 내에서 적극적으로 알려 나간다는 공동의 목표에 공감했기에 연합체 결성에도 참여한 것이었다. 1996년 연세대 성정치 위원회는 학내의 좌파 학생모임과 연대하여 자본주의와 결탁한 가부장제에 대한 비판을 주제로 ‘선전포고! 자본주의적 가부장제에 고함!’ 제106주년 메이데이 문화제를 기획, 개최하였다. 이때 함께 했던 이들은 정혜윤, 김가훈, 이종도 그리고 최승민이었다(「연세 성정치 위원회 the other 회의 안건 -96/5/11」).

여성주의자들이 대학여성운동 전면에 나서게 된 다른 이유는 1996년 8월에 일어난

'96년 한총련·연세대 사건'이었다. 1996년 8월 연세대/한총련 집회 진압 과정에는 전경 1만 명이 동원되었다. 전경들이 학생들을 진압하는 과정에서 여학생들의 가슴과 엉덩이를 만지는 등의 성추행과 성적 폭언이 자행되었다. 공권력에 의한 성폭력 사건 제보를 받은 직후 한국여성단체연합, 인권운동사랑방, '성정치 연합 나비' 등은 '공권력에 의한 성폭력 대책위'를 구성하였다. 대책위와 함께 연세 성정치 위원회는 이 사건을 공권력이 학생운동을 탄압하는 진보 진영 탄압이 아닌 전시 성폭력과 같은 성격의 것으로 규정했다. 여전히 연세대 NL 학생운동가들 내부에서는 한총련 탄압의 일부로 이 사건을 보는 시각도 있었으나 연세대 여성주의자들은 이 사건의 원인은 비윤리적인 전경이 아닌 성폭력을 용인하는 남성중심사회 문화와 구조의 문제임을 제기하였다. 연세대 여성주의자들은 대책위 참여를 통해 결성된 연합체인 '학내 성폭력 근절과 여성권 확보를 위한 여성연대회의' 활동에도 적극 참여하였다. 여성연대회의 활동에 힘입어 2000년대 이후 각 대학에서는 학내 성폭력 공론화와 반(反)성폭력학칙제정운동이 활발히 전개되었다(민경자, 1999).

여성주의자 그룹은 총여학생회 선거 제도와 대의제 학생회 구조 자체에도 문제를 제기하였다. 총여학생회 선거가 총학생회 선거의 '덤'처럼 인식되고 있는 대학 학생회 선거 풍토에 비판적이었고 무엇보다도 이만 연세, 오천 여학우와 같이 모든 학생들의 권한을 위임받는 식으로 인식하는대의제 민주주의 학생회 체제 자체가 문제라고 여겼다. 물론 기존의 학생회, 학생운동 단체들, 나아가 진보 진영 사회운동 단체들의 가부장성 자체도 여성주의자들이 학생회를 불신하는 주요 요인이었다.

1996년 말, 몇몇 단과대 학생회와 총학생회 선거에 입후보자는 나왔지만 총여학생회 선거는 입후보자가 없었다. 총여학생회 건설 이래 10년 만에 총여학생회가 사라질 수도 있다는 위기감이 팽배한 가운데, 1년 전, 총여학생회 선거에서 경선 상대였던 제9대 총여학생회 회장 신유정과 성정치위원회 the other, 그리고 '이름이 없는 한 여성학 소모임' 등은 함께 모여 "이 사회에서 여성문제를 조금이라도 고민하는" 연세인들의 모임인 여성자치연합(준)을 결성할 것을 제안했다(「여성자치연합(가칭)을 제안합니다!」).

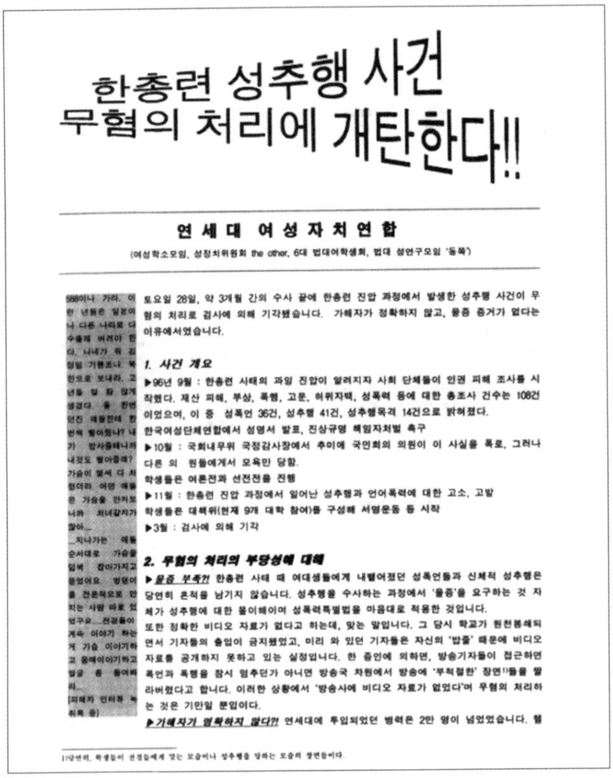

한총련 성추행 사건 무혐의 처리에 개탄한다!!

연세대 여성자치연합

(여성학소모임, 성정치위원회 the other, 6대 법대여학생회, 법대 성연구모임 '동쪽')

토요일 28일, 약 3개월 간의 수사 끝에 한총련 진압 과정에서 발생한 성추행 사건이 무혐의 처리로 검사에 의해 기각됐습니다. 가해자가 정확하지 않고, 물증 증거가 없다는 이유에서였습니다.

1. 사건 개요

▶96년 9월 : 한총련 사태의 과잉 진압이 알려지자 사회 단체들이 인권 피해 조사를 시작했다. 재산 피해, 부상, 폭행, 고문, 허위자백, 성폭력 등에 대한 총조사 건수는 108건이었으며, 이 중 성폭언 36건, 성추행 41건, 성추행목격 14건으로 밝혀졌다.

한국여성단체연합에서 성명서 발표, 진상규명 책임자처벌 촉구

▶10월 : 국회내무위 국정감사장에서 추미애 국민회의 의원이 이 사실을 폭로, 그러나 다른 의 원들에게서 모욕만 당함.

학생들은 여론전과 선전전을 진행

▶11월 : 한총련 진압 과정에서 일어난 성추행과 언어폭력에 대한 고소, 고발

학생들은 대책위(현재 9개 대학 참여)를 구성해 서명운동 등 시작

▶3월 : 검사에 의해 기각

2. 무혐의 처리의 부당성에 대해

▶***물증 부족?!*** 한총련 사태 때 여대생들에게 내뱉어졌던 성폭언들과 신체적 성추행은 당연히 흔적을 남기지 않습니다. 성추행을 수사하는 과정에서 '물증'을 요구하는 것 자체가 성추행에 대한 몰이해이며 성폭력특별법을 마음대로 적용한 것입니다.

또한 정확한 비디오 자료가 없다고 하는데, 맞는 말입니다. 그 당시 학교가 원천봉쇄되면서 기자들의 출입이 금지됐었고, 미리 와 있던 기자들은 자신의 '밥줄' 때문에 비디오 자료를 공개하지 못하고 있는 실정입니다. 한 증인에 의하면, 방송기자들이 접근하면 폭언과 폭행을 잠시 멈추던가 아니면 방송국 차원에서 방송에 '부적절한' 장면[1]들을 짤라버렸다고 합니다. 이러한 상황에서 '방송사에 비디오 자료가 없었다'며 무혐의 처리하는 것은 기만일 뿐입이다.

▶***가해자가 명확하지 않다?!*** 연세대에 투입되었던 병력은 2만 명이 넘었었습니다. 헬

연세대 여성자치연합 발행 팜플렛

출전: 성평등아카이브

설립 제안서에서 여성자치연합(준)은 먼저 지금까지의 총여학생회 구조에 대해 냉철히 비판하면서 두 가지 문제를 제기했다. 첫째, 지금까지의 총여학생회가 일상과 정치를 분리하였고 총여학생회에게 이것이 더 문제적인 이유는 여성문제란 근본적으로 일상적인 삶 속에서 취직 차별, 외모 꾸밈 요구, 가족 내 차별과 폭력에서 시작하기 때문이라 밝혔다. 둘째, 그간 여학생 휴게실의 확대, 생리대 자판기의 확대 설치와 같은 복지사업이 여성문제 해결의 방법으로 활용되는 순간, 이러한 인식이 오히려 여성문제를 복지의 문제로 치부하는 가부장제 강화의 부정적 효과를 일으킨다고 비판했다.

여성주의자들은 여학생 휴게실의 확대를 남성화되어 있는 학내의 공간구조 속에서 여학생들이 편히 쉴 수 있고 정치활동을 펼쳐 나갈 수 있는 '여성공간'의 확대로 재구축해야 한다고 주장했다. 또한 총여학생회라는 기구가 학내에서 여성들이 가진 거의 유일

한 권력이란 점에서 의미가 없진 않았지만 하향식 총여학생회 구조보다 다른 방식의 권력을 고민해야 하며 총여학생회를 구성하는 형태도 각 단위 학생회들을 넘어 새로운 형태의 단위들-다양한 형태의 단기적·지속적 소모임들-로 교체할 것을 제안했다.

일상의 정치, 대표를 선발하는 것이 아닌 자발적인 주체성과 자치에 근거한 활동의 전개, 다양한 형태와 다양한 목적을 가진 소모임·단체들이 서로 고립되지 않으면서 힘을 모으는 연대의 장(場)으로서의 '연합' 조직은 이후 여성주의자들 활동의 원칙으로 자리 잡았다. 1997년 초부터 학내에는 다양한 여성주의 소모임들이 만들어졌는데 아래 표와 같다.

<표 2> 연세대 여성주의 소모임 결성 사례

연도	창설된 여성주의 소모임
1997. 3.	사회대 여성주의 소모임 <Beyond>
1998	법과대 여학생회 여성주의 세미나팀 <동그래지는 온쪽이(동쪽).>, 생명공학과 여성모임 <레스보스>, 여성주의 문화실험모임 <움>,<쟁이정신>, 여성주의 밴드 <azac>, 문과대 여성주의 모임 <모든 차별에 반대한다/ 모반>, <두입술> 편집위원회, 신과대 여성모임 <물구나무>
1999	여성주의 힙합공동체<I will>, 여성학 생활도서관 <feminary>
미상	의과대 여성모임 <wicca>
2005	문과대 여성주의 소모임 <앨리스>

출전: 「제1회 연세여성주의자 여름 워크숍 지글지글 보글보글 연세여성주의자들의 속사정」, 2001, 8~10쪽.

1997년 '96년 한총련·연세대 사건'으로 학내에는 학생회 불신 분위기가 조성되었지만 이로 인해 그간 학생회에 포섭되지 않았던 여성주의 자치단체들은 존재를 드러낼 공간을 확보할 수 있었다. 1997년 초 여성자치연대(준)은 학교측을 상대로 총여학생회에 배정된 예산과 총여학생회실의 사용권을 요구하였다. 실제로 1997년 3월 총학생회에 배정된 총여학생회 분 예산을 일정 부분 수령하여 여성자치연대(준)은 '제1회 여성제 길들여지지 않는 자신감'을 개최하기도 했다(「연세여성인권운동사」, 2001, 8~9쪽). 자치활동을 하기 위해서는 공간과 예산을 확보해야 한다는 점을 인식하기 시작한 것이다.

여성자치연대(준)은 학내 남성 중심의 문화를 비판하고 대안적 문화를 이야기하며 남성 위주로 구성된 공간에 여성들만의 공간을 넣고 공간 재배치를 시도하였다. 1990년대 말이라고는 해도 여전히 여성들은 교내외에서 자유롭게 담배를 피기 어려웠다. 1991년 제1회 연세여성영화제가 여성 흡연실에서 진행된 것도 우연의 일치는 아니었다. 여학생이 어디에서 자유롭게 담배를 필 수 있는가, 밖에서는 당당히 피지 못하면서 여자 화장실 안에서만 피는 여학생들로 인해 흡연에 노출되는 다른 여학생들의 권리 침해를 어떻게 바라볼 것인가, 규칙적인 월경과 생리통, 남학생보다 쉽고 자유롭게 쉬지 못하는 휴식공간의 부족 등이 문제시되면서 여학생 휴게실 설치가 1997년 이후 총여학생회 주요 목표 중 하나로 자리 잡았다. 일상, 정치, 성에 관심을 갖는 여성주의자들의 입장에서 신체와 공간에 대한 관심은 당연했던 것이다.

보수적 대학여성운동 : 기독교계열 총여학생회 선본의 등장

하지만 연세 여성주의자들의 굳은 연대와 총여학생회 선거 참여를 독려한 다른 요인도 존재했다. 바로 기독교 계열 총여학생회 선거운동본부의 등장이었다. 여성자치연합(준)과 제10대 총여학생회 건준위는 1997년 3월에 실시된 총여학생회 선거에는 참여하지 않고 여성자치연합의 형태로 여성주의 자치활동을 학내에서 이어나가려 했다. 하지만 1997년 여성자치연대(준) 활동가들이 소모임 운영과 자치활동에 주력하려 한 상황에서 생각지도 못한 기독교계열 총여학생회 후보가 입후보했다. '참여성의 바람소리 hope'라는 모토를 내걸고 나온 최경화(영문 4)·이수현(중문 4) 팀이 단독후보로 출마하였는데 hope 팀은 '참여성'을 "지혜로운 아내, 훌륭한 엄마, 그 이외의 다른 것을 할 때 느끼는 죄책감으로부터 자유한 여성"으로 규정하였다("총여학생회 후보에게 반대표를!", 1997). 이들은 여성운동보다는 금연·금주 캠페인, 좋은 책 100권 읽기 등의 기독교 윤리주의적 지향을 강하게 드러내며 선거에 입후보했다.

1997년 입후보 전에도 1995년 총학생회 성정치위원회가 제1회 성정치 문화제 "나를 강간하라"를 개최하였을 때, 도서관 앞 민주광장에서는 성서를 근거로 기독교 동아리 연세인들이 '동성애 반대 자보'를 붙였고, '동성애' 주제뿐만 아니라 성기 조형물을 전시하거나 "성을 드러내는 행사 개최" 자체를 죄악시한 바 있었다. 물론 이에 대한 반박 자보들과 "성을 드러내는 행사야말로 성적 억압으로부터 해방하는 방식"이라는 주장도 적극 제기되었다. 1997년 초 선거에서 연세 여성주의자들은 기독교 계열 후보들의 실천을 여성운동의 한 흐름이라기보다는 장애물로 규정한 후 반대표 찍기 운동을 전개하기로 결정했다. 일종의 낙선운동을 시도한 셈이었다. 이 선거 이후 기독교 계열 여학생들과 여성주의자들은 젠더·섹슈얼리티에 대한 첨예한 차이를 공론장에서 주고받으며 몇 번의 총여학생회 선거에서 경쟁했다(정다정, 1997, 25쪽). 결과적으로 제10대 총여학생회 선거운동에서 기독교 계열 선본은 이러한 운동의 성과 때문이 아닌 시행세칙 위반으로 후보 자격이 상실되어 선거는 무산되었다(정승화, 2018, 100~101쪽).

1997년 하반기에 기독교 계열 여학생회가 총여학생회 선거에 입후보할 거란 소문이 돌자 다시 총여학생회 선거 입후보를 둘러싸고 연세 여성주의자 내에서 논쟁이 벌어졌다. 여전히 학생회라는 조직에 회의적이었던 이들이 다수였던 만큼 여성주의자들은 "왜 총여학생회를 해야 하는가?"부터 "여성주의적 총여학생회 운영이 가능한가?" "기독교 계열 총여학생회가 발족했을 때, 학내에서 여성주의자 자치 모임들의 활동이 어떤 영향을 받을 것인가?" 등에 대한 깊고 치열한 논쟁을 벌였다. 총여학생회 선거를 준비하자는 연세 여성주의자들은 1) 기독교 계열 총여학생회 준비자들이 순결 강조, 섹슈얼리티 부정, 성소수자 차별, 2) 정상가족과 가부장제의 관련성 부정과 무엇보다도, 3) 성이 권력을 반영하며 구성된다는 점을 부정하고 본질로 받아들이는 기독교적 세계관을 가진 기독교 계열 총여학생회 준비자들을 인정할 수 없다는 점에 동의했다. 1997년 제10대 총여학생회 선거는 다시 "상상할 수 없었던 새로운 질서 여성주의 총여학생회 김신현경(정외 3), 최전승민(경영 4)" 선본과 기독교 계열의 "마주잡기-조희연, 이은경" 선본의 경선으로 치러졌다. 결과는 상당히 높은 득표 차로 여성주의 선본이 승리했다. 다시 1998년 제11대 총여학생회 선거(1999년 활동)에서 기독교 계열이 승리하였고, 1999년 제12대 총여학생회 선거(2000년 활동)가 다시 경선으로 진행되었지만, 2000년 이후 대부분의 선거에서 여성주의 선본이 승리하여 여성주의 총여학생회의 활동이 이어졌다.

제12대 총여학생회 로그인 연세총여 정·부후보

출전: 연세편집위원회, 『연세』 56, 2000, 22쪽

3. 학내 반성폭력운동과 문화운동의 결합

학내 문화 비판과 문화운동

1998년 선출된 제10대 총여학생회는 여성주의 총여학생회로서의 활동을 펼쳐 나갔다. 먼저 "총여학생회의 역할은 위임받은 권력을 행사하는 것이 아니라 권력을 위임받은 다른 자치단체들이 총여학생회라는 문을 통해 학교, 총학생회, 중앙운영위원회의 통로에 들어갈 수 있 있도록 하는 매개"이라고 라고 선포했다. 이러한 지향을 실천하기 위한 방법의 하나로 제10대 총여학생회는 1) 총여학생회에 제공된 공간과 예산자치제의 시행, 2) 성폭력 학칙 제정을 위한 적극적 공론화, 3) 여대생 취업과 IMF 이후 심각해진 여성노동자 고용안정 및 실업촉구를 위한 결의대회 등을 개최했다. 제10대 총여학생회는 여성노동권 문제에 관심이 많은 모임들의연대체를 구성하여 '(가칭)여대생 먹고살기 대책위원회'를 꾸렸고 연대체에 속한 대학 구성원들과 함께 '여성노동자 고용안정 및 실업대책 촉구를 위한 결의대회'를 4차 대회까지 개최하였다(연세 편집위원회, 1997, 25~26

쪽). 여성주의 총여학생회는 여성노동 의제를 꾸준히 끌고 나갔는데 취업과 임금문제, 가사노동의 무보수, 양육전담, 노동현장의 성희롱, 꾸밈노동의 강요 등이 여성 차별이라는 문제를 꾸준히 제기하였다(「112주년 Mayday 여/聲 연세 활동단 자료집」, 2002).

연세 여성주의 활동가들은 여성주의를 상징적으로 보여주는 다양한 문화행사와 함께 기존의 학내 문화행사·학내 문화의 재구성에 주력했다. 이미 총여학생회 건준위 시기부터 문제를 제기했듯이 학내, 특히 학생회가 주최하는 행사에서도 성적 비하, 성폭력적 언사, 퍼포먼스들이 계속되고 있었다.

(사례 1) 제목 : 밀키웨이

남자역할 : 한 남학우는 중간에서 자위하는 시늉, 주변에서 약 20명 정도의 남학우들이 신음소리를 내면서 일어섰다가 앉았다가...

여자역할 : "엄마"라고 부르면 휴지 한 장 갖다준다.

모두 : 밀키웨이

(사례 2) 술 마시며 부르는 노래 …"꼬부랑 할머니가 강간당했네... 정말 좋겠네 정말 좋겠네"

여학우들은 그 당시 느끼게 되는 모욕감과 수치심을 쉽게 잊지 못합니다. 성적인 요구들(왠 내숭?) 과 '동기'일 요구 (여자가 처음부터 밝히냐?) 라는 이중적 기준 속에서 심한 갈등과 혼란을 느끼게 됩니다.

출전: "수련회時 여성 비하적 행동의 사례", 1997

2000년대 들어선 FM(큰 소리로 자기 소개하기), 원샷 강요, 응원가 마쵸맨, 정력가, 아카라카 응원제, 폭력적 응원문화 등을 학내에서 문제 삼았다. 음주 정도에 따라 노는 여자, 내숭 떠는 여자로 낙인 찍고 성녀/창녀의 이분법을 적용하는 학내 남학생 문화의 문제 또는 원샷을 대신 해 주었을 때 흑기사, 흑장미를 부르고 원샷을 대신해 주는 대가로 성적 스킨십을 강요하는 대학 내 관행에 대해 문제 제기했다(「광년이의 미친년 되기」, 2001).

기존 문화행사· 문화에 대한 비판과 함께, 여성주의자들이 생각하는 새로운 문화행사들도 꾸준히 개최하였다.

<표 3> 교내외 여성주의 문화기획

행사 내용		
연세여성제	1997	제1회"길들여지지 않는 자신감"
	1998	여성자치단체 한마당" 따로 또 같이"
	1999	제2회 "여우(女友)야, 여우(女友)야, 어디있니?
	2008	제10회 "Feminism Is For Everybody"
월경 페스티벌	1999	제1회 "유혈낭자"
	2002	제4회 "경(慶)칠년들"
	2004	제6회 "혈기충전"

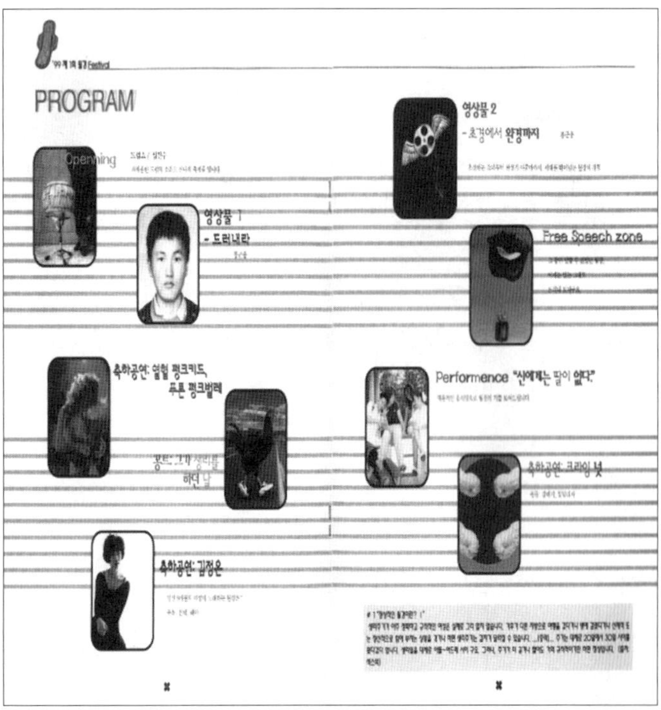

'99년 제1회 월경 페스티벌 프로그램지

출전 : 각 년도 자료집

정기적 문화제뿐만 아니라 단과대 여성주의 자치단체들도 주제별 문화행사를 진행하며 학내외 가부장제 문화에 대한 문제를 알리는 활동을 진행해 나갔다. 1997년 3월 자치모임 애또래는 "반쪽이의 육아일기" 만화전을 통해 양성 부모 노릇과 양육에서 우리가 은연중에 가지고 있는 가부장적 편견을 비판하였다. 애또래는 원래 총여학생회 탁아분과로 빈민연대활동과 기지촌활동 중 아동교육과 부녀교육 부분을 담당하기 위해 생긴 조직이었다. 빈곤계층 아동문제부터 여성에게만 양육을 전담시키는 가부장제 사회문화 비판을 위한 세미나와 활동을 하는 자치단체로 이어졌다. 1997년 여성자치연합에도 함께 참여했다("97.1.28 여성자치연합 문화제 애또래 기획안").

연세를 넘어, 성폭력 근절을 위한 연대 활동

1996년 이후 대학 여성주의자들은 학내 행사를 넘어 서울지역 대학 연합문화제도 자주 개최하였다. 대표적으로 월경 페스티벌은 금기시하는 여성의 몸, 여성의 몸이 겪는 생리통과 같은 고통을 자유롭게 이야기하고 자기 삶의 주인으로 살아가자는 주제로 기획되었고 2002년 제4회 월경 페스티벌 "경(慶) 칠년들"은 연세대에서 개최되었다. "경칠"의 의미는 "경사를 치러낼"이었다. 이 행사는 대학연합제일뿐만 아니라 사회의 여성운동 선배들이 자문위원으로 함께 하여 세대간 여성주의자 만남의 장과 같은 성격도 가지고 있었다. 제4회 행사중 하나로 "트랜스젠더와 함께하는 보지패션쇼"를 포함시켜 트랜스 젠더 문제까지 논의를 확장시켰다. 여성주의자들은 "여성은 같지 않다"는 점을 강조했는데 "장애여성, 트랜스젠더, 원불교 교우의 다양한 월경이야기" 등을 프로그램으로 기획하였다. 이미 이 시기 수화통역사도 함께 했다(『제4회 월경 페스티발 2002 경(慶) 칠년들』, 2002).

각 대학 여성주의 단체들의 연합행사 "한판"은 각 대학 여성주의자들이 주제별 기획팀을 꾸린 후 주제에 따라 포럼, 세미나, 문화행사를 개최하는 식으로 진행되었다. 대체로 서울지역 대학 여성주의 단체들만 참여하는 식이었지만 제4회 때는 강원지역· 부산경남지역 대학 내 여성주의자들의 모임과 활동도 소개하였다. 이 같은 행사들은 단순히 행사 개최에 그치는 것이 아니라 행사를 통한 문제제기와 고정된 인식을 바꾸기 위한 여성주의 실천의 일환이었다.

가령 월경 페스티벌에서 '더럽다고 여겨진 월경'은 여성의 몸이 처한 처지와 성적 대상화, 성을 매개로 한 폭력을 보여주는 매개지만 동시에 여성주의자들은 '월경-드러내기'를 통해 여성도 성적 욕망을 가진 존재라는 점을 보여주려 했다. 월경이란 생리주기는 피임, 임신, 출산과 연결되기에 이 행사는 여성의 '성적자기결정권'을 주장하는 행사인 한편 남성중심 사회에서 이미 만들어 놓은 여성의 성에 대한 인식이 허구라는 점을 고발하고 이 문화를 변화시키려는 사회적 효과를 의도했다.

연세 여성주의자들은 이러한 인식과 문화의 전환을 '월경공결제'라는 제도의 도입을 통해 구체화하였다. 2006년 제18대 총여학생회는 타 대학 사례를 참고하여 연세대에 월경공결제를 도입했다. 처음에는 총여학생회 홈페이지에서 월경공결제 양식을 다운받아 제출하는 식으로 시범운영하였다. 당연하게도 월경공결제 도입에 대한 학내 특히 남학생들의 반발이 컸는데 이에 대해 여성주의자들은 "월경이 여성만의 경험이기에 제대로 알려지지 않았던 사회의 가부장성은 외면하고 호르몬 검사나 초음파검사를 통해 진단을 받아오라는 이들에게 초음파 검사비용이 매우 비싸다는 점도 모르면서 진단서 운운하는 이들을 보면, 쓰고 난 생리대를 책상 앞에 던져주어야 정신을 차릴 것 같은 생각이 든다."고 응수하였다(『여성교육권 확보를 위한 첫걸음, 월경공결제 자료집』, 2006, 2~3쪽). 총여학생회는 제도 안착을 위한 모니터링을 위해 "담당 교수가 결석계를 거부하는 경우, 총여학생회로 연락해 달라"고 적극개입했다. 월경공결계는 2006년 학내 교육권 투쟁의 요구안으로 포함되어 이듬해인 2007년 2학기부터 생리결석계가 공식 제도화되었다.

<표 4> 대학 여성주의자 연합 행사, 여성연대 한판

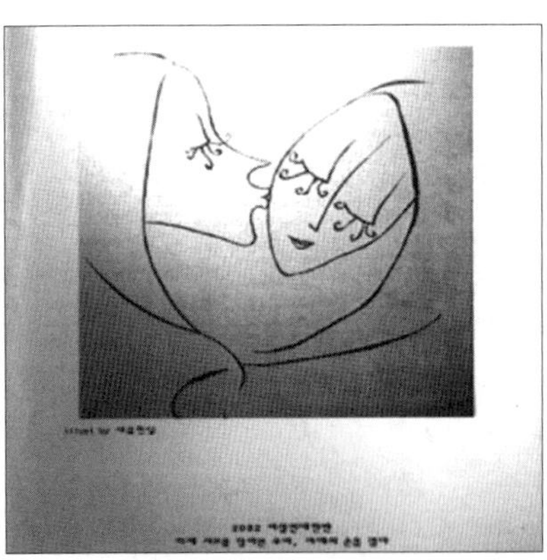

연도	주제	장소
1998	"98' 한판!"	동국대학교
1999	"99 여성연대한판"	동덕여자대학교
2001	여성연대 한판	연세대학교
2002	"이제 서로를 알아본 우리, 자매의 손을 잡다"	-
2003	"자매들, 다름을 보고 함께 바라다"	-

'연세 여성제'와 '여성연대 한판' 같은 대안 문화제의 또 다른 특징은 성별을 매개로 작동하는 권력의 기제를 비판하고 재구성한다는 여성주의 지형을 같은 이유로 억압당하거나 차별받는 대학 내 성소수자·장애단체들과 함께 만들어왔다는 점이다.

> 어느 날 사회학과 대학원생 서동진 씨가 연세춘추에 "게이, 레즈비언 회원을 모집한다" 라는 글과 함께 자신의 삐삐번호를 공개했다. (중략) 하루는 그 천막에 가서 여쭤봤다. "저희도 우리의 인권과 문제를 알리기 위해 농성하고 싶어요" 그들은 대답했다. "우리가 곧 철수하는데 다 남겨주고 갈게요. 천막 간판만 '동성애'에서 '장애인'으로 바꿔 달아주겠다." (중략) 갑자기 수십 명의 여성이 서명대 앞으로 몰려왔다. 양손 가득 김밥과 생수를 안겨주고는 온몸에 요구안을 손으로 적은 긴 플랑카드를 잔뜩 들고 와 걸어주고는 서명지도 잔뜩 복사해서 서명을 받기 시작했다. 궁금해서 물어봤다. "우리를 왜...?" 그중에 한 분이 조용히 이야기 했다. "너의 문제는 나의 문제, 너의 차별은 나의 차별, 우리는 서로 연결되어 있다." 장애인 인권운동 동아리 게르니카는 그렇게 탄생했다(김형수, 『오마이뉴스』, 2021. 05. 09).

연세대 장애인 인권운동 동아리 「게르니카」를 결성한 김형수가 구술했듯이 대학 내 여성주의자들과 성소수자, 장애인들은 정상인·이성애·남성 중심의 주류사회와 마찬가지인 대학 내 폭력에 노출되고 소외감을 느끼는 학생들의 존재를 드러내기 위해 연대했다. 대학과 사회 내에서 이들은 서로가 받았던 차별과 불편함에 대한 공감을 나누며 함께 활동했다. 2002년 '여성연대 한판'의 프로그램 중에 '레즈비언 페미니스트' 주제가 포함되었고 제4회 월경 페스티발에는 '트랜스젠더와 함께 하는 보지패션쇼' 퍼포먼스, 2003년 '한판'에는 레즈비언팀과 장애여성팀이 함께 활동했다.

장애인권운동 동아리 게르니카

출전: 연세대학교

연세 여성주의자들이 성소수자, 장애운동가들이 함께 활동했던 이유는 여성주의란 성별을 매개로 작동하는 권력의 기제를 비판하고 재구성하는 것이라는 공감이 형성되어 있어서였다. 연세 여성주의자들에게 장애인과 성소수자, 특히 여성장애인들, 페미니스트 성소수자들은 여성들처럼 성권력에 의해 억압당하는 존재였고 성의 이중규범에 맞서는 동지들이었다. 연세 여성주의자들, 성소수자, 장애운동가들은 자신들이 가진 성적 지향과 성정체성 존중을 주장하며 학내 제도 개선과 인식 변화를 요구하는 행동을 실천해 나갔다("장애여성... 그녀들의 다름을 보고 함께 바라다", "장애여성의 내적 독립과 정체성 찾기", 2003, 53~73쪽).

연세 장애인 인권운동 동아리 게르니카 활동
연세편집위원회, <연세> 45호, 2007년 봄, 115쪽

연세대 반성폭력 자치규약 및 성폭력학칙제정 운동

연세 여성주의자들이 이 시기 진행한 중요한 실천 중 하나는 반성폭력 자치규약 및 학칙제정운동이었다. 이미 1990년대 초반부터 비교적 진보적인 공간이라 자처했던 대학 내의 성폭력 실태가 고발되고 있었다. 특히 중요한 계기는 1990년대 중반 폭로되기 시작한 운동권 내부의 성폭력 문제였다(김보명, 2008, 204쪽). 학생회와 자치단체들은 고발을 넘어 '반성폭력 내규(자치규약)' 제정을 추진하였다. 1997년 새터 성폭력 문화를 반대하자는 캠페인과 제안 운동을 시작으로 1998년 총여학생회가 여성자치연합과 함께 "새터 반성폭력 내규 제정을 위한 공청회"를 개최하였다. 이어 1999~2000년까지의 공론화 시기를 거쳐 '새터(새내기 새로배움터-신입생 수련회) 반성폭력 내규'가 2000년 제정되었다.

연세 여성주의자들이 '새터 반성폭력 내규' 제정을 먼저 시작한 이유는 새터야말로 동기와 선배들을 처음 만나는 자리임에도 서로를 알고 친해지기 위해 성폭력적 게임과 신체접촉이 만연해 있다는 문제를 심각하게 인식해서였다. 2000년 제12대 총여학생회 집행부원들과 각 단과대 여성주의 활동가들은 2000년 신입생 수련회 개최 전 '새터 성폭력 모니터링 모임'을 결성하고 각 단위 학생회의 신입생 수련회 자료집에 '새터 반성폭력 내규'가 들어가는지를 모니터링 하는 동시에 내규를 알리는 포스터 부착, 단과대 홍보를 통해 '새터 반성폭력 내규'를 정착시켜 나갔다.

이어 이 모니터링팀을 연세성폭력뿌리뽑기연대회의라는 자치단체로 발전시켜 매년 학기 초 진행되는 신입생 수련회부터 성폭력 문화가 근절될 수 있도록 실천을 이어 나갔다. 연세성폭력뿌리뽑기는 각 단과대에서 1인의 위원이 참여하는 방식으로 운영되었는데 이 자치모임은 2005년 이후 과/반학생회와 동아리 대표 1인까지 참여시키는 "여성문제를 고민하는 연세자치단위연대" 라는 발전된 형태로 이어졌다(2005 여성문제를 고민하는 연세자치단위연대, 2005, 4쪽).

> 이제는 적극적으로 이러한 문화를 비판, 근절시키기 위해 객관적인 잣대로서 내규가 필요하다고 판단된다. 우선해서 염두에 두어야 할 것은 이 내규는 결코 성폭력 가해자에 대한 처벌이나 단순한 보복의 의미가 아니라는 것이다. 가해자의 처벌이나 단죄를 넘어서 왜곡되고 삐뚤어진 공동체 성문화에 대한 구체적인 문제제기를 하고 성폭력을 예방함으로써 학생회 첫 사업인 새터에서 바람직한 대학문화를 보여주자는 것에 그 의의가 있는 것이다.
> ("새터 반(反)성폭력 내규", 2002, 25쪽)

강제력에 의해서가 아닌 자치규약을 통해 대학 내에 만연한 성폭력과 왜곡된 성문화를 바꾸려 한 연세 여성주의자들과 연세성폭력뿌리뽑기연대회의는 2000년 6월 이후부터는 학내 성폭력대책위원회 건설과 반성폭력 학칙 제정 운동을 벌여나갔다. 연세 여성주의자들은 학칙제정의 모든 과정에 교수, 교직원과 동등하게 학생의 참여와 합의가 보장되어야 한다고 주장하였다. 하지만 학교 측 당사자였던 여학생처는 학생의 의견을 반영할 생각은 있으나 학칙제정과정 자체에 학생의 참여를 보장할 의사는 없다고 밝혔다. 이러한 상황을 타개하기 위해 제12대 총여학생회와 연세성폭력뿌리뽑기연대회의는 이 사안을 교육권과 연결시켰다. 그리고 총학생회가 주도하던 교육투쟁을 통해 전체 요구안 중 하나로 학생, 교수, 교직원이 동수로 참여하는 성폭력학칙제정위원회 건설을 특별 요구안에 포함시켰다.

2000년 10월 10일 연세대학교의 학칙을 적용받는 교수, 직원, 학생, 학교의 통제 범위 내에 있는 것으로 인정되는 제3자가 가해자 또는 피해자로서 관련된 성폭력은 “성폭력 예방 및 처리에 관한 규정”에 따라 처리할 수 있게 되었다. 특히 학생위원 3인이 성폭력대책위원회에 추천직 위원으로 참여를 인정받았다. 이러한 과정은 학칙제정을 일부 여성주의자들의 주장이 아닌 학생 교육권 확보로 확장 시켰다는 점에서 의의가 있었다.

함께하는 반성폭력학칙제정

총여학생회(아래 총여)는 지난 1일 제1공학관에서 학교측이 제시한 ‘성폭력 예방 및 처리에 관한 규정안’ 수정을 위한 공청회를 열었다. 40여명이 참여한 이 공청회에서 총여는 학교측 가안에 대해 학생들의 참여를 강조하는 수정안을 내놓았다. 김성호 기자

함께하는 반성폭력학칙 제정을 위한 공청회

출전: 『연세춘추』 2000년 6월 5일

2000년 제정된 반성폭력 자치규약과 학칙 제정이 연세대에서만 가능했던 것은 아니다. 1996년~ 2000년대 초반에는 각 대학마다 학내 성폭력 대응 방안을 마련하기 위한 토론회, 공청회가 활발하게 개최되었고 이미 학칙이 제정되어 있었던 서울대와 고려대 외에도 1998년에는 각 대학연합으로 “성폭력 근절을 위한 학칙제정 공청회”가 개최되

었다. 반성폭력 내규와 '성폭력 학칙'의 제정은 학생사회 스스로가 성폭력 사건의 발생을 조장하는 문화적 토양 자체를 바꾸고 성폭력 사건을 처벌이 아니라 예방과 학생사회 내부의 방식을 통해 해결을 시도했다는 점에서 대학여성운동의 큰 성과였다.

그러나 내규와 학칙이 제정되었다고 해서 하루아침에 성폭력적 문화를 뿌리 뽑을 수 있는 건 아니었다. 내규에 대해서도 대학생의 자유를 규제하여 갑갑하다고 규정한다든지, 이러저러하면 내규에 위반되니 조심하라는 식의 희화화도 매년 이어졌다. 성폭력 사건 발생 시 대책을 논의해야 하는 성폭력대책위원회의 석상에서 "방학이면 교환학생 온 여자애들이 벗고 다녀서 걱정이다."라는 말들이 오고 가는 등, 성인지 감수성이 제도보다 뒤쳐진 일도 다반사였다("반성폭력 학칙 개정을 위하여", 날짜 미상, 5쪽). 무엇보다도 학내 성폭력 추방운동을 주도해 온 연세 여성주의자들은 장기 과제일 수밖에 없는 문화를 변화시키는 실천과 연일 발생하는 학내 성폭력 사건 해결에 소진되어 갔다.

> (1) 이러한 '반성폭력 내규'에 대해 그럼 어디까지가 용인될 수 있는 한계이고, 어디부터가 성폭력인가 하는 의문에서부터 시작하여, 너무 양성의 대결구도로 몰아가는 것은 아닌지…(조인래, 2005, 20쪽)
>
> (2) 신고된 사건이 성폭력이라는 것에 대해 가해자로부터 일말의 합의를 이끌어 낼 수 없는 상황들이 수없이 반복된다든가 (중략) 성폭력 사건 해결에 요구되는 기본적인 원칙들조차도 어떤 사건에 직간접적으로 관여하고 있는 사람들 사이에서 전혀 지켜지고 있지 못하다. 이처럼 똑같은 상황들을 거듭 겪게 되는 사건 해결주체들은 끝없이 막막하고 지쳐 가며 매번 외로움을 곱씹게 된다. (화, 여랑, 반짝, 세류, 이방, 늘. 2003, 5쪽)
>
> (3) 내가 활동하고 있는 단위에서는 이제 누구도 어떤 피해자도 성폭력 사건의 자보화를 원하지 않는다. 성폭력 사건 공개 대자보와 가해자 실명 공개 사과문이 줄줄이 게시되었던 게 불과 3년 전인데 (인용자-2000년) 이제 그런 식의 해결 방식은 거의 사용되지 않고 있다. (화, 여랑, 반짝, 세류, 이방, 늘. 2003, 6쪽)

인용문에서 확인되듯이 1990년대 '반성폭력 내규'제정 운동에서 견지해 온 '실명 사과문 게시' 방법은 3년도 지나지 않아 피해자에게 2차 피해를 주거나 피해자가 원치 않는다는 이유로 사문화된 '해결' 방법으로 전락했다. 이 방식은 1990년대 내내 전개된 치열한 논쟁의 결과, 성적 수치심과 사회 억압으로 인해 피해자를 침묵시킨 성폭력을 가해자의 문제로 전환 시키고 가해자가 피해자를 포함한 공동체 전체에게 사과하는 과정을 통해 공동체 내부의 문화 변화를 이끌어 내려는 전략의 일환이었다. 하지만 책임을 같이 질 대학 내 공동체 자체가 약화되었고, 사건의 공개가 바람직한 공론화로 이어지지 않는다거나 성폭력 사건에 대한 진지한 주의 환기로 이어지지 않는다는 비판도 이어졌다.

연세 여성주의자들은 '반성폭력 내규'의 존재를 알리고 성폭력 친화적 문화를 바꾸기 위해 최선을 다했지만 '반성폭력 내규' 관련 자료집에는 '반성폭력 내규'에 대한 불만, 불필요성, 희화화해 버리는 학내의 분위기를 바꾸기는 쉽지 않았다. 대학의 변화도 큰 영향을 미쳤는데 2000년대 이후로 급격히 신자유주의화 된 대학은 사회적 약자들과 연대하려 했던 학생운동이 몰락한 것과 마찬가지로 여성주의자들을 재생산하기 어려운 공간으로 전락했다. 특히 연세대라는 일류대학의 여학생들에게 사회적 소수자, 기존의 권력구조에 저항하는 여성주의는 다수여학생들이 바라는 바가 아니었고 여학생들도 남학생들과 마찬가지로 엘리트-중산층-SKY라는 정체성을 선호하였다.

연세 여성주의 활동가들은 단과대 학생회, 총학생회라면 고려하지 않아도 되는 1) 총여학생회 자치조직의 필요성, 2) 주변 동료들로부터 계속되는 여성주의에 대한 지속적인 비난과 비판을 받으며 위축되어 갔다. 이러한 반응에 강하게 대응하면 편향적 총여학생회라고 비판받기 일쑤였다. 여성주의의 지향을 지속하기 위해 이들은 내·외적으로 더 많은 설명을 해야 했다. 그들 스스로 복지사업만 하다 보면 여성주의 총여학생회 활동가의 삶을 선택한 자신들의 정체성이 훼손되는 경험도 감수해야 했다. 성정치를 통해 성적 위계를 발견하고 성폭력이 만연한 대학 공동체를 변화시키려 한 이들의 경험이 있었기에 대학과 사회는 조금씩 변화했지만 정작 여성주의자들은 위축되는 상황이 지속되었다.

2007년 학생회칙 개선을 통한 총학생회의 총여학생회 폐지 시도

실제로 2000년대 중반 이후 학내에 연세대 총학생회·총여학생회 선거운동 시기마다 온라인 공론장을 중심으로 "총여학생회는 왜 있어야 하냐"는 질문이 이어졌다. 학생회비는 여/남학생이 모두 지출하는데 왜 총여학생회가 학생회비를 사용하냐면서 총학생회의 산하 기구인 성평등위원회, 인권위원회 등으로 성격을 바꾸고 총여학생회는 폐지해야 한다는 의견도 계속 표출되었다. 2000년대 중반 이후 연세대 학생공동체 자체가 약화 되는 가운데 연세 여성주의자들은 총여학생회라는 공간과 예산 지원을 제외한다면 학내 여성주의를 실천할 공론장이 없다는 위기의식을 강하게 느꼈다. 이 과정에서 자연스럽게 여성자치연대의 기억은 과거의 산물이 되고 총여학생회를 거점으로 그들의 자치권과 여성주의자 공동체 공간을 확보할 수 있는 총여학생회 선거에 매진하게 되는 역설적 상황이 발생했다.

사실 여성주의 총여학생회가 지향하는 대학여성운동은 단지 여학생이 아닌 권력구조 속에서 약자로 존재하는 여학생들이며 그렇다면 이들의 지지기반은 성별과 관계없이 가부장적 권력구조의 철폐를 바라는 사람들이어야 했다. 하지만 연세대 총여학생회는 생물학적 성별이 여성인 연세인들의 지지를 받아야 당선이 가능했고 총여학생회실과 예산을 확보할 수 있었다. 이 안에서 여학생 대표조직인 총여학생회와 여성주의 총여학생회는 하나이면서도 상시적 긴장관계일 수밖에 없었다.

2007년 제44대 WOW YONSEI 총학생회는 돌연 학생회칙 개정 총투표를 제안했다. 2007년 연세대 WOW 총학생회는 “더이상 연세라는 자랑스러운 이름만으로 우리의 존재가 보장되진 않는다는 생각이 무섭게 들었다.”면서 엘리트주의를 총학생회가 당당히 선포하며 이를 위한 방법-마녀사냥과 같은- 중 하나로 ‘훼방꾼’ (여성주의) 총여학생회의 폐지를 제안한 것이다. 주요 내용은 1) 중앙선거관리위원회를 총학 산하 상설기관으로 변경, 2) 동아리 연합회의 중앙운영위원회 삭제 및 총학 산하 기구로 변경, 3) 총여학생회를 폐지한 후 총학생회 산하 성평등위원회로 재편, 성평등위원장은 확대운영위원회에서 임명, 4) 총학생회가 외부단체에 가입할 때는 확대운영위원회의 인준을 받아야 함 등이었다.

이 총투표는 전자투표제도가 도입된 최초의 사례였지만 학생들의 관심은 미약했고 이러한 무관심한 분위기를 바꾸기 위해 총학은 연세춘추와의 인터뷰에서 총투표가 1) 총여학생회 폐지 투표이며 동시에, 2) 한총련 탈퇴투표라는 식의 프레임을 작동시켰다. 실제로 총여학생회에 반감을 가지고 있었던 남학생들 중 일부는 공공연하게 여학생 투표 참관인이 있는 투표소 앞에서 "총여학생회 없애는 투표 맞죠?"라는 수사적 질문을 하며 적의를 드러냈다(상어, 「2007년 이야기-총여학생회 폐지를 포함한 학생회칙 수정 총투표 무산 사건에 대하여」, 2018, 54쪽). 이러한 상황 앞에서 총여학생회는 다른 중운위원들과 합의하여 대응을 자제했다.

하지만 여성주의 총여학생회가 빨갱이와 같은 '극단적 페미니즘 총여학생회'라는 총학생회의 프레임 씌우기에 적극적으로 대항하면서 "총여학생회는 차별받는 여학생들에게 시혜를 베풀기 위한 조직이 아니라 기존의 권력구조를 바꾸기 어려울 때, 그 구조 자체를 바꿀 힘을 제도적으로 부여하기 위해 만든 상징적인 기구라는 점을 전면에 드러내지 못했다. 학생사회가 여학생을 배제해 온 차별과 억압의 구조가 다른 학생들(성소수자, 장애인 학생 등)에게도 작동하므로 그 구조 자체에 문제를 제기하고 균열을 내는 존재"라는 의의를 공론화 시키는 전략보다는 총여학생회 조직 보전을 선택했던 것이다. 물론 2007년 총여학생회 폐지 총투표 실시 시도에도 연세대 성소수자 학생동아리 「컴투게더」, 연세재활학교 장애인교육권 확보를 위한 학생연대 「공존」이 함께 총여학생회 폐지론에 반대하는 성명서를 발표하였다("WOW의 총학생회칙 개정에 반대하는 게릴라 신문", 2007, 7쪽). 하지만 학생회라는 제도 자체가 대학사회 내에서 의미를 상실하고 있을 때, 여성주의 총여학생회도 이러한 사회적 분위기로부터 자유로울 수 없었던 것이다.

연세대 대학여성운동은 '자주적 여학생운동' 계열과 보수적 기독교 계열 대학여성운동에 대항하면서 여성주의 대학여성운동으로 귀결되었다. 이처럼 연세대 대학여성운동은 '여성'이라는 수적으로 다수이나 권력 차원에서는 소수인 존재에 대해 사유하는 과정을 거치며 전개되었다. 이 과정에서 연세대 대학여성운동은 정체성의 구성과 몸의 구성, 정체성 정치와 몸의 정치 같은 다양한 사유의 방식을 찾아냈고 이 같은 사유의 과정을 문화로 만들어냈다.

연세대 대학여성운동은 '운동'을 훼손시키려는 동료, 이웃, 대학사회를 불편하게 만드는 질문을 이어갔다. 불편함을 표현하면 뒤따라오는 따가운 시선을 감수하면서도 대학여성운동 활동가들은 학내 성폭력 근절과 성차별적 학내문화 개선에 앞장섰다. 이 과정을 경험한 연세대 대학여성운동 활동가였던 여학생들은 현재도 성폭력 친화적인 한국사회 문화를 바꾸기 위해 여전히 사회진출 후에도 고군분투 하는 중이다.

3장 2000년대 학생운동의 새로운 모색과 운동의 다각화

1. 신자유주의 시대의 학생운동

1980년대가 학생운동의 전성기, 1990년대가 학생운동의 위기라고 한다면, 2000년대는 어떻게 규정할 수 있을까? 이 질문에 혹자는 2000년대에도 학생운동이 존재했는지를 되묻기도 한다. 2000년대 이후 학생운동은 더 이상 많은 학생의 참여나 동의를 통해 이루어지는 대학생 일반의 직간접적인 경험이 아닌, 사회문제에 관심 있는 소수 활동가들만의 특별한 경험에 가깝다. '비운동권(비권)'을 표방하는 선거운동본부의 학생회 당선이 점차 증가했고 '운동권'은 그들과 대비하기 위한 용어로서 정치적인 발언을 하는 이들을 통칭하는 낙인처럼 인식되기도 했다.

그럼에도 불구하고 2000년대에도 학생운동은 지속되었다. 여전히 학생운동을 하고 있다고 인식하는 집단이 있었고, 그들은 대학과 사회를 변화시키기 위한 여러 활동들을 전개해갔다. 1990년대 한국대학총학생회연합(이하 한총련)이 주도한 학생운동이 1996년 8월 '한총련·연세대 사건'을 계기로 큰 위기를 겪으면서 기존 학생회연합체 운동을 재편하려는 움직임이 2000년대까지 이어졌다. 여기에 신자유주의적인 질서가 대학 체계와 고용 환경을 변화시켰고 학생운동에도 영향을 미쳤다. 특히 대학생의 사회적 지위 변화와 대학사회의 '탈정치화' 현상이 가속화되면서 학생운동 내부에서 학생운동에 대한 인식과 목표 변화에 대한 논의가 활발하게 진행되었다.

2000년대는 대학진학률이 크게 증가하면서 대학생의 위상이 변화하였고 신자유주의와 맞물린 '20대 보수화' 담론이 본격화되면서 전국적으로 학생운동의 영향력은 이전 시기에 비해 크게 감소하였다. 그럼에도 불구하고 연세대의 경우 소위 '명문대'라는 인식, 서울에 위치한 유명대학이라는 위치성이 결부되어 학생들의 활동과 학교를 둘러싼 여러 이슈들에 대한 언론을 비롯한 사회의 관심이 상대적으로 높았다. 그로 인해 2000년대에도 연세대에서 운동 주체들이 의제화한 내용들은 비교적 용이하게 학내뿐만 아니라 학외로 파급되었고 사회적 여론 형성으로 이어지기도 했다. 운동 주체의 측면에서 볼 때에도 이전 시기보다 절대 수는 줄어들었지만 전통적인 학생운동 진영부터 새로운 형태의 운동집단까지 비교적 다양한 운동 세력들이 존재했고, 이들이 학내외에서 운동을 전개해나갔다. 이를 통해 연세대 학생운동 세력들은 1990년대 후반 이후의 한국사회 및 대학사회의 변화를 비판적으로 포착하면서 적극적으로 학생운동의 새로운 정체성을 모색하였으며, 새로운 운동을 만들어가고자 했다.

학부제 도입과 학생회 연합체 운동의 쇠퇴

1996년 8월 '한총련·연세대 사건'이 전반적인 학생운동 약화에 큰 영향을 주었다면, IMF 이후 급격히 강화된 신자유주의는 대학의 학사제도 재편을 비롯한 대학 운영 방식의 변화를 촉진하는 한편 학생들의 '탈정치화'를 강화했다. IMF 구제금융 사태로 가속화된 구조조정은 청년 취업률의 급속한 감소로 이어졌다. 1996년 대졸취업률이 63.3%였던 데 반해 불과 3년 만인 1999년에는 51.3%까지 감소하였다. 안정적인 고용을 보장해주던 고학력자의 특권이 더 이상 유효하지 않다는 불안감은 이념과 이상보다 실리와 취업준비에 눈을 돌리도록 했다. "예전에는 끊임없는 데모와 휴교령으로 전공 공부를 손에서 놓다시피 해도 대학을 나오면 취직이 되었고 그를 사회에 필요한 사람으로서 인정해주었다. 그러나 지금은 다르다"(「반쪽짜리 총학생회를 보며」, 『연세』, 1999년 가을호)는 인식이 확산되었고, 도서관에는 각종 자격증 및 영어시험을 준비하고 학과 공부를 하기 위한 학생들이 점차 몰리기 시작했다.

여기에 학부제로 대표되는 학사제도 재편은 자치 조직의 약화를 촉진했고 학생운동 재생산에도 큰 위기를 초래했다. 이미 1995년부터 교육부는 '대학의 다양화를 위한 기능

분화'를 내세워 대학교육 개혁을 시도했다. 대학들은 '대학경쟁력 제고'라는 명분을 내세웠지만, 실은 교육부의 재정 지원을 받기 위해 경쟁적으로 학부제를 도입했다. 대학들 중에서도 이러한 변화에 가장 적극적으로 호응하면서 1996년부터 단과대학 단위로 신입생을 모집하고 졸업할 때 학점 이수를 기준으로 전공을 인정받는 학부제(소학부제)를 실시하였다. 이렇게 실시된 학부제에 대하여 대학교육협의회 차원에서도 대학별 특성이나 대학 내 필요를 고려하기보다는 교육부의 권장이나 재정지원과 대학의 재정절감을 위한 것이라는 비판이 제기된 바 있었다.

그럼에도 불구하고 연세대는 '교육과 연구의 효율성 강화'라는 방향성을 더욱 강화해갔다. 1999년 8월 연세대학교 학제개편위원회 명의로 「학부제 발전 및 대학원 중심교육에 대한 대학 연구보고서」를 제출하였고 전국에서 가장 먼저 2000년도 신입생부터 광역학부제를 실시하여 기존 학부제를 강화할 것을 밝혔다. 모집단위 광역화를 통해 6개 계열로 신입생을 모집하고 1년 후 전공을 선택하는 형태로 운영하는 형태였다. 교무처에서는 학생들에게 폭넓은 전공선택권을 제공하고 졸업학점 이수 학점을 낮춰 학생들의 부담을 줄일 것이라고 밝혔다. 학교는 다양한 학문간 연계를 지향하는 현대 학문 조류에 발맞춰 현재 대학사회의 위기를 극복할 가장 현실적인 방안임을 강조하였다(『연세소식』, 1999. 5. 1). 하지만 이러한 광역화의 가장 현실적인 이유는 교육부의 '두뇌한국 21(BK 21)' 지원조건과 밀접하게 관련되어 있었다. 그렇게 시행한 학부제는 학교의 기대와는 달리 광역학부제는 시행 직후부터 학과목 통폐합에 따른 대형강의 증가로 강의 질의 저하, 인기 전공의 과도한 팽창, 전공 선택을 위한 학점 경쟁 등의 문제를 초래했다.

> "벌써부터 올해 신입생들은 무엇을 해야할까보다는 어떻게 해야 학점을 잘 받을것인가에 대한 관심을 기울인다고 한다. 우리 나라에서 대학 생활은 다른 나라에서와는 남다른 의미를 갖는다. 왜냐하면 대학생이 될 때까지는 사고의 자율성이나 세상을, 사회를 바라보는 시선을 제대로 키울 수 없기 때문이다. …(중략)… 대학에 들어와서 경험하는 동아리와 학생회, 또 여러 학회나 소모임 등은 사회와 인간을 보는 다양한 시각들을 키워주는 경험의 장으로서 굉장히 중요한 역할을 한다. 하지만 기존에 도입된 광역화 체제는 전공선택이라는 또 하나의 입시를 불러올 수 있으며 이는 자유로이 사고할 수 없는 또 하나의 고등학교,

또는 입시 학원으로 대학을 전락시키는 결과를 낳게 된다."[133]

학부제 광역화를 반대하며 본관점거를 한 학생들의 회의 장면

출전: 연세편집위원회, 『연세』 55, 2000, 179쪽

학부제는 학생들의 자치 질서에도 큰 위기를 초래했다. 신입생들의 전공 선택을 위한 학점 경쟁은 IMF 이후의 취업 경쟁의 심화는 취업을 의식한 전공 선택 경쟁으로도 이어져 해가 갈수록 심화되었다. 무엇보다 학과에 뿌리를 둔 학생회 조직의 붕괴는 기층 단위 학생회가 크게 흔들리고 학생운동 재생산이 위협받는 결정적인 계기가 되었다. 학과에 뿌리를 둔 학생운동 조직은 1990년대 점차적인 학생운동의 영향력 감소 속에서도 여전히 학생운동 의식화의 토대로서 학생운동 재생산의 중요한 동력이었다. 때문에 과학생회가 해체되면서 기존의 학생운동의 동원 및 충원 방식, 운동 질서는 이전처럼 유지되기 어려워졌다.

학부제 실시로 학생회들은 자율적으로 기존 과학생회를 변형한 '반'학생회 체제를 구성하여 기존 과 체제와의 접목을 시도하였다. 그러나 반학생회는 신입생 중심의 '생활

133 간호대학부광역화연구모임, 「모집 단위 광역화 방안을 어떻게 바라봐야 할 것인가?」, 『연세』, 2000년 여름호, 178쪽.

공동체' 이상의 역할을 하지 못했고, 공통적인 전공을 매개로 한 조직이 힘들었다. 2000년 광역학부제 실시 이후 문제는 더욱 심화되었다. 2학년에 전공을 선택하게 되면서 전공학문을 매개로 편입생 및 고학년 중심이 된 과학생회가 재탄생하는 사례가 점차 증가하였다. 이에 따라 기층단위 학생회 조직은 신입생과 일부 2학년 이상 학생들로 구성된 생활중심의 반학생회와 기존 학생회의 정치성을 배제한 학문 중심의 과학생회로 이원화되었다. 학부제 실시 이후 과학생회-단과대 학생회-총학생회로 이어지는 학생회 조직에서 과학생회 자리를 반학생회가 대체하였지만, 2000년 이후 새롭게 만들어진 과학생회가 기존 학생회 조직체계로 들어오는 경우는 드물었다. 물론 느슨해진 조직체계에서 두 학생회 모두에 소속감을 갖지 못하는 학생이 대다수를 차지하면서 그만큼 학생회 자체가 지닌 대표성도 약화되어갔다.

학부제 실시가 교육부 방침에 따라 전체 대학에 영향을 미친 대학 질서 재편 작업이었던 만큼, 전반적인 학생회 조직의 약화 또한 전국적인 현상이었다. '96년 한총련·연세대 사건' 이후 급속히 약화된 한총련의 분열·약화와 결합되었고, 기존과 같은 형태의 전국단위 학생운동 조직의 위상은 매우 낮아졌다. 이러한 가운데 1997년 한총련이 국가보안법상 이적단체로 규정되면서 대중적 학생회 연합조직으로서의 위상이 크게 실추되었고, 여러 대학에서 그동안 누적된 한총련의 운동 노선과 조직운영 방식을 둘러싼 갈등이 한총련 탈퇴 논의와 맞물려 표출되었다. 이에 한총련에서 벗어나 새로운 전국단위 학생회 연합체를 건설하려는 흐름과 한총련 내부의 조직 재편 논의가 2000년대 전반까지 활발하게 전개되었다.

먼저, 한총련을 지양한 새로운 연합체 운동을 주장하는 여러 단체들이 등장하였다. 전국학생연대회의(이하 연대회의), 학생연대회의(SAS: Student's Action for radical Solidarity), 전국학생회협의회(이하 전학협)가 대표적인데, 민족해방(NL) 세력이 주도하는 학생운동에 비판적이었던 민중민주(PD) 진영의 그룹들이 결성한 것이었다. 1997년 결성된 연대회의는 전국 28개 대학 총학생회장 공동후보단을 구성하였고, 전학협 또한 1999년 8월 준비위원회를 발족하고 정치적으로 반자본주의 지향을, 조직적으로는 민주적이고 열린 학생회 운동을 전개할 것을 내세웠다. 특히 전학협은 "한총련계열 중심 학생운동의 패권 극복"을 구호로 세력 확장을 꾀하였다. 이들은 한총련 조직이 획일적이고 경직되어 있어 학생사회의 다원성을 반영해 진보 담론을 형성해나갈 수 없다고 보았다. 연세대의 경우 1999년도 말에 치러진 총학생회 선거에서 전학협 지지를 내세운 선본이 총학생회에 당선된 것을 시작으로 전학협이 공식적으로 해소하는 2003년까지 단과대 학생회와 총학생회 선거에서 전학협과 한총련은 대표적인 경쟁 구도를 형성하였다.

하지만 이들 학생회연합체는 대체로 전국화에 실패하였고 수도권 주요대학을 중심으로 세력을 형성하였다. 전학협 건설 직후 연세대에서 전학협 계열 총학생회가 당선되었지만 언론에서도 새로운 학생회연합 소속의 총학생회라는 측면보다 최초의 여성 총학생회장 당선에 더 주목했다.

한총련 내에서도 새로운 조직 건설 흐름이 형성되었다. 특히 2003년 "한총련 혁신을 통한 합법화"를 내세운 연세대 총학생회장 정재욱(기계전자 4)이 접전 끝에 11기 한총련 의장으로 당선되면서 한총련 '혁신' 논의는 대내외의 주목을 받았다. 이전까지의 변화 모색이 이적단체 규정에서 벗어나기 위한 강령 개정 수준에 머물렀다면 정재욱 의장은 학생운동의 대중성 복원을 위해서는 한총련 합법화를 기반으로 새 조직을 건설해야 하며, 이 과정에서 한총련의 발전적 해소도 가능하다는 입장을 밝혔다. 이는 2000년 6·15 공동선언 이후 형성된 남북 화해의 분위기와 더불어 노무현 대통령 당선 이후 한총련 합법화와 수배 해제 논의가 공론화된 사회적 분위기와 긴밀히 연결되어 있었다. 이와 같은 한총련의 선언은 사회적으로도 주목을 받았고 한때 한총련 합법화 및 수배자 해제 문제가 상당히 구체적 수준에서 활발히 논의되었다.

하지만 결과적으로 한총련의 발전적 해소 및 합법화는 한총련 내부에서 조직 갈등과 정부와의 마찰을 거치며 실현되지 못했다. 한총련 새 조직 건설 논의가 다시 답보상태에 놓이면서 2005년 한총련 내 일부 그룹은 '21세기 한국대학생연합(이하 한대련)'을 별도 조직을 결성하여 상황을 타개하고자 했다. 한대련은 청년실업, 등록금 등 교육문제에 집중하는 것으로 정치투쟁의 수위를 조정하여 대중적인 학생회 연대체를 구성할 것을 내세웠다. '대학생 다함께'(노동자연대 학생그룹), 민주노동당 학생위원회와 같은 정치조직을 통한 정치투쟁과 대중성이 강조되는 학생회를 통한 투쟁 간의 차별성을 두는 방식이었다.

이와 같이 '96년 한총련·연세대 사건' 이후 한총련의 정당성 약화와 학생들의 냉소 혹은 이탈을 극복하기 위해 약 10년간 기존 전국단위 학생회 연합체 운동을 새롭게 재편하고자 하는 움직임이 진행되었다. 그러나 이에 대한 학생들의 관심은 전반적으로 저조했다. 연세대의 경우 2000년 이후 총학생회 선거는 저조한 투표율 때문에 연장투표 실시 끝에야 최소 투표율 50%가 겨우 넘는 일이 반복되었고, 학생회와 학생들 간의 괴리 혹은 단절에 대한 문제제기가 계속되었다. 2003년 총학생회장이 한총련 의장으로 당선되고 한총련 해소를 표방하면서 언론의 이목을 끌었지만 그것이 학생들의 관심으로까지 이어지지는 못했다. 학생들은 점차 학생회가 표방하고 있는 정치적 이념의 내용보다도 그것이 구체적으로 학내에 미치는 영향에 더 초점을 맞췄다. '운동권' 총학생회가 당선되었을 때 정치적 이념 지향의 내용보다는 시위, 집회 등 외부 행사의 교내유치에 대한 견해에 학생회가 어떻게 답하느냐에 더 큰 관심을 보였다.

그럼에도 불구하고 2000년부터 2004년까지 적어도 총학생회와 상당수의 단과대 학생회는 기존 학생운동 정파 조직 간 경쟁을 바탕으로 한 '운동권' 학생회의 당선이 지속되었다. 조직적으로는 자치조직의 약화 속에서도 최소한 2000년대 전반까지는 기존 과/반학생회, 단과대 학생회 등을 통해 유지되는 조직력이 여전히 작동했기 때문이다. 그러나 운동권 학생회 당선의 좀 더 중요한 배경에는 학생들이 처한 문제에 대처할 수 있는 학생회에 대한 기대감이 어느정도 작동하고 있었다고 볼 수 있다.

전반적으로 정권에 맞서 싸우고 사회참여의 목소리를 드높이면서 학생들을 '선도'하는 학생회에 대한 거부감과 학생운동에 대한 회의감은 커진 것은 사실이었다. 하지만 학생들이 1990년대 말부터 불어닥친 학생사회의 위기에 맞설 수 있는 학생회까지 부정했다고 보기는 어렵다. 학생회가 가속화되는 학교 본부의 일방적인 학사제도 개편과 등록금 인상에 맞서 학생들의 목소리를 대변하고 싸울 수 있어야 한다는 인식은 광범위했고, 교육투쟁에 대한 열의와 조직력에 대한 기대가 선거 결과로 반영되었다. 이에 따라 2000년대 학생회를 중심으로 한 학생운동은 교육투쟁으로 그 초점이 맞춰졌다.

교육투쟁 중심의 학생회 운동과 사회운동으로 확대된 등록금 투쟁

2000년대 학생운동의 가장 두드러진 주제는 등록금 투쟁을 비롯한 교육투쟁이었다. 물론 교육투쟁의 주제 자체가 새로운 것은 아니었다. 이미 많은 대학에서 1980년대 후반부터 이른바 '학원자주화' 투쟁이 진행되고 있었다. '대학운영협의회' 등의 기구를 통해 학생의 대학 운영 참여를 요구하거나, 비리재단에 대항하여 재단을 재구성하는 투쟁을 진행한 학교들도 있었다. 특히 정부가 1989학년도부터 대학 등록금 책정을 자율화하면서 1990년대 내내 대학들의 등록금 인상률은 매년 물가상승률의 2~3배에 이르는 수준이었고 등록금 투쟁이 거세게 진행되었다. 1996년 법과대학생 노수석이 사망한 집회 또한 '김영삼 대선자금 공개와 교육재정 확보'를 위한 결의대회로, 학내적으로는 학교의 일방적인 등록금 16.38% 인상에 반대하는 투쟁의 연장선이었다. 그렇다면 2000년대 교육투쟁이 이전과 차별화되는 점은 무엇인가? 그리고 연세대 학생운동에서 교육투쟁은 어떻게 진행되었는가?

첫째로, 이전까지 대학의 자율성을 요구하는 것과 대학 운영의 민주화가 주요 이슈였다면, 1990년대 후반부터 2000년대에는 신자유주의 교육정책, 특히 교육 시장화와 대학의 기업화에 대항하는 교육 공공성 이슈가 부각되었다. 대학 구조조정과 제2·3 캠퍼스 추진 및 캠퍼스 이전·통합 논란 등이 이슈화되는 가운데, 연세대 학생운동 세력들도 기여입학제, 재단적립금, 대학의 펀드 투자 문제 등에 대처하면서 사립학교법과 연관시켜 교육공공성 논의를 공론화시키고자 했다. 학원자주화 운동의 변화라는 관점에서는 국가로부터의 자율적인 학교 운영을 강조했던 흐름에서 국가의 재정적 책임과 평등한 교육권 보장을 요구하는 방향으로 변화하였다.

둘째로, 이전까지 교육투쟁이 통일운동·노동운동으로 전환하기 위한 가교 역할에 가까웠다면, 2000년대 중반을 기점으로 교육투쟁은 전국적 학생운동의 가장 핵심적인 주제로 부상하였고, 전체 사회운동 의제로까지 확장되었다. 2000년대 초반까지 대학별·지역별 투쟁에 머물렀던 교육투쟁은 2004년 무렵부터 '전국대학생 교육대책위원회'가 결성되면서 점차 전국 대학교 차원의 대응으로 확대되었다. 2006년 처음으로 3월 말 무렵에 대학별 교육투쟁의 열기를 전국 단위의 '교육공동행동'으로 결집하여 교육재정확충·등록금 문제 해결(등록금 상한제, 등록금 인하) 등의 대정부 요구를 표출했다. 특히 2006년 교육공동행동에 8천여 명이 참여하고 교육문제를 여론화하면서 되면서 등록금 투쟁은 대학생들의 부문 투쟁에서 사회운동의 주요 의제로 부상하게 된다.

물론 2000년대 초반부터 민주노동당을 비롯한 진보진영에서 대학 무상교육 및 등록금 상한제·후불제 등을 고등교육 정책으로 제시한 바 있었다. 하지만 이것이 사회운동의 핵심 이슈로 부상한 것은 2000년대 중반 이후였다. 청년실업 갈수록 심화되는 가운데 대학진학률이 역대 최고인 83.8%(2008년)까지 증가하면서 등록금 문제가 더 이상 대학생의 일시적인 위기가 아닌 중대한 사회경제적 문제라는 인식이 확산되었다. 불안한 노동시장과 고용환경은 대학생들의 등록금 상환능력을 악화시키는 요인이었고 가계 경제에도 큰 영향을 미치는 문제로 부상하였다.

이에 2006년부터 민주노총이 처음으로 등록금 인상 반대투쟁을 대학생단체와 함께 진행했고, 2008년에는 본격적으로 '등록금 대책을 위한 시민·사회단체전국네트워크'(이하 등록금넷)가 발족하였다. 등록금 문제가 중요한 사회적 이슈가 되면서 2006년 총선과 2007년 대선 국면에서는 당시 보수정당인 한나라당까지 나서 이른바 '반값 등록금'을 공약으로 내세웠다. 이에 따라 등록금상한제·후불제, 반값등록금, 등록금인하 등 등록금 문제 해법을 둘러싼 노선 차이가 학생운동 정파 간 중요한 논쟁 이슈로 부상할 만큼 핵심적인 사안이 되었다.

'전국대학생행동의 날'(2008. 03. 28)에 참가한 '등록금넷'

출전: 노동자연대 웹페이지(https://workerssolidarity.org/p/6275)

연세대에서도 2000년대 내내 다양한 내용과 형식의 교육투쟁들이 전개되었다. 가장 주요하게는 매년 등록금 문제를 둘러싼 동결·인하 투쟁이 벌어졌다. 연세대는 IMF 직후 2년을 제외하고 1990년대부터 2008년 하반기 금융위기 이전까지 높은 수준의 등록금 인상을 계속해왔다(<표 5> 연세대 등록금 인상률 참고). 이에 학생회를 중심으로 동결된 등록금을 총학생회로 납부하는 '민주납부' 실시, 학생총회, 본관점거 등을 실시하여 학교본부에 저항하였다.

<표 5> 연세대 등록금 인상률 (단위: %)

<table>
<tr><th>년도</th><th>00</th><th>01</th><th>02</th><th>03</th><th>04</th><th>05</th><th>06</th><th>07</th><th>08</th><th>09</th><th>10</th><th>11</th><th>12</th></tr>
<tr><td>고지</td><td>11.4</td><td>7.5(재학생)
9.0(신입생)</td><td>6.7</td><td>9.5</td><td>9.5</td><td rowspan="2">5.7</td><td rowspan="2">12.0</td><td rowspan="2">8.7</td><td rowspan="2">8.9</td><td rowspan="2">0.0</td><td rowspan="2">2.5</td><td rowspan="2">0.0</td><td rowspan="2">-2.3</td></tr>
<tr><td>최종</td><td>9.09</td><td>5.95</td><td>5.9</td><td>6.5</td><td>6.5</td></tr>
</table>

연세대의 등록금 인상과 그에 맞선 투쟁은 2006년에 가장 격렬하게 이루어졌다. 학교 본부는 등록금 12% 인상이라는 초유의 인상률을 고지했고, 총학생회는 그간의 경험을 바탕으로 논리적으로, 전술적으로 동원할 수 있는 모든 수단과 방법을 활용해 투쟁하였다. 총학생회는 선거운동 본부 시절부터 재단전입금 문제, 이공계 및 의·치과대 등록금 차액 문제 등을 제기하면서 대표 공약으로 '등록금 5% 인하'를 내세울만큼 등록금 투쟁에 적극적인 의지를 보이고 있었다.

그러나 학교 본부는 전년도에 대비 두 배 이상의 인상률을 발표했고 유례없이 강경한 태도로 일관했다. 총학생회는 등록금 인상을 저지하기 위해 재학생 1/10을 소집하는 학생총회를 개최하였다. 이후에는 108일간의 유례없는 본관점거를 진행하고 재단이사회 항의 방문 시위 등의 강도 높은 투쟁까지 진행했다.

장기간 지속된 본관점거를 둘러싼 논란에 대한 총학생회의 해명 플래카드
출전: 『연세춘추』 2006녀 4월 17일

그럼에도 불구하고 학교 본부와 재단은 강경한 태도로 일관했고, 총학생회는 등록금 인상률 완화에 실패했다. 이러한 결과에 총학생회 또한 당혹감을 감추지 못했다. 총학생회 차원의 교육투쟁이 전개되지 않았던 2005년을 제외하면, 2000년부터 매해 3~4월 교육투쟁으로 학교측과 일정한 합의를 도출하고 인상률 완화 및 여러 교육투쟁 요구안을 관철시켰기 때문이다. 교육투쟁이 본관점거라는 비상상황으로 오랫동안 지속되면서 그 해 계획했던 총학생회의 여러 사업들 또한 제대로 시행되기 어려웠다.

그 이후에도 계속된 등록금 인상행렬은 약 20년만에 2009학년도 등록금 동결로 일단락되었다. 이는 2008년 하반기 글로벌 금융위기의 영향이었다. 연세대를 비롯한 대학들은 IMF 직후의 '고통분담'과 비슷한 맥락에서 학생·학부모 부담 경감을 위해 등록금을 동결한다고 발표했다. 하지만 실제는 대학의 금융시장 진출과 그로 인한 타격이 민감한 이슈로 부상하면서 동결로 이어진 것이었다.

2008년 글로벌 금융위기는 IMF 이후 10년간 활발해진 대학의 금융시장 진출 결과에도 큰 영향을 미쳤다. 교육부는 2007년부터 대학들의 수익사업 투자 규제를 완화하여 적립금의 주식투자를 가능하게 하고 학교 내 상업시설 유치 등을 통한 수익사업과 임대사업을 가능하게 했다. 이로 인해 대학들의 적립금 투자와 학내 복합단지 건설, 제2·3 캠퍼스 열풍이 불고 있었다. 연세대의 경우 교육부의 규제완화가 공식화되기 전부터 재단적립금을 활용해 사모펀드를 조성하는 등 부동산과 주식에 적립금을 투자하고 있었다.

이러한 상황에서 2008년 가을 일부 단과대 학생회와 실천단으로 구성된 '부자학교펀드감시단'은 금융위기와 학교의 재정운영 책임을 연관시켜 등록금 문제를 제기했다. 시민사회단체 '등록금넷'과 공동으로 문제를 공론화하는 전략을 통해 대학적립금의 위험자산 투자를 문제제기하고 3000억 적립금의 운용 내역 공개 및 등록금 동결을 주장했다. 금융위기로 인한 학교의 투자 손실을 학생들에게 전가해서는 안 된다는 논리였다.

통상적인 등록금 투쟁이 학교의 등록금 고지를 전후로 2-3월에 전개된다는 것을 감안하면 전년도 9월부터 제기된 투쟁은 이례적이었고, 사회적으로 대학 기금 운용 문제가 가시화되면서 그 해 많은 대학의 기금 운용 실태가 드러나는 계기가 되었다. 여기에 정치권에서도 적극적으로 등록금을 둘러싸고 경쟁적으로 정책을 펼치면서 2009학년도에 많은 대학들이 등록금 동결은 선언하였다. 이는 정부의 등록금 인상률 상한제 실시 정책과 맞물리면서 고율의 등록금 인상 행진 종료를 알리는 첫 걸음이 되었다.

적립금 투자내역 정보공개를 요구하는 '부자학교펀드감시단'의 기자회견(2008. 09. 30)

출전: 참여연대, 「참여연대 빛나는 활동 - 대학 등록금 인하 운동」, 참여연대웹페이지(https://www.peoplepower21.org/pspd100/1338949)

이후 대학들의 등록금 투쟁은 '반값 등록금'을 구호로 진행되었다. 특히 2011년도에는 주요 정당들의 등록금 지원방안을 둘러싼 발언들을 토대로 반값등록금 투쟁이 전국적으로 확산되었다. 초기에는 대학생들을 중심으로 구성된 소규모 시위였는데, 5~6월에 이르러 정당·시민사회가 결합하면서 대규모로 확대되었다. 시민사회, 학부모모임과 결합하여 '반값등록금 운동본부'가 결성되었고, 6월 10일에는 2만여 명의 시민들이 반값등록금을 요구하며 광장에 결집하였다. 이러한 움직임들을 계기로 서울시에서는 2012년 최초로 서울시립대 반값등록금을 실시하여 구호를 현실화했고, 2012년부터는 일부 대학에서 등록금을 인하시키는 성과를 낳기도 했다. 그런 의미에서 2000년대 등록금 투쟁은 등록금 문제를 대학생들만의 문제가 아닌 전 사회적인 문제로서 인식시키고 고등교육 비용에 대한 공적 감시와 지원에 대한 공감대를 확산시키는 데 기여했다고 평가할 수 있다.

한편 등록금 문제가 가장 부각되었으나 학사제도 개편에 대한 저항 또한 2000년대 교육투쟁이 활발해진 이유였다. 1990년대 말부터 대학들은 앞서 언급한 학부제 실시와 더불어 재수강제도 개편, 상대평가 확대 등 대대적인 학사제도 개편을 단행했다. '대학 경쟁력 강화'를 이유로 단행된 학교들의 학사제도 개편은 언론, 기업, 한국대학교육협의회(이하 대교협) 등에서 시행하는 대학종합평가 순위를 의식한 것이었다. 이를 두고 학생들은 기업경영 방식을 대학에 도입하여 대학 내 경쟁체제를 강화하고 '기업 맞춤형 인재'를 생산한다며 저항했다.

하지만 이 의제들은 대부분 학외로 표출되기 보다는 학내에서 등록금 문제와 함께 교육투쟁 의제로 제기하고 학교와의 협상을 도출하는 방식으로 진행되었다. 협상 과정에서 단기적으로 시행을 보류하거나 조치를 완화하였으나 결과적으로는 상대평가를 비롯한 학사제도 개편은 전국적으로 진행되었다. '학점 인플레'에 대한 기업들의 비판과 경쟁이 교육에 효과적이라는 논리 앞에서 학생들의 저항은 대체로 실패한 것으로 평가된다.

교육투쟁은 2000년대 학생운동의 가능성과 한계를 모두 내포하고 있었다. 교육투쟁은 학생들의 구체적인 일상과 관련한 요구들을 모아내고, 이를 중심으로 투쟁함으로써 학생회 운동의 위기를 극복할 수 있는 기회를 제공하였다. 교육투쟁은 다른 정치·사회적 의제들이 외면 받았던 것에 비해 분명 학생들의 호응을 얻고 참여를 이끌어낼 수 있었다. 교육투쟁은 그 자체로 학생운동 재생산에 토대가 될 활동가들을 발굴해내는 장이 되기도 했다.

하지만 교육투쟁의 성과가 바로 학생운동의 신뢰 회복으로 이어지는 것은 아니었고, 교육투쟁의 결과가 학생운동 그룹이 기대한 '교육권'이나 '대학의 민주화', '교육 공공성' 논의로 쉽게 확장되지는 않았다는 점에서 한계 또한 뚜렷했다. 교육 공공성에 대한 논의나 대(對)정부 투쟁보다는 학생회가 당장의 학사적 이해관계를 해결할 것을 요구하는 학생들이 늘어난 것 또한 사실이었다. 그 과정에서 접근법에 따라 교육 의제는 정치성과 이념성을 탈각된 채 학생복지 의제와 구분이 모호해지기도 했다. 2000년대 중반 이후 다양한 '비권' 총학생회 등장 속에서 이러한 경향은 더욱 강화되었다. 교육투쟁의 여러 의제들이 사회 구조적인 것이 아닌 단순한 '학내 문제'로 쉽게 협소화된 것이다. 따라서 학생운동 그룹이 총학생회를 이끌었을 때 교육투쟁에 성과를 보였을지라도 학생운동의 이념적 색채가 드러나는 것에 대한 학생들의 거부감은 날로 강화되었다. 그 비판은 "학내 문제에 소홀하다"는 평가로 반복되었다.

2000년대 학생회 중심의 학생운동에서 교육투쟁은 늘 중심을 차지했으나, 기존 운동노선을 그대로 유지한 채 교육투쟁을 벌이는 것의 한계는 점차 명확해졌다. 이미 1996년 이후 학생회운동의 위기는 자명했지만 그 후로도 2000년대 중후반까지 기존 NL/PD 혹은 한총련·학생연대(전국학생행진)·학생행동연대 등 정파 운동의 유산이 완전히 사라진 것은 아니었다. 하지만 활동 그룹 자체는 점차 소수화되었다. 학생운동은 본격적으로 학생회 중심성을 탈피하거나 운동 노선을 수정하는 방식으로 변화해나갔다. 2000년대 중반 이후 총학생회 선거 양상은 대학사회의 변화를 단적으로 보여주었다. 이러한 흐름 속에서 연세대 내 운동 그룹은 학생회 내외에서 여러 시도들을 통해 새로운 사회운동의 가능성을 학내외에 제시하고자 했다.

2. 학생운동의 위상 변화와 대학생 '활동가' 정체성

'탈정치' 운동집단의 등장과 대학생 '당사자운동'의 대두

2000년대 참여정부가 집권하고 1980년대 '운동권'들이 제도권 정치에 본격적으로 진출하면서, 반독재 민주화의 상징이었던 학생운동의 입지는 갈수록 축소되었다. 1990년대 후반부터 점차 성숙해가는 시민사회 단체들에 대비되는 학생운동의 역량 감소는 학생운동의 필요성에 대한 질문으로 이어지기도 했다. 학생운동과 학생회 운영에 관심을 갖고 있는 사람들 중에서도 상당한 수준의 민주화가 실현된 시점에서 학생들의 정치적 다원성을 고려해야 하며 이를 위해 실질적인 민주성과 자율성을 강화해야 한다는 비판이 제기되고 있었다. '탈정치'를 내세운 학생 집단이 구체화된 것도 이러한 분위기와 맞물려 있었다.

2004년 11월에 치러진 총학생회 선거와 이를 통해 당선된 2005년 총학생회는 탈정치 그룹의 주장과 활동을 구체적으로 보여주었다. 42대 총학생회는 '탈정치 작은총학'을 구호로 '반(反)운동권'임을 내세웠고, 높은 지지율로 당선되면서 '20대/대학생 탈정치화·보수화 바람'을 학내외에서 주도하였다. 부각되는 공약이나 조직력 있는 선거운동은 없었지만 '탈정치 작은총학'이라는 구호 자체로 많은 학생들의 관심을 받았다. 당시 총학생회는 2003년 전학협 해소 이후 2년 연속 'NL 계열'이 운영하고 있었다. 2년 연속 같은 집단이 총학생회를 운영한 것에 대한 피로도에 더하여 2004년 '8·15 민족통일대축전'[134] 행사를 학내에서 개최하고 국가보안법 반대 운동을 펼친 것에 대한 학생들의 반감이 탈정치 선본에 힘을 실어주었다. 총학생회는 등록금 인상률 완화를 비롯해 교육투쟁에서 일정한 성과를 냈음에도 불구하고 학내사안보다 정치사안에 민감하다는 비판을 피하지 못했다.

'96년 한총련·연세대 사건' 이후 기존 학생운동에 대한 반대를 표방하며 나온 '비권' 선본들이 꾸준히 존재했었지만 2005년 총학생회는 탈정치를 구호로 명백한 '뉴라이트' 정치를 펼치며 보수언론과도 적극적으로 연합하는 모습을 보였다는 점에서 기존과는 차별화되는 새로운 보수정치운동 집단이었다. '탈정치 총학'은 선거 당시부터 정치운동 세력의 정치참여로 인해 학내 사안이 제대로 해결되지 않고, 정치적 집회가 학생들의 학습권을 침해한다고 주장했다.

하지만 탈정치를 내세운 총학의 행보는 매우 '정치적'이었다. 당선 후 중앙도서관 앞에

134 2000년 '6·15 남북공동선언' 발표 이후 매년 개최되었던 남북한 공동행사였다. 2008년 이후 남북관계 경색으로 중단되었다.

서 열리는 행사들을 '학습권', '정치화 반대'를 이유로 전면 금지하였다. 민주노동당 학생위원회에서 벌인 학내 친일잔재 청산 운동과 관련해서는 적극적으로 기자회견을 개최해 백낙준 초대총장 동상 철거 주장을 반박하고 "친일 잔재 청산 문제가 학내의 교육투쟁 형성 분위기와 연계될 것을 심히 우려한다"는 우려를 표명하면서 총학생회 중앙운영위원회 위원들과 갈등이 불거지기도 했다. 이러한 총학생회의 행보에 대해 학내 언론에서도 "그들이 진정 정치로부터 벗어난 작은 총학을 추구하는지 의심스러운 때가 많다"는 평가를 하였다(『연세춘추』, 2005. 4. 4). 기존 NL계열 학생운동 세력이 학내에서 '8·15민족통일대축전' 행사를 개최하려고 시도하자 총학생회는 '정당한 민주적 절차와 상식의 부재'를 근거로 정문 앞 1인 시위를 벌이고 학교본부와 함께 장소 제공을 거부해 사회적으로도 화제가 되었다. 이러한 총학생회의 행동에 보수단체인 '자유주의연대'에서 지지성명을 발표해 호응했고, 보수언론에서도 '대학가 탈정치 흐름'으로 주목하여 보도하였다.

한편 '탈정치' 총학생회는 '전략적 합리주의'를 기조로 운영의 효율성과 실용성을 표방했음에도 불구하고 포용력 및 집행력 부족으로 많은 비판을 받았다. 등록금 협상과정에서 총학생회는 단과대 학생회들을 배제한 채 별다른 투쟁 없이 학교의 5.7% 인상안에 합의하였고 각종 행사에서 집행력 미숙을 드러내면서 학생들의 신뢰를 얻지 못했다. 이러한 무능은 다음 선거에 반영되어 '탈정치' 총학과 같은 기조를 내세운 '민주연세' 선본은 낙선했고, NL 계열 운동권 선본이 당선되었다. 이에 대해 '운동권 학생회의 화려한 부활'이라는 평가도 나왔지만 실제적으로는 학생들이 정치성향보다 '비권보다는 일 잘하는' 학생회에, 그리고 그 해 미진했던 등록금 및 재수강제도 개선과 같은 교육투쟁에 대한 기대로 '운동권 학생회'에 힘을 실어준 것이었다.

'탈정치' 바람은 그 이후에도 계속되었다. 전술했듯이 2006년 총학생회는 치열한 교육투쟁에도 불구하고 등록금 인상률 조정에는 실패했고, 다른 교육투쟁의 성과에도 불구하고 8·15 민족통일대축전 행사 개최로 인한 논란에 다시 휩싸였다. 전년도 여름에 행사개최를 반대하는 1인 시위를 벌였던 '탈정치' 그룹은 '연세대 권리장전'이라는 모임을 결성하고 "남의 권리를 존중할 줄 모르면 절대로 대접받을 수 없다. 8·15 행사 교내 강행 반대" 플랜카드를 정문에 개시하고 1인 시위를 벌였다. 하지만 이러한 반대 움직임과 학교의 행사 개최 거부 입장에도 불구하고 총학생회는 학내에서 3일간 행사를 진행했다.

이후 공청회를 열어 총학생회 및 중운위원들이 입장을 표명하고 학생들과 대화하고자 하는 장을 마련했지만 학생들의 반응은 냉담했다. 행사 자체는 계절학기도 끝난 방학이었기에 불편보다는 무관심이 더 컸지만, 운동권 총학생회는 학생들의 이해보다 자신들의 주장, 이념을 더 중요하게 생각한다는 편견은 강화되었다. 그리고 결과는 다시 '탈정치 비운동권 총학'을 표방한 선본의 총학생회 당선으로 이어졌다.

2007년 총학생회는 '운동권' 선본의 두 배에 달하는 득표율로 당선되었다. 투쟁 대신 기부금 모금을 통한 등록금 문제 해결을 주장했고 학생복지 공약을 강조했다. 총학생회와 달리 단과대 학생회들의 교육투쟁 의지는 높았으나 의지 없는 총학생회로 인해 투쟁은 지체되었다. 2007년 총학생회의 '정치성'은 학칙개정을 위한 학생총투표 강행 과정에서 드러났다. 총학생회는 1988년에 제정된 학생회칙 전문이 학생 성원들의 이해와 거리가 멀다고 주장하였다. 이에 학칙개정을 통해 재정 및 의사구조의 투명성 확보, 외부단체 가입여부의 결정, 특별위원회 재정비를 단행할 것을 선언하였다. 하지만 기존 학생회 대의체계를 무력화하고 총여학생회를 폐지하여 총학생회 산하 성평등위원회로 대체하는 내용이 포함되면서 큰 논란이 되었다. 학생회칙 개정안에 대한 무관심과 반대 여론으로 총투표 성사가 어렵다고 판단하자, 총학생회는 한총련 탈퇴 여부에 대한 총투표를 추가로 발의하여 색깔론 공세를 펼쳤다. '운동권포비아'와 반여성주의를 강하게 자극하는 방식으로 총투표를 강행한 것이다. 결과적으로 총투표는 무산되었으나 이 사건으로 총학 및 단과대 학생회의 시간과 역량을 허비하면서 교육투쟁은 진행되지 못하였다. 무엇보다 학생들의 학생회에 대한 염증과 불신이 강화되었다.

2000년대 '탈정치' 흐름은 비단 연세대에 국한된 것이 아니라 전국적인 현상이었다. 2005년과 2007년 연세대 총학에서 보여준 것과 같은 방식의 운동은 2007년 10월 말 각 대학 학생회 선거를 앞두고 전국 17개학 400 여 명의 학생들이 모인 '뉴라이트대학생연합'의 창설로 구체화되었다. 연세대 대학원생으로 대표를 맡은 최재동은 출범식에서 북한인권·청년실업·대학교육 문제에 목소리를 내는 '대안적' 학생운동을 펼칠 것을 밝혔다. 그러나 '탈정치'를 내세운 뉴라이트 학생회들의 정치성과 무능 또한 학생들의 비판을 면하지 못했다. 이와 같은 '탈정치'를 둘러싼 부침 속에서 몇 가지 새로운 흐름이 형성되었다. 하나는 '비운동권의 운동권화'라고 평가받는 학생회의 등장이고, 또 하나는 새로운 학생운동 노선을 정립하는 움직임이었다.

연세대에서는 2007년 11월에 치러진 45대 총학생회 선거에서 운동권과 비운동권을 넘어서는 '학생권' 총학생회를 내세운 선본이 등장하였다. 학내적으로 3년간 운동권-반운동권의 대립으로 인한 학생들의 염증과 피로감을 반영한 것이었다. 기존 운동권처럼 특정 이념을 강요하지 않지만 집행력 있고 사회참여도 하는 학생회가 될 것을 천명하였다. 선거가 진행되면서 학생권이 운동권의 옛말이라는 반박을 받자, 선거 막판에는 '학생권'이라는 표현 대신 '힘있는 비운동권'으로 바꿔 표현했지만 '학생권'이라는 프레임은 강력하게 작용했다. 내용적으로 '학생권'을 지배한 것은 다양한 학생복지 정책이었다. 학생복지를 우선시하면서 기존 비운동권 총학생회의 무능력과 부패를 극복하고자 했고, 그 과정에서 기업의 자본도 적극적으로 유치하였다. 사회참여의 경우 '투쟁적이지 않은' 방식을 지향했고, NGO와의 연대를 내세웠다. 기름유출 사고로 피해를 입은 태안반도에 총학생회 차원에서 봉사활동을 추진한 것이 이들의 사회참여 노선을 보여주는 대표적인 사례였는데, 2008년 5월 광우병 촛불집회 국면에서 많은 시민이 광장에 모이자 총학생회도 시청으로 나가는 모습을 보였다. 학생복지를 우선한 45대 '학생권' 총학생회는 상당한 지지를 얻었고 이후 비운동권 총학생회의 하나의 모델이 되었다. 2008년 11월 선거에서는 서울대, 고려대, 서강대 등에서도 연세대와 유사하게 '건전한 비권', '활동권' 등을 표방하는 학생회가 당선되었다. 정치권과 대학 사회에서 뉴라이트를 비판하는 흐름과 2008년 촛불집회 국면과 맞물리면서 총학생회의 리더십을 요구하는 목소리가 증가했다는 평가는 상당히 설득력 있는 것이었다.

한편 학생회를 기반으로 학생운동을 지속해오던 그룹 중 일부는 2007년 무렵부터 학생운동을 적극적으로 재정의하여 '20대·대학생 당사자 운동'으로 수정하고 활동 방식과 내용의 변화를 꾀하는 움직임을 본격화했다. 그들은 이전까지 학생운동 세력이 교육투쟁을 통해 대중성을 획득할 것을 강조했음에도 불구하고 궁극적인 학생운동의 목표는 통일운동이나 노동운동 등의 사회변혁 운동으로 견인하는 데 놓여있었다고 지적하였다. 그리고 이러한 인식의 저변에는 시대의 변화에도 불구하고 여전히 대학생을 엘리트 혹은 선택받은 집단이며 진보적인 사상이론에 상대적으로 높은 접근성을 가지고 현실 참여를 할 수 있는 집단이라고 보는 시각이 여전히 전제되어 있었다고 분석하였다. 변화된 대학과 대학생의 현실을 학생운동이 반영하지 못하고 있다는 것이었다.

그들은 2000년대의 대학이 더 이상 '지식의 전당'이 아니며 대학생 또한 사회변혁의 선봉대가 아닌 불안한 '예비 노동자'임을 인정해야 한다고 강조하였다. 김영삼 정부는 1990년대 중반 대학 자율성 확대를 내세워 각종 규제 완화를 실시했고 1996년 대학정원을 자율화했다. 이로 인해 대학진학률은 가파르게 상승하여 1990년 33.2%에 불과했던 대학진학률은 2008년 83.8%까지 상승했다. 대다수가 대학에 진학하는 상황에서 대학생이 사회를 견인하는 엘리트라고 보기는 어려워진 것이다. 신자유주의적 사회 재편 속에서 대학은 시장 논리, 이익 창출 논리에 갇힌 채 시장에 맞는 '맞춤형 인재'를 양성하는 기관으로 전락하였으며, 2000년대 대학생은 청년실업률 증가로 '88만원 세대'로 대변되는 고통받는 존재가 된 것이 현실이었다.

하지만 그들이 보기에 학생운동의 의제는 여전히 변화된 대학생의 현실과는 거리가 멀게 설정되어 있었다. 단적으로 기존 학생회 연합조직들의 사업계획에서 그러한 문제가 드러나고 있었다. 2000년대 중후반까지도 정파를 막론하고 등록금 문제 해결은 3·4월 사업으로만 배치되었고 아르바이트나 청년실업과 같은 문제는 핵심사업에 반영되지 못하고 있었다. 기존 NL 계열 연합조직의 사업은 5월 이후 반미투쟁과 통일운동으로, PD 계열은 반신자유주의 투쟁과 노학연대로 짜여 있었기 때문이다. '당사자운동 그룹'이 볼 때 이러한 학생운동의 방식은 1980년대와 달라진 대학생의 위치성을 반영하지 못하는 것이었다.

이러한 문제의식에서 그들은 학생운동이 전체 운동을 대변하는 것 이전에 대학생 고유의 의제설정 능력을 갖고 '당사자운동'을 해야 한다는 것으로 학생운동의 목표를 수정하였다. 학생운동의 1차적인 목표는 고통받는 청년·대학생의 사회경제적 문제를 해결하는 것이며, 이를 위한 주요한 투쟁 의제는 등록금과 청년 일자리 문제 해결이 되어야 한다고 주장하였다.[135] 이들은 다른 대학의 학생운동 활동가들과도 학생 운동 노선 수정 문제를 토론하면서 문제의식을 공유하며 연대할 그룹을 형성해나갔다. 주로 학생회 운동을 지속하고 있던 집단으로 전통적인 NL 계열의 학생운동 활동가 중 기존 활동방식의

---

135 의제적으로는 2009년과 2010년을 기점으로 등록금 폭등 문제가 일정하게 안정기에 접어든 반면 갈수록 청년고용을 둘러싼 문제는 심화되고 있어 청년실업 및 고용을 둘러싼 의제화의 중요성이 더욱 커지고 있다.

탈피를 고민하던 이들과 비공식적인 모임을 통해 노선을 토론하며 문제의식을 구체화해 나가고 세력을 형성해나갔다.

본래 당사자운동은 주로 소수자운동에서 당사자 스스로 자기결정권과 자기대표성을 가지고 문제 해결의 정치적 주체로서 세력화하는 것을 강조하는 당사자주의를 운동전략으로 삼으면서 발전했다(김대성, 2003). 대학생 청년 집단은 기존에 사회운동의 선도 집단이자 엘리트집단으로서 사회적 목소리를 내는 대표적인 집단으로 인식되어왔기 때문에 전통적인 사회적 약자 혹은 소수자로 보기는 힘들다. 그런 의미에서 학생운동에서 당사자운동을 내세운 것은 특권적 지위로 여겨지던 기존의 대학생 집단의 정체성을 변화된 사회현실을 반영하여 재규정하고자 하는 정치 전략에 가깝다. 대학생을 선도 집단이나 특권 집단이 아니라 '사회경제적으로 고통받는 집단' 혹은 '마땅한 권리를 보장받지 못하는 집단'으로 정체성을 재구성함으로써 대학생·청년 문제를 새롭게 의제화하고 이를 학생운동의 중심으로 삼고자 한 전략이었다.

2007년부터 교내 운동에서부터 시작된 당사자운동은 초기에 '학생 지위 쟁취 투쟁'을 중요한 목표로 삼았다. 매년 반복되는 '대학본부의 일방적인 결정 - 학생들의 저항'의 구도를 변화시키기 위해서는 대학의 비민주성을 근본적으로 극복해야 하며, 이를 위해서는 대학 내에서 학생들의 지위가 보장받을 수 있어야 한다는 것이었다. 구체적으로는 대학평의원회, 총장선출, 자금운용위원회와 같은 학내 중요 의사결정 과정 및 기구에 학생들이 참여해서 학교 운영에 학생들의 목소리를 낼 수 있는 메커니즘을 보장하는 것을 목표로 삼았다.

학생지위투쟁 수준에 머물던 운동은 이들 집단이 2010년과 2011년에 총학생회를 주도하면서 보다 분명하게 대내외적으로 표출되었다. 등록금·주거·밥값·건강·청년고용과 같은 의제를 복지 차원이 아닌 권리 차원에서 정책화하고 지자체 및 정부 정책 수립에도 적극적으로 개입하였다. 특히 기숙사 및 대학생 임대주택 확충, 자취방 보증금 저리대출 등의 '주거권' 공약은 이전까지 학생회 공약으로 제기된 적 없는 새로운 의제로, 2010년 지방선거 국면과 맞물리며 학내외의 주목을 받았다. 대학 기숙사 건립운동 및 세입자 네트워크 운동으로 시작한 대학생 주거 운동은 대학 간 모임을 거쳐 시민단체 형태로 확장되어 2011년 '민달팽이 유니온'의 창립으로 이어졌다. 2012년에는 민달팽이 유니온과 서울지역 7개 대학 총학생회·단과대 학생회가 함께 '대학생 주거권 네트워크'를 결성하여 대학생 주거문제 해결을 위한 운동을 벌여나갔다. 특히 민달팽이 유니온은 창립 이후 청년주거권 보장과 청년 주거 불평등 완화 운동을 주도하면서 서울시와 정부 차원의 대학생·청년 공공임대주택 정책을 본격화하는 데 적극적으로 개입했다.

자취방 보증금 저리대출제도 및 20대 임대주택을 요구하며 열린
'20대 주거권 보장을 위한 연세대 총학생회 기자회견' 및 퍼포먼스
출전: 『연합뉴스』 2010년 5월 10일

학생운동을 청년 당사자 운동으로 전환해야 한다는 운동 노선은 청년 세대 노동조합 운동을 내세우며 창립한 '청년유니온'과도 공명하고 있었다. 연세대 당사자운동 그룹은 청년유니온의 창립 준비 단계부터 문제의식을 공유하였고, 학생회 선거 공약으로 청년

고용 문제를 청년유니온과 연대하여 청년고용할당제를 실현하고 대졸초임삭감 철회 행정소송을 벌일 것을 제시하였다. 20대·대학생 유권자 운동을 통해 지방선거 및 총선에서 대학생·청년세대의 이해관계를 반영하는 정책들을 제안하고 반영할 것을 강조하는 모습도 보였다. 이러한 당사자운동으로의 전환은 심화된 청년세대의 불안정성을 환기시키는 한편 사회정책의 권리주체로서의 청년이 등장하는 계기가 되었다. 2010년 이후 정부와 지자체에서 청년정책들이 만들어지는 과정에서 청년 개념의 정립과 관련한 논의가 활성화되는데, 이러한 정책과 논의 또한 당사자운동의 성숙과 관계된 것이라 할 수 있다.

당사자운동으로 학생운동을 재정의하고 새로운 운동전략을 만들어 간 것은 2000년대 중·후반부터 청년 담론과 정책이 쏟아져나온 사회적 흐름과 무관하지 않았으므로 연세대만의 특수한 흐름은 아니었다. 세부 노선의 차이는 있으나 2000년대 후반 이후, 특히 2010년대 들어 여러 대학 학생회와 청년 단체에서 당사자운동을 주요한 운동노선으로 채택하는 경향을 보였다. 한대련과 같은 전국단위 학생회 연합체도 2010년 청년·학생·시민사회 단체들이 결성한 청년실업 문제 해결을 위한 '청년실업네트워크', 지방선거에서 대학생들의 정책 요구를 관철시키는 것을 목표로 한 '대학생유권자연대' 등에 참여하였다.

이처럼 학생운동을 당사자운동으로 재정의하는 것이 적절한 것인가에 대한 학생운동 진영의 평가는 여전히 논쟁적이다. 당사자운동으로 학생운동이 축소될 때 특정 집단의 이해관계에 갇혀 연대운동의 연결고리가 약해질 가능성이 높으며 근본적인 사회변혁운동을 저해할 수 있다는 우려도 존재한다(이지윤, 2010). 하지만 대학생의 지위가 변화하고 청년세대의 삶의 조건이 변화한 현실에서 학생운동의 위상을 새롭게 정립하려는 시도는 유의미하다고 평가할 수 있다. 학생운동 내적으로 당사자운동으로의 전환은 '외부 정치운동'과 '학생복지'의 이분법을 극복하려는 시도이다. 또한 사회적으로는 변화된 대학과 노동시장, 사회 구조를 20대·대학생 당사자의 목소리로 드러내고자 운동이기도 하다는 점에서 기성세대가 제출하는 각종 청년세대 분석을 비판적으로 극복하는 하나의 실천으로 볼 수 있다.

다양화된 운동 의제, 느슨한 연대, 여성주의의 강조

학생회를 중심으로 한 운동은 학생운동의 전반적인 영향력 감소에도 불구하고 학생운동 내부에서 여전히 중요한 축을 형성하고 있었다. 교육투쟁의 중심이 학생회였고, 대표성과 공간·예산 등의 물질적 토대를 갖추고 있어 학생운동가를 재생산하기에도 유리했다. 그러나 1990년대 학생운동이 전국단위 학생회 연합체 운동을 중심으로 진행되었던 것에 비교한다면 2000년대에는 학생회로 수렴되지 않는 여러 조직 형태로, 다양화된 의제들로 운동이 벌어진 것이 특징이다.

이러한 흐름은 먼저 학생운동 내에서 제기된 '학생회 운동'에 대한 부정적인 평가와 관련이 있다. 2003년 전학협은 해소를 선언하면서 학생회가 학생들과의 괴리가 커지고 있는 상황에서 신입생 오리엔테이션이나 축제처럼 운동과 관계없이 관성적으로 진행하는 '달력식 대중운동'이 오히려 학생운동의 '걸림돌'이 되고 있다고 평가했다. '운동권 학생회'가 1980년대 학생운동의 '성과'였던 데 반해, 현재 대다수의 학생들이 학생회와 무관하게 살아가고 있는 상황에서 학생회 장악을 중심으로 운동을 벌여나가는 것은 옳지 않다는 것이었다. 그들은 전국단위 학생회 연합체를 해소하면서 적극적으로 '학생회 해소 운동'을 해나갈 것을 선언하기도 했다.

비학생회 운동이 활발해진 또 다른 이유는 2000년대 들어 시민사회운동이 성숙기에 접어들고 진보정당 운동이 발전하고 노동조합 운동의 체계화되면서 학생회 이외의 조직을 통해 운동을 벌여나갈 공간이 마련되었기 때문이다. 이는 학생운동의 대중성이 약화되면서 활동가 중심으로 운동 양상이 변화하는 추세를 반영한 것이기도 했다.

2000년대 초반 시민사회 운동과 결합하여 대학가의 새로운 운동 방식을 보여준 대표적인 사례는 '안티조선운동'이다. 안티조선운동은 1998년 대통령자문정책기획위원장이던 최장집 고려대 교수에 대해 조선일보에서 '사상검증'을 명분으로 왜곡 보도를 한 사건에서 출발하였고, 대학가와 학계, 노동계, 시민단체 등으로 번지면서 2000년 9월 '조선일보 반대 시민연대'가 탄생하였다.

연세대의 경우 2001년 5월 '조선일보를 반대하는 연세인모임'(이하 조반연)이 결성되었다. 5·18주간에 5·18 관련 조선일보 보도 전시회가 열렸고, 이후 온라인상의 커뮤니티를 통해 관심있는 개인들이 모이면서 모임이 결성되었다. 조반연은 조선일보 앞에서 1인시위를 벌였고 '조선바보'라는 이름의 신문을 발행하였다. 연세대 안티조선 운동은 당시 방우영 조선일보사 회장이 재단이사장을 맡고 있었기에 사회적으로도 주목을 끌었다. 안티문화와 저항정신, 인터넷 확산이라는 시대적 흐름을 반영하면서 호응을 얻었고, 기존의 조직 중심으로 모인 것이 아니라 이슈를 중심으로 다양한 성향의 사람들이 자율적으로 모여 활동한다는 점이 특징적이었다. 2001년 9월에는 사흘간 '1회 안티조선 문화제'를 연세대에서 개최하여 강연회, 다큐멘터리 상영전 등을 열고 '전국대학생조선일보반대모임' 출범식을 진행하기도 하였다.

한편 2000년대에는 정당 학생위원회 활동을 통해 운동을 전개하는 움직임도 본격화되었다. 2000년 진보정당을 표방한 민주노동당이 창당되고 일련의 선거들을 통해 지지기반을 확대해 나가면서 대학생 당원들이 증가하였다. 이에 2000년대 초반 대학별 학생위원회가 점차적으로 결성되었다.

연세대에서는 2003년에 '민주노동당 연세대 학생위원회'(이하 민노당 학위)가 결성되었고, 2000년대 후반에는 '민주당 연세대 학생위원회'도 결성되었다. 학생회의 정치성이 약화되고 대중성이 강조될수록 정치조직인 정당 학생위원회를 통해 사회문제를 발언해야 한다는 인식이 강화되면서 학내 학생위원회의 조직과 활동도 활발해졌다.

정당 학생위원회 활동으로 가장 부각된 것은 2005년 봄 친일청산 운동이었다. 2004년 '일제강점하 친일반민족행위진상규명에 관한 특별법'이 국회를 통과하면서 친일청산의 분위기가 확산되는 가운데, 서울대, 고려대, 연세대, 이화여대 등이 학내 친일청산 운동을 벌였다. 친일인사 명단 공개, 친일인사의 이름을 딴 각종 건물 및 동상의 철거운동, 청산지지 서명운동 등을 추진하면서 대학별로 기자회견을 열었다. 연세대와 이화여대는 각 대학 민노당 학위가 이 운동을 주도했다.

연세대의 경우 2005년 4월 '올바른 과거사 청산과 동북아 평화를 위한 연세인 모임'을 결성하고 중앙도서관 앞 백낙준 동상 철거, 용재관·유억겸기념관 등 친일인사를 기리는 기념물의 명칭 변경계획, 백주년기념관에 '연세역사 속의 친일인사' 신설, 범 연세 과거사 청산위원회 구성을 주장했다. 운동이 학내외에 주목을 받자, 학교본부는 민노당 학위와 직접 면담을 진행하였다. 총학생회가 아닌 조직과 학교본부의 공식적인 면담은 이례적이었다. 학교 측에서 "친일이 의심되는 학내 인사들의 친일행적을 덮어버리거나 미화할 생각은 전혀 없지만 그들의 학교에 대한 공적 또한 무시해서는 안 된다"는 입장을 밝히면서 실질적인 변화를 도출해내지는 못했으나 친일청산이라는 사회적 이슈를 학내외에 공론화시키는 효과가 있었다.

2000년대 중반 대학 내 운동에서 가장 눈에 띄는 사례 중 하나는 학내 시설관리노동자를 대상으로 한 노동조합 조직화 활동과 노학연대를 통해 대학 내 비정규직 미화·경비노동자 문제를 전사회적으로 인식시킨 것이다. 연세대 사례가 특히 주목을 받았는데, 학내 시설관리 노동자들의 조직화와 투쟁과정에서 학생 그룹이 적극적으로 참여하고 여론 형성을 했던 것이 계기가 되었다.

학내 시설관리노동자 조직화 및 투쟁은 2007년 3월 비정규 노동문제를 고민하는 연세대 학생모임 '살맛'이 구성되면서 본격화되었다. 살맛은 2006년 9월에 열린 한국비정규노동센터 주관의 '학생비정규포럼'에 참여했던 연세대 학생들이 '학내 미화노동자 대상 인권실태조사'에 참여하면서 형성된 관계를 토대로 만들어졌다. 그들은 일회성 실태조사로 끝나지 않도록 학내 미화노동자 휴게실들을 정기적으로 방문하면서 밥을 함께 먹는 등 지속적으로 신뢰관계를 형성했고, 이 과정에서 학내의 학생회, 언론사, 운동단위 등에 활동을 제안해 '살맛'을 구성하였다. "학교도, 학생도, 교직원도, 교수도 아무도 그녀들을 인간적으로 만난 적이 없었다"는 미화노동자의 회고처럼 비가시화되었던 비정규직 미화 노동자들은 학생들의 지속적인 휴게실 방문을 통해 학생들과의 신뢰를 형성했고 상호 소통을 확대해나갔다. 학생들의 생활공간과 시설관리노동자들의 노동공간이 일치하는 점은 이러한 연대에 유리한 조건이 되었다. 대동제 연대장터가 형식화되거나 사실상 사라져가고 있던 상황에서 노동자들이 대동제 연대장터 행사에 적극적으로 참여한 것은 노동자들과 학생들간의 교류를 확대하는 계기가 되었다. 미화 노동자들과 쌓은 정서적 유대관계를 바탕으로 학생들은 외부 사회단체 및 노조의 자문을 구하며 조직화를 준비했다. 이 과정에서 일부 노동자들에 대한 부당 인사이동 사건을 학생들이 알게 되었고, 사건 해결 과정에 학생들이 적극적으로 개입하면서 부당 인사이동을 저지하게 되었다. 이 사건을 계기로 많은 노동자들이 노동조합에 가입하기 시작하였다.

이와 같은 1년 여의 준비과정을 통해 2008년 1월 노동조합이 건설되었고, 학생들과 함께한 고용승계 및 정년단축 저지 투쟁이 성공하면서 노조 결성 두 달 만인 2008년 3월에 조합원 수는 10배 가까이 증가하였다. 노조 조직 이후 학내에는 '비정규 노동문제 해결을 위한 공동대책위'(이하 공대위)가 결성되었다. 공대위는 노학연대에 적극적인 태도를 보인 일부 학생회 단위들과 학내외 운동단체들로 구성되었다. 공대위는 노조의 여러 투쟁에 적극적으로 결합하였고 노동자들을 위한 한글교실·컴퓨터 교실 등을 운영하면서 학생과 학내 노동자들 간의 연대활동을 이어갔다.

청소노동자들과 학생들이 본관 앞에서 함께 김장을 담그는 모습

출전: '살맛'

비정규 노동문제를 고민하는 연세대 학생모임 '살맛'과 시설관리 노동자들

출전: '살맛'

시설관리 노동자들과 학생들의 연대운동은 그동안 비가시화되었던 대학 내 비정규직 미화노동자들의 열악한 노동 실태를 알리고 노동조합을 결성하는 데에도 영향을 미쳤다. 대학 내 노동자가 최저임금도 받지 못한 채 일하고 있다는 점, 학생들과 청소노동자가 함께 본관을 점거했다는 점, 원청인 대학의 비정규직 관리 전략 등이 언론의 주목을 끌었다. "우리도 학교의 구성원이다"라는 학내 노동자들의 구호는 노동 문제를 제기하고 학생들의 지지를 광범위하게 이끌어내는 효과가 있었다.

특히 시설관리 노동자들과 학생들의 노학연대는 기존의 방식과 궤를 달리하는 것으로 평가받는다. 학생들이 노동자가 아니라는 점에서는 외부자이지만 그 노동자들로부터 서비스를 제공받는 사업장이 학생들의 생활공간이므로 학생들이 노동자들의 '고객', 즉 내부자의 위치를 지니기도 하는 특수성 때문이다(조혁진, 2017). 노동 문제를 학생들의 일상과 밀접한 생활공간의 문제로 제기하면서 학생들의 광범위한 지지를 이끌어낼 수 있었고 학생들의 연대와 참여는 원청인 대학과 하청 용역회사의 노동탄압 과정에서 노동조합의 방어막을 형성했다. 실질적 사용자인 학교 당국과 법적 고용주인 용역회사가 고객인 학생들의 요구를 무시할 수 없고 함부로 대처할 수 없는 상황에 처하게 한 것이다. 또한 노동운동을 '학외 정치운동'으로 여기던 기존의 인식을 바꾸는 계기가 되었다는 점에서 중요한 의미를 지니고 있었다.[136]

한편 연세대에서는 2000년대 중반 재활성화를 꾀한 대학YMCA 운동도 비교적 활발히 벌어졌다. 이는 2004년 한국YMCA 차원에서 1970년대 이후 약화된 YMCA의 청년운동성을 회복하기 위한 방편으로서, 대학YMCA 재조직하여 YMCA의 운동성을 강화하고자 하는 움직임과 밀접히 관련되어 있었다. 대학YMCA특별위원회 위원장이었던 이신행이 연세대 정치외교학과 교수라는 점이 연세대 내 조직화에 유리한 조건으로 작용했다. 이신행은 '신촌과 지역사회'라는 신입생 대상 수업을 통해 대학YMCA 조직화를 시도했다. 그가 연세대 동문 근처 봉원동에 위치한 지역카페인 체화당을 거점으로 진행

136 물론 서울 유명대학에서의 투쟁이라는 점이 언론의 관심을 끌고 사회적으로 주목을 받을 수 있는 조건이라는 점은 한계였다. 모 대학 지방캠퍼스에서는 노동조합 조직에 실패하고 그 과정에서 노동자가 자살하기까지 했으나 이슈화되지 못했다. 연세대에서 시설관리노동자들의 노동조합을 조직했던 '살맛' 구성원들은 자신들의 활동도 이러한 서울중심주의, 학벌중심주의에서 자유롭지 못했다는 점을 고백하기도 했다(김세현 외, 2012: 242).

한 지역사회운동이 중요한 기반이 되었다(황정화, 2006).

연세YMCA는 '연세YMCA포럼'을 통해 대학 내 논단운동을 전개해 대학과 지역사회에 대한 공론장을 형성하고자 했다. 또한 '신촌민회', '신촌마포풀뿌리사회학교' 등의 조직과 프로그램은 지역운동과 연계된 풀뿌리 공동체운동, 생활협동조합운동으로 이어졌다. 학내에서는 생활협동조합 학생위원회(학생복지위원회)를 주도하였다. 그들은 총여학생회의 '에코페미니즘' 운동에도 일부 함께하였고, 2009년 11월에 치러진 총학생회 선거에서는 처음으로 문화생태주의를 기조로 내세운 선본으로 출마하여 주목받았다. 선본은 '생태적 문화양식'을 제안하면서 다양성, 환경, 건강한 삶 등을 공약화했고, '에코캠퍼스'를 슬로건으로 제시하며 무비판적으로 진행되는 학내 건물 신축에 대해 비판하고 백양로 차량통제를 제안하는 등 이전 학생회 선거에서 통상적으로 제기되지 않던 사안들을 전면화했다.

마지막으로 2000년대 학생운동에서 주목할 만한 경향성은 학생운동 조직 내부에서 여성주의적 태도와 성평등한 문화를 강조하기 시작한 것이다. 학생운동의 남성중심적이고 가부장적인 질서와 군대식 조직문화는 이미1990년대부터 비판받았지만 2000년대까지 여전히 이어졌다. 그럼에도 불구하고 2000년대 초반부터 여성주의 운동그룹에서 적극적으로 추진한 반성폭력 학칙제정과 자치단위 내 여성주의 내규 수립, 여성주의 소모임 활동 등은 자치공동체 문화에 대한 반성과 변화 흐름을 만들어냈다는 점에서 중요한 의미를 지닌다. 학생운동 그룹 내에서는 2000년 '운동사회 성폭력 뿌리 뽑기 100인위원회(100인위)'의 반성폭력 운동 이후 운동사회의 성폭력과 가부장성이 가시화되면서 조직문화와 활동 방식에 대한 자성이 확산되었다.

여성주의 활동가들의 적극적인 문제제기와 더불어 2000년대 중반 이후 탈정치 흐름에 맞선 학내 운동그룹들의 공동투쟁 경험, 교육투쟁 및 농학·노학연대 활동을 통한 정파간 교류의 증가, 약화된 선후배 권력관계 등은 학생운동 내 문화 변화를 가속화시켰다. 2000년대 중후반부터 점차 학내 운동그룹에서 여성주의에 대한 학습은 필수 코스로 확산되었고, 여성주의적 인식과 태도는 활동가 정체성의 중요한 요소로 자리잡았다.

2000년대 후반의 연세대 농민학생연대활동(농활)은 정파를 막론한 활동가 연대를 통해 대중운동 영역에서 여성주의를 실천하고자 시도한 대표적인 사례이다. 전통적으로

NL계열 학생회운동 그룹 주도로 진행되어 오던 농민학생연대활동(이하 농활)은 학생운동의 약화에도 불구하고 연세대에서 매년 500여 명이 참여하는 대규모 대중사업으로 유지되고 있었다. 타 대학에서 주로 조직사업 차원에서 수십 명 단위로 수행되는 것에 대비할 때 전국적으로도 큰 규모의 사업이었다. 이러한 농활에 2000년대 중반부터 다른 정파 학생운동 그룹이 참여하기 시작하였고 2008년의 경우 총여학생회 활동가도 중앙단위에 '중앙 여성주체'의 형식으로 결합하게 된다.

이는 상대적으로 학내 정파간 교류가 활성화된 배경에서 가능했으며, 농활이 대규모 대중사업으로서 남성중심적인 문화를 반성하고 변화시키는 실천의 장으로 중요하게 인식되었기 때문이다. 농활이 학생들이 농민을 농민운동가로 '조직'하는 공간에서 학생들이 공동체 생활을 경험하고 농업을 포함한 사회문제와 대안적인 공동체 문화를 학습하는 장으로 변화했다는 진단 또한 여러 활동가들이 농활에 결합하게 된 배경이었다.

농활 준비 과정에서 '여성주의 농활'에 대한 토론이 이루어졌고, 농활 단위마다 '여성주체'를 세워 농활 기간 동안 공동체 생활을 점검하고 여성농민의 삶과 관련한 내용을 농활 중에 토론하도록 했다. 또한 중앙 단위에서는 연대 단위인 논산시 농민회와의 오랜 토론 끝에 농활에서 자주 불리는 노래인 '농민가'의 가사 중 '형제'라는 표현을 '동지'로 바꾸고 농민회원을 부르던 '형님'이라는 호칭을 '삼촌'으로 바꾸었다. 농활 과정에서 벌어지는 성폭력 사건에 대해서도 적극적으로 해결하고자 나섰다. 이 과정에서 농민회와의 갈등이 불거지면서 한때 농활이 존폐 위기에 놓이기도 했으나, 기존 농학연대 및 대중사업 문화에 대한 성찰과 변화를 가져왔다는 점에서는 의미있는 시도로 평가된다.

3. 새로운 시대, 또 다른 변화를 만들어나갈 운동들을 기대하며

2010년 이후 연세대와 학생사회는 구조적으로 큰 변화를 겪고 있다. 2010년부터 기존 학부제는 과체제로 전환되었고 송도국제캠퍼스가 개교하면서 새로운 학부와 학과들이 대거 신설되었다. 2013년부터는 전체 신입생에 대한 1년간의 RC(Residential College) 교육 의무이수까지 실시되면서 학생사회는 또 한 차례 큰 변화를 경험해야 했다. 2019

년 이후 계속되고 있는 코로나19 확산과 그로 인한 사회적 거리두기의 실시는 전례없던 비대면 문화를 정착시키며 대학과 학생들의 삶 전체를 바꿔놓고 있다.

최근에는 대학입시 및 취업에서 공정을 둘러싼 이슈가 대학 내·외에서 날카롭게 제기되고 있다. 이는 그만큼 청년고용의 불안정성이 심화되고 있다는 것을 의미하며, 당사자운동으로서의 대학생/청년세대 운동은 지금까지도 유효한 학생운동 노선으로 진행되고 있다. 한편 총학생회와 같은 전통적인 학생운동 조직은 그 대표성과 영향력이 지속적으로 약화되면서 일종의 물리적 공간과 조직을 갖춘 운동그룹의 형태로 존재하는 경향이 더욱 짙어지고 있다. 그러나 활동가들은 이슈별로 다양한 형태의 조직을 결성하고 네트워크를 구성하여 온·오프라인을 넘나들며 운동을 지속하고 있다. 특히 최근 여성주의에 대한 광범위한 '백래시'가 강화되고 있음에도 불구하고, 활동가의 정체성을 지닌 대학생들에게 여성주의는 예전의 노동이나 민족 문제의 무게만큼이나 중요한 정치적 입장이자 활동의 태도로 인식되고 있다.

한편 대학생의 지위에서 벌이는 다양한 방식의 운동을 모두 '학생운동'으로 묶을 수 있을 것인가에 대한 논의는 더 치밀하게 진행될 필요가 있다. 글에서는 대학 내에서 벌어진 사회운동과 결합된 다양한 활동들을 학생운동의 범주로 다루었다. 하지만 최근 대학생 활동가 중에서도 본인들의 활동을 '학생'운동으로 범주화시키지 않는 경우가 늘어나고 있다. '학생운동가'로 범주화되지 않는 대학생 활동가의 증가는 사회변혁의 전위로서의 학생 정체성이 약해진 것과 관련되어 있다. 또한 학생운동의 공통적인, 혹은 고유의 의제가 있다는 관념이 옅어지고 운동의 의제가 다변화되었기 때문에 청년운동, 여성운동, 생태운동 등으로 자신들의 활동 정체성을 규정하는 경향이 짙어지고 있다고 해석할 수 있다. 이러한 맥락에서 본다면 '학생운동'이라는 개념 자체가 시대적 산물로서 그 정의와 내용이 유동적인 것으로 보아야 한다.

1990년대부터 강조해 온 학생운동의 변화는 사회와 대학 구조의 변화에 비해 느리게 진행되었다. 하지만 앞서 살펴보았듯이 2000년대 학생운동은 계속해서 변화를 시도했으며 그 과정에서 8·90년대와는 다른 의미의 새로운 학생운동을 정립하고자 했다. 따라서 "학생운동은 끝났다"는 선언은 1980·90년대형 학생운동의 종언에 한정된 표현이라 할 수 있다. 여전히 연세대와 전국의 대학에서 운동의 흐름은 이어지고 있으며, 시대에 맞는 운동을 모색하고 실천하고 있다. '학생운동'의 의미는 변화해 나갈지라도 대학과 사회변화를 지향하는 학생들은 사라지지 않은 것이다. 그런 의미에서 앞으로도 '위기' 속에서 변화하고, '끝'으로 보이는 곳에서 새롭게 시작하면서 연세대 학생운동이 지속되어 나갈 것을 기대한다.

참고문헌

신문

『연희춘추』, 『연세춘추』, 『경향신문』, 『대학신문』, 『동아일보』, 『매일신보』, 『민중일보』, 『부산일보』, 『여성신문』, 『오마이뉴스』, 『자유신문』, 『조선일보』, 『중앙일보』, 『진보평론』, 『평화일보』, 『한겨레신문』, 『한성일보』

잡지

『개벽』, 『내나라』, 『시사저널』, 『월간조선』, 『한겨레21』

전자자료

국가기록원 독립운동관련 판결문 (https://theme.archives.go.kr/next/indy/viewMain.do)

국사편찬위원회 삼일운동데이터베이스 (https://db.history.go.kr/samil/)

국사편찬위원회 전자사료관 (http://archive.history.go.kr)

국사편찬위원회 한국사데이터베이스 일제감시대상인물카드
(https://db.history.go.kr/item/level.do?itemId=ia)

국사편찬위원회 한국사데이터베이스 포로신문보고서
(https://db.history.go.kr/item/powr/main.do)

노수석열사추모사업회 (https://nosooseok.tistory.com/)

민주화운동기념사업회 오픈아카이브 (https://archives.kdemo.or.kr/main)

민주화추진협의회(https://minchoo.org)

성평등아카이브 (http://www.genderarchive.or.kr)

구술자료

강성구녹취록, 경영학과 100년사 편찬팀

김운용 구술(2012년 2월 22일), 한국학중앙연구원 현대한국구술자료관

박정숙(영문과, 49) 구술(2021년 2월 10일), 연세대학교 사학과 박사과정 김지훈 면담

이은희(철학, 85) 구술(2021년 5월 24일), 장미현 면담

연세민주동문회 사료수집위원회, <녹취록>, 2021

연세민주동문회 사료수집위원회, <녹취록>, 2022

자료

1984년 2학기 신임 총학생회장(주기철)과 신임총부학생장(홍호현)이 배포한 유인물, 「일백 년의 거듭남이여! 민주에의 용솟음이어라」, 1984.6.8.

건국십년지간행회, 『대한민국건국십년지』, 1956.

경북대학교, 『학장회의록』, 1978

경북대학교, 『학장회의록』, 1980

고려대, 성균관대, 연세대, 민정당 농성구속학생일동, 「민정당 농성사건의 무죄를 주장한다- 공동성명서」, 1985.4.3.

고박종철군범국민추도회 연세대학교준비위원회, 「거대한 함성으로 우리는 오늘 모였다 단 결하자! 나아가자! 승리하자!」, 1987.3.3.

국가보위비상대책위원회, 『국보위백서』, 1980

국무회의실, 「제46회 국무회의회의록」, 국무회의실, 1980.5.27.

국사편찬위원회, 『한민족독립운동사자료집』 11~19, 국사편찬위원회, 1991~1994

긴급조치9호 철폐투쟁 30주년 기념행사 추진위원회 편, 『30년만에 다시 부르는 노래』, 자인, 2005

김윤경, 『김윤경교수일기』(미간행), 연세대학교박물관, 1950~1953

대통령소속의문사진상규명위원회, 『진실을 향한 험난한 여정: 대통령소속 의문사진상규명위원회 보고서 2』, 대통령소속의문사진상규명위원회, 2004

대통령소속의문사진상규명위원회, 『의문사진상규명위원회 보고서: 1차 (2000.10 ~ 2002.10) 2』, 대통령소속의문사진상규명위원회, 2003

대학생사상대책반, 「대학생과 좌경사상 - 지하대학의 의식화 조직화과정」, 1981.7.

독립운동사편찬위원회, 『독립운동사 9: 학생독립운동사』, 독립유공자사업기금운용위원회, 1977

독립운동사편찬위원회, 『독립운동사자료집 13: 학생독립운동사자료집』, 독립유공자사업기금운용위원회, 1977

『모두가 즐거운 새터를 위한 새터 反 성폭력 내규이야기』, 2005

문교부, 「개강후 학생지도 대책보완(심의 1020-)」, 1980.7.9.

문교부, 「국립대학교 총장 회의자료」, 1983.7.12.

문교부, 「전국대학 학생처·과장 회의자료」, 1983.7.1~2.

문교부, 「전국대학(교)총·학장 회의자료(Ⅱ)」, 1983.2.9.

문교부, 「전국대학(교)총·학장 회의자료」, 1980.8.19.

문교부, 「전국대학총(학)장회의자료(학원대책)」, 1981.6.22.

문교부, 「전국대학총(학)장회의자료」, 1981.8.28.

문교부, 「전국대학학생처(과)장회의자료 (학원대책)」, 1981.1.17.

문교부, 「징계조치학생 편입학 및 재입학 불허」 (문장학 1011.5-475) 수신: 한국외국어대 학교, 1965.10.1.

문교부, 「학생징계조치지시」 (문장학 1011.5-407), 1965.8.29.

문교부, 「학원대책(전국대학 총·학장 회의자료)」, 1980.6.11.

문교부, 「학원대책사업추진계획서」, 1981.1.17.

문교부, 『문교개관』, 1958

민주화운동기념사업회, 『민주화운동 연구보고서 2003: 민주화운동관련 사건,단체 사전 편찬을 위한 기초조사 연구보고서-1970년대 간첩,노동사건,단체편』, 민주화운동기념사업회 연구소 연구보고서』, 2003

민주화운동기념사업회, 『유신 이전 민주화운동 사료집 1, 2』, 민주화운동기념사업회, 2019

박종철군범국민추도회 연세대학교준비위원회, 「거대한 함성으로 우리는 오늘 모였다」, 1987.3.3.

상어(연세 여성주의자 네트워크), 「2007년 이야기-총여학생회 폐지를 포함한 학생회칙 수정 총투표 무산 사건에 대하여」, 『총여학생회 포럼 자료집 -여성주의와 총여학생회, 연결과 긴장의 역사-』, 2018

새로운 전선, 『성의 정치: 제9대 총여학생회 선거 자료집』, 1995

서대문경찰서장, 「비위 학생 통보」 (정보 2050-15651), 수신 연세대학교 총장, 1983.10.12.

서대문경찰서장, 「비위 학생 통보」 (정보 2050-17936), 수신 연세대학교 총장, 1983.11.25.

서대문경찰서장, 「비위 학생 통보」 (정보 2050-9378), 수신 연세대학교 총장, 1983.6.14.

서대문경찰서장, 「비위 학생 통보」(정보 822-4584), 수신 연세대학교 총장, 1983.3.12.

서여대협 기지촌활동 추진위원회, 『93년 제2기 서여대협 기지촌 활동 자료집』, 1993

성균관대학교, 「제117차 이사회 회의록」, 1980.2.22.

성균관대학교, 「학칙개정사유서」, 1980.

숭전대학교 학생처, 「80년도 학생지도대책 교수협의회 자료」, 1980.7.10.

숭전대학교 학생처, 「학생지도교수제운영준칙 개정 실시의 건」, 1980.9.19.

숭전대학교 학생처, 「협조전-학칙개정안 송부」, 1980.

안경득. 「金教臣 先生에 대한 證言」, 노평구 편, 『성서연구』, 일심사, 1988.

여성문제를 고민하는 사회대 공동체 Beyond, 「언제나 앞서가는 여성은 미친년이라 불렸다.」, 『자치규약 자료집 두번째 이야기』, 2001

『여성의 힘, 변혁의 시작: 신유정·최인아 선거운동본부 선거자료집』, 1995

『연세 성폭력뿌리뽑기연대회의 자료집』, 2002

연세 편집위원회, 「연세19호 배포지연에 관한 해명문- 대학 언론 자유에 대한 명백한 침해 현실을 개탄하며-」, 1984.3.9.

연세대학교 기독학생회 외, 「호헌철폐와 군부독재종식을 위한 기독학생 연합기도회에 들어 가며」, 1987.5.13.

연세대학교 대의원회, 총학생회 학생복지위원회, 「우리는 왜 '범연세 소비의식 개혁운동'을 하는가-1985년도 2학기 활동을 마무리하며-」

연세대학교 대의원회, 총학생회 학생복지위원회, 「1차 불매운동을 시작하며-건강한 대학문화의 회복, 정착을 위하여-」, 1985.12.9.

연세대학교 민족민주투쟁위원회, 연세대학교 총학생회, 「민족민주학생연맹의 지도하에 민중 과 더불어 인천을 해방구로」, 1986.5.2.

연세대학교 민족민주투쟁위원회, 연세대학교 총학생회, 「해방의 소리」, 1986.8.8.

연세대학교 민중권익쟁취위원회, 「대우자동차 노동자들의 임금인상투쟁에 대한 지지 성명 서」, 1985.4.23.

연세대학교 복교추진위원회, 「언론인에게 고함-특히 중앙일보의 반화해적 선전 보도를 경고 하며」, 1984.2.6.

연세대학교 복교추진위원회, 『학원 실태조사보고서』, 1984.

연세대학교 복학생협의회, 「구국선언서」, 1980.5.13.

연세대학교 신과대학 100주년기념사업위원회 편, 『연세대학교 신과대학 백년사』, 동연, 2015.

연세대학교 언론협의회, 「'얼굴없는' 신문이 나왔습니다」, 1985.5.7.

연세대학교 언론협의회, 『연세대』 제3호, 1985.5.17.

연세대학교 여학생지 잉태 편집부, 『잉태』 창간호, 1987

연세대학교 제19대 총학생회장 노성철, 「조국의 장례를 고한다」, 1986.5.7.

연세대학교 제적생일동, 「누가 어머니의 목숨을 앗아갔습니까」, 1984.1.12.

연세대학교 제적학생부모 일동, 「호소문」, 1984.3.13.

연세대학교 총학생장, 고려대학교 총학생장, 「공동성명서 [고·연전 개최 취소 관련]」, 1983.9.9.

연세대학교 총학생회,고려대학교 총학생회, 「'86 정기 연고제 준비위원회 공동성명서」, 1986.9.12.

연세대학교 총학생회 반외세민족수호투쟁위원회, 「국민에게 드리는 글」, 1985.4.16.

연세대학교 총학생회 산하 호헌철폐와민주화실현을위한특별위원회, 「일천만 노동자의 힘으 로 민주노조, 민주사회 이룩하자」, 1987.6.20.

연세대학교 총학생회 상임위원회, 「제18대 총학생회 선거를 준비하며」, 1985.3.4.

연세대학교 총학생회 외, 「진정한 총학생회 구성을 위한 우리의 입장」, 1985.3.4.

연세대학교 총학생회, 「1987년 제1차 연세대학교 학생총회를 개최하며」, 1987.4.28.

연세대학교 총학생회, 「2만 연세는 민주의 제적을 거부한다-정태근 총학생회장의 제적 조 치를 접하며-」, 1985.10.18.

연세대학교 총학생회, 「광주민중항쟁 5주기를 맞이하며-광주학살규명위원회 발족에 즈음하 여」, 1985.5.3.

연세대학교 총학생회, 「광주민중항쟁 주간을 맞이하는 총학생회의 입장-100주년 무악축전 을 정리하며-」, 1985.5.13.

연세대학교 총학생회, 「민주부활 선언문-4월 혁명 25주년을 맞이하여」, 1985.4.19.

연세대학교 총학생회, 「애국시민께 드림」, 1987.6.21.

연세대학교 총학생회, 「연세의 이름 속에 하나가 되고자하는 후배들에게」, 1987.1.8.

연세대학교 총학생회, 「이 땅의 민주회복을 위한 연세인의 의지를 천명한다」, 1984.11.12.

연세대학교 총학생회, 「이 땅의 통일된 인식을 위하여 겨울 백양강좌를 마련하며」, 1985.12.5.

연세대학교 총학생회, 「전방입소에 즈음하여」, 1985.3.29.

연세대학교 총학생회, 「제2의 연고제에 부쳐」, 1985.9.16; 연세대학교 대의원회, 고려대학 교 총대의원회, 「민주연세 민족고대여!!-'85 정기연고제를 맞이하여-」, 1985.9.23.

연세대학교 총학생회, 「지난한 싸움을 반성하며 민중민주주의의 깃발 아래 군부독재 타도하 여 민중민주개헌 쟁취하자!!!」, 1985.10.19.

연세대학교 총학생회, 「청년 연세여 그대의 어깨위에 조국의 민주화가!!-11월 29일 직선제 쟁취와 영구집권음모 분쇄를 위한 범국민대회 참가에 관한 총학생회 입장-」, 1986.11.

연세대학교 총학생회, 「최루탄 추방운동에 붙이어-애국시민에 드리는 글-」, 1987.6.

연세대학교 총학생회, 「한열아! 부활하라!!(애국학생 이한열 열사의 영전에 이 책을 바칩니 다)」, 1987.7.9.

연세대학교 총학생회, 「한열이의 장례를 우리의 손으로!」, 1987.7.5.

연세대학교 총학생회, 「4.19 시국선언서」, 1980.4.18.

연세대학교 총학생회, 「민주화를 위한 시국선언문」, 1980.5.1.

연세대학교 총학생회, 「성명서」, 1980.4.17.

연세대학교 총학생회, 과대표회의, 「86 문무대 투쟁에 관한 86 전체 과대표자 회의와 총학 생회 입장」, 1986.4.3.

연세대학교 총학생회, 민족민주투쟁위원회, 「민족민주의 깃발로 군부파쇼 타도하고 미제국주 의 축출하자!」, 1986.5.2.

연세대학교 총학생회, 민중권익쟁취위원회, 「성명서-노동운동 탄압저지 결사 연대투쟁을 적 극 지지하며-」, 1985.6.26.

연세대학교 총학생회, 민중권익쟁취위원회, 「연세여! 일백년 우리의 의지를 일천만 농민의 바다로-하계 농촌 활동에 부쳐-」, 1985.6.20.

연세대학교 총학생회, 민중민주투쟁위원회, 「문무대 입소의 본질을 밝히며」, 1986.월 일 미 상.문건 내용으로 볼 때 1986년 신학기 초임.

연세대학교 총학생회, 반외세민족수호투쟁위원회, 「성명서-반외세 민족수호 투쟁위원회 발 족에 즈음하여-; '예속정권 타도하여 민족생존권 쟁취하자'-전두환 대통령의 방미 에 부쳐-」, 1985.4.10.

연세대학교 총학생회, 연세대학교 반제반파쇼 민족민주투쟁위원회, 「조국통일 실현을 위한 자료집」, 1986.8.20.

연세대학교 총학생회, 전국반제반파쇼민족민주학생연맹산하 연세대 민민투, 「이만 연세여, 들불이는 한반도에 거센 바람으로, 풀무로 서라!-제2차 대국민홍보투쟁 및 여름해 방대학 프로그램을 알리며-」, 1986.7.2.

연세대학교 총학생회, 전국반제반파쇼민족민주학생연맹산하 연세대학교 민족민주투쟁위원 회, 「범연세인 대국민홍보투쟁 첫 번째」, 1986.6.21.

연세대학교 총학생회, 전국반제반파쇼민족민주학생연맹산하 연세대학교 민족민주투쟁위원 회, 「보수대연합음모획책은 방학이 없다」, 1986.6.12.

연세대학교 총학생회, 전국반제반파쇼민족민주학생연맹산하 연세대학교 민족민주투쟁위원 회, 「전국애국 중고청년에게 보내는 글」, 1986.6.25.

연세대학교 총학생회, 전국반제반파쇼민족민주학생연맹산하 연세대학교 민족민주투쟁위원 회, 「전국천만 애국 농민, 3만 영농 후계자에게 드리는 글」, 1986.7.9.

연세대학교 학도호국단 상임위원회, 「학원 민주화를 위한 공개토론회를 마치고」, 1984.3.13.

연세대학교 학도호국단 운영위원일동, 「'83정기 연·고전에 대한 우리의 뜻」, 1983.9.7.

연세대학교 학부제평가위원회, 연세대학교 학부제에 대한 평가, 연세대학교, 2004

연세대학교 학생처, 「군입대자 입대 휴학 처리 의뢰」 (연학 제159호), 1983.10.6.

연세대학교 학생처, 「군입대자 입대 휴학 처리 의뢰」, 1983.8.17.

연세대학교 학생처, 「입대 휴학 일자 정정 의뢰」 (연학 제83-107호), 1983.6.29.

연세대학교 학원민주화 추진위원회 준비위원회, 「소리치는 깃발로 살자」, 1984.3.23.

연세대학교 학원민주화 추진위원회, 학도호국단, 「『연세춘추 985호의 제작중지 사태를 보며」, 1984.5.25.

연세대학교, 「전학련, 삼민투 관련학생 특별지도(자진탈퇴 종용) 실적보고」.

연세대학교백년사 편찬위원회 편찬, 『연세대학교 백년사: 1885~1985.2: 연세통사(하), 연세대학교 출판부, 1985, 701쪽.

연세의 발전과 한국사회 편찬위원회, 연세의 발전과 한국사회, 연세대학교 출판부, 2005

연세의대 의사학과·동은의학박물관 엮음, 세브란스 교우회보, 역사공간, 2016

연세의대졸업생활동편찬위원회, 제중원 세브란스인의 사회공헌 - 연세의대 졸업생을 중심으로⊠, 역사공간, 2016.

연세학원민주화추진위원회, 「학원 자율화의 허구성을 폭로한다.-안기부 요원의 학내 정탐을 성토하며-」, 1984.3.30.

육군본부, 『계엄사-10·26사태와 국란극복』, 육군본부, 1982

이미현, 「반쪽짜리 총학생회를 보며」, 연세 1999년 가을호

자유교양 50주년 편집위원회, 『연세자유교양 - 독서 동아리 50년의 발자취』, 2019

전남대학교, 「제20회 학장회의록」, 1980년 학장회의록 (총장실, 1980.6.25).

전남대학교, 「제21차 학장회의록」, 1979년 학장회의록 (총장실, 1979.12.10).

전남대학교, 「제24회 학장회의록」, 학장회의록 (총장실, 1980.7.18).

정승화, 「성정치 문화제 제안서(M40101026, M가3716)」, 연세대학교 기록보존소 소장자료, 1995

정승화, 「1995~1997년 성정치 문화운동의 맥락과 여성 자치 연합의 구상」, 『(미간행)총여학생회 포럼 자료집』, 2018

제18대 총여학생회, 『여성교육권 확보를 위한 첫걸음, 월경공결제 자료집』, 2006

『제1기 전여대협 건설을 위한 기층 토론자료』, 1995

『제32대 총학생회 선거자료(M40101037, M가4880)』, 연세대학교 기록보존소 소장자료, 1994

『제4회 월경 페스티발 2002 경(慶) 칠년들, 제4회 월경 페스티발 자료집』, 2002

제6대 이과대 여학생회 공약자료집, 「이렇게 하겠습니다.」, 『생명의 어머니로 다시 태어나 조국의 맨얼굴로 다가서리니』, 1993

조인래, 「새터 내규에 대한 나의 생각」, '2005 여성문제를 고민하는 연세자치단위연대, 『모두가 즐거운 새터를 위한 새터 反성폭력 내규이야기』, 2005

지글지글 보글보글 연세여성주의자들의 속사정, 『제1회 연세여성주의자 여름 워크숍 자료집』

한국외국어대학교, 「징계처리 결과통보」 (학생 제127호), 수신 청량리경찰서장, 1975.4.25.

한국외국어대학교, 「추가 징계처리 결과통보」 (학생 제126호), 수신 청량리경찰서장, 1975.4.23.

한국외국어대학교,「학생징계소위원회 개최」, 1981.8.27.

한양대학교,「이공대학학생지도위원회의록」 (이공대학 학장실, 1984.9.19).

대통령소속 의문사진상규명위원회, 「임용준 사건기록 황호문 진술조서」, 2003.9.8,

단행본

6·3 동지회, 『6·3 학생운동사』, 역사비평사, 2001
71동지회 편, 『나의 청춘 나의 조국- 71동지회 30년 기념문집』, 아남출판, 2001
강신철 외, 『80년대 학생운동사』, 형성사, 1988
건국청년운동협의회총본부, 『대한민국건국청년운동사』, 건국청년운동협의회, 1989
고려대학교100년사편찬위원회, 『고려대학교 학생운동사』, 고려대학교 출판문화원, 2005
권형철, 『한국변혁운동논쟁사』, 일송정, 1990
기상청 황사연구과 기상역사팀, 『기상인이 말하는 중앙관상대(1945-1948년, 인천)』, 기상청, 2014
김보영, 『전쟁과 휴전 - 휴전회담 기록으로 읽는 한국전쟁』, 한양대학교출판부, 2016
김성민, 『광주학생운동』, 역사공간, 2013
김세현 외, 『빗자루는 알고 있다』, 실천문학사, 2012
김영래, 임진영, 김영준 엮음, 『당신의 조국 한국을 알자 -연세대학교 학생운동사-』, 디컨하우스, 2003
김정남, 『진실, 광장에 서다: 민주화운동 30년의 역정』, 창비, 2005
달과입술, 『나는 페미니스트이다』, 동녘, 2000
도진순, 『한국 민족주의와 남북관계: 이승만·김구시대의 정치사』, 서울대학교출판부, 1997
민주화운동기념사업회 연구소, 『한국 민주화 운동사』, 돌베개, 2008
민청학련계승사업회, 『민청학련』, 메디치, 2018
박래군, 『사람 곁에 사람 곁에 사람: 인권운동가 박래군의 삶과 인권 이야기』, 클, 2014
박용만, 『경무대 비화』, 삼국문화사, 1965
박정숙, 이상정, 『달리라니 달렸다: 1929년생 박정숙 人生小史』, L153 Books, 2019
박찬승, 『대한민국의 첫 번째 봄 - 1919』, 다산초당, 2019
박형우, 『제중원』, 21세기북스, 2010
박형우, 『한국근대 서양의학교육사』, 청년의사, 2008
반성폭력 학칙과 상담소 워크샵 기획팀, 『2003 여성연대 한판』, 2003
배규한, 『학생운동과 대학생자치활동』, 나남출판, 1999
백도웅, 『한국교회 인권운동 30년사』, 한국기독교교회협의회, 2005
서울대학교교수민주화운동50년사 발간 위원회, 『서울대학교 교수민주화운동 50년사』, 서울대학교출판

부, 1997

신규환·박윤재, 『제중원 세브란스 이야기』, 역사공간, 2015

신동호, 『70년대 캠퍼스 1』, 도요새, 2007

여정남기념사업회 경북대학교학생운동사편찬위원회, 『청춘, 시대를 깨우다: 경북대학교 학생운동사 1946~1979』, 2017

연세대학교 문과대학, 『연세대학교 문과대학 100년의 뿌리와 맥』, 연세대학교 대학출판문화원, 2015

연세대학교 백년사편찬위원회, 『연세대학교 백년사』, 연세대학교 출판부, 1985

연세대학교 의과대학 의사학과, 『세브란스 독립운동사』, 역사공간, 2019

연세대학교 의학사연구소, 『세브란스인의 스승, 스코필드』, 역사공간, 2016

연세대학교 의학사연구소, 『한국 근대의학의 기원, 연세』, 역사공간, 2016

연세의대졸업생활동편찬위원회, 『제중원 세브란스인의 사회공헌 - 연세의대 졸업생을 중심으로』, 역사공간, 2016

연세창립80주년기념사업위원회, 『연세대학교사』, 연세대학교출판부, 1969

원동오·김은경, 『열사가 된 의사들』, 한국의사100년기념재단, 2017

유용태, 정숭교, 최갑수, 『학생들이 만든 한국 현대사: 서울대 학생운동 70년 제1권 시대사』, 한울엠플러스, 2020

이동원, 『대통령을 그리며』, 고려원, 1992

이재오, 『해방 후 한국학생운동사』, 형성사, 1984

이후 기획 편, 『오래된 습관과 복잡한 반성』, 이후, 1998

전대협 동우회, 『불패의 신화, 전대협 이야기 6년사』, 두리, 1994

정석해, 『진리와 그 주변』, 사월의 책, 2016

정용욱, 『해방전후 미국의 대한정책』, 서울대학교출판부, 2003

조지프 굴든 저, 김쾌상 역, 『한국전쟁』, 일월서각, 1982

조희연, 『한국의 국가·민주주의·정치변동』, 당대, 1998

테다 스코치폴 저, 한창수·김현택 역, 『국가와 사회혁명: 혁명의 비교연구』, 까치, 1982

한국기독교사회문제연구원, 『1970년대 민주화운동과 기독교』, 1983

한국반탁반공학생운동기념사업회, 『한국학생건국운동사 - 반탁·반공 학생 운동 중심』, 한국반탁반공학생운동기념사업회, 1986

한국사연구회 3·1운동 100주년기획위원회 엮음, 『3·1운동 100년 1~5』, 후마니타스, 2019

한국여성의전화 엮음, 『한국여성인권운동사』, 한울 아카데미, 1999

홍성훈, 『한국대학의 학부제 형성과정』, 형설, 1999

논문

金珉燦, 「韓國學生運動의 政治的 變化過程과 向後 方向 摸索에 관한 硏究 - 1980年代 以後 韓總聯運動을 中心으로-」, 연세대학교 행정대학원 석사학위논문, 2003

김보명, 「1990년대 대학 반성폭력 운동의 여성주의 정치학」, 『페미니즘연구』 8-1, 한국여성연구소, 2008

김보영, 「한국전쟁 시기 이승만의 반공포로석방과 한미교섭」, 『이화사학연구』 38, 이화사학연구소, 2009

김성민, 「6·10 만세운동 연구의 현황과 과제」, 「한국근현대사연구」 90, 한국근현대사학회, 2019

김성보, 「연희전문학교 졸업생들의 사회진출 기초연구」, 『근현대 한국의 지성과 연세』, 혜안, 2016

김영수, 「세브란스 학생 독립운동-네트워크 형성과 3·1운동의 전국적 확대를 중심으로」, 『연세의사학』 22-2, 연세대학교 의학사연구소, 2019

김정인, 「이념서클을 통해서 본 학생운동 조직문화의 변화」, 『한국 민주주의 100년, 가치와 문화』, 한울아카데미, 2020

문효근, 「나의 스승 김윤경」, 『새국어생활』 5(3), 국립국어원, 1995

박선영, 김회용, 「한국전쟁기 대학상황의 이해: 부산지역을 중심으로」, 『한국학논집』 37, 계명대학교 한국학연구원, 2008

박종린, 「효성 김원벽의 생애와 민족운동」, 『동방학지』 184, 연세대학교 국학연구원, 2018

박형우, 「1910년대 독립운동과 세브란스」, 『연세의사학』 12-1, 연세대학교 의사학연구소, 2009

반병률, 「세브란스병원의학교 제1회 졸업생들의 독립운동」, 『연세의사학』 11-1, 연세대학교 의사학연구소, 2008

송철원, 「기억과 증언: YTP<청사회(靑思會)>」, 『기억과 전망』 26, 한국민주주의연구소, 2012

신규환, 「3·1운동과 세브란스의 독립운동」, 『동방학지』 184, 연세대학교 국학연구원, 2018

신규환, 「상하이로 간 의사들」, 『연세의사학』 21-1, 연세대학교 의사학연구소, 2018

신규환, 「일제시기 '의전체제'로의 전환과 의학교육」, 『연세의사학』 20-1, 연세대학교 의사학연구소, 2017

신동호, 「1970년대 학생운동의 특징과 방식: 서울대 이념서클과 서클연합회를 중심으로」, 『학생운동의 시대』, 민주화운동기념사업회, 2013

안종철, 「아더 베커(Arthur L. Becker)의 교육선교활동과 '연합기독교대학' 설립」, 『한국기독교와 역사』 34, 한국기독교역사연구소, 2011

여인석, 「제중원과 세브란스의전의 기초의학 교육과 연구」, 『연세의사학』 12-1, 연세대학교 의사학연구소, 2009

연정은, 「감시에서 동원으로, 동원에서 규율로 -1950년대 학도호국단을 중심으로-」, 『역사연구』 14, 역사학연구소, 2004.

오제연, 「1960년대 대학생 '이념서클'의 조직과 활동: 서울대, 고려대, 연세대를 중심으로」, 민주화운동기념사업회 기획, 『학생운동의 시대』, 선인문화사, 2013

오제연, 「1960~1971년 대학 학생운동 연구」, 서울대 국사학과 박사학위논문, 2014

원혜빈, 「1980년대 '여학생'의 문화정치—남녀공학 대학 여학생 교지를 중심으로」, 성균관대학교 석사학위논문, 2019

유경순, 「학생운동가들의 노동운동 참여 양상과 영향-1970년대를 중심으로-」, 『기억과 전망』 29, 한국민주주의연구소, 2013

윤성준, 「한국전쟁기 북한의 점령정책과 조선인민의용군의 동원 : 미군 포로심문보고서를 중심으로」, 『한국근현대사연구』 89, 한국근현대사학회, 2019

이경은, 「1975년 봄, 꽃은 피고 또 지고」, 『희망세상』 89, 민주화운동기념사업회, 2010

이기훈, 「연희전문학교의 3·1운동」, 『연세의사학』 22-1, 연세대학교 의사학연구소, 2019A

이기훈, 「서산 정석해의 민족운동과 민주화운동」, 『학림』 44, 연세사학연구회, 2019B

이지윤, 「최근 학생운동의 쟁점과 나아갈 방향」, 『사회진보연대』 94, 2010

임봉, 「우리가 있었다 : 부산대학교 총여학생회 탄생과 자체종결」, 『여/성이론』 40, 서울 : 도서출판여이연, 2019

장규식, 「1910~1920년대 연희·세브란스 학생들의 자치활동과 사회참여」, 연세대학교 의학사연구소 엮음, 『한국 근대의학의 기원, 연세』, 역사공간, 2016

장규식, 「1920~30년대 YMCA 학생운동의 전개와 일상활동」, 『한국기독교와 역사』 27, 한국기독교역사연구소, 2009

장규식, 「3·1운동과 세브란스」, 『연세의사학』 12-1, 연세대학교 의학사연구소, 2009

장규식, 「YMCA 학생운동과 3·1운동의 초기 조직화」, 『한국근현대사연구』 20, 한국근현대사학회, 2002

장석흥, 「대한독립애국단연구」, 『한국독립운동사연구』 1, 한국독립운동사연구소, 1987

장석흥, 「조선학생과학연구회의 초기 조직과 6·10 만세운동」, 『한국독립운동사연구』 8, 한국독립운동사연구소, 1994

장신, 「연희전문학교와 학병」, 『일제강점기 연세의 민족운동과 학생생활』, 국학연구원 학술발표회, 2018

장필선, 「위기시대 학생운동의 현장」, 『길을 찾는 사람들』 92(1호,) 사회평론, 1992

장필선, 「학생운동의 위기, 그 극복의 현장」, 『길을 찾는 사람들』 92(2), 사회평론, 1992

정다울·이나영, 「대학여성운동을 역사화하기: 대학 사회 및 한국여성운동과의 관계를 중심으로」, 『사회과학연구』 28-1, 서강대 사회과학연구소, 2020

정다정, 「제10대 총여학생회 '사상할 수 없는 새로운 질서'는 가능했는가?」, 『연세』 50, 연세편집위원회, 1997

정운형, 「Arthur L. 베커 선교사와 근대 과학 교육」, 『인문과학』 111, 연세대학교 인문학연구원, 2017

조주현, 「여성 정체성의 정치학 : 80-90년대 한국의 여성운동을 중심으로」, 『한국여성학』 12-1, 1996

조혁진, 「간접고용 비정규직 노동조합운동의 연대와 적대의 동학」, 연세대 박사학위논문, 2017

조희연 편, 『한국사회운동사: 한국변혁운동의 역사와 80년대의 전개과정』, 죽산, 1990

최재건, 「제중원 시기의 알렌과 언더우드의 활동」, 연세대학교 의학사연구소 엮음, 『한국 근대의학의 기원, 연세』, 역사공간, 2016

허나윤, 「1990년대 학생운동에 대한 여성주의적 연구: '위기'담론에 대한 비판적 재구성을 중심으로」, 이화여자대학교 석사학위논문, 2000

허은, 「교련반대투쟁과 1971년 선거투쟁의 전개과정」, 『민주화운동기념사업회연구보고서』, 민주화운동기념사업회, 2007

홍성찬, 「일제하 연전 상과의 경제학풍과 '경제연구회' 사건」, 『근대 학문의 형성과 연희전문』, 연세대학교 출판부, 2005

홍성표, 「기독교 학교 학생들의 민족운동과 사회주의-연희전문학교 학생회를 중심으로-」, 『한국독립운동사연구』 68, 한국독립운동사연구소, 2019

홍정완·박형우, 「주현측의 생애와 활동」, 『연세의사학』 17-1, 연세대학교 의학사연구소, 2008

황정화, 「대학생 사회의 정치화 모색 2000년대 중반의 영역적 접근 」, 연세대학교 석사학위논문, 2006

연세대학교 학생운동사 연표

한국근현대사		연세대학교 학생운동사
	1886	제중원 의학당 개교
	1908	세브란스의학교 제1회 졸업
한일강제병합	1910	
	1913	세브란스연합의학교 개칭
	1915	조선기독대학 개교
	1917	연희전문학교 인가
3.1운동 대한민국임시정부 수립	1919	연희, 세브란스 학생 만세 시위
봉오동전투 청산리전투	1920	조선학생대회
	1922	자작회 조직
암태도 소작쟁의 조선노농총동맹 창립	1923	연희전문학교 학생회 창립
제1차 조선공산당 결성	1925	조선학생과학연구회 창립
6.10 만세운동	1926	조선학생과학연구회 6.10 만세운동 주도, 연희전문 학생 43명 체포
신간회 창립	1927	
원산총파업 광주학생항일운동	1929	연희전문 상과 학생 동맹휴교
	1930	광주항일학생운동에 호응하여 동맹휴교

한국근현대사		연세대학교 학생운동사
만주사변	1931	
만주국 수립 이봉창 의거 윤봉길 의거	1932	
경성트로이카 결성 조선공산당 재건 운동	1933	
중일전쟁	1937	
	1938	경제연구회 사건
	1943	흑백당 사건
	1944	
일제 항복과 해방 미·소 북위 38도선 경계 분할점령 조선건국준비위원회 활동 모스크바 삼국 외상회의 신탁통치 '오보'사건	1945	조선학도대 조직 성북경찰서 충돌사건으로 안기창, 이이제 사망 연전학생회 신탁통치 반대 결의
북조선임시인민위원회 수립 1차 미소공동위원회 개최 김규식·여운형 좌우합작위원회 조직	1946	반탁전국학생연맹 조직 재경학생행동통일촉성회 조직 독립학생전선 조직 전국학생총연맹 조직
주4.3사건 2차 미소공동위원회 개최	1947	이북학생총연맹 조직 장덕수 암살사건
대한민국 정부 수립 조선민주주의인민공화국 정부 수립 여수·순천 10.19 사건	1948	이북학생총연맹 남북연석회의 참석 재일동포 권익을 위한 반일운동
문교부 학도호국단 조직	1949	와그너 여사 암살사건
한국전쟁 발발	1950	휴교와 피란
문교부 전시연합대학 개강	1951	부산 영도 임시캠퍼스 개강 정전협정 반대 시위 전개
부산정치파동 발췌개헌	1952	정권 비판 익명 결의문 게시
한국전쟁 정전	1953	서울 캠퍼스 복귀
	1954	

한국근현대사		연세대학교 학생운동사
	1955	
	1956	학도호국단 재편 학생 자치 논의 학생위원회 총위원장 직선
	1957	연희-세브란스 합동 연세대학교 출범 버스 보이콧 운동
진보당사건	1958	
	1959	학생생활자치회 해산 학생 자치 강화
4·19혁명	1960	시청 및 경무대 앞 시위
5·16군사정변	1961	총학생회 출범
김종필-오히라 메모 회담	1962	
제3공화국 출범	1963	한국문제연구회 창립
6·3항쟁 계엄령	1964	한일회담 반대 시위 부정 입학 관련 총장 퇴진 운동
한일기본조약 체결 서울시 위수령	1965	한일회담 반대 시위 휴교령
	1966	
제7대 국회의원 부정선거 동백림사건 제6차 개헌(3선개헌)	1967	부정선거 규탄 성토대회 부정근대화 화형식 시험 응시 거부 시위
	1968	범연세호헌투쟁위원회 결성 삼선개헌 반대 시위 휴교령
	1969	
문교부 대학교 교련 실시 결정 전태일 분신	1970	연세대 등 5개 총학생회 학원 자율성 보장 요구 공동선언 전태일 추도회 교련 강화 규탄 성토대회

한국근현대사		연세대학교 학생운동사
민주수호전국청년학생연맹 결성 제7대 대통령 선거, 박정희 대통령 당선 서울시 위수령 대학 휴교령 국가보위에 관한 특별조치법	1971	교련 반대 결의 범대학민권쟁취청년단 결성 학생 징계철회 및 구속학생 석방 요구 시위 한국문제연구회 최충구 추락사 휴교령 총학생회 및 동아리 탄압
7·4남북공동성명 박정희 정부 10월 유신 선포 통일주체국민회의 박정희 대통령 선출	1972	
김대중 납치 사건 서울대 문리대 10·2시위	1973	반유신 시위 동맹휴학
긴급조치 1호 선포 전국민주청년학생총연맹 시위 긴급조치 4호 선포 민청학련사건	1974	의대생 7명 긴급조치 1호 위반으로 구속 민청학련사건으로 재학생, 졸업생, 교수 구속 구속자 석방 요구 및 반유신 시위
긴급조치 1, 4호 및 인혁당사건 관련자 석방 문교부 석방 학생 복학 불허 인혁당사건 법살 집행 서울대 학생 김상진 할복 자결 긴급조치 9호 선포	1975	석방자 복교 조치를 두고 학생 및 학교 당국에 대한 문교부의 탄압 동아리 해체
3·1민주구국선언 동일방직 여성 노동자 시위	1976	
청계피복노조 탄압 사건 서울대 26동 집회 사건	1977	유신철폐 시위
동일방직 노동조합 탄압 함평 고구마 사건 YH노조 신민당사 농성 강제해산 사건	1978	
부마항쟁 박정희 대통령 피살 YWCA 위장결혼식 사건	1979	유신체제 즉각 청산 성명
서울의 봄 5·17내란 및 비상계엄 전국 확대 5·18광주민주화운동 국가보위비상대책위원회 설치 전두환 제11대 대통령 취임	1980	연세대 학원민주화추진위원회 결성 민주화를 위한 시국선언문 발표 총학생회 해산 『연세춘추』 중단
전두환 제12대 대통령 취임 제5공화국 출범 전국민주학생연맹 창립 민족통일중앙협의회 창립 부림사건 대학생 강제 징집 및 녹화사업 강요	1981	전민학련 경인지부 신촌지회 조직 학림사건 남조선민족해방전선 준비위원회 사건 재일유학생 간첩단 조작사건

한국근현대사		연세대학교 학생운동사
부산 미국문화원 방화사건 원풍모방 노조 쟁의 한국공해문제연구소 창립	1982	『무림파천황』 필화사건 한국기독청년협의회 탄압 군 강제징집 녹화사업으로 정성희 의문사
한국기독교농민회총연합회 창립 정계·재야인사 단식농성 민주화운동청년연합 창립 '학원자율화 조치' 및 공안사건 사면	1983	우리문화연구회 창작 탈춤 『오월곡』 공연 레이건 미국 대통 방한 반대 및 군부독재 타도 시위
강제징집 희생자 추모집회 민중민주운동협의회 『민중의 소리』 창간 민주화추진위원회 창립 통일문제연구소 창립 민주통일국민회의 창립	1984	전방입소 거부 시위 학원민주화 추진위원회 창립 5·18 관련 기사를 실은 『연세춘추』가 학교 측에 의해 탄압 총학생회 직선제 재건 민주·민족·민중 수호를 위한 연세인 대행진 임용준 군 내 의문사 전국민주화투쟁학생연합 민주정의당사 점거 농성
제1회 3·8여성대회 개최 전국민족민주학생연맹 창립 서울 미국 문화원 점거농성 민족통일·민주쟁취·민중해방투쟁위원회(삼민투) 사건 구로지역 노조민주화 추진위원회 창립 구미 유학생 간첩단 사건 민주헌법쟁취위원회 창립 민주화실천가족운동협의회 창립	1985	경인지구 총학생회 연합회 반외세민족수호투쟁위원회 창립 청계피복노동조합과 평화시장 연합시위 구로동맹파업 지역연대투쟁 삼민헌법쟁취투쟁위원회 창립 백양강좌 개최
인천지역노동자연맹 창립 반미자주화반파쇼민주화투쟁위원회 창립 부천경찰서 성고문 사건 민주화운동유가족협의회 창립 구국학생연맹 사건 건대항쟁	1986	인천항쟁 동맹휴학 연대투쟁 『연세』 학교당국에 의해 파쇄
박종철 고문치사 사건 전두환 정부, 4·13 호헌조치 발표 6월 민주항쟁 노태우 6·29 선언 전국 노동자 대투쟁 전국대학생대표자협의회 창립	1987	반독재민주화 개헌투쟁 원주캠퍼스(현 미래캠퍼스) 제1대 총학생회발족 6·10 대회 출정을 위한 범연세인 총궐기대회 이한열 최루탄 피격 사망 애국학생 故이한열 열사 민주국민장
노태우 7·7 선언 1988년 서울올림픽	1988	총여학생회 창립
북한 제13차 세계청년학생축전 개최 전대협 대표 임수경 방북 전여대협 건설준비위원회 발족	1989	설인종 치사 사건
제1차 범민족대회 서울과 판문점에서 개최 조국통일범민족연합 결성	1990	

한국근현대사		연세대학교 학생운동사
경찰의 폭력 진압으로 명지대생 강경대 사망 일본군 '위안부' 생존자 김학순 첫 증언	1991	
충남지역 총여학생회 김보은·김진관 구명대책 위원회 구성	1992	
'성폭력범죄의 처벌 및 피해자보호 등에 관한 법률' 제정 한국대학총학생회연합 창립	1993	
	1994	국내 최초 교내 '성폭력긴급신고전화' 개설 및 상담위원회 설치
한총련 5·18특별법 제정 촉구 동맹 휴업 노태우, 전두환 구속수감	1995	성소수자학생 중앙동아리 컴투게더 창설 총학생회 성정치국, '성정치 문화제' 개최 장애학생 중앙동아리 게르니카 창설
	1996	경찰의 폭력 진압으로 노수석 사망 8월 10일 '연대 항쟁' 전개
제5기 한총련 출범식 이석 치사 사건 한총련 국가보안법상 '이적단체' 규정	1997	연세여성자치연합 제1회 여성제 개최 제10대 총여 선본, 신학과 성폭력 사건 공론화
	1998	
전국학생회협의회 창립	1999	
6·15 남북공동선언 안티조선운동	2000	광역학부제 실시 '연세대학교 성폭력 예방 및 처리에 관한 규정' 제정
	2001	조선일보를 반대하는 연세인모임 결성
미군 장갑차 중학생 압사사고 심효순·신미선 추모 촛불집회	2002	등록금 예고제 실시 대학 최초 부재자투표소 설치
이라크전쟁 발발	2003	총학생회장 정재욱 제11기 한총련 의장 당선, 한총련의 혁신과 합법화 주장
노무현 대통령 탄핵소추안 국회통과 및 헌법재판소 탄핵소추안 기각	2004	제42대 총학생회 선거 '뉴라이트' 선본 당선
21세기한국대학생연합 창립 민노당 최순영 의원 사립대학교 이월적립금 관련 문제제기	2005	민주노동당 학생위원회 학내 친일청산 운동 신촌민회 재창립 총회 '1810억 이월적립금 환수와 2006년 등록금 인하를 위한 연세대 운동본부'
한-미FTA 추진 발표 평택 미군기지 이전 반대 시위	2006	등록금 인상 철회 교육투쟁

한국근현대사		연세대학교 학생운동사
사립학교법 개정, 개방이사제 및 대학평의원회 설치 규정 제2차 남북정상회담 및 '10·4남북정상선언' 뉴라이트대학생연합 창립	2007	비정규노동문제 학생모임 '살맛' 결성 총학, 총여 폐지 및 한총련 탈퇴 등에 관한 학생총투표 무산
등록금대책을 위한 시민·사회단체 전국 네트워크 창립 한미FTA 미국산 쇠고기 수입반대 촛불집회 글로벌 금융위기	2008	학생-비정규직 미화·경비노동자 노조(민주노총 연세대분회) 간 공동대책위원회 결성 부자학교펀드감시단, 재단적립금 정보공개 및 적립금 학생 환원 요구 운동
	2009	언더우드국제대학(UIC) 송도 국제캠퍼스 이전 반대 운동
소비자생활협동조합법 전부개정, 대학생협 법인화 논의	2010	학부제 폐지, 학과별 모집 재도입 20대 주거문제 해결을 위한 '집을 찾는 달팽이' 활동 제1회 생협학교 개최
등록금 인상률 상한제 실시 반값등록금 이행 촉구 촛불집회	2011	청소·경비노동자 총파업 '반값등록금 연고제' 개최
	2012	'연세대 기숙사 세움단', 직영기숙사 건립 캠페인 '표를 품은 청년' 청년유권자운동
	2013	백양로재창조사업 중단 및 재검토 운동
세월호 참사 통합진보당 강제해산	2014	대학평의원회 설치
한국사 교과서 국정화 사태	2015	
박근혜 대통령 국정농단 촛불집회 박근혜 대통령 탄핵소추안 국회 가결	2016	총학 선거 선본 미등록으로 무산
헌법재판소 박근혜 대통령 파면	2017	총학 보궐선거 투표율 미달로 무산 총학 선거 2년 연속 파행
21세기한국대학생연합 해산 및 한국대학생진보연합 창립	2018	총여 제2회 인권축제 및 총여 존폐론 등장 총학 선거 3년 연속 파행
	2019	연세대 총여학생회 폐지 학생총투표 가결 총학 보궐선거로 3년 만에 출범
코로나바이러스감염증-19 팬데믹	2020	
	2021	
	2022	

연세대학교 학생운동사

편찬위원	김은경(편찬위원장)
	김동노
	김성보
	여인석
	이기훈
	장영석

집필위원	김아람(3부)
	김영수(1부·2부)
	김지훈(2부)
	이기훈(1부·3부)
	이세영(5부)
	장미현(5부)
	정다혜(5부)
	한성훈(4부)